敦煌文獻合集

敦煌經部文獻合集

張涌泉 主編 審訂

第六册 小學類韻書之屬（二）

關長龍 撰

中華書局

小學類韻書之屬(二)

刊謬補缺切韻

王仁昫

刊謬補缺切韻序

伯二一二九

【題解】

底卷編號爲伯二一二九，存一紙，單面抄，據林聰明考證：『此卷乃是將原先抄寫韻書、佛經與詩歌的數件文書連接成一長卷，利用其背面空白處，抄寫《大乘密嚴經》者，今人將《大乘密嚴經》編爲正面，實則其抄寫年代較背面爲晚。』(《敦煌文書學》，臺北新文豐出版股份有限公司一九九一，頁七十二)。存王仁昫《刊謬補缺切韻序》及陸法言《切韻序》，計三十三行。以大字計，行抄二十至二十八字不等。

《伯目》最早擬名作『刊謬補缺切韻序』，《金岡目》從之；《索引》進而詳述同卷諸抄之内容，分别擬題『王仁昫刊謬補闕切韻序』、『陸詞法言切韻序』，《索引新編》從之。《潘韻》指出：『此爲《刊謬補缺切韻》殘卷卷首序文，蓋《刊謬補缺》以《切韻》爲質，故併載《切韻》之序。今故宫宋濂跋唐寫本王仁昫《刊謬補缺切韻》，其卷首即如此，是以知爲王氏原書之舊式也。』兹從定名作『刊謬補缺切韻序』，簡稱《王序》。

王仁昫事迹不詳，然底卷提及他曾作《字樣音注》，後因平嗣先之建議始撰《刊謬補缺切韻》，平當於中宗神龍二年(七〇六)任巡察使而赴江東道(參唐蘭《王二》跋語及《潘韻》、《周韻》所考)，則《刊謬補缺切韻》之作，當在此後數年之間。底卷後接書義浄法師（六三五—七一三）奉制所譯《金光明最勝王經》，全卷書法質拙，蓋爲中唐之作，可參。

劉復《敦煌掇瑣》用底卷中的陸序抄配伯二六三八陸序前缺部分；《姜韻》最早參酌原卷録文（《姜韻考釋》卷十云：『余閲此卷時，將急裝入倫敦，不及抄録。但以秀水唐蘭模内府本王仁昫韻較本卷王序，以《廣韻》前陸序較本卷陸序。』與其他據原卷抄者略異，頁一四五）；後《潘韻》據原卷對《姜韻》加以勘正；《補正》又據膠片校正《姜韻》，并重加録文。葉鍵得撰《切序甲校勘記》（載《十韻彙編研究》，臺灣學生書局一九八七），對底卷加以綜合校箋，亦可參考。今據《法藏》録文，并參敦煌韻書中相關的卷子如《箋七》及傳世韻書《王二》、《裴韻》等校録於後。

刊謬補鋕（缺）切韻序

朝議郎［□］〔一〕衢州信安縣尉王仁昫字德温新撰定

大唐龍興，廉問寓縣〔二〕。有江東道巡察黜陟天（大）使〔三〕侍御史平侯嗣先者，燕國鼎族，京兆冠盖；博識多才，智周鑒遠；觀風察俗，政令肅清〔四〕；即持斧理（埋）論（輪）〔五〕，而鸇逐集（隼）擊〔六〕。古雖銓異，今也何殊？爰屆衢州，精加采訪。昫祇務〔七〕守職，絶私奉公。每因〔八〕以退食餘閑，莫不以修書自悦。所撰《字揉（様）音住（注）》〔九〕、《律》等，謬承清白之譽，叨眷註撰之能。蒙索書看，曲垂幽旨。遂顧謂昫曰：『陸法言《切韻》，時俗共重，以爲曲（典）規〔一〇〕，然苦字少，復闕字義，可爲《刑（刊）謬補缺切韻》〔一一〕，削舊濫俗，添新正典，并各加訓。啓導愚蒙，救俗切須〔一二〕，斯便要省。既字該揉（様）式，乃備應危疑；韻以部居，分别清切；舊奔（本）〔一三〕墨寫，新加朱書；兼本闕訓，亦用朱寫；其字有疑涉，亦略注所從，以決疑謬；使俗（各）[一四]區析，不相雜廁。則家家競寫，人人習傳。濟俗救凡，莫過斯甚！』[□][一五]沐承高旨，課𠅤（率）[一六]下愚，謹依《切韻》增加，亦各隨韻訴[一七]訓，仍於韻目具數云尔。

陸詞字法言[一八]撰《切韻序》曰：昔開皇初，有劉儀同、顔外史、盧武陽、李常侍、蕭國子、辛諮議、薛（薛）吏部、魏著作等八人[一九]，同詣法言門宿。夜永酒闌，論及音韻，以古今聲調既自有別，諸家取捨亦復不同，吴楚則時傷輕淺，燕趙則多涉重濁；秦隴則去聲爲入，梁益則平聲似去。[二〇]又支脂、魚虞，共爲不韻；[二一]先仙、尤侯，俱論是切。[二二]欲廣文路，自可清濁皆通；若賞知音，即須輕重有異。吕静《韻集》、夏侯詠《韻略》、陽休之《韻略》、李季節《音譜》、杜臺卿《韻略》等，各有乖亐（互）；江東取韻，與河北復殊。因論南北是非，古今通塞；欲更捃選精加（切）[二三]，除削疎緩。顔外史、蕭國子多所決定。魏著作謂法言曰：『向來論難，疑處悉盡，何爲不隨口記之？我輩數人定則定矣。』法言即燭下掘（握）[二四]筆，略記[二五]綱（綱）紀。後博問辯士[二六]，殆得精華。於是更涉餘學，兼從薄宦，十數年間，不遑修集。今返初服，私訓諸子弟，凡有文藻，即須聲韻。屏居山野，交遊阻絶，疑惑之所，質問無從。亡者則生死路殊，空懷可作之歎；存者則貴賤禮隔，已報絶交之旨。遂取諸家音韻、吉（古）[二七]今字書，以前所記者定之，爲《切韻》五卷。剖析毫氂，分別黍累。何煩泣玉，来（未）可縣金。[二八]藏之名山，昔恠馬遷之言大；持以盖醬，今歎揚雄之口吃。非是小子專輒，乃述羣賢遺意；寧敢施行[□]世[二九]，直欲不出户庭。于時歲次辛酉，大隋仁壽元年也。

書書僧善惠記。[三〇]

【校記】

〔一〕『郎』字後《王二》、《裴韻》皆有一『行』字，底卷當脱，茲據擬補一個脱字符。

〔二〕『寓』字《王二》、《裴韻》同，《説文》以爲『宇』字籀文，『宇縣』猶天下，《史記・秦始皇本紀》『大矣哉，宇縣之中，承順聖意』裴駰集解：『宇，宇宙；縣，赤縣。』『廉問宇縣』即察訪天下（民情）之意。

〔三〕『天』字《王二》、《裴韻》皆作『大』，按『黜陟大使』爲隋唐時常見之官職，底卷形訛，茲據校改。

〔四〕『政令肅清』底卷作『政光令肅清』，《裴韻》作『政先肅令清』，《王二》作『政肅令清』，《潘韻》謂底卷『「光」字蓋衍文』，茲從徑删。

〔五〕『理論』二字《裴韻》作『理輪』，《王二》作『埋輪』，《潘韻》新校：『《漢書・武帝紀》云：「遣直指使者暴勝之等衣繡衣、杖斧，分部逐捕。」《後漢書・張綱傳》云：「漢安元年，遣八使徇行風俗，皆耆儒知名，多曆顯位。唯綱年少，官次最微。餘人受命之部，而綱獨埋其輪於洛陽都亭，曰：豺狼當路，安問狐狸！（遂奏大將軍梁冀無君之心十五事。）」此所謂「持斧埋輪」也。序云「侍御史平侯嗣先爲巡察黜陟大使」，案《通典》卷二十四：「武太后時，改御史臺爲肅政臺，凡置左右肅政二臺。別置大夫、中丞各一人，侍御史、殿中監察各二十人，左以察朝廷，右以澄郡縣。」《資治通鑑》唐紀二十四：「中宗神龍二年，選左右臺及内外五品以上官二十人，爲十道巡察使，委之察吏撫人，薦賢直獄。二年一代，考其功罪而進退之。」是序稱平嗣先爲江南東道巡察黜陟大使（底卷無『南』字，饒宗頤《〈王仁昫刊謬補缺切韻序・陸法言切韻序〉解説》云：唐分天下爲十五道在開元二十一年，其時方有江南東道，非神龍時所有。載《敦煌書法叢刊・韻書》，日本二玄社一九八四）即《通鑑》所稱十道巡查使也。平嗣先之職，主於整肅官方，故上句言持斧埋輪，下句言鸇逐隼擊。』底卷形訛，茲據校改。

〔六〕『集』《王二》、《裴韻》皆作『隼』，底卷形訛，茲據校改。

〔七〕『祗務』，《王二》同，《裴韻》作『駈（驅）務』，亦通。

〔八〕『因』字《裴韻》同，《王二》作『日』字，於義爲長。

〔九〕『住』字《王二》、《裴韻》皆作『注』，底卷形訛，茲據校改。

〔一〇〕『曲』字《王二》、《裴韻》皆作『典』，底卷形訛，茲據校改；『娊』字《王二》左側不甚明晰，《裴韻》作『娊』，『娊』爲『娊』字俗訛，『娊』則爲『規』的古字。

〔一一〕『刑』字《王二》漫滅，《裴韻》作『刊』，底卷形訛，茲據校改。

〔一二〕『須』字《裴韻》作『韻』，疑以『韻』字義長；龍宇純《校箋》：『此切韻二字猶云反切。』

〔一三〕『奔』字《王二》、《裴韻》皆作『本』，底卷形訛，茲據校改。

〔一四〕『俗』字《王二》、《裴韻》作『各』字，底卷形訛，茲據校改。

〔一五〕『沐』字前《王二》、《裴韻》皆有一『昫』字，於義爲長，底卷當脱，茲爲擬補一個脱字符。

〔一六〕『率』字《王二》、《裴韻》皆作『率』，底卷俗訛，茲據校補正字。

〔一七〕『訞』字其他古書不載，疑爲『示』的涉下字增旁俗字；《裴韻》作『注』，《王二》作『註』，或爲傳抄者臆改。

〔一八〕『字法言』三字疑本爲注文小字。

〔一九〕『魏著作』居八人之末，《王二》同，《箋七》則置之於『李常侍』前，疑底卷初抄脱而後補於八人之末。又《箋七》、《王二》於稱銜後皆用雙行小字附其名。

〔二〇〕『益』字下底卷承前衍抄『諸家取捨亦復不同』，《潘韻》謂此『蓋衍文』，《箋七》正無此數字，茲據徑删。

〔二一〕『不』字《箋七》同，《廣韻》作『一』，於義爲長，又參《箋七》校記〔一〇〕。

〔二二〕『支脂魚虞』、『先仙尤侯』八字下《王二》皆各注反語，與《箋七》等箋注本韻書同。

〔二三〕『加』字《王二》作『切』，與《箋七》、《唐箋序》（伯二六三八）及《廣韻》等同，底卷形訛，茲據校改。

〔二四〕『掘』字《王二》、《箋九》、《唐箋序》（伯二六三八）作『握』，底卷形訛，茲據校改。

〔二五〕『記』字下底卷蒙下衍抄一『後』字，茲據《王二》、《箋七》徑删。

〔二六〕『士』字《王二》無，《箋七》該句作『後博問英辯』，底卷蓋脱『英』字，抄者因而於『辯』下臆補一『士』字，又參《箋七》校記〔一九〕。

〔二七〕『吉』字《王二》及《箋七》等皆作『古』字，底卷形訛，兹據校改。

〔二八〕『来』字《王二》作『未』，底卷形訛，兹據校改，又參《箋七》校記〔二九〕。

〔二九〕『世』字前《王二》有一『人』字，《箋七》同，底卷誤脱，兹據擬補一個脱字符。

〔三〇〕二『書』字底卷所作字形不同，《潘韻》新校疑後一『書』字爲『者』，謂『言書者爲僧善惠也』，然其字與前文中諸『者』字所作字形殊異，而與『書』字略同，且於書法而言，容有同字異寫以求變化之美者，故姑同録作『書』字。《潘韻》新校：『蓋此卷即善惠所抄。……倫敦藏斯〇〇五〇號《金光明最勝王經》卷第九最末一行題記云：「僧人善惠題。」』今按『善惠』爲習見僧人名，伯三三九四號《唐大中六年（八五二）僧張月光博地契》、伯二二五〇背《龍興寺等氈布支給曆》、伯四八一七號《乙丑年正月十三日善惠手上領得諸色斛斗曆》等文書中皆有『善惠』名，故難以確定其具體身份和活動年代。

刊謬補缺切韻（卷一至五）

伯二〇一一

【題解】

底卷編號爲伯二〇一一，凡廿二紙，韻書正文皆正反抄，末紙（即第廿二紙）單面抄，爲一祭文殘卷（首全尾殘），首云『維歲次辛酉五月壬午朔廿二日癸卯』，是爲唐昭宗天復元年（九〇一），因底卷所存殘卷首自平聲五支殘字起，尾迄於入聲廿四葉韻殘字，即其卷首約殘三紙而卷尾約殘一紙合計八面内容，最後存一抄有其他内容的尾紙，此尾紙疑爲韻書部分殘泐後，藏者爲保護韻書而加的封紙，與韻書内容及抄寫年代無關，唯此封紙爲民間應用文用紙，故其存世時間距藏者用爲封紙間的時間不會太遠，又從此尾紙之殘形與韻書正文末紙之殘形相似可以推知，藏者加此封紙後，底卷在流傳過程中又有較爲嚴重的損壞。

韻書計存廿一紙（殘卷卷首約殘三紙，三、四紙間殘一紙，卷尾約殘一紙，故其全書當有廿六紙），皆正面首全而尾或殘或全，其尾縱全者亦皆上、下有殘泐，其中首紙上半亦殘斷，全部殘卷凡存一一六二行（包括無字的殘行，因其上部所殘部分可以推知有字，故亦計入字行），下面略示諸紙存殘情況：

一紙：十五＋（約殘十九）＋十七　　二紙：十八＋（約殘十六）＋十八

三紙：十七（其首行前補抄脱録内容的倒寫一行未計）＋（約殘十七）＋十八　　四紙：廿一＋（約殘十四）＋十九

五紙：廿五＋（約殘十五）＋廿六　　六紙：卅四＋卅五

七紙：廿＋（約殘廿六）＋廿　　八紙：卅四＋卅三

九紙：卅六＋卅四　十紙：卅三＋（約殘五）＋卅

十一紙：卅五＋卅七　十二紙：卅二＋（約殘十）＋卅三

十三紙：卅四＋（約殘九）＋卅　十四紙：卅＋（約殘六）＋廿九

十五紙：卅＋（約殘四）＋卅　十六紙：廿六＋（約殘十一）＋廿六

十七紙：卅一＋卅三　十八紙：卅六＋卅三

十九紙：卅一＋卅四　廿紙：廿七＋（約殘十二）＋廿五

廿一紙：十八＋（約殘十九）＋十九

從内容上看，底卷平聲分上下卷，然其序號通計，卷一自一東韻至廿六山韻，卷二自廿七先韻至五十四凡韻，卷三爲上聲五十二韻，卷四收去聲五十七韻，卷五爲入聲卅二韻，四聲計分一百九十五韻，比《切韻》原本及《切韻箋注》本增加了『嚴』韻的上聲『广』和去聲『嚴』二韻，其他韻目及排序皆與前二類韻書同，其撰著體例與序言所述一致（參前伯二一二九及《王二》所載），故此不贅。其抄寫形態爲卷首换行書，不另起頁；大韻起始處换行書，韻目標序字提行朱書；小韻代表字前加朱圈，小韻標數字亦皆朱書（從其計數多誤及不占正文字符空間可知，此爲韻書正文抄完後再計算小韻字數而用朱筆添入）；小韻首字注文體例爲字頭—反切—釋義—小韻字頭數。

據《周韻》考訂，底卷所收字頭數當在一萬七千個左右，比陸法言原作當多六千餘字。又底卷注文所載俗字字體甚多，據《敦煌俗字研究》『導論』統計，不包括卷二在内，王仁昫新增的異體字數已達一千七百六十三個；并指出：『後來顔元孫作《干禄字書》，很多俗字可能就是取材於此書。與敦煌本相比，故宫本（長龍按：即《王二》）删去了相當大一部分異體字，因而也就在很大程度上失去了原書本來的特色，這是很可惋惜的。』（頁五一）

底卷所存之卷三、卷四卷首皆揭『刊謬補缺切韻』之名，并書『朝議郎行衢州信安縣尉王仁昫字德温新撰定』，故自劉復、姜亮夫摹文定名以來，《索引》及諸目録書皆同採用，今從之。

《姜韻》以爲其『行款極緻密，安排則疏朗，綽然裕如。筆跡極詔秀，剛健猗儺，兼而有之』（《姜韻考釋》卷一四論九，頁一九〇至一九一），《周韻》亦謂『書法挺秀，楷法中兼有隸書波磔』（頁八七一）。唯其抄寫時間則不能確知，從前所論之尾封看，亦僅可斷其蓋不晚於唐昭宗天復元年（九〇一）而已。又施安昌於《論漢字演變的分期—兼談敦煌古韻書的書寫時間》（《故宮博物院院刊》一九八七年第一期）中從書法角度加以比較歸類，謂此當爲盛唐至中唐前期之寫卷。又底卷平聲廿八仙韻『犍，犍爲，郡，在益州』條中之『郡』字與《箋二》同，而《王二》改作『縣』字，與《廣韻》同，考唐上元元年（六七四）犍爲自屬戎州改屬嘉州，天寶元年（七四二）因玄宗避難成都而改作犍爲郡，乾元元年（七五八）復縣，仍隸嘉州。則《王二》之改『郡』作『縣』，蓋在乾元之後，而底卷之抄作，或在天寶、乾元之間。然韻書之抄録，或有因承而作者，故此亦不足以説明底卷即抄成於盛唐以前。

劉復一九二五年於《敦煌掇瑣》中最早發佈其據原卷摹抄校刻的底卷正文，一九三六年由劉復等編輯出版的《十韻彙編》所收之底卷即以此爲底本而略加校語重抄而成，其間劉復還據《裴韻》、《廣韻》及王國維所影抄之敦煌韻書三種撰有《瑣一〇一校勘記》一卷，中國科學院考古研究所編輯室一九五七年重行補版刊刻《敦煌掇瑣》時收入其中。後《姜韻》又據原卷重加摹録，於一九五五年發佈摹抄本正文及考論；《潘韻》（一九七二年）又據原卷對姜氏録文有所勘正；後《補正》（一九七三）亦因《姜韻》而作勘正；《周韻》（一九八三）則收劉氏刊本而略加校語，并有所考論；一九八七年，姜亮夫又撰《劉半農〈敦煌掇瑣〉所録王仁昫切韻卷子校記》（《敦煌學論文集》，上海古籍出版社一九八七年）一文；其後葉鍵得撰《王一校勘記》（載《十韻彙編研究》，臺灣學生書局一九八七），對底卷加以綜合校箋；姚榮松撰《巴黎所藏P.2011王韻新校記》（臺灣《國文學報》第二十四期，一九九五。校底卷十頁豪韻之前的内容，簡稱《新校記》）及《巴黎所藏P.2011王韻的新校記（二）》（《潘石禪九秩華誕敦煌學特刊》，臺北文津出版社一九九六。續校了第十頁豪韻的内容，簡稱《新校記（二）》），據原卷及敦煌諸韻書加以互證并參稽諸家考訂之成果，發抉至微；麥耘撰《『王一』校記簡編》（《中國音韻學研究會第十一届學術討論會、漢語音韻學第六届國際學術研討會論文集》，香港文化教育出版社有限公司二〇〇〇），並對《姜韻》及《彙編》有所勘正，皆有創獲。

今在上揭諸家校録的基礎上，以《法藏》、《寶藏》（欣賞篇）及《敦煌書法叢刊・韻書》（日本二玄社一九八四。其中第五紙正面據《寶藏》欣賞篇卷首彩版）爲底本，并參考敦煌韻書中相關的卷子如《切韻》原本、《箋二》、《箋五》、《箋七》及傳本韻書《王二》（此當爲底卷之傳世本，唯其注文文字頗有改作，而抄者又多妄加代字符，以之爲對校本則不勝其繁，且原書龍宇純曾爲詳加校箋，故底卷仍以之爲參校本）、《裴韻》、《蔣藏》、《廣韻》等，重加校録於後。

（前缺）

5支 ▯〔一〕▨（槺）山梨。〔二〕鸝鸝黃，鳥。或作鵹。縭婦人香纓。蘺茳蘺。䕻草木附地生皃。欐欐，黍▯▨（弄）言。又▨泥反。〔三〕漓水入地。劙分割。〔四〕鵹鶔。〔五〕黐黏。䍦罼䍦。疵疾移反。病。□。〔六〕訾▯〔七〕髭口上毛。鴜水鳥。又疾移反。䶒鼠，似鷄。呰思。鮆魚名。鄑鄑城名。在北海。〔八〕▯〔九〕媊明星。又子踐反。羈居宜反。馬絡頭。七。〔一〇〕畸殘田。羇寄。掎掎角。攲攲取物。奇▯〔一一〕禆益。亦作裨（陴）。〔一二〕鞞牛鞞，縣，在蜀。顊頻美。〔一三〕錍鍫錍。又普啼反。陴符支反。城上女牆。亦作𩏼▯□□反。繒，□□。五。〔一四〕施爲。亦作攱。葹草名，拔心不死。覕誘；亦面柔。䗐蟾蠩。斯息移反。此。廿二。〔一五〕▯□□□，▨（疼）痛。□□▨（齊）反。〔一六〕虒虒祁，地名，在平陽。繵（纏）經緯不同。又尺移反。亦作纚。鼶鼠。㒋賤役。𩕳䪼䪼▯〔一七〕磃摩。〔一八〕差楚宜反。不齊。一。〔一九〕摛丑知反。布。七。〔二〇〕螭螭龍。誺不知。魑魑魅。亦作殃（殃）魅。〔二一〕黐▯〔二二〕麊縣名，在交阯。〔二三〕罙深入。姕齊人呼母。鍫鐮，青州云。璃玉名。箞竹篾。▯□□▨（蹄）□。〔二四〕知陟離反。悉。〔二五〕四。蜘蜘蛛。或作鼅鼅（鼄）。〔二六〕智酒。𧸖（𧸖）質當。〔二七〕漪於離反。水名（文）。八。〔二八〕猗美。▯□□□□。疾□。□□。〔二九〕池畜水。簃連閣（閣）。〔三〇〕箎樂器。踟踟

蹢。褫䙝衣。〔三一〕齜齗齒。誃別。又□□□。□□□。□□《□□》『▨（趍）趙，久（夂）』，《玉篇》爲趨（趨）字，

失，後行之，大□，□□趍從音攴聲，趨從芻聲。〔三二〕眭息爲反。姓。今作畦。又下圭反。一。〔三三〕危魚爲反。不安。

三。〔三四〕□□□□。又息移□。▨（亦）作綸。〔三五〕釃所宜反。又山尔反。下酒。亦作釃。四。〔三六〕簁下物。簏

簁。亦簁。又所佳反。亦作篩、簛。〔三七〕蠯□□□餟。又始鋭▨（反）。亦作鑴。〔三八〕厜姉（姊）規反。厜㕒，山巔

狀。五。〔三九〕觜星。纗紉繩。〔四〇〕惢善。又桒果反。□〔四一〕揌裁。劑觜隨反。券。又在細反。三。〔四二〕菞地

名（莢）。〔四三〕臈臈膗。又子兖反。亦作熼、爈。衰楚□□〔四四〕

（中缺）〔四五〕

6 脂

□〔四六〕▨（衰）▨（滅）。□□追反。〔四七〕

7 之

□□□橋名。〔四八〕貽眲遺。頤頰。亦作𦣝。詒詒言。珆玉名。宧室北東隅。洍水名。胹豕息肉。□

舉□▨〔四九〕瓯甈。瓵小甖。屭（屓）踞。〔五〇〕梠船斗。〔五一〕鐖（鐖）戟無刃。异己。又餘吏反。〔五二〕洍水名。

□〔五三〕鬐鬐，岳岳。又五力反。〔五四〕思息兹反。念。十一。〔五五〕司署府。罳罘罳。絲蠶絲。伺候。緦緦麻。

榿〔□〕榿木。〔五六〕□〔五七〕颸風。其渠之反。語第。正作亓。廿一。〔五八〕期指信。旗所（旂）。〔五九〕萁豆莖。亦

作琪。騏如馬不角。綦□□▨（紫）綦，□▨（蕨）。〔六〇〕錤鎡錤。棊弈。璂弁飾。鯕鯕鯿魚。〔六一〕祺福祥。

綨白倉色。麒麐。□〔六二〕檽木耳。陑地名；又峻岅。輀柩車。亦作輀。胹煑熟。亦作胹、䎟、㖇。洏漣而

（洏），涕流皃。〔六三〕鮞魚子。□〔六四〕娸姓；一曰醜。魌大頭。䫏方相。僛舞皃。鶿頣（鴟）鶿，息（鳥）。〔六五〕

姬㕆（居）之反。周姓。七。朞晬（晬）。古作□。□□▨（似）兹反。□言。五。〔六六〕祠祭。柌鎌柄。亦作枱。

辭獄訟。亦作辤。辝別。名（亦）作辝。〔六七〕釐理□□。□；□曰福。十二。〔六八〕□□□。▨（又）莫□反。〔六九〕

艃艃艃。氂毛起；又力臺〔□〕。〔七〇〕犛犛犛，雙生。慈秋（愁）憂。〔七一〕漦龍吐沫。甾側持反。不□〔七二〕椔木

立死。鯔魚[□]。[七三] 鄙鄉名。僖許其反。樂。十五。歖。[七四] 熙和。嬉美；一曰遊。禧福。□[七五] 嘻熱。醫於其反。巫(巫)。三。[七六] 噫恨聲。亦作譩。又於擬反。瘢羸。又乙賣反。癡丑之反。騃。四。[七七] □□▨(執)。[七八] 蚩赤之反。蟲名。六。[七九] 嗤笑。亦作嵫。[八〇] 嚳告。又乃經反。𦐇羽盛。媸妍媸。妛侮輕。[八一] 慈□[八二] 滋多。或作稵。嗞嗞嗟，憂聲。黰染黑。鎡鋤之別名。鼒(鼒)小鼎。[八三] 鰦鮰。□[八四]

8 微

□□□物□。[八五] 輝許歸反。光。亦作煇、暉。十。[八六] 揮奮。徽美。翬飛皃。褘后祭服。𩼙魚有力。□▨(韋)皮。[八七] 𩏂束。違乖。湋水名。潿不流濁。鍏臿。𢾺戾。𧞬重衣。𧛱裛。[八八] 褢裹。霏芳非反。雰。或作雺。七。[八九] 妃女官。人(又)普佩反。[九〇] 菲芳。又芳尾、符未二反。𣯷細毛皃。[九一] 婓婓，往來皃；一曰醜。[九二] 騑驂馬。𥆩大目。又方巾反。斐匪肥反。斐豹，見在《左傳》。八。[九三] 飛翔。扉▨▨(户扉)。[九四] 緋赤色。非不是。猆似羊(牛)；一曰(目)白首。[九五] 䬠[□□。□]騑兔，馬而兔是(足)。[九六] 肥符非反。豊肌。正作肥。八。[九七] 腓腳腨腸。[九八] 篚竹。痱風病。或作疿。淝淝水。𨛘(𨛘)聚名，在河東聞喜。蟦𧎪螬。蜚□蠜□。[九九] 威於非反。可畏。七。葳葳蕤。嵔嵔𡾋。又於鬼、於罪二反。隇隇陝，難(艱)危。[一〇〇] 蝛蛜蝛，蟲。媁美皃。楲決塘。祈渠希反。求。十一。頎長好。旂旗。𩲚鬼俗。畿王畿。盛(或)作圻。[一〇一] 崎水傍曲岸。亦作圻。又渠羈反。[一〇二] 刉似(以)血塗門。[一〇三] 蟣危。又公哀反。𦠆頰肉。又居希、古亥[□]反。[一〇四] 肵俎。獑犬生一子。機居希反。具。十四。[一〇五] 譏誹。蘄縣名，在譙郡。今音祈。嘰▨▨(小食)。[一〇六] 璣珠不圓。幾微。蘱蕺蘱，草。磯大石激水。鞿繫馬。饑穀不熟。禨祥。亦作機。[一〇七] 𧗄血器。鐖鉤(鈎)金。[一〇八] 刏斷。希虛機反。少。八。[一〇九] 晞日氣乾。□莃▨(葵)。[一一〇] 鵗北方名雉。[一一一] 睎視。稀稀概。𧼮走。桸木汁，可食。依於機反。倚。六。衣服裳。[一一二] 譩痛聲。陈天陈，縣，在酒泉。悘念痛。郼殷國。沂□□反。□▨(名)。

一。〔一一三〕巋丘韋反。馬蓼，似蓼而大。一。歸俱韋反。還。亦作帰。一。巍語韋反。闕。二。魏牛。又牛畏反。〔一一四〕

9 魚

□□語𡰣(居)反。□蟲。〔一一五〕六。漁水名，在漁陽。䱷捕魚。或作瀵、鮍。〔一一六〕齬齒不相值。又魚舉反。鋙鉏齬(鋙)。〔一一七〕䁥馬二目白。初楚魚反。始。一。書傷魚反。文書。七。鵨鳥名，似鳧。璖玉名。〔一一八〕舒散。□▨(緩)。〔一一九〕𨛜地名，在廬江。□魚薺。〔一二〇〕居舉魚反。止。亦作尻。八(九)。〔一二一〕据手病，《詩》云『予手拮据』。裾衣下。琚玉。[□]貯。〔一二二〕鶋鶢(鶢)鶋，鳥。〔一二三〕涺水名。䕣苴䕣，草。腒乾雉。又鉅於反。渠渠強□。▨(水)□。□。〔一二四〕轅軥(軥)。〔一二五〕䋧履緣。〔一二六〕璩玉。磲硨磲，次玉。〔一二七〕蕖芙蕖。籧籧篨。篆牛匡。淭淭挐之淭。醵合錢飲酒。腒鳥腊。又九魚反。鸈鸈鸈，鳥。蠹獸。▨(㯫)㯫▨(栫)，藩籬。〔一二八〕蒢菜。蘧蘧麥。蘧小跳。蒢菜，似蘇。〔一二九〕蝶蝶蟦(螵)，蜉蝣。〔一三〇〕豦豕。又居御反。余与魚反。我。亦作𩠐、予，同余。廿三。〔一三一〕蜍蜘蛛。餘殘。輿車。又與庶反。旟鳥旟。〔一三二〕鵨同穴鳥。璵魯寶玉。艅艅艎。畬田二歲。澳水名。〔一三三〕歟詞末；狳。亦同與。譽美稱。又似(以)據反。嬩女字。舁對舉。亦作舉。妤婕孜(妤)，婦官。亦作伃。〔一三四〕▨(䝟)山驢。〔一三五〕騢馬行皃。狳。予又余佇反。悪謹敬皃。趣安行。亦作怠。籅簏。〔一三六〕雒蜀雞。〔一三七〕胥息魚反。相。通俗作胥。九。〔一三八〕䱬魚名。箐竹名。湑路(露)。〔一三九〕稰落。楈□□。〔一四〇〕□▨(蚣)蝑，□。〔一四一〕▨(揟)取▨(水)。〔一四二〕諝有才之稱。又相膂反。亦作惰。疽七余反。癰。十三。〔一四三〕岨石山戴土。亦作宜。趄趑趄。苴履中藉。沮水名，在北地。又慈与反。亦作滬。狙猨。雎雎鳩。▨(胆)▨(蟲)□〔一四四〕坥螾塲。又七慮反。覰相似(伺)視。又七慮反。〔一四五〕𡳇此。鋤助魚反。大斸。三。〔一四六〕鉏齬。又仕舉反。〔一四七〕豠豕屬。攄勑居反。舒。三。〔一四八〕樗惡木。篨籧□。□▨(達)胡反。〔一四九〕▨(踈)□□□。▨(遠)。▨(九)。〔一五〇〕□□□□□。□□□。□櫛□。〔一五一〕疏條。亦作綖。又所去反。脈青疏。㢟通。釃下酒。又所宜反。亦爲麗。〔一五二〕疋《詩》古文爲雅字。又山舉〔□〕。〔一五三〕虚許魚反。空。亦作虚（虗），通俗作虚（虛）。□。〔一五四〕驉駏驉，畜。〔一五五〕歔歔欷。嘘吹。魖□□。□□□▨（反）。□□。▨（四）。〔一五六〕郐地名。 䅷野▨（羊）。〔一五七〕▨（徐）▨（人）□。〔一五八〕▨（於）〔□□□。□□□。□□□□。□〕。〔一五九〕篨篨篨，竹名。□□□。□□□，▨（茹）□□□。〔一六〇〕唹笑皃。〔一六一〕猪陟魚反。豕。正作豬。三。〔一六二〕潴水所停曰潴。櫫楬櫫，有所表識。臚力魚反。□臚。通▨（作）□。□。□毛。〔一六三〕閭里□。〔一六四〕□▨（藂）。〔一六五〕蕳菴蕳。爐（爈）火燒山冢。〔一六六〕諸章魚反。衆。六。櫧木名。潴水名，在北岳。藷藷蔗〔一六七〕

（中缺）〔一六八〕

10 虞

□〔一六九〕▨（萸）□萸。〔一七〇〕▨（揄）□。〔一七一〕▨（楡）□。〔一七二〕牏□□短版。〔一七三〕瑜□□豆。〔一七四〕▨（瓻）□。〔一七五〕萮□萮。□□□□。□□□。〔一七六〕渝▨（變）。▨（亦）作羭。〔一七七〕▨（舀）□。□□□□。□□□。□□□□。□□□。□□。□。□□□。□□□。〔一七八〕鰸魚名，出遼東。軀身。驅馳。亦作駈。摳褰裳。又苦侯反。朱止俱反。丹。七。〔一七九〕珠圓珎（珍）。侏侏儒。咮□〔一八〇〕鴸鳥，似鴟人首。〔一八一〕絑□□〔□〕色。〔一八二〕袾衣▨（身）。□充朱反。〔一八三〕趨七朱反。疾行。通俗作趍。一。〔一八四〕慺力朱反。▨（敬）。〔□〕作慺。〔一八五〕十三。蔞蔞蒿。又力矩反。〔一八六〕氀毛布。瞜瞴瞜。鷜魚名。婁□▨（頂）。〔一八七〕□□□，▨▨（野鵞）。〔一八八〕摟曳。貗猪求子。〔一八九〕膢膢膢，所以遏水。貗貗子。膢祭。又落侯反。亦作褸。婁空。扶附夫反。持。〔一九〇〕十六。芙芙蓉。颫風。符竹▨（符）。〔一九一〕鳧野□。〔一九二〕榑□□□，□□□。〔一九三〕▨（扶）扶疎，盛皃。〔一九四〕苻鬼目草名。蚨青蚨，青色小蟲，子母不相離。夫若夫，語端。柎草李（木子）房。〔一九五〕坿白石英，又扶付反。畉小畚。〔一九六〕蒭鳧（蒭）䖪（茈），子（草）。〔一九七〕澓▨（水）□，□桂▨（陽）。□□□□□。□□□□。□□□〔□〕。□□。▨（俗）作稃。二。〔一九八〕䳶鳺鶏。〔一九九〕敷撫夫反。布。廿六。麩麥皮。亦作麱。孚信。郛郭。

亦作垺。鄜縣名，在馮翊。俗語(誤)作敷州。〔二〇〇〕鋪設。又普胡反。箁。欂織緯者。俘□。〔二〇一〕痡□。□□▨(胡)□。〔二〇二〕殍餓死曰殍。怤思。鷒翾下羽。又音鋪。蔌花[□]。〔二〇三〕孵卵化。紨麁紬(紬)。〔二〇四〕庯石開見。毦解毛。莒莒蒿。稃秠。亦作粰。秿穧。又扶甫反。豧豕息。又妨豆反。郙亭名，在汝南上蔡。又方豆(主)反。〔二〇五〕▨(鬐)須白。亦作鬐。〔二〇六〕苻花盛。罦罬。又扶尤反。諏子于反。謀。又子侯反。六。㖩嘰(嘰)㖩，不廉。㞗㞗嵎。娵娵訾，星。嗺高兒。掫擊。跗甫于反。足跗。亦作趺。十三。膚體肌。亦作肤。邞縣名，在琅琊。〔二〇七〕▨(鈇)鈇□。〔二〇八〕衭袍襦之類前襟。亦作袂(帙)。〔二〇九〕玞珷玞，美石，次玉。鳺(鵂)鷩鳺(鵂)，鳥名，三首六尺(足)六目三翼。〔二一〇〕藘地藘，藥名。簠簠簋，祭器。又方羽反。夫周制以八寸爲尺，[□]尺爲丈，故曰丈夫。〔二一一〕鳺鳺。〔二一二〕鮇鯕。〔二一三〕柎欄足。紆□□反。□。十。〔二一四〕軒般革。陓(陓)陽陓，澤，在冀州。蓲草。又烏侯反。扜持。又口孤反。𠩺股。〔二一五〕軀胡矛。〔二一六〕醧能者飲，不能者止。虶蛐蜒。迂曲。輸式朱反。送納。二。鄃縣名，在清河。樞昌朱□。扇(扉)□。▨(三)。〔二一七〕姝好。亦作袾。筞策。〔二一八〕廚直朱反。饔室。二。躕踟躕。拘舉隅反。執。十一。駒馬子。岣岣嶁，衡山別名。䀠左右視。斞(斞)抱(挹)。〔二一九〕梂(捄)盛土，《詩》云『捄之陾陾』。〔二二〇〕跔手足寒。鮈鯸鮈，魚名。▨(俱)偕。〔二二一〕礶磫礶，礪。〔二二二〕䁔(䁔)目邪。又許力反。毹山虞反。氍毹。〔二二三〕三。㡏裂繒。操(橾)車轂內孔。〔二二四〕

11 模

□□□▨(莫)胡反。▨(法)。九。〔二二五〕摸以手摸；又毛搏反，摸摖。嫫嫫母，黃帝妻。帑車衡上衣。醏醏醘，[□]子醬。醘字大胡反。〔二二六〕謨謨(謀)。亦作暮。〔二二七〕墲規度墓地。又音無。嫫醜。䉑竹。匍薄胡反。匍匐，手足行。七。〔二二八〕荹荹攎，收亂草。□▨(大)飲酒。〔二二九〕樸樸剽(剽)，縣，在武威。剽(剽)字户關反。〔二三〇〕菩菩薩。蒱膊魚。蒲大藺。胡户吴反。何。十九。〔二三一〕壷酒器。正作壺(壺)。〔二三二〕狐狼屬。瓳甌瓳。餬寄食。亦作餂、鬻(鬻)。〔二三三〕瑚瑚璉。頶牛頸下垂。或作咽(咽)。〔二三四〕鶘▨(鵜)鶘，鳥名。〔二三五〕猢獑猢，獸名，以(似)猿。獑字上

（士）咸反。〔二三六〕 醐醍醐。〔二三七〕 黐黏黐。亦作黏。 弧弓。 乎詞已聲。又雲烏反。正作乎，從兮，厂聲。厂音曳。〔二三八〕
箶竹。 瑚瘦。〔二三九〕 槤（樝）棗大鋭上。 裍裓（裓）。〔二四〇〕 湖陂。 鶘鸕。 孤古胡反。單。廿一（二）。〔二四一〕 菰彫
胡。 姑且。〔二四二〕 辜罪。 呱啼聲。 罛舩上冈（网）。 泒水名，在鴈門。 酤買酒。又胡皷、古護二反。 觚酒器。 蛄螻
蛄。 箛竹。 鴣鷓鴣，鳥名。 橭木名。 殆《漢書》『越巫（巫）殆祠，在雲陽』。〔二四三〕 沽▨（水）名，在▨（高）密。〔二四四〕 嫴
保任。 胍息大。〔二四五〕 腒肫。〔二四六〕 軲程。〔二四七〕 篐瓜。〔二四八〕 瓳［□。□］柧棱。〔二四九〕 徒度都反，空；又或作辻，步
行。廿一（二）。〔二五〇〕 屠害。 瘏病。 塗泥。亦作途。又大（丈）如（加）反，泥飾。〔二五一〕 途道。与塗通。 嵞嵞山。
［□□］。〔二五二〕 駼騊駼。〔二五三〕 ▨（犊）黄牛。〔二五四〕 鵌鳥名，与鼠同穴。 涂水名，在益州。又直魚反。 梌木名。 荼
苦菜。又丈加反。 酴酴醾。 啚思度；《説文》音鄙，訓云『難意』。今因循作圖，失。 圖畫，《説文》『書（畫）計難』。從
口，音韋；從圖（啚），圖（啚）難意。用啚作圖，非。〔二五五〕 廜廜麻，草菴。〔二五六〕 鵚烏鵚。〔二五七〕 郚亭名，在馮翊。 捈别
（引）。又他胡反。〔二五八〕 稌穗。又弋虵反。 菟虎扙。 奴乃胡反。徒。〔二五九〕六。 砮礪。 駑駘馬。 帑藏。〔二六〇〕 孥子。
篴鳥籠。又女加反。〔二六一〕 呼荒烏反。喚。亦作▨（評）▨。▨（八）。〔二六二〕 膴無骨腊。又武夫、所禹二反。〔二六三〕 憮大。
葫蒜别名。〔二六四〕 㤦怯。 魖鬼皃。 謼大叫。又呼故反。〔二六五〕 虍虎文。 吾吾（五）胡反。我。十二。〔二六六〕 吳國名。通
俗作吴。〔二六七〕 鼯似鼠。亦作鼯。 浯水名。 菩□。亦作▨（蕃）。〔二六八〕 猨猨屬。 琨琨珸，美石，似玉。 蜈蜈蚣，蟲。
郚鄉名，在東莞。 梧梧桐。 鯃鮈鯃。 㚢（㷷）大魚。 租側（則）胡反。田税。〔二六九〕二。 蒩茅蒩，封諸侯，蒩以茅。 盧
落胡反。器。通俗作盧。廿三（四）。〔二七〇〕 鑪火炁（炁）。〔二七一〕 壚黑田。〔二七二〕 籚竹名。 蘆蘆葦。〔二七三〕 顱頭顱。亦作
髗。 鱸魚名。 攎斂取。 櫨柱。〔二七四〕 ［□□□］。〔二七五〕 轤轒轤，圓轉大木。〔二七六〕 黸黑甚。 獹韓獹，犬名。 鸕鸕鷀，
鳥。〔二七七〕 艫舟後。 纑布縷。 瓐碧玉。 鬛鬛。〔二七八〕 膚餅器。〔二七九〕 蘆藥草。 廬廡。 戱戱，音蛭（秖）。 蠦
蜰。〔二八〇〕 桴木名。又力祖反。 蘇息吾反。荏類。六（三）。〔二八一〕 穌更生。 蘇廜蘇。 徂昨姑反。往。亦作退。

〔□〕。〔二八二〕殂死。䖠虎不柔。又才他反。烏□▨（都）反。□。▨（十）五。〔二八三〕嗚嗚呼。杇泥槾（槾），〔□〕字莫寒反。〔二八四〕洿水不流。鴮鴮鶘，魚名。釫鏝。歍口相就。〔二八五〕鎢鎢錥，温器。弙滿弓又（有）所向。又口孤反。〔二八六〕瑦石似玉。又於故（古）反。〔二八七〕樢樢椑，青柿。鵭鵭胡。螐蠋，蜈（蚷）。〔二八八〕□▨（引）。又口孤反。〔二八九〕於於戲。又央魚反。逋博孤反。賖；懸。八。餔歠。晡申時。庯屋上平。鋪設。又普故反。捬展舒。又補路反。䟽䟽趍。鶘鵝。〔二九〇〕枯苦胡反。死木。亦作殆。七。刳剖破。郀地名。扜揚。又□▨（娱）□。〔二九一〕弙張弓。又於孤反。亦作忬（扝）。〔二九二〕軲車。橭木四布。又古胡反。麁倉胡反。米不精。三。麤行路遠。〔二九三〕蘆草履。瑹他胡反。美玉。五。稌稻。又他古反。琈琈。梌銳。又達胡反。趍伏地。▨（都）丁姑反。大邑。〔二九四〕四。篰竹名。闍闉。又時遮反。醏醸醏，醬名。䅮普胡反。豆䅮。六。鋪設。鯆魚名。踊馬蹂（蹀）。痡病。陠衺。

12 齊

□□▨（齊）徂嵆（嵇）反。中。〔二九五〕七。臍膍臍。亦作齊（齎）。〔二九六〕齌齌狼，獸名，似麋。蠐蠐螬。或作齎。齎好皃。鍗（銻）利。又子奚反。〔二九七〕䶒等。又七嵆（嵇）反。黎落嵆（嵇）反。衆。〔□〕作黧、棃。十五。〔二九八〕犁耕具。䴢䴢屢（屢），綺窓。〔二九九〕藜蘺（藿）。〔三〇〇〕篱篱笆，織荊。又力底反。黧黑而黄。縭（纚）綘縭（纚），惡絮。盠似（以）瓠爲飲器。〔三〇一〕邌徐行。鵹亭名，在上黨。〔三〇二〕讈謾。謧弄言。又力支（支）反。〔三〇三〕騳馬屬。穛穛黄，鳥。鵹鯠。〔三〇四〕妻七嵆（嵇）反。齊。亦作䶒。九。萋草盛。淒雲皃。凄寒。《詩》云『凄其以風』。悽慘。霋雨止。鶈怯（怪）鳥。緀緀文（斐）。〔三〇五〕齎炊疾。又即嵆（嵇）反。仾（低）當兮反。仾昂。亦作佂。〔三〇六〕十七。𢀖丘羌。通俗作互。〔三〇七〕衼（祇）短衣。䃂《漢▨（書）》金▨（日）□。〔三〇八〕▨（鞮）草（革）履。〔三〇九〕䏲䏲胵，肤腹。胵字胡嵆（嵇）反。羝（羝）羊。腿臀。〔三一〇〕䱱（䱱）餬。剫剄。〔三一一〕氐至。又丁計反。〔三一二〕鯷不止（正）。〔三一三〕紅（紙）絲滓。揥捐。又勑□反。〔三一四〕隄防。亦作堤。衺大。㕧不能行，爲人所引。〔三一五〕啼度□□。

□□。□□。〔三一六〕蹄足名。亦作踮。〔三一七〕箎竹名。提持。詆（詆）訶。又丁礼反。隄防。亦（又）當嵇（嵇）反。
亦作堤。〔三一八〕稊木名。題楄頭。媞笑（美）好。〔三一九〕題視。又徒計反，▨（次）。亦作䁃。〔三二〇〕綈厚繒，色緑而深。
罤兔▨（網）。〔三二一〕▨（渧）□□□。□□。□□□□。□稊子，草。▨（或）作苐。〔三二二〕銻鎕銻，膏靡。醍酒。又
天礼又（反），亦醍醐。〔三二三〕騠駃騠，馬名。又丁奚反。禔衣服好。鵜鵜鶘，鳥名。荑荑。〔三二四〕鎞器。▨（蹊）▨
（𨻶）。〔三二五〕□□□，□。□□□。□□□□。□□□。□□，□。□□□□。〔三二六〕蝭蝭蟧，小蟬。䁴直視。又与支
（支）反。〔三二七〕睼迎視。又吐見反。〔三二八〕趧趧韈，四夷樂。謕轉語。又他奚反。甋瓷。䔶荑。□□□。
□□□□。□□。□□。□□。□▨□□。〔三二九〕碑方奚反。碑豆。□□。〔三三〇〕□□□。□□□。□□
▨（榹），▨（小）▨（樹）；□□□。〔三三一〕▨（蓖）蓖麻。〔三三二〕紕謬。又芳▨（脂）□。□□□。□□□□□□▨
（鼠）□。〔三三三〕貕豕□三□。〔三三四〕□□□□〔三三五〕
（中缺）〔三三六〕

14 皆

□□□□〔三三七〕▨（諧）□□□。▨（和）。□。〔三三八〕□□□□□。□□。□□□。□□□□。〔三三九〕▨（鮨）▨
（樂）。〔三四〇〕蓶□▨（蔽）。〔三四一〕□□□□□□反。背。□作乖。一。〔三四二〕懷户乖反；□□□反。正作懷（懷）。〔三四三〕
八。褢褢夾。櫰木。又古迴反。𪕊戎狄鹽（鹽）。褢▨（崴）褢。〔三四四〕□□□□□。□□□。□□。□□□□。
□□。□□□□。□。□□□。〔三四五〕▨（䓘）劥。〔三四六〕豺士諧反。狼屬。四。〔三四七〕儕等。輂次；又却車東廂。又
〔□〕佳、取私、疾離三反。〔三四八〕崽山，在五（平）林。〔三四九〕差楚皆反。簡。二。〔三五〇〕赿□去。〔三五一〕▨（虺）□□□。
□□，□□。□。□□□□。□。□□□。□。□□□□□。〔三五二〕懇慧。〔三五三〕齋側皆反。齊。〔三五四〕一。崴乙乖反。
崴褢，不平狀。三。瘣瘣痿，濊濁。𪕊鹽。亦作䶕。𪗐卓皆反。䶔。一。揩客皆反。揩揌，摩拭。〔三五五〕二。緒大絲。
揌▨▨（諸皆）□。揩。〔三五六〕二。□□□□〔三五七〕

15 灰

▢▨(五)灰呼恢反。燼餘。從又。通俗作灰。三。〔三五八〕⿰虫豖豕掘地。瘣馬病。恢苦回反。大。亦作烣。六。詼詼
嘲。悝病；一曰悲。魁師；一曰北斗星。⿱竹欸箭竹。又苦壞反。〔三五九〕顝醜。又口兀、口猥二反。隈□□□。水□。
□。▢▨(煻)煨火。〔三六〇〕⿰糸畏五色絲飾。偎國名。⿰風畏風伍(低)。又乃罪反。鰃(⿰角畏)角曲中。〔三六一〕回户恢反。
旋。九。洄逆流。徊徘徊。迴覆轉。槐守宮槐，樹名。〔三六二〕瑰玫瑰，火齊珠。蚘人腸中長蟲。正作蛕。邪(郉)
鄉名，□睢陽。〔三六三〕□□□。〔三六四〕枚莫盃反。一箇。十一。〔三六五〕媒妁。玫玫瑰。梅似杏而酸。亦作楳。煤炱煤，
灰集屋。炱字杜來反。〔三六六〕脄背肉。又亡代反。腜孕始兆。禖求子祭。䍙雉網(網)。〔三六七〕鋂大環。莓莓，美
盛。〔三六八〕瓌公迴反。瑋。四。傀大皃。蒐菜。又胡▨(罪)反。〔三六九〕櫰木，食多力。又爲乖反。雷路迴反。小⿺辶雷
(霆)。正作靁。〔三七〇〕八。罍酒器。或作櫑、罍、鑘。儡儡同。⿱畾力勉。畾田間。⿰畾瓦檼(櫑)。又力救反。〔三七一〕轠轠
轤，不絶。瓃玉器。〔三七二〕穨杜迴反。暴風。十一。㿉陰病。▨(壝)下墜。〔三七三〕魋似羆而小；又人名。〔三七四〕膭膗
膭，屋破狀。頹禿。撴(㨃)棺覆。〔三七五〕蹪蹪仆。⿰言崔譟。蘈牛頹。〔三七六〕㢂壓。或作隤。崔此迴反。人姓。又子
雖反。〔三七七〕三。催促期。縗喪衣。磓都迴反。落。五。〔三七八〕䭔餅。〔三七九〕堆聚土。頧冠名。槌樀。亦作
⿱雖土。〔三八〇〕摧昨灰反。折。〔三八一〕四。崔崔嵬，与人姓崔者字同音别。慛傷。樶木擣。又子淚反。膗素迴反。膗
膭。〔三八二〕三。挼繫(擊)。〔三八三〕⿰革隹鞘。〔三八四〕裴薄灰反。人姓。〔三八五〕七。徘徘徊。培□。〔三八六〕陪厠。蓓鄉名，在
河東聞喜。碩曲頤。又方骸反。〔三八七〕輫箱。杯布迴反。似椀而淺。或作盃。〔三八八〕一。肧(胚)芳杯反。肧胎。一
曰匹尤反。正作肧。〔三八九〕五。坏瓦未燒。㾹弱。醅酒未濟(漉)。〔三九〇〕衃疑(凝)血。又匹尤反。〔三九一〕鮠不(五)迴
□。魚，似鮎。[□]□□反。三。〔三九二〕桅舟上幢。〔三九三〕嵬崔嵬。亦作嵔、阢。䡶他迴反。車盛皃。亦作⿰車𠂤
(帕)。〔三九四〕四。蓷草名，益智；一名鴟葵。〔三九五〕屦履。推進。㥏乃回反。古之善塗者。又奴旦反。二。〔三九六〕捼
摩。脮子回反。赤子陰。□作痠(㕙)、▨(峻)。〔三九七〕二。屦粗者。〔三九八〕

16哈　□▨（六）哈呼來反。笑。亦作改。二。〔三九九〕　眩（眰）刻眩（眰），笑聲。〔四〇〇〕　開苦哀反。張。或作闓。三。〔四〇一〕
刻刻眩（眰）。〔四〇二〕　㚊多。亦作奒。　哀烏開反。悲。五。　埃塵。　唉慯（慢）膺。又於其反。　欸歎。　焕熱。　臺徒哀
反。高。〔四〇三〕九。　擡舉。　菭魚衣濕者曰濡菭。　炱炱煤。　嬯鈍劣。　薹蕓薹。　跆蹋。〔四〇四〕　箈竹萌。　苔水衣。　該古
哀反。帀。十六。　豥豕四蹄皃（白）。〔四〇五〕　垓八極；又垓下，堤名，在沛郡，項羽敗處。〔□〕下亥反。〔四〇六〕　荄草根。又
古諧反。　郂鄉名，在陳留。　殪羊胎。　剴木鐮；一曰摩。又五哀反。〔四〇七〕　陔殿階之次序。　姟數，十葤曰姟。〔四〇八〕　餩
飴。　祴祴夏，樂章。　豈牙。可（亦）作豈。〔四〇九〕　絯挂。　胲足大指肉毛。　賅奇，非常。又胡改反。亦作侅。〔四一〇〕　晐
備。　裁▨（昨）來反。製。〔四一一〕七。　纔僅。或作裁。　財貨。　才能。　材物好。　豺麲。　芽蔵。　來落哀反。回。通俗
作来。十八。〔四一二〕　萊藜；又東萊，郡，在青州。　郲〔□〕名，在蜀。〔四一三〕　騋馬高七尺曰騋。　崍崍豈，山。　鶆鄉名，在扶
風。又力之反。　氂毛起。又力咨反。　▨（或）□綵。〔四一四〕　鶆爽鳩。〔四一五〕　鯠鯬。〔四一六〕　猍貍別名，陳楚江淮▨▨（間名）
尔。〔四一七〕　麳小麥。亦作秾、麳（𪎭）。〔四一八〕　梾□。〔四一九〕　▨（琜）瓄□。〔四二〇〕　▨（睞）耕外□畬。〔四二一〕　徠還。又力
代反。〔四二二〕　騋騋黷，大黑。　庲舍。　淶水名，在北地廣昌。〔四二三〕　灾
（中缺）〔四二四〕

24寒　一小圓。〔四二五〕　瓛圭名。　紈生綃。　藿藿葦。〔四二六〕　雚木兔，鳥。〔四二七〕　洹水名，在鄴。又于原反。〔四二八〕　汍汍瀾，泣皃。
絙□。〔四二九〕　芄□□，草名。〔四三〇〕　獂豕屬；□□□，縣名，▨（在）□□。〔四三一〕　▨（梡）□□，□□▨（梧），子可
食。〔四三二〕　峘峘山。〔四三三〕　羦羊羦。〔四三四〕　皽皮病。　貆鴦▨（貒）。〔四三五〕　𪉏丸屬。又如之反。　垸漆和骨。　寏周垣。或
院。　莧（莞）小蒲席。〔四三六〕　莀（莀）蒲。又胡混反。〔四三七〕　萓堇類。　綄（綄）候風羽。〔□〕胡管反。〔四三八〕　剜一丸
反。徒（陡）削。陡音當苟反。〔四三九〕四。　智井無水；〔□〕曰月（目）〔□〕精。〔四四〇〕　豌豌豆。　婠好皃。　鑾落官反。車。
〔□□〕。〔四四一〕　鸞鳥。　巒小山而鋭。　欒木名；又姓。　灤南灤，縣名，在鉅鹿。俗誤作欒。　㜻迷或不解理；一曰欠

皃。〔四四二〕䌌嬈納（綱）。虊䖒葵；一曰茆，《詩》云『言採其茆』。〔□〕音力久反。亦作孌。〔四四三〕䜌日且昏時。欒清
（漬）▨（水）。〔四四四〕岏五丸反。巑岏。〔□〕。〔四四五〕刓圓削。亦作园。黿似鼈。又愚袁反。〔四四六〕䯌䯍。羱野羊。又
語園反。䯛䰃。䯍餌。欑在丸反。木叢。〔四四七〕三。巑巑岏，小〻（山）皃。〔四四八〕穳穛。亦作簒（篹）。〔四四九〕寬苦官
反。大。二。髖兩胳間。又孔昆反。或作臗。歡呼官反。樂。九。〔四五〇〕驩馬名。貆貆，貈之子。又音丸。貉（貈）字
下各反。〔四五一〕鸛鸛鷒，如鵲短尾，射之，銜矢射人。亦作鵍。鴅鳥名，人面鳥啄（喙）。〔四五二〕酄邑名，在魯郡。腸四凶
名。〔四五三〕獾狼。亦作犿。貛野豚。湍他端反。急瀨（瀨）。五。▨（貒）貒腞（豚），似豕而肥。又吐亂反。〔四五四〕煓
漢太上皇名。黚黃色。䵎黃色。又湯門反。〔四五五〕酸素官反。䣲（醋）。四。〔四五六〕狻狻猊，師子，西域猛獸。或作㹱。
痠痠疼，痛。霰小雨。端多官反。首。九。〔四五七〕褍衣長，又衣正幅。□齊。〔四五八〕觽角觽，獸名。耑正。鷒齊。又
都叜反。篅竹。鍴鑽。穑禾垂。又丁▨（果）反。〔四五九〕鑽借官反。又借玩反。鑽刺。〔四六〇〕二。欑曲轅。亦作轥
（轥）、欑。〔四六一〕官古丸反。工。〔四六二〕九。莞草名，以爲席。又胡官反。▨（棺）小槨。〔四六三〕觀視。又古玩反。貫
穿。又古玩反。〔四六四〕冠首飾。又古玩反。涫沸；又樂涫，縣名，在酒泉。悹憂無告。又公玩反。毌穿物持。團
（團）度官反。圜。九。蓴圓竹器。正作□。〔四六五〕剸截。又之兖反。▨（摶）摶風。〔四六六〕慱《詩》云『勞心慱慱』。
漙《詩》云『零露漙兮』。鄟邾鄟之邑。又之緣反。霻（䨵）零露。〔四六七〕鷻鳶。單都寒反，隻。又常演反，人姓。
九。〔四六八〕禪襌衣。鄲邯鄲，縣名，在趙郡。丹赤。殫盡。▨（簞）小筐。〔四六九〕癉大腹。匰器名。嶦山名。安烏
寒反。桊。五。盌盌鐙，大盂。鞌馬鞌。䢿地名，在▨（當）陽。〔四七〇〕侒宴。干古寒反。求。十一。乾燥。古作漧。
竿竹梃。〔四七一〕肝心；金藏。〔四七二〕奸以淫犯。▨（鳱）鳱鵲（鵲），鳥，知來事。鵲（鵲）字或〔□〕鵠，▨（吉）沃▨
（反）。或作䧗。〔四七三〕玕美石，次玉。邗越別名。又胡干反，江名。盂盤。戓▨（盾）。〔四七四〕䢺地名。壇徒干反。封
土祭處。十。檀木名。鷤鶙鷤。癉風在手足。又都彈反。▨（撣）觸，《大（太）玄經》云『撣其名』。〔四七五〕彈拏。又

徒𠮨(旦)反，弓。〔四七六〕驒連錢驄；一曰青驪白文。又丁年反，驒騱，匈奴畜，似馬而小也。聅軍法矢貫目(耳)。〔四七七〕唌歎。貚貙屬。〔四七八〕盤薄官反。盂。亦作柈。十七。〔四七九〕瘢瘡痕。〔四八〇〕磐大石。幋大巾。磻磻磎。鬆鬆頭，屈髮爲之。又防满反，卧髮曰鬆。般樂；又博干反，數。嫛(媻)奢。〔四八一〕蹣蹣跚。〔四八二〕搫搫挨，婉轉。鞶草(革)帶。𥉁轉目視。䈲篋。槃槃曲。𪑴下色。𪃅𪃅鶋(鶋)，宵飛。〔四八三〕蟠蟠木。看苦寒反。審視。亦作翰(翰)。□。〔四八四〕靬弓衣。又口𠮨(旦)反。刊削。栞槎木。〔四八五〕臤堅。又口間、口耕(耕)二反。瞞武安反。目不明。十五。〔四八六〕顢顢頇。謾謾，欺慢言。〔四八七〕蹣踰牆。槾槾頭，餠。懣忘。鏝所以泥壁。𦬒無穿孔狀。鞔覆。又莫阮反。鰻魚名。鬘長髮。悗或。〔四八八〕䅼䅼𪎭(䊭)，亭，在上艾。〔四八九〕䣔醭。芇(芇)相當。又丠(亡)殄反。〔四九〇〕湌倉干反。進食。正作食(餐)。一。〔四九一〕蘭洛干反。香草。從柬，音簡；蘭頭，餠。[□]。〔四九二〕瀾大波。〔四九三〕欄木名。闌階際木句闌；□□闌，晚。〔四九四〕讕逸言。又力誕[□]，誣讕。〔四九五〕𨷲安入宮門。籣盛弩矢，人所負。亦作韊。㘓㘓哰，偖拏。躝踰。殘昨干反。餘。六。〔四九六〕㱚獸食餘。亦▨(歾)。〔四九七〕▨(戔)《易》曰『束帛戔戔』。〔四九八〕盞盃殘(盞)。〔四九九〕奴穿。亦作㪟。〔五〇〇〕帴帔。嘽他單反。馬喘。八。嘆長息。攤攤蒱之攤。〔五〇一〕灘水灘；一曰歲▨(在)申曰涒灘。〔五〇二〕譠譠謾，欺謾言。又几山反。〔五〇三〕痑力極；又馬病。又訖(託)何反。〔五〇四〕嬗緩。彈彈誕，□▨(不)□。〔五〇五〕潘普官反。人姓。五。〔五〇六〕甂甂胡(瓳)，大甂。〔五〇七〕畨畨禺，縣，在交阯。〔五〇八〕拌弃。又蒲嬾(嬾)反。𢊾峙居。〔五〇九〕難乃干反。亘鮮。一。䏊蘇干反。肪脂。五。〔五一〇〕跚蹣跚，伏行皃。珊珊瑚。又先曷反。姍䰉。䈉竹器。頇許安反。▨(顢)頇，大面。又□□□。□。□北潘反。部黨。三。〔五一一〕般别。又薄肝反，樂。〔五一二〕畢器具。又卑▨(蜜)反。〔五一三〕

25 删

□□□□□反。□。▨(五)。〔五一四〕訕謗。姍單[□]名。〔五一五〕狦狼。▨(潸)悲涕。又□□□。〔五一六〕▨(關)古還反。▨(礙)。□。〔五一七〕瘝病。〔五一八〕綸織□□。□□關反。□弓。▨(三)。〔五一九〕灣水曲。潫㴔潫。還胡關反。

▨(旋)。□□。〔五二〇〕環石(玉)環。〔五二一〕▨(剽)□□，□□，在武□，□□□▨▨(姑反)。〔五二二〕鬟髻□。〔五二三〕
□□▨(闠)，□▨(門)。〔五二四〕䙆▨(膏)□□□。□〔五二五〕

(中缺)〔五二六〕

27 先

□。□□▨(賢)反。▨(引)。□。〔五二七〕縴□□，□□。□字▨(落)□□。□□□，□□□。□□□□。□□厚。又□閑反。〔五二八〕□ □鴳鶕。〔五二九〕研磨；斫木。或作硯、㮇。〔五三〇〕俓□。□□耕反。〔五三一〕玣□。〔五三二〕玕□。〔五三三〕眠莫□□。□。亦▨(作)□。□。〔五三四〕□▨(目)旁▨(薄)密。〔五三五〕瞑作(注)聽。〔五三六〕䰂燒烟畫眉。〔五三七〕寡不見。蹁▨(蒱)□□。蹁□。□。〔五三八〕□□▨(珠)。〔五三九〕骿賀(骿)肋。〔五四〇〕軿四面屏弊(蔽)婦人車。又防丁反。〔五四一〕駢駕三(二)馬。〔五四二〕瓟黃瓜。亦作䒐。賆益。腨國(肉)也。楄□□。〔五四三〕渆(淵)烏玄反。深水；武帝諱。九(八)。〔五四四〕痟骨節疼。弲弓勢。剈曲前。亦作刓。〔五四五〕鼘鼓聲。又於市(巾)反。〔五四六〕䠙行皃。鷊鳥郡(群)。〔五四七〕蜎撓。又甌泫反。涓古玄反。水流。六。睊視皃。蠲除。䓣草名。〔五四八〕稍麥莖。䳌杜鵑，鳥。鋗(鋗)火玄反。銅銚。〔五四九〕五。䮄青驪馬。䁘直視。捐(梋)捥(椀)。圓(圓)規。又辝治(沿)反。〔五五〇〕邊布玄反。四垂；又楅(偏)。十二。〔五五一〕籩竹器。甂(甂)小盆。〔五五二〕蝙蝙蝠，仙鼠。〔五五三〕編次。又甫連、方繭二反。猵獺(獺)屬。稹籬上豆，又北繭反。〔五五四〕萹萹竹，菜。又[□]繭反。〔五五五〕㾫身不正。蹁足不正。㴜水名。牑牀上板。玄胡涓(涓)反。虛玄。七。〔五五六〕懸無依。古縣。〔五五七〕眩眩乱。駭馬一歲。玹漢有趙玹。昀目大白(皃)。〔五五八〕胘牛百棻(葉)。〔五五九〕

28 仙

□□仙相然反。神壽。八。〔五六〇〕䉳竹名。莶草名，似莞。蹮(躚)舞皃。〔五六一〕秈秔稻。鮮生魚。秏毨。〔五六二〕碊以石扞繒。錢昨仙反。帛貨。一。遷(遷)七然反。徙。二。櫏(櫏)桾櫏(櫏)，木名。煎子仙反。熟煑。二。濺(湔)□；一曰水名，在蜀□□山。又子先[□]。〔五六三〕然如延反。是。七。〔五六四〕燃燒。上然從火已是燒，更加火，

非，同梁加木失。𤡬猓𤡬，獸，白質黑文。〔五六五〕𡟯姪（姓）。〔五六六〕肰犬肉。𥲢竹。蘺（虇）草。〔五六七〕延以然反。引
長。九。〔五六八〕埏墓道。筵席。〔五六九〕▨（郔）地名，在鄭。〔五七〇〕綖冠上覆。蜒蚰蜒，蟲。䘰帞㫟（䘰），牛項上
衣。〔五七一〕鋋小矛。又市延反。䞁（遄）相顧視。〔五七二〕𩜺諸延反。粥饘。亦作䊵。〔五七三〕六。旃（旃）之。亦作饘
（饘）。〔五七四〕襢襢旃。栴（栴）栴檀，香木。氈毛席。▨（鸇）晨風鳥。亦作鸇（鷏）。〔五七五〕甄（甄）居延反。察；
一曰免。又職憐反，人姓。一。邅張連反。又直連、持戰二反。迍邅。三。驙馬載重行難。又徒安反，白馬黑脊。鱣黃
魚。亦作鱣。潺士連反。潺湲，水流皃。七（六）。〔五七六〕㦊虎淺文皃。□仕限、□嵋二反。〔五七七〕𨪕小鑿。孱弱。𡎼
門，聚。〔五七八〕𨍲軒。羶或（式）車（連）反。羊臭。六。〔五七九〕挻打凡（瓦）；又柔挻。又丑連反。從手。〔五八〇〕煽火盛皃。
又或（式）扇反。脠生肉醬。鯅□□。〔五八一〕䘰帞。脠丑延反。魚醢。又□連□。四。〔五八二〕梴木長。鏈鉛朴。又力
延反。辿侵（緩）步。又丑連反。〔五八三〕鋋市連反。小［□］。又以然反。〔五八四〕六。單單于。蟬蟲。〔五八五〕嬋嬋媛，牽
引。儃能（態）。〔五八六〕禪靜。纒（纏）直連反。繞。通俗（俗）作纒。八。〔五八七〕𨇝（躔）日月行。或作𨇝。〔五八八〕▨
（瀍）水名，在河南。〔五八九〕壥（壥）一畝畢（半）；一曰城市內空地。〔五九〇〕廛（廛）屋。與壥通。鄽市，通俗作厘、廛；
郯鄽作厘，從省作鄽。〔五九一〕邅移。又除善反。蟺（蟺）守宮。〔五九二〕嘕許延反。笑。亦作唌。四。〔五九三〕嫣長皃；好
皃。又於建、於遠二反。𦐭飛。仚輕舉皃。連力延反。及。十。聯聯緜，不絕。〔五九四〕漣漣漪，風動水。〔五九五〕㺦㺦
翻，飛相及皃。鰱魚，似鱅。鏈鉛松（朴）。又丑連反。亦𥗐。〔五九六〕㶕水名，出王屋。〔五九七〕𪘀齒露。漣泣血。槤簃。
篇芳連反。簡札。六。偏不止（正）。〔五九八〕翩飛。媥身輕便皃。𤸷身正（枯）。〔五九九〕萹茿萹。〔六〇〇〕又補殄反。便
房連反。不惡。〔六〇一〕六。緶縫。箯竹輿。楩木，食不噎。𧎢沙蟲。亦作𧓍。諞巧言，《論語》『友諞佞』。〔六〇二〕綿武
連反，精絮。〔六〇三〕十。櫋屋聯櫋。謾欺，出《漢書》。矊（矈）瞳（瞳）子黑。〔六〇四〕蝒馬蜩。䰓雙生。㦜忘。杣
（柄）木名。〔六〇五〕蚰（蛃）蟬屋（屬）。〔六〇六〕宀深屋。仝聚緣反。具。或作全。〔六〇七〕五。泉水源。牷牲仝色。葲

莘（芊）菓。〔六〇八〕蜁白質黄文貝。宣須緣反。吐。四。揎手發衣。或作摶（捋）。〔六〇九〕愃决（快），吴人云。又況晚
反。〔六一〇〕䪙圓面。或作圝。鐫（鐫）子泉反。鑚鏨。亦作鋑。通俗作儁（鎸）。〔六一一〕二。剶（剶）刵。又且全反。
翾許緣反。小飛。七。〔六一二〕儇智。〔六一三〕弲角弓。還疾。〔六一四〕蠉蟲行。䴋妍。又有矩反。縣童子。又下犬
反。〔六一五〕壖（壖）而緣反。堧堧。河江邊地；又廣（廟）垣。又而兖、奴玩二反。三。〔六一六〕䙴從（促）衣縫。〔六一七〕撋摧。
亦作撋、捼。又而爲、乃和［□□］。〔六一八〕穿昌緣反。貫；又過。三。〔六一九〕川谷。亦作川（巛）。〔六二〇〕灥三泉。沿
（沿）与專反。從流而下。俗作㳂。十一。鈆（鉛）錫。通俗作鈆。〔六二一〕櫞枸櫞，亦（可）作粽。〔六二二〕捐弃。鳶鵄
（鴟）。〔六二三〕蝝蝗子；一曰蟻子。緣歷。蔫蔫尾，射干。阮高。鰇魚。㯈（旋）短。〔六二四〕旋似泉反。還。〔六二五〕
十。檈圓安（案）。〔六二六〕璿玉名。淀回流。琁美石，次玉。㕰炊箕。璇（璇）好。亦作嫙。〔六二七〕鏇員鑪。又囚絹
反。〔六二八〕蠰蝡蠰。亦作螀。〔六二九〕圓規（規）。又於沿（沿）反。娟於緣反。一曰好皃。〔六三〇〕三。嬛身輕便。悁悁悒，
憂。舩（船）繩川反。舟。通俗作舩。〔六三一〕一。鞭卑連反。檛馬杖。六（五）。〔六三二〕鯾魚名。編次。又布千、方繭二
反。篇竹與（輿）。〔六三三〕揙擊。又苻善反。〔六三四〕涎敘連反。口液。正作次，亦作㳄。［□］。〔六三五〕詮此緣反。平。十
六。銓銓衡。亦作硂。〔六三六〕痊病瘳。佺偓佺，仙人。悛改。駩白馬黑脊（脣）。〔六三七〕荃香草。筌取魚竹。〔六三八〕
絟細布。譔善言。又仕卷反。〔六三九〕源言語和悦。恮謹。遵（遵）簿。〔六四〇〕剶（剶）剔。又先全反。峑山巔。
栓丁。〔六四一〕專（專）職緣反。精一。〔六四二〕六。甎燒墼（墼）。顓顓頊。篿竹器，《楚辤》『索敻芧（茅）以筳篿
兮』。〔六四三〕鄟邾婁邑。又徒桓反。嫥好皃。遄市緣反。速。□。〔六四四〕圌倉。或作篅。又時規反。〔六四五〕輲無輪車。
亦作軘。椯水（木）名。〔六四六〕▨（諯）相讓。又兖（充）絹反。〔六四七〕負王權反。官數。五（三）。〔六四八〕圓圜。湲潺
湲。栓山員反。木丁。［□］。〔六四九〕篧篧車▨（軸）。▨（又）所▨（眷）反。〔六五〇〕恮疰（莊）緣反。曲卷。〔六五一〕一。饌
（饌）丑專反。所以鈎門樞者。〔六五二〕二。剶（剶）去枝。虔渠焉反。天。古作乾，不省，与虔同。〔六五三〕六。虔

□。〔六五四〕犍犍爲，郡，在益州。〔六五五〕鰬魚名。⿰虔阝聚名，在河東聞喜。〔六五六〕騝騝馬黃脊。愆去乹（乾）反。罪。〔六五七〕五。褰褰衣。騫虧少；一曰馬腹縶。又許言反。攓（⿰衤蹇）齊魯言袴。又己偃反。〔六五八〕⿺走蹇蹇足根。⿰扌雚巨員□。□常合道。□作[illegible]。十六（九）。〔六五九〕拳屈手。觠曲角。狋狋氏，縣名，在伐（代）郡。氏字即盈反。〔六六〇〕顴頰骨。婘美好。〔六六一〕⿰足雚曲脊行。踡踡跼，不行。⿸疒卷手屈病。犈牛黑耳。又居万反。蠸倉（食）瓜菜（葉）虫。〔六六二〕齤齒曲。▨（⿰木鸛）鴝鵒。〔六六三〕蜷蟲刑（形）詰詘。〔六六四〕⿱龹皿盌。鬈髮好。趯曲脊。〔六六五〕⿰月雚⿰月雚腜，醜皃。孉好皃。椽直緣反。屈（屋）椽。〔六六六〕二。傳（傳）轉。又持戀反。通俗傳。〔六六七〕攣吕緣［□］。攣綴鷹狗。亦作䜌。〔六六八〕四。癵癵病。䜌南䜌，□，在鉅鹿。□□九反。〔六六九〕蠻蜛。勬強健。居員反。一。〔六七〇〕卷去員反。縣名，在滎陽。〔六七一〕五。⿱日卷小幘。棬器，似升（升），屈木爲之。〔六七二〕⿰弓雚弓曲。鬈（鬈）髮好。〔六七三〕焉於乹（乾）反，何；又矣乹（乾）反，語已聲。三。漹水名，出西河。又於彥反。⿰虫焉⿰虫焉蠻。［□］音灣。〔六七四〕嬽（嬽）□□反，□▨（眉）皃。〔六七五〕四（一）。⿰足今居員反。曲伏。［□］。〔六七六〕勬強健。⿰目今目眇。辿丑連反。綏（緩）步。一。〔六七七〕⿰衤全人全反。衣縫。一。〔六七八〕⿰焉鳥丁全反。一。嫣，九也。出《說文》。新加。一。〔六七九〕

29 蕭

□▨（九）蕭蘇彫反。草名；又縣名，在沛郡。十二。〔六八〇〕簫管。亦作⿰龠肅。彇弓弭。蟰蟰蛸，蟲名。橚橚槮，樹長皃。瀟水名。飅涼風。〔六八一〕綃生絲絹。又相焦反。撨擇。又先鉤反。箾舞箭（箾）。又山卓反。〔六八二〕鮹魚。䎘羽翼蔽皃。亦作⿰肅毛。祧吐彫反。遠祖廟。亦作庣。八。〔六八三〕挑撥挑。朓月見西方。恌輕薄。聎耳病。趒雀（雀）行。又他吊反。〔六八四〕⿰貂斗斗旁耳。蓧苗。貂都聊反。似鼠。亦作鼦。十九。髫小兒髮。彫刻。俗周（作）雕，誤。〔六八五〕刁姓。琱琢。凋落。〔六八六〕▨（⿰犬召）短尾犬。〔六八七〕鯛魚名。鵰鷻鳥別名。亦作雕。蛁蛁蟟，茅中小虫。〔六八八〕瞗熟視。苕（芀）葦花。亦作蔦、苕。又音迢。〔六八九〕弴天子弓。又下（丁）昆反。〔六九〇〕列（刁）取穗。亦作刟。〔六九一〕⿰舟周吳船。⿰犭周大。亦作奝。〔六九二〕鵃鷯鵃。鳭（鳭）鳭（鳭）鷯。又作聊反。〔六九三〕衮（裒）棺中衣。〔六九四〕

迢徒聊反。迢遰。十七。條枝。髫小兒髪。跳躍。鋚絩頭銅飾。或作鞗。蓨似虵魚翼，見則大旱。蜩大蟬。亦作蚒。▨（祧）▨（獨）行，《詩》云『□□公子』。〔六九五〕苕菜。苕（芀）葦花。〔□〕音彫。〔六九六〕調正。嬥獨行皃。又徒了反。〔六九七〕髫髮名（多）。〔六九八〕卣草木實卣卣然。〔六九九〕樤柚。鯈魚。又直流反。毦毦。又許幺反。驍古堯反。驍武。九。梟鳥名。梟□□□。□▨（浚）。〔七〇〇〕憿憿卒（幸）；或作儌倖。亦作憢。〔七〇一〕邀遮。又於宵反。釗弩機；又周康王名。又指遙反。蟂似虵四足，能食人。〔七〇二〕僥僞（僬）。又五聊反。〔七〇三〕聊落蕭反。誠然。三十一。聊耳中鳴。正作聊（膠）。〔七〇四〕膋▨▨（腸間）□。□□。〔七〇五〕遼遠。又水名。憀無憀頼（賴）。寥空。竂穿。料理。亦作敹（敹）。〔七〇六〕㙩周垣。橑短椽，又力道反。撩取物。摷擊。療（廖）左氏辛伯療；又姓，力救□。《蜀書》云『後〔□〕有二療，湛、▨（立）』。〔七〇七〕□□□▨（爲）僚。□□□寮。〔七〇八〕鐐有孔▨（鑪）。〔七〇九〕▨（繆）□□。□□□，□□。□□□□肉□□□。〔七一〇〕鷯鷦鷯。〔七一一〕簝竹名。璙玉名。嫽相戲；又力弔反，嫽戾，性自是。漻水清。瞭明目。〔七一二〕蓺（蓺）▨（草）器。〔七一三〕▭〔七一四〕▨（堯）五聊反。高。通俗作尭。五。〔七一五〕嶢嶕嶢，山危。僥僬僥，短人。垚土高皃。顤頭長。膮許幺反。豕□。□。〔七一六〕▭■□□反。□□。□。〔七一七〕怮怮，憂。又於流反。鄡苦聊反。鄡陽，縣名，在鄱陽。▨（三）。〔七一八〕郻縣名，在鉅鹿。〔七一九〕㪠擊。▨（又）□□、▨（口）□□□。〔七二〇〕

30 宵

▭□□□▨（絹）。又□□反。〔七二一〕銷鑠。亦作焇。硝矾硝，藥石。蛸螵蛸，蟲。㲖長皃。又火（史）學反。〔七二二〕踃跳。▨（宵）▭■□遙反。□。□。〔七二三〕潮水潮。亦作淖。〔七二四〕鼂䵶。朝參覲。囂許喬反。喧。或作嚻。又五高反。□。〔七二五〕毊▭□草皃。又許▨（交）反。〔七二六〕蕉（蕉）昨焦反。柴。亦作樵（樵）。□□。〔七二七〕劁刈草。僬僬僥，南方短人。䁢耳中▭■□▨（喬）反。馬高六尺。古今共用作□□字，從夭、喬（高），通俗作喬。八。〔七二八〕憍矜。〔七二九〕▨（嬌）女□。〔七三〇〕▭□□□，鳥名，似鳳。

南□□□。□□□，□□。〔七三一〕□〔七三二〕

（中缺）〔七三三〕

31 肴

□□□□；又縣□，在沛郡。〔七三四〕筊（筊）竹索。〔七三五〕姣姣淫。猇□□；□□□，□□南。又五加、直□□□。□〔七三六〕▨（茭）乾草。〔七三七〕鵁鵁鶄，鳥名。鮫魚名，皮有文，可飾刀劒。膠黏。郊□外。〔七三八〕□□▨（囊）。〔七三九〕巢鉏肴反。鳥巢；又居巢，縣，在盧江。□。〔七四〇〕轈兵車，若巢以望敵。勦輕捷。又子小反。□〔七四一〕鵰鳭鵰，鳥名。鳭字知交反。巃忤。獶犬多毛。又乃勞反。梢所交反。舩□梢木。□□。□□□□，蟲□，□子。〔七四二〕鮹魚名。萷惡草。又胥遙反。䘯袩。娋小小侵。⿱肖女呼姊。箾竹器。〔七四三〕茅□□鵃鵃。〔七四四〕虓許交反。虎聲。亦作唬，又作哮，大怒。十二。髇髇箭。藃禾傷犯（肥）。〔七四五〕窙高氣。嗃□□，恚。〔七四六〕□□□。□髑髏。〔七四七〕涍▨（水）□，□□南；又▨。〔七四八〕□□□。□□□。□□□。□□□▨（反）。〔七四九〕猇聲。亦作唬。〔七五〇〕包布交反。包裹。正作丏（勹）。二。〔七五一〕胞胎衣。又疋（匹）交反。胞疋（匹）交反。胞胎。又布交反。□。〔七五二〕⿰包阝邑名。又愽毛□。〔七五三〕䍖□。□□□□□。〔七五四〕▨（抛）抛擲。〔七五五〕泡水上浮温（漚）；又扶交反，水名，在陽平。〔七五六〕僇盛。⿱艹七（艽）藥。〔七五七〕敲口交反。擊頭。七。〔七五八〕跤脛骨近足細處。或作骹。⿰目翏眑⿰目翏，面不平。眑於交反。〔七五九〕⿱巫心⿱巫心⿰忄牙，伏態皃。磽石地。亦作墽。頝□□。〔七六〇〕□□□□。〔七六一〕▨（聱）五交反。不聽（聽）。又五勞反。又魚幽反。五。謷不肖。又五勞反。磝山多大石。摮擊。敲擊。又口彫、口的二反。⿰耳巢側交反。耳中聲。三。〔七六二〕罺抄冈（网）。又楚宵、楚朔二反。抓掐。嘲□□□。□□。□。〔七六三〕⿺走周⿺走周趟，跳躍。趟字竹音（盲）反。〔七六四〕鳭鳭鷯，黃鳥。⿰言巢楚交反。代人說。五。〔七六五〕抄略。又初教反。或作鈔。⿱艹摷⿱艹摷取。訬懮。⿺鬼巢疾。庖薄交反。食廚。十一。〔七六六〕咆熊虎聲。匏瓠。炮合▨▨（毛炙）□；裹物燒。〔七六七〕瓟似瓠，爲飲器。麈（麃）似麈（鹿）。〔七六八〕掊手掊。皰赤黑之桼。〔七六九〕尥脛相交。狍獸，羊身人面。　鉋鉋刷。今音白教反。　⿰幽頁於交反。頭凹陷。又面⿰幽頁。五。〔七七〇〕　唔（呋）唔（呋）咋，多聲。〔七七一〕　呦呦
⿰目翏，▨（面）□□；又於糺反，幽靜。〔七七二〕　梘（梎）梢（梎）祠（桐）。〔七七三〕　坳地不平。　敫五交反。□。〔七七四〕

32 豪

□一豪胡刀反。豪使（俠）。亦作豪，通俗作豪。十一。〔七七五〕　號哭。　毫毛。　嘷熊虎聲。亦作獋。　濠城濠。　崤山名，
在弘農。又胡交反。　鄂鄉名，在南陽。　𠢕俊。　虠木名。　⿰阝豪城下道。　獋犬聲。　高古勞反。上出。通俗作高（高）。
□□。〔七七六〕　膏脂。　羔羊。　臯九臯。　餻餻糜（糜）。〔七七七〕　⿰山臯⿰山臯崪，古亭。　櫜弢；一曰車上大囊。　⿰夂卜（⿱⿰夂卜口）⿰夂卜縣。　鼛
役事鼓；一曰大鼓，長丈二。〔七七八〕　鷎鴝鷎，鳥名。〔七七九〕　槔桔槔。〔七八〇〕　篙棹竿。　▨（佫）毀。〔七八一〕　忴（悴）局
知。〔七八二〕　⿱艹⿱⿰夂卜口白⿱艹⿱⿰夂卜口，食之不飢。　草葛之自（白）花。〔七八三〕　鄗鄉，在范陽。〔七八四〕　麔牝（牡）麔（麋）。〔七八五〕　勞盧刀反。劬。
十四。〔七八六〕　澇水名，在京兆。　牢養牛馬。從用（冬）省，取四固；從穴者非。〔七八七〕　簩竹名，一枝百□，▨（有）□。〔七八八〕
登野豆。　醪酒。〔七八九〕　撈取。　⿰王勞玉名。　嫪妬。又力報反。　⿰耳翏耳鳴。又力彫反。　哰嘮哰，僗拏。〔七九〇〕　簝肉籠。又落
簫反。　⿰牢谷⿰臯谷⿰牢谷，深谷。　摎（樛）木。〔七九一〕　蒿呼高反。蓬蒿。五。　橈（撓）攪。　薧□人□。〔七九二〕　薅耘。亦作茠、休
（⿰扌休）、鎒。〔七九三〕　⿰臯谷⿰臯谷⿰牢谷，深谷。　毛莫袍反。膚豪。八。〔七九四〕　髦髮；又髦俊。　芼菜。〔七九五〕　⿰氵旄水名。　旄旄鉞。　氂氂
牛。又莫交反。　堥前高後下丘。又汝周反。亦作嵍。　楙冬桃。亦作枆。　饕吐高反。貪。□□。〔七九六〕　▨（洮）水名，
在定安。〔七九七〕　韜藏。　謟疑。〔七九八〕　滔流水皃。　叨濫。　弢弓衣。〔七九九〕　⿰馬舀行皃。　⿰牜壽牛羊無子。又曷（昌）來、充牢二
反。〔八〇〇〕　牧牛行遲。　搯搯棺（揗），《問（周）書》云『師乃搯揗』。［□］字烏活反。亦作掏。〔八〇一〕　慆悅樂。　絛編絲繩。
脩□通白。　□▨（作）眊。〔八〇二〕　叏滑。　詨謟。〔八〇三〕　丯進趣。〔八〇四〕　⿱⺮舀牛籠（篆）。〔八〇五〕　匋古器。　刀都勞反。
五。〔八〇六〕　魛魚名。　忉憂心皃。　裯裯被。又逐抽反。〔八〇七〕　舠小舟。　騷蘇遭反。愁。〔八〇八〕　九。〔八〇九〕　搔爬利
（刮）。〔八一〇〕　繅（繰）絡繭取絲；又七聊反，深色紺；□▨（所）銜反，旗□皃。正作繅。〔八一一〕　臊腥臊。亦作鱢。　鰠魚
名。〔八一二〕　慅愁恐狀。　溞淅米。　艘舩數。　搜（㮴）舩名。　袍薄褒反。綿衣。二。〔八一三〕　軳戾。　褒博毛反。衮。二。

匋地名。陶徒刀反。凡（瓦）器。正作[□]。十九。〔八一四〕詾多言。咷□咷。〔八一五〕桃毛果。綯似帳；史（又）草繩。〔八一六〕燾覆燾。逃走。鼗鼓。亦作鞀。掏搯（掐）出。〔八一七〕濤大波。檮檮杌。騊騊駼，似馬獸。萄蒲萄。或作陶。裪襦。蜪蝗子，[□]有翅。又勑高反。〔八一八〕錭鈍。駣馬四嵗（歲）。又徒浩反。犃牛羊無子。翢羽幢。又吐高反。糟作曹反。酒滓。亦在（作）醩、蒩。通俗作糟。〔八一九〕八。遭須。⿰火曹火餘木。槽果花實相半。⿰歹曹終。又祀牛反。⿰東曹日出方遭東曰明。⿰巾曹藉。褿（褿）□。□□勞反。〔八二〇〕敖五勞反。遊。俗作遨。十（廿）五（一）。〔八二一〕翺翱翔。聱不聽（聽）。又五交反。謷不省語。[□]五交反。〔八二二〕驁駿馬。獒犬。〔八二三〕熬煎。嶅山多小石。〔八二四〕滶水名。鷔鳥白身赤口，集所國亡。鼇海中大鼇。螯蟹屬。蔜蘩縷，蔓生細草。⿰敖頁⿰敖頁顡，高皃。〔八二五〕⿱敖月▨（蠏）聱。〔八二六〕嚻喧。又許驕反。⿰敖戈戈鋒。⿰敖殳大。鰲[□□]夫名。〔八二七〕嗸嗸嗸，衆口愁。鏊釜。爊（熝）於刀反。埋灰火令熟。二。〔八二八〕鏪（鏪）銅盆。〔八二九〕曹昨勞反。府。正[□]。〔八三〇〕十一。槽木櫪。螬蠐螬，蟲。嘈喧。鐰鐵（鐵）剄（剛）折。⿰示曹⿰示曹祭[□]先。〔八三一〕艚船艚。⿰耳曹耳鳴。又在宵反。蓸草。褿（褿）⿰衤戔（⿰衤戔）。又且勞反。鶮高。猱奴刀反。獶（猴）。五。〔八三二〕⿰犭農深色犬。又乃交反。〔八三三〕巎山名。亦作嶩、峱。瓇玉名。夒貪獸。尻苦勞反。臀。一。操七刀反。持。又千到反。亦作𢿙。二。幧（懆）所以裹髻。又七搖反。橐普勞反。囊張大皃。一。

33 哥

[□□]哥古俄反。音曲。亦作謌。通俗作歌。七。〔八三四〕柯枝。⿱加心法。㚥女師。渮澤名，在山陽。戕所以擊（繫）舟；牂戕，郡名。或作柯（牁）。〔八三五〕滒多汁。和胡過又（反）。諧。〔八三六〕四。⿰片禾棺頭。〔八三七〕禾穀。龢管合。或作和字。過古和反。經。七。渦水名，在淮□。〔八三八〕戈句矛戟。鍋溫器。輠車盛膏器。亦作楇。⿰戈鳥鳥名。蝸蠕蠰。又古卧反。羸洛過反。[□□]鳥翼。十二（三）。〔八三九〕摞理。騾騾馬。字或作羸。螺水蟲螺蚌。或作蠃。蠃木名，堪爲箭笴。蓏[□□，□□□]。[□]穀積。或作⿰禾累。〔八四〇〕⿰金蠃⿰金蠃（銼）⿰金蠃，小釜。或作▨（鬲）。〔八四一〕覶覶縷，委曲。腡手裹文。⿰咼斗亦⿰金蠃。又公科反。〔八四二〕蔂盛土草器。又力焦（隹）反。〔八四三〕蠃桒（桑）飛。莎蘇和反。草名。八。魦魚名。莏挼

莎(莏)。〔八四四〕𡴭𡴭題，縣名，在涿郡。〔八四五〕趖趖疾。蓑草名，可爲雨衣。與莎別。梭織梭。亦作□。〔八四六〕▨(唆)
過峻(唆)。〔八四七〕痤昨和反。痤癤。五。矬矬短。銼小釜。又倉卧反。脞小目。〔八四八〕䂳麥李。訛五和反。謬。亦
作吪。六。鈋鈋角。囮網(網)鳥者媒。又餘周反。邛木節。〔八四九〕蔿草。又于彼反。譌動。亦作訛。科苦和反。
科段。十一。▨(窠)窠窟。〔八五〇〕薖草名。稞青稞，麥。萪萪藤，生海邊。棻(葉)朸，可爲篋耳(用)。〔八五一〕蝌蝌
蚪，蟲。牱牛無角。亦作料。䈖竹名。疨秃。課差。又苦卧反。簻簻軸。倭烏和反。東海中女王國。四。過水
迴。渦□□；又人□。□和反。〔八五二〕涹濁。蹉七河反。蹉跌。六。瑳玉色。搓搓碎。磋飾象[□]。〔八五三〕傞傞
傞，舞不止。齹齒跌。夛(多)得何反。過數。二。〔八五四〕儺《漢書》『群盜儺宗』。〔八五五〕娑素何反。婆娑。三。〔八五六〕
杪(抄)摩杪(抄)。〔八五七〕傞無(舞)不止。又七何反。〔八五八〕婆□□反。□□稱。四。〔八五九〕鄱鄱陽，郡名。皤白頭白
(皃)。或作皤。〔八六〇〕緐人姓，漢有緐延壽。又扶蕃反。〔八六一〕摩莫波反。研。七。麽尼。磨瑆石。〔八六二〕魔鬼。劘
偏病。髍(䯢)漏病。〔八六三〕䃺杯。又莫加反。驝徒何反。駱驝。十六。〔八六四〕鼉▨(鼉)類。又□▨(寒)反。〔八六五〕
鮀負。〔八六六〕紽絲數。鮀魚名。陁坡陁。〔八六七〕羓似羊，四耳九尾。跎蹉跎。駝馬尾。鼉(鼉)神鼉(鼉)。〔八六八〕
袉裾。又達何(可)反。〔八六九〕沲滂沲。鮀鼠。㼠瓦甖。䑨疾皃。驒連錢□。□丁□□。〔八七〇〕醝昨何反。白酒。十
三。嵯殘巌田。瘥病。酇縣名，在沛郡。瘥小疫；病。〔八七一〕鹺鹹別名。嵯嵯峨。差薺實。又相(祖)邪反。〔八七二〕
𥟀擣。亦作嵯。酇縣名。又子旦(旦)、子管[□]反。〔八七三〕虘虎不□。□才□□。〔八七四〕𪘂齒齹。蹉蹋。亦作䠡。莪
五歌反。草名，似斜蒿。十。哦吟哦。娥美好。峨嵯峨。鵝鵞䳘。〔八七五〕蛾蠶蛾。亦作蝵。俄俄頃。䄉齊。誐
善。涐水，出蜀汶江。□□何反。□己。四。〔八七六〕抲曳。痑馬病。又力極，他單反。〔八七七〕它蛇，害人，書儀云『無
它』，謂此。羅盧何反。綺。五。蘿蘿葛。籮籮篩。儸僬儸。欏椽木。那諾何反。何。又朝那，縣，在安定上。六
(七)。〔八七八〕䶒獸名。犐□□，白尾。〔八七九〕𦍼多。[□□□。]〔八八〇〕䴴麋鹿髓醬。亦作㖠(腝)。〔八八一〕䎐除疾(疫)

人。亦作魌，通俗作儺。〔八八二〕何韓抲反。問。六。河水。〔八八三〕荷蓮蕖（葉）。苛煩政。魺魟（魧）。〔八八四〕蚵蚜。〔八八五〕訶虎何反。責。或作呵。五。頙傾頭。妸女字。又於何反。抲擔。𠀀反子（丂），氣已舒。〔八八六〕波博何反。濤。〔八八七〕四。皤人老色向（白）皃。又薄波反。〔八八八〕紴錦類；又絛。又補靡反。嶓嶓冢，山名，在隴西。或作磻。頗滂何反。語第。〔八八九〕二：坡坂。珂苦何反。馬佩飾。二。軻轗軻。又苦賀反。阿烏何反。曲。六。娿婐（婐）娿，不決。婐字烏含反。痾病。亦作疴。妸女字。又虎何反。鈳鈳鏻。絅細繒。訑吐和反。欺。四。涶水名，在西河。誃謫誃。又吐谷反。謫音他擊反。〔八九〇〕譎慧。挼奴和反。挼莏。一。〔八九一〕牠徒和反。牛無角。□作觰。二。〔八九二〕碢碾輪。韡韡鞋，無反語，胡靴，亦作鞾。或作屧，火戈反，又布（希）波反。陸無反語，何、李誣於今古。二。〔八九三〕枇（批）撝。〔八九四〕陊丁戈反，又丁果反。小堆。亦作埵、垛。一。〔八九五〕呿墟迦反。張口。三（二）。〔八九六〕㰦去。〔八九七〕迦㞊呿反。仏（佛）名。一。〔八九八〕伽求迦反。法。一。〔八九九〕▨（喎）于戈反。小人相應。一。〔九〇〇〕脞倉和反。脆。四（二）。〔九〇一〕㛗診疾。又子和反。侳子過反。安。［□］。〔九〇二〕侳（挫）小。又倉和反。〔九〇三〕

34 麻

□□□▨（莫）霞反。亦□□。臬。四。〔九〇四〕犘犘牛。蟇蝦蟇。䃺磨。又莫抲反。車昌遮反。［□□］車（居）。二。〔九〇五〕硨硨磲。寶石。〔九〇六〕奢式車反。奢侈。三。賒不交。亦作賖（貰）。〔九〇七〕畬畬田。耶以遮反。琅邪，郡。□。〔九〇八〕斜褒中谷名。又▨（似）□□。〔九〇九〕□□□，□□。□□□。〔九一〇〕節竹名，［□］臨海。〔九一一〕擨（擨）擨（擨）歈，舉手相弄。歈字以朱反。〔九一二〕蒘菜名。蒣臬屬。䅳穗。又達胡反。遮（遮）止奢反。斷。三。〔九一三〕奢吴人呼父。傂（傂）傂（傂）儸。〔九一四〕嗟□□□。□作▨（謎）。□。〔九一五〕□□。□▨（作）▨（羅）。〔九一六〕▨（嫭）□。□□□。□□□□。〔九一七〕▨（蹉）小□。〔九一八〕謯詠。虵食遮反。又吐何反。毒蟲。古者草▨▨▨（㞊患虵），▨▨▨▨▨▨（故相問『無虵乎』）。▨▨（亦蛇）。一。〔九一九〕華户花反。美。通俗作華。〔九二〇〕七。驊驊騮，周穆王馬。鷨鳥名，似雉。蟕蟲名，似虵。鋘鋘鋈。鏵［……］□女侍。又□果反。〔九二一〕抓引。花呼瓜反。樹采。二。

譁諠譁。亦作誇。誇苦瓜反。大言。□。〔九二二〕䠸䠸䠘，以體柔人。姱▨（奢）。〔九二三〕▭〔九二四〕▨（笯）鳥籠。
又拏胡反。〔九二五〕菽藸菽。袈衣。〔九二六〕嘉古牙反。善。十九。家室。加增。葭葭蘆。笳笳□□▭〔九二七〕
▨（袈）袈沙（裟）。亦作髦。〔九二八〕𧊅米中黑虫。茄荷莖。迦釋迦。又屋呿反。珈婦人首飾。迦不得進。犌
□□□□。〔九二九〕▭〔九三〇〕▨（騢）馬雜色。〔九三一〕鰕大鯢。⿰足叚脚下。頣傾頣，言語不茚（節）。〔九三二〕碬礪
石。〔九三三〕⿰革叚履根。亦作縀。▨（葩）□□□。□▭□□□，□□□兒，□□□□□。〔九三四〕到自刎。巴伯加反。
夷類。□。〔九三五〕鈀兵車。笆有刺竹。豝豕。蚆蠃屬。□普加反。〔九三六〕□□□。〔九三七〕▭□□□▨（反）。砂
石。□□沙。〔九三八〕六。鯊魚名。裟袈裟。亦作毟。桬木名，在崑崙。〔九三九〕紗紗絹；一曰纑。䩖履。牙□□
▭□□，□▨（葵），□□□。〔九四〇〕戲以指按。皻皰鼻。或作齇、矑（臚）。〔九四一〕⿸虘齒牙齒不正。字合齒在左。〔九四二〕
抯取。又才野、子野二反。摣取。▭〔九四三〕▨（⿰木荼）▨▨（春藏）草菜（葉），可爲飲，巴南人曰葭⿰木荼。〔九四四〕塗餝。
又唐都反。〔九四五〕陼丘。梌刺木。秅二秭。衺似嗟反。不正。或▭〔九四六〕▨（髽）□花反。婦人喪冠。〔九四七〕
一。檛陟瓜反。朾。〔九四八〕二。簻箠。爬蒲巴反。搔。或作把。三。杷枇杷，木名。琶樂器。楂▭□□□反。
□。七。〔九四九〕譇譇詉，語不正。〔九五〇〕觰角上廣。又都賈反。秺開張［□］；又縣名。〔九五一〕⿰言奢⿰言奢拏，詐。⿰月參不
□。〔九五二〕⿱奴齒噍聲。▭□□□反。婼□，□□。一。〔九五三〕⿱大且才耶反。大口。一。

35 覃

▭□木名，灰可染。〔九五四〕蟫衣中白魚。譚大。〔九五五〕⿺走覃⿺走參⿺走覃，走皃。燂火熱。壜甀屬。鐔劍鼻。又□□□
▭〔九五六〕南那含反。火方。□。〔九五七〕男子稱。〔九五八〕枏木名。〔九五九〕弇人名。又古南反。聃耳曼。□▨（他）
□□。〔九六〇〕▭〔九六一〕▨（喑）啼無聲。又於今反。〔九六二〕音（諳）聲小。〔九六三〕腤煑魚肉。▭
▭〔九六四〕▨（⿱雨函）久雨。▨（亦）□□。〔九六五〕▭〔九六六〕▨（貪）□□□。□▨（知）□。□。
▭□□□而□▨（遠）。〔九六七〕妧（妉）妧（妉）樂。〔九六八〕䣸（酖）䣸（酖）酒。媅樂。〔九六九〕⿰甚見▨（内）

視。〔九七〇〕▭〔九七一〕▨（酩）▨（面）紅。〔九七二〕䤈小香。寱不脱冠帶寐。亦作㝈。欲貪。又呼恬反。或作㰹。毿□□□。毛▨（長）。□。▭□▨（羸）小▨（者）。〔九七三〕儑五含反。不惠。三。〔九七四〕䆦寐語。

嵁嵁㟓。又苦男反。

36
談

▭〔九七五〕▨（錟）刮馬用。〔九七六〕灭小熱。甘古三反。甜味。六。笘笘竹。柑柑▨（橘）。〔九七七〕泔米瀋。苷苷草，藥名。㛷媞。〔九七八〕擔▭〔九七九〕▨（藍）盧甘反。染草。□。〔九八〇〕襤襤褸。亦作㘓、繿。鬛鬡髮疎皃。㩜持。籃籠屬。濫瓜俎。㽂▭□水衝岸壞。〔九八一〕葻葠。㜮籃㜮。緂色鮮。甝昨甘反。惡。三。〔九八二〕鏨鏨。鵮鵮。又仕咸反。〔九八三〕酣胡甘▭□□酣反。老女稱。一。〔九八四〕蹔作三反。長面。□。〔九八五〕蚶火談反。蚌屬，出會稽。□。〔九八六〕▨（憨）癡。〔九八七〕婪貪妄。歛欲。又呼濫反。〔九八八〕笘倉甘反。竹箠。又都類反。一。

37
陽

▭□□□祭；一曰道□。又▨（舒）羊反。〔九八九〕昜飛；又曲昜，縣，在交阯。羊▨□。〔九九〇〕瘍頭瘡。蛘蟲名。徉儴徉，徙倚。鴹馬額曰鴹。鴹▭〔九九一〕痒病。又似姜反。芉藥草。輰轣。敭明敭。詳似羊反。審。又詳狂，以章反。七。〔九九二〕翔飛。▨（洋）▭〔九九三〕粱粱米。亦作粱（粱）。〔九九四〕蜋蜣蜋；又螳蜋。飆北風。又力向反。〔九九五〕量數。〔九九六〕粮食。亦作糧。踉跳□。〔九九七〕▭□□▨（良）反。▨（芳）。五。〔九九八〕薌穀氣。鄉上（十）邑。〔九九九〕膷（膷）牛羹。〔一〇〇〇〕皀穀香。又方立反。商書羊反。度。十四。賫賫□。〔一〇〇一〕▭□賁。亦作蔏（蔏）。〔一〇〇二〕湯（汤）水名。〔一〇〇三〕煬傷。又且羊反。痌憂思。又尸向反。亦作慯。房符方反。傍室。四。防▭〔一〇〇四〕▨（璋）大珪。〔一〇〇五〕彰采。墇廱。又止讓反。〔一〇〇六〕麞似鹿。〔一〇〇七〕鄣邑名，在紀。蔁草。暲明。▨（昌）▭〔一〇〇八〕蜣蜣蜋。亦作螂。又渠略也（反）。〔一〇〇九〕羌西戎牧羊人，從羊從儿，［□］奇字人，加犬罪（非）。〔一〇一〇〕薑居良反。菜名。亦作薑。十。壃堺。正作▨（畺），或作彊、▨（疆）。〔一〇一一〕▭〔一〇一二〕僵僵□。又巨良反。〔一〇一三〕長直良反。恒。□。〔一〇一四〕萇萇楚，似桃蔓生。踉踉跄。

腸腹腸。 場祭神處；又打穀處。 場從昜，音羊。[一〇一五] □[一〇一六] ▨（塲）□。[一〇一七] 䩄（瓺）缾。 □□何（向）
反。[一〇一八] 蝪□蠅。[一〇一九] 張□□□。 開。 三。[一〇二〇] 餦餦餭，餳。 粻食米。 穰汝陽反。 禾莖。 十三。[一〇二一] 攘以
手禦。 又而亮反。 鄽縣名，在南陽。 躟疾行。 蘘□□。 □□▨（濃）皃。 □作襄（囊）。[一〇二二] 獽戎屬。 禳除殃祭。
勷勨勷，迫白（皃）。[一〇二三] 鬤被髮。 又女衡反。 或作毵。[一〇二四] 瓤瓜内實。 [□]女良反。[一〇二五] 孃乱。 又如掌
反。[一〇二六] 籑篡。 方府良反。 正。 亦□□。 □。[一〇二七] ▨（坊）聚。[一〇二八] 肪肪脂。 □□蚄。[一〇二九] 邡什邡，縣，
在廣漢。[一〇三〇] 鴋鷎鴋，鳥。 枋木名；又蜀以木偃[□]爲枋。[一〇三一] 鈁鑊屬。 牥牛。 匚受物器。 襄息良反。 上；又
邑。 十。[一〇三二] 廂廂廊。[一〇三三] 相視。 湘水名，在零陵。 ▨（箱）□□。 □□□。 □□□。[一〇三四] 纕馬腹帶，《國
語》『懷挾纓纕』。[一〇三五] 驤馬騰躍。 㪾敚。[一〇三六] 將即良反。 欲。 通俗作将。 六。 漿米津。 鱂鱋鱂，魚名。[一〇三七]
蔣菰（菰）蔣。[一〇三八] 螿寒螿。 牂持扶。 亦作牂（搿）。[一〇三九] 瘡楚良反。 痍。 古作創。 二。[一〇四〇] ▨（刅）
□□。[一〇四一] ▨（亡）▨（武）方反。 無。 十一。[一〇四二] 望看；又武放反。 亡，失，謂有失而出望，從亡、望（朢）
省。[一〇四三] [□□□，□□□□□，□□□□□，□□□□。][一〇四四] 荒草名。 芒草端。 亦作笀、杧。 硭硭硝，藥杧
（名）。[一〇四五] 鋩刃端。 宗屋梁。 邙縣名，在沛郡；一曰洛北邙。[一〇四六] 忘遺。 又武放反，不記。[一〇四七] 莔惡。 又莫
郎反。[一〇四八] 孃女良反。 娍稱。 四。 瓤瓜内實。 又如羊反。 娘女号。 鑲兵名。 牀士庄（莊）反。 簀。 通俗作床。 二。
疒病。 又女戹反。 莊側羊反。 飾。 通俗作荘（庄）。[一〇四九] 四。 裝行具。 又側亮反。 妝餝。[一〇五〇] 粧粧粉。 常時羊
反。 恒。 六。 裳下衣。 嘗曾。 鋿車論（輪）繞鐵。[一〇五一] 鱨魚名。 鶍鶇鶍，鳥。 霜所良反。 凝露。 四。 孀寡婦孀
居。 騻驌騻，馬。 鸘鸘鸘，鳥。[一〇五二] 牆疾良反。 垣牆。 亦作廧；通俗作牆（墻）。[一〇五三] 七。 嬙婦官。 檣船柱。 亦
作牂。[一〇五四] 薔薔薇。 戕他國臣來殺君。 奘（奘）強大（犬）。 又在朗反。[一〇五五] 牂弱。 鏘七將反。 鏗鏘。[一〇五六]
十。 瑲玉聲。 蹌和鳴蹌蹌。 又疾羊反。 蹡行皃。 斨斧斨。 搶拒。 蹩趨皃。[一〇五七] 閶門聲和。 煬傷。 又尸羊反。

牄鳥獸來食。匡去王反。正。九。筐籠。蚟海中大蝦。邼□□。〔一〇五八〕□棺，《礼記》曰『士不虞框』。〔一〇五九〕恇怯。劻劻勷，迫皃。洭水名，在始興。軭車戾。王雨方反。往，夫（天）下之所歸往。二。虷虷孫，蜻蛚。央於良反。巳。七。鴦鴛鴦。殃禍。鉠玲（鈴）聲。〔一〇六〇〕秧秧稻。又於丈反。泱水流皃。□▨▨（胮胦）。〔一〇六一〕強巨良反。壯。或作強（彊）。〔一〇六二〕四。僵橫身。又已羊反。彊弓有力。亦作弜。又渠丈反。鱷鯨魚別名。葛褚羊反。草名。三。倀失道皃，出《礼記》。鼞鼓聲。芳敷方反。香。〔一〇六三〕三。妨害。滂水名。狂渠王反。病。正作狂（狌）。□。〔一〇六四〕□紡車。〔一〇六五〕鵟鴟。

38 唐

□□▨（唐）徒郎反。［□］名。廿八。〔一〇六六〕煻煻煨火。煨字烏回反。糖飴。堂基。鷎鷎鼠，一日三易腸。搪搪突。棠木，似梨。蓎蓎蒙，女蘿。瑭玉。餹餹餳，黍膏。餳字杜嵆（嵇）反。篖筗篖，竹［□］。〔一〇六七〕犝犝牛。塘□。〔一〇六八〕螗蜩蟬。螳螳蜋。毾毾（毾）。〔一〇六九〕踼跌。又杜浪反。或作踼。闛盛皃。又吐郎反。闛門高。又力盎反。〔一〇七〇〕榶榶棣。橖車橖。又達庚反。〔一〇七一〕隚殿。隯隄。鄌地名。甎瓷。鎕鎕銻，瓷。〔一〇七二〕篖罩。□〔一〇七三〕輚輚輚，輈軨。郎魯當反。魯邑。二十三（四）。〔一〇七四〕稂似莠。桹桄桹，句桹，普（並）木名。〔一〇七五〕廊步廊。榔檳榔。鋃鋃鐺，瑣頭；一曰鍾聲。硠硠礚。䳓䳓鶊，鳥名。浪滄浪。又盧宕反。骯骯骯，股肉。胱字苦光反。□螳蜋。〔一〇七六〕狼［□□。□］魚脂。〔一〇七七〕琅琅玕，玉名。宸康宸，空皃。又盧黨反。蓈藥名。〔一〇七八〕歈歈欶，貪皃。踉踉蹡。莨童粱。峎峻峎，山，冬日所入。稂（稂）短皴。〔一〇七九〕艆海中船。駺馬尾白。筤籃。▨（當）都堂反。八。〔一〇八〇〕鐺鋃鐺。簹竹名。襠裲襠。璫珠。欓車欓。瓟瓟瓠，瓜中。螳螳（螳）蜋，亦作螳（蟷）。〔一〇八一〕倉七崗反。囷。五。蒼青。鶬鳥名。滄水名。鵃雕鵃。剛古郎反。強。〔一〇八二〕十一。崗山脊。〔一〇八三〕掆舉。笎樂器，以竹爲之，有弦。鋼鋼鐵（鐵）。綱綱紀。亢星名；一曰亢父，縣名。俗加點作亢，失。堈特牛。堈甕。〔一〇八四〕魧魚名。又胡郎反。瓨□。〔一〇八五〕桒息郎反。養蠶木；又榑桒，東海神木，日所出處。〔一〇八六〕

四。喪亡。〔一〇八七〕驄馬色。緫湯(淺)黄。〔一〇八八〕康苦岡反。泰。亦作㡿。八。〔一〇八九〕穅米皮。亦作糠。歉穀不升
謂之歉。㝩㝩㝗。躴長皃。㼹瓠。亦作甂。濂水虚。蠊蠊蚄,蜻蛉。荒呼光反。田不熟。十。㡛果蓏不熟。肓
心上□。〔一〇九〇〕衁血。𣸣韓意子名。㡛蒙。又莫郎反。帝幭。絖絲延。謊夢言。𩣡馬奔。黄胡光反。地色。廿
八。皇大,謂大道泊如。璜璧。遑急。惶悚。潢積水。又胡浪反。〔一〇九一〕堭堂。〔一〇九二〕煌火[□]。〔一〇九三〕餭餦
餭,餳。〔一〇九四〕騜馬色。艎艅艎,吴舟。簧笙簧。隍城池。癀病。鄺古国(國)名。湟水名,在安定。徨彷徨。鱑
魚名。篁竹叢。葟草木盛。𨞼縣,在會稽。〔一〇九五〕堭合殿。〔一〇九六〕媓母。𩀐榮。翌羽舞。䅣榜䅣。蟥
蛢。〔一〇九七〕蝗災蟲。又胡肓(盲)、胡孟二反。〔一〇九八〕光古皇反。明色。〔一〇九九〕九。洸水名。又烏光反。垙陌。桄桄
桹,大(木)。〔一一〇〇〕胱膀胱。輄車下横木。横長安西北門名;又橋名。又胡肓(盲)反。茪芙茪。侊侊,武。亦作
趪。〔一一〇一〕湯吐郎反。沸水。五。鏜鼓聲。亦作鞺、闛、鼞。簜水名,在鄴。蝪蛈蝪。薚蓫薚(蕩),馬尾。亦作
薚。〔一一〇二〕滂普郎反。滂沲。五。鎊削。霞(霶)霞(霶)霶(霈)。〔一一〇三〕斛量溢。又薄庚反。雱雪盛。汪烏光
反。汪汪,雅量。四。〔一一〇四〕鸉雉鳴。尩弱。洸水名。又古皇反。鴦烏郎反。鴛鴦。四。佒體不申。咉鷹。姎女
人自稱。又烏黨反。〔一一〇五〕[□□□。□□。□。□□□。]〔一一〇六〕航胡郎反。船。亦作斻。〔一一〇七〕十二。筕筕
簹,竹[□]。〔一一〇八〕桁械。〔一一〇九〕行位。〔一一一〇〕迒獸迹。亦作更(逕)、哽(踁)。〔一一一一〕頏頡頏。魧魚名。又古郎
反。胻脛。邟餘邟,縣名,在吴興。〔一一一二〕苀東蠡。蚢食蒿茶(葉)蠶。抗(杭)今州名。又苦浪反。茫莫郎反。滄
茫。十一。▨(盲)不知。〔一一一三〕䀮目不明。汒谷名。恾怖。莔遽。又武方反。蘉勉。帎帛。又呼光反。宺寐
言。〔一一一四〕宋大梁。郒鄉名,在監(藍)田。臧則郎反。善。四。牂[□。□]槌。又餘章反。〔一一一五〕贓贓賂。囊
奴當反。㑀。二。〔一一一六〕蠰蟷蠰。傍步光反。衣(依)。又蒲浪反。〔一一一七〕八。彷彷徨。膀膀胱。亦作髈。䠙跟䠙,
急行。趽脚脛曲。〔一一一八〕旁側;又亭名,在女南銅陽。〔一一一九〕䅭䅭䅣,穊。䮁馬盛。卬五岡反。高。六。䭲千里駒。

柳係馬柱，劉偹（備）縛督郵者。又五▨（浪）反。〔一一二〇〕　昂舉。　茆昌蒱（蒲）草。　鞅履。　藏昨郎反。匿。通作藏。〔一一二一〕一。　骯苦光反。骯髒。一。

39 庚

□□庚古行反。西方。六。〔一一二二〕　鶊倉鶊。〔一一二三〕　更代。又古孟反。〔一一二四〕　逬逸（兔）徑。〔一一二五〕　秔稻。或作粳。羹和味。亦作鬻、鬻、羮。　坑客庚反。坎。或作硎。〔一一二六〕四。　劥勑。　硎硠。　阬壑。又口盎反。　盲（盲）武庚反。無日（目）。〔一一二七〕六。　蝱蟲。　鄳（鄳）□名，在江夏。□俗作鄳。〔一一二八〕　甿（甿）甿盯（盯），直視。　莔貝母。　鄸縣名，在義昌。　横胡肓（盲）反。從横。又古皇反。十三（四）。〔一一二九〕　黌學。　蝗虫。又户光反。　鐄大鍾。〔一一三〇〕　瑝玉聲。　喤泣聲。［□□□。］〔一一三一〕　䵂䵂䫛，風皃。　潢方舟；一曰荊州人呼渡津舫爲潢。　禞禞禞，祭名。　䊣織。　恾懵恾。　諻聲。　𧾷環起皃。　閍甫肓（盲）反。宮中門；一曰巷門。四。　嗙謌聲。〔一一三二〕　㔙大。　祊廟門傍祭。或亦鬃。〔一一三三〕　諻虎横反。語聲。三。　喤聲。　嚝嚝嘖，聲。　觥古横反。以兕角爲酒器。亦作觵。通俗作觥。三。　侊小壺。〔一一三四〕　罡内（网）滿。亦作橐（橐）。〔一一三五〕　彭薄庚反。人姓。十五。　澎地名。又□庚反。〔一一三六〕　膨膨脝，脹皃。　蟚蟚螖，似蟹而小。　鬇鬇鬡，髮乱。鬡字乃庚反。　棚棚閣。又步崩反。　榜笞打；又甫孟反，引舩。　禞禞禞，祭。　搒（榜）輔。　彭彭亨，自強。〔一一三七〕　㪍量溢。又普郎反。　篣籠。　蒡隱葱。　輣車音。　騯行。　脝許庚反。膨脝。三（四）。〔一一三八〕　亨通；又普庚反，煑；又虚掌反，獻神。雖三音，止一字。籀文作此弅（亯），依隸（隸）作亨。顧野王以亨不繫要爲亨，於亨不（下）加火爲烹，強生分析，不及依本，同長音止（上），長音去，豈亦別作字乎也？此本是王子春寫字用。〔一一三九〕　悙彭悙。　湞水名。又直秤（耕）反。　瞠丑庚反。直視。亦作瞠。三。　撐（橕）撐攡。〔一一四〇〕　窺正視。　鎗楚庚反。鎗鏰。通俗作鐺。〔一一四一〕二。　搶（槍）攙（欃）搶（槍），祅星。〔一一四二〕　傖助庚反。傖，楚人別種。三。　衜角長皃。　鬡鬡鬡，髮乱皃。　霙於驚反。雨雪雜。八。　鉠鈴聲。　韺六韺，高陽氏樂名。〔一一四三〕　渶水名，出青丘山。　英俊。又於香反，稻初生移英。　瑛玉光。　楧▨（雀）□。〔一一四四〕　鶧繼鶧。　磅撫庚反。小石落聲。二（五）。〔一一四五〕　怦滿。　亨賚。又許兩、許庚二反。榜木弩。澎水聲。又薄庚反。平符兵反。坦。六。評評量。苹葮；一曰蒲白。胼牛羊脂。泙谷名。蚲蛢。〔一一四六〕□□□□。□。□。〔一一四七〕▨（京）大。古音經。通俗作京。〔一一四八〕荊楚地。麖獸名。亦作麠。明武兵反。皎浄。〔一一四九〕四。盟（盟）約。亦作盟。鴨鵯鴨，似鳳。鳴鳥聲。棖直庚反。門旁木。七。盯䁐盯。澄水▨▨（清定）。□□□□。□□。□□□。□□。〔一一五〇〕▨（憕）憕悵，失志皃。〔一一五一〕趟竹盲反。趟趟，跳躍。趟字張交反。二。飄飂飄，狂風。榮永兵反。華美。▨（六）。〔一一五二〕▨（蠑）□□，□□□□。□□□。□□▨（色），《▨（詩）》▨（云）「▨（琉）□□□」。□□□□。□□。□□□。□□□□。□□□。□□□□。□□。□。〔一一五三〕兄許榮反。昆。□。〔一一五四〕▨（卿）▨（去）□□。□□。□。〔一一五五〕▨（生）□□▨（樂）□。〔一一五六〕牲。〔一一五七〕猩□，▨（獸）。〔一一五八〕□□□京反，逢。□▨（作）迎。一。〔一一五九〕□〔一一六〇〕

（中缺）〔一一六一〕

42 青

□頞〔一一六二〕□▨（榠）□▨（樝）。▨（銘）〔一一六三〕□□□蛉。〔一一六四〕猽小▨（犺）。〔一一六五〕□□屏風。又必郢反。〔一一六六〕荓荓翳，雨師名。〔一一六七〕箳□。〔一一六八〕▨（軿）□▨（軿）。〔一一六九〕萍水上浮萍。〔一一七〇〕□〔一一七一〕螢虫。亦作蛍。滎小水。瞥或。又唯并反。〔一一七二〕眴貨。扃古螢反。外閉關。〔一一七三〕七。駉□馬。〔一一七四〕▨（駫）□▨（肥）。〔一一七五〕▨（坰）□□□□。本作同。〔一一七六〕熲光。又□䞓（鼎）反。〔一一七七〕▨（鼦）□□，□。□□□。〔一一七八〕

43 尤

□□尤雨求反。甚。□。〔一一七九〕枕木名。腄縣名，在東萊。疣疣結，病。亦作肬、肬。沋水名，在高密。訧過。郵境上舍。憂於求反。愁甚。亦作恴。十四（五）。〔一一八〇〕優優倡。瀀瀀渥。▨（麀）□□。□□▨（虬）□。□□䶖。〔一一八一〕優優遊。櫌打塊槌。鄾邑名，在鄧。幽微小。怮含怒不言。嚘欭（欭）嚘，嘆。〔一一八二〕

[□□□。]〔一一八三〕妖鼻目間恨。纓笄中。蔓菜。歎氣逆。劉力求反。今人姓;本殺。亦作鎦。二十七。〔一一八四〕留□;▨(住)。俗作畱。〔一一八五〕蒥蒥荑,藥名。勠并力,《左傳》『勠力同心』。又力逐反。摎縛殺,秦有摎毐。毐字哀亥反。亦作㨨。鶹鶹離,鳥,少美長醜。駵馬日(白)腹。騮驊騮,周穆王馬。疁田不耕而火種。䊬粰䊬,饊。流水遊。亦作㳅。〔一一八六〕旒旒旗。亦作䋷。〔一一八七〕飀高風。瘤肉起病。榴石榴。鎏美金。瑠瑠璃。䶉食竹根鼠。又力久反。懰賴。又力彫反。蛶蜉蛶。又餘周反。蟉蛐蟉。又力幽、渠糾二反。裗䙷。懰烈。蹓豆。鎦竹聲。又力九反。〔一一八八〕硫硫黃,藥。鷚飛鷚。秋七遊反。時。十。鞧車鞧。亦作𦂗、鞦(鞦)、緧。〔一一八九〕鶖鵚鶖,鳥。亦作鶖。鰍魚名。楸木名。萩蕭,似蒿。篍吹筩。又且燒反。鶖鶏鶖。鰌鰼。䵸蛣蚑。亦作鼀。猷以周反。〔一一九〇〕三十五。悠遠。油脂。由從。亦作㽕。〔一一九一〕猶大;又尚。〔一一九二〕攸所。蕕水中細草。浟水流皃。遊遨。〔一一九三〕逌(逌)氣行。歈(歈)擨歈,以手相弄。擨字弋支(支)反。〔一一九四〕冘冘豫,不定。▨(遥)行。〔一一九五〕輶輕車。又易受、易授二反。蘨草盛。秞禾盛。蚰蚰蜒。蝣蜉蝣。櫾木名,出崐崘山。庮久屋木。又戈(弋)久反。亦作廇。〔一一九六〕囮冈(网)鳥媒。又五戈反。亦作圝。鴪鳥。臽(舀)臼(臼)。又翼朱反。〔一一九七〕𧆂空。〔一一九八〕柚木更生。亦作冑。〔一一九九〕蛶蜉蛶。又力周反。䙊䙊。又以帚反。遒(遒)遺王(玉)。又餘九、餘昭二反。〔一二〇〇〕郵亭名,在高陵。覰(𧠣)深視。〔一二〇一〕䍃瓦器。斿十二斿。㾯病。蕕(蕕)草。〔一二〇二〕莸薰莸。牛語求反。大▨(武)。□。〔一二〇三〕遒即由反。又字秋反。盡。十。〔一二〇四〕鮂鳥化爲魚,項上有細骨如鳥毛。瞅耳鳴。蝤蝤蛑,似蟹而大,生海邊。啾小聲。湫水。[□□□□。□。□□;□□□。□□□□。□□□。□□□□。□□□。□□。]又字秋反。亦作𧀶(𧀳)。〔一二〇五〕酋字秋反。周(固)。亦作遒。[□□]。〔一二〇六〕雔(雔)束臬。又即由反。〔一二〇七〕酋長。亦作醔。㥢傲。瞅耳鳴聲。〔一二〇八〕揫束。又即由反。亦作𥂫。湭液。殧終。又子牢反。煪熮。觩雄(雄)射收繁角。亦作鰌。緧馬紂。蝤蝎。脩息流反。脯。七。羞進。亦作膳。饈饈饋(饋)。饋(饋)字甫文反。〔一二〇九〕修

□。〔一二一〇〕鏅鋋（鋋）。〔一二一一〕𨍏輇。〔一二一二〕楢木名。抽勑鳩反。抜（拔）。亦作拺。〔一二一三〕五。惆惆悵。㾄（瘳）
病瘥。婤好皃。又止由反。䶥失意視。又他救（狄）反。〔一二一四〕犨亦（赤）周反。白色牛。〔一二一五〕一。周職鳩反。帀。
亦作匊、淍。八（九）。〔一二一六〕州水中可居。洲洲渚。［□□□。］〔一二一七〕喌呼鷄聲。舟船。婤女字。又音抽。
脽尻。又時惟反。輈重。讎市流反。匹。六。〔一二一八〕酬酬酢。或作醻。訓以言荅（答）。又之又反。雔雙鳥。䜇
弃。亦作𣪠（㪅）。〔一二一九〕䱔魚。又直流反。柔耳由反。靭。十一。〔一二二〇〕鍒鍒鐵。畮良田。騥馬青驪。［□□□，
□。］〔一二二一〕鞣鞣皮。又人又反。蹂踐穀。㮃前高後下丘。又莫侯反。䐓面和。腬肥。鄡鄉名。収（收）式州
反。取。通俗作収。〔一二二二〕一。丘去求反。大阜。〔一二二三〕五。蓲烏蓲，草名。又央富反。〔一二二四〕蚯蚯蚓。𧩰迫。又
巨鳩反。邱地名。飆疋（匹）尤反。風吹皃。七。秠一穀二米。又芳鄙反。衃凝血。又疋（匹）才反。胚孕一月。又
普才反。㱎坏。紑盛皃。又孚不（丕）反。醅醉飽。鳩居求反。鳺；五鳩惣名。亦作勼，聚。七。〔一二二五〕鬮鬥取。
氿糺繚。〔一二二六〕牞（劮）居虯反。大力。〔一二二七〕荍（艽）秦芃（艽），藥。或作樛。［□］居由反。〔一二二八〕朻亦樛，木下
垂。疓腹中急。〔一二二九〕不甫鳩反。弗。又甫救、甫友二反。一。〔一二三〇〕搜所鳩反。索。俗作搜。十四。餿餅
壞。〔一二三一〕颼颼飀，風皃。溲小便。鎪鎪馬耳。〔一二三二〕廋仁焉廋哉。〔一二三三〕蒐春獵。䐹乾魚。鄋北方國。螋蛷
螋，蟲。犙牛三歲。𧼛不進。獀獵。醙白酒。掻（搊）楚尤反。手掻。三。篘（篘）篘酒。或作醔。搊
拘。〔一二三四〕鄒（鄒）側鳩反。地名。亦作鄹。〔一二三五〕十。騶（騶）廐御；一［□］騶虞。〔一二三六〕鯫鯫鰡，齒偏。或作
齺。又仕角反。陬鄉名；一曰隅。緅青赤色。䕺麻莖。亦作篘（菆）。〔一二三七〕跾（蹃）獸足。菆草名。棷薪。又叉
垢反。䑼（艘）艆䑼。愁士求反。甚憂。〔一二三八〕二。漎腹中水。休許尤反。止。俗作加點作休（休），謬。〔一二三九〕九。
猇猑猇。〔一二四〇〕鵂鵂鶹，鳥。庥廕。脙脊（瘠）腹（瘦）。又渠尤反。或作胳。〔一二四一〕髹赤黑柒。鵂（鵂）馬
名。〔一二四二〕貅貔獸。〔一二四三〕睺（腜）汗面。〔一二四四〕惆去愁反。戾。〔一二四五〕一。囚似由反。人固在獄。五。泅浮。亦

作汙。又餘州反。懵慮。又似冬反。茵芝。鮂白鯈。儔直由反。類。古作翿字。〔一二四六〕廿二。躊躊躇。幬帳。
裯襌被。〔一二四七〕疇田疇。紬紬綾。綢綢繆。稠穊。籌(薵)草。〔一二四八〕檮木名。鯈魚子。籌筭。〔一二四九〕𠷎咨。
怞朗。嚋否。〔一二五〇〕𩙥飀。菗茶草。妯動。又遅六反。〔一二五一〕殸縣物。亦作穀。鮋魚。又常州反。𨞪𨞪江，在
蜀。鸐南方雉名。輈張流反。車轅。四。盩盩厔，縣，在扶風。〔一二五二〕啁啁噍，鳥聲。譸譸張，誑。亦作侜。裘巨鳩
反。皮衣。卅。求干。銶鑿屬。仇讎。厹地名，在臨淮。亦作叴。又人久反。頄頯。蛷蛷螋。亦作蠤。逑疋
(匹)。球玉聲。賕賕財。艽地名，《詩》云『至於艽野』。鼽《月令》曰『人多鼽嚏』。亦作𪖐。〔一二五三〕訄安。芁白
苙。〔一二五四〕▨(殏)殁。〔一二五五〕釓(釚)弩釚。〔一二五六〕梵荊。莍椒實。觓褆觓，亭。朹似李。絿求。〔一二五七〕紌
引。俅戴。亦作頬。〔一二五八〕扏緩。脙瘠。又呼尤反。亦作胳。肍肉醬。恷怨仇。悎迫。又去牛反。郝地名。宋
索。浮薄謀反。虛。〔一二五九〕廿一。呼吹氣。又拂謀反。桴齊人云屋(屋)棟。〔一二六〇〕枹鼓槌。箁竹有文。罦車上輞
(輞)。或作罦、罟。〔一二六一〕琈玉名。涪水名，在巴西。粰粰糠。鴀鴀鳩，鳥。罘罘罝。鮃魚名。芣芣苢。〔一二六二〕
蜉蚍蜉。亦作蠹。烰火氣。裒減。又蒲溝反。〔一二六三〕鉜鉜鎾(鏂)。〔一二六四〕雺雨雪雺雺。泭編木渡水。艀舟。孵
多。謀莫浮反。圖。十七。〔一二六五〕雺天氣降，地不應。又莫貢反。眸目瞳子。牟牛聲。侔等。矛戟。鍪湂(兜)
鍪。〔一二六六〕麰麰麥。鮇魚名。堥堆堥，小隴。蝥倉(食)穀蟲。亦作蟊、蛑、蟊(蟊)。〔一二六七〕鴾鴾(鶜)。〔一二六八〕劺
勵。䒽草。醔醔醶〔一二六九〕。件本亦侔字，今爲牛(件)。又渠▨▨(肵反)。〔一二七〇〕鬏髮至眉。或省作髳。

44 侯

▨▨(卌四)侯胡溝反。候。亦作帿。十五。〔一二七一〕猴猿。糇粮。翭鳥羽。喉咽喉。篌箜篌。帿射張布。𩓎
𩓎顱，言大。〔一二七二〕鍭大箭。又胡遘反。鯸鯸鮐，魚。餱乾食。銗鏂銗，所以鉗頸。睺半盲。又胡遘反。骺骺
[□]。〔一二七三〕𧮫𧮫谷，在成皋。謳烏侯反。吟哥。或作傴、嘔。〔一二七四〕十。褔小兒延(涎)衣。〔一二七五〕鏂鉜鏂，丁；又
鏂銗。甌器。膒久脂。鷗水鳥。蓲刺榆。歐歐陽，姓。〔一二七六〕瞘深目。又口投反。剾剜。又恪侯反。獳奴溝反。

胡羊。三。䨲兔子。獳犬怒。樓落侯反。臺榭。〔一二七七〕二十三。婁(婁)星名。耬種具。髏髑髏。亦作顭。摟探取。膢祭名。又力于反。亦作褸。甊瓿甊，土瓜。〔一二七八〕廔䴍廔，綺窓。剅小穿。嘍嘍唊，鳴聲。膢(瞜)視皃。䍡土䍡，似羊。螻螻蛄。簍籠。褸衣領。豭求子豕。〔一二七九〕鄤鄉名，在南陽。僂傴僂。慺敬。艛舟。𨻳縣名。𩸟鰜。〔一二八〇〕鞻鞮鞻氏，掌夷樂。涑速侯反。浣。〔一二八一〕三。摗推。又先幺反。嗾使犬。又桒(桑)豆反。或作嗾。〔一二八二〕彄恪侯反。弓彄。九。摳摳衣。剾斵裹。又乙侯反。〔一二八三〕韝射韝。帕指帕。滱水名，在北地。又口侯反。膮(曉)深目。又一投反。夠多。𦃇縛。齁呼侯反。齁〔□〕，鼻息。□。〔一二八四〕▨(鯫)子侯反。豎叢麻曰鯫。六(二)。〔一二八五〕鯫魚名。又士垢、士溝二反。〔一二八六〕偷託侯反。竊。〔□〕。〔一二八七〕鍮鍮石。亦作鋀。婾女巧黠；又苟且。緰紫。〔一二八八〕頭度侯反。頂。十。𠜾剾𠜾，足筋；又𠜾刻。投擲物。牏近身衣。歈▨(歌)。〔一二八九〕□▨(鵁)。〔一二九〇〕䴞麻一䴞。窬穿。〔一二九一〕緰布。䣿醫䣿，醬。〔一二九二〕齵五侯反。齱齵。□。〔一二九三〕鉤古侯反。曲針。十四。㓊鐮。溝渠。〔一二九四〕褠襌衣。亦作𢃼。鞲臂捍。緱緱▨(氏)，□，□□□；□□□□□。□▨(籠)。〔一二九五〕篘桃枝竹。鼃鼃鼇，似龜。𠻞唱𠻞。𤬪𤬪甊。〔一二九六〕䑦䑦艛，船名。䔫□□，十▨(秭)□䔫。〔一二九七〕句句龍。〔一二九八〕兜當侯反。兜鍪。七。侸佔▨(侸)，▨(垂)下▨(皃)。〔一二九九〕▨(吺)□□□。□□□。□□□□。□□眵，目汁凝，眵字□□反。亦作䁱。〔一三〇〇〕剅㓊。駒(鉤)小□。〔一三〇一〕▨(聚)▨(徂)鉤反。□□。□。〔一三〇二〕▨(鯫)魚名。又▨(子)溝、士垢二反。〔一三〇三〕

45 幽

□□牝鹿。亦□麢。〔一三〇四〕蚴蚴蟉。又於糾反。亦作蚴。𢆶微。虬渠幽反。虬龍。又屋幽反。或作𪚚。□。〔一三〇五〕觩匕曲。璆玉名。觓(觓)角爵皃。□□□□蟉。又力攸、□□二反。〔一三〇六〕滮扶彪反。水流。一。稵子幽反。禾生名。一。〔一三〇七〕犙山幽反。牛三歲。一。聱語虬反。聱耴，魚鳥狀。一。飍▨(香)□□。□。□□□〔一三〇八〕

46 侵 ▭〔一三〇九〕▨（鱏）魚名。又餘針反。〔一三一〇〕樳木名。鄩古姓。隯小堆阜，在三輔。撏取。縟續。鬵釜屬。
灊□□，□□□。▭〔一三一一〕霖霖雨。〔一三一二〕琛丑林反。琛寶。□。〔一三一三〕棽木枝長。又所金反。〔一三一四〕彡行
舟。〔一三一五〕綝善。郴縣名，□桂陽。〔一三一六〕▭〔一三一七〕▨（鱵）魚名。〔一三一八〕抍（斗）抍（斗）鄩，古
國。〔一三一九〕葴規。〔一三二〇〕葴酸將草。〔一三二一〕黬皙黑。又居咸反。沉除▨（深）□，□；□式▨（稔）□，□□。〔一三二二〕
▭□□□□。□。亦□□、▨（愖）。□。〔一三二三〕忱（忱）信。煁行竈。瘎復故病。或作疣（疣）。任如林反。
堪。□。〔一三二四〕鵀鳥名。恁信。壬□□。〔一三二五〕▭〔一三二六〕▨（䇮）竹□。〔一三二七〕蟫白魚蟲。鷣鷂之別名。
芡熱。冗（冘）行皃，從人出冂，音扃。亦作佔。又以周反。〔一三二八〕鱏魚名。□徐林反。〔一三二九〕▭〔一三三〇〕窨地
室。又猗禁反。祲姊（姊）心反。日旁氣。又姊（姊）禁反。九。梫木名。⿰歹冘⿰歹冘，鋭意。〔一三三一〕埐地。又才心
反。〔一三三二〕⿰魚朁▭〔一三三三〕▨（梣）木名。〔一三三四〕埐地。又子心反。窽（欽）掘地。亦作鈂（鈂）。醓熟麴。⿰言壬
女心反。⿰言壬▨（諏），▨（喉）□。□。〔一三三五〕▭□寒狀。又力朕反。〔一三三六〕𢼸（殁）禁。又竹甚反。〔一三三七〕鈙持
止。〔一三三八〕錐鳥。又渠炎反。〔一三三九〕▭〔一三四〇〕▨（嶔）嶔岑（崟）。〔一三四一〕⿱艹金似属（蒿）草名。〔一三四二〕
吟魚音反。永（咏）哥。亦作訡、唫。五。▨（崟）▨（嶔）□。▭□對古之稱。〔一三四三〕黔〔□□。□〕
小帶。又琴禁反。〔一三四四〕襟袍襦前袂。亦作衿。▭〔一三四五〕蔘人參，藥名。或作葠。〔一三四六〕曑曑辰，日
（星）。俗▨（作）条、曑。〔一三四七〕▭□□山□。〔一三四八〕簪側岑反。笄。□。〔一三四九〕璔石
▭〔一三五〇〕

47 鹽
▭〔一三五一〕⿰氵閻池。〔一三五二〕櫩屋梠。亦作檐。癎病。廉▭〔一三五三〕覘察視。〔一三五四〕螊飛螊。賺
賣。又佇陷反。鬑□。□□▨（兼）□。▭〔一三五五〕占視兆。瞻視。蟾蟾蜍，蝦蟇。銛息廉反。利。
□□。〔一三五六〕暹▭□□飾。又□▨（銜）反。〔一三五七〕攕（孅）女手皃。又所咸反。棎（棎）視詹反。菓

名。似椋而酸。一。苫失□□。▨（草）□。□。□〔一三五八〕妗善［□］皃。〔一三五九〕惉懘。又徒頰反。〔一三六〇〕
𢂁幨。亦作裧。髥汝鹽反。□□。通俗作䫇。□。〔一三六一〕▨（蚦）□〔一三六二〕▨（黏）女廉反。黏麴。〔一三六三〕
一。炎于廉反。炎熱。又餘念反。□。〔一三六四〕霑張廉反。霑濕。□。〔一三六五〕沾沾頏（預）。〔一三六六〕覘丑廉反。闚視。
二。娑□□□□。□悕，□□▨（安）。一。〔一三六七〕𪘲語廉反。齒差。二。噞魚喁。又魚儉反。或作鰜。尖
子廉反。［□］小下大。〔一三六八〕十一。熸火滅。殱（殲）▨（盡）。〔一三六九〕□□□。□山□□。〔一三七〇〕鋟鑽板。
鑯（鑯）鐫。潛昨鹽反。水伏流。通俗作潛。六。朁縣名，在吳興。鬵甑。箔漂□□□淺黑；又點（黚）陽，
縣，在武陵。〔一三七一〕拑持。鳹白喙鳥。雂鳥。又渠林反。聆音。又其林反。廞□□□。□□。□□□
□□□。□□肉。□□□、▨（𩋖）、䐛。四。〔一三七二〕薟（蘞）山菜。攕（攕）采（木）細菜（葉）。〔一三七三〕幨（幨）巾。
妗火尖反。娑妗也；一曰善美（笑）。新加，出《説文》。更毛也。〔一三七四〕一。

48 添

□□▨▨（稱量）。〔一三七五〕佔佔恒。詀轉語。〔一三七六〕帖衣領。又丁頰反。亦作袩。〔一三七七〕甜甘。徒廉（兼）反。
□。〔一三七八〕恬靖。湉水靖。菾菜名。萿（䅤）□□□□意。又呼□、□□二反。〔一三七九〕兼古甜反。
并。六。縑絹。鶼比翼鳥。䅐青稻白米。蒹荻未秀。□□□□▨（反）。□□。六。〔一三八〇〕䭠黄色。
欦貪欲。又呼男反。亦作歁。䋸持意。又云（公）廉、公函二反。〔一三八一〕嗛香。𤸞瘌瘦。

49 蒸

□□▨（菹）。〔一三八二〕脀癡。承署陵反。次；一曰奉。從手作承受字，通俗作承。二。丞佐。從□，音渠恭反；從
巴、山。［□］音隅，此佐翊字。〔一三八三〕澄□□□。水▨（清）□。□□□□。□。□□。□竹□▨（反）。〔一三八四〕懲戒。
澂清。〔一三八五〕陵□□□。□□；□欺。亦作□。□□。□□。▨（又）水名。〔一三八六〕淩（凌）氷。〔一三八七〕蔆芰。倰
怜。鯪魚名。綾綾錦。掕止。䬨馬食穀。又力甑反。夌越。䞑去。□□屈□。□□□。□於陵反。胷。亦作
膺。四。〔一三八八〕鷹鳥名。應當。蠅寒蟬。〔一三八九〕憑扶氷反。憑託。四。〔一三九〇〕凭依几。淜（淜）無舟渡

河。〔一三九一〕磳碅（硱）磳。又子騰、奇兢二反。〔一三九二〕冰筆陵反。水凍。三（四）。棚盛箭器。又薄登反，□□。〔一三九三〕
▨（掤）覆□。□□□。〔□□□□。□□□。□。〕□□▨（陵）反。索。▨（通）俗作繩。九。〔一三九四〕譝稱。鱦魚
名。〔一三九五〕乘駕。澠水名，在齊。溗波前後相陵。艠畦；又埒。亦作塖。〔一三九六〕憴譽。騬犗馬。升（升）識承反。
十合。〔一三九七〕五。陞登。勝▨（任）。□□□□。□作▨（務）。〔一三九八〕□□上。〔一三九九〕拼上舉。仍如承反。因。四。
艿陳草。訒就。杤木名。兢屋陵反。悚懼。二。矜（矜）憨。又渠巾反，矛柄。亦作穃。從今；俗從令，失。〔一四〇〇〕
徵陟陵反。〔□〕。〔一四〇一〕四。癥腹病。旍旌旗柱皃。敳□。〔一四〇二〕□疾陵反。帛。〔一四〇三〕五。鄫國名，在瑯琊。
驓馬名。橧豕所寢。竲高皃。凝魚陵反。水結。二。冰冰（水）堅。〔一四〇四〕興虛陵反。起。又許應反。〔一四〇五〕二。
⿰興阝地名。稱郞（處）陵反。知輕重。通俗作穪。〔一四〇六〕三。偁宣揚美事。爯本稱。殑其矜（矜）反。殑殊（殑），欲死
狀。〔一四〇七〕二。菱根可緣竹器。殅山矜（矜）反。殑殅。一。僜丑升反。醉行皃。又魯鄧反。一。硱綺兢反。硱磳，
石皃。又口本反。一。

50登

五十登都滕反。上。七。璒石，似玉。燈燈火。簦長柄笠。毲髭毲。薆金薆，草名。豋禮器。亦作〔□〕。〔一四〇八〕
棱（楞）盧登反。四方木。或作棱；通俗作楞。〔一四〇九〕五。輘車聲。稜廉謂威稜。倰長皃。棱柧棱。僧蘇曾反。緇
徒。〔一四一〇〕一。崩北滕反。頽。〔一四一一〕一。增在（作）滕反。加。亦作譄；通俗作増。〔一四一二〕十。憎惡。曾人姓。又
昨棱反，甞。矰戈（弋）射矢。罾魚釣（網）。〔一四一三〕磳山皃。又仕氷反。熷蜀人取生肉以（竹）中炙。〔一四一四〕竲巢。
瞢甍。翻飛。瞢（瞢）武登反。目不明。〔一四一五〕二。𧁓𧁓𧁓，無光。又亡贈反。層作（昨）稜反。重屋。又作滕
反。〔一四一六〕二。曾甞。又作騰反。朋步崩反。黨。反（又）古文鳳，今爲朋。〔一四一七〕五。堋射堋。鵬大鳥。棚棚閣。
又薄庚、筆陵二反。倗輔。又普等反。弘胡肱反。弘大。通俗作弘（弜）。〔一四一八〕二。竑藤竑，胡麻。肱古弘反。臂。
二。鞃軾中。亦作鞃、䩑。薨呼弘反。諸侯亡。二。〔一四一九〕儚惛迷。或作顭。能（能）奴登反。獸；又多技。又奴

代、奴來二反。通俗作能。〔一四二〇〕一。騰（滕）徒登反。國名。通俗作滕。〔一四二一〕十一。騰躍。縢行縢。幐囊可帶
者。螣螣虵；或食禾虫。藤藤弦；又草名。謄移書。䲢美目。又以登（證）反。〔一四二二〕螣鼓聲。䲢魚。驣黑虎。
恒胡登反。常。二。峘峘山，北岳名。桓（拒）古恒反。急，《淮南子》曰『大弦桓（拒）則小弦絶』。三（二）。〔一四二三〕
緪大索。鼟他登反。鼓聲。〔□〕。〔一四二四〕

51 咸

□□□咸胡讒反。皆。八。〔一四二五〕鹹不淡。或作醎。函函谷，關名；又函書。亦作凾。騻騻驢，縣名。椷杯。又古
咸反。稴稻不黏。又胡兼反。亦作糠。蠊海虫，可食。諴至諴咸（感）神。又五咸反。〔一四二六〕緘古咸反。緘封。八。
瑊美石，次玉。緘慳怯。〔一四二七〕尲尲尬，中間者，謂非好非惡。〔一四二八〕椷栝。又胡緘反。或作槭。黬黑。又止林反。
黬釜底黑。轞車聲。攕（攕）所咸反。女手皃。又息廉反。五。櫼（櫼）木名。縿旌旗旒。霎（霎）微
雨。〔一四二九〕㮲木名。亦作杉。猎乙咸反。犬吠。又乙陷反。一。嵒五咸反。嶄嵒，山高；又地名。七。顑長面皃。又
丘檻反。羬山羊。亦作羬、麙。〔一四三〇〕黬釜底黑。虦羊絶有力。諴和；又戲。碞僭差。又午金反。欦許咸反。笑
皃。四。蜬似蛉（蛤），出海中。〔一四三一〕妗喜皃。酟酟酟。詀竹咸反，詀諵，語聲。又尺涉反，詀讘，耳語。一
（三）。〔一四三二〕鵮鳥啄物。又蔵（苦咸）反。〔一四三三〕䛨䛨酟，小頭。諵女咸反。語（詀）諵。〔一四三四〕一。讒（讒）士咸
反。〔□。□〕士銜反。通俗作讒。〔一四三五〕四（九）。〔一四三六〕獑獑猢。鏨小鏨。饞不廉。毚狡兔。反（又）士銜
反。〔一四三七〕鼸高鼻〔□〕。〔一四三八〕儳貪。劖剷。鄿宋地。鵮苦咸反。鳥鵮物。又竹咸反。或作鼓。〔一四三九〕一。

52 銜

□□二銜户監反。馬羈口。三。〔一四四〇〕譀調。甎乾瓦屋。巉鋤銜反。险。七。嶄嶄嵒。亦作磛。劖刺。艬臬
（合木）舟。〔一四四一〕鑱犁鐵，吴人云。又士懺（懺）反。獑獑猢，獸名。又士咸反。涔潛。又鋤簪反。巖五銜反。䖇广
（厂）下。亦作礹。〔一四四二〕二。嚴呷。攙（欃）楚咸〔□；又〕初咸反。攙（欃）搶（槍），祆星。〔一四四三〕二。鼸（鼸）鼠黑
耳（身）白要。〔一四四四〕衫所銜反。衣。〔□〕襳。〔一四四五〕九。縿帛青色。又昨來反。彡毛長。髟長髮髟髟。又比遥反。

縿旍旗[□]。〔一四四六〕芟伐草。䈎旍好(斿)所著。亦作鞔(穀)。〔一四四七〕䀇瞻。又格懺反。䨲(𩃭)微雨。又子廉反。〔一四四八〕監(監)古銜反。又古懺反。明。〔一四四九〕五。監(鑒)監(鑒)諸,以取月水;又明。古作鑑;或作監。〔一四五〇〕礛礛礷,青礪,可以攻玉。亦作厱。劖細切。䁪視。

53 嚴

□□三嚴語輸反。肅。二。〔一四五一〕巖(巖)射翳。〔一四五二〕輸虚嚴反。胡被。二。杴杴钁。古作檶。醃於嚴反。鹽清(漬)魚。〔一四五三〕一。㦰丘嚴反。㦰敧,不齊。又丘凡反。□。〔一四五四〕

54 凡

□□□凡符芝反。常。六。〔一四五五〕帆船上帆。又扶泛反。仉輕。又孚劒反。舥舷。颿船張。亦作颿。〔一四五六〕杋木皮可[□]索。〔一四五七〕芝疋(匹)凡反。草浮水皃。二(三)。〔一四五八〕欲多智。〔一四五九〕汎水名。〔一四六〇〕

刊謬補缺切韻卷第二廿八韻　韻首〔一四六一〕

先蘇前　仙相然　蕭蘇彫　宵相焦　[□□□]〔一四六二〕
豪胡刀　歌古俄　麻莫霞　覃(覃)徒含　談徒甘　陽与章
唐徒郎　庚古行　耕古莖　清七精　青倉經　尤雨求
侯胡溝　幽於虯　侵七林　壛(鹽)余廉　添他兼　蒸諸膺
登都騰　咸胡讒　銜户監　嚴語輸　凡符芝

刊謬補缺切韻卷第三上聲五十二韻

右卷一万二千一十六字二千七十七舊韻，四千一百廿一訓，卅三或亦，五文古，二文俗；一千三百卅補舊缺訓，一千一(二)百十五新加韻〔一四六三〕，二千八百一十二訓，三百六十七亦或，一十九正，卅一通俗，四文本。

朝議郎行衢州信安縣尉王仁昫字德温新撰定

□(一)董多動反。吕与腫同，夏侯別，今依夏侯。〔一四六四〕

二腫之隴反。

三講古項反。

四紙諸氏反。

▨(五)旨軄雉反。夏侯与止爲疑，吕、陽、李、杜別，今依吕、陽、李、杜。〔一四六五〕

六止諸市反。

七尾(尾)無匪反。

八語魚舉反。吕与麌同，夏侯、陽、李、杜別，今依夏〔侯〕、陽、李、杜。

九麌魚矩反。〔一四六六〕

十姥莫補反。

十一薺徂禮反。

十二蟹鞵買反。李与駭同，夏侯別，今依夏侯。

十三駭諧揩反。

十四賄呼猥反。李与海同，夏侯爲疑，吕別，今依吕。〔一四六七〕

十五海呼改反。

十六軫之忍反。

十七吻武粉反。

十八隱(隱)於謹反。吕与吻同，夏侯別，今依夏侯。

十九阮虞遠反。夏侯、楊（陽）、杜与混、佷同，吕別，今依吕。

廿混胡本反。

廿一佷痕墾反。

廿二旱胡滿反。

廿三潸數板反。吕与旱同，夏侯別，今依夏侯。

廿四産所簡反。陽与銑、獮同，夏侯別，今依夏侯。

廿五銑蘇典反。夏侯、陽、杜与獮同，吕別，今依吕。〔一四六八〕

廿六獮息淺反。

廿七篠蘇鳥反。陽、李、夏侯与小同，吕、杜別，今依吕、杜。

廿八小私兆反。

□（廿）九巧苦絞反。吕与晧同，陽与篠、小同，夏侯並別，今依夏侯。〔一四六九〕

卅晧胡老反。

卅一哿古我反。

卅二馬莫下反。

□□（卅三）感古禫反。〔一四七〇〕

卅四敢古覽反。吕与檻同，夏侯別，今依夏侯。

卅五養餘兩反。夏侯在平聲陽唐、入聲藥鐸並別，上聲養蕩爲疑，吕与蕩同，今別。〔一四七一〕

卅六蕩堂朗反。〔一四七二〕

□□□（卅七梗）▨（古）杏反。夏侯与靖□，□別，今依吕。〔一四七三〕

卅八耿古幸反。李、杜与梗、迥同，吕与靖、迥同，与梗別，夏侯与梗、靖、迥並別，今依夏侯。

卅九静疾郢反。吕与迥同，夏侯別，今依夏侯。

卌迥（迥）户鼎反。〔一四七四〕

□□□（卌一有）□□▨（反）。李与厚同，夏侯□□，吕別，今依吕。〔一四七五〕

卌二厚胡口反。

卌三黝於糺反。

卌四寑七稔反。

□□□（卌五琰）□□□。与忝、范、豏同，夏侯□□□▨（別），与忝同，今並別。〔一四七六〕

卌六▨（忝）▨▨▨（他玷反）。〔一四七七〕

▨（卌）七▨（拯）▨（無）韻，取蒸之上聲。〔一四七八〕 卌八等多肯反。

□□□（卌九嗛）□□□。李与檻同，夏□□，□□夏侯。〔一四七九〕 五十檻▨（胡）□□。〔一四八〇〕

五十▨▨（一广）虞掩反。陸無此韻目，失。〔一四八一〕 五十二范符凵反。陸無反，取〔□〕之上聲。失。〔一四八二〕

1 董 □〔一四八三〕 朦大皃。〔一四八四〕 孔康董反。乙後。一。 敵先惣反。摶擊。二。〔一四八五〕 檧箸桶。又蘇公反。 侗他孔反。▨（直）。一曰長大。□。〔一四八六〕 □□屋會。□且公□。〔一四八七〕 輆（轂）輪。〔一四八八〕 澒胡孔反。水銀滓；澒溶，水皃。〔一四八九〕 二。 汞水銀。 蓊阿孔反。蓊鬱。六。 滃大水皃。 暡（嗡）▨（氣）□▨（皃）。〔一四九〇〕 □□□▨（皃）履；□□□。〔一四九一〕 俸屏俸。 曨力董反。曨曈。五。 襱袴。又直隴反。亦作裥。又來公反。 巃巃嵸。 寵孔寵。 籠竹器。 □▨（盧）□□。〔一四九二〕 □□〔一四九三〕 ▨（懵）莫孔反。心亂皃。〔一四九四〕 一。

2 腫 □□力奉反。大坂。三。〔一四九五〕 壟丘壟。 㳥塗。〔一四九六〕 擁於隴反。手擁。三。 壅壅堨。又於龍反。 㙲□。〔一四九七〕 □〔一四九八〕 鼢鼠。 拢拒。亦作輤。 犝水牛。 揖推擣。 重直隴反。不輕。又直龍、直用二反。四。 銅魚名。又直柠反。〔一四九九〕 □〔一五〇〇〕 勇餘隴反。武健。十。 甬草花欲發。 涌涌泉。 踊跳。亦作踴。 溶水泉（皃）。〔一五〇一〕 蛹老蠶。 㙲□〔一五〇二〕 ▨（拲）兩手械。亦作▨（桊）。 ▨（又）□□反。〔一五〇三〕 碧水邊石。 鞏以皮束物；又縣名，在河南。 蛬蟋蟀。 ▨（亦）□□。〔一五〇四〕 ▨（珙）璧。〔一五〇五〕 □〔一五〇六〕 慫▨（驚）。〔一五〇七〕 聳高。 縙絆前足。 捜▨（執）□ □▨（方）奉反。覂□。或作泛。一。〔一五〇八〕 鴀莫▨（湩）反。鴭（鴭）鳥。□。〔一五〇九〕 朧豊大。□〔一五一〇〕

3 講 □□□□□。□。□。□□□。□□□。□□□。□□□□。▨（朾）。□□□。□。〔一五一一〕 玤周邑地名。 棓木

杖。〔一五一二〕蚌蛤。或作蜯；亦作蛖。〔一五一三〕▯〔一五一四〕

4 紙

▯〔一五一五〕▨（侈）怙（怙）。〔一五一六〕賛曲支（枝）果。〔一五一七〕泜著正（止）。〔一五一八〕芷芷陽，縣。坻▨（著）。〔一五一九〕▯□□輿金耳。□美爲反。〔一五二〇〕𥨎熟寐。又莫礼反。𢔇𢔇𢔇□□。亦□□。▯〔一五二一〕擘傷擊。〔一五二二〕椴椒大▨（者）。〔一五二三〕䉶舂。媧鳥吐□如□。〔一五二四〕▯〔一五二五〕□獸角不齊皃。亦作觤。〔一五二六〕恑變。蛫蟹。祪毀廟之祖。桅▨▨（短矛）。〔一五二七〕▯〔一五二八〕妓女樂。〔一五二九〕倚立。〔一五三〇〕錡釜。又魚倚反。〔一五三一〕𧌑蟬。〔一五三二〕倚▨▨（於綺）□。▨（恃）。□。〔一五三三〕▯〔一五三四〕婍皃好。亦作裿。碕碕礒。𧺆行皃。▨（猗）▯〔一五三五〕檥整舟向岸。亦作艤。〔一五三六〕羛羛陽，鄉，在魏郡。▨（敲）▯□鄭地。又▨（虛）爲反。〔一五三七〕柴即委反。烏喙。□□咮。通俗作觜。□。〔一五三八〕▯□□□▨（反）。□□。□。〔一五三九〕褫奮（奪）衣。〔一五四〇〕𥻨黏。陊山崩。傂▯〔一五四一〕迆邐迤（池）。袘中衣袖。胣引腸，《▨（莊）□》曰『長洪胣』。〔一五四二〕▯〔一五四三〕▨（灑）□▨（掃）。〔一五四四〕▨（纚）韜髮者。〔一五四五〕屣屣（履）不攝根，亦作𩌦。〔一五四六〕矖視。簁▯□□氏反。汝。亦□□、尔。二。〔一五四七〕邇近。亦作迩、迩。洱弥婢反。洱水。七。〔一五四八〕弭弓末。亦作𢏚。〔一五四九〕瀰水流皃。亦作𢏚（洋）。〔一五五〇〕芊（芈）▯□□。□□埤。□□□。〔一五五一〕侈尺氏反。奢。十一。〔一五五二〕姼姑（姑）姼，輕薄皃。〔一五五三〕鉹甑。垑恃土地。哆張口。誃離。又直移反。▯〔一五五四〕紫茲此反。色。〔一五五五〕六。訿訿毀。或作呰。呰弱，《漢書》曰『呰窳媮生』。又姉西、徂礼二反。泚水名，在長沙。茈▯□□□。又□□反。〔一五五六〕䮔馬小。又子垂反。揣初委反。度。亦作𢿎。又丁果、仄（尺）轡二反。〔一五五七〕一。㺔㺔（隨）婢反。牸豚。〔一五五八〕一。虵食紙反。□取物。□□□。□□□。□。□□□，□□，□□□□。□□□□。□□。□□□□□□□□，▨（於）此輢韻又作於綺□□，□□□□，□□□□□□，▨（失）何傷甚。一。〔一五五九〕批側氏

反。拳茄（加）人。〔一五六〇〕一。破丕（匹）靡反。披析。三。披開。紴水波錦□。又補柯反。〔一五六一〕□
□〔一五六二〕芛草木初生。又惟畢反。貏小豶。亦作隊。𤺌創裂。惢才捶反。疑。一。跬去弭反。舉一足，亦作
趌、踑，半步。二。〔一五六三〕頍□□。〔一五六四〕□□□□。□□，□□□。□。〔一五六五〕▨（梔）□梔。〔一五六六〕▨（旎）
□□，柔弱。〔一五六七〕□□□□。□□，□□。□。□□□。□□□□。〔一五六八〕姽好皃。又牛累反。〔一五六九〕䳑布穀。
趡求累反。跟趡。一。褫勑豸反。衣絮偏。又直尔（尒）反。一。𢺶陟侈反。指。二。〔一五七〇〕䘭衸。〔一五七一〕襣
□□□。□□。□。〔一五七二〕

5 旨

□□□□□。□□□。□。□。〔一五七三〕▨（指）手指。〔一五七四〕恉意。砥（砥）砥礪。視承旨反。▨（望）。亦作眡。
一。〔一五七五〕□□□□。□▨（好）。三。〔一五七六〕犛獸，似牛。媄善。鄙方美反。邑。二。〔一五七七〕啚嗇。兕徐姊反。
正作兕。似牛。四。〔一五七八〕羠犍羊。又餘几反。薙燒□。□□履、他計□□。〔一五七九〕□□。□□履反。几▨（杖），曲
馮。八。〔一五八〇〕机木。麂獸名。亦作麐。屼女屼山，弱水所出。邔地名。犱獸，名（如）兔。〔一五八一〕𡰵（𡰵）赤
鳥。〔一五八二〕䃜石墮聲。姊將几反。女兄。二。秭万億。匕卑履反。匕匙。八。妣母。又甫至反。秕穅秕。或爲
粃。〔一五八三〕比方。又□□、□□、□□□□。〔一五八四〕𥘵以豚祀司命。〔一五八五〕沘水名，出廬江灊（灊）縣，又入芍陂，今謂之
渒水。芍音張略反。〔一五八六〕疕頭禿。髀股外。又旁礼反。軌居洧反。法。從古文杂，音匭省，非從几。〔一五八七〕八。簋
簠簋，祭器。晷日。〔一五八八〕厬厬泉。或作漸。宄内盜。頯小頭。又距追反。〔一五八九〕▨（匭）匣。〔一五九〇〕氿水涯枯
上（土）。〔一五九一〕洧榮美反。水名，在鄭。四。鮪魚名。痏瘡。䵋黄皃。又下悔反。〔一五九二〕矢式視反。陳。
三。〔一五九三〕笶箭。屎堇（堇）。亦作菌、戻。〔一五九四〕死息姊反。亡。一。雉直几反。野雞。三。薙芟。又徐姊反。
滍水名，在魯陽。牝扶履反。又毗忍反。雌。一。履力几反。踐。從彳、舟、〔□〕。〔一五九五〕一。水式軌反。流津。一。
壘力軌反。塹。十。礨硍礨。猚犱。〔一五九六〕鸓飛生鳥名，飛且乳。藟葛藟。櫐藤。誄述行。耒田器。又盧猥反。

讁譸。亦作讝。 瀿水名，[□]鴈門。〔一五九七〕 揆葵癸反。度。五。 楑木名。 慀悸。又視隹反。 嫢(嫢)細。又聚惟反。〔一五九八〕 湀泉出通川；又水名。 趡千水反。走。二。 踓嫢(躛)。〔一五九九〕 柅女履反。絡絲樹，《易》曰『金柅』。一。 癸居誄反。北方。一。 否符鄙反。塞。又方久反。七。 痞腹内結病。 圮岸毁。亦作嶏。 仳離。又芳匕反。 殍草木枯落。 帊幓裂。 醅覆。或作崺(嶏)。〔一六〇〇〕 嶵徂壘反。 嶵嶵。一。 嚭匹鄙反。大。三。 歧破。又匹支反。 秠一稃二米。又卿悲反。 蕊如藟反。草木實節生。一。 唯以水反。諾。八。 蓶似馬韮而黄，可食。 鮪蟹子。 灣魚盛皃。 壝埒(埒)。又達位反。〔一六〇一〕 孈愚贛多能(態)。又尤卦反。〔一六〇二〕 椲弃。 踓走。〔一六〇三〕 欳於几反。 欳欳，驢鳴。一。 滜遵誄反。汁漬。三。 嘴鳥啐。〔一六〇四〕 嶉山狀。又醉綏反。 黹胝几反。緘縷所紩。《礼》有黹□。亦作□。□。〔一六〇五〕 敱刺。 夂(夊)從後至。〔一六〇六〕 䕼絺履反。 蠶就寬。〔一六〇七〕一。 跽暨几反。長跽。或作䠩。又暨軌反。一。 瞞許癸反。 恚視。又詡類反。〔一六〇八〕一。 跽暨軌反。上跪。亦作䠩。二。 郋山名。

6 止

□□諸市反。已。□。〔一六〇九〕 時祭地。又時止反。 洔小渚。或作沚。 茝香草。又昌待反。 趾足。 址基。 阯交阯，郡。 跱跱。〔一六一〇〕 庢(底)庢柱。 市時止反。 廛。二。 恃依。 徵陟里反。 配火。一。 喜虚里反。 忻。一。 以羊止反。古作目。用。五。 已止。 苡薏苡；芣苡。〔一六一一〕 佁癡。 旼大堅。〔一六一二〕 似詳里反。類。七。 祀年；百(一曰)祭名。〔一六一三〕 姒夏姓；一曰娣姒。 巳辰巳。 耜耒耜。 汜音似者在成皋東，是曹谷(咎)所度水；音凡者在襄城縣南汜城，是周王出居城，曰南汜；音匹劒反者在中牟縣汜[□]，是晉伐鄭師于汜，曰東汜，三▨(所)各别，陸訓不當，▨(故)不録。亦作洍。〔一六一四〕 鈶鋋。〔一六一五〕 紀居似反。經紀。四。 己身。 改女字。 㠯說。 史踈士反。記言。三。 使役。又踈事反。 䶂(䶂)香之美者。〔一六一六〕 耳而止反。聽聞。五。〔一六一七〕 洱水名，出罷谷山。又而志反。 駬騄駬，周穆王馬。 ▨(緝)緝緝，轡盛。〔一六一八〕 䶂鼠。 里良士反。五鄰。八(九)。〔一六一九〕 裏内。 鯉魚名。 李人姓。〔一六二〇〕 瘇病。 娌妯娌。 俚南人；蠻屬。 理[□。□]亭名，在西鄂；一曰邑名。〔一六二一〕 始詩止反。初。一。 枲胥里反。麻。

六。 篒竹篾曰怠(篒)。〔一六二二〕 萆胡萆，亦作䓬。〔一六二三〕 葸質慤皃。 認(諰)言且思之。〔一六二四〕 厞石利。 峙直里反。

聳。六。 痔病。 跱躇跱，行難進皃。 庤儲置舍。 徛看所望而往；具。亦作時。 畤儲。〔一六二五〕 起墟里反。 興。六。

杞木名；又苟杞。 屺山無草木，亦作峐。 玘珮玉。 芑白粱粟。 邔縣，在南陽(郡)。又渠記反。〔一六二六〕 士鋤里反。一

命。三。 仕從官(宧)。〔一六二七〕 柹木名。 俟□史反。 亦作竢、妃、庡。〔一六二八〕 四。 涘水涯。 戺霤水(外)。〔一六二九〕 緊繩

履。 子即里反。 姓生。七。 虸虸蚄，蟲。 耔擁苗。 亦作秄。 梓木名。 仔克。 朿(㭰)草木盛。 杍杍杍

(材)。〔一六三〇〕 矣于紀反。 詞矣。〔一六三一〕 二。 苵(芺)蒿。〔一六三二〕 擬魚紀反。 度。五。 儗僭。 薿草盛皃。 又魚力反。

䝿盛。 穓禾稷盛。 齒昌里反。 牝牙。一。 恥勑里反。 惡。俗作耻。 二。 祉福。 剌(刺)初紀反。 割聲。〔一六三三〕 二。

欸𧮪。 滓側李反。 杍。三(四)。 [□□。] 亦作莘。〔一六三四〕 笫(第)牀板。 又側几反。 胏(胇)脯，《易》曰『食乾脯

(胏)』。 亦作𩚑。〔一六三五〕 譩於擬反。 恨；又膺。 又於其反。 一。〔一六三六〕

7 尾

七 屘無匪反。 臀後毛。 通俗作屘(尾)。 四。〔一六三七〕 亹美皃。 又音門，又羲覲反。 俗作亹。〔一六三八〕 浘水流皃。 娓微。

豈氣狶反。 無有。二。 萓菜。 扆依豈反。 户牖間。五。 㥣痛。 依(偯)哭依(餘)聲。〔一六三九〕 㕈藏。 偯偯俙，見不

了皃。 蟣居俙反。 蟣蝨。四。 幾幾何。 又既希反。 通俗作㡬。 穖禾穖。 䰚鬼俗。 斐妃尾反。 文。五。〔一六四〇〕 朏

月。〔一六四一〕 菲芳。 又芳非反。 蜚鳥，如梟。 又平利反。〔一六四二〕 悱口悱悱。 匪非尾反。 不。 □。〔一六四三〕 棐輔。 篚竹

器。 餥餱；一曰相請食。 榧木名，子可食。 蜚虫。 或作𧍢。 又扶沸反。 蕜猝。 韙韋鬼反。 是。 亦作愇。 九

(十)。〔一六四四〕 愇[□。 □]光。〔一六四五〕 韡(韡)韡(暐)韡(韡)。〔一六四六〕 偉大。 瑋玉。 葦蘆。〔一六四七〕 椲木名，可屈

爲盂。 韡盛皃。 撝逆追。 鬼居偉反。 歸。一。 虺許偉反。 虵虺。〔一六四八〕 五。 煋齊人云火。 娓美。 又妄祕反。 霼

震靁。 虫鱗介惣名。 又除中反。〔一六四九〕 顗魚豈反。 靖。一。 豨希豈反。 楚人呼猪。〔一六五〇〕 三。 俙僾俙。 鯑鯑鼻。

又虛几反。磈於鬼反。磈硊，石山皃。二。嵔嵔崔，山高下曲。膹浮鬼反。臛多汁。二。穙稻紫莖不黏。又扶畏反。

8 語

八語魚舉反。對言。十。䕡苑。〔一六五一〕圉養馬人。敔柷敔，樂器。圄囹圄。衙行皃，《楚辭》『道飛廉之衙』。〔一六五二〕齬齟齬。又魚家反。〔一六五三〕禦禁。鋙鉏鋙。篽翳。亦作䕡。〔一六五四〕呂力舉反。陰管。十二。挔（旅）師。〔一六五五〕祣祭名。膂▨（脊）。〔一六五六〕䉛筥器。亦作箘、筥。穭自生。〔一六五七〕梠楄端木。儢心不力。侶伴侶。𤶥晉大夫名。〔一六五八〕柠箭笴。絽絣。佇除呂反。待。亦作竚。十。眝張目皃。苎草。紵布。杼機杼。羜五月生羔。𥁜器數。亦作盬（盬）。〔一六五九〕坾塵。竚織竚。宁門塾間。又直居反。與余筥反。付。五。歟歎。与與。予我。藇藇藇，蕃蕪。又徐與反。或作㒜（穥）。〔一六六〇〕煑諸与反。湯熟。或作鬻。三。陼丘。渚沚。汝如与反。尔。五。𦙶魚不鮮。茹熟菜。又而恕反。䆷（寱）楚人呼寐。又仁諸、乙庶二反。〔一六六一〕𪏽黏。暑舒莒反。熱。五。鼠穴蟲。黍黏禾。𧎏𧎏螾，蟲。癙病。杵昌与反。殳。〔一六六二〕二。䖏（處）居所。或作扏（処）。通俗作處。〔一六六三〕貯丁呂反。居。七（八）。〔一六六四〕㡾棺衣。亦作▨（幯）。〔一六六五〕［□□□。］〔一六六六〕忬知。詝知。〔一六六七〕𡶍嵖，載盛米。亦作𤱆（𤱆）。〔一六六八〕杼栩。又時渚反。䘼衣。諝私呂反。智。亦作㥠、謂。五。稰熟穫。醑篁（篘）酒。〔一六六九〕湑露皃。糈祭神米。〔一六七〇〕女尼与反。女子。二。〔一六七一〕籹粔籹。楮丑呂反。木名。二。▨（褚）姓。〔一六七二〕許虛呂反。然。一。巨其呂反。工。十五（六）。〔一六七三〕拒抗。秬黑黍。亦作𩰪。距鷄爪。炬炬火。虞（虡）栒虞（虡）。〔一六七四〕粔粔籹。鉅澤名。苣苣蕂，胡麻，蕂字書證反。駏駏驢，畜。藘苦菜。𦊅罟。𪘸齗腫。▨（岠）違。〔一六七五〕虡（虞）［□。□］神獸。亦作虛（虞）。〔一六七六〕所踈舉反。處。通俗作所。五。糈祭神米。又先呂反。齭傷醋。盨戴器。疋記。又山於反。楚初舉反。國名。五。礎柱下石。齼齒齼。濋水名。鱮鮮。阻側呂反。礙。二。俎豆。齟鋤呂反。齟齬。一。咀慈呂反。咀爵。五。沮止。又七余反。跙行不進。〔一六七七〕趡邪出前。〔一六七八〕祖嬻。又子邪反。扵於許反。擧。二。膂肩骨。舉居許反。薦。九。莒(莒)草名；一曰國名。〔一六七九〕櫸木名。筥匡莒(筥)。〔一六八〇〕趄行皃。籧養蠶器。〔一六八一〕柜柜栁(柳)。郘亭，在長沙。郘共舉。通俗作昪。叙(敘)徐呂反。緒。十[□]。〔一六八二〕序叙(敘)。漵(潊)水浦。緒業。抒渫(渫)水。〔一六八三〕嶼海中洲。澳浦名，在洞庭。𨡾美酒。鱮魚名。亦作穌(穌)。〔一六八四〕屖履屬。又餘去反。萸美皃。又以舉[□]。〔一六八五〕去羌舉反。又丘據反。却。正作公。〔一六八六〕三。麩麥粥汁。䋰繼。又所除反。野署与反。田。又与者反。〔一六八七〕一。紓神与反。又式余反。緩。二。杼《庄(莊)子》『狙公賦杼』。敀七与反。皴敀，皮裂。一。苴子与反。履中草。又子餘反。□。〔一六八八〕

9 麌

□麌麌(虞)知(矩)反。牝鹿。二。〔一六八九〕俁大。羽于矩反。五音。〔一六九〇〕十三。禹夏王。雨雲液。宇四垂。籀文作此禹(寓)。〔一六九一〕瑀玉。祤祋祤，縣名，在馮翊。祋字都會反。栩栩陽，地名。鄅國名，地在瑯琊。頨孔子頭反頨。〔一六九二〕楀椇木。萬□□粮，□□。〔一六九三〕郱亭名，在南陽。霩雨皃。聚慈庚(庾)反。[□]鄹。〔一六九四〕二。鄹新豊鄹亭。甫方方(主)反。近。〔一六九五〕十三。脯乾肉。斧鉞。俯俛。府公府。黼自(白)里(黑)文如斧。〔一六九六〕簠簠簋。蜅小蟹。莆蓮莆，堯時□□。〔一六九七〕▨(郙)亭名。又芳▨(洙)反。〔一六九八〕硧碵。鯆大。〔一六九九〕頫伍(低)頭。[□]靡卷反。〔一七〇〇〕武無主反。戈。〔一七〇一〕十六。舞萬樂。亦作儛。嫵嫵媚。侮慢。躌窗(窗)中綱(網)。憮失意皃。字或作憮。又荒烏反。煤憐。廡堂下。珷珷玞。甒□。□□名，在□▨(陽)。〔一七〇二〕鵡鸚鵡。瞴微視。又妄尤反。𦮱蕃滋。罪雉內(网)。膴周原膴膴。父扶雨反。矩。〔一七〇三〕十二。輔毗。䩉頰䫙(䩉)。亦作䫙。腐朽肉。釜鬴(鼎)屬。鴔鴔鴔，越鳥。䣆九河名。稒穳。吺咀▨(嚼)□。□□□。〔一七〇四〕▨(府)病。〔一七〇五〕滏滏陽，縣。撫孚武反。安。九。弣弓把中。亦▨▨▨(作釞、弝)。〔一七〇六〕柎栭。殕食上生白。〔一七〇七〕䋨䋨綿。俌輔。䞜健。或作詢。汥撫。髴髮皃。〔一七〇八〕柱直主反。楹。一。詡况羽反。和。九。昇□□。

□□□□□□□。□□□、□□□□。〔一七〇九〕▨（珝）吴有□□。〔一七一〇〕▨（栩）□□。□□。□□□□。□□□。〔一七一一〕𨸏鄉名，在安邑。昫温。又香句反。竪殊主反。立。正作竪（豎）。〔一七一二〕二。裋弊布襦。亦作襡。庾以主反。倉。〔□〕逾（匬）。〔一七一三〕十一。瘐囚以飢寒▨（死），《漢書》▨（曰）『□□□□□』。▭□□，□□，□□；□▨（貐）如彘，□□□□□，□□□□□□。〔一七一四〕楰鼠梓，似〔□〕楸而黑。〔一七一五〕㼌本不勝末（末）。〔一七一六〕懙懼。斞量。蕍草。主之庾反。執。四。麈▨（鹿）屬。〔一七一七〕▭□□傍▨（指）。〔一七一八〕丶點，主、丼、丹、京等字從。乳而主反。肉津。二。醹厚酒。窶其矩反。貧無礼。正作窶。二。〔一七一九〕貗貒子。數▭□□▨（枝）果。〔一七二〇〕楀楀氏。翑曲羽。又求俱反。取七庾反。得。一。縷立主反。縷絲。〔一七二一〕十。陋嬴（羸）陋，縣名，在▨（交）阯，嬴（羸）字洛千反。〔一七二二〕▭▨▭。〔一七二三〕迺（茜）小蔞。〔一七二四〕慺古姓。須思主反。絆前兩脚。又先酒反。一。䝁仕禹反。小母豬。亦作豭。一。

10姥

▭〔一七二五〕芏似莧（莞），生海邊。〔一七二六〕杜徒古反。棠樹。五。敼塞。肚腹肚。又當古反。坻瓶。靯鞲。魯郎□□。國▨（名）。□□。〔一七二七〕▭□□□。又□□反。〔一七二八〕虜庵。鱸魚。鹵鹵薄（簿）。覩當古反。見。亦作睹。九。睹詁旦（旦）欲明。肚腹▨（肚）。▨（又）徒古反。〔一七二九〕▭〔一七三〇〕▨（瞽）無目。〔一七三一〕股髀。亦作髀（骰）。〔一七三二〕罟内（网）。又古胡反。蠱（蠱）蠱毒。〔一七三三〕估市税。鹽河東鹽。鈷鈷鏻。羖羖▨（攊），羊。〔一七三四〕▭〔一七三五〕▨（旿）明。〔一七三六〕伍五人。迕相干。人（又）吾故反。簿裴古反。簿籍。俗作從艸，是薄，音伯，非。二。部部伍。粗徂古反。不▨（精）。〔一七三七〕四。▨（麆）▭□發兵符，爲虎文。〔一七三八〕戽洩舟中水。又呼故反。〔一七三九〕滸水岸。亦作汻。隖烏古反。村隖。七。鄔縣名，在太原。▨（瑦）▭〔一七四〇〕弩弩弓。〔一七四一〕砮石，可作矢。又乃故反。努努力。户胡古反。一扇。十八。楛楛矢。扈跋▨

（扈）。〔一七四二〕 怙恃。〔一七四三〕 □□一宿酒。又古胡、古暮二反。〔一七四四〕 娪（娪）貪。〔一七四五〕 戽抒。 滬靈
龜負書水名。 居（居）美石。〔一七四六〕 鳸竊□□。亦▨（作）□。 □〔一七四七〕

11 薺 □□□□礼□。菜。三。〔一七四八〕 魮魚名。 呰弱。又玆此反。又子西反。 禮盧啓反。體。亦作礼。十二。 簟竹名。
蠡蠡□〔一七四九〕 ▨（欚）江中大舡。〔一七五〇〕 蠡（盠）簞。又力□□。〔一七五一〕 體他禮反。膚。▨（或）□
▨（體）。□。〔一七五二〕 ▨（醍）□□□之□□。〔一七五三〕 邸□〔一七五四〕
（中缺）〔一七五五〕

14 賄 □□□□▨（反）。□□。□。〔一七五六〕 腲□〔一七五七〕 ▨（鍡）鍡鍡。〔一七五八〕 㶟水名，在右北平。 郲
魂郲，不平▨（皃）。 殨字胡罪反。〔一七五九〕 儽□□。□力追反。〔一七六〇〕 ▨（頪）□□正。〔一七六一〕 □□爛
皃。又呼猥反。〔一七六二〕 磊碎萁。〔一七六三〕 罪徂賄反。 䌌（網）。秦始皇改辠。三。 辠辜。〔一七六四〕 嶵崔嶵。 餧□
□〔一七六五〕 溾溾浽，穢濁。〔一七六六〕 磈磈矮（矮）。〔一七六七〕 篦竹扶節。 蘬懷羊。又孤迴反。 輠轉。又胡瓦反。 颹
□□□。□□。又五罪反。□。〔一七六八〕 □□風動。又□迴反。〔一七六九〕 鮾魚敗。或作脮。 浽溾浽。 㼜傷
瓜。 頠五罪反。頭；一曰閑習。又五毁反。五。 頦聉頦。 隗□□□▨（罪）反。珠五□□。亦作輩。
二。〔一七七〇〕 痱痱癗。 倄素（袁）罪反。痛而叫。〔一七七一〕 一。 摧子罪反。 摧嗺，崇積。二。 朏面頯。又之春反。

15 海 □〔一七七二〕 ▨（凱）凱樂。〔一七七三〕 宰作亥反。 冢宰。〔一七七四〕 三。 睟半聾。 載年。又作代反。出《方言》。 駘徒
亥反。疲駑。九。 殆危。 待往（住）。〔一七七五〕 □□□撓。〔一七七六〕 改古亥反。換。亦作攺。二。 頦頰頦。又胡
改反。 亥胡改反。方名。四。 頦頷（頷）。又胡來反。 賅奇；非常。又▨（古）來反。▨（亦）□□。〔一七七七〕 □
□〔一七七八〕 綵綾綵。〔一七七九〕 彩彫彩。 寀寮寀。 倸恨。 茝昌紿反。香草。〔一七八〇〕 一。 等多改反。齊。又多肯
反。一。 穲□〔一七八一〕 ▨（㕿）藏。〔一七八二〕 倍薄亥反。倍多。二。 蓓黃蓓，草。

16 軫 ▭〔一七八三〕槙木密。紾衣單。㐱黑髮。亦作黰、鬒。此小篆體所從並作此。〔一七八四〕袗絺紘（絃）。又之刃反。〔一七八五〕稹緻。又之仁反。眕▨（顏）□□□，▨（慎）□□。〔一七八六〕▭〔一七八七〕▨（惷）擾動。〔一七八八〕偆富。踳雜。僢差。蓍推。蠢出。亦作螽。蠢亂。准之忍□。□□準。平。□。〔一七八九〕▭〔一七九〇〕▨（狁）□▨（狁）。〔一七九一〕□□□□。□□□□□。〔一七九二〕頣面斜。䡅（軘）進。〔一七九三〕筍思尹反。弱竹。亦作箰；又作笋。竹萌。四。隼鳩鳥。簨簨簴。榫作䉱（簨）。〔一七九四〕▨（愍）▭〔一七九五〕▨（罠）細冈（网）。〔一七九六〕轒伏兔下革。〔一七九七〕潤水□浼潤。〔一七九八〕牝□□□。□。又扶履反。〔一七九九〕四。臏膝骨。髕斷足刑。猵獺屬。又布玄反。愍悲（眉）殞反。眉（悲）。五（四）。〔一八〇〇〕憫憫默。閔傷。敏聰。殞于□反。没。□。〔一八〇一〕□□。□□▨（殞）。〔一八〇二〕菂薟。霣星落。窘渠殞反。急。〔一八〇三〕七。琘玉名。菌地菌。〔一八〇四〕箘竹名。咽欲吐。䐃腹中脂。蜠貝大而險。紖直引反。牛紖。亦作緣（絼）、靷、紖。〔一八〇五〕二。朋腫處。又餘力（刃）反。〔一八〇六〕𪎊𪎊▨（忍）□；□𪎊私□。□笑。〔一八〇七〕一。引余軫反。延。八。蚓蚯蚓。亦作螾。噅（嚝）大笑。㮛（㯞）布。𢌬長行。戭長瘡（槍）。亦作戭。〔一八〇八〕縯齊武王名。演引。一曰水門。忍而軫反。耐事。三。荵隱荵，草名。涊水名，在上黨。矧式忍反。況。亦作訠，又作弞，長。三。哂笑。亦作弞、吺。頣舉眉視人。〔一八〇九〕緊居忍反。紉急。亦作紾（紾）。〔一八一〇〕二。胗脣（唇）瘡。又之忍反。〔一八一一〕盡慈引反。正作盡。澌。亦作盡。〔一八一二〕一。泯（泯）武盡反。水急（皃）。又弥鄰反。〔一八一三〕五。䀸（䀸）細理。或作脕。僶僶俛。通俗作僶。笢（筤）竹膚。黽黽池，縣，在弘農。又亡善反。通俗作黽。腎時忍反。水府。四。蜃蛤。脤祭餘肉。㰰指。齗宜引反。齊。三。齤（齤）齒正。磭大脣。盾（盾）食尹反。干盾（盾）。〔一八一四〕二。楯（楯）闌檻。〔一八一五〕笉于忍反。笢（茇）。〔一八一六〕一。僯力軫反。甐恥。三。〔一八一七〕䫰少髮皃。轔牛車絶轔。又力進反。櫑子忍反。盂。一。輪力尹反。稛。一。毴而尹反。

毛聚。又而勇[□]。亦作𪍾。[一八一八]一。麇(麇)丘隕反。束縛。[一八一九]一。螼丘忍反。螼蚓。[一八二〇]二。趣行皃。又渠人、去忍(刃)二反。[一八二一]一。䐗式尹反。䐗暉,富。[一八二二]一。輑牛隕反。軸。一。巾飢緊(腎)反。飾。[一八二三]一。

17 吻

□□▨(吻)武粉反。口吻。亦作脗。五。[一八二四]刎刎頸。抆拭。伆離。又武弗反。勿覆。粉方吻反。化米如麪。二。黺黺綵,文。憤房吻反。怨。亦作憤。九。濆病悶。鼢鼠。坋分。又扶問、蒲頓二反。扮握。膹□熟□。[一八二五]羵土精。又扶云反。幩田穀囊滿裂。獖犳。[一八二六]忿敷粉反。怒。又敷問反。二。魵蝦別名。惲於粉反。厚重。七。藴藏(藏)。韞韞韇。輓轒輓,兵車。又於云反。醖釀。又於問反。榅柱。[一八二七]暉䐗暉,富。[一八二八]齳魚吻反。無齒。亦作齫(齫)。三。趣(趣)走意。会会会,大。抎于粉反。有所失。三。顛(顛)顛(顛)顛(顛),面急。[一八二九]瘨病。又尤問反。

18 隱

□□隱於謹反。藏。正作爰(㥯)。通俗作隐。十。[一八三〇]磤雷聲。轞車聲。癮癮胗,皮水(外)小起。[一八三一]縫縫衣相著。濦水名,出汝南。𤷒病。[一八三二]乙(乚)匿。[一八三三]㥯謹。月歸依。又於幾反。謹居隱反。慎。十。[一八三四]靳黏皃。犍牛▨(馴)。[一八三五]堇菜名。[一八三六]槿木槿。[一八三七]巹(巹)敬。巹瓢,酒器,婚禮所用。陸訓巹敬字爲巹瓢字,俗行,大失。墐涂。[一八三八]墐黄土黏。慬慤。又渠殷反。赾丘謹反。跛行皃。一。听牛謹反。笑。一。[一八三九]齔初謹反。毀齒。[一八四〇]一。近▨(其)謹反。逼。[一八四一]一。脪興近反。腫起。或作痛。二。忻熱。

19 阮

□▨(九)阮虞遠反。阪。三。[一八四二]朊小皃。邧秦邑。遠雲晚反。遙。二。𩓥面不正。偃於幰反。偃仰。八(九)。[一八四三]㫃旌旗旒。躽物相躽當。鶠鳳。郾縣名。鼴鼴鼠。鰋[□□。□]衣領。[一八四四]蝘蝔蜩。亦作此匽。[一八四五]湕居偃反。水名。在南郡。四。揵難。㓺(㓺)吃。[一八四六]褪予(矛)。[一八四七]寋其偃反。女字。二。

楗闗楗。〔一八四八〕［▨□□□。□。］〔一八四九〕言語偃反。言言，脣急。陸生載此言、言二字，列于《切韻》，事不稽古，便涉字袄，留不削除，庶覽之者鑒詳其謬。〔一八五〇〕四。岸岸硸，大脣皃。硸字處灼反。巘山如甑。〔一八五一〕齴露齒。又五板反。𢡄虚偃反。車幰。亦作幰。三。㦟(攇)手約物。〔一八五二〕𧊧寒𧊧，蚯蚓蟲。晚無遠反。晏。五(六)。〔一八五三〕娩婉娩。〔一八五四〕挽引。脕色肌(肥)澤。又無怨反。〔一八五五〕𩋏皮𩋏。又無願反。〔一八五六〕鞔履空。又莫安反。〔一八五七〕返(反)府遠反。覆。〔一八五八〕五。反(返)還。亦作彶。〔一八五九〕坂大坡。〔一八六〇〕橎木名。軬車耳。卷求晚反。昔(黄)豆。二。〔一八六一〕圈獸闌。又其卷反。婉於阮反。美。亦作畹。十一。菀紫苑(菀)，藥。〔一八六二〕苑園菀(苑)。〔一八六三〕踠體屈。蜿蜿蟮，蚯蚓。亦作魚(蛪)。〔一八六四〕畹田卅畝。琬圭。惋歎。詤尉。又於萬反。〔一八六五〕宛宛然。綣幰。又去遠反。䅌去阮反。相近皃。五。綣繾綣。［□］作𩋏。〔一八六六〕蘿蘆筍。亦作蘿(蘿)。〔一八六七〕裷幰。又於遠反。𥹚粉。亦作粽(粽)。〔一八六八〕晅况晚反。日氣。又古鄧反。五。暖大目。咺兒啼不止，朝鮮［□］。〔一八六九〕愃寬閑心。烜火。𤙯扶遠反。車𤙯。二。飯進餅。

20 混

▨(廿)混胡本反。混流；一曰混沌，陰陽未分。十五(三)。〔一八七〇〕渾渾元。又戶昆反。鯶魚名。亦作鯇(鯇)。〔一八七一〕緷大束。〔一八七二〕焜火光。倱倱伅，四凶。掍掍同。睴視皃。睔大目。又古遜［□］。〔一八七三〕滾(滾)流泉。〔一八七四〕梱未折(析)。亦作䰟、㮓。〔一八七五〕𪁇大阜。醰醹酒相▨(沃)。〔一八七六〕忖倉本反。度。［□］。〔一八七七〕刌(刌)細切。〔一八七八〕夲布忖反。根。三(四)。〔一八七九〕畚草器。亦作畬。〔一八八〇〕苯［□□。□］竹裹。又益本反。〔一八八一〕損蘇本反。毀。四。痒痒痺，惡寒。痺字所革反。〔一八八二〕腪腪屬。膞切熟肉更煮。𠝞茲損反。減。五。噂噂嗒。蓴草叢生。僔衆。樽(撙)從(促)。〔一八八三〕穩烏本反。蹂穀聚。一。囤徒損反。小廪。六(七)。〔一八八四〕盾(盾)視。又食准反。〔一八八五〕沌混沌。亦作伅、坉。［□□□。］〔一八八六〕𢄼貯。笹篭(箭)。〔一八八七〕庉屋下藏。鱒徂本反。魚名。二。〔一八八八〕暉大口。𩩍古本▨(反)。禹▨(父)。［□］。〔一八八九〕稾大束。袞袞衣。緄帶。〔一八九〇〕悃亂。錕車釭。輥轂（轂）齊等皃。〔一八九一〕硍高聲。丨上下通。睡他本反。睡怨（怨），行無廉隅。〔一八九二〕二。黗黑狀。怨（怨）盧本反。睡怨（怨）。〔一八九三〕二。惀怨（思）。又力均、力尹二反。〔一八九四〕閫苦本反。門限。八。壼宮中道。稛成就。亦作圂。〔一八九五〕悃至誠。頊（頊）禿頭。又口没反。〔一八九六〕梱織。𨃏椓（椓）足。〔一八九七〕硱硱磳。又口水（氷）反。〔一八九八〕獖盆本反。守犬。六。笨竹裹。体麁皃。庳牝麻。〔一八九九〕楍車弓。積穩（穩）。懣莫本反。愁悶。又亡頓、亡但二反。一。

21 佷

□□▨（佷）痕墾反。佷戾。一。〔一九〇〇〕墾康佷反。耕。三。懇懇側（惻），誠至。〔一九〇一〕齦齧。頣古佷反。頰後。一。

22 旱

□□▨（旱）何滿反。亢陽。四。〔一九〇二〕峼山名，在南鄭。暖大目。睅白。緩胡管反。慢。或作緩。七。澣濯。亦作浣（浣）。〔一九〇三〕覗大視。篗篰。〔一九〇四〕曼人姓。綄（綄）候風羽。又胡官反。〔一九〇五〕䝎晼䝎，小有。短都管反。不長。三。斷斷當。〔一九〇六〕攤轉篌（篗）。〔一九〇七〕算蘇管反。數。亦作匴。〔一九〇八〕二。篹（篡）籮。〔一九〇九〕款苦管反。申。亦作款，通俗作款。〔一九一〇〕四。窾空。〔一九一一〕𣟄斷（斷）木。亦作梡（梡）。又胡管反。〔一九一二〕䘾襱。餪乃管反。女嫁食。三。暖暄。或作喛。渜湯。又奴館反。纂作管反。集。六。纂纂組。亦▨（作）縳。〔一九一三〕纘承系。儹聚。鄼百家。又子旦、在何二反，縣名。〔一九一四〕穳鋋。椀烏管反。或作盌。盌殘。亦作甇。二。晼晼䝎。板博管反。屑米餅。三。瓪牝瓦。又布綰反。暵熱氣。又呼半反。〔一九一五〕管古纂反。籥。七。脘胃▨（府）。〔一九一六〕輨車轂鐵（鐵）。盥洗。又古段［□］。〔一九一七〕琯玉。痯病。輨車具。〔一九一八〕斷徒管反。截。通俗作斷（斷）。二。鍛履後帖。疃他管反。鹿跡。亦作墥。二。躖行皃。〔一九一九〕伴薄旱反。侶。三。扶耦。柈（拌）弃。又普般反。□□管反。□□。□。〔一九二〇〕滿莫旱反。平。三。懣憤。又亡本、亡頓二反。箣（箣）竹器。〔一九二一〕但徒旱反。語第。八。蜑南方夷。袒袒裼。又大莧反。誕大。潬水中涉（沙）出。〔一九二二〕鞬馬帶。膻免衣。僤掉。又大旦反。

坦他但反。坦平。二。□□。〔一九二三〕▨（亶）多旱反。信。〔一九二四〕六。担笞。笪籧篨。又都達反。癉病。觛小觶。又都爛反。狚獦狚。嬾洛旱反。惰。或作悚、懶，通俗作嬾。〔一九二五〕二。糷餅相著。亦作粿。笴各旱反。箭笴。五。皯面黑。稈禾莖。亦作秆。□□□□。□□□。〔一九二六〕䔺草。〔一九二七〕散（散）蘇旱反。冗衆。正作散，亦作饊。又桒（桑）旦反。六。饊餅。篹桃〔□〕竹。〔一九二八〕繖繖絲綾。今作繖扉（扇）字。〔一九二九〕傘傘盖。鏾弩緩。瓚昨旱反。有柄圭。〔一九三〇〕二。趲散走。又則幹反。罕呼捍（稈）反。希。〔一九三一〕四。蔊菜。□□。□□□。□□□□。〔一九三二〕侃空旱反。正。又空旦反。正作侃。〔一九三三〕一。攤奴但反。按。又他單、▨▨（奴旦）□▨（反）。□。〔一九三四〕

23 潸

□□□□□□。□□。□。□□□反。□。□。〔一九三五〕▨（板）布綰▨（反）。□□。□。〔一九三六〕▭□餅金。〔一九三七〕蝂蝂負。〔一九三八〕酢側板反。酢醶，面皺（皺）。一。赧怒板反。面赤。〔一九三九〕四。醶酢醶。㬎温濕。戁慙。又人善反。僩古（下）板反。武皃。一曰▨（寬）□。□□□□。□。▭□□□□。□□▨（昆）反。〔一九四〇〕阪扶板反。坂。又方晚反。一。䜿武板反。視皃。二。蕎漆，子可食。〔一九四一〕齾士板反。齾齴，齒不正。二（一）。〔一九四二〕㹽初板反。齧。〔□〕。〔一九四三〕齴五板反。齾齴。一。莧□▨（板）▭〔一九四四〕

24 産

▭〔一九四五〕限胡簡反。礙。四。硍石聲。睯䁾睯。㹁牛很不從牽。䁾武限反。䁾睯，無畏視魚（皃）。〔一九四六〕一。簡古限反。札。六。柬分別；一曰縣名，在新寧。暕明。▨（揀）▭□□肉鐵。〔一九四七〕棧士限反。棧閣。又士免、士晏二反。五。㟞山皃。轏車名，士所乘。孱孱陵，縣，在武陵郡。又鋤連反。虥竊毛。〔□〕士諫反。〔一九四八〕眼五限反。目。亦在（作）皃（㹁）。〔一九四九〕一。醆□□□。□□□、□□。□。▭□□□反。齧□。□作狠。〔一九五〇〕一。

25 銑

▭〔一九五一〕▨（筲）箸篇。又所交反。〔一九五二〕籑簡（篇）籑。〔一九五三〕腆他典反。厚。十。〔一九五四〕洟洟涊，熱風。〔一九五五〕 ⿰目忝⿰目忝𥈭，鹿跡。 錪釜。 琠玉琠。 靦面慙。亦作⿰酉旦、⿰面亶。 圢坦。 蹎行處。 ⿰忄典▭□□□▨(反)。蝘蜓，□□□。□。〔一九五六〕 宴安。人(又)於見反。 嬿女字。又□□□。〔一九五七〕 ▨(⿰日宴)視。又烏□▨(反)。〔一九五八〕 殄徒典反。滅。二。 蜓蝘蜓。 繭古典反。蠶衣。亦作𧕈、繭(蠒)。〔一九五九〕 九。 皾皮起。 桊▭□▨(纘)著□。〔一九六〇〕 峴胡▨(繭)□。峻嶺。□。〔一九六一〕 □□□。 □小兒歐乳。亦作哯。〔一九六二〕 俔譬喻。又苦見反。 ⿰忄然意難。詪語。又古根反。 蕈▭〔一九六三〕 ▨(撚)□□□。□□□□。□。□□□。〔一九六四〕 蹨蹂。 捵亡典反。塗。二。芇相當。又亡寒反。 編方蠒反。編絹；一曰次第。又卑連▭〔一九六五〕 ▨(鉉)鼑(鼎)耳。〔一九六六〕 琄玉皃。 ⿰革壽⿰革壽。 ⿰目縣童子。又下蠲反。 隕(隕)院(阮)。〔一九六七〕 旬(旬)目搖。 辮▭〔一九六八〕 窒口典反。不重(動)。〔一九六九〕 四。 豤齧地(也)。〔一九七〇〕 緊穄。又口見反。 蜸蜸蚕(蚕)，寒蚓。〔一九七一〕

26 獮

▭□▨(疾)演反。蹈。亦作⿰彳戔。六。〔一九七二〕 諓謟(諂)。〔一九七三〕 餞酒食送。又疾箭反。 ⿴行戔踐。 ⿸疒戔小痒。〔一九七四〕 □▭□▨▨(偏枝)。〔一九七五〕 ⿰戔頁偃(倨)視下。 ⿰目善視止。 剸▨(擊)。▨▨(亦作)□。▭〔一九七六〕 ▨(反)柔弱。〔一九七七〕 蹍蹈。 跈履。 淺七□□。不□。□。▭〔一九七八〕 ⿱由日小塊。 堅牛▨。又胡結反。〔一九七九〕 善▭〔一九八〇〕 ▨(緛)縮。〔一九八一〕 剪即踐反。截。□。〔一九八二〕 ⿰扌煎摵。〔一九八三〕 ▨(戩)▭〔一九八四〕 ⿰亻然物。又式善反。〔一九八五〕 輦力演反。□。□。〔一九八六〕 ▭□□□。□。從言□□，□□間。□。〔一九八七〕 辨判。又薄□反。濟事。〔一九八八〕 ▨(諞)▭□虫食。〔一九八九〕 雋徂兖反。鳥肥肉。通俗作隽。四。 ▨(吮)▭□□□□。大□□。▨(三)。〔一九九〇〕 孌美女(好)。〔一九九一〕 ⿰女蜀從。轉陟兖▨(反)。□□。通俗▨(作)□。□。▭□□藍；一曰▨(棗)名。〔一九九二〕 ⿱艹耎木耳。 碝石，次玉。▭□□□。亦□□。〔一九九三〕 鄟地名。亦作鄟。 踹脚跟。 歂▭〔一九九四〕 孨孤露可憐。又在(莊)卷反。〔一九九五〕 膞切。 ⿸厃耑小卮。又之蘗反。 闡□□□□。〔一九九六〕 ▭□香兖反。 蜎蠉。二。〔一九九七〕 ⿺走𡕒走▨

（意）。又九出反。〔一九九八〕梗符善反。木名。五。辨憂。〔一九九九〕揙【　】□生子免身。〔二〇〇〇〕搢基善反。搢振。一。振丑美（善）反。長。六。〔二〇〇一〕旂旌旗柱。葴（蕆）備；一▨（曰）□□。【　】〔二〇〇二〕▨（嬿）□□□。□□□□。〔二〇〇三〕

27 篠

【　】〔二〇〇四〕▨（皎）古了反。光。〔二〇〇五〕十二。璬□□。□□□□□。〔二〇〇六〕▨（皎）月光白，《詩》云『月出皎兮』。〔二〇〇七〕鐃（鐃）鐵（鐵）文。〔二〇〇八〕皛白。又匹白反。曒珠玉白皃。恔憭。闉【　】〔二〇〇九〕忄勺垂。乚懸皃。蔦□□□□。亦作樢。〔二〇一〇〕▨（褭）短衣。〔二〇一一〕杓禾穗（穗）垂。〔二〇一二〕了盧鳥反。畢。十。〔二〇一三〕蓼菜。正作蓼。瞭目精朗。鬂【　】〔二〇一四〕▨（衤了）褑。〔二〇一五〕鄝地名。朓吐鳥反。月見西方。二。篠窈篠，深遠皃。膮（曉）呼鳥反。曰（旦）明。亦作曉（曉）。〔二〇一六〕二。鐃鐵（鐵）〔□〕〔二〇一七〕。杳烏皎反。冥邃。九。窅深目。窈【　】〔二〇一八〕勬勬跡，長而不勁。邑合。茐草長。旚旗屬。嬲奴鳥反。戲相擾。六。嫋長皃。又寧的反。跡勬跡。儴僄儴。褭騕褭。▨（擾）【　】□□□▨（子）。又且□、□□□反。〔二〇一九〕窕徒了反。窈窕。四。誂弄。俗作挑。嬥獨行皃。又徒聊反。掉動。又徒吊〔□〕。〔二〇二〇〕磽苦皎反。山田。亦作硗。一。湫子了反。隘。又子攸反。三。藻似薺。朴▨▨（忽高）。〔二〇二一〕

28 小

【　】〔二〇二二〕▨（狣）犬有□。〔二〇二三〕䍜羊子。牀杯（牀）板。〔二〇二四〕鮡魚名。沼之少反。水止。一。少書沼反。不多。一。夭於兆反。屈。二（亦）夭。〔二〇二五〕三。殀没。仸𠩺。擾而沼反。馴。俗作擾。〔二〇二六〕五。□【　】□□□□。□。▨（亦）作□。□□□▨（反）。□。〔二〇二七〕鰾魚膠。顠髮白皃。亦作鬂。膘脅前。又子小反。麨尺紹反。糗。或作麨。三。〔二〇二八〕弨弓。楢木名。縹敷沼反。青黃色。〔二〇二九〕七。醥清酒。【　】□▨（亡）沼反。□。□。〔二〇三〇〕淼水大。杪木末。秒禾芒。亦作穮。吵雉鳴。篎管小。莜草聲。紹市沼反。繼。三。〔二〇三一〕佋介。袑□□。□□□□。□□□。□。〔二〇三二〕▨（蟜）毒虫。〔二〇三三〕目几□□瞼。〔二〇三四〕▨（敿）【　】〔二〇三五〕

▨（嬌）女字。又▨（舉）喬反。〔二〇三六〕嫶竦身。表方小反。外。又方矯反。三。褾袖端。亦作衩。覫目瞭；省見。藨平表反。草名，▨（可）爲席。或作藨。□。〔二〇三七〕□□□。□□。□▨（於）□□。〔二〇三八〕芆草。又荇小反。亦作受（𠬪）。又物落。〔二〇三九〕猎獊。麐牝麋。貓似狐善睡。〔二〇四〇〕鷕以沼反。雉聲。三。溔浩溔，大水。舀抒臼。或作岊。悄七小反。憂心。二。〔二〇四一〕釥好。剿子小反。絶。亦作剿。□。〔二〇四二〕〔□□。□□□□。〕〔二〇四三〕摷□。□□□。又□□▨（反）。〔二〇四四〕濯滖。〔二〇四五〕郊鲁地。蹻巨小反。長皃。一。〔二〇四六〕繚力小反。繚繞。六。燎炙。或作𤎖。嫽好皃。䜍䜍䜍，面白。憭慧。又音聊。敹長皃。〔二〇四七〕闄於小反。隔。〔二〇四八〕一。表方矯反。上書。一。

29 巧

□□□□□□。工。又□□反。一。〔二〇四九〕槑下巧反。動聲。四。佼庸人之敏。又〔□〕巧反。〔二〇五〇〕㶿器。又公巧反。亦作鐃。䔍竹筍。又古飽反。飽博巧反。食滿。一。獿奴巧反。擾乱；一曰事露，下巧反。三。撓攪。又乃教、如紹二反。獿犬驚。夘（卯）莫飽□。□□▨▨。▨（通）俗作夘。四。〔二〇五一〕昴（昴）星。〔二〇五二〕茆（茆）鳥（梟）葵。又力有反。〔二〇五三〕媌好皃。又莫交反。絞古巧反。絞縛。八（九）。〔二〇五四〕狡狂狡。佼女字。攪手動。姣姣媚。〔二〇五五〕㶿濁。又胡巧反。亦作鐃。䔍藕根。又下狡反。㸦交炊木。〔二〇五六〕烄交不（木）然。〔二〇五七〕爪側絞反。䚋。〔二〇五八〕五。狐狐獠。瑵玉。抓刮。叉手足甲。拗於絞反。手撥。二。𥈲深目。鮑薄巧反。魚敗；亦魚名。三。骲骨鏃。又白角反。䩉垂（臿）地。〔二〇五九〕齩五巧反。齧。亦作齩。一。煼（𤎵）楚巧反。熬。亦作炒。四（二）。〔二〇六〇〕䰐乹（乾）。亦作鬻。〔二〇六一〕梢所絞〔□〕。長。〔□〕。〔二〇六二〕敹攪。

30 晧

□晧胡老反。光。十二。〔二〇六三〕昊天。本作夰（昦）。又古老反。〔二〇六四〕皞少皞。〔二〇六五〕浩大水。鎬鎬京。滈水名，在京兆。顥大。鰝大蝦。壉（號）土釜。亦作號（𧇾）。〔二〇六六〕顬細（紉）。〔二〇六七〕薃薃侯，莎草。〔二〇六八〕鄗邑。抱薄浩反。扶摧（擁）。〔二〇六九〕一。老盧浩反。耄矣。〔二〇七〇〕九。獠狐獠，西南夷。亦作獠。轑車軸。橑屋橑，簷前

木；一曰盖骨；一曰欄。潦雨水。蓧乾梅。鄝黄色。顥廣大。嘐嘷嘐，寥静。討他浩反。伐。三。㚸是
（長）。〔二〇七一〕稻小（山）楸木。又他刀反。〔二〇七二〕道徒浩反。路。三。稻穀。駣馬四歲。又徒刀反。□奴浩反。頭
髓。〔二〇七三〕五。惱懊惱。碯馬碯，寶石。〔二〇七四〕嫍有嫍（所）恨。〔二〇七五〕髲長皃。倒都浩反。仆。八。檮（擣）築。
亦作舂。〔二〇七六〕島海中山。禂馬祭。亦作騼。壔高土。禱請。又都導反。㿒病。檮斲木。嫂蘇浩□。老稱。正
□嫂。又俗作㛐。〔二〇七七〕五。燥乾。正作熓。〔二〇七八〕掃刷。埽除。又蘇到反。薆（蕿）薮。〔二〇七九〕草七掃反。百
卉惣名。四。慅憂心。嘷嘷璆（嘐），無人皃。〔二〇八〇〕騲牝馬。早子浩反。速。九。澡洗。藻文。藻（藻）水
菜。〔二〇八一〕蝨狗蝨。亦作▨、蚤。〔二〇八二〕鰈魚名。〔二〇八三〕璪玉飾。棗（棗）赤棯。通俗作枣。璅石，似玉
丸。〔二〇八四〕皂昨早反。黑色。三。〔二〇八五〕草草斗，櫟實。造條（修）。〔二〇八六〕暠古老反。明。八。杲日出。稾草。
縞縞素。又古到反。夰放。又胡老反。榯（楷）木名。〔二〇八七〕臭白；澤。又昌石反。槀槀簳。好呼浩反。精。一。
務武道反。毒草；又地名。又亡毒反。〔二〇八八〕二。冃重覆。又亡救反。〔二〇八九〕寶博抱反。古作珤。琺（珎）。〔二〇九〇〕
十一。保任。堢堾。褓繈褓。亦保（作）緥。〔二〇九一〕鴇鳥名。亦作鴾。〔二〇九二〕葆草盛；又羽葆，皷吹飾。㚑（皁）
相次。〔二〇九三〕賲有。宲藏（藏）。㹊采羽。鴇（鴇）烏驄（驄）。〔二〇九四〕襖烏浩反。短袍。九。髮（趹）髮（趹）跳；
一曰早（卑）長。〔二〇九五〕懊懊惱。媪母。芺苦菜。腴藏（藏）肉。又烏到反。鰛藏（藏）骨。鴳鳥。麇麇子。考苦
老反。氏（成）。通俗作考。七。〔二〇九六〕▨（栲）木名。亦作栭。〔二〇九七〕槁枯。亦作熇。祰禱。丂氣欲舒。攷按
刈。〔二〇九八〕攷擊。顤五老反。大面配（醜）。〔二〇九九〕一。

31 哿

□□哿古我反。嘉。二。〔二一〇〇〕舸輕舟。火呼果反。燬。二。邩地名。果古火反。木實。加草者非。七。猓猓
猻，獸。輠車脂角。裹苞束。蜾蜾蠃，蟲。划刈。又云（公）卧反。〔二一〇一〕惈敢。埵丁果反。堆。九。鬌小兒剪

髮。〔二一〇二〕挅稱量。⿰糸朶冕前垂。朶木上垂。揣搖。又初委反，量。⿰金朶鞅。〔二一〇三〕⿰耑攴試。又初委、尺鬱二反。⿰禾耑禾
垂皃。又丁丸反。鎖蘇果反。鐵(鐵)鎖。俗作鏁。九。瑣青瑣。漅水名。葰葰人，縣，在上黨。又蘇寡反，醜葰。⿱竹後
竹名。揁動。惢心疑。又才規反。〔二一〇四〕⿰麥貞麥屑。⿰貞阝亭，在何(河)東。墮徒果反。落；又倭墮，髻。又他果
反。〔二一〇五〕十二。垛聚土。⿰朶瓦長沙呼甌。〔二一〇六〕⿰禾垂小積。⿱竹朶竹名。鞖履跟緣。鬌遺髮。〔二一〇七〕嶞山高。鰖魚子
已生。又翼水反。嫷美。又辝眥(貲)反。〔二一〇八〕⿱竹隋竹。⿰金隋車鍇。又大罪反。妥他果反。安。一(五)。〔二一〇九〕墮倭
隋(墮)，髻。又徒果反。〔二一一〇〕隋祭則藏(藏)。橢器。⿰阝坐山皃。叵普可反。不可。二。頗頗能。又滂河反。跛布
火反。跛足。亦作⿺尢皮。三。簸簸揚。又布箇反。駊駊騀，馬行惡。躶郎果反。赤體。亦作臝、倮、蠃、裸。四。瘰瘰癧
(癧)，筋結。亦作癳(癳)。〔二一一一〕蓏果蓏。蠃蜾蠃，蟲名；又蜂屬。又盧過反。禍胡果反。不祐。亦作⿺乙冎
(⿰歹咼)。〔二一一二〕二。夥楚云多。〔二一一三〕顆枯果反。小頭。二。敤(敤)研理。又口過反。〔二一一四〕坐徂果反。正亦作
坐。一。爹徒可反。北方人呼父。□。〔二一一五〕柁正自(舟)尾木。〔二一一六〕⿰口頁視白(皃)。又火可反。〔二一一七〕灺夷。又囚
者反。亦作⿰火它。袉袂。又達柯反。可枯我反。中。二。軻轗軻。又苦賀反。我五可反。己。四。騀駊騀。⿰扌頁側弁。
亦作俄。⿰扌我差。左〔□〕可反。對右。〔二一一八〕一。縻(麼)莫可反。幺麼，細小。一。〔二一一九〕⿰可欠呼我反。大笑。或作
啊。三。吱擊。亦作殼(㱿)。〔二一二〇〕⿰口頁傾頭視。又達可反。婐烏果反。婐⿰女厄(⿰女厄)，身弱好。又佳華反。二。緌多。
⿰女厄(⿰女厄)奴果反。婐⿰女厄(⿰女厄)。二。扼(扼)摘。閜烏可反。欲傾。四。〔二一二一〕椏榀椏。櫰櫰橠，木茂盛。亦作
裒。〔二一二二〕旑旗旑。又猗蟻反。〔二一二三〕橠乃可反。櫰橠。二。修宬。榀勒可反。榀椏，樹斜。四。攞裂。⿰可斤擊。
砢磊砢，石衆。姽(姽)五果反。好皃。又牛委反。〔二一二四〕二。卬(厄)木節。又五戈反。〔二一二五〕縒蘇可反。鮮絜
皃。一。瑳千可反。玉色鮮。二。⿱髟差髮好皃。嚲丁可反。垂皃。六(三)。〔二一二六〕⿰韋單厚。〔二一二七〕⿰多頁醜皃。苛胡可反。

急。[□]。〔二一二八〕砕[□□□。□□。□。□]細碎。〔二一二九〕硝(磌)小石。〔二一三〇〕爸蒲可反。父。〔二一三一〕一。過丁果反。秦晉之間語。〔二一三二〕一。

32馬

□□馬莫下反。駿畜。三。〔二一三三〕碼碼碯，石。罵詈。又莫覇反。者之野反。詞絶。二。赭赤土。野以者反。澤。〔二一三四〕三。也詞絶。冶鑪。〔二一三五〕雅五下反。楚烏。五。疋正。〔二一三六〕庌廳(廳)。疨痄疨，口不合。〔二一三七〕𥁕酒器。俗作雅。檟□雅反。木。亦作榎。〔二一三八〕八。嘏大。一曰福。假借。又加訝反。〔二一三九〕賈人姓。斝(斝)玉爵。〔二一四〇〕叚本假。椵柚屬。瘕病。又公詐反。啞烏雅反。不能言。一。灺徐野反。燭餘。又待可反。〔二一四一〕一。下胡雅反。情屈。又胡訝反，又賤稱。〔二一四二〕三。夏中夏。又胡▨(駕)反，時；又胡下反，地名。〔二一四三〕廈舍。寫悉野反。轉本。〔二一四四〕四。瀉瀉水。樢案。舄獸。嘪(閜)許下反。大笑。〔二一四五〕二。閜大裂。且七野反。發詞。〔二一四六〕一。跒苦下反。跁跒，行皃。一。跁傍下反。跁跒。二。𨂍短人立。社市者反。土神。〔二一四七〕一。捨書野□。止。〔二一四八〕二。䬪餶。姐慈(茲)野反。羌人呼母；一曰媼。〔二一四九〕三。抯取。又壯(壯)加、才野二反。飷無味。把博下反。手捉物。二。笆有刺竹。又百加反。踝胡瓦反。足骨。八(九)。〔二一五〇〕稞淨穀。鮭[□□□。□□□□。□]楚冠。〔二一五一〕𡚶擊踝。〔二一五二〕嗍大口。〔二一五三〕輠轉。又胡罪反。▨(鯉)鯉(鱧)。〔二一五四〕粿麴。寡古瓦反。無夫。通俗作寡。〔二一五五〕二。冎剮肉置骨。瓦五寡反。牝瓪、牝甋。亦作瓦。三(一)。〔二一五六〕若人者反。乾草。[□]。〔二一五七〕惹亂。又奴灼反。鮓惻下反。采(米)䰾魚。亦作鮺。〔二一五八〕四。痄痄疨。又士馬反。謯訝。䇲□□籠。□作羕。〔二一五九〕觰都下反。牛角横。一。槎士下反。又士加反。逆斫木。九(四)。〔二一六〇〕厏廚舍。痄痄疨。又側下反。〔二一六一〕奓自大。奲車者反。寬大。[□]。〔二一六二〕撦裂壞。䰩醜䰩。哆脣(脣)垂。撦擊。䋾竹下反。䋾絮，相著皃。一。絮□下反。縕。或作袽(袽)。又女於反。〔二一六三〕一。髁口瓦反。胥骨。二。牙（干）跨步。又口化反。〔二一六四〕硰又瓦反。好雌黃。一。蓌蘇寡反。醜蓌。一。

33 感

□□感古禫反。動霊（靈）。〔二一六五〕六。䉞竹名。鰔魚名。䤗酒味。〔二一六六〕灨水名，在南康。〔二一六七〕灝（灝）豆汁。禫徒感反。祭名。八。〔二一六八〕糫糣糫，滓。黮黯黮，雲。又他感反。霮霮䨴，雲。窞（窞）坎旁入，《易》曰『入於埳（埳）窞（窞）』。〔二一六九〕髡（髧）髮垂。〔二一七〇〕萏（萏）菡萏（萏），荷花。亦作莟蕳（萏）。〔二一七一〕嘾《庄（莊）子》云『太（大）甘而嘾』。晻烏感反。暗。〔□〕。〔二一七二〕黭黯黮。揞手覆。唵手進食。罯魚納（網）。〔二一七三〕㵪水大至。又於甚反。庵蹇。黤青黑。又烏檻反。〔二一七四〕暔（腩）奴感反。煑肉。亦作醰、腤。〔二一七五〕四。湳水名，在西河。䈒竹弱。▨（萳）長▨（弱）。〔二一七六〕襑他感反。衣大。四。醓醓醢。〔二一七七〕肒肉汁。〔二一七八〕嗿衆聲。歜徂感反。昌蒲葅。三。𢐈弓弦𢐈。魿大（小）魚。又才杭（枕）反。〔二一七九〕慘七感反。慼。六。憯痛。黲瞋色。又倉敢反。朁曾。傪好。又先感反。□□。▨（又）子□▨（反）。〔二一八〇〕顉五感反。顉傪，搖頭。二。𡝤含怒。昝子感反。人姓。三。寁（寁）遠（速）。〔二一八一〕撍手動。糂素感反。羹粮。或作糝；亦作𩞀。四。糣糣糫，滓。傪顉傪。粖蜜藏（藏）木爪（瓜）。坎苦感反。窞（窞）。亦作埳。四。歁食未飽。□□。〔二一八二〕▨（𩐳）舞曲。〔二一八三〕頷胡感反。頤。九。婨（嬸）婨害，惡性。〔二一八四〕撼動。滔（淊）水和泥。菡菡萏（萏）。亦作菡、萳（萏）。〔二一八五〕㡿擁耳。亦作䘶。〔二一八六〕戸（马）嘾。〔二一八七〕庳（東）草木垂實。〔二一八八〕欿欲得。壈盧感反。坎壈。五。燣黃黑（焦）色。〔二一八九〕顄面黃痏（瘠）。又□□□。〔二一九〇〕□坎轗，困極。〔二一九一〕醂桃葅。黕（黕）都感反。滓垢。又丁甚反。五。肒（眈）虐（虎）視近而志遠。〔二一九二〕抌（扰）擊。瓬（瓬）罌。䄎（衴）被。〔二一九三〕顑呼感反。飯不飽。又呼紺反。〔二一九四〕一。

34 敢

□□□欖，木名，□□▨（阯）。〔二一九五〕澉澉饜，食無味。覽盧▨（敢）□。□。□□□。□。〔二一九六〕▨（欖）▨（橄）□。〔二一九七〕▨（擥）▨（持）。又力□反。〔二一九八〕菼吐敢反。荻。亦作葪（菿）。四。緂青黃色。亦作䊏。㢓峪。

又五金反。緂毳衣。膽都敢反。肝心。〔二一九九〕五。□□□□□□淡，□皃。〔二二〇〇〕篸竹名。憺安。又徒濫反。黲倉

敢反。日暗色。一。㛧莫敢反。鄉名，在河東猗氏。一。𩛿子敢▨(反)。瀲▨(𩛿)。□。〔二二〇一〕□□□□〔二二〇二〕

35 養

□□□□□桒(桑)上繭。〔二二〇三〕橡木實。亦作樣。襐飾。將即兩反。勸。〔二二〇四〕四。篛剖竹未去節。又秦丈反。

槳□□。〔二二〇五〕□□□□〔二二〇六〕蜋其兩反。勨蜋；又人姓。一。弜弓力。又渠良反。三。誩競言。又大紺反。滰乾

漬米。鞅於兩□。牛項▨(羈)。□。〔二二〇七〕□□□□■□▨(兩)反。瓦□□□。□。〔二二〇八〕剩皮傷。搶頭搶地，出

《史記》。漺净。想息兩反。〔二二〇九〕一。掌職兩反。守物。二。爫(爪)□□□□〔二二一〇〕響許兩反。聲。亦作嚮。

五。饗神食。蠁蟲。享福。又普耕反。嚮向。亦作蚼。〔二二一一〕□□□□□□▨(菁)，□。〔二二一二〕䑋肥。蜀人云。

穰豐。攘擾攘。又汝陽反。躟疾行。又如羊反。孃亂。又□□□□■▨(文)兩反。無。亦作▨(网)、罔、冈、

它。〔二二一三〕七。䋞(網)罾。𨋍(輞)車輞。亦作柄(棢)。苘(莔)苘草。魍(魍)魍魎。亦作蛧(蝄)。尘

(宝)□□。〔二二一四〕□□□□■王兩反。之。一。〔二二一五〕怳許昉反。狂。亦作𦬸。二。謊蔑(夢)言。〔二二一六〕上詩

(時)掌反。登進。〔二二一七〕一。長中兩▨(反)。生出。□。〔二二一八〕□□□□〔二二一九〕

36 蕩

□□□□〔二二二〇〕▨(廣)古晃反。闊。〔二二二一〕一。顙(顙)蘇朗反。額。三。𣘤(𣘤)皷匡木。〔二二二二〕磉(磉)柱

下石。榜博□□□□■□▨(朗)反。倜儻。□他朗(浪)反。七。〔二二二三〕曭日不明。傷長皃。儻儻▨(慌)，

▨(失)□。〔二二二四〕□□□□〔二二二五〕黨德郎(朗)反。聚。〔二二二六〕四。欓木名；又他黨反，篇。讜直言。

□□□□■□朗反。□□。□。〔二二二七〕懬大。又口▨▨(廣反)。〔二二二八〕䡉䡊。〔二二二九〕▨

(汪)□□□□〔二二三〇〕

(中缺)〔二二三一〕

39 静

□□□□〔二二三二〕□□；□□廮陶，縣名，在鉅鹿。亦作□、▨。〔二二三三〕䣐地名。又烏盈反。▨(請)

□〔二二三四〕

40 迴

□□□奵，自持皃。〔二二三五〕酩酩酊，醉。濴濴滓，大水。〔二二三六〕眳眳睛。▨（頂）□〔二二三七〕梃木片。娗長好皃。訂平議。誔詭。珽他鼑（鼎）反。玉名。（十）。〔二二三八〕▨（圢）□■□□。□濙，□□。□□▨（瀅）。［□］。〔二二三九〕謦去挺反。聲（謦）欬。七。〔二二四〇〕廎小堂。亦作高。汫水名。漀出酒。▨（頲）□〔二二四一〕▨（醒）蘇挺反。醉歇。〔二二四二〕二。箵笭。鞞補鼑（鼎）反。刀室。一。褧口迴反。褧□。□絅；又布名。□。〔二二四三〕□□〔二二四四〕▨（竝）蒲迴反。比。通俗作並。〔二二四五〕三。鮩白魚。〔二二四六〕併立竝。脛五冷反。直視。一。

41 有

□〔二二四七〕綹廿絲爲綹。輀載柩車。茆（茚）鳧葵，水草，《詩》云『［□］採其茆』。又莫飽反。〔二二四八〕罶魚梁。亦作罜、羀。□□▨（印）鈕。亦作珇。〔二二四九〕杻木名。徚習。莥藺實。亦作莥。肚食肉。䢜地名。肘陟柳反。臂。□。〔二二五〇〕□■書久反。頭。五。〔二二五一〕手椀（腕）前。〔二二五二〕守住。䭭人初產。百（百）人頭似，象形。〔二二五三〕醜處久反。類；又惡。二。□〔二二五四〕▨（蝢）▨（蝚）蝢。〔二二五五〕阜陵阜。鴭鷂別名。萏香草。焯熾。隝盛。〔二二五六〕蝜鼠蝜。缶（缶）方久反。瓦器。□。〔二二五七〕□■□□反。□。五。〔二二五八〕楺屈木。或作煣。厹獸迹。又女㭋（柳）反。沑水吏。葇藋葇，菜不切。糗去久反。▨（乾）餅屑。□。〔二二五九〕□■□□反。□□。□。〔二二六〇〕篘竹易根而死。鮦鮦陽，縣名，在汝南。又直隴［□］。〔二二六一〕𦡆少（小）腹痛。酉与久反。西方。十三。牖窓。誘□▨（誘）。〔二二六二〕□□□生暮死。□餘救反。〔二二六三〕輶輕。又以周反。禉燎天。又以周反。遙（鋚）遺玉。又餘周、餘昭（照）二反。〔二二六四〕遾言意。滫息有反。溲麵。〔二二六五〕二。縝□□□□。□□□□。■□□□。□。〔二二六六〕壽富年。鄐□□，□蜀郡。〔二二六七〕□□□□□。■□□□。□。□。□□□。〔二二六八〕▨（懮）姿。〔二二六九〕酒子酉反。釀半津。〔二二七〇〕一。溲疎有反。溲麵。一。帚之久反。掃篲。二。鯞鰍。怚芳酒反。

小怒。又敷救反。二。紑□。□□□□。□側久〔□〕。持。又子俱反。一。〔二二七一〕

42 厚

□□□□□▨(反)。不薄。亦作□。俗作厚。〔二二七二〕五。後次前。后女皇。郈鄉名，在東平。呴吐。又呼垢反。
母莫厚反。牝。九。牡牝牡。某私稱。拇大指。畞田數。亦作畝、晦。莽草莽。踇行。鴾鸎鴾。亦通爲鸎
鵡。〔二二七三〕罞冈(网)周。亦作楘。〔二二七四〕部蒲口反。伍。七。〔二二七五〕犃□□，□□。□□□□。〔二二七六〕▨(瓿)瓿
數(甊)，罌。〔二二七七〕㟝㟝嶁。〔二二七八〕䊊小缶。〔二二七九〕䵗䵗黈。〔二二八〇〕篰牘。斗當口反。十升。五。枓柱上方木。
阧阧峻。或作陡。蚪斗(科)，蟲。〔二二八一〕襡衣袖。又上句反。黈他后反。䵗黈。六。妵人名，《傳》有華妵。〔二二八二〕
鼓冕垂纊。亦作黈。蘣好。又他貢反。〔二二八三〕鴂□□。□□□□。〔二二八四〕鯈魚名。〔二二八五〕苟古后反。且。九。玽
石，似玉。狗犬。垢惡。〔二二八六〕笱笱扇，縣名，在交阯；又取魚器。耇黃耇。詬恥。又古候反。茩芰，秦名薢茩。
岣岣嶁，山巔。藕五口反。蓮根。五。偶合。耦耕耦。髃乳間骨。甌盎。▨(掊)方后反。衣上擊。〔二二八七〕二。
掊擊。穀乃口反。母虎。三。〔二二八八〕湥乳。𠁗小兒。藪蘇后反。藪澤。十。籔漉米器。亦作篅、篓。叟老。嗾使
狗聲。亦作㗭。〔二二八九〕瞍瞽瞍。謏謏訹，誘辭。擻斗擻，舉物。瞍聰愡名。𩣡摇銜走。又思隴反。橾車轂空。吼
呼后反。牛鳴。亦作㸴。四。吽嗥。亦作呴。呴吐。又奚垢反。蚼蚍蜉。又渠俱反。剖普厚反。判。三。〔二二九〇〕
婄婦人皃。又普溝反。蔀小。歐烏口反。吐。五。毆擊。犺特牛。歈吐。又其表反。褔次衣。又於候(侯)
反。〔二二九一〕塿盧斗反。㟝塿。八。嘍嗹嘍，煩皃。甊瓿甊，小罌。簍籠。𪍿𪍿𪍿，糫餅。謱謰謱，不鮮(解)。箬竹
皮。〔二二九二〕嶁岣嶁，山名。走子厚反。急趨。〔二二九三〕一。口苦厚反。吻次。八。扣擊。亦作敂。犺牸犺。釦金飾。
叩叩頭。訽先相訽可。邴鄉名，在藍田。▨(竘)健。〔二二九四〕蕍徒口反。圓草褥。五。鋀酒器。揄揄引。䳇水
盥名䳇口。鴂水鳥。又他口反。鯫士垢反。又士溝反。魚名；一曰人姓，漢有鯫生。一。取倉垢反。獲。二。〔二二九五〕

椒䃀(築)。又側溝反。[二二九六]

43 黝 □□□於糺反。黑。又益夷反。五。[二二九七] 怮憂皃。呦幽静。又於交反。泑崑崙丘下澤。蚴蚴蟉。又於[□]反。亦作蚴。[二二九八] 愀慈糺反。又在田(由)、子了二反。變色。[二二九九] 一。糾居黝反。一糺。[二三〇〇] 二。赳(赳)武皃。蟉渠糺反。蚴。又力幽、力攸二反。[二三〇一] 一。

44 寑 □□□七稔反。室。通俗作寝。[二三〇二] 五。寢卧。梫木名。蔓覆。鋟爪刻饋板。又子廉反。朕(朕)直稔反。我。通俗作朕。一。[二三〇三] 坅丘甚反。坎。一。廩力稔反。倉。亦作亩。六。懍敬。菻(菻)蒿。[二三〇四] 澟(澟)寒狀。又渠金反。[二三〇五] 顉面黄痏(瘠)。又來感[□]。[二三〇六] 畬□。又舒▨(甚)反。[二三〇七] 罧斯甚反。積柴取魚。又即(師)蔭反。[二三〇八] 二。伈恐。醅子甚反。小甜。亦作䤊、瞥。二。顋皃慄劣。[二三〇九] 踸褚甚反。踔，行無常皃。亦作跣(踸)。一。[二三一〇] 荏如甚反。菜。八。飪熟食。稔歲熟。集木弱皃。恁念。腍熟。筳單席。羊稍甚。[二三一一] 杌(枕)之稔反。水(承)頭木。[二三一二] 三。頏(煩)頭骨。瞽頭鋭長。沈式稔反。古作邥。人姓。九。審諦。檣木名。瞫視。諗告;又謀。嬸下志。昳(昳)瞋。[二三一三] 畬火。又力甚反。魿大(小)魚。又才感反。亦作魷(魷)。[二三一四] 甚植杌(枕)反。大過。二。訦(訦)信。又恃林反。椹食稔反。椹(桑)莓。或□葚。[二三一五] 一。瀋尺甚反。汁。一。墋初朕反。土。三。磣酢甚。磣食有沙。桎尼甚反。桎𣘳。一。噤渠飲反。寒。亦作唫。又口急。四。顋切齒怒。蕈菌生木土(上)。又慈錦反。澿寒。錦居飲反。文繒。一。傑牛錦反。仰頭皃。二。趛低頭疾行。蕈▨(慈)錦反。菌▨(生)木上。[二三一六] 一。痒疎錦反。寒皃。二。瘮病。稟筆錦反。供教(穀)。[二三一七] 一。飲於錦反。啐。亦作歓。[二三一八] 二。潤水大至。又於感反。品披飲反。階級。一。顧仕廖(瘮)反。頋顧，醜皃。一。廞羲錦反，裘;又羲[□]反，大。[二三一九] 一。㱽(㲂)竹甚反。擊。又渠今反。一。

45
琰 □□琰以冉反。玉。七。〔二三二〇〕剡削；又縣名，在會稽。〔二三二一〕𨂼疾行。扊戾（扊）。〔二三二二〕棪木名。繝續折木。舕火光。㪘（斂）力冉反。聚攣。〔二三二三〕七。蘞白蘞，藥。又力瞻反。嬚女字。鐮廉。溓靜。又理兼反。羷羊。𦃗縣躡薄。險虛檢反。阻險。五。獫獫狁。婡婡姱，性不端良。又弃蓁（葉）反，少氣。譣譣詖。𩌏胡被。貶方冉反。退。一。顩丘檢反，顩頷，不平。〔二三二四〕二。嵰山高。儼魚儉反。敬。九。頷顩頷。〔二三二五〕广因巖爲屋。隒山形似重甑。礹磛礹。嬐嬐然，齊。又桒（桑）廉反。〔二三二六〕嬸嬸嬸，重頤。又烏兼（廉）反。〔二三二七〕嶮嵰嶮，小（山）不平。〔二三二八〕噞喁，魚〔□〕上下白（皃）。亦作𩸞。〔二三二九〕儉巨險反。自廉。二。芡鷄頭。撿居儼反。撿挍。三。檢書檢。瞼目瞼。黶（黶）於琰反。面有黑子。六。襝（襝）襝。檿（檿）山桒（桑）。媕婦名。〔二三三〇〕擪（擪）持。𤗉（牒）又於𤗉（牒）反。酓酒。又於黶反。冄（冉）而琰反。人姓。〔二三三一〕八。姌長好皃。又好（奴）箄反。〔二三三二〕染染色。苒草盛；又荏苒。䈍竹弱皃。𩃳濡。䎃弱羽。䣸漸。〔二三三三〕陝失冉反。縣名，在弘農。五。睒暫見。亦作覢。閃視。又武（式）贍反。〔二三三四〕陜（陜）不媚。〔二三三五〕睫（睫）數眴。又式涉反。〔二三三六〕謟（諂）丑琰反。曲媚。〔二三三七〕二。讇諛。奄應儉反。忽。十三。䨄雲狀。𨛍國名。掩取。亦作揜。閹官名。渰陰雲。亦作䨄。𣄼（旂）掩。又於業反。〔二三三八〕𣗁椄（椄）。〔二三三九〕崦崦嵫，山。又猗廉反。腌屋腌雀。罨冈（网）。又於荅反。裺褗。又殃斂（劒）反。〔二三四〇〕弇蓋。〔二三四一〕漸自染反。稍。四。〔二三四二〕磛磛礹。嚵啐。蔪麥芒。亦作蘄。憸七漸反。詖。又思廉反。二。醶（醶）酢。䭕子冉反。薄味。一。脥苦歛（斂）反。腹下。一。

46
忝 □六忝他點反。發語詞。三。〔二三四三〕𥞊（栖）鄉名，在濟北蚍丘。〔二三四四〕銛（銛）取。〔二三四五〕淰乃簟反。水流皃。三。嬋弱。阽亭名，在鄭。點多忝反。點畫。四。玷玉瑕。𦒷老人面有黑子。𠛩斫。亦作鉆。簟徒玷反。席。五。扂閉户。或作距（䀟）。〔二三四六〕蕈萸。橝屋梠。又大堪反。驔馬黄脊。嗛苦簟反。猨藏食處。三。歉食不飽。慊恨切。稴盧忝反。禾稀。一。鼸下忝反。鼠名。三。嗛頰裹貯食。㺌犬吠。又胡斬反。𡣍居點反。竦身。一。㛳明忝反。䐹蓋；又明范[□]。正作㚇。〔二三四七〕一。

47 㧋 □□▨(㧋)無反語。取蒸之上聲。救溺。亦作撜、拼，本作氶。一。〔二三四八〕

48 等 □□▨(等)多肯反。齊。一。〔二三四九〕倗普等反。不肯。二(一)。〔二三五〇〕肯苦等反。可。[□]。〔二三五一〕能奴等反。多。一。

49 豏 □□豏下斬反。豆半生。五。〔二三五二〕減秏。又古斬反。濫濫泉；又盧暫反，汎濫。獵犬齧物聲。糮塗。湛徒減反。水皃。又徒感、直沁二反。〔二三五三〕二。偡偡然，齊整物。床苦減反。牖；一曰小户。亦作槏。三。撖危。頼長面皃。又五咸、丘檻二反。鬑古斬反。鹹。四。減損。〔二三五四〕箴竹名。〔二三五五〕鹼鹵。又七廉反。瀺士減反。瀺灂。一。斬阻減反。斫。一。臟(臟)初減反。臉臟(臟)，美(羹)。一。〔二三五六〕臉力減反。臉臟(臟)。一。闞火斬反。虎聲。又火檻、苦暫二反。二。欿笑。摻所斬反。埶袂。又沙檻反。一。喊子減反。聲。〔二三五七〕一。囚(図)女減反。魚内(网)。〔二三五八〕一。僴丑減(減)反。癡。〔二三五九〕一。

50 檻 □□▨(檻)胡黤反。闌。七(八)。〔二三六〇〕艦船。轞囚車。〔二三六一〕轞車聲。獫惡。壏堅土。㦧勇。㯺糫。〔二三六二〕頼丘檻反。長面皃。又五咸、苦減二反。一。擊山檻反。斬耳(取)。〔二三六三〕二。㺜獵㺜，犬聲。黤於檻反。青黑。三。黮董黮，出《孝子傳》。黯汲黯，人名。▨(醶)初檻反。酢漿。〔二三六四〕一。獭荒檻反。小犬吠。一。巉士檻反。峻。二。嵁嵁絶。

51 广 □□□▨(广)虞埯反。崖室。又音儼(儼)。一。〔二三六五〕險希埯反。峻。又熙儼反。一。埯虞(於)广反。土覆。〔二三六六〕一。㪁丘广反。欠崖。〔二三六七〕一。

52 范 □□□范符山反。人姓；又草。陸無反語，取凡之上聲，失。三。〔二三六八〕範模。蓌蜂。凵丘范反。張口。一。㚇明范反。䐹蓋。又明忝反。一。

刊謬[□]缺切韻卷第[□]上聲五十二韻〔一二三六九〕

刊謬補缺切韻卷第四〔一二三七〇〕去聲五十七韻

右卷一万二千一十四字二千三百卅二舊韻，四千九十七訓，卅五或亦，二文古，一文俗；一千七十六補舊缺訓，一千二百卅六新加韻，二千七百六十[□]訓，三百九十二亦或，卅五正，廿三通俗，六文本。〔一二三七一〕

朝議郎行衢州信安縣尉王仁昫字德温新撰定

□(一)送蘇弄反。〔一二三七二〕

二宋蘇統反。陽与用、絳同，夏侯別，今依夏侯。

三用余共反。

四絳古巷反。

□(五)寘支義反。〔一二三七三〕

六至脂利反。夏侯与志同，陽、李、杜別，今依陽、李、杜。

七志之吏反。

八未無沸反。

□(九)御魚據反。〔一二三七四〕

十遇虞樹反。

十一暮莫故反。

十二泰他盖反。無平、上聲。

□□□(十三薺)□□□。▨(李)、杜与祭□，□□，□▨▨(依吕)。〔一二三七五〕

十四祭子例反。無平、上聲。

十五卦古賣反。

十六恠(怪)古壞反。夏侯与泰同，杜別，今依杜。

□□□(十七隊)□□□。□□□□。□□□□；

□(十)八隊徒對反。李与代同，夏侯爲疑，吕別，今

□□，□□□，□□□，□□□□。〔二三七六〕

依呂。〔二三七七〕

十九代徒戴反。

廿廢方肺反。無平、上聲。夏侯与隊同，呂別，今依呂。

□□□（廿一震）□□□。〔二三七八〕

□□（廿二）問無運反。〔二三七九〕

廿三焮許靳反。

廿四願魚怨反。夏侯与慁別，与恨同，今並別。〔二三八〇〕

□□□（廿五慁）□□□。□、□□□□，□□□。〔二三八一〕

□□（廿六）▨（恨）□艮反。〔二三八二〕

廿七翰胡旦（旦）反。

廿八諫古晏反。李与襉同，夏侯別，今依夏侯。

□□□（廿九襉）□□□。〔二三八三〕

▨▨（三十）霰蘇見反。陽、李、夏侯与線同，呂、杜並別，今依呂、杜。〔二三八四〕

三十一線私箭反。

三十二嘯蘇弔反。陽、李、夏侯与笑同，夏侯与効同，呂、杜並別，今依呂、杜。〔二三八五〕

□□□（三十三）▨（笑）▨（私）妙反。〔二三八六〕

三十四効胡教反。陽与嘯、笑同，夏〔□〕、杜別，今依夏侯、杜。〔二三八七〕

三十五号胡到反。

三十六箇古賀反。呂与禡同，夏侯別，今依夏侯。

□（卅）七禡莫駕反。〔二三八八〕

卅八勘苦紺反。

卅九闞苦濫反。

冊漾餘亮反。夏侯在平聲陽、唐，入聲□、□並別，去聲漾、宕爲疑，呂与宕同，今□□。〔二三八九〕

冊一宕杜浪反。

四十二敬居命反。呂与諍、勁、徑並同，夏侯与勁同，与諍、徑別，今並別。〔二三九〇〕

卌三諍側迸反。
四十四勁居盛反。
四十五徑古定反。
卌六宥尤救反。呂、李与候同，夏侯爲疑，今別。〔二三九一〕
卌七候胡遘反。
卌八幼（幼）伊謬反。杜与宥、候同，呂、夏侯別，今依呂、夏侯。
卌九沁七鴪（鴆）反。
五十豔以贍反。呂与梵同，夏侯与㮇［□］，今［□］別。〔二三九二〕
五十一㮇他念反。
五十二證諸膺反。
五十三嶝都鄧反。
五十四陷户韽反。李与鑑同，夏侯別，今依夏侯。
五十五鑑格懺（懴）反。
五十六嚴魚淹反。陸無此韻目，失。
▨（五）十七梵扶泛反。〔二三九三〕

1 送

□送蘇弄反。從遣。一。〔二三九四〕鳳馮貢反。靈鳥。一。貢古送反。獻。八。▨（贛）□。□□□，□□□。□▨（縣）名，在沛□。□▨（音）絳。〔二三九五〕⿷匚贛小榼。⿱⺮奉（⿱⺮夆）榼笿。〔二三九六〕⿱艹贛薏苡。⿰木贛格（栝）。〔二三九七〕弄盧貢反。翫。五。⿰忄弄⿰忄弄⿰忄贛，愚。〔二三九八〕礱磨▨（礱），□□。又盧□□。〔二三九九〕□□▨（楝），▨（縣），□□□。〔二四〇〇〕▨（哢）▨（哢）口。〔二四〇一〕▨（涷）□貢反。▨▨（瀑雨）。□□□，□□□□。□。〔二四〇二〕▭□▨（獸），似羊，□□□▨（目）。〔二四〇三〕控苦貢反。引。四。倥倥傯，困皃。悾誠心。鞚馬鞚。糉作弄反。蘆裹米。□。〔二四〇四〕▨（傯）▭〔二四〇五〕胴大腸。慟悲深。筒簫。駧馬急走。▨（衕）▭〔二四〇六〕▨（夢）莫鳳反。草澤。▨▨（又莫）中反。〔二四〇七〕五。瞢雲瞢，澤名，□□□。又莫中反。亦□□。〔二四〇八〕▭〔二四〇九〕

（中缺）〔二四一〇〕

5 寘

▭〔二四一一〕▨（欳）歐。〔二四一二〕賜斯義反。与。三。澌盡。杫肉□，《□□□》［□□］郎□□□。▭

□〔二四一三〕▨（彼）衺，《論語》『子西彼（彼）哉』。〔二四一四〕詖險詖。蘢草。又補爲反。髲□□□。□□。□。
□□。□□□。〔二四一五〕㢰絲㢰弓。〔二四一六〕𧚍，褐。〔二四一七〕累羸僞▨（反）。緣坐。〔二四一八〕一。▨（寄）□□□。□。
□。□□□□。□□□□。□。□□寄反。菱。六。〔二四一九〕騎乘。又渠宜反。𤛐積。汥水戾。輢枕輢。鬾鬼服。
又音奇。▨（刺）□□□。□□。□□□。□。〔二四二〇〕庛（庛）偏庛（庛），屋。〔二四二一〕朿（朿）木芒。〔二四二二〕莿
（莿）針。庛長□一寸。〔二四二三〕□□□。□□□、□、□。〔二四二四〕▨（誡）▨（謀）。〔二四二五〕㡯人相依。諫（諫）數
諫。易以豉反。難易。又以益反。一。傷神豉反。相輕。三。伿惰。䶊𪖙。▨（議）□□□。□。□。□人所
宜；漢有賈誼。〔二四二六〕義訓文；又宜。譬匹義反。喻。二。檗蜀□□水洲。〔二四二七〕漬□知（智）反。潤（潤）。
四。〔二四二八〕殨骨。或作骴，亦作體（髊）、𣨙（𣨙）。〔二四二九〕眥目眥。又在計反。羵羨。智知義反。心惠。一。倚於義
反。依。又於蟻反。一。▨（縋）□□□。□□。□。〔二四三〇〕槌蠶槌。又直追反。膇重膇，病。亦作瘇。錘稱錘。
又直爲反。腄縣名，在東萊。甀小口罌。又直追反。硾鎮。吹尺僞反。噓氣。又尺爲反。二。龡習管。又充垂反。
戲義義反。謔。〔二四三一〕一。企去知（智）反。望。〔二四三二〕四。攱傾。跂▨（舉）□□視。□□□□。〔二四三三〕蚑▨（行）
喘□。〔二四三四〕縊於賜反。經。〔二四三五〕一。翅施智反。鳥羽。亦作翄。六。施惠。又式枝反。啻不啻。鍦短矛。或
作𥝩。〔二四三六〕翨鳥翮。亦作翍。䗐米中甲虫。屣所寄反。履不攝根。又所綺反。〔二四三七〕四。灑灑掃。䩥履屬。矖
曝。餧於□反。食。□。〔二四三八〕䍴羊相積。〔二四三九〕觖窺瑞反。望。一。僞危賜反。假。〔二四四〇〕一。恚於避反。怒。
一。睡是僞反。寐。四。瑞祥符。〔二四四一〕䳠雅烏。又時規反。〔二四四二〕䅜小積。䟗舉企反。強。一。衲而睡反。內。
一。縻靡寄反。羈。一。𠚉充豉反。慶。〔二四四三〕一。瀡思累反。滑。二。䅜四把。娷竹恚反。▨（飢）。
□。〔二四四四〕□諈諉，□。〔二四四五〕瓗以睡反。玉名。二。繣絃（絃）中絕（繩）。又胡卦反。〔二四四六〕諉女恚反。累。二。

㢾彼㢾。

6 至　□□□□□。□。□。□國名。亦□▨。〔二四四七〕贄執□。〔二四四八〕▨（鷙）擊鳥。或□▨。〔二四四九〕礩柱下石。鴲雀
轂。⿱執魚魚。⿰革旨杠絲。亦作輊。⿰忄疌（懥）怒。〔二四五〇〕⿱執金田器。又先列反。位洧冀反。列。一。郿美秘反。縣名，在扶
風。今音眉。七。〔二四五一〕媚嫵媚。□……〔二四五二〕▨（媢）姡（焅）。〔二四五三〕遂徐醉反。因事。十五。〔二四五四〕彗
帚；一曰妖星。⿰土遂墓道。亦作隧。襚賵襚。旞羽繫旌上。亦作旜。璲玉。穗秀。正作采。檖楊檖，□□，子可▨
（食）。〔二四五五〕……□□□▨（溝）。〔二四五六〕蓫苗好。亦作穟。⿱艹隊蘧（蘧）蒢。〔二四五七〕韢囊組（紐）。又齒芮
反。〔二四五八〕鐩陽鐩。醉特（將）遂反。酒昏。〔二四五九〕二。檇木有所檮。又子回反。〔二四六〇〕邃雖遂反。深。七。祟禍。
誶言，《□》云『□□□□』。□□。□□□。□□□。□□。□□▨（篲）。□□□反。〔二四六一〕⿰忄㒸亦深。〔二四六二〕類力
遂反。狀。〔二四六三〕六。淚悲涕。禷祭名。瓃玉器。又力追反。逮臨。膟祭肉。祕鄙媚反。密。〔二四六四〕十。毖
慎；一曰遠。閟閉。▨（柴）▨（地）□。〔二四六五〕□□□。〔二四六六〕▨（柲）□□柄。〔二四六七〕▨（泌）泉皃。〔二四六八〕
鄪邑名，在魯。䀣直視。粊惡米。匱逵位反。乏。〔二四六九〕八。饋餉。亦作餽。蕢草器。繢織餘。櫃櫃篋。壝壇
埒。又以水反。〔二四七〇〕鞼強。⿰韋貴韋繡。亦作鞼。濞匹備反。水聲。□。〔二四七一〕▨（嚊）喘聲。〔二四七二〕⿰月鼻盛。⿸疒鼻氣
滿。澙敗皃。備平祕反。具。〔二四七三〕十。奰收；一曰迫。亦作⿰鼻力。〔二四七四〕⿰月鼻壯大。又音濞。糒糗。犕牛具齒。
贔贔屭，肥壯。〔二四七五〕⿰車犬車軾。亦作⿰革犬、鞴、⿰糸犬、⿰車犬等。又扶福反。〔二四七六〕⿰木𤰈木名。▨（⿰片𤰈）□□。〔二四七七〕⿱此鳥鳥，如梟。
又孚匪反。愧軌位反。慙。亦作聭、媿、謉。三。騩馬色。覺淫視。又渠追反。帥所類反。又所律反。將帥。〔二四七八〕
二。率統。又所律反。喟丘愧反。大息。又苦拜反。五。樻樻木，腫節可爲杖。〔二四七九〕⿰骨貴膝加地。⿱髟貴髻。〔二四八〇〕
□□。〔二四八一〕豷許僞（位）反。豕息。〔二四八二〕二。燹火。又息淺反。嗜常利反。欲。亦作⿰口示、⿰飠耆、⿰月耆、⿰酉耆。三。視比。
又神至反。昹（眎）視。〔二四八三〕利刀（力）至反。不鈍。五。颲烈風。蒞臨。覼求視。又魯帝反。涖涖涖，聲。膩

女利反。肥。三。晵（晵）目深皃。又一活反。〔二四八四〕　酣重▨（釀）酒。〔二四八五〕　劓魚器反。割鼻。亦作劓
（劓）。〔二四八六〕　一。屁匹鼻反。氣下泄。或作糟。一。致陟利反。遂。正作致（致）。〔二四八七〕　十。懫止。躓礙。疐不
行。〔二四八八〕　輊車前重。亦作輊。騺馬脚屈。踬趴。又於進反。駤驜。摯到。〔二四八九〕　質交質。弃詰利反。捐。正
作棄。▨（三）。〔二四九〇〕　屓背身坐牀。又口系反。結（鮚）多。〔二四九一〕　寐（寐）蜜二反。睡。一。緻直利反。密。通
俗作緻。九。稚幼。遟待。又直尸反。稺晚禾。亦作稺。儆會物。摕當。謘語諄。緻履底。治理，大帝諱。又
直之反。屎丑利反。篗柄。六。〔二四九二〕　誺不知。〔二四九三〕　噻噻屎，多詐。〔二四九四〕　跮踱。又丑慄反。訵陰知。槃（㲘）
分齎。〔二四九五〕　壐忿戾。冀几利反。中州。通俗作兾。六。覬覬覦，希望。穊稀穊。亦作蔇。驥騏驥。亦作騹。洎
肉汁。又渠器反。懻強直。臮具器反。衆與詞。〔二四九六〕　六。暨及。洎▨（至）。〔二四九七〕　垍堅土。澩（澩）水
名。〔二四九八〕　鱀魚大腹。悸其季反。心動。三。寱熟寐。痵病。翠七醉反。色。三。臎鳥尾上肉。滜不（下）滜
（濕）。〔二四九九〕　二而至反。次一。三。貳副。樲酸棗。恣資四反。縱。二。殎死而復生。又七四反。次□四□。
亞。〔二五〇〇〕　八。鶿鳥名。佽佽飛，漢武官名。髹以漆塗器。絘績所未緝者。髮髮。〔二五〇一〕　䳭鳥名。殎死復生。
懿乙利反。美。五。壹陰皃。饐餲傷熟（熱）。〔二五〇二〕　欭（歐）噫歐，歎。〔二五〇三〕　撎舉手。四息利反。數。九。肆
陳；又極。▨（或）作▨（鬏）。〔二五〇四〕　柶角上（匕）。〔二五〇五〕　泗水名，在魯。駟駟馬。牭牛四歲（歲）。蕼堇。殔埋棺
坎下。〔二五〇六〕　丨上下通。又他外反。器去冀反。皿。一。季癸悸反。末。二。瞡視。鼻毗四反。面中岳。十。比
近。反（又）必履、符脂、扶必三反。〔二五〇七〕　枇細節。禆禪。痹脚氣不至。祉祀司命。比（坒）地相次。或作笓。又
毗慓（慄）反。〔二五〇八〕　䪐首。膞盛。又乎二反。芘草。睢許鼻反。恚視。三。睢恣睢，暴戾皃。又許葵反。婎醜。
又許葵反。痹必至反。脚冷濕病。四。〔二五〇九〕　畀与。〔二五一〇〕　疪（庇）蔭。〔二五一一〕　痺足氣［□□］。〔二五一二〕　萃疾醉反。

集。四。䫄䪼䫄。崪待。瘁病。亦作悴。地徒四反。磅礴。〔二五一三〕一。齂許器反。鼻息。六。屓贔屓。㺚夏后氏有澆㺚。〔二五一四〕呬息。又丑致反，陰知曰呬。𠯗□。又火□▨（反）。〔二五一五〕霼見雨止息。肄羊至反。習。七。〔二五一六〕殔假埋道側。緣重。亦作縻。隶及。又徒載（戴）反。〔二五一七〕▨（豨）猪名。又徒計反。〔二五一八〕貤重物次第。又神至反。庛倉廡。示神至反。垂信。三。〔二五一九〕謚易名，從盖省，從益非。〔二五二〇〕貤重物次第。自疾二反。從。二。嫉嫉妬。墜直類反。落。二。懟怨。亦作譵。出尺類反。生。一。轛追頞反。車横軨。二。遂前頓。又口點反。遺以醉反。贈。又以隹反。〔二五二一〕六。譵譵清侯，[□]《漢書·王子侯表》。〔二五二二〕繐忘。諳婏。亦作賢。〔二五二三〕蜼仰鼻長尾。又餘救反。〔二五二四〕䗍蛘。屍矢利反。似皴。一。痓充至反。惡。一。敊楚類反。粟體。一。侐火季反。静。又麾逼反。〔二五二五〕一。

7 志

□志之吏反。意。四。〔二五二六〕娡有莘氏女，體（鯀）娶之。〔二五二七〕恙遠恙。誌言意。値直吏反。遇。三。植種。又帝（市）力反。〔二五二八〕治理，大帝諱。又直之反。寺辝吏反。舘舍。〔二五二九〕三。嗣繼。飤（飤）食。〔二五三〇〕蚝（蚝）七吏反。虬（蚝）蟲。〔二五三一〕一。笥相吏反。篋笥。二。伺候。試式吏反。考能。三。弑迖殺。〔二五三二〕幟旗。又曰（昌）志反。〔二五三三〕胾側吏反。大臠。四。椔木立死。又側持反。鶅東方雉名。又側持反。事事刄。又鋤吏反。吏力置反。執事。二。㤥憂。〔二五三四〕字疾置反。文兹曰字。〔二五三五〕四。牸牸牛。孶孶尾。芓麻母。亦作字（茡）。〔二五三六〕眙丑吏反。住視。三。佁佁儗，不前。魅厲鬼。餌仍吏反。食。亦作䰳。十二。珥耳餌（飾）。〔二五三七〕衈開刑書『殺鷄血祭名』。〔二五三八〕咡口吻。刵割耳。毦氅毦。洱水名，出罷谷。又而止反。佴女字。眲耳目不相信。聏以牲耳告神欲聽（聽）。胹筋（筋）腱。佴次。駛所吏反。疾。五（六）。〔二五三九〕使拼。又所里反。洓水名，在河南。䱜臯突。〔二五四〇〕㣇獸，似貍。亦作貄。〔二五四一〕䟲烈。廁初吏反。雜。一。異餘吏反。奇。二。异异哉，歎；又退。置陟吏反。寘。二。䮍青州謂彈弓。事鉏吏反。務。二。餕牧（妝）。〔二五四二〕侍時吏反。丞。〔二五四三〕三。蒔種。秲枝種。忌渠記反。諱。亦作諅。九。邔縣名，在襄陽。惎教；一曰謀。䋟連針。鱀魚名。諅忌。鵋鵙。〔二五四四〕帺繫。又渠基反。异舉。又渠基反。〔二五四五〕熾▨（尺）志□。盛。〔二五四六〕四。饎熟食。亦作飴、糦。戴（戴）赤土。〔二五四七〕幟旗。亦作帜。意於記反。志。四。鷾鳥名。䵝深黑。𩛬食。又猗秩反。記居吏反。憶。一。亟去吏反。數。二。〔二五四八〕唭唭凝，無聞見。憙虛記反。情好。二。咥笑。又諸異、徒結、知吉三反。▨（魕）魚記反。怨（恐）。〔二五四九〕四。譺啁。鬍大髫。儗佁儗，不前。蔇焉記反。連茹。一。

8 未

□未無沸反。將欲。五。〔二五五〇〕味滋甘。菋五菋子，藥。頪面前。䊯饙。亦作屎。貴居謂反。屎（尊）。〔二五五一〕二。䁤極視。謂云貴反。言。十六（五）。〔二五五二〕胃肚。亦作胷。〔二五五三〕㥜怫㥜，不安。媦楚人呼妹。䠿運舩。緯經緯。彙類（類）。渭水。蝟蟲；一曰蠆蝟（蝟）。〔二五五四〕煟火光。㚍（㚍）草木［□］孛。亦作㚍。〔二五五五〕蔚類（類）。〔二五五六〕颹大風。䲁魚如鮋。緭繒。魏魚貴反。人姓。一（二）。〔二五五七〕犩牛名。又魚歸反。沸府謂反。水涫。亦作濆、灒。六。疿熱細瘡。〔二五五八〕誹誹謗。芾小皃。又方盖反。▨（韋）覆耕。〔二五五九〕祓蔽膝。亦作襏。費芳味反。多損。又房味反。又音祕。四。髴髣髴。亦作佛。昲光。櫕木。䊧丘畏反。細米。一。尉於謂反。撫。九。尉理。畏懼。罻羅。〔二五六〇〕熨火熨。蔚文。犚牛名。䗏飛螘。褽□。〔二五六一〕諱許貴反。名忌。二。卉百草苗。正作芔，從三中。䨚（䨚）扶沸反。獸名。四（十一）。〔二五六二〕怫怫悁；又扶物反，怫鬱。跸刖足。腓病。菲菜名。又芳非、芳味二反。〔二五六三〕扉草履。〔二五六四〕翡翡翠。蜚蟲。亦作蠹、蜚。〔二五六五〕厞隱。狒梟羊。䆏□不黏。□▨（扶）匪反。〔二五六六〕既居未反。其。正作既。三。暨諸暨，縣，在會稽。又其冀反。機福祥。又居希反。毅魚既反。致果。通俗作毅。四。藙茱萸。亦作藙（藙）。〔二五六七〕忍怒。豙怒毛。〔二五六八〕氣去既反。息。二。乞与人；古作雲乞。又去訖反。欷許既反。歔欷。十。唏啼。塈□□。〔二五六九〕餼生餉。亦作槩。愾大息。鎎怒。摡拭。又古載反。〔二五七〇〕氣静。䭇飽。𥂝獸，似蝟赤尾。又音氣。〔二五七一〕衣於既反。依。又於機反。〔二五七二〕一。

9 御

□□魚據反。制。（三）。〔二五七三〕馭駕。語諎。又魚舉反。慮［□□□。□。□。□］助。〔二五七四〕鑢錯。亦作鋁。櫖山藟。䮁傳。據居御又（反）。㵣（馮）。［□］。〔二五七五〕鋸刀鋸。踞蹲。倨傲。椐靈壽木。濾（濾）乾。〔二五七六〕艍角似鷄。亦作䲵。〔二五七七〕豦豕。又求於反。覷□慮□。□。□。〔二五七八〕䏣蠅䏣。亦作蜡。〔二五七九〕坥蝜塲。又七余反。㰦却據反。欠㰦。六。去離。又却吕反。〔二五八〇〕麮麥汁。又羌舉反。呿卧聲。胠脅。又去魚反。㡌閉。才（又）公荅反。〔二五八一〕署常據反。記。〔二五八二〕二。曙曉。恕式據反。恕心。三。庶庶幾。〔二五八三〕樜木名。著張慮反。表記。又持略、張略二反。一。翥之據反。飛。亦作翥。四。蹠筐。鏣犬糜。蟅畚。疏（疏）所據反。書義。一。飫於據反。飽。亦作饇。九。瘀瘀血。鄔縣名，在太原。又烏古反。醧私燕。棜無足罇。〔二五八四〕淤水濁。又▨（約）渠反。〔二五八五〕□▨（擊）。〔二五八六〕寱假寐。又仁諸、如与二反。菸臭。遽渠據反。急。二（三）。〔二五八七〕勮勤務。詎未。絮息據反。綿。七（一）。〔二五八八〕助鋤據反。佐。［□］。〔二五八九〕耡稅。又仕魚反。亦作筯（莇）。〔二五九〇〕麆麠子。怚子據反。憍。［□］。〔二五九一〕沮沮洳。詛側據反。呪。［□］。〔二五九二〕洳□□□。□□。亦□□。□。〔二五九三〕▨（茹）飯□。〔二五九四〕豫余據反。逸。十二。〔二五九五〕預安。譽毀譽。礜礜石。䮡馬行疾。輿車輿。又与居反。鸒鸒斯，鳥。亦作𪇐。悆悦。麌大鹿。轝舉食者。舉高平。屖履屬。又徐舉反。嘘□□□。□。□□□□。□。□□□□。□。□□□□。□□□。□。〔二五九六〕▨（瘀）痴瘀，不達。又勑▨（慮）反。痴音丑之反。〔二五九七〕楚初據反。心利。一。悇勑慮反。憚憂。二。瘀痴瘀，不達。又直庶反。處杵去反。居所。一。

10 遇

□□□□□。□。□。□□。□□□。□□。□□。□▨▨（紆遇）反。□嫗。一。〔二五九八〕樹殊遇反。木惣名。

四。蓩老人行皃。澍時雨。又之戍反。侸立。或作佢。住持遇反。止。亦作尌。二。腧築垣短板。又之句反。附
符遇反。依。九。坿白坿。又附夫反。祔□。□贈▨（死）。〔二五九九〕駙副馬。〔二六〇〇〕▨（鮒）□名。〔二六〇一〕胕
□。〔二六〇二〕▨（賻）□□有盖。〔二六〇三〕蚹虵蚹。注之戍反，水注；又丁住反，注記。九。疰病。罜小罟。㹥犬名。
鑄鎔鑄。䮒馬足白。澍時雨。又殊遇反。㹋鄉，在河南。〔二六〇四〕袾詛。□□▨（遇）反。屨。正作屨。七。〔二六〇五〕
句詞絶。蒟蒟醬。又其俱反。絇絲絇。瞿視皃。邭邑名。眗左右視。昫香句反。温。四。酗醉怒。亦作酌。
姁嫗。又求俱反。又况羽反。〔二六〇六〕蝠幺蠶。戍傷遇反。守。六。腧五藏腧。〔二六〇七〕輸送。□□朱反。〔二六〇八〕趨
馬跳趨。隃陵名。又▨（式）于反。〔二六〇九〕鞧力（刀）乾。裕羊孺反。饒。或作衮。五。覦覬覦。又揄拘反。諭譬。
或作喻。籲和。㬓面衣。孺而遇反。幼。亦作孺（孺）。三。乳育小。又而主反。擩擩莝。赴撫遇反。奔。亦作
𧿒、逝。〔二六一〇〕七。䰻疾。訃告喪。仆偃仆。簠簠簋，祭器。又甫于反。䎷額。趕疾。務武遇反。愗事。十二。
婺婺女。〔二六一一〕霧天氣。騖馳騖。𦍩六月生羔。〔二六一二〕鶩鷄鶩。帑髮（髮）巾。〔二六一三〕嵍丘。敄強。䟪長跽。
緌緌淹餘。蝥蟊。〔二六一四〕緅子句反。青赤色。二。足添。又資欲反。懼其遇反。畏。三。具備。臞癯。〔二六一五〕
芋羽遇反。一名蹲鴟。三。〔二六一六〕雩雨行。䨞雨皃。屢李遇反。數。正作屢。一。埾才句反。垛。二。聚▨
（積）。〔二六一七〕捒色句反。裝捒。二。數分計。又色矩、色角二反。正作數。▨（付）▨（府）□□。□。□。〔二六一八〕
□□之□。〔二六一九〕▨（傅）訓□。〔二六二〇〕▨（髣）▨（露）髻。〔二六二一〕搏擊。又補洛反。〔二六二二〕陚丘名。娶七句反。
取婦。二。趣向。又七俱反。亦作取。註中句反。解。六。鉒置。又□□人□。〔二六二三〕駐立馬。軴車軴。壴陳
樂。亍小步。又耻録反。〔二六二四〕▨（驅）□□□▨（反）。□□。□。〔二六二五〕臅膗。〔二六二六〕足案緅字陸以子
句反之，此足字又以即具反之，音既無别，故併從。〔二六二七〕㪽思句反。少。又息翦反。〔二六二八〕一。

11暮 □□暮莫故反。□□。□。〔二六二九〕墓墳□。〔二六三〇〕▨（慕）思□。〔二六三一〕▨（募）▭〔二六三二〕鍍金鍍▨
（物）。〔二六三三〕度准。又徒各反。篋籚。路洛故〔□〕。逕途。〔二六三四〕十。露湑。〔二六三五〕潞縣名。輅▭
▭□▨（美）女。又□□反。〔二六三六〕肶肶胍，大腹。疕乳病。詫奠酒爵。蠹▭□▨（久）
□。〔二六三七〕固堅。錮錮鑄；又禁錮。梱射□斗。〔二六三八〕▭〔二六三九〕▨（手）差手。亦作互。〔二六四〇〕濩
布濩；又湯樂。〔二六四一〕枑（柦）門□□□。▭□▨▨（逆流）□。〔二六四二〕愬行。亦
□□。▭〔二六四三〕
（中缺）〔二六四四〕

12泰 ▭〔二六四五〕秏秏毦。跙□行。〔二六四六〕▨（芾）□□。□方□□。▭□□□。合□□。
□□。〔二六四七〕膾鮮肉。亦作鱠。〔二六四八〕禬〔□□。□〕福祭。〔二六四九〕檜▨（栢）□□□。又古▨（活）□。▭
▭□□。□□□反。〔二六五〇〕譓虎外反。衆聲。四。噦鳥聲。翽▨（鳥）▭□□□□。□□，▨
（縣），□□▨（翊）。一。〔二六五一〕懀烏外反。惡。□。〔二六五二〕薈草盛。瞺眉目開。黵□□。□□□□。□□。□。
□□□□。衣遊縫。一。〔二六五三〕旆薄蓋反。旗。三。跙▨（賴）□，□不正。〔二六五四〕▨（軷）□□□。□□□□。□
□□□。□□。□。□□□。□□聲。〔二六五五〕愒貪。〔二六五六〕矠矛屬。敨（敓）伐。鄐地名。蔡七盖反。國名。亦
作薈。□。〔二六五七〕鶔□。□□□□。□□□。□□。〔二六五八〕籟籥三孔。癩疾。或作癘。〔二六五九〕瀨湍瀨。糲□□。
□□□。□□□。□□□□。□□□。〔二六六〇〕▨（藾）藾蒿。〔二六六一〕藾蒞蒿。又力未（末）反。〔二六六二〕▨（嬾）
毒。〔二六六三〕餀海盖反。食臭。一。娧他外反。好皃。□。〔二六六四〕駾馬行。丨▨（上）□□。□□□反。〔二六六五〕眛忘
艾反。目不明。〔二六六六〕三。昧冥。亦作眛。林（株）木名。〔二六六七〕▨（寂）▭〔二六六八〕

13霽 十二霽子計反。晴。五。隮升。濟渡。又子禮反。擠排盪。躋登。又即黎反。〔二六六九〕帝都計反。天。十八。諦

審。唓氣歎。亦作𡀔。〔二六七〇〕柂根。或作柢、氐。又丁奚反。蔕草木實綴。螮螮蝀。亦作蝭。迏(迡)不進。舭
(舭)□，□□□。〔二六七一〕靪補履下。睇腹。〔二六七二〕奃大。偙儁。〔二六七三〕揥取。又徒計反。桋急持人。亦
揥。〔二六七四〕跮(踶)蹋。骶(觝)背。蝭寒蟬。趧(趆)趨(趨)。〔二六七五〕嚌在詣反。嘗至齒。〔二六七六〕七。劑劑
分。又姊隨反。穧刈把數。𪘏鹹。□作𪗉。〔二六七七〕眥目際。又才賜反。正作眥。〔二六七八〕懠怒。齊(齎)炊疾。又
子奚反。〔二六七九〕替他計反。廢。本作暜。十。〔二六八〇〕剃除。或作鬀。穉(穉)不耕而種。〔二六八一〕洟鼻洟。亦作鮷。
屜屧裏薦。达足滑。薙除草。又直氏反。〔二六八二〕涕淚。笑車▨(篂)。〔二六八三〕殀殀(殀)。〔二六八四〕第特計反。次。
廿一。遰迢遰，又底𧾷反，去避。髢髮。亦作鬄。締結。睇視。又他嵇(嵇)反。悌弟順。娣女弟。禘祭名。釱
以鎖加足。䴘䴘鳩，鳥。又徒鷄反。棣(棣)車下李。〔二六八五〕杕盛皃。踶□。〔二六八六〕▨(題)次。又徒鷄
反。〔二六八七〕𢡬極。又恥厲反。〔二六八八〕▨(逮)及。又徒□□。〔二六八九〕揥取。又丁計反，亦作𢫫，兩指急持人。墆高
皃。又徒結反。〔二六九〇〕䗖諦。鯷鮎。髢髢肩。又達鷄反。亦作鶗。砌七計反。階。四。切衆。睩視。聯▨
(聡)。〔二六九一〕▨(細)□□□。□。□□□。□。□□□□□。□□□□。□□□□。〔二六九二〕▨(壻)女夫。或
作聟、婿，通俗作壻(埍)、婿。〔二六九三〕汹水名，出汝南。詣五計反。就。七。〔二六九四〕羿古能射人。或作𢏚。睨(睨)脾
(睥)睨(睨)。〔二六九五〕棤柃指，殿名。盻恨視。又下戾反。睍旁視。〔二六九六〕□〔二六九七〕▨(繼)紹。俗作
継。〔二六九八〕繄纏。薊草名。今用爲鄭。〔二六九九〕髻綰髮。鄭燕都。檵苟杞。䔳狗毒。毄(毄)係。〔二七〇〇〕檕嵩
木。〔二七〇一〕鞶絓。蠽蠽英，蜜蜂。〔二七〇二〕□□□□。□□。□。□□脉。〔二七〇三〕▨(系)□。□▨(作)䡟
(鬣)。〔二七〇四〕妎(妎)心不了。禊禊飲。盻恨視。又吾戾反。閉(閉)門扇。又胡介(介)反。瘛小兒病。又尺制
反。契苦計反。約。反(又)苦結反。〔二七〇五〕十。栔刻已。㓗肥腸。又枯禮反。〔二七〇六〕𣫖盡。罊▨(器)□。〔二七〇七〕
▨(嫛)難。又口買反。〔二七〇八〕䫔恐。㪊省視。𦨴舟。𧕿蚤，[□]蚚(蚚)。〔二七〇九〕翳於計反。羽葆；一曰隱。十

三。曀陰風。瘱静。栘栘指。堅塵。殪死。医藏弓弩器。瞖目瞖。豷豕息。▨（壇）□陰▨（塵）起。〔二七一〇〕諟諦。寠安。毉（殹）擊中聲。〔二七一一〕謎莫計反。隱語。一。〔二七一二〕檅（攠）裁。〔二七一三〕閉博計反。掩。四。嬖愛。箄甑箄。螁跛。又補米反。〔二七一四〕慧胡桂反。觧（解）。十一。憓愛。潓水名。惠仁。通□作▨（恵）。〔二七一五〕▨（蟪）蟪蛄，小蟬。〔二七一六〕蕙草名。槥木名。譓才智。亦作譿。鏸鋭。翽羽翽。亦作䎻（䎻）。〔二七一七〕儶倠儶。桂古惠反。香木。五。昋人姓。或作炅，亦作炔。筀竹名。眏螇眏。殃殀（殀）極。〔二七一八〕嘒虎惠反。聲。□。〔二七一九〕嘒小星。〔二七二〇〕媲疋（匹）詣反。配。亦作䠘。四。脾（睥）脾（睥）脫（睨）。渒水名，在汝南。亦作潪。濞水聲。又敷備反。薜薄計反。薜荔。三。𨫼所以理苗殺草。又思烈反。䤵醬。麗魯帝反。美。廿五。丽鹿皮。或作麗。戾乖。亦作盭。〔二七二一〕隸僕。亦作𨽿（隸）。〔二七二二〕儷等。盭綬色。或作綟，音力結反。〔二七二三〕劙割。唳鶴唳。蜧大蝦蟇。茢紫草。悷很。沴妖氣。荔薜荔。捩琵琶撥。䅀▨（穲）。亦作▨（穲）、剓。〔二七二四〕蜦神虵。亦作蜧。䕻草木生惡（亞）土。〔二七二五〕颲急風。棙木名。覼求視。又師蟻反。涖汔。又力二反。䰐窺視。悷懍。癘瘦黑。又力翅反。欐小舩。又力底反。妻七計反。嫁女。二。擦▨（取）。〔二七二六〕泥奴細反。過澤；又飾。二。濘陷濘。又尼證反。〔二七二七〕欳呼計反。氣越皃。三。奞肥太（大）。殢極困。〔二七二八〕

14 祭

□□▨（祭）子例反。祀。七。〔二七二九〕際畔。穄黍穄。鰶魚名。鬃露髮。懘寱言。穧穫。又才計反。歲（歳）相芮反。正首。三。〔二七三〇〕槥小棺。又似歲反。繐疎布。又似歲反。亦作繐、𦄒。衛看（爲）劌反。姓。〔二七三一〕六。轊車軸頭鐵（鐵）。璏劒鼻，王莽辟（碎）劒璏。又直例、爲厥二反。〔二七三二〕篲竹名。犞牛蹄。䡺豚屬。亦作䝐。〔二七三三〕芮（芮）而鋭反。草生牧（狀）。〔二七三四〕三。汭水内。枘圜梓。贅之芮（芮）反。贅肉。二。𣪠（𣪠）卜問吉凶吉（曰）𣪠（𣪠）。〔二七三五〕啐山芮（芮）反。小歠。一。毳此芮（芮）反。細毛。十一。𧛛囊類。反（又）徐罪反。〔二七三六〕脆肉肥。亦作膬。〔二七三七〕帨佩巾。亦作帥。又時（將）帥字。〔二七三八〕涗温水。又式芮（芮）反。䑋（䶣）

虫。又祖會反。〔二七三九〕㓹小。橤(𥜹)重禱。又楚歲反。〔二七四〇〕𣸈飲。又須面反。〔二七四一〕𥮩斷。又叉芮(芮)反。亦作笍。〔二七四二〕竁穿地。又楚歲反。鋭以芮(芮)反。利。五。▨(叡)聖。或作睿。〔二七四三〕莌草生狀。蜹(蜹)毒虫。銴銅生五色。又時制反。綴陟衛反。連。又丁劣反。四。醊祭。又力外反。畷兩陌間道。輟車小鞅。〔二七四四〕税舒芮(芮)反。斂。六。説誘説。裞衣,送死人。又他活、他外二反。蜕蜕皮。又他卧反。涚温水。又此芮(芮)反。餟小餟。又郎外反。亦作鑱。弊毗祭反。固(困)。亦作敝。本作㢢。〔二七四五〕四。斃死。幣帛。獘獸名。橤(𥜹)楚歲反。重禱。或作𣪽。〔二七四六〕二。竁穿壙。篲囚歲反。掃帚。又蘇類反。四。錯大斲。〔二七四七〕槥小棺。又相芮(芮)反。轊車軸頭。亦作𨊻(軎)。〔二七四八〕蔽必袂反。掩。六(三)。〔二七四九〕鄨縣名,在牂牁。鷩雉。又卑滅反。㔟居衛反。傷。[□]。〔二七五〇〕鱖魚名。劌剖(剞)劌,斲割。〔二七五一〕袂弥弊反。袖摽。〔二七五二〕一。𢇍所例反。殘帛。三。〔二七五三〕鎩矛戟類。又所恠反。蔱椒。掣尺制反。曳。又尺折反。或作摯。六。瘛小兒驚。又胡計反。痸毒病。亦作瘽。狾(㹧)狂。〔二七五四〕裂除利。潪音不知(和)。又尺紙反。〔二七五五〕制職例反。禁。十三。〔二七五六〕䱵魚醬。瀱(淛)[□□。□]作。〔二七五七〕䎺入意;一曰聞。亦作聎。晢星光。又旨熱反。蜥蝗。〔二七五八〕筯(淛)江別名,在會稽。〔二七五九〕靳(箭)簞。〔二七六〇〕靳刀鞞。䔧臭。𧟝王莽時𧟝惲。迣迾。逝時制反。去。八。〔二七六一〕䚖牛角竪。亦作𥪡。噬齧。誓約。筮蓍。澨水名。銴車䡅。遾(遾)踰。〔二七六二〕曳餘制反。挽。十八。裔邊。瑰石之次玉。勩(勚)勞。亦作勣。〔二七六三〕洩水名,在九江。〔二七六四〕栧楫類。瘈病。跩[□□。□]明;一曰習。又丑世反。〔二七六五〕詍多言。靾似(以)馬羈贈亡人。揣裂。筃各(合)板際。〔二七六六〕袣長。呭呭呭,樂;或作詍,多言;亦作跩,鳥飛;並或作洩。蒶草。藻(藻)蒸。〔二七六七〕丿至地。緆於罽反。急;一曰不成。四。瘗埋。〔二七六八〕餲食敗。濿濿濿,清。藝魚祭反。技能。五。寱睡語。或作囈。〔二七六九〕蓺種。槸木相摩。亦作槸(㯷)。〔二七七〇〕褹袂。滯直例反。淹。五。彘豕。璏劒鼻。又▨(爲)厥反。〔二七七一〕菌捕(補)鞅。亦作茵(茜)。〔二七七二〕蹛蹛林。例力制反。比。十六。厲惡。亦作蠆。〔二七七三〕礪石。勵勉。禲無後鬼。亦作例（烈）、痢。〔二七七四〕癘疫。濿渡水。鮤魚名。蠣牡蠣，蟲。櫔木名。䮥馬馳。㡂▨（餘）。亦作▨（裂）、㡂。〔二七七五〕栵栭。䮋奔。巁巍。犡牛白脊。又力帶反。〔二七七六〕憩去例反。息。四。愒恐人。〔二七七七〕藒藒車，草名。屜上（止）息。〔二七七八〕世舒制反。三十年；大（太）宗諱。三。勢威。貰（貰）賒。又時夜反。〔二七七九〕猘居厲反。狂犬。六。罽氈類。亦作𦆲。瀱泉出皃。〔二七八〇〕訐持人短。又居謁反。蘮斤（芹）實。〔二七八一〕𣯐毛布。痸竹例反。赤白利。三（二）。〔二七八二〕偈其憩反。句。〔□〕。啜市芮（芮）反。嘗。〔□〕。〔二七八三〕跇丑勢反。跳。亦作踬。九。傺侘傺。〔二七八四〕晢瞥。懘怵惕。又達計反。鰶魰。又丑列反。〔二七八五〕揥佩飾。▨（又）都□反。〔二七八六〕怈習。踥渡。趩超。亦作起（趆）。〔二七八七〕劓牛例反。去鼻。一。〔二七八八〕絶子芮（芮）反。束茅表位。又子悅反。二。栧（拽）裂。〔二七八九〕

15 卦

□□□古賣反。爻體。三。〔二七九〇〕挂懸。詿誤。又胡卦反。懈古隘反。嬾（嬾）。四。解解除。又加買反。廨公廨。薢藥名。又加買反。隘烏懈反。狹。亦作隘（阨）。〔二七九一〕二。瘕（瘕）病聲。又於之反。〔二七九二〕邂胡懈反。邂逅。〔二七九三〕二。解曲解。又古賣、胡買二反。賣□懈反。出□。正作賣。〔二七九四〕一。畵（畫）胡卦反。圖。七。註礙。又古賣〔□〕。〔二七九五〕絓絲結。澅水名，在齊。黊鮮黃色。又胡寡反。繣絃（紘）中絕（繩）。又尤恚反。〔二七九六〕嫿愚戇多能。又尤尔反。〔二七九七〕差楚懈反。病除。又楚宜、楚佳二反。二。衩衣衩。睚五懈□。▨（目）際。□□▨（佳）反。〔二七九八〕一。謑許懈反。怒言。又于媚反。一。粺傍卦反。精米。六（三）。〔二七九九〕稗稻（稻）稗。〔二八〇〇〕䵗黍屬。又比尔反。瘵士懈反。〔□。□〕。〔二八〇一〕眦眦睚。柴區落。派（派）匹卦反。分流。二（四）。〔二八〇二〕䋁（䋁）枲片。朩分枲皮。又匹刃反。〔二八〇三〕渒水，出丹陽。債側賣反。徵財。一。嫛□▨（賣）□。□。〔二八〇四〕二。郫鄉。曬所賣反。曝。又所寄、丑離二反。亦作翤。二。汛洒掃。又思見反。諣呼卦反。疾言。一。膪竹賣反。腏肉。〔二八〇五〕一。嶭方賣反。伌(阨)。〔二八〇六〕一。庍方卦反。到别。〔二八〇七〕一。

16 怪

□□▨(怪)古壞反。異。正作怪。六。〔二八〇八〕敳毁。亦作擓。砝石,似玉。〔二八〇九〕拔(狘)訬。〔二八一〇〕犻大。蔽草。噫烏界反。天地氣;又歎。又於疑反。二。呃不平聲。瘵側界反。病。三。郲邑名,在周。祭周大夫邑名。誡古拜反。言警。廿。戒慎。□境。亦作畍(畍)。〔二八一一〕夰大。或作奈;通俗作介。〔二八一二〕届至。疥瘡。玠圭。家家居。忦忦犢。砎鞭。魪魚名。騇馬尾結。衸祜(袥)。又胡届反。〔二八一三〕褯衣上。亦作襟。悈急。丯草恭(莽)。几仁人,寄(奇)字人。〔二八一四〕价善。▨(械)飾。〔二八一五〕髻簪結。褹女界反。結布襦。〔二八一六〕一。譮許界反。怒聲。或作欸。三。譪譈譪。譈字大(火)儀(懺)反。〔二八一七〕噧高氣多言。又他曷反。械胡界反。器械。〔二八一八〕七。蘱菜。亦作䔁。〔二八一九〕齘䪤齘,切齒怒。䪤字于禁反。𠊱陝。〔二八二〇〕綤(䋭)果敢。〔二八二一〕閡門▨(扇)。又□□□。〔二八二二〕▨(衸)補滕郡(帮)。又古拜反。〔二八二三〕睞五界反。不聽(聽)。二。恎恐(恐)恨。又古黠反。㓺苦壞反。茅類。六。嘳(媿)女字。〔二八二四〕喟歎。反(又)丘媿反。〔二八二五〕蒯箭竹。又苦迴反。欳大息。亦作匱。〔二八二六〕蕢籠。拜博怪反。跪。二。朳(扒)《詩》云『勿翦勿朳(扒)』。〔二八二七〕湃普拜□。滂湃。□。〔二八二八〕□□,□□□。〔二八二九〕▨(壞)▨▨(胡怪)反。敗。□□□。□。〔二八三〇〕壞烏薤。〔二八三一〕聵五拜反。聾。亦作聵。〔二八三二〕二。頪頪頪,癡頭。憊蒲界反。疲。亦作痡、憊。四。韛韋囊吹火。退壞。亦作敗。排船後頭。昒莫拜反。昒眼久視。二。〔二八三三〕韎東夷樂。鎩□□□。□□。□□□□。□。□□□□。□□□。□□□□。□▨(客)界□。▨(熾)。一。〔二八三四〕䫑知怪反。頭聲。〔二八三五〕一。瘥楚夰反。病瘉。一。

17 夬

□□□□□□。□。《□》□□□。□。□□□。□□□。□□□□。▨(悥)。二。〔二八三六〕噲漢有樊噲。邁莫話反。行。亦作邁(邁)。〔二八三七〕二。勱勉。話下快反。語話。一。敗薄邁反。壞。二。〔二八三八〕唄梵聲。黵烏夬反。

淺黑。二。⿰鼻會喘息聲。噉□□□。□□□。□。〔二八三九〕▨(⿰鹵敢)▨(南)方云醬。〔二八四〇〕芥古邁□。□名。又草菜(芥)。〔二八四一〕三。▨(駭)馬行疾。〔二八四二〕犗犍牛。蠆刃(丑)菜(芥)反。毒蟲。亦作蠤。〔二八四三〕一。喝於菜(芥)反。[□□。□□。□。□□□。□□□□。□□□□。]喝⿰口冊,聲敗。〔二八四四〕一。咶火夬反。息聲。一。⿰言萬火芥反。譈⿰言萬。譈字火懴(懺)反。亦作謹(⿰言萬)。〔二八四五〕一。啐食(倉)快反。咱。又倉憒反。〔二八四六〕一。

18 隊

十八隊徒對反。聚。八。〔二八四七〕⿱雨對黖(黕)⿱雨對,雲。薱草盛。⿱⿰阝隹土⿱⿰阝隹金。濧濡。鐓鐏。亦作⿱敦金。⿰石㒸墜。憝怨。佩薄背反。帶。八。珮玉珮。孛星。又蒲没反。鄁國名。偝偝向。誖言乱。又蒲没反。悖□亂。又蒲没反。〔二八四八〕⿰木犬犬過。妹莫佩反。女弟。八(九)。〔二八四九〕昧日暗。每數。痗病。眛日(目)暗。瑁瑇瑁。又亡督反。黴點筆。又武悲反。苺苺子,木名,似椹。又亡敉(枚)反。〔二八五〇〕脢背肉。又莫杯反。〔二八五一〕配普佩反。耦。四。朏向曙色。嶏崩聲。妃妃偶。又匹非反。誨荒佩反。言訓。八(九)。〔二八五二〕悔改。[□□。]〔二八五三〕敏(⿰每卜)易卦上體。〔二八五四〕⿰酉貴(⿰酉頁)洗面。或作頮。〔二八五五〕詯休市。〔二八五六〕□大面。〔二八五七〕⿰氵⿱罒日(⿰氵冒)大清。〔二八五八〕秏稻屬。對都佩反。比。本作對。三。碓杵臼。轛横笭。亦作⿰木對。倅七碎反。副。五。淬染。焠作刀鋻水。啐嘗入口。又先對反。⿰石妻磨。晬子▨(對)反。周年。□。〔二八五九〕祽月祭名。綷會五色。▨(䘹)會五綵繒。亦作辭、辭。〔二八六〇〕挨椎(推)。⿱罒女(娄)失容節。又祖卧、徂嫁二反。颹烏繢反。颹䬐,苦熱。二。⿸厂衣隱翳。退他繢反。却下。亦作復(復)、内(衲)。通俗作退。〔二八六一〕三。䬐颹䬐。⿰忄隶▨(肆)。▨(又)他没▨(反)。□□□。□。〔二八六二〕▨(憒)古對反。□▨(亂)。〔二八六三〕六。幗女人喪□□。〔二八六四〕刉刉刀使利。⿰黃貴黄色。又于鄙反。籄匡。亦作樻。篋篷。潰胡對反。逃散。十一。迴▨(曲)。□□□□。〔二八六五〕繢畵(畫)。〔二八六六〕嬇女字。殨肉爛。闠闤□,市□。□□□。□□□。□□□。□□蛹。〔二八六七〕詯胡市。塊苦對反。土片。或作凷。二。堁塵。又於卧反。碎蘇對反。細靡

(磨)。亦作脺。〔二八六八〕四。啐駈酒□。又倉□□。〔二八六九〕□□。〔二八七〇〕▨(縰)織▨(縰)。〔二八七一〕内奴對□。□。
□。□□□□。□□。□。□□□。□□□□。□□□。□草名，▨▨(似蒲)。〔二八七二〕礧礧硊，大皃。又落猥
反。〔二八七三〕勓勉。茱耕多草。錑平。〔二八七四〕邦縣名［　］〔二八七五〕
19 代［　］□□隸，□狀。〔二八七六〕甙甘。截酢。酨酟。載作▨(代)［　］〔二八七七〕▨(簺)▨(格)五，▨
(戲)名。〔二八七八〕塞邊障。又蘇則反。寨寬。又▨▨(先特)□。〔二八七九〕［　］〔二八八〇〕欬瘶。〔二八八一〕▨
(鎧)甲。〔二八八二〕▨(嘅)［　］〔二八八三〕
(中缺)〔二八八四〕
20 廢［　］□□□，夷。〔二八八五〕▨(鑶)□臭。〔二八八六〕［　］〔二八八七〕
21 震［　］〔二八八八〕▨(抿)給。〔二八八九〕信息晉反。言著。七。迅疾。又私閏反。▨(訊)［　］□□名，似
▨(鴝)鴒。〔二八九〇〕簭竹名。燐鬼火。亦作粦。藺▨(草)。〔二八九一〕□□□。□□□。〔二八九二〕瞵視不明。〔二八九三〕籣
［　］〔二八九四〕認識。〔二八九五〕朋牢。仞七尺。靭柔靭。軔礙□輪。□□，□。□□□。□木名。〔二八九六〕牣益。
㥲杌(枕)巾。〔二八九七〕胤与晉反。繼。八。酳□□□。□□□。□□□。□□□。□□□□。□□□。□□在□□
上。〔二八九八〕肕脊肉。又直引反。釰錫。濥水脉行地中。疹丑刃反。［□］。二。〔二八九九〕趁逐。印□□□。符。□。
□魚名，身上如印。［□］趺。又竹四反。〔二九〇〇〕儐必刃反。相。通俗作儐。〔二九〇一〕六。▨(擯)□□。□□□。
□□□□。□□□□。□▨▨(鬢髮)。〔二九〇二〕䚄䚄䙝。又匹人反。陣直刃反。軍列。四。診候脉。眒登。陳列。
又直珍反。慎是□反。▨(謹)。□。〔二九〇三〕□武(式)刃反。張目。〔二九〇四〕一。菣去刃反。香蒿，可炙食。亦作芺
(墊)。〔二九〇五〕二。趣行皃。賮似□反。琛賮。〔二九〇六〕四。燼燭燼。□作夷。〔二九〇七〕藎進；一曰草。璶石，似玉。
憖(憗)魚覲反。且；一曰傷。〔二九〇八〕二。猌犬怒。晉即刃反。地名；亦▨(作)進。正作晉。〔二九〇九〕五。

□□□。〔二九一〇〕縉縉雲氏；又絳。蜼蟲名。〔二九一一〕進前。鎮陟刃反。防。一。釁許覲反。罪。正作釁。〔二九一二〕二。衅牲血□器。或作釁；□□酔。〔二九一三〕僅渠遴反。餘。九。覲見。墐塗壁。殣埋。瑾〔□〕。〔二九一四〕饉饑饉。廑劣。▨（瘽）病。〔二九一五〕勤小。櫬初遴反。空棺。四（五）。〔二九一六〕嚫嚫施。瀙水名，在汝南。又七刃反。齔去齒。通俗作亂。儭儭裹。又七刃反。▨（韻）爲捃反。音和。〔二九一七〕一。峻私閏反。高。亦作陖、埈。〔二九一八〕十。濬深。浚水名，在衛。陖亭名，在馮翊。迅疾。亦作卂。鵔鵔鸃（鸃），▨（鳥）名。〔二九一九〕晙早。又子峻反。晙弓人爲弓，方其俊（峻）。〔二九二〇〕賰益。迿出表辞。又胡旳（昀）反。殉辞閏反。以人送死。三。徇自衒名行。亦作㣺。侚以身送物。儁子峻反。爽。或作俊。十。晙早。餕食餘。畯田。〔二九二一〕□□□。〔二九二二〕㕙東郭㕙，古之狡兔。又七旬反。〔二九二三〕寉（寯）才。〔二九二四〕焌火。葰（葰）皮袴。〔二九二五〕鵔石鼠。舜施閏反。聖帝。四。蕣木槿。鬊毛皃。瞬瞬目。亦作瞚。稕之閏反。束秆。四。諄告之丁寧。〔二九二六〕啍鈍□。〔二九二七〕□□□，□。□□□□。□□。□。□□□。□□□□。□。□。□□刃反。麻片。□□賣反。一。〔二九二八〕親七刃反。二氏爲婚，相謂曰親家。三。寴至。或作儭。瀙水名，入潁。呁九峻反。唁。三。訽欺。攈（攗）古音居韻反，今音□運反。拾。或作捃。〔二九二九〕

22 問

□□□□□□。□□□□。□。□□□。□□□。□□□。〔二九三〇〕絻喪服。亦作帨。〔二九三一〕苑新生。〔二九三二〕運云問反。輩。七。暈暈（日）氣。〔二九三三〕鍕野餉。韗作鼓工。亦作韗。又況万反。鄆邑名，在魯。䁣衆視。瘨（瘨）□。□□□□。□□□□。□□。□。□□▨（龚）。〔二九三四〕薰香。又許云反。鐼鐵（鐵）類。湓匹問反。含水。〔二九三五〕三。忿怒。瀵水名。〔二九三六〕畚府問反。〔二九三七〕五。僨僵。奮揚。坌掃弃。殯殯。醞於□反。▨（釀）。□□□□。□。〔二九三八〕慍怨。緼亂麻。〔二九三九〕藴習。又於吻反。捃居運反。拾。亦作攈（攗）。〔二九四〇〕三。皸足瘃（瘃）。又居雲反。瘃（瘃）音刃（丑）格反。〔二九四一〕𧍬蜍。又求物反。郡渠運反。古縣。一。分扶問反。段；

別。通俗作兮。三。〔二九四二〕 瘽瘽痛，腫悶。 坋分。又房□、蒲頓二反。〔二九四三〕

23 焮

□□焮許靳反。火氣。三。〔二九四四〕 痛瘡中腴。〔二九四五〕 脪瘡肉出。又興近反。 靳居焮反。靳固；又姓。一。 近巨靳反。親。又巨隱反。一。 傿於靳反。依人。或作嫣。四。 檼（檼）棺檼。 濦（濦）水名，在汝南。又於謹反。 䥾裹。

近語靳反。濁澱。〔二九四六〕 一。

24 願

□□願魚怨反。情欲。四。〔二九四七〕 愿敬；一曰善。 傆點（點）。〔二九四八〕 顐大頭。〔二九四九〕 怨於願反。恨。二。〔二九五〇〕 訛從。又於阮反。 販方願反。鬻貨。一。 券（券）去願反。券（券）約。四。〔二九五一〕 絭束胥繩。 勸獎（獎）。 拳曲。 万無販反。十千。十。 萬舞。 輓輓車。□作▨（挽）。〔二九五二〕 蔓蔓草。 曼長。 脕肌澤。又無遠反。 鞔戰車，以遮矢。 嫚皮帨。又無遠反。〔二九五三〕 鄤鄭（鄤）邑。〔二九五四〕 贎贈貨。 飰符万反。飯食。〔二九五五〕 三。 閉門欂櫨。又陂變反。 粉粉。 婏芳万反。婏息；一曰鳥伏乍出。十。 疺吐。亦作嚛。 畚□▨（宿）□。〔二九五六〕 奔上大。 恢急性。 䜌（䜌）量。〔二九五七〕 汳水名，在睢陽。 𣪊小舂。亦作䭾。 娩䱶。 㞛《說文》其義闕。〔二九五八〕 建居万反。〔二九五九〕 一。 堰於建反。堰［□］。〔二九六〇〕 四。 鄢地名，在楚。 躽引物爲償。又於鄢反。 嫣長皃。 憲許建反。法。三。 獻進。〔二九六一〕 攇走意。 健渠建反。 攑。〔二九六二〕 一。 楥許勸反。 韗楥。二。 韗作鼓工。又禹愠反。亦作［□］。〔二九六三〕 䜌（䜌）居願反。䜌物。一。 遠于願反。又于返反。一。 甗語堰反。瓢。二。 鬳鬲屬。 圈臼万反。邑名。一。

25 慁

□□慁胡困反。悶亂。四。〔二九六四〕 溷廁。 俒全。 㥵㥵辱。 頓都困反。止。亦作敂。二。 扽撼扽。 巽蘇困反。卦。四。 潠含火（水）。〔二九六五〕 遜遁。〔二九六六〕 愻順。 困苦悶反。苦於事。三。 睏耳聞（門）。又苦昆反。〔二九六七〕 涃水名。 嫩奴困反。弱。三。 ▨（腝）肉腝。〔二九六八〕 抐搵抐，按没。 悶莫困反。懣。二。 懣煩。又亡本、亡但二反。 鐏徂困反。矛戟下。二。 𥨎魏時張𥨎，人名。 睔古鈍反。大目。四。 琯出光。 睴視皃。 溷水名。 噴普悶反。吐氣。亦作

歎。一。鈍徒困反。不利。三。遁(遁)逃。亦作豩、▨、遯。〔二九六九〕鶨癡鳥。搵烏困反。內物水裹。二。饂相謁
食。又於恨反。〔二九七〇〕寸倉困反。十分。二。鑴瓦器。又千見反。坌蒲悶反。塵。二。坋分。又扶問、房吻二反。
頓五困反。禿。二。饐食。又五恨反。〔二九七一〕論盧困反。講言。一。惛呼困反。姓；暗。一。奔通(逋)悶反。急
赴。〔二九七二〕一。
26 恨 □□恨胡艮反。怨。一。〔二九七三〕艮古恨反。卦。二。詪語。又胡曲(典)反。〔二九七四〕饐五恨反。饂饐。〔二九七五〕一。
27 翰 □□翰胡旦反。鳥毛。亦作鶾。十九。〔二九七六〕捍抵捍。扞以手扞。亦作仠。鼾鼾睡。垾小堤。釬釬金。亦作銲。
汗熱汗。悍猛。瀚澣(瀚)海。〔二九七七〕閈里門。靬射靬。駻馬高六尺。亦作䮧。雗雗鵲，鶯別名；一曰鷄曰雗
[□]。又何干反。亦作鶾。〔二九七八〕螒天鷄蟲。忓善。邗縣名。〔二九七九〕矸䃴。䮧馬毛長。〔二九八〇〕𣮰長毛。玩吾段
反。習。或作翫，亦作貦。五(三)。〔二九八一〕忨貪。妧好。段徒玩反。分。[□]。〔二九八二〕毈卵壞。椴木名。亂落段
反。理。亦作乱、𤔔。三。欒絕水渡。或作亂。𢿢不理。鍛都亂反。打鐡(鐵)。六。腶籔(籔)脯。碫礪(礪)石。
亦作𨻶。〔二九八三〕斷決獄。正作斷。瑖石，似玉。踹足。彖他亂反。彖象。二。褖后衣。喚呼段反。呼。七。煥火
光。奐文采。渙水散。暵國名，在流沙。喛急(恚)。又虛元反。〔二九八四〕嚾呼召。筭蘇段反。計。三。蒜辛菜。
祘明分數。縵草(莫)半反。無文。又莫晏反。〔二九八五〕七。幔帷。漫水大。槾不時(蒔)田。〔二九八六〕獌狼屬。亦作
𧳜。墁亦作摱。墁扞，所以塗飾牆辟(壁)。〔二九八七〕斁薉斁。〔二九八八〕半博漫反。中分。五。絆羈絆。姅傷孕。又普半
反。䮿䮿駢，馬皃。料五升。判普半反。分割。十(七)。〔二九八九〕泮泮宮。沜水崖。胖牲半體。牉牉合，夫合
婦。〔二九九〇〕冸冰散。姅傷胎。叛薄半反。背。[□]。〔二九九一〕嫛嫨嫛，無宜適。畔隴隔。炭他半反。〔二九九二〕四。歎
長息。嫨嫨嫛。薉薉斁，無采色。〔二九九三〕換胡段反。改。〔二九九四〕五。逭逃。亦作𨘻。肒(肒)皰。〔二九九五〕垸骨漆

曰垸。漶漫漶，不可知。〔二九九六〕穳子筭反。予（矛）下丞（亟）。〔二九九七〕二。鑽錐鑽。惋烏段反。驚歎。三。腕手腕。
正作掔。〔二九九八〕琬琬珪。又於阮反。貫古段反。▨（穿）。（卄）。〔二九九九〕矔張目。祼祭祼。館舍。通俗作舘。瓘
玉。鑵級（汲）水器。〔三〇〇〇〕癨病。［□□。］〔三〇〇一〕鸛鸛雀。亦作雚。樌菆木。或作灌。鏆臂環。爟楚人云火。
懽憂無告。爟烽火。錧車軸□鐵（鐵）；一曰江▨（南）人呼犂刃。〔三〇〇二〕遦行。冠首飾。又古桓反。觀樓觀。悹
疑。又公緩反，悺悺、痯痯，憂無極。〔三〇〇三〕婠好皃。又於丸反。竄七亂反。逃。五（三）。〔三〇〇四〕鑹小稍。或作
槊。〔三〇〇五〕爨炊。〔三〇〇六〕按烏旦反。抑。六。〔三〇〇七〕案般；又▨（几）。〔三〇〇八〕晏晚。荌草。𨚗里，在當陽。案轢
禾。旦得案反。初曉。七。疸黃病。鴠鶡鴠，鳥。狚獦狚，獸名，似狼。怛爽忒。䑏小鱓。又丁但反。笪笞。憚徒
旦反。懼。三。▨（彈）放丸弓。又徒丹反。〔三〇〇九〕僤明。又勑旱反。旰古旦反。日晚。六。榦強。馯日出光。
盰張目。骭（骭）骭。〔三〇一〇〕榦赤色。岸吾旦反。崖。七。犴獄。豻野犬。頇頭無髮。［□］吾葛反。〔三〇一一〕駻
駻馯。岸□。〔三〇一二〕㷳火色。侃苦旦反。［□］。正作侃。四。〔三〇一三〕看審視。又苦寒反。衎樂。靬乾韋。又苦寒
反。〔三〇一四〕漢呼半反。水名。七（八）。〔三〇一五〕暵日氣乾。暵耕地。熯火乾。䶃（䶃）呼。〔三〇一六〕灘水濡乾。漢
冬耕。〔三〇一七〕厂山石之崖。爛□旦反。火□。▨（亦）作爤。〔三〇一八〕三。瀾波。又盧丹反。彣文章。攤奴旦反。按
攤。〔三〇一九〕五。灘水奔。難患。又奴丹反。䕼溫。幱巾擱。〔三〇二〇〕粲倉旦反。白粲。四。娶三女。或作妫、粲。
璨玉光。帑幠。又且見反。繖蘇旦反。蓋。又蘇但反。〔三〇二一〕四。□分。又散（蘇）旱反。亦作糤。〔三〇二二〕㯓未束
枲。帴二幅。又所黠反。讚朝（則）幹反。稱。〔三〇二三〕十。贊助。酇縣名，在南陽。又作管、在河二反。饡美（羹）和
飾（餅）。〔三〇二四〕趲散走。濽濺水。嬇女從。襸衣好。攢訟。〔三〇二五〕鬢光澤。嬇□□反。不謹；□□▨（美）好
皃。〔三〇二六〕一。偄乃亂反。弱。四。稬稻。亦作穤。愞弱。又乃過反。渜浴餘汁。又奴管反。攢在翫反。聚。一。

28 諫

鐩口煥反。燒鐵(鐵)久(灸)。〔三〇二七〕二。鰍魚撞罩聲。

□□諫古晏反。忠言。三。〔三〇二八〕澗谷。亦作磵、㵎。鐧車鐧鐵(鐵)。鴈五晏反。陽鳥。亦作鴈、鳫。二。贗僞物。晏烏澗反。正作晏。〔三〇二九〕五。騴馬尾白。鷃鷃雀。晛(晛)日(目)相戲。〔三〇三〇〕鴳鴾鴳。訕所晏反。謗。又所攀反。五。▨(汕)魚乘水上。〔三〇三一〕狦獸名，似狼。罾取魚冈(网)。䴴餅麧。骭下晏反。脛骨。亦作肝。一。慢莫晏反。怠。六。謾欺。縵緩。又草(莫)半反。〔三〇三二〕㾺牛馬病。又莫駕反。嫚惰。釆別。〔三〇三三〕患胡慣反。妨。八。擐擐□。〔三〇三四〕▨(宦)仕。〔三〇三五〕轘車裂人。豢穀養畜。㹕獸名，似羊無口。槵無槵，木名。繯周環。慣古患反。習。或作串。四。丱鬆角。摜(摜)習。〔三〇三六〕倌主駕人。孿山患反。雙生。又山眷反。〔三〇三七〕一。篡楚患反。奪(奪)。〔三〇三八〕一。▨□□▨(反)。草□。□□▨。〔三〇三九〕一。襻普患反。衣襻。一。蝬士諫反。蟲名。六。棧棧木，道。又士限、士免二反。𢧵谷，在上艾。輚卧車。轏寝(寝)車。亦作輚。戧竊毛。又仕板反。柵所晏反。柵籬。〔三〇四〇〕一。奻女患反。訟。一。鏟初鴈反。削。三。殘穀▨(麥)戔。〔三〇四一〕〔三〇四二〕

29 襉

□□□□□□。□。□。□□□□。□□。□□□□。▨侯辦□。菜。二。〔三〇四三〕蕡莝餘。辦薄莧反。具。俗作辨。二。瓣瓜瓣。盼匹莧反。美貝(目)。〔三〇四四〕二。辦白眼視皃。幻胡辦反。化。〔三〇四五〕一。羼初莧反。羊相間。又初鴈反。一。莔莫莧反。人姓。一。▨□□□。□□□。□□□、□、□。又徒亶反。〔三〇四六〕一。▨(鰥)□□□。鰥視。一。〔三〇四七〕

30 霰

□霰□莧反。雨雪雜下。亦作霓。五。〔三〇四八〕先在前。又蘇賢反。𢾊散。𢈈舍。亦作廠。〔三〇四九〕汛洒掃。又所賣反。蒨倉見反。草盛。九(十)。〔三〇五〇〕茜染草名。輤載柩車。亦作箐。〔三〇五一〕綪青赤色。▨(倩)▨(木)名。〔三〇五二〕䅥晻。又且爛反。祷袒(禓)。［□□□。］〔三〇五三〕谸望山谷青。又倉先反。鑛紡綞。又忩鈍反。絢許縣反。文采。亦作約(約)、絃。〔三〇五四〕四。敻深遠。又詡政反。㧦擊。又呼宏反。讂流言有所求。縣黃練反。古郡。
古作寰字。十一。袨好衣。眩瞑眩。〔三〇五五〕炫火光。衒自媒。亦作衙，行且賣。姰狂。又相倫反。頙腝(腮)
後。〔三〇五六〕贙獸，似犬。又胡犬反。眴搖目。或旬。迿出表辞。又思俊反。駽鐵(鐵)驄。睊古縣反。視皃。十一。
讂流言。瓹甇底孔。䴉羅鳥。罥絹。懁急。〔三〇五七〕衛車檐。縳絹。又直轉反。〔三〇五八〕䣺下酒。獧跳。𢐀𩪿。
電堂見反。靁光。九(十)。〔三〇五九〕畋平皃。〔三〇六〇〕甸郊甸。殿堂。又都見反。奠設。澱滓。亦作黰。〔三〇六一〕淀
淺泉。細寶細。今通用作比(此)鈿。又蘇計反。佃一轅車中佃。窴(寘)今作于窴。亦作闐。又徒賢反。〔三〇六二〕瑱
他見反。玉名。三。滇滇沔，大水皃。又徒賢反。睼迎視。又吐奚反。練落見反。十(十一)。〔三〇六三〕鍊鍊全(金)。
亦作煉。湅水疾流。揀揀擇。亦作敕。楝木名。軱瓜𤬪。堜墟，在博平。萰兔荄，白蘞。[□]鐵(鐵)。〔三〇六四〕
𩏂(𩏂)奧(奠)鼂。〔三〇六五〕▨(楝)木解□。〔三〇六六〕見古電反。睹。□□▨▨(練反)。〔三〇六七〕二。豎焠▨
(鋒)。〔三〇六八〕▨(晛)□見反。日光。□作燃。〔三〇六九〕二。嬿人姓。又舒善反。俔苦見反。磬。又胡繭反。
一。〔三〇七〇〕現戶見反。謁遵(尊)。〔三〇七一〕三。涀水▨(名)，□定▨(陵)。〔三〇七二〕達(遳)無達(違)。〔三〇七三〕硯五見
反。筆硯。或作研。三。豣逐□□。又□□□。▭〔三〇七四〕▨(讌)讌會。〔三〇七五〕驠馬名。烏見反。燕乙鳥。
或作鷰。案《說文》，燕會、燕子字普(並)單作，後加言、加鳥，通。〔三〇七六〕嬿女字。又於典反。▨(曣)□。
□□□□。〔三〇七七〕咽嗌。淮大水皃。瞖日□。〔三〇七八〕▨(鷹)▭□□□□。今□□□□。〔三〇七九〕麃畜養
(食)。〔三〇八〇〕遍博見反。周。三。〔三〇八一〕徧帀。獮獮研。〔三〇八二〕麪莫見反。麥粖。亦▨(作)□。□。〔三〇八三〕
□□□。〔三〇八四〕▨(沔)滇□。〔三〇八五〕▨(巇)▭〔三〇八六〕▨(餇)烏▨(縣)□。饜□。□作肙、
喛。〔三〇八七〕一。韅呼見反。在背曰▨(韅)。又呼▨(典)□。□□□。□。〔三〇八八〕▭〔三〇八九〕
(中缺)〔三〇九〇〕

31 **線**　［　　］〔三〇九一〕▨（䩉）□□□。□。□。〔三〇九二〕 **絭**［　　］□移。〔三〇九三〕 **嗔**大笑。 **便**避面反。利。
一。［　　］〔三〇九四〕

32 **嘯**　□□**嘯**蘇弔反。聚脣出聲。亦作歗。（一）。〔三〇九五〕 **糴**□□□。賣。［□］。□□。□□。□□，《□□》
『□□□□□□』。□□咷，楚聲。〔三〇九六〕 **窱**深遠皃。 **銲**銚銲。 **銚**絲數。 **弔**多嘯反。問凶。［□］。〔三〇九七〕▨（伻）
□□，□□□。□瘸星，狂病。〔三〇九八〕 **釣**釣魚。亦作魡。 **窵**窵窅，深皃。 **叫**□□□。□□。□。□□。□□□。
□□▨（縢）。又□鳥反。〔三〇九九〕 **激**水急。又古歷反。〔三一〇〇〕 **尿**奴弔反。小便。正或作溺、作屎。〔三一〇一〕一。 **藋**徒弔
反。菜。亦作蘿。四。 **銚**燒器。 **掉**□□。□草器。亦作蓧。〔三一〇二〕 **竅**苦弔反。穴。二。 **擎**擊。□□□□。□□，
長頭。六。〔三一〇三〕□□□交。〔三一〇四〕▨（嫽）□□。□落蕭反。〔三一〇五〕 **料**度。又落蕭反。〔三一〇六〕 **嘹**病呼。〔三一〇七〕 **鐐**
美金。又刀（力）彫反。〔三一〇八〕 **顤**五弔反。顤顤。五。 **獟**狂犬。 **澆**韓浞子名。 **鼽**□□。〔三一〇九〕 **嘄**叫（叫）。〔三一一〇〕 **窅**
於弔反。隱闇。又於鳥反。〔三一一一〕二。 **窔**窔窱，幽深。〔三一一二〕 **妟**呼叫（叫）反。妟姎，喜。〔三一一三〕一。

33 **笑**　**卅三笑**私妙反。哈。亦笑、咲。〔三一一四〕三。 **肖**骨肉相似。 **鞘**刀鞘。 **照**之笑反。明。〔三一一五〕三。 **詔**勑書。 **隉**隄。
曜戈（弋）笑反。光曜。或作耀。〔三一一六〕十一。 **鷂**鷹類。 **摇**動。 **覞**普視。又昌召反。〔三一一七〕 **遥**（䁏）貴（遺）玉。又
餘周、餘久二反。〔三一一八〕 **睔**眩睔。或□覦，視誤。〔三一一九〕 **論**誤。 **趭**走。〔三一二〇〕 **窕**屋危。〔三一二一〕 **藞**色（兔）絲；又帝女
花。〔三一二二〕 **尦**行不正。〔三一二三〕 **要**於笑反。又於昭反。〔三一二四〕二。 **約**券（券）。又於略反。〔三一二五〕 **召**直笑反。呼。一。
邵寔耀反。古國。四。 **劭**（劭）自強。 **竘**到懸鉤。 **卲**高。又時燒反。 **嶠**渠廟反。山道。二。 **轎**▨（軥）。又並□□
▨（反）。〔三一二六〕 **剽**匹笑反。強取。七。 **彯**畫。 **瞟**置風、日内令乾。 **漂**水中打絮。亦作嫖（潎）。〔三一二七〕 **僄**輕。亦作
嫖、慓。 **㦚**（慓）急疾。〔三一二八〕 **聽**裁聞。 **噍**才笑反。噍嚼。又子由反。五。 **誚**責。 **劁**刈。又在霄反。 **譙**讓。又似
焦反。 **趭**走。〔三一二九〕□□□▨（反）。□□。□。〔三一三〇〕 **峭**七肖反。▨▨（山峻）。▨（二）。〔三一三一〕 **簌**竹篇。洛陽亭

長□□。□□□反。〔三一三二〕燎力召反。照；一曰宵田。又力小反。八。尞柴祭天。鐐銀美。獠周垣。療救療。鐐炙。亦作爒。熮火皃。翏高飛。又力幼反。趬丘▨(召)□。□□□。□。□□□，□□□。□□□□。□□。□。□□□□。□。□。〔三一三三〕釂酒盡。亦作㰐(嚼)。〔三一三四〕皭白色。又於慨反。潐盡。醮小醮。〔三一三五〕僬行客止。又徐姚反。瞯目冥。庿眉召反。皃。亦作廟。一。驃毗召反。驍勇。一。少□□□。□。□□。□□□□。□□□□。□□□；□□□。□。〔三一三六〕▨(裱)方廟反。領巾。〔三一三七〕一。翹渠要反。尾。二(一)。〔三一三八〕饒人要反。請益。一。驃卑妙反。馬名。一。覞昌召反。普視。又弋召反。一。〔三一三九〕

34 效

□□□□□□。▨(亦)作効。四。〔三一四〇〕▨(校)□▨(尉)。從木，從手非。〔三一四一〕斅學。或作効。嗃誤。教古孝反。訓。六。窖食(倉)窖。〔三一四二〕挍撿挍。〔三一四三〕鉸鉸刀。酵酒酵。〔三一四四〕覺睡覺。又古學反。孝呼教反。盡養。六。哮喚。又呼交反。涍□□，在□南。〔三一四五〕嗃大嘷。亦作詨。又呼各反。詨吴人謂叫(叫)。又居肴反。鷞鷹屬。罩如(知)教反。取魚器。或作罩、箌、䍜、菿。〔三一四六〕二。鵫白雉。豹博教反。斑獸。二。爆火烈。又普駮反。敲苦教反。擊。又苦交反。三。巧巧僞。又苦絞反。▨(墽)墽磽。又口交反。〔三一四七〕貌莫教反。儀。亦作皃。五。皫引。帗幗。䫏綵雜文。緢旄絲。奅匹皃反。起釀。或作窌。六(四)。〔三一四八〕炮灼。窌地藏。又力救反。抛抛車。又普交反。趠褚教反。行皃。[□]。〔三一四九〕踔猨跳。稍所教□。□。□。〔三一五〇〕潲豕食。掣木小。〔三一五一〕郩大夫食邑。䎱(稍)耰種。〔三一五二〕棹直教反。舟棹。一。橈奴効反。木曲。又如昭反。亦作撓。又乃飽、[□]絞二反。〔三一五三〕三。淖泥。吏不静。或作鬧。抓側教反。爪剌(刺)。三。癄縮小。笊笊籬。靤防孝反。面瘡。四。鞄刮皮。□普□□。〔三一五四〕鉋鉋刷。又薄交反。皰面氣。抄初教反。掠。或作鈔；亦作剿。三。觘角上。罺小罔(网)。巢仕稍反。棧。一。樂五孝反。愛。一。拗乙罩反。佷。又於絞反。三。箹竹節。又於卓反。靿韡靿。

35 号

□□□▨(胡)到反。号令。四。〔三一五五〕 瓛石似玉。 墅土釜。 諄相欺。 導徒到反。引。十二。 翿舞所執。亦作翳、翢。 悼傷。 蹈履。 盜竊物。 橐左橐。 燾覆。又大刀反。 嶹禾六穗。 耄年九十。〔三一五六〕 糯粘。 □長。又乃到反。〔三一五七〕 纙不青不苗(黄)。〔三一五八〕 到都導反。至。二。 禱祭。 誥古到反。書。五。 郜國名,在濟陰。 縞素。又古沃(老)反。〔三一五九〕 告語。又古沃反。 烄交木然。亦作[□]。〔三一六〇〕 傲五到反。自高。五。 顤頭長。 鏊餅鏊。 驁□名。又□刀反。〔三一六一〕 鼏陸地行舟人。 帽莫報反。頭巾。亦作䋷,本作冃。十一。〔三一六二〕 耄老。亦作(薹)。〔三一六三〕 芼菜,香食。〔三一六四〕 眊目少精。又忘角反。 瑁圭名。 冐涉。又莫北反。〔三一六五〕 晲細視。又許六反。 現視。 毰鳥毛盛。 紝刺。 □夫妬婦。〔三一六六〕 繆(嫪)盧到反。 恅(慅)物。〔三一六七〕 六。 潦潦(淹)。或作澇。〔三一六八〕 勞尉(慰)勞。〔三一六九〕 髝髝髞,簏(篦)急皃。又虜刀反。〔三一七〇〕 鐒施絞於鞴。 癆冽水云般(服)藥毒。又力彫反。〔三一七一〕 操七到反。持。又七刀反。四。 造至。又昨早反。 慥言行急。 鄵鄭地。 暴薄報反。古作虣。五。 瀑甚雨。 菢鳥伏卵。 褒衣前襟。亦作褑。 勇姓。〔三一七二〕 報博秏反。迴信。一。 漕在到反。水運穀。一。 奧烏到反。深。九(十)。〔三一七三〕 膜藏(藏)肉。 懊悔。 鐭妬食。 隩屋隅。 燠熱。〔三一七四〕 墺四墺。古文作垗(垗)。〔三一七五〕 謸告。 趹長。 [□□]鰌。〔三一七六〕 喿蘇到反。郡(群)鳥聲。〔三一七七〕 五。 譟群呼。 瘙疥瘙。 髞(髞)髝髞(髞)。〔三一七八〕 埽除。又蘇道反。〔三一七九〕 鎬苦到反。餉軍。亦作犒。三。 靠相違。 顥大頭。 竈則到反。炊□。通俗□竈。□。〔三一八〇〕 躁動。 趮疾。 秏呼到反。減。亦作蕞。二。 好又呼老反。〔三一八一〕 韜他到反。臂衣。一。 腦奴到反。漫皮。三。 臑(臑)臂節。〔三一八二〕 髦長皃。又徒倒(到)反。〔三一八三〕

36 箇

□▨(六)箇古賀反。一枚。一。〔三一八四〕 賀何箇反。慶。二。 袔袖。亦作襸。 佐作箇反。助。五。 左左右。又作可反。 炷(旌)副。〔三一八五〕 庇行不正。 袏襌衣。 跢丁佐反。小兒行。〔三一八六〕 四。 癉勞。 哆語助聲。 瘩病。 邏盧箇反。遊近（兵）。〔三一八七〕二。䌫婦人衣。坷口佐反。坎坷。不平皃。三。軻孟子居貧轗軻，故名軻，字子居。又苦哥反。𠲿擊。餓五箇反。飢無食。一。播補箇反。揚。〔三一八八〕三。簸簸揚。又布火反。譒敷。貨呼臥反。賄。一。臥吴貨反。〔三一八九〕一。奈奴箇反。奈何。又奴蓋反。一。挫側臥反。折。三。㛗拜失容。又子對、徂嫁二反。〔三一九〇〕挫安。又子過反。磨莫箇反。研。亦作䃺。三。𡑝塵。摩按摩。又莫波反。剉麁臥反。斫。三。銼蜀呼鈷鏻。莝斬草。愞乃臥反。弱。又乃亂反。四。堧少（沙）土。〔三一九一〕㬉城外隍內地。稬稌。本作稬，亦作糯。〔三一九二〕和胡臥反。應哥。又胡戈反，諧。三。㕦和。盉調味。唾託臥反。口津。〔三一九三〕四。毻鳥獸易毛。蜕蟬蜕去皮。〔三一九四〕䙤無袂衣。又徒臥反。亦作𧞣（襨）。〔三一九五〕過古臥反。失。又古和反，經。三。划鎌。又公禍反。亦作鍋。蝸蠟蠼。又古和反。破普臥反。物毁。二。頗語莇。又普和反。〔三一九六〕涴烏臥反。泥著物。四。汙穢。又烏故反。堁塵。又口對反。踒足跌。惰徒臥反。懈。〔□〕作隱（憜）、㥩。〔三一九七〕二。䙤無袂衣。又他臥反。亦作𧞣（襨）。〔三一九八〕馱唐佐反。負物。〔三一九九〕一。課苦臥反。責功。三。髁髀骨。或作㞊。敤研理。又口果反。〔三二〇〇〕羸郎過反。瘻僂。四。纝（纝）〔□〕紃。〔三二〇一〕瘰疫病。又力外反。𤸫（𤸫）膝中病。〔三二〇二〕㮽丁過反。木本。二。𡟤量。腡先臥反。髆高（膏）。〔三二〇三〕一。倭烏佐反。痛辭。一。拕吐邏反。牽車。又徒我反。一。些▨（蘇）箇反。□詞。〔三二〇四〕一。坐在臥反。罪。二。〔三二〇五〕座小牀。磋七箇反。磨。一。㰤呼箇反。大笑。又呼可反。一。

37 禡

□□禡莫駕反。祭名。七。〔三二〇六〕榪牀頭横木。鬞婦人結帶。瘍牛馬病。又莫晏反。鄢縣名，在犍爲。罵惡言。隲增。駕古訝反。牽乘。十。稼布種。嫁歸。瘕腹病。架架屋。椵舉閣。〔三二〇七〕價價數。假休。又古▨（雅）反。〔三二〇八〕賀（賀）賀膠，不密。〔三二〇九〕𡫦賓布。亞烏訝反。次。六。俹倚。欱驢鳴。婭婚家相謂。晋姓。襾覆、要、賈、覈、覆等字從此。嚇呼訝反。笑聲。又呼格反。九（六）。〔三二一〇〕鏬孔鏬。唬虎聲。誶誑。〔三二一一〕▨

（埻）地名，在晉。〔三二一二〕煆赫。又訝（許）加反。〔三二一三〕迓吾駕反。迎。［□］。〔三二一四〕訝嗟。犽獸名。詫刃（丑）亞
反。誑。〔三二一五〕一。吒陟訝反。吒歎。四。奼美女。又都故反。烢火聲。蛇蛇蒩，黄芩。詐側訝反。誑。
一。〔三二一六〕乍鋤駕反。忽。五。褡祭名。或作蜡。詐䛐語。〔三二一七〕▨（𡘇）失容節。又子對、祖卧二反。〔三二一八〕溠
水名，出義陽。又作離反。謝似夜反。拜恩。三。榭臺榭。澍水名。髂口訝反。髖骨。或作骩、骱。三。痾小兒驚。
欱張口。暇胡訝反。閑容。三。夏又胡雅反。〔三二一九〕下向卑。又胡雅反。褯慈夜□。小□褯。〔三二二〇〕三。藉以蘭
茅籍（藉）地。又慈亦反。鍦鏡鍦。夜以謝反。夕。三。射僕射。䳭鳥名。趚充夜反。怒；一曰牽。又丑格反。一。
蜎司夜反。𧉎蔵（藏）蟹。又息余反。〔三二二一〕三。卸卸馬去鞌。篘笮。柘之夜反。木名。六。鷓□□，□□。〔三二二二〕
䗲蟲名。〔三二二三〕炙炙肉。又之石反。蔗甘蔗。嗻多語。唶子夜反。歎聲。二。借假。又子昔反。舍始夜反。室。
四。駘馬名。亦作駷（犊）。〔三二二四〕赦放罪。〔三二二五〕湁水名，出鄜山。〔三二二六〕射神夜反。武藝。又神石、以謝二反。亦
作躲。二。▨（䴥）獸名。〔三二二七〕覇博駕反。把。四。〔三二二八〕弝弓弝。靶轡革。灞（灞）水名。帊芳覇（霸）反。
帊幞。二。怕怖。槬胡化反。寬。亦作窊。四（五）。〔三二二九〕吳大口。樺［□□。□］山，西嶽。通俗作華。〔三二三〇〕
樓木名。又胡郭反。亦作樗。化霍覇（霸）反。變。四。傀鬼變。。七▨（倒）□。〔三二三一〕謌疾言。跨苦化反。越。
亦作午。又口寡反。一。誜所化反。枉。一。𤽈白駕反。獸名，似狼。亦作狛。三。鮊海魚。杷作田具。又蒲巴反。
胗乃亞反。膩。二。挐結亂。笡淺謝反。斜逆。一。沙色亞反。汰物。二。厦厦屋。坬古罵反。土埵。二。諜相
誤。〔三二三二〕窊烏坬反。庴。一。塗徒嫁反。飾。又丈加、唐都二反。三。蛇水母。㡆開張屋。凡（瓦）五化反。苦
屋。一。
38 勘 □□□苦紺▨（反）。挍。五。〔三二三三〕峆凝血。䤗鹹。埳埳軻。又苦感反。贑（贛）擊。〔三二三四〕紺古暗反。青赤

色。三。淦新淦，縣，在豫章。蘾蓎苡別名。憾下紺反。恨。五。琀琀玉。涻水和物。唅哺。脂食肉不饜。亦作
鏩。暗烏紺反。無光。□。〔三二三五〕□□；□□□。〔三二三六〕▨（醃）▨（葅）。▨▨（又於）□□。〔三二三七〕▨（僋）他紺
反。僋□，▨（癡）皃。〔三二三八〕七。撢深取。〔三二三九〕丙無光；又吐念反，舌出皃。傝傝㒌，不自安。又吐盍反。䏙𡤶。
憛憛悇。詌競言。又乹（乾）仰反。倸蘇紺反。僋倸，癡皃。一。㒌五紺反。傝㒌。一。謲□□□。□。□。
□□□。□□□。□□□□。□□□。□。〔三二四〇〕賿買物逆付錢。〔三二四一〕峆羊血疑（凝）。亦作䘓。〔三二四二〕瞫括
（䀡）。又徒含反。〔三二四三〕馻（馾）丁紺反。冠幘近前。二（一）。〔三二四四〕撍祖紺反。針揰。［□］。〔三二四五〕儖郎紺反。
僋倸，非清潔。亦作撢。一。顑呼紺反。䶃不飽，面黃。□□□□。□。□□□反。取。一。〔三二四六〕

39
闞

□□□□▨（濫）反。▨（魯）邑。四。〔三二四七〕瞰視。䶠味苦。喊可。又工覽反。亦作嚂。濫盧瞰反。泛濫。八。
㔋□利。〔三二四八〕▨（醓）□䴘。〔三二四九〕纜繫舟。亦作䌫。〔三二五〇〕爁火皃。嚂僭差。嚂食。或作嚂。䆾瓜葅。睒
（䀹）吐濫反。夷人以財贖罪。〔三二五一〕四。䶠無味。䀡候視。又敕黵反。瀲薄味。䲭公蹔反。䲭䶠。二。鹹味過
口。䀐呼濫反。乞戲物。或作斂（歛）。又呼甘反。〔三二五二〕二。虦虎怒。憨下瞰反。害。又呼甘反。九（五）。〔三二五三〕
㺗犬吠聲。譀誇誕。《東觀漢記》『雖譀猶令又（人）熱』。［□□］甲反。亦作誌。〔三二五四〕甓大盆。䖔瓜蟲。憺徒濫
反。静。［□］。〔三二五五〕澹水皃。腅或作啖。相飦（飤）。淡無味。或作倓。暫蹔濫反。少頃。亦作蹔。二。鏨小鑿。
擔都濫反。負。二。甔甔石，大甖。

40
漾

四十漾餘亮反。水名，在隴西。八（九）。〔三二五六〕恙憂，古者草居，爲恙所害，故相□□▨（無）恙。古作㺊，蟲害
人。〔三二五七〕羕長大。颺物從風去。煬炙。樣式。眻美目。又餘章反。諹謹。〔三二五八〕䬗餌。亮力讓反。朗。十
（九）。〔三二五九〕諒信。掠笞；一曰強取。又力強反。悢悵悢。緉履屐雙曰緉。㹁□。〔三二六〇〕▨（兩）車一曰

□。〔三二六一〕颸北風。又吕張反。哴哓哴，小兒啼無聲。狀□亮□。類。［□］。〔三二六二〕讓如仗反。推善於人。正作讓。四。攘以手却。又汝陽反。〔三二六三〕懹憚。欀道木。餉式亮反。饋。亦作饟。□□章反。〔三二六四〕四。傷未成人死。又□□□。〔三二六五〕向姓，▨(出)□□。□□□□。□□。亦作□。□□□反。〔三二六六〕帳陟亮反。□。□。〔三二六七〕▨(脹)滿。亦□□。〔三二六八〕□水大。〔三二六九〕悵丑亮［□。□。□］。〔三二七〇〕暢通暢。亦作暘。又直亮反。〔三二七一〕鬯匕鬯；又香。韔弓衣。又直亮反。亦作韔。藹□□。〔三二七二〕▨(賬)失□。▭□□▨(階)□。〔三二七三〕仗直亮反。器仗。五。長多。又直良反。瓺缾。又餘(除)香反。〔三二七四〕暘不生。或作暢。又丑亮反。韔弓□。□□□□。□□□。〔三二七五〕▭□□□□。蔽。□□□。四。〔三二七六〕嶂峯。墇塞。亦作障。〔三二七七〕瘴病。尚常亮反。猶。又署羊反。三。上▭□□亮反。發□。亦作諹。〔三二七八〕一。創初亮反。始。正作剏。□。〔三二七九〕愴惨。▨(滄)▭□□□；□□□。□□方反。〔三二八〇〕忘不記。又武方反。諲相責諲。汒谷名，在京兆。況▭〔三二八一〕▨(放)府妄反。自縱。〔三二八二〕四。舫船並。又補浪反。趽曲脛馬。鴋鳥，▨(常)▭〔三二八三〕▨(狂)渠放反。軖爲。〔三二八四〕一。

41 宕

▭□□▨▨(宕反)。□□。□。〔三二八五〕閬高門；又地名，在蜀。又力唐反。▭□□。又□□反。〔三二八六〕藏徂浪反。隱；▨▨▨(又庫藏)。〔三二八七〕奘▭□□。□□□反。〔三二八八〕▨(頏)□。□□堂反。▭〔三二八九〕潢胡浪反。書▨(染)黄色。二。〔三二九〇〕攩▭〔三二九一〕

42 敬

▭〔三二九二〕▨(䛭)許孟反。瞋語。〔三二九三〕一。鞕五孟反。牢。〔三二九四〕一。慶▭□□□，□□皃。□□□□反。〔三二九五〕蝗户孟反。蟲。又胡盲、户光二反。三。横非理來。潢□津。〔三二九六〕▨(柄)▭酗。又虚□▨(反)。〔三二九七〕行胡孟反。景迹。又胡郎、胡庚二反。二。絎刺縫。瀙▭〔三二九八〕鼪鼬鼠。〔三二九九〕迎魚敬反。迓。一。鋥宅鞕反。磨鋥。□。〔三三〇〇〕

43 諍 □〔三三〇一〕轟□□□。▨（衆）車□。〔三三〇二〕二。輷輷弶。

44 勁 □四勁居□□。勁▨（健）。□。□〔三三〇三〕聖識正反。通靈。〔三三〇四〕一。鄭直政反。國名。二。甋甖。〔三三〇五〕遉丑鄭反。邏候。〔三三〇六〕一。▨（性）□□反。生。〔三三〇七〕一。▨（令）□□□。□。又力盈反。〔三三〇八〕二。詅衒賣。〔三三〇九〕娉匹▨（政）□。朝□。□。□□。▨（娉）妨。〔三三一〇〕敻▨（虛）□反。遠。〔三三一一〕三。詗▨（伺）言。〔三三一二〕□酳酒。〔三三一三〕摒卑政反。摒除。二。併兼。偋防政反。隱僻。一。倩七政反。假。二。清温清。凈□□□。□。□。〔三三一四〕穽陷穽。亦作敓（㪷）。〔三三一五〕賙（睛）▨（賜）。〔三三一六〕□▨（裝）飾。古奉請亦作此字。今古正作請字。〔三三一七〕婧竦立。顈首。〔三三一八〕盛□政反。多。□作晟、㜲。二。〔三三一九〕

45 徑 卌五徑古定反。蹊。四。〔三三二〇〕經經緯。又古靈反。䃟隔。桱筯。〔三三二一〕甯乃定反。邑名。三。佞諂；一曰才。濘泥。〔三三二二〕腥息定反。豕息肉。二。醒酒醒。脛户定反。脚脛。一。定特徑反。不移。二。廷朝廷。矴丁定反。矴石。〔三三二三〕六。釘下釘。又得庭反。〔三三二四〕飣貯食。或作篡。〔三三二五〕頲題。錠鋤（錫）。〔三三二六〕肛食。磬苦定反。磬石。三。罄盡。鑋（鑋）金聲。〔三三二七〕聽（聽）他定反。審聞。三。〔三三二八〕汀汀瀅，不遂志。〔三三二九〕侹侹侹。艶千定反。艶䑃，青黑色。二。精（掅）枰（捽）。〔三三三〇〕▨（䑃）莫定反。▨（艶）䑃。〔三三三一〕二。暝夕。鎣烏定反。鎣飾。或作瑩。瑩，玉光，非鎣飾字。二。瀅小水。熒胡定反。暫見。一。零力徑反。隻。〔三三三二〕一。

46 宥 □□□□救反。□。十四。〔三三三三〕又更。佑佐。右左右。又□久反。〔三三三四〕盍杯。亦作▨（盍）。又余久▨（反）。〔三三三五〕□神助。〔三三三六〕酭報。疚顫。亦作㾄。囿園。又于目反。侑勸食。婠耦窮。〔三三三七〕狖（狖）〔□□。□〕走意。〔三三三八〕莤□。〔三三三九〕□□□□。□。□□□。□。□□□。□□□□。□□。□□□。〔三三四〇〕

▨（遐）謹行。〔三三四三〕究窮。㿀（飼）□。〔三三四四〕廄養（養）馬。〔三三四五〕胄直祐反。胤。十二。宙宇宙。同徊。酎
酎酒。繇卦兆辞。籀史籀造篆書。伷系。紬□。□□。□□□。□□□。□□。〔三三四六〕䆠兜［□］。〔三三四七〕懤
愁毒。晝陟救反。晝日。二。〔三三四八〕噣聲。又丁豆反。亦作咮。狩舍救反。冬獵。〔三三四九〕四。獸嘼之惣名。収
（收）穫夕（多）。〔三三五〇〕首自陳。臭尺救反。臭氣。亦作殠。一。岫□□□。□□□▨（袖）。〔三三五一〕三。袖▨（衣）
長袂。亦作褎。〔三三五二〕牰牛黑眥。齅許救反。以鼻取氣。二。嘼嘼產。正嘼。俗作畜。又褚救反。呪職救反。呪詛。
三。祝祭祠。又之育反。檮木名。舊巨救反。久。二。柩屍柩。瘦所救反。損。正作瘦。三。潄□水。又▨（蘇）
豆反。〔三三五三〕鍬鐵（鐵）鉎。皺（皺）側救反。面皺。四。〔三三五四〕瘷縮小。甃井甃。縐蹙。亦作縐。〔三三五五〕副敷救
反。貳。四。鬌假髻。又匹力反。覆蓋。又敷福反。恒小怒。又充（芳）缶反。〔三三五六〕簉初救反。充。一曰齊。二。
蓲草根。〔三三五七〕富□□反。貨▨。〔三三五八〕四。輻輻輳，競聚。鍑釜而大口。一曰小釜。蓄蓄（蓄）。〔三三五九〕畜許
（丑）救反，養（養）。又許郁反，又丑六反，聚。通作嘼產，俗。〔三三六〇〕二。俞人姓。溜力救反。水溜。十二。廖人姓。
漢有廖湛。霤中霤。嬼美妵（好）。〔三三六一〕鷚鷚子；一曰□名。亦作雡。〔三三六二〕▨（鎦）鎦餠。〔三三六三〕戮併力。又
力竹反。坈堋。僇癡行。甗欙。又力迴反。穽窖。又魯（普）孝反。〔三三六四〕翏高飛。又力要反。正作翏。秀息救
反。挺出。五。繡文繒。螃蟲名。琇玉名。宿星。驟鋤▨（祐）反。數。〔三三六五〕一。□即就反。僦▨（賃）；又
聚。〔三三六六〕二。稩春雇稅。亦作䄦。就疾僦反。從。二。鷲鳥名。亦作鳩。〔三三六七〕糅女救反。雜。三。餌雜餠。
亦作粈。腬喜（嘉）膳。〔三三六八〕復扶富反。徙。又夫福反。正作復（復）。〔三三六九〕五。瘦再病。椱機持繒。皀兩阜
間。〔三三七〇〕□▨（重）。亦作匔（匔）。〔三三七一〕狖（狖）余救反。獸名，似猨。〔三三七二〕九。鼬蟲名，似鼠。槱積薪燒之。
柚橘柚。又直目反。亦作櫾。輶輕。又以周反。牰牛黑眥。貁（貁）禺屬。〔三三七三〕蜼似猕，鼻仰。又余悸
反。〔三三七四〕螃不知晦朔虫。又余九反。授承秀反。付。三（五）。〔三三七五〕▨（嗖）口嗖。〔三三七六〕隻（售）賣

去。〔三三七七〕訓荅（答）。又市流反。〔三三七八〕［□□□□。］〔三三七九〕鞣人又反。車軔（輞）。［□］。〔三三八〇〕蹂踐。煣火

蒸木使曲。鞣耎皮。又如周反。鼽牛救反。鼻昂。〔三三八一〕一。

47 候

□□▨（候）胡遘反。伺。十二。〔三三八二〕鮜魚名。郈地名，在晉。逅邂后（逅）。〔三三八三〕詬罵。睺半盲（盲）。又胡鉤反。〔三三八四〕趏（趏）蹇行。又蒲北反。〔三三八五〕鍭侯（候）射。又胡遘（溝）反。〔三三八六〕鱟似蟹，十二足。〔三三八七〕㑳石蜜膜。睺睺瞜，貪財。鉤受錢器。寇苦候反。賊。七。滱水名。恂□▨（愗），□皃。〔三三八八〕婺婺瞀，無暇。鷇鳥子。詬詈。又許遘、胡遘二反。亦作訽、呴。袧喪服。茂莫候反。草木盛。古作懋。十四。貿貿易。戊戊己。鄮縣名，在會稽。愗怐愗。瞀目不明。又妄角反。袤廣袤。楙木瓜（瓜）。〔三三八九〕婺▨（女）師。〔三三九〇〕懋勉。亦作悉。苺箭（莿）實，似桒（桑）葚（椹），可食。又亡佩反。〔三三九一〕菽細草菽生。蕪草。冃重覆。又亡保反。仆匹豆反。倒。又扶北、撫遇二反。三。歆語而不受。豧豕息。又匹于反。豆徒候反。菽。十二。竇水瀆（竇）。〔三三九二〕逗豆（逗）留。近代作豆音；《說文》丈句反。又土豆反。〔三三九三〕酘酘酒。荳荳蔻（蔻）。〔三三九四〕梪邊梪。或作豆。脰項。郖地名，在弘農。餖飣餖。浢津名，在河東。毭毹。輊車鞁具。鬭丁豆反。戰。不從門，從鬥。本門。通俗作鬪。六。䛠䛠譳，不能言。噣鳥口。或作咮。又丁救▨（反）。〔三三九五〕𡛼𡛼譳，詀說。斣斗斣。襡衣袖。又大口反。槈奴豆反。除草。三（四）。〔三三九六〕譳［□□。□］搆擩，不解事。〔三三九七〕槈柱。亦作鎒。嗽蘇豆反。欬。六。漱湯（盪）口。又所救反。〔三三九八〕㖩（㖩）柴。〔三三九九〕欶上氣。鏉鏉鏂，利。嗾使犬。又先侯反。或作嗜。奏▨（則）候反。薦。一。〔三四〇〇〕透他候反。跳。又書育反。四。敨唾敨。亦作音。𧺆自投。或作毆。杏語唾不受。亦作歆。〔三四〇一〕漚於候反。清（漬）。又於侯反。〔三四〇二〕三。埶地名，在竟陵。又市由反。褔頭衣。又於部反。〔三四〇三〕遘古候反。遇。十四。構累。媾婚。覯見。姤卦名。購贖。眗（眗）稟給；又貨贖。〔三四〇四〕彀張弓。雊雉聲。𣫁取牛羊乳。〔三四〇五〕寗僻耶。磗罟。句句檢。〔三四〇六〕蒟積財。〔三四〇七〕輳倉候反。輻輳。七。湊水會。嗾使犬。腠膚腠。

䴖南夷名鹽。蔟大蔟，律名。又倉谷反。楱橘類。陃盧候反。鄙恥。八。漏屋水漫下；一曰笱屚，縣名，在交阯。亦
作屚。[三四〇八] 鏤刻鏤。瘻瘡。蔄姓。屚屚蘆，藥草。鍽鍬鍽。瞜瞜瞜。蔻呼候反。豆蔻。七。㺃豕聲。顀勤。
詬怒。佝愁。[三四〇九] 呞恥辱。又呼垢反。吼聲。又呼后反。暗（䐰）蒲候反。豕肉醬。[三四一〇] 二。韝（韝）尻
衣。[三四一一] 偶五遘反。不期。一。剽昨候反。細切。又徂鉤反。一。

48 幼

[□□]幼伊謬反。小。一。[三四一二] 謬靡幼反。錯。正作謬。二。繆（繆）亂。又武彪、武陸二反。蹎丘幼反。蹎
蹌，行皃。又香仲反。一。趴渠幼反。趴蹎，醜行。[三四一三] 一。

49 沁

□□沁七鴆（鴆）反。水名，在上黨。二。[三四一四] 吣犬吐。祲作鴆（鴆）反。妖氣。正作祲。二。浸漬。妊汝鴆（鴆）
反。妊身。四。絍織絍。鵀戴鵀，鳥。任又汝計（針）反。[三四一五] 鴆（鴆）直任反。鳥名。二。沉（沈）沒。又直任
（壬）反。[三四一六] 枕（枕）𨌺鴆（鴆）反。烝（承）首木。又之稔反。[三四一七] 二。針刺病。矝巨禁反。舌下病。或作噤；
亦作矜、齡。三。舲蜀舩。紟紟帶，或作襟，又舉音反；衿，小帶，又居音反。禁居蔭反。限。避王莽家諱改曰省。二。
襟格。賃□禁反。傭。[三四一八] 一。蔭（蔭）於禁反。厚陰。亦作稽。又於擅反。[三四一九] 三。窨地屋。亦作癊
（癊）。[三四二〇] 喑聲。滲所禁反。滲漉。二。罧積柴取魚。又斯甚反。闖丑禁反。從門出。二。覞私出頭視。又丑
心反。亦闖。[三四二一] 譖側讖（讖）反。讒。一。讖（讖）楚譖反。讖書。一。揕陟鴆（鴆）反。擬擊。《史記》『右手揕
其胷』。□。[三四二二] 紖（紞）土一紖。吟宜禁反。長詠。一。臨力浸反。朝夕哭。一。甚時鴆（鴆）反。大過。又植枕
（枕）反。一。

50 豔

□□豔（豔）以贍反。美色。亦作艶。五。[三四二三] 爓光。焱火。炎熱。又于淹反。掞猶豔。[三四二四] 贍市豔反。
賙。亦作贍。一。染而贍反。改色。又如檢反。一。㡹（厭）於豔反。抑。三。愶快。又於驗反。饜飽。又於簾反。
窆方驗反。下棺。又方鄧反。一（二）。[三四二五] 砭石針。反（又）方廉[□]。[三四二六] 驗語窆反。證。二。噞噞喁。亦

作鹼。閃式贍反。闚。又舒斂反。二。煔火行皃。又他念反。嚱子豔反。[□□]。〔三四二七〕一。塹七贍反。遶城水。又坑。〔三四二八〕二。槧札。〔三四二九〕殮力驗反。殮殯。〔三四三〇〕六。斂聚。又力險反。瀲泛。一曰水波。霡小雨。又子廉反。獫長喙。賧市先入。〔三四三一〕潛疾豔反。水伏流。又子簾反。〔三四三二〕一。占支豔反。訟欵(款);又護占田義,在《漢書·成紀》。〔三四三三〕一。韂充豔反。小障泥謂之韂子。一。覘丑厭反。伺候。二。貼候視。又齒濫反。〔三四三四〕

懭於驗反;[□]於豔反。或作俺。〔三四三五〕一。

51 㮇

□□□㮇他念反。火杖。亦作棪、栝(栝)。五。〔三四三六〕䛳舌出。忝辱。煔火光。阽亭名,在京兆。念奴店反。〔三四三七〕一。店都念反。店舍。十。坫墇。沾水名,在上黨。痁病。又式詹反。墊下;又墊江,徒協反,在巴郡。貼目垂。又下(丁)兼反。〔三四三八〕唸呻唸(吟)。亦作欿(歛)。〔三四三九〕䛳窮。又丁頰反。▨(霸)寒。〔三四四〇〕埝下。又乃頰反。磯(礠)先念反。磯(礠)磹,電光。一。磹徒念反。磯(礠)磹。一。趝紀念反。疾行皃。一。酓於念反。苦味。〔三四四一〕一。僭子念反。擬。〔三四四二〕一。曆漸念反。閉目思。一。兼古念反。又古嫌反。〔三四四三〕二。鮨魚名。又陷音。傔苦僭反。從人。〔三四四四〕一。稴力店反。禾不熟。又力點反。一。

52 證

□□證諸膺反。驗。二。〔三四四五〕蒸熱。又諸陵反。孕以證反。懷子。五。黷面黑子。賸增益。〔三四四六〕媵送女。又實證反。鱦小魚。〔三四四七〕乘實證反。車乘。又食陵反。三。媵送女。又以證反。鱦魚子。認而證反。認物。又而振反。三。扔強牽。艿草不▨(翦)。〔三四四八〕譍於證反。以言對。□。〔三四四九〕應物相應。又於陵反。甑子證(孕)反。炊器。亦作䰝、鬵。□。〔三四五〇〕禮于(汙)襦。〔三四五一〕餧馬食穀多[□]流下。又里甑反。〔三四五二〕興許應反。樂。又許陵反。□。〔三四五三〕䁝腫起。媵悅。賸(勝)詩證反。賸(勝)負。又詩陵反。□。〔三四五四〕藤苣藤,黑胡麻。縢織機縢。□▨(美)目。又□▨(登)反。〔三四五五〕眙丈證反。直視。一。餧里甑反。馬食穀氣流下。[□]子孕反。〔三四五六〕一。

53 嶝 □□□□□鄧反。□坂。四。〔三四五七〕鐙䥢鐙。隥梯隥。磴巖磴。贈昨亘反。追送。一。亘古嶝反。通度。亦作栢。又古恒反。五。堩路。揯急引。又古登反。䱴䱴鱛。暅日乾。〔三四五八〕蹭七贈反。蹭蹬。一。鄧徒亘反。國名。四。蹬蹭蹬。𣩘𣩘殑𣩘。䐰囊。懵□亘反。□。〔三四五九〕四。鱛魚名。蕄悶。又亡登反。䨬重環。倰（倰）魯鄧反。倰（倰）蹬（僜）。〔三四六〇〕二。殑殑𣩘，馬牛卒死。堋方鄧反。朿棺下之。亦作塴。一。增子蹭反。乘（剩）。又作滕反。〔三四六一〕一。𥨍思贈反。新覺。〔三四六二〕一。倗父鄧反。輔。一。

54 陷 □□□陷户韽反。没。三。〔三四六三〕鉛魚名。臽臼。韽於陷反。下入聲。〔三四六四〕三。㺗犬吠。又乙咸反。湴没水。蘸滓陷反。以物内水。一。䪜都陷反。鹹名（多）。〔三四六五〕一。歁口陷反。喙。或作鵮。又口咸反。一。賺佇陷反。重賣。一。䤄公陷反。鹹。一。讒仕陷反。譖言。三。儳輕言。又仕咸反。㺌陷。闞火陷反。大（犬）聲。一。〔三四六六〕諵儜賺反。諵□，私□。□。〔三四六七〕

55 鑑 □□□鑑格懴（懺）反。鏡。三。〔三四六八〕監領。又古咸（銜）反。〔三四六九〕𥉂瞻。又古銜反。懴（懺）楚鑑反。自陳。四。儳雜言。又倉陷反。𢶍投。甗瓫瓫半無曰甗。覱子鑑反。覱𠑊，高危皃。一。𠑊許鑑反。覱𠑊。一。釤所鑑反。大鎌。一。埿蒲鑑反。深埿。或作湴。一。𩏩胡懴（懺）反。大瓫，《續漢書》『盜伏於𩏩下』。一。▨（鑱）□。〔三四七〇〕

56 嚴 □□□□魚淹反。▨（嚴）酷。三（二）。〔三四七一〕䶢齒差。㛎盱淹反。妨。［□］。〔三四七二〕淹於嚴反。㵝。一。㓂丘嚴反。欠崖。二。硶似瓶有耳。

57 梵 □□□□□□□。□。□。□▨（舩）上▨（帆）。又□□□。〔三四七三〕▨（泛）敷梵□。▨（浮）。〔三四七四〕四。仉輕。

又扶嚴反。〔三四七五〕温盌（杯）。亦作㽋（㽋）。〔三四七六〕汎普汎。亦作渢。又扶隆反。劒舉欠反。兩刃刀。一。欠去劒反。張口。一。俺於劒反。大。五。媕謡（誣）拏。〔三四七七〕諳㥷。亦作媕。〔三四七八〕㤿愛。又於驗反。裺襣。又於檢反。蔓妄泛反。▨（草）木蕪蔓。□。〔三四七九〕

□□□□□□□□□聲五十七韻〔三四八〇〕

□□▨▨▨（補缺切）□□□□□□卌二韻〔三四八一〕

右卷一万二千七十七字二千一百五十六舊韻，四千四百六十五訓，卌一或亦，九文古，一文俗；八百卌八補舊缺訓，□〔三四八二〕千三百卌三新加韻，二千七百七十四訓，四百一十六亦或，一十九正，一十九通俗，二文古，四文本。〔三四八三〕

朝議郎行衢州信安縣尉王仁昫字德温新撰定

□▨（一屋）烏谷反。〔三四八四〕

二沃烏酷反。陽與燭同，呂、夏侯別，今衣（依）呂、夏侯。〔三四八五〕

三燭之欲反。

四覺古嶽反。

五質之日反。

六物無弗反。

七櫛阻瑟反。呂、夏侯与質同，今別。〔三四八六〕

八迄許訖反。夏侯與質同，呂別，今衣（依）呂。

九月魚厥反。夏侯与没同，呂別，今依呂。〔三四八七〕

十没莫教反。〔三四八八〕

十一末莫割反。十二黠胡八反。

□□（十三）鎋胡瞎反。十四屑先結反。李、夏侯與薛（薛）同，吕別，今衣（依）吕。

十五薛私列反。〔三四八九〕十六錫先擊反。李與昔同，夏侯與陌同，吕與昔同（別）、與麥同，今竝別。〔三四九〇〕

□□（十七）昔私▨（積）□。〔三四九一〕十八麥莫獲反。

□□（十九）陌莫白反。廿合胡閤反。

□（廿）一▨（盍）□□□。□□□▨（同），夏侯□□□，□□□▨（侯）。〔三四九二〕廿二洽侯夾反。李與▨（狎）□，□、□侯▨（別），今依吕、□□。〔三四九三〕

▨（廿三）狎胡甲反。〔三四九四〕廿四葉與涉反。吕與怗、洽同，今別。

□□□（廿五怗）□□□。〔三四九五〕▨▨▨（廿六緝）七入□。〔三四九六〕

□（廿）七藥以灼反。吕、杜與鐸同，夏侯別，今依夏侯。〔三四九七〕廿八鐸徒落反。〔三四九八〕

□□□（廿九職）□□□。〔三四九九〕□□（卅德）□□□。〔三五〇〇〕

□□□（卅一業）□□□。〔三五〇一〕卅二乏房法反。吕與業同，□侯與合同，今竝□。〔三五〇二〕

1屋

□〔三五〇三〕▨（瀆）簡。〔三五〇四〕韣弓衣。又之蜀反。瓄珪。遺遺。〔三五〇五〕▨（韣）□□□□。

□穀。十。〔三五〇六〕轂車。〔三五〇七〕穀木名。瀔水名。谷山谷。瑴玉名。又古學反。▨（嗀）□

□〔三五〇八〕𥳇𥳇篾。哭（哭）空谷反。〔三五〇九〕六。㱿瓦未燒。㲉卵。〔三五一〇〕𪎊餅□。〔三五一一〕□

▭〔三五一二〕楸木名。〔三五一三〕鷇[辶鷇](鷇)鷇。〔三五一四〕[鹿速]鹿跡。〔三五一五〕▨(鷇)丁▨(木)▭〔三五一六〕▨(睩)視皃。〔三五一七〕覭笑聲。〔三五一八〕録東方▨(音)。或作角。〔三五一九〕▭□□項□。〔三五二〇〕[耳录]私聽。逯行。又力屬反。〔三五二一〕濼水名，□□□。又□□□。▭〔三五二二〕▨(鏃)作□反。矢末。□□□。□。〔三五二三〕▨(瘯)千木反。□□，□。□。〔三五二四〕▭〔三五二五〕▨(墣)塊。〔三五二六〕卜博木反。箙。九。濮彭濮，國名。轐▭□□□；□曰毛濕。□□▨(角)反。〔三五二七〕蔟毒草。艒小艖。鞪▭〔三五二八〕菐瀆。鶝戴勝。伏房六▨(反)。匐。十□。〔三五二九〕▭□□故道。通□作复。〔三五三〇〕鰒海魚。逯見鬼皃。箙盛□器。〔三五三一〕▭〔三五三二〕謖起。翻鳥飛。摍擊聲。摵到。又子六反。謖小。□□□□。通□□□。▭〔三五三三〕磟磟碡。坴大塊。淕疑(凝)雨。〔三五三四〕[山六]([山六])地蕈。輂▭□▨(物)在手。〔三五三五〕鞫窮罪。或作究。[犭匊]獸名。阮曲岸。鵴□□□。亦□□。□□。□□。□□。□□□，□□□□。□▨▨(作蘜)。〔三五三六〕□□□。□□□。□□□。□□□□。□□□□。□□□。〔三五三七〕蘜大鞠，蘧麥。〔三五三八〕坈(坈)水外爲坈。趜□。□渠□□。〔三五三九〕𪎊駈竹反。酒母。亦作蘜(蘜)。〔三五四〇〕二。[穴匊]曲脊。又渠六反。〔三五四一〕孰□□反。□。□。□□□。〔三五四二〕淑□。□□□□。□□▨(名)。〔三五四三〕俶昌六反。始。四。〔三五四四〕柷柷梧。琡大章玉。〔三五四五〕埱□□於□。□□□□。□。□□。〔三五四六〕▨(毓)稚。〔三五四七〕鬻賣。亦作鬻、鬻。〔三五四八〕縬青經白緯，縬陽所織。〔三五四九〕淯水名。賣賣。亦□□。〔三五五〇〕[木育]□□▨(欄)。□鴿▨(銷)，温器。〔三五五一〕□□□。□□□。□日光。〔三五五二〕矐望。〔三五五三〕逌步。萑山韭。菁草。▨(弆)□□▨(捧)□。□□□反。馬□▨(躍)。九。〔三五五四〕趜趜趥。[魚匊]魚名。鵴鵴鳩。鞠蹋鞠。〔三五五五〕[虫匊][虫匊]鼀(鼀)，蟾蜍別名。〔三五五六〕[匊谷]谷，在上艾。[穴匊]□□。□丘□□。〔三五五七〕毱皮丸。鼀(鼀)取育反。[虫匊]。〔三五五八〕三。蹴蹋。〔三五五九〕□□。〔三五六〇〕粥之竹反。糜粥。〔三五六一〕三。喌呼鷄聲。亦作咮。祝巫祝。肉如竹反。骨膚。

三。〔三五六二〕衄鼻上（出）血。〔三五六三〕鮞魚子；一曰魚名。⿰爿寸式竹反。火（父）之弟。亦作叔。〔三五六四〕八。黛青黑繒。倏犬走疾。亦作蹵（⿸攸足）、⿱攸意（悠）、翛。〔三五六五〕菽□。〔三五六六〕透驚。又他豆反。𪐴黑虎。▨（掓）□。〔三五六七〕▨（鮇）鮪。〔三五六八〕蓄許竹反。冬菜。字或作稸（稸）。〔三五六九〕七。畜養。又丑救、許救、畜（丑）六三反。〔三五七〇〕⿰女畜媚。鄐晉邢侯邑。蓫羊蹄菜。又攄力反。〔三五七一〕慉興。䁿細視。又莫報反。竹陟六反。非草非木。五。築擣。古篓（篓）。〔三五七二〕筑箏筑。竺天竺國；又當穀反，厚。〔三五七三〕茿萹茿。珿初六反。齊。亦作娖。三。〔三五七四〕矗直皃。𨅊廉謹狀。蹙子六反。迫。十三。蹴蹴踖，行而謹敬皃。慼咨，慙。〔三五七五〕噈柔。又子合反。摵到。又所六反。⿰月戚脚。〔三五七六〕掓欶。籔（篴）筲。〔三五七七〕槭木，可作車。〔三五七八〕𧜘好。縬縮。蝛尺蠖。⿰口叔嗼。朒女六反。月朔見東方。〔三五七九〕五。恧慙。〔三五八〇〕忸忸怩。秞刺（剌）矛。⿰虫丑⿰虫丑蜒，蚰蜒。縅側六反。文。一。〔三五八一〕蝮芳伏反。蝮蛇。三（四）。〔三五八二〕蕧草名。覆反。⿰土复地室。亦作復（復）。〔三五八三〕郁於六反。文；又郁郅，縣，在北地。十五。彧文▨（章）□。或□□。〔三五八四〕燠熱。栯栯李。噢噢咿，悲。墺墺壤。𦡧胃。薁蘡薁，草名。澳隈。籅可漉米。⿰口或聲。又呼麥反。或作⿰或欠。鏣（鏕）温器。又力屋反。〔三五八五〕稶黍稷盛。〔三五八六〕⿰秋欠秋（愁）皃。〔三五八七〕黬羊裘縫；亦作▨（䩽）、絨。反（又）爲逼□。〔三五八八〕□息逐反。▨（嚴）。十二。〔三五八九〕宿夜止。又▨（息）□□。〔三五九〇〕蓿苜□。〔三五九一〕夙早。玊琢玉工；又人姓。鷫鷫鷞，西方神鳥。驌驌騻，馬名。蠨蠨蛸，蟲。鱐鮐母。𢹣擊。⿰舟肅艒⿰舟肅。𥖽砥（砥）石。又思鳥反。目莫六反。七。睦親。穆和。▨（苜）▭〔三五九二〕▨（坶）坶野，殷地名。〔三五九三〕𦤎細（細）文。〔三五九四〕囿于目反。園。又于救反。二。⿰口有吐。稸丑六反。稸積。亦作蓄。四。蓫羊蹄。苗（苗）蓨。又陳歷反。〔三五九五〕敊痛。

2 沃

▭〔三五九六〕▨（毒）□□。藥害。四。〔三五九七〕薵萹茿草。〔□□〕薵。〔三五九八〕蝳蜘蛛。瑇瑇瑁，大龜。瑇或作瑇；瑁作瑁。篤冬毒反。厚。或作竺（笁）。〔三五九九〕四。督（督）率；又察。亦作督。〔三六〇〇〕裻衣背縫。亦作褶、襩、裂。蹙艬舌。酷苦沃反。虐。□。〔三六〇一〕▨（秙）禾氣（熟）。〔三六〇二〕焅熱氣。嚳帝嚳。亦作俈。峼山皃。鵠胡沃反。鳥。四。⿰白隺鳥白。隺高。⿰火隺灼。僕蒲沃反。賤隸。三。鏷鏷鍏，矢名。⿰虫菐⿰虫菐蠃。⿰氵夙先篤反。雨聲。二。裻新衣聲。〔三六〇三〕梏古沃反。手械。□。〔三六〇四〕牿牛馬牢。〔三六〇五〕⿰告隹鴝鵲，似鵲鳥名。亦作鵠。穛地名。又之藥反。告誥。又古号反。瑁莫沃反。瑇瑁。又莫代反。三。⿰木冒門樞横梁。媢丈夫妬。熇火酷反。熱。三。臛羹臛。又呵各反。嚛食新。〔三六〇六〕褥内沃反。小兒愛。〔三六〇七〕一。傶□□▨（反）。邑名；□□姓。〔三六〇八〕二。糓（㲉）穿。〔三六〇九〕

3燭

□▨（燭）之欲反。▨（明）。十一。〔三六一〇〕屬付。古作屬。又市玉反。矚視。⿰糸蜀綴帶。通俗作⿰糸屬。噣託。通作囑。〔三六一一〕鸀鸀鳿，鳥。⿺走蜀小兒行皃。蠾蜷蠾。［□□。］〔三六一二〕韣弓衣。又徒谷反。歜吹氣。玉語欲反。昭華。〔三六一三〕三。獄圜土。瑦□瑦。〔三六一四〕□□▨（玉）反。□▨（日）。〔三六一五〕三。頊顓頊。亦鶪、散。〔三六一六〕勖（勗）勉。〔三六一七〕輂居玉反。禹所乘。十。絭纕（纕）臂繩。〔三六一八〕鋦（鋦）以鐵（鐵）縛物。〔三六一九〕挶持。臼斂（斂）手。又居六反。拲桔（梏）拲而桎。又居奉反。亦作桊。〔三六二〇〕輂（輂）轒。〔三六二一〕梮舉食者。〔三六二二〕纍（纍）纏連。〔三六二三〕▨（纍）素屬。〔三六二四〕局渠玉反。棊枰；亦務曹。三。跼跧跼。犐耕麥地。蜀市玉反。西南夷。七。韣弓衣。又徒（徒）谷反。蠾蟲。正作蠾。㑁㑁倲，動；又短皃。⿰木蜀似柳（柳）大蓁（葉）。屬著。又之欲反。或作屬。通俗作屬。〔三六二五〕襡長襦。▨（或）作▨（襩）、𧜟。〔三六二六〕觸尺玉反。突。亦作觕。三。歜怒氣。臅狼臅，膏。辱而蜀反。耻；又柱（枉）。九（十）。〔三六二七〕蓐草蓐。褥氈褥。鄏郟鄏，地名，在河南。［□□□。］〔三六二八〕溽溽暑。嗕憐。鬻（鬻）大鼎。〔三六二九〕戫矛。⿰黑辱黑。〔三六三〇〕束□蜀□。□。〔三六三一〕二。倲㑁倲。欲余蜀反。貪。六。浴沐浴。鵒鴝鵒。亦作⿰谷隹。鋊炭鉤。輍車杌（枕）前。⿰犭谷獨⿰犭谷。又古斛反。躅直録反。躑躅。亦作躅。一。録力玉反。條疏。十三。渌水名，在湘東。⿰彔見眼曲。緑色。醁美酒名。〔三六三二〕騄騄駬，馬名。娽隨從。菉菉蓐，草。逯

謹；又姓。又力谷反。錄圖錄。鯥魚名。逯謯。趢行躍。〔三六三三〕曲起玉反。紆。三。䱡魚名。又渠竹反。笛蠶
薄。亦作苗。瘃（瘃）陟玉反。寒瘡。亦作瘃。四。〔三六三四〕斸斫。孎謹。豖（豖）豕行。又丑足反。贖神觸反。輸
貨取本。一。足即玉反。脛下。一。幞房玉反。帊。一。促七玉反。短。四。娖迫。趗速。〔三六三五〕誎役
（促）。〔三六三六〕續似足反。接。三。俗下里（俚）。〔三六三七〕藚澤舄，草藥。粟相玉反。禾實。三。〔三六三八〕慄慄斯。涑
▨（水）名，在河□。又速侯反。〔三六三九〕轐封曲反。絡牛頭。今音補沃反。一。梀丑録反。梀槫，木。五。瘃（瘃）牛
馬所陷。〔三六四〇〕亍步止。又竹句反。趢（趢）小行。豖（豖）豕行。又知足反。

4 覺

□覺古嶽反。又古孝反。知。十一。〔三六四一〕斠平斗斛。角骨鋒。桷椽。較直。瑴雙玉。或作珏。〔三六四二〕鷽馬腹
下聲。又於角反。鷟飾杖頭角。又胡歷反。搉舉。又苦角反。鷟樂器聲。〔三六四三〕驩馬白額。嶽五角反。或作岳。
五山名。六。樂愛。又盧各、五教二反。〔三六四四〕鸑鸑鷟，鳥。頣面前。〔三六四五〕捔枰（捽）。〔三六四六〕犨白牛。浞七（士）
角反。水濕。八。〔三六四七〕茟草藂生。亦莘。〔三六四八〕鋜鎮（鎖）足。〔三六四九〕濁瀺濁。鷟鸑鷟。齺齒相近。又側遊反。
通俗作齵。捔攙捔。又阻（徂）古反。亦作觕。〔三六五〇〕娖速。捉側角反。搦。五。穛早（早）熟穀。〔三六五一〕穱稻處種
麥。亦作糕。蕉蒬毒。燋灼龜木。又子躍反。朔所角反。北方。八。欶口嗆。字〔□〕作嗽。〔三六五二〕槊刀槊。亦作
稍。蒴蒴藋，草。𢽿纖（纖）。又思聊反。箾舞象箾（箾）；又蘇堯反。〔三六五三〕槊木。〔三六五四〕槊絾。斲子（丁）角反。
理。亦作斵、斮、斱。十二。〔三六五五〕涿（涿）郡名。〔三六五六〕諑（諑）訴。椓（椓）擊。孎孎謹。琢（琢）攻玉。卓
高。啄（啄）鳥啄（啄）。又丁▨（木）反。〔三六五七〕倬大。亦作菿（菿）。晫明。豥擊聲。〔三六五八〕䝱龍尾。亦□豚
（豚）。〔三六五九〕剥北角反。落。十。駮六駮，獸。駁馬色不純。㕡指聲。瀑皮破。趵足擊。髗骭髗。〔三六六〇〕肑豕
腹肉。箹足筋鳴。皺皺。邈莫角反。遠。七。〔三六六一〕藐紫草。眊目少精。又亡到反。瞀目不□。又亡▨（遘）

反。〔三六六二〕毣好。皃貌。邈美。〔三六六三〕雹蒲角反。雨冰。十三。撲相撲。跑秦人言蹴。䮀獸名，似馬。骲骲箭。
鰒魚名。簹竹名。瓟瓜瓟。亦作瓝。礐嗃礐。犦封牛。又甫教反。〔三六六四〕窇窖。皰皺皰，皮起。擈擊。又普角
反。〔三六六五〕璞匹角反。璞玉。九（十）。〔三六六六〕㸬未特牛。〔三六六七〕攴楚。又赴上（卜）反。〔三六六八〕擈擊聲。又匹草
（革）〔□〕。〔三六六九〕樸木素。或作朴。〔三六七〇〕墣塊。或作圤。懪心悶。礐自冤。技小擊。鞄攻皮之工。又蒲教反。
㱿苦角反。皮甲。十一。慤謹。搉擊。又古學反。確鞕。或作碻。亦作冏。〔三六七一〕皵嚳皵，皮乾。鷇鳥卵。㲉盛
脂（䐪）器。〔三六七二〕塙高皃。燩火乾。硞固。㟁嶹帳象。又口江反。〔三六七三〕濁直角反。渾。九。擢拔。濯澣。鸐
（鸐）〔□〕鸐，鳥。〔三六七四〕嬥直好皃。藋蒴藋。鐲鉦。獨獸名。蠗小蜃。渥於角反。霑濡。十五。握持。偓偓
佺，仙人。鷽山鵲。箹小籥。幄大帳。亦作楃。喔鷄聲。葯白芷。鷽馬腹下聲。▨（咢）誇。〔三六七五〕龏燭
敞。〔三六七六〕腛厚脂。䓷英蒻。〔三六七七〕剭刑。或作䵝。媉好皃。搦女角反。〔□〕。亦作皺（皺）。〔三六七八〕四。鰯屋
角；又〔□〕弓。亦作觸（觸）。〔三六七九〕搙搵。䚓握。逴勑角反。遠；一曰驚夜。〔三六八〇〕四。晫明。踔跛。亦作
踸。〔三六八一〕戳叔（拭）。〔三六八二〕犖吕角反。牛雜色毛。〔三六八三〕一。學户角反。斅。五。确磽确。亦作埆。〔三六八四〕嶨
山多大石。礐礐皵。澩渟泉。又下巧反。〔三六八五〕吒許角反。怒聲。七。豞（豿）豕聲。〔三六八六〕鞹急。鸅鳥肥。
嗀吐。亦作欶（㲉）。〔三六八七〕苑聲。〔三六八八〕醶酢。娖測角反。謹。五。䂩䂩〔□〕，磐。〔三六八九〕齺齒相近。娕恭謹皃。
或作㜕。箹傘帶。

5 質

□質之日反。直。十。〔三六九〇〕晊大。郅郁郅，縣，在北地。桎桎梏。櫍砧，行刑用斧櫍。蛭水蛭。又都結反。隲駁
（駁）馬。後漢有郅隲。〔三六九一〕嚁嚁野人言。〔三六九二〕懫塞。礩柱下石。日人質反。明精。三。馹驛。亦作駬。晊
到。又職而反。晉字從此。〔三六九三〕實神質反。滿。一。秩直質反。禄。或作豑。五。紩縫。帙書衣。或作袠。亦作
袟。▨（戜）▨（戴）大。〔三六九四〕鉄驅索。悉息七反。皆。從釆，音辨。通俗作悉。〔三六九五〕二。膝脚脛。亦作厀。一

伊室反。數名。二。壹□。〔三六九六〕▨（七）親悉反。□▨（六）。〔三六九七〕八。漆水名，在岐。鶔鳥名。郪地名，在齊。

桼膠桼。荎似蘇。榔木，可爲杖。亦作栜。〔三六九八〕桼木汁。亦作泰。辷（匹）譬吉反。配；一曰卌尺。一。吉居質

反。善。三。趌趌趨，走皃。趭走意。昵尼質□。□。□。□□▨▨（身衣）。〔三六九九〕䵒膠粘。亦作䵑。蝨小蝨。

逸夷質反。失。十一。佚樂淫。〔三七〇〇〕佾舞佾（佾）。〔三七〇一〕軼車過。又同結反。溢滿。鎰廿兩。劮（劮）

豫。〔三七〇二〕馱馬疾。又達結反。鉄餔豉。泆淫泆。欥辝。詰去吉反。問。二。▨（蛣）□蟯，蟲。〔三七〇三〕欯許吉

反。笑。三。欪訶。又丑出反。趌走皃。抶丑栗反。打。三。咥笑。眣目不正。又達結反。栗力質反。果。十。

溧水名，在丹陽。慄戰慄。⿰風栗溧⿰風栗，風皃。⿰栗刂細削。鷅鶹鷅，流離鳥別名。瑮玉之英華。本作璪。凓寒。⿰糸栗綵。

麢牝麢。窒陟栗反。塞。又丁結反。十（九）。〔三七〇四〕挃撞。又之逸反。或作鉄（眣）；又作秷，穫聲。〔三七〇五〕座盩座，

縣，在扶風。銍刈；又縣名，在譙郡。咥咄。⿰鼓至鼛堅聲。又大結反。螲螻蛄。⿺辶窒□。〔三七〇六〕▨（眣）觸。又徒□

反。〔三七〇七〕焌翠恤反。火燒。［□］。〔三七〇八〕疾秦悉反。疹；又急。八（七）。〔三七〇九〕嫉妬。又秦四反。亦作㑵。蒺蒺

藜。揤拭。又子翼反。㥛毒苦。亦作⿰言疾。槉枅。〔三七一〇〕螏螏蟍。⿰桼刂初栗反。割聲。或作刹。［□］。〔三七一一〕失識質

反。遺忘。二。室□□。〔三七一二〕□□□□。▨▨（壂周），□□□。□。〔三七一三〕▨（⿰口戠）鼠□。〔三七一四〕唧啾

唧。〔三七一五〕氾灒水。扻（抶）擿。又子列反。亦作擮。虬（蚻）蜻。蜜名必反。蜂食。亦作蠠。〔三七一六〕七。謐靜。

䤈飲盡。榓木榓，樹名。䁇䁇䁇，不可測量。⿱必皿拭器。宓安。▨（必）□□□。□▨（助）。□□。▨（畢）□▨

（竟）。□□□□。□▨（胡）服，□▨（膝）。〔三七一七〕▨（珌）刀上飾。〔三七一八〕蹕警蹕。亦作⿰亻畢。或爲⿰言畢。〔三七一九〕滭

滭沸，水皃。罼兔网（网）。鷝鷝鴂，鳥名。觱觱栗，胡樂。又有勿反。〔三七二〇〕⿺走畢止行。鮅鱒。⿰女畢⿰女畢母。縪

□。〔三七二一〕▨（滭）風寒。〔三七二二〕彃射。⿰畢攵盡。〔三七二三〕⿰木畢▨（木）名。〔三七二四〕▨（熚）□皃。〔三七二五〕𠦬弃糞器。又

方安反。觱發，寒風皃。〔三七二六〕聿餘律反。始。□。〔三七二七〕鴪飛駛皃。燏火光。遹述；一曰遵。鷸鳥名。亦作⿺辶鳥。

驈黑馬白▨（髀）。亦作▨（騂）。〔三七二八〕□□▨▨（水綆）。〔三七二九〕矞穿。又況出〔□〕。〔三七三〇〕欥（吹）詞。〔三七三一〕

茾草木初出。又羊箠反。〔三七三二〕卒子聿反，終；又則骨又（反），賤役。亦作瘁（猝）。〔三七三三〕二。䱣儵（儵）。〔三七三四〕卹

辛聿反。分賑。〔三七三五〕五。恤憂。戌戌亥。訹謏訹，誘。謏字蘇后反。鷸鳥。〔三七三六〕姞巨乙反。▨（姓）；一曰字。

□。〔三七三七〕□正。〔三七三八〕䞿直行。〔三七三九〕鮚會稽獻鮚醬二升。狤狂。術食聿反。奇藝。（七）。〔三七四〇〕驈又以律

反。述修。亦作遹。〔三七四一〕秫穀名。古作朮。沭水名，在瑯琊。蟠蟥。鉥長鍼。橘厔蜜反。甘果名。

[□]。〔三七四二〕蒣草蒣。繘□□。□餘□□。〔三七四三〕醑醬。崒才卹▨（反）。山高。□。〔三七四四〕▨（踤）摧

踤。〔三七四五〕邲毗必反。地名，在鄭。十二。比比次。或作坒。又鼻脂、必履、婢四三反。柲稠。〔三七四六〕馝香。鞸車

束。俗用爲轡字。佖有威儀。又房律反。䱅魚名。〔三七四七〕駜馬肥。〔三七四八〕抋擊。怭慢。〔三七四九〕□紿（給）。又補役

（佚）反。〔三七五〇〕飶食香。出□□□。向外。又尺□反。〔三七五一〕一。趫其聿反。狂走。五。僪無頭鬼。趉走皃。撟

（獝）狂。〔三七五二〕趨走意。又呼衘反。〔三七五三〕䬈許聿反。小風皃。五。眓高視。亦作瞲、昮、眛。狘飛皃。疢狂走。

怴怒。律□□□。□□。□。〔三七五四〕寽▨（捋）□，▨（今）□□□。〔三七五五〕▨（繂）繩。亦作繂、䋩。〔三七五六〕膟腹

脂。〔三七五七〕葎蔓草有剌（刺）。㤕竹律反。憂心。又丑律反。四。窋在空皃。又丁滑反。〔三七五八〕䵵短面皃。泏水出

皃。术直律反。或作荗。藥名。三。〔三七五九〕炢烟出。茮山□。□▨。〔三七六〇〕□丑律反。退。〔三七六一〕七。□□□。

□□。〔三七六二〕▨（䟣）獸名。〔三七六三〕㤕憂心。欪訶。又九一反。炪火光。又呼出反。颮于筆反。風。三。汨水

流。又古沒反。〔三七六四〕蒁草。率師茁反。領。六。帥□□。〔三七六五〕蟀蟋蟀。亦作蟁、蟀。啐啐飲。衛循。〔三七六六〕

□▨▨（先導）。〔三七六七〕筆□□□。□□。□。□□▨（滓），亦□滓。〔三七六八〕密美筆反。秘。六。岀山形如堂。蔤

荷本下白。□作茁。〔三七六九〕㫚不見。〔三七七〇〕沕塵濁。榓香木。弼房律反。輔。亦作㢸、弻。五。秵秵稡，禾重生。

佖威□□。或□□。〔三七七一〕□□。□□□。□□□□。□。□□。〔三七七二〕▨（乾）貪。又於▨▨（既反）。〔三七七三〕

□□□□。□□，□□□。□。□□知意。又□□□。〔三七七四〕䔧斷。劣水流皃。又力折反。䶡仕乙反。齰。一。茁几律反。出牙。又爭攣反。〔三七七五〕一。▨(叱)▭〔三七七六〕

6 物

▭□□。亦▨(作)紼。〔三七七七〕黻黼黻。綍大索。□作紼。〔三七七八〕▭〔三七七九〕▨(餥)飴豆。又於月反。亦作豋。〔三七八〇〕䵶(黦)黄黑。亦作黦。〔三七八一〕▨(蔚)▭〔三七八二〕▨(崛)▨(山)短□高。〔三七八三〕屈尾短。䘿▭。〔三七八四〕▨(烼)火煨。〔三七八五〕㚔(𢍏)▭□□□反。人▨(姓)。□。〔三七八六〕

7 櫛

▭〔三七八七〕

8 迄

▭〔三七八八〕▨(吃)□▨(難)。▨(或)作钦。〔三七八九〕䰴逝(斷)魚。〔三七九〇〕疙▭〔三七九一〕

9 月

▭〔三七九二〕罰罪罰。閥閥閱，自序。垡耕土。▭〔三七九三〕▨(娍)輕皃。〔三七九四〕暳曝乾。厥屈□□。其。□□。▭□□▨(逆)。〔三七九五〕▨(蹷)□□，□□□，□□□□取□，□□□□□。□□。〔三七九六〕▨(欮)□石。〔三七九七〕▨(趰)□。〔三七九八〕▨(鱖)魚名。〔三七九九〕孓(孑)短。又九勿反。〔三八〇〇〕亅鉤逆。𠂑其；又木本。〔三八〇一〕噦□□□。□□。□□□□□。□。〔三八〇二〕𡢁□□□。□▨(𡢁)，□□□。□。□飴安豆。亦作豋。又於物反。〔三八〇三〕▨(鱖)□□□。□角發物。九。〔三八〇四〕▨(鷢)白鷢，鳥。〔三八〇五〕橛(撅)株橛(撅)。〔三八〇六〕橜杙橜。蹷倒。亦作蹶。㞜尾本。亦作𦜪。鐝磨鐝。▨(趉)□□□。□□□，□□。〔三八〇七〕闕去▨(月)□。□□。□。□□□，□□▨(陽)。〔三八〇八〕髮方伐反。頭毛。四。發動；又舉。颰疾風。沷(泼)風寒。〔三八〇九〕韈望發反。屩韈。正作幭，亦作韤、帓、妺、襪、袜。一。䬗許月反。小風。四。〔三八一〇〕狘獸走。泧水皃。𤞽飛皃。謁□□□。言□。□。□□□卯名□□。□於連□。□□熱。亦□焆、𤸪。〔三八一一〕黦色壞。歇許謁反。氣洩。三。蠍蠆。猲猲獢，[□]。亦作獦。〔三八一二〕訐屈謁反。又屈例反。面斥以言。四。𧼮走皃。羯羯羊。亦作𦍩。

10没

鍻金鍻。擖其謂（謁）反。擔物。□。〔三八一三〕怫□□□。▨（恨）□。□。〔三八一四〕䡰□□反。高。〔三八一五〕一。

十没莫勃反。溺水。五。歿▨（死）。〔三八一六〕□玉名。〔三八一七〕頞内頭水中。又於骨反。㫚沉。〔三八一八〕骨古忽反。

骸。十。縎縎結。鶻鶻鳩。又胡八、胡〔□〕二反。〔三八一九〕榾枸榾，木，可（中）箭笴。〔三八二〇〕淈泥。又下没反。堀堀，

憂皃。又呼骨反。〔三八二一〕愲□□。〔三八二二〕䈥刷。亦作䓛。䔈不實草。〔三八二三〕䯚膝病。〔三八二三〕勃蒲没反。猝。十三。渤渤

澥，海名；又水白（皃）。〔三八二四〕騂馬，牛尾一角。餑麵餑。亦作䊝。垺塵起。馞大香。侼強。艴艴然，不悦。㪍

□。〔三八二五〕脖胦齊。〔三八二六〕悖逆。又蒲潰反。亦作誖。葧䕙母。䳝雄鷄。〔三八二七〕咄當没反。訶。五（一）。〔三八二八〕

宊他骨反。宊出。〔□〕。〔三八二九〕棁大杖。肆（隸）蹂。〔三八三〇〕悇忽。又他對反。突陁骨反。觸。十一。揬搪揬。

腯肥腯。鼵鼠名鼵。〔三八三一〕鵽鳥名。堗□□。〔三八三二〕□▨（耕）禾間。〔三八三三〕葖蘆菔（菔）。〔三八三四〕鈯鈍。楶瑣

植。〔三八三五〕𠫓不孝子。亦作𠫓。頞烏没反。内頭水中。又莫教反。五。殟心悶。嗢咽。又烏八反。膃膃肭，肥。

欻咽中息。〔三八三六〕忽呼骨反。欻。十四。惚慌惚。寣睡一覺。𧌑寢覺。▨（笏）□▨□▨（搢）。〔三八三七〕乾忽

（急）擷。擷字呼結反。〔三八三八〕▨（啒）憂皃。〔三八三九〕▨（囮）古▨（器）。〔三八四〇〕㹘狂走。亦作忽。颮疾風。亦作

颮。扫高。〔三八四一〕緫微。㬠（㬠）豕屬。〔三八四二〕曶出氣辞。兀五忽反。高皃。九。扤動摇。屼山皃。杌樹無枝。

瘖病。〔三八四三〕▨（削）　□□□□。□□▨（聲）。一。〔三八四四〕䞊勒没反。箭射。三。硉硉屼。㩧㩧㪍，不利。

窟苦骨反。穴。十一。顝大頭皃。淈漚麻池。頌白秃。矻用力。或作圧。〔三八四五〕䫌（䫌）因（囚）突出。又胡八

反。〔三八四六〕揔擊。朏□。〔三八四七〕　〔三八四八〕▨（嵋）□□，山秃。〔三八四九〕▨（訥）▨▨▨（諾忽反）。言遲。古

奴刮反。〔三八五〇〕三。肭膃肭。亦作吶，或肉。又知（奴）劣反。〔三八五一〕抐内物水中。窣蘇骨反。勃窣。亦作踤。三。

䴭磨麥。亦作䴭。䳻鶟。〔三八五二〕猝麁没反。倉猝。三。𢱢摩。䌓素（索）。〔三八五三〕捽昨没反。手捽。□。〔三八五四〕

□□□，□□□孔。〔三八五五〕齰齚。觪角姓（始）生。〔三八五六〕麧下没反。麧糏頭。八。齕齧。又胡結反。淈淈泥。又

古忽反。搰掘地。扢摩。又公礙反。矻䂭(䂳)。〔三八五七〕膭(𦢊)膝病。〔三八五八〕搵手推。卒則没反。隸徒。又子出反，終。三。倅百人爲倅。稡䊹。〔三八五九〕鶻胡□□；□古▨(忽)□。□。〔三八六〇〕搰掘地。又下没反。聙耳聲。扫穿。

11 末

□□末莫割反。木上。廿二。〔三八六一〕秣秣馬。亦作䔍。昧星，《易》曰『日中見昧』。頛頛顭，健。抹抹摋，手摩。休休健(倢)，肥大。〔三八六二〕妺妺嬉，桀妻。〔三八六三〕怽忘。⿰土末壤土。沬水沬；一曰水名，在蜀。又武泰反。濊塗拭。䳟鳥名。麩麵。⿰米蔑米末細屑。眛□□□。□遠視。又□□反。〔三八六四〕昔目不正。鮇魚名。又莫決反。䬴馬食穀。鬻靡。又亡結反。〔三八六五〕⿰酉蔑醬。粖靡(糜)。又亡結反。〔三八六六〕枂五活反。去樹皮。一。撥博末反。擺。十四。癶足癶刺。袚蠻夷蔽膝衣。芨根芨。鉢□□。□▨(鳥)□。〔三八六七〕鮁魚掉尾兒。迊急走。髮髮鬢，多鬢。怖意不悅。又孚吠反。筏箄(箄)。〔三八六八〕䑺大舩。亦作橃。䮀馬怒。帗一幅巾。鬢姊末反。髮鬢。二。抜逼。括古活反。檢。十二。湉水流。髺(髺)結髮。〔三八六九〕檜□□。〔三八七〇〕聒聲擾。〔三八七一〕苦苦蔞。佸會。頢小頭。又乎(互)括反。鍓鍓鍓，無知之皃。亦作䛡。适逅。〔三八七二〕萿䔢萿，瑞草。劊(劊)斷。〔三八七三〕闊苦括反。廣。三。〔三八七四〕筈箭名(筈)。〔三八七五〕蛞蝦蟆子。活户括反。水流。六。祜祠。姡姡獪。又音刮。〔三八七六〕▨(頢)小頭。又古活反。〔三八七七〕鬠以組束髮。亦作髺。秳春穀不潰。奪徒括反。失。正作奪。〔三八七八〕八。敓强耳(取)。〔三八七九〕脱肉去骨。又吐活反。捝解。又吐活反。莌草，生江南。又他活反。痥馬脛傷。皸皮剥。鮵小鮦。豁呼括反。豁達，大；□空。(六)。〔三八八〇〕濊水聲。或作薉。奯大開目。㳚濊㳚。眓視高。斡抒。又烏活反。〔三八八一〕斡烏活反。轉。[□]。〔三八八二〕焥火烟出。睕目開皃。斡斡取物。或作捾，搯。䁯目深黑。又女利反。睕小嫵媚。繓(䌌)子括反。結。〔三八八三〕三。攥手把。〔三八八四〕撮捉撮。又七活反。鏺普括反。兩刀(刃)刈草木。(九)。〔三八八五〕撥茇。蹳蹋草聲。抪推。䣪酒色。眥目不明。鱍魚掉尾。又音撥。袜袜。羛古姓。侻[□□□]。

□□；□□□。□。□〕解落。或作脱。〔三八八六〕脱肉去骨。又徒活反。▨（苋）活苋。又徒活反。〔三八八七〕捋盧活反。又手捋。亦作寽。三。剟削剟。蛶蚵。掇多活反。拾。五。鵽鵽雀。腏挑取骨閒肉。祋殳。又丁外反。剟削。又陟劣反。撮七活反。手取。二。襊衣游縫。跋蒲撥反。跋躠（躄），行皃。十八。跡▨（行）跡□。〔三八八八〕魃旱魃。废舍。酦酒氣。馛香氣。軷將行祭名。炦火氣。颰風氣。癹除草。坺一臿土。或作墢。又扶發反。妭天女射繁。〔三八八九〕拔又蒲八反。犮犬迴。〔三八九〇〕胈側（厎）。〔三八九一〕菝菝葀，瑞草。馱（駊）□▨（鳥）。〔三八九二〕鱍䲭具。又方吠反。躠（躠）桒（桑）割反。跋躠。〔三八九三〕六。薩菩薩。攃抹攃。珊珊瑚。又蘇干反。[口冊]音變。粲[米悉]。〔三八九四〕怛當割反。悲。七。〔三八九五〕[制心]驚。妲妲己，紂妃。呾相可（呵）。〔三八九六〕炟火起。靼莫靼，縣，在五原。靼柔革。闥▨（他）達反。門。〔三八九七〕十。[亻達]休[亻達]。撻打。躂足跌。澾泥滑。獺水狗。又他鎋反。〔三八九八〕鱱魚名。噧多言。又許[丆小]（介）反。笪簻篨。又丁誕反。羍小羊。遏烏葛反。遮。七。齃鼻齃。亦作頞。堨擁堨。閼止。又於連反。咹止語。歐大呼用力。㕎屋迫。剌盧達反。〔三八九九〕十三。揧研破。亦作[剌木]。辢辛辢。莿莿蒿。瘌瘹瘌，不調皃。揦撥揦，手披。[剌齒][剌齒]堅聲。[王剌]玉名。[目剌]目不正。藾蒿。又力盖反。楋木名。[广剌]庵。[剌巾]▨（拂）。〔三九〇〇〕渴苦割反。古作渴（[氵歇]）。愒（渴）漿。〔三九〇一〕三。[骨犮]肩髆。[禾曷]禾長。又屋孼（孽）反。達陁割反。通。正作逹。〔三九〇二〕一。巀木（才）割反。又才結反。巀嶭（嶭），山名，在扶風。〔三九〇三〕三。啐嘈啐，聲。又五曷反。〔三九〇四〕[口獻]鼓聲。又五割反。嶭（嶭）五割反。又五結反。巀嶭（嶭）。十。[車獻]▨（車）載高。〔三九〇五〕屵高山狀。枿伐木餘。[扌獻]擊。歺殘。又几丞反。[木獻]頭截。亦作蘖。〔三九〇六〕嗃嗃、[口閒][口閒]，戒。〔三九〇七〕啐嘈啐，聲。又才曷反。〔三九〇八〕[口獻]鼓聲。葛古達反。葛藟，蔓草。八。[竹葛][竹葛][竹歃]，桃枝竹名。獦獦狚，獸名，似狼。割截。騔馬走疾。鄗鄉名，在南陽。轕轇轕。匃乞。又古賴反。褐胡葛反。衣▨（褐）。〔三九〇九〕九。毼毛布。鶡鳥名。曷何。蝎虫。餲餅名。[骨曷][骨曷]骬（骬），肩骨。骱（骱）骨堅。[木害]木轉。[曷頁]許葛反。[木頁][曷頁]。五。猲恐。[白曷]白色。〔三九一〇〕嗽訶。[鼻曷]大臭。〔三九一一〕捺奴曷反。手按。三。瘵痛。蛆(蛆)蝨。〔三九一二〕 擦七曷反。足動草聲。二。縩絹殺。

12 黠

□□黠胡八反。慧。〔三九一三〕三。髓齒(齧)聲。〔三九一四〕 藒麻莖。札側八反。片牘。三。𣦵癘疾。〔三九一五〕 蚻小蟬。

拔蒲八反。又蒲撥反。抽。二。菝菝葀,根可作飲。𧦝苦八反。勁。七(八)。〔三九一六〕 劼用力。鬜禿。扨極巧。刮

剥鶻(刮)。〔三九一七〕 硈石狀。亦作砣。鴰木虎,樂器名。又枯鎋反。亦作楛。黠黑。滑户八反。泥利。六。猾狡猾。

𩶱魚名。鶻鶻鳩。又古没反。螖蟛螖,似蟹[□]小。〔三九一八〕 鳩(愲)骨差。〔三九一九〕 八博拔反。數。二。𩡧馬八歲。

窨丁滑反。口滿。三。娺㛢娺,好皃。聉聉瞯,無所聞知。□牛□反。〔三九二〇〕 豽女滑反。獸名,似狸。亦作貀,無前

足。一。嗗烏八反。飲聲。四。㛢㛢娺。嗢咽。又烏没反,笑。歆氣目(息)不利。〔三九二一〕 䶩初八反。齒利。五。

蔡草蔡。亦作蔚(蘙)。〔三九二二〕 察監。亦作詧。〔三九二三〕 檫木名。䁟視。劀古滑反。去惡肉。二。鱊魚名。〔三九二四〕

戛古黠反。擊。十二。扴(扴)指扴物。圿(圿)垢惡。稭祭天席。鴶鴶鵴,鳥名。楔櫻桃。又先結反。鞂草。

亦作秸、稭。忦(忦)恨。又公齘(齘)反。㓤刮。楬鼓。鶪鳥名。亦作鴶。〔三九二五〕 袺衽。又公鐵(鐵)反。軋烏黠

反。車輾。五。乢山曲。揠拔草心。嫼嫉怒。猰猰貐,獸名。殺所八反。言念。〔三九二六〕 四。鎩鳥羽病。〔三九二七〕 樧

茱萸。亦作蔱。[□]山列反。〔三九二八〕 帴二幅。又思爛反。㣙莫八反。㣙倄,健皃。四。眑惡視。髖髖骱(骱),小骨。

䵻黑。倄▨(呼)八反。□倄。四(三)。〔三九二九〕 䀰視。𩨷氣息。疕女黠又(反)。瘡痒。[□]。〔三九三〇〕 䶜五滑反。

屈。二。瞯聉瞯。𩨬口滑反。力正(作)。〔三九三一〕 一。汃普八反。水聲。一。穵乙八反。穴。二。𩵦鯙。

13 鎋

□□▨(鎋)胡瞎反。車軸頭鐵(鐵)。亦作轄。正作舝(舝)。(八)。〔三九三二〕 齰齧聲。鶷鶷鶡,鳥名。砎(砎)礣

砎,鞕。礣字暮鎋反。瑎石似玉。頢(頢)因突出。又口没反。〔三九三三〕 𦺆野蘇。蠚(蠚)螻蛄。〔三九三四〕 鶡乙鎋反。

鳥。[□]。〔三九三五〕 闒門扇聲。〔三九三六〕 圄駱駞鳴。九▨(劜)□。〔三九三七〕 齾五鎋反。器缺。四(三)。〔三九三八〕 鬠禿鬠。

鶡鶡鶡。刹初鎋反。柱。[□]。〔三九三九〕瞎許鎋反。瞎眼。亦作暍。二。髺髮。〔三九四〇〕鶷枯鎋反。木虎，樂器名。又苦八反。二。磍剥磍。獺（獺）他鎋反。獸名。又他達反。一。瘵女鎋反。痛。一。刮古頒反。削。四。□▨（鶬）鴰，□□。〔三九四一〕祮穰祠名。劀利。頒丑刮反。頒刮（頢），強可白（皃）。〔三九四二〕一。頢下刮反。短[□]白（皃）。〔三九四三〕六。䯏繒細。敌刮盡。舌塞口。姡面淨。咶息。鵽丁刮反。鳥名，似雉。又多活反。三。窡穴中出。錣箠端有鐵（鐵）。□□刮反。去足。又魚越反。三（四）。〔三九四四〕殂獸食草殘。明[□□。□□□□。□]訶。〔三九四五〕妠女刮反。婠妠，小肥。婠字烏八反。二。𤭢甑。亦作𤬪。〔三九四六〕篡初刮反。黑。二。篸斷。又叉芮反。亦作劕。〔三九四七〕礣慕鎋反。礣砎（砎）。二。帓帓帶。捌百鎋反。捌把。一。鷊□□□。鶪鷊，鳥名。□字古屑反。四（二）。〔三九四八〕擖刮聲。藒袪刹又（反）。藒車，香草。[□]。〔三九四九〕䅬禾舉出。又屋遏反。亦作穄。

14 屑

□□屑先結反。碎。八。〔三九五〇〕楔木楔。亦作榍、栢。又古黠反。〔三九五一〕揳㩼揳，不方正。〔三九五二〕躠蹩躠，旋行。糏米麥破。悉動草聲。或作偦。䐑臆中脂。亦作[□]。〔三九五三〕滅瀎滅。切千結反。割。四。嚓小語。𪘂𪘂齒。竊淺；私聞。〔三九五四〕結古屑反。繫。十四。▨（絜）□一耑。又□結反。〔三九五五〕潔清。案《説云（文）》無此字，後俗相承共用，於義無傷，亦可。通俗或從冫，音冰。〔三九五六〕鍥鎌別名。又口結反。〔三九五七〕桔桔梗。楔楔槔，汲水。趌走皃。鶪鶪鷊，鳥名。鷊字公鎋反，又古鎋反。〔三九五八〕㛃清。劼割；理魚。〔三九五九〕▨（寘）□□。〔三九六〇〕▨（袺）持衣上衽。□▨▨（公八）反。〔三九六一〕蛶（蛺）蠛。〔三九六二〕拮拮掘（据）。節子結反。限；又木竹之次。通俗作莭。十一。卩瑞信。癤瘡癤。亦作𤺄、癤。瀐山（小）灑。〔三九六三〕蝍蝍蛆，蟲。又子力反。燇燭餘。楶屋梁上木。岊（岊）高山之節。▨（擳）□□。□□。□□□□□。□□▨▨（.決反）。□□。□。〔三九六四〕▨（䀹）睫䀹，▨（惡）皃。〔三九六五〕𥨍穿皃。泬泬寥，空皃。疦瘡裹空。坹空皃。𧦝奴（怒）呵。〔三九六六〕閴鬩閴，無户門。茓草。闋苦穴反。止。四。缺器破。或作鴃。闕闕閴，□户門。〔三九六七〕▨（溰）□□。□古攜反。〔三九六八〕▨（玦）□□□。▨（珮）。□□。□□□▨（皃）；又水□，□□□。〔三九六九〕昳目患。譎譎諫。亦作憰。訣別。觼環有舌。亦作鐍、觼。駃駃騠，良馬名。芵芵明，藥名。鴂鷤鴂，鳥名，春分鳴。決穴。赽□疾行。□□趹。〔三九七〇〕潏衣袖。絘縷一條。亦作袂。〔三九七一〕抉▨（縱）弦彄。〔三九七二〕觖鴃。〔三九七三〕肤孔。亦作閴。臭獸，似貍。疦瘍。沉（泬）水浪皃。又詡穴反。〔三九七四〕穴（穴）翊（胡）玦反。小空。〔三九七五〕二。袕鬼衣。或作絘。抉於決反。抉出。四。穾穿皃。暗□□□。〔三九七六〕焆火光。姪徒結反。姪娣。廿五。昳日昃。眣目出。胅骨跌。〔三九七七〕凸陸云『高起』。字書無此字，陸入《切韻》，何考研之不當！垤此蟻封，即高，《詩》云『鸛鳴於垤』，言是高處。耊老。迭遞。跌跌踼。絰縗絰。▨（驖）馬赤黑色。〔三九七八〕嵽嵽嵲，高皃。軼車相過。又以質反。閔閴閔，鄭城門。駃馬行疾。瓞瓜瓞。亦作瓞。墆停；貯。又徒計反。或利。眣眣。又知七反。咥齧。又虛記、諸異二反。齸齧堅聲。又竹一反。挃擿。恎□□。〔三九七九〕詄忘捈。〔三九八〇〕芺萟。亦作莪。▨（鐵）他結反。古作▨（鐵）。黑金。〔三九八一〕四。僣僣倪。飻貪食。亦飻。〔三九八二〕蛈蛈蝪。纈胡結反。錦纈。十二（四）。〔三九八三〕閶閶閴，鄭城門。擷將取。又虎結反。擷縛。頡頡頏。頁頭。▨（齕）□。□下没反。〔三九八四〕[□□□□□。□□□□。]〔三九八五〕襭以衣衽盛物。㚷□邪。〔三九八六〕絜[□。□□□□。□]膜。〔三九八七〕擘牛很。又丘殄反。鼳鼠。又胡狄反。涅奴結反。水中黑土。四（九）。〔三九八八〕捏捺。草菜，似蒜（蒜）。埕[□。□□。□□□。□□□□。□□。□□□□。□]礬石。〔三九八九〕截昨結反。斷。四。巀傍出前。㞖（𡶳）山峯。▨（又）子切▨（反）。〔三九九〇〕□□□，□□。□□□□。□▨（五）結反。▨（噬）。九。〔三九九一〕霓虹霓。蜺寒蜩。又牛奚反。嵲嵽嵲。槷（槷）危槷（槷）。〔三九九二〕餲餲飢，不安。亦作隉、䶪。闑門闑。或作臬。𥛚䄙。又牛米反。岿山高皃。蔑莫結反。無。廿。𢡟輕。𥈗□□。□□□，□□□。□□□。□□□。〔三九九三〕幭帊幞。亦作幦。〔三九九四〕𥇑汙面。覕不相見。又裨刃反。蒖（莫）大（火）不明。〔三九九五〕衊汙血。

又萛(莫)練反。〔三九九六〕鷯工雀。鱴魚名。又莫括反。亦作鮇。紘(紖)細。〔三九九七〕穖禾。粖靡(糜)。又亡達反。〔三九九八〕鷩□□鴭▨。〔三九九九〕彆方結反。弓戾。亦作𢏯。□。〔四〇〇〇〕䋴輓。▨▨(又普)□□。〔四〇〇一〕閉閪。又博計反。〔四〇〇二〕捌抋。勈大。袐袂。噎烏結反。食□。□。〔四〇〇三〕▨(饐)□□。〔四〇〇四〕寞静。〔四〇〇五〕蠮蠮螉。亦作▨(蠮)。〔四〇〇六〕□〔四〇〇七〕▨(挈)提。又苦□□。〔四〇〇八〕▨(䂍)□□，□□□。□▨(类)臭，多節目。▨▨▨▨□。〔四〇〇九〕▨(蛪)蛪▨(蚼)。〔四〇一〇〕契□□。□□□□。□□□。□□。□虎結反。□□。□。〔四〇一一〕□〔四〇一二〕

(中缺)〔四〇一三〕

15 薛

□□□□□。▨(暫)□。□。〔四〇一四〕□□▨(皮)列反。分別；非體。一。〔四〇一五〕箣□□□。□箣。▨▨(或作)□。□。〔四〇一六〕□擘。〔四〇一七〕轍直列反。車轍迹。□。〔四〇一八〕徹通。撤發撤。澈□□□。□□。□□劣□。掃。□。〔四〇一九〕嘬鳥□毛。〔四〇二〇〕□□▨(趌)趣，□皃。〔四〇二一〕設識列反。施。二。蔎香草。旻許劣反。舉目使人。又七域反。五。烕滅烕。翃小鳥飛。䬂小風。殧盡。〔四〇二二〕▨(吶)□□反。又女齾反。喟呐，聲不出。〔四〇二三〕一。嫳□□□。□。□。□□□□。□□。□。□□□。□□▨(犯)突。□□□、□▨(衛)二反。四。〔四〇二四〕𧱓豕發土。𧣾觸。罬罦。又陟劣反。茁側劣反。草生。又側滑反。二。〔四〇二五〕黵短黑皃。[□]初刮反。〔四〇二六〕膬七絶反。腝而易破。二。〔四〇二七〕絟(絟)細布。又采仝(全)反。蠽姉列反。□□，似蟬。亦□□。□。〔四〇二八〕鷯□□。□作鴰。〔四〇二九〕止小止。〔四〇三〇〕䰇束髮。又作計反。扯摘。又子一反。亦作擮。𣦸大死。〔四〇三一〕榝山列反。茱萸。又山八反。一。焆於列反。烟氣。一。屮丑列反。草初生皃。一(二)。〔四〇三二〕鮢(鰈)魰。又丑列(例)反。〔四〇三三〕娎許列反。喜皃。一。〔四〇三四〕啜樹雪反。嘗。□。〔四〇三五〕則(劕)廁□□。割斷▨(聲)。□音測八反。〔四〇三六〕一。𢪃寺絶反。拈。〔四〇三七〕一。丿普折反。左戾。一。𥢶拈。寺絶反。〔四〇三八〕

16 錫

□六錫先擊反。賜。十。〔四〇三九〕析分。亦作斦。〔四〇四〇〕裼袒衣。晳白色。緆細布。亦作⿰鬲易。蜥蜥蜴，蟲。淅釋米。惁敬。⿰歹析⿰歹辟。蝀（蝀）蝀（蝀）蝢。〔四〇四一〕激古歷反。溭。又古竅、屋略二反。□。〔四〇四二〕擊□。〔四〇四三〕▨（墼）土▨（墼）。〔四〇四四〕鶩鳥名。敫歌。又公弔反。薂草。又公地反。敫迫阮。〔四〇四五〕霹普激反。霹靂。四。劈破。愨急速。鈲（鉨）裁木爲器。〔四〇四六〕靂閒（間）激反。霹靂。□□。〔四〇四七〕趯趯趚（趚），行皃。趚（趚）字七昔反。〔四〇四八〕酈縣名，在□□。□□□反。〔四〇四九〕瀝（瀝）瘰瀝（瀝），病。亦作癧。〔四〇五〇〕轢車踐。又▨▨▨（盧各反）。〔四〇五一〕瓅珠瓅。亦作皪。鎘鏑（鎗）鎘。［□□□。］亦作瀝。〔四〇五二〕礫沙礫。秝稀疏。櫪馬槽。攊殺，羊。〔四〇五三〕櫟木名。鱺魚名。蒚山蒜。鬲縣名，在□原。又古□□。亦作□、□。〔四〇五四〕▨（⿰馬鬲）馬□。〔四〇五五〕□□。□□▨（蠡）。〔四〇五六〕▨（歷）過。〔四〇五七〕磿石聲。［□□。］〔四〇五八〕曆曆象。⿰酉鬲下酒。擽捎。⿰月歷腿。鬲鼎屬。屜履下。𠟉劙。鷊鳥名。鰏（鰏）［□□。□］角鋒。〔四〇五九〕轢雜。□□。□□□□。□□。亦作弔。十七。〔四〇六〇〕適從。又之石、始石二反。嫡正嫡。甋瓴甋，甎。靮馬韁。鏑箭鏃。馰馬馰顙，白額（額）。〔四〇六一〕滴水滴。肑腹下肉。磃硾。▨（玓）玓▨（瓅）。〔四〇六二〕▨（扚）引〔四〇六三〕⿺辶丁至。又都叫（叫）反。斛量。䶂（鼩）鼠。〔四〇六四〕芍蓮中子。又下子（了）、且略二反。〔四〇六五〕杓柄。〔四〇六六〕檄胡狄反。符檄。五。覡巫覡。⿱艹敫蓮實。又丁（下）了反。〔四〇六七〕榝（椴）鍾（橦）榝（椴）。又胡革反。〔四〇六八〕鶩▨（龜）□。〔四〇六九〕鷁五歷反。水鳥。或作鶂，亦作鵝、鷁。四。艗艗舟。亦作榼。虉綬。亦作鷊。〔四〇七〇〕⿸厂兒石地惡。荻徒歷反。藋。亦作⿱艹適。十五（七）。〔四〇七一〕狄北狄。［□□□。］〔四〇七二〕翟翟雉。簻竹干（竿）皃。又他歷反。〔四〇七三〕迪進。亦作廸。覿□。□▨（作）□。〔四〇七四〕□▨（長）笛。亦□篴。〔四〇七五〕滌洗。糴入米。邮鄉名，在商（高）陵。〔四〇七六〕頔好。楸（楸）［□］格（格）。〔四〇七七〕苗蓨。又他六反。［□□。］〔四〇七八〕犕（犕）特牛。〔四〇七九〕滷鹹。又齒亦反。逖他歷反。遠。十二。倜倜儻。詆詆誘。趯跳皃。亦作躍。剔解骨。亦▨（作）鬄、惄、㹶。〔四〇八〇〕惕□□。□□意視。□▨（粅）

用（周）反。〔四〇八一〕䚐覭視。亦作覿。慤軟。〔四〇八二〕蓨（蓚）蓧（篠）。〔四〇八三〕烥望見火。〔四〇八四〕篧竹。〔四〇八五〕績則歷反。續。三。勣功。積樌。燩去激反。乾燥（燥）。〔四〇八六〕七。擊傍擊。毄攻，《漢書》曰『攻苦毄淡』。〔四〇八七〕▨（喫）▨（哈）。〔四〇八八〕𣪠鶩𣪠。又五交、口彫二反。亦作敫。皦吹。〔四〇八九〕𥎞矛。〔四〇九〇〕惄奴歷反。飢憂。三。溺没水。愵恒（怛）憂。亦作㥄。〔四〇九一〕寂昨歷反。或作家。静。亦作詠、宋。三。啾嘆。覵目赤。覓莫歷反。求。十五（六）。〔四〇九二〕轚車覆□。〔四〇九三〕幎覆。騔馬多驚。〔四〇九四〕系（糸）細絲（絲）。〔四〇九五〕鼏鼎盖。〔四〇九六〕冪覆食巾。本作冖。汨水名，在豫章。亦作溟、漞。蛁蛛（蛛）蛁。〔四〇九七〕醟醟醠，酩滓。〔四〇九八〕塓塗。覭小見。又莫經反。亦作顆、顋。蓂［□□。□］▨▨（奞帶）。〔四〇九九〕緢繩。貘（貘）白豕黑頭。〔四一〇〇〕甓扶歷反。瓴甋。三。鷿鳥名。槔大棺。又臂弥反。壁北激反。壘。四。鼊鼊鼊，龜類。廦室屏。縪紟。又蒲袟反。闃苦鵙反。寂。〔四一〇一〕二。踑踞。郥▨（古）闃反。邑名，在蔡。〔四一〇二〕六。鵙伯勞。或作睢。臭張目。湨水名，在河内。鼳鼠名，在木上。犑牛。戚倉歷反。親。七。慼憂。鼜守夜鼓。〔四一〇三〕䃘（鼜）夜戒鼓。〔四一〇四〕鏚干鏚。蠈蟾蠩。䀹眴。〔四一〇五〕款許狄反。笑聲。〔四一〇六〕五。鬩鬭鬩（鬩）。〔四一〇七〕訬私訟。篙籠屬。〔四一〇八〕潩惶恐。鬩胡狄反。鼠。又胡姪反。〔四一〇九〕一。

17 昔

□□昔私積反。古。正作㫺。十。〔四一一〇〕惜愛。腊脯。潟鹹潟。磶柱下石。舄履舄。蕮苿苡。棤皮甲錯。或作皵、潛。〔四一一一〕焟乾。鬄髢髮。積資昔反。又資賜反。聚。〔四一一二〕十三。脊背。蹐蹐地。迹尺（足）迹。▨（亦）作跡、蹟、踈（踈）。〔四一一三〕借假。又資夜反。踖踧踖，敬皃。又自昔反。鶺鶺鴒，鳥。亦作鵲。鯽魚名。亦作鯽。磧碃磧。襀襞。蹟貝小者。瀐小水。脊背脊。〔四一一四〕益伊昔反。添。七。謚笑皃。嗌喉上。齸麋噍。膉脰肉。葢葢母，草。鄐地名。繹（繹）羊益反。理。〔四一一五〕二十六。襗（襗）重祭名。或作鐸。亦重。弈博弈。奕大。帟幕帟。譯（譯）傳言。懌（懌）悦。斁（斁）厭。▨（驛）驛馬。〔四一一六〕嶧（嶧）山名。醳（醳）苦酒。腋

脾(胛)腋。〔四一一七〕掖持臂。液津液。䘸縫䘸，衣博。易變。又盈義反。瘍病相染。蜴蜥蜴。埸壃埸。圛(圛)
卜筮氣。墿(墿)道。釋(釋)□。〔四一一八〕焲火光。襗(襗)袴。又除格反。睪(睪)引繒。〔四一一九〕釋(釋)施
隻反。清(漬)。從米。〔四一二〇〕十五。釋(釋)解。從采，音辨。〔四一二一〕檡(檡)梬棗。適樂。又之石、都歷
反。〔四一二二〕奭邵公名。郝人姓。又呼各反。睗急視。暘日無光。▨(嫡)嫁。此從女，傷俗，單作典要。〔四一二三〕釋
(釋)耕兒。螫虫螫。睪(睪)視。亘(亘)餅堅柔□著。亦適。〔四一二四〕□▨▨(鬚髮)。〔四一二五〕夾盜竊懷物，從夾
有所持。夾反(乃)古文亦。〔四一二六〕尺昌石反。十寸。七。赤深丹。厈逐。〔四一二七〕蚸蚸螻。郝▨(鄉)名。□□▨
(隻)□。〔四一二八〕臭白澤。又公老反。滷鹵。又思席反。石常尺反。凝土。七。碩大。祏廇主。鉐□□。〔四一二九〕
䳭鳥。〔四一三〇〕䄷百廿斤。鼫鼫鼠，有五不能。隻之石反。單。九。適往。又施隻反。炙火爍(燥)。〔四一三一〕▨
(墌)基。〔四一三二〕摭拾。或作拓。跖足。或作蹠。䟻行兒。廦仄。䘸袖。擲直炙反。投。古作擿。四。麱麩麱。
躑躑躅。或作蹢。〔四一三三〕𡉏(潪)土得水。又直謫反。〔四一三四〕皵七迹反。皮細起。六。洓(洓)水名，在北
地。〔四一三五〕磧沙磧。▨(刺)穿。又七四反。通俗作刾。〔四一三六〕趚(趚)倉卒。〔四一三七〕䘿郡(䢼)衯(衸)。〔四一三八〕
席祥石反。藉。五。夕夜。穸窀穸。汐潮汐。䣢鄉名，在臨卭。籍秦昔反。薄(簿)籍。正作籍。十(十
一)。〔四一三九〕藉狼藉。又慈夜反。耤耤田。踖踐。亦作𨇾。塉□□。〔四一四〇〕[□□□，□□□。]〔四一四一〕瘠病。
簎擊。膌臞(臞)。〔四一四二〕苲茹(菇)，草。又財客反。〔四一四三〕猎黑虫，如熊。擗房益反。撫心。七。椑棺。躃躃倒。
闢啓闢。𧤗弓弭。𣨼死。萆雨衣。役營隻反。使。正作役。九。〔四一四四〕䓍□人□芡。〔四一四五〕疫病。魰魚名。炈
喪家竈。亦作投。䨙䨙霙，大雨。鵼鳩。豛豬。鈠排。〔四一四六〕辟必益反。君。六。鐴鐴土，犁耳。躄跛躄。亦作
壁。璧玉。襞襞衣。𢍺理。〔四一四七〕僻□▨(辟)□。□。□。〔四一四八〕癖腹病。亦作壁。廦幽。〔四一四九〕䁅許役反。
驚視。五(四)。〔四一五〇〕䀖眂。〔四一五一〕殈裂。砉砉然。麝食亦作(反)。麝香。文食夜反。[□。□□□□。□□。

□□□□。」〔四一五二〕𥟖（𪏿）竹益反。黏（黏）。又竹格反。亦作𥻹。〔四一五三〕一。彳丑赤反。少（小）步。〔四一五四〕二。

瓻瓶。

18 麥

□□□▨（莫）獲反。□穀。四。〔四一五五〕脈血脈。霢霢霂（霂），小雨。〔四一五六〕眽眽，姦人視。〔四一五七〕獲胡麥反。六。〔四一五八〕畫（畫）分。又胡卦反。〔四一五九〕嫿（嫿）分晒好皃。劃（劃）錐刀刻劃。鱯魚名。䕶度。蟈古獲反。螻蟈，哇（蛙）別名。〔四一六〇〕五。馘（馘）割耳。〔四一六一〕幗婦人喪冠。膕曲脚□。□▨（碱）□。〔四一六二〕蘗博厄反。黃蘗。二。擘分擘。繴蒲革反。織絲為帶。三。〔四一六三〕辟耦（翻）車。〔四一六四〕繴罿。賾士革反。玄微。四。葃如（姑），草。又財亦反。〔四一六五〕積灰中積（種）。〔四一六六〕措矛屬。責側革反。讀。十一。頙□□，□□□。〔四一六七〕簀▨（牀）簀。亦作積。〔四一六八〕幘冠幘。嫧鮮好。讀怒。亦嘖。〔四一六九〕咋大聲。笮矢般（服）。〔四一七〇〕迮迫。或作窄。舴盤（艋），舟。〔四一七一〕蚱蟬。策（策）惻革反。馬棰。亦作敇（敕）。〔四一七二〕九。冊簡。或作冊，通俗□□。〔四一七三〕▨（嫧）健急皃。〔四一七四〕齰齒相值。梀（拺）扶。〔四一七五〕𢡡耿介（介）。蹟正。筴（筴）著。茦（茦）草木刺。〔四一七六〕諎呼麥反。破聲。九。繣（繣）徽繣（繣），乖違。𤞣飛聲。𢄍（𢄍）裂帛聲。啯聲。又於六反。或作欶。捇□。□裂聲。〔四一七七〕膕曲脚中。𢢂（𢢂）不慧。磬止（口）革反。鞕（鞕）聲。〔四一七八〕三。褔褲。亦作䩭。縪紩。覈下革反。實。七。繳衣繳。〔四一七九〕磆石地。翮羽本。〔四一八〇〕核果核。䎫翼。杸燒麥。杸（又）胡的反。〔四一八一〕隔古核□。□。□。□胷□。〔四一八二〕鬲縣名，在平原。▨▨▨（又落激）反。〔四一八三〕槅車槅。革改。愅知。亦作諽。諽更。亦作愅。䨣雨。〔四一八四〕𩋥（𩋥）轡首。虩（虩）虎聲。〔四一八五〕摘陟革反。手取。五（六）。〔四一八六〕謫責。又丈戹反。〔四一八七〕猲犬怒張耳。𣖬▨（蠶）𣖬。□□□。□□□。□□。□▨（烏）革反。灾。通□□□。□□。〔四一八八〕▨（搤）持。亦作□。〔四一八九〕▨（軛）車□。〔四一九〇〕□▨（限）□。〔四一九一〕▨（呃）呃喔，烏鳴。〔四一九二〕豟豕五尺。亦作貖。〔四一九三〕䚔驚視。啞笑聲。或作諲。又烏陌反。餩饑。又烏陌反。戹

□〔四一九四〕摵殞落皃。愬懼皃。索〔□。□〕溹溹，雨下。〔四一九五〕虩虎驚。又許逆反。擂晉(普)麥反。射中聲。〔四一九六〕二。檗□〔四一九七〕

19 陌

□〔四一九八〕▨(貊)蠻貊。〔四一九九〕驀騎驀。洦水淺。蓦死寂嗼。〔四二〇〇〕磔陟格反。張。□。〔四二〇一〕蚝蚝蛸。舴舴艋，小□。艋字▨(莫)□□□。又□□□。〔四二〇二〕▨(伯)博白□。□。□。〔四二〇三〕▨(迫)近；▨□〔四二〇四〕

(中缺)〔四二〇五〕

21 盍

□▨▨□〔四二〇六〕□〔四二〇七〕▨(榻)吐盍反。合牀。〔四二〇八〕十四。䑽兩▨(槽)大船。〔四二〇九〕▨(毾)□㲪。〔四二一〇〕▨(鰈)□□□別名。〔四二一一〕▨(鰨)□□，□鮎四足。〔四二一二〕▨(蓋)□▨(布)。〔四二一三〕□〔四二一四〕磼字而勇反。磼。或作搕茸。〔四二一五〕欱呼盍反。大嗽。二(一)。〔四二一六〕納奴盍反。魚名。[□]。〔四二一七〕蹋徒盍反。踐。六。闒門樓上屋。闒□■□□□。□傫，□□□。一。〔四二一八〕奎才盍反。惡。二。搕擸搕，和雜。顉古盍反。顉車。七。譗多言。盖姓，漢有盖寬饒。字書古作▨(鄯)。〔四二一九〕□〔四二二〇〕▨(鰪)安盍反。鰪鰤，魚名。〔四二二一〕二。盦覆盖。囃倉臘反。助舞聲。一。鼛鼓聲。〔四二二二〕

22 洽

■■■□□□。□。□。□□。□□□。□□□。〔四二二三〕▨(峽)□□，山。〔四二二四〕▨(畓)□鞅。〔四二二五〕▨(灰)□。〔四二二六〕▨(硤)□□，▨(縣)□。〔四二二七〕□□□。〔四二二八〕恰苦洽反。用心。〔四二二九〕七。帢巾帢。亦作峽、屠。掐𠂢(爪)剌(刺)。〔四二三〇〕賊目陷。剳入。亦作斜。〔四二三一〕帢士服，鞅四角。鹹唯(嗺)聲。〔四二三二〕■□□□。□。▨(俗)作夾。十三。〔四二三三〕郟□▨(郟)，地名，在穎(潁)川。〔四二三四〕筴箸。又古恊反。鞈鞈鞈，韋蔽膝。又古荅反。亦作韐。跲躓礙。袷未絮衣。眨眼眨。餄餄餅。瘧瘧蹄，足病。鹹唯(嗺)聲。又口狎反。〔四二三五〕鴶□□。□履根。〔四二三六〕鞈橐。又公币反。箑士洽反。行書。〔四二三七〕三。烚(煠)湯煤(烚)。又与涉反。〔四二三八〕騙馬騾。〔四二三九〕眨阻洽反。目動。三。届薄楔。偛偛偛（傷），小人皃。插楚洽反。刺。通俗作揷。五（六）。〔四二四〇〕臿春去皮。亦作𦦗，誤。鍤鍫。扱□。〔四二四一〕▨（䀩）㪂。亦䁋。又千簾反。〔四二四二〕笈負書箱。又奇㔟反。䶍呼洽反。䶍齁，鼻息。四。欱小甞。㰹氣逆。敆盡。〔四二四三〕囝女洽反。手取物。又女減、女㔟二反。一。霎山洽反。小雨。三（四）。〔四二四四〕歃（歃）歃血。又山輒反。亦作吹。〔四二四五〕箑扇。亦［□□。□］萐莆，瑞草。□□□。〔四二四六〕▨（劄）竹洽反。著。〔四二四七〕二。蛪斑身小䖟。〔四二四八〕踥烏洽反。踥行皃。二。凹下。或作窅（窅）；正作㽚。案凹無所從，傷俗尤甚，名之《切韻》，誠曰典音，陸采編之，故詳其失。〔四二四九〕

23 狎

□□□□□反。□。□。〔四二五〇〕匣箱。〔四二五一〕翈翮上短羽。霅衆聲；又杜甲反，霅陽，郡，在樂浪。浹浹渫（渫），水（氷）相著。〔四二五二〕虥虎習搏。柙檻。渫（渫）丈甲反。濕。二。〔四二五三〕啑（喋）啑啑（喋），鳥食。啑字所甲反。甲古狎反。鎧（鎧）。〔四二五四〕五。胛背胛。□□□，□。〔四二五五〕磚（砰）小（山）側。亦作岬。〔四二五六〕䕝靮。〔四二五七〕鴨烏狎反。水鳥。六。壓鎮。庘屋壞。窜人（入）神脉刺穴。〔四二五八〕押今作押署。閘閉門。〔四二五九〕雭初甲反。春去麥皮。一。翣所甲反。飾棺。五。㹇豕母。□□啑（喋），□食。〔四二六〇〕翜疾飛。又山立反。帹面衣。呷呼甲反。嗑呷，衆聲。二。譀誇誕。亦作噉。渫（渫）士甲反。水名，出上黨。一。

24 葉

□□□▨（与）涉反。𦻒，草木之敷於枝莖者；又縣名，在南陽。式涉反。七（八）。〔四二六一〕楪（楪）楪榆，縣，在雲中。揲（揲）揲度。鍱（鍱）鐵（鐵）鍱。爗（爗）爚。又尹（丑）涉反。〔四二六二〕［□□□□□。］〔四二六三〕殜（殜）病。〔四二六四〕欜枷大端。又力茱（葉）反。接紫茱（葉）反。交。九。椄續木。睫目睫。▨（楫）舟楫。〔四二六五〕婕婕好。浃水名。淁淜（溉）。〔四二六六〕萎萏茶。〔四二六七〕鯜魚。攝書涉反。追。七。灄水▨（名），在西陽。〔四二六八〕䁋䁋睫，動目。又式冉反。弽（弽）射決。亦作韘（韘）。茱（葉）縣名，在南陽。歙縣名，在新□。又許□反。〔四二六九〕攝（欇）虎藟。涉時攝反。步渡。亦作㴇（㴇）。〔四二七〇〕一。獵良涉反。取禽。十三（六）。〔四二七一〕鬣鬐（鬚）鬣。〔四二七二〕

躐踐。䁽(𣋝)日暗。〔四二七三〕［□□□。］〔四二七四〕𩧢鬉𩧢。〔四二七五〕鱲魚名。犣羊(牛)牡。〔四二七六〕𣰆長毛。亦作鼸、獵。儠長壯皃。擸擇持。〔四二七七〕邋遢。䜲聚，在上艾。劙削。𣞗栖首。反(又)余涉反。亦作㯿。〔四二七八〕𨓈羸。捷疾葉(葉)反。獲。〔四二七九〕五。倢耶(邪)出。踕齊有公□踕。〔四二八〇〕崨崨業，山皃。疌(疌)疾。〔四二八一〕脨(䐑)直輒反。細切肉。二。〔四二八二〕𡎼下入。又□▨(立)反。〔四二八三〕敁於輒反。敁敼。二。絀絀緤。敼尼輒反。敁敼。十一。聶姓。又而涉反。躡蹈。鑷鑷子。𢈈(𢈈)機疌。〔四二八四〕踂足不相過。㚔㚔㚔，以盜不止。囁小煥(煥)。亦作𤓍。〔四二八五〕䮍(馸)馬行。〔四二八六〕緤絀緤，□衣▨(皃)。〔四二八七〕隶(聿)捷▨(巧)。〔四二八八〕謵叱涉反。小語。四(八)。〔四二八九〕聶(㮆)樹葉(葉)動皃。〔四二九〇〕姑輕薄。詀詀讘，細語。亦作呫。又他協反。〔四二九一〕㒤㒤遽，□□。〔四二九二〕婈女子態。哂多言。又山涉反。懾㥍。〔四二九三〕讘而涉反。詀讘；又孤讘，縣，在清河。五。〔四二九四〕▨(囁)口動皃。〔四二九五〕顳顳顬，鬢骨。𠱋(咠)多言。〔四二九六〕㳧淁。〔四二九七〕讋之涉反。多言。八。囁口▨▨(動皃)。又□□反。〔四二九八〕懾怖皃。亦作慴。〔四二九九〕襵衣襵。又陟葉(葉)反。〔四三〇〇〕謺拾。聶(㮆)楓。又尼(叱)、輒反。〔四三〇一〕襵(𦢊)脨。〔四三〇二〕▨(𤢊)〔四三〇三〕

(後缺)

【校記】

〔一〕下『槝』字條所在行爲底卷首頁首行，其前殘泐，據《王二》及底卷後之文例知此下之内容爲『五支』韻。本卷卷端應有『刊謬補缺切韻卷第一平聲廿六韻』字樣。行首至『槝』字間底卷殘泐約半行，據空間，可抄十三四個大字。

〔二〕殘字底卷存下部筆畫，兹據《王二》、《裴韻》及《廣韻》校補作『槝』字，其字隸『吕移反』小韻。

〔三〕注文殘字前者底卷存下部『廾』形部分，兹據《王二》校補作『弄』字；後者存下部『口』形部分，《王二》相關的字作『言』，龍宇純《校箋》云：『齊韻疑母無此字，字見落奚反下。「言」字蓋涉上文「言」字而誤。』當是，又《補正》校此殘字作『魯』字，審底卷殘形，其『口』形上無連屬，故其字必非『魯』字，《周韻》因《敦煌掇瑣》之録文而校補作『吕』字，雖於音合（齊韻作『落嵇反』），然亦不能謂其必是，故存而俟考。行首至『弄』字間底卷殘泐約半行，據空間，可抄十三個左右大字，《王二》相關的内容作『○䙰，䙰，黍稷行皃。○蠡，蚰蜒。又山奇反。○穲，[禾]二把。○嫠，又力脂反。○攡，張。○斄，引。又力脂反。○樆，多端。○謧，弄言。又言泥反』，與底卷所殘空間吻合，可參。又『䙰』字釋義《廣韻》作『䙰䙰，黍稷行列』，是底卷蓋用注文與被注字連讀成訓例。

〔四〕『劙』字《王二》同，《廣韻》作『劙』，與傳本《方言》卷一三字形同，且其聲旁『蠡』字見於《説文》，是底卷所作當爲『劙』之俗字。

〔五〕注文《王二》、《裴韻》同，《廣韻》作『上同（指同鵹字）。又鵹鶘，自爲牝牡』，底卷蓋用注文與被注字連讀成訓例。

〔六〕底卷小韻標數字皆朱書，多漫滅不能辨，後同。《王二》作『七』字，可據補。

〔七〕行首至『髭』字間底卷殘泐約半行，據空間，可抄十三個左右大字，《王二》相關内容作『○疵，疾移反。病。七。○骴，殘骨。○玼，玉病。○鴜，水鳥。又即知反。○飺，嫌。或作疵。○胔，人子腸。○柴，橋。○貲，即移反。貲財。十四』，與底卷所殘空間吻合，可據補。

〔八〕注文『鄑城名』《周韻》所收《西域考古圖譜》之『《切韻》斷片一』及《廣韻》同，《箋七》無『鄑』字，《裴韻》無『名』字，《王二》『名』作『縣』字，龍宇純《校箋》以爲『此「縣」字當是「名」字之誤』。

〔九〕行首至『媊』字間底卷殘泐約半行，據空間，可抄十三個左右大字，《王二》相關内容作『○䇲，婦人皃。又且紫反。○觜，星名。○欰，歐。○鈭，斧。又千支反。○䇆，細布。○郮，谷名，在西縣』，比底卷所殘空間少約一個大字，可參。

〔一〇〕標數字底卷漫滅，此從《敦煌掇瑣》、《補正》及姚榮松《新校記》録定。

〔一一〕行首至『禆』字間底卷殘泐約半行，據空間，可抄十三個左右大字，《王二》相關内容作『〇奇，不偶。〇䩭，弃。又丘知反（反字衍）、九紙二反。〇卑，府移反。下。八。〇鵯，鵯居，鳥。〇椑，木名，似柿。〇箄，取魚［具］』，比底卷所殘空間少一個多大字，可參。

〔一二〕或體字《王二》未收，葉鍵得《十韻彙編研究·王一校勘記》：『案「禆」字當誤，《集韻》或體作「䙄」。』其説是，俗寫『衤』、『礻』二旁多不分，兹從校改。

〔一三〕『䩛』爲『髯』的俗字，參《漢語大字典·頁部》『䩛』字條下考釋。

〔一四〕行首至『反』字間底卷殘泐約半行，據空間，可抄十三個左右大字，《王二》相關内容作『〇脾，心脾。〇䴵，麴（䴵）餅；䴵䴵。〇埤，附。或作裨（䙄）。〇紕，紕䋈，䊢（䴠）。〇蜱，蛸。或作蠡、蚍。〇絁，式支反。繒，似布。五』，比底卷所殘空間少約一個大字，可參，兹爲後一殘條擬補五個缺字符。又『五』字底卷漫滅，此從《敦煌掇瑣》、《補正》及姚榮松《新校記》録定。

〔一五〕『廿二』底卷漫滅，此從《敦煌掇瑣》及姚榮松《新校記》録定。

〔一六〕殘字底卷皆存下部筆畫，兹參《王二》及龍宇純《校箋》校補作『疼』、『齊』二字。行首至『疼』字間底卷殘泐約半行，據空間，可抄十四個左右大字，《王二》相關内容作『〇磃，館名。亦作虒。〇虒，似虎有角，能入水行。〇霹，小雨。〇榹，桃。〇滬，涯。〇㾷（廝），㾷（廝）養。〇澌，凌澌。〇㾷（㾷），［瘦㾷］，疼病（病字衍）痛。又斯齊反』，與底卷所殘空間略合，當可據補，兹爲殘條擬補五個缺字符。

〔一七〕行首至『磃』字間底卷殘泐約半行，據空間，可抄十三個左右大字，《王二》相關内容作『〇顧，䫏（顛）顧。［䫏］字子庭反（當作顛字側革反）。〇謕，謕（諒）。〇甈，甈破聲（聲疑衍）。〇蜙，守宫。〇蜇，蚣蝑。〇菥，［葴菥，草，似燕麥。〇蘄，］草，生水中，花可食。〇㽝，焦臭』，其校正後的内容與底卷所殘空間吻合，當可據補。又據龍宇純《校箋》，『鶅顧』當本作『顛顧』或『顧顛』，疑底卷『䫏』字當爲誤抄字，後隨補正字而忘删者，其『顛』字後當有『𩕢』字。

〔一八〕『摩』字《王二》同，《裴韻》、《廣韻》作『磨』，與《廣雅·釋詁三》合，『摩』、『磨』古通用。

〔一九〕『一』字底卷漫滅，此從《敦煌掇瑣》、《潘韻》及《補正》録定。

〔二〇〕『誺』字去聲至韻丑利反小韻字形同，《王二》、《裴韻》、《廣韻》亦皆二處並同，龍宇純《校箋》、余迺永《新校》皆以『誺』爲『䜼』字俗變，甚是，敦煌俗寫『泰』旁多作『来』形，或回改爲繁體『來』形，故《集韻》别收『䜼』字或體，然恰誤正爲俗矣。

〔二一〕『殃』字當爲『殀』字形訛，『殀』爲『魅』之俗字，而『魅』、『魑』音義皆近，俗或以『殀』爲『魑』之俗字，參龍宇純《校箋》本條校記，茲據校改。

〔二二〕行首至『麊』字間底卷殘泐約半行，據空間，可抄十三個左右大字，《王二》相關内容作『○黐，所以黏鳥。○熵，火。○离，▨（猛）獸。○弥，武移反。甚。十。○鸍，鳺鳥。○檷，檷枸，山名。○猕，猕猴』，比底卷所殘空間少約二個大字，可參。

〔二三〕『麊』字上部底卷殘泐，茲據《箋二》、《王二》録定。龍宇純《校箋》云：『案《説文》作「卷」，云「漬米，从米，尼聲。交阯有卷泠縣」。《漢志》作「麊」。』

〔二四〕『篛』字《王二》、《裴韻》皆作『篛』形，合於《説文》，底卷俗寫。又殘字底卷存下部筆畫，茲據《王二》校補。

行首至殘字『蹄』間底卷殘泐約半行，據空間，可抄十三個左右大字，《王二》相關内容作『○篛，竹蔑。從鼻。亦作簞。○雌，七移反。牝。五。○胔，小腸。○鮆，鮆鉀。○䇿，婦人兒。又子兒反。○𦍩，羊蹄皮』，比底卷所殘空間少約二個多大字，可參，茲爲後一殘條擬補三個缺字符。又『𦍩』字釋義《裴韻》作『蹄皮羊』，《説文·羊部》作『羊名，蹏皮可以割泰』。

〔二五〕『離』字《王二》作『移』，《裴韻》同。

〔二六〕『蜘蛛』下《王二》有釋義『虫』字。又後一『鼅』字依文例當作『鼄』，底卷形訛，茲據校改。

〔二七〕『瞞』字《王二》同，《裴韻》、《廣韻》作『賀』形，然《廣韻》注文謂『亦作賺』，龍宇純《新校》云：『案「瞞」當作「賺」，从貝，𢀓聲。《集韻》旨韻「𢀓」、「賺」同「展几切」。』底卷俗訛，兹據校改。

〔二八〕『名』字《王二》作『汶』，《廣韻》作『文』，底卷蓋因熟語而訛，兹據校改作『文』字，『汶』蓋因『水』字而類化。又『八』字底卷漫滅，此從《敦煌掇瑣》及《潘韻》、《補正》録定。

〔二九〕行首至『疾』字間底卷殘泐約半行，據空間，可抄十三個左右大字，《王二》相關内容作『○椅，木名。○禕，美皃。○陭，陭氏，縣，在河東。○㶠，美容。○欹，歎詞。○掎（踦），長。○馳，直知反。駈。十三』，比底卷所殘空間少約一個大字，可參。又《箋二》、《王二》、《裴韻》『池』前一字皆爲該小韻字頭字『馳』，則底卷『疾』字當爲『馳』的釋義字，其字居底卷雙行注文小字的左行末，從行款計，其上當有反語三字，兹據行款爲此殘條擬補七個缺字符，是其釋義當爲二字，疑爲『疾駈』（《廣韻》訓作『馳騖也；疾驅也；又姓，出《姓苑》』）。

〔三〇〕『閣』字《王二》同，《裴韻》、《廣韻》作『閣』，與《説文・竹部》新附『簃，閣邊小屋也』義合，底卷形訛，兹據校改。

〔三一〕『蓐』字《廣韻》同，《王二》作『褥』，龍宇純《校箋》云：『案「褥」、「蓐」字通。』

〔三二〕殘字底卷存下部筆畫，兹據《王二》校補作『趍』字。行首至殘字『趍』間底卷殘泐約半行，據空間，可抄十三個左右大字，《王二》相關内容作『○誃，别。又舒紙反。亦作誃。○䶔，［咸］施（䶔），黄帝樂。○鷈，竹埵（壥）。亦作笹。○搋，仳虒（傂）。又除子（尔）反。○趍，《説文》「趍趙，久（夂）」，《玉篇》爲「趨」字，失，後人行之，大謬，不考趍從多音支聲，趨從芻聲』，校正後的内容比底卷所殘空間少約二個大字，兹爲前一殘條擬補六個缺字符。又後一殘條『久』字當從《説文・走部》『趍』字條段注校改作『夂』，『趣』爲『趨』字形訛，亦據校改，『大』字下可據行款并參《王二》擬補三個缺字符，『音支』二字疑爲『多』字訛寫斷裂所致，《王二》抄者又誤於其前增『多』字，遂至不可解讀，又據《王二》爲此殘條前部擬補三個缺字符。

〔三三〕『一』字底卷漫滅，兹從《敦煌掇瑣》、《姜韻》録定。

〔三四〕『三』字《姜韻》、《潘韻》未録，姚榮松《新校記》謂『原卷已不可識』，兹從《敦煌掇瑣》并參《王二》録定。

〔三五〕殘字底卷存下部筆畫，兹據《王二》校補作『亦』字。行首至『又』字間底卷殘泐約半行，據空間，可抄十三個左右大字，《王二》相關内容作『○㕒，厜㕒。又牛規反。○滹，水名，在南郡。○池，香支反。自多皃。一。○眵，叱支反。目汁凝。二。○纚（纚），粗細（紬）。又息移反。亦作纚』，與底卷所殘空間略合，當可據補，兹并參行款爲殘條擬補四個缺字符。

〔三六〕『四』字底卷漫滅，兹從《姜韻》録定。

〔三七〕『簁』字前《王二》有『作』字，而『篩』字前的『作』《王二》則無，蓋此等標識語可省可不省故也。

〔三八〕殘字存下部一捺筆，兹據《王二》校補作『反』字。行首至『餟』字間底卷殘泐約半行，據空間，可抄十三個左右大字，《王二》相關内容作『○蠡，蚰蜒。又力支反。○䪎，山垂反。鞌鞘；一曰垂皃。一。○痿，人垂反；［又］於隹反。濕病；一曰兩足不能相及。二。○餟，小餟。又始鋭反』，與底卷所殘空間略合，當可據補，兹爲後一殘條擬補兩個缺字符。

〔三九〕小韻標數字底卷漫滅，此從《敦煌掇瑣》録定。

〔四〇〕『紉』字《王二》作『細』，參《切二》（伯三六九六）本條校記。

〔四一〕行首至『摫』字間底卷殘泐約半行，據空間，可抄十三個左右大字，《王二》相關内容作『○嫢（嫢），盈姿。又衢癸反。○槻，居隨反。木可作牀弓。六。○規，圓。○鬹，三足釜，有柄。○推，鶪鳩別名。○摫，裁。○槻，小頭』，除去『摫，裁』條外，餘字所用空間與底卷所殘略合，當可據補，蓋底卷初抄脱『摫』字條，而後補於小韻末。

〔四二〕『三』字底卷漫滅，此從《敦煌掇瑣》及姚榮松《新校記》録定。

〔四三〕『菜』字《王二》、《裴韻》同，《廣韻》、《集韻》作『葉』形，底卷俗變。又『名』字《王二》作『莫』，底卷蓋因習語而訛，兹爲校改。

〔四四〕注文『楚』字底卷居行末雙行注文右側，其左側一字底卷殘泐，『衰』字注文《王二》作『楚危反。減。〔一〕』，則其殘字可據補作『危』字，兹爲擬補一個缺字符。又次行當爲本大韻末行文字，因底卷下一韻部換行書，而此末行存字少，只抄於已殘泐的上部，故下部未存文字，檢《王二》，本大韻尚有一個小韻二條文字：『〇腄，竹垂反。瘢（瘢）眡（胝）也。二。〇箠，節。』然《箋二》、《箋七》、《裴韻》皆以『騅，馬小皃。子垂反。又子累反。一』爲本大韻末條，龍宇純《校箋》疑《王二》脱，當是。

〔四五〕第一紙正面末行至反面首行間殘泐，以《王二》爲參照，其内容爲脂部的幾近全部文字，計殘泐約十九行左右，然此行數加此紙正反所存行數僅爲五十一行，與底卷頁抄三十行正反當在六十以上的慣例不合，然第二紙正反間所殘内容依《王二》擬之，亦當在五十二行左右，蓋底卷前部諸頁所抄文字行距較疏，與後部情況不同。

〔四六〕行首至下條殘字『衰』間底卷殘泐約半行，據空間，可抄十三個左右大字。

〔四七〕殘字前者存左下部筆畫，後者存左側筆畫，兹據《王二》校補作『衰』、『減』二字。又缺字底卷殘泐，可據《王二》補作『又所』。又《王二》『衰』字條下有『〇腄，竹垂反。瘢（瘢）眡（胝）也。二。〇箠，節』二條文字，然《箋二》、《箋七》及《廣韻》本大韻皆未收此三條文字，底卷『衰』字條下又未見殘痕，故不能斷底卷『衰』字條下有無『腄』、『箠』二條文字，姑存疑，故不爲擬補多字缺字符。

〔四八〕行首至『橋』字間底卷殘泐約半行，據空間，可抄十三個左右大字，《王二》相關内容作『〇七之，止而反。往；又詞。三。〇芝，瑞草。〇䟡，到。又如一反。〇飴，与之反。餹。亦作饌、飤。十九。〇怡，悦。又作熙。〇圯，圯橋名』，與底卷所殘空間略合，當可據補，兹爲後一殘條擬補兩個缺字符。

〔四九〕殘字底卷存『也』字下部之形，然本小韻釋義中有『舉』字的字頭諸韻書唯《集韻》於『异』字下云：『發歎；一曰已（己）也；舉也。』龍宇純《校箋》已指出《王二》及底卷『鍞』下有『异』字，『似不得爲异字之注』。行首至『舉』字間底卷殘泐約半行，據空間，可抄十三個左右大字，《王二》相關内容作『○鮔，魚名。○姬，王妻別稱』，比底卷所殘空間少約十個左右大字，未詳。

〔五〇〕『屬』字《王二》作『屓』形，該字他韻書本小韻未收，《廣韻》入於脂韻『以脂切』小韻，底卷形訛，茲據校改。

〔五一〕『相』字《王二》、《裴韻》同，《廣韻》作『柂』形，《集韻》以二字爲或體，并注云『通作枱』。

〔五二〕『已』字《王二》、《廣韻》訓同，然其字形底卷及諸本皆介於『已』、『巳』之間，《漢語大字典·廾部》『异』字下別引《廣韻》訓作『已』，然其無書證，恐不足據，考『己』、『已』、『巳』三字俗寫多混而不分，『异』字別有義訓同『異』，疑底卷及諸本實皆作『己』，其訓用注文與被注字連讀成訓例，茲姑從録定。

〔五三〕行首至『觺』字間底卷殘泐約半行，據空間，可抄十三個左右大字，《王二》相關内容作『○洍，水名，《詩》云「江有洍」。○時，市之[反]，辰。三。○塒，鑿垣栖鷄。○鼭，鼠。○疑，語基反。三。○嶷，九嶷，山名』，比底卷所殘空間約少二個大字，可參。

〔五四〕釋義《王二》同，《玉篇·角部》『觺』字注文云：『觺觺猶岳岳也。』是底卷當用注文與被注字連讀成訓例。

〔五五〕小韻標數字『十一』底卷漫滅，此從《敦煌掇瑣》及《姜韻》録定。

〔五六〕注文《王二》作『相思木』，《箋二》、《箋七》、《廣韻》皆作『相槵木』，《裴韻》作『相槵木名』，是底卷『槵』前脱『相』字，茲據擬補一個脱字符。

〔五七〕行首至『颸』字間底卷殘泐約半行，據空間，可抄十三個左右大字，《王二》相關内容作『○箟，竹有毒，傷人即死。○禗，神不安欲去意。○覗，覰覗。○獄，辯獄相察。○輜，楚持反。又側持反。車。二』，與底卷所殘空間略合，當可據補。

〔五八〕注文『正』字《王二》作『古』；又『畀』字《王二》作『开』形，皆爲《説文·箕部》『箕』字籀文『𠔀』之俗變，參《箋七》校記〔三三八〕。又小韻標數字『廿一』底卷漫滅，此從《敦煌掇瑣》録定。

〔五九〕『所』字《王二》作『旂』形，底卷俗訛，茲據校改。

〔六〇〕殘字前者底卷存下部『糸』形部分，後者存右及下部筆畫，兹據《王二》校補作『紫』、『蕨』二字。行首至殘字『紫』間底卷殘泐約半行，據空間，可抄十三個左右大字，《王二》相關内容作『〇萁，蟚萁，似蟹而小。〇琪，玉。〇綦，履飾，亦綨（緋），木（未）嫁女所服。〇麒，麒麟。〇淇，水名。〇鵋，鳥名。〇藄，紫藄，似蕨』，比底卷所殘空間約少近一個大字的空間，可參，兹爲後一殘條擬補二個缺字符。

〔六一〕注文《王二》作『鯿魚』，《切二》（伯三六九六）、《箋二》、《箋七》、《廣韻》皆作『編魚』，《裴韻》作『偏魚』，『編』、『偏』皆『鯿』之俗借字，疑底卷衍抄一代字符。

〔六二〕行首至『檽』字間底卷殘泐約半行，據空間，可抄十四個左右大字，《王二》相關内容作『〇艩，艩艃，舩。〇舁，舉。又渠記反。〇詩，書之反。志。二。〇郝，地名。〇而，如之反。詞。十三。〇栭，木名，子似栗而細；一曰梁上短柱』，比底卷所殘空間多約一個大字，可參。

〔六三〕『而』字《王二》作『洏』，合於文例，底卷誤脱『氵』旁，兹據校改。

〔六四〕行首至『娸』字間底卷殘泐約半行，據空間，可抄十四個左右大字，《王二》相關内容作『〇耏，多毛。《説文》爲而，今用各别，通俗作髵。〇咡，吻。〇陑（陑），九（丸）熟。〇誀，誘。〇荋，草多葉。〇欺，去其反。六』，與底卷所殘空間略合，當可據補。

〔六五〕注文《王二》作『鴡（鵙）鳥』，又『頣鵋』底卷作『鵋頣』，龍宇純據《爾雅·釋鳥》『鵅，鵋鵙』謂底卷誤倒，且『息』爲『鳥』之誤』，與《廣韻》、《集韻》、《玉篇·鳥部》等合，兹從乙正并校改；又底卷『頣』字亦當爲承前從『頁』旁字而訛，兹亦據校改。

〔六六〕『晬』字《王二》作『脺』，龍宇純《校箋》云『此當作晬』，是，底卷形訛，兹據校改。又『作』字下一缺字居底卷行末，可據《王二》補作『其（亓）』字。殘字底卷存右下角似『人』形筆畫，兹據《王二》校補作『似』字。又次行行首至殘字『似』間底卷殘泐約半行，據空間，可抄十三個左右大字，《王二》相關内容作『〇朞，脺（晬）。古作其（亓），今通俗作稘。〇基，始。〇箕，簸器。〇萁，菜，似蕨。〇箟，可以取蟣。〇諆，諆

（謀），《詩》云『周爰咨謀（諆）』。○詞，似茲反。文言。五』，與底卷所殘空間吻合，當可據補。

〔六七〕『名』字當爲『亦』字草寫『𡖋』的形訛，茲依文例校改。

〔六八〕『十二』二字底卷漫滅，此從《姜韻》録定。又缺字底卷殘泐，可據《王二》補作『之反理一』四字。

〔六九〕殘字底卷存下部筆畫，茲據《王二》校補作『又』字。行首至殘字『又』間底卷殘泐約半行，據空間，可抄十三個左右大字，《王二》相關内容作『○貍，似貓。○氂，十毫。○嫠，無夫。○剺，剥剺（剺蓋衍）。○梩，徙土輂。字出《六韜》。又都皆反。○犛，牛。又莫交反』，比底卷所殘空間少約一個大字，可參，茲爲殘條擬補三個缺字符。

〔七〇〕『臺』字下《王二》有一『反』字，底卷脱，茲據擬補一個脱字符。

〔七一〕『秋』字《王二》作『愁』，合於《説文》，底卷誤脱『心』旁，茲據校改。

〔七二〕行首至『椔』字間底卷殘泐約半行，據空間，可抄十三個左右大字，《王二》相關内容作『○甾，側持反。不耕田。或作菑。十一。○䅔，［耕。○菑，］一歲田。○淄，水名。○輜，［輜軿，車。○錙，］銖輜（當乙正）。○緇，黑色。亦作紂。○鶅，東方雉名』，校正後的内容比底卷所殘空間多約兩個大字，疑底卷亦有一條脱文。

〔七三〕『魚』字下《王二》有『名』字，《箋二》、《箋七》同，底卷脱，茲據擬補一個脱字符。

〔七四〕『歖』字《王二》有注文『卒喜』，《箋二》、《王二》、《廣韻》同，底卷蓋脱，當從補。

〔七五〕行首至『嘻』字間底卷殘泐約半行，據空間，可抄十三個左右大字，《王二》相關内容作『○譆，痛聲。亦作誒。○熹，盛。○𢻫，坼。○瞦，目精。○𤈦，火盛。○嘻，噫嘻。○欯（欸），喜笑。○嫛，善嫛（嫛字衍）。○娭，戲娭』，比底卷所殘空間多約一個大字，可參。

〔七六〕『三』字底卷漫滅，此從《敦煌掇瑣》及《補正》録定。『𡎺』爲『巫』的繁化俗字，參《敦煌俗字研究》下編工部『巫』字條考釋。《王二》字頭作『毉』，而於注文中有『俗通醫』字，龍宇純《校箋》謂『此疑後人增改』。

〔七七〕『四』字底卷漫滅，此從《敦煌掇瑣》、《姜韻》録定。

〔七八〕殘字存下部筆畫，兹據《王二》校補作『執』字。行首至殘字『執』間底卷殘泐約半行，據空間，可抄十三個左右大字，《王二》相關内容作『○齝，牛吐食。或作齝。○笞，撻。○痴，痴癖，不達。癖子（字）直廉（庶）反。又勑慮反。○治，直之反。理；大帝諱。二。○持，執』，與底卷所殘空間吻合，當可據補，兹爲殘條擬補一個缺字符。

〔七九〕『六』字底卷漫滅，此從《敦煌掇瑣》、《補正》録定。

〔八〇〕『嵌』字《王二》作『嵗』形，當爲《廣韻》所作之『歖』形的易位俗字，底卷俗省。

〔八一〕『妛』字《王二》同，《廣韻》作『妛』，合於形聲構字理據，底卷俗省。

〔八二〕行首至『滋』字間底卷殘泐約半行，據空間，可抄十三個左右大字，《王二》相關内容作『○慈，疾之反。孝。三。○磁，石。○鷀，鸕鷀，鳥名。○兹，子慈反。此。十二。○孶，息孶。○嵫，崦嵫。○孜，篤愛』，比底卷所殘空間少約一個大字，可參。

〔八三〕『鼒』字《箋七》同，《王二》、《廣韻》作『鼒』形，合於《説文》，底卷俗訛，兹據校改。

〔八四〕『鮂』字居底卷行末，次行上半行殘泐，所存下半行無字，依底卷行款文例，其上必有文字。《王二》『鯔』字條下的内容作『○孖，雙生。○仔，克。○茬，士之反。茬平，縣名。一。○漦，俟淄反。龍次（涎）；又順流。一』，可參。

〔八五〕行首至『物』字間底卷殘泐約半行，據空間，可抄十三個左右大字，《王二》相關内容作『○八微，無非反。妙。通俗作微。五。○瀓（溦），小雨。○薇，竹名。又武悲反。○薇，菜。○鐖，縣物鉤』，比底卷所殘空間少約兩個大字。姑爲後一殘條擬補三個缺字符。

〔八六〕『十』字底卷漫滅，此從《敦煌掇瑣》、姚榮松《新校記》録定。

〔八七〕殘字底卷存下部似『十』字形筆畫，兹據《箋七》、《王二》校補作『韋』字。行首至殘字『韋』間底卷殘泐約半行，據空間，可抄十三個左右大字，《王二》相關内容作『○潬，竭。○旜，動旜（旜字衍）。○樿，犂頭。○徹（徹），幟。○幃，王非（《箋七》作悲）反。香囊。十二（三）。○闈，宫中。○圍，周合』，與底卷所殘空間略合，當可據補。

〔八八〕『亶』字上部底卷略殘，兹據《王二》録定。

〔八九〕『七』字原卷漫滅，此從《姜韻》録定。

〔九〇〕『人』字麥耘《簡編》云當爲『又』之訛，《王二》正作『又』字，《敦煌掇瑣》、《姜韻》皆徑録作『又』，兹從校改。

〔九一〕『細』字左部、『皃』字上部底卷皆有些漫漶，兹從《王二》録定。

〔九二〕注文『斐』字單用，《箋二》、《箋七》、《王二》同，《廣韻》作『斐斐』，底卷當用注文與被注字連讀成訓例，又參《箋二》校記〔一五〇〕及《箋七》校記〔三八九〕。

〔九三〕『在』字《箋七》同，《王二》無，《敦煌掇瑣》、《姜韻》不録，不確，《周韻》因《敦煌掇瑣》而校補之，是。又『八』字底卷漫滅，此從《敦煌掇瑣》及《姜韻》録定。『裴』爲『斐』字或體，『斐豹』見《左傳·襄公二十三年》，爲晉國人名。

〔九四〕殘字底卷存下部筆畫，此從《箋七》、《王二》校補。

〔九五〕『羊』、『曰』二字當爲『牛』、『目』形訛，參《箋七》校記〔三九二〕，兹據校改。

〔九六〕『鯡』字注文『魚名』及下條字頭『駹』字底卷脱，又『是』當爲『足』字形訛，參《箋七》校記〔三九三〕，兹據校改并擬補三個脱字符。

〔九七〕注文『豊』爲『豐』之俗字，參《敦煌俗字研究》下編豆部『豐』字條考釋；又正體『肥』右部通常作『巴』形，『肥』與『肥』爲篆文隸定之異，參《箋七》校記〔三九四〕，下文從『肥』者皆同此；又『八』字底卷漫滅，此從《敦煌掇瑣》、《姜韻》録定。

〔九八〕『腳』字底卷有些漫壞，兹從《敦煌掇瑣》、《姜韻》録定。

〔九九〕缺字底卷殘泐，可據《箋七》、《王二》補作『負』、『蟲』二字。

〔一〇〇〕『難』當爲『艱』字形訛，參《箋七》校記〔三九八〕，兹從校改。

〔一〇一〕『盛』字置此不辭，兹據《王二》校改作『或』字，底卷形訛。

〔一〇二〕『作』、『渠』二字底卷有些漫壞，兹據《箋七》、《王二》録定。

〔一〇三〕『似』字《箋七》同，《箋二》、《王二》、《廣韻》皆作『以』字，底卷形訛，《敦煌掇瑣》、《姜韻》皆徑録作『以』字，兹據校改。

〔一〇四〕『反』字前《箋七》、《王二》皆有『二』字，底卷脱（《敦煌掇瑣》、《姜韻》徑録有『二』字，非原形）兹據擬補一個脱字符。

〔一〇五〕釋義《箋七》同，《王二》作『織具』，於義爲長，疑底卷『具』前脱『織』字。

〔一〇六〕二殘字底卷皆僅存下部筆畫，兹據《箋七》、《王二》校補作『小食』。

〔一〇七〕『機』字條底卷誤作注文文字，接抄於『饑』字注文下，兹爲分立乙正，參《箋七》校記〔四〇四〕。

〔一〇八〕『釣』字《王二》同，當爲『鈎』字形訛，參《箋七》校記〔四〇五〕，兹據校改。

〔一〇九〕『八』字底卷漫滅，此從《敦煌掇瑣》、《姜韻》録定。

〔一一〇〕殘字底卷存下部筆畫，兹據《箋七》校補作『葵』字。又字頭底卷殘泐，可據《箋七》及《王二》補作『莃』字。

〔一一一〕『名雉』《箋二》、《箋七》同，《王二》作『雉名』，《爾雅·釋鳥》云『雉，北方曰鵗』，是《王二》誤倒。

〔一一二〕釋義《箋七》同，《王二》作『衣服』。

〔一一三〕注文殘字底卷僅殘存下部少許筆畫，兹據《箋七》、《王二》校補作『名』字；又缺字底卷殘泐，可據諸本補作『魚機』及『水』三字。

〔一一四〕『魏』字《箋七》同，《王二》作『犩』形，參《箋七》校記〔四〇八〕。

〔一一五〕注文『語』字左上角底卷略殘，茲據《箋七》、《王二》録定。『語』字前底卷有殘泐，依文例及諸本相關内容可推知爲大韻代表字『魚』及其標序字『九』，茲據擬補二個缺字符。又注文缺字可據諸本補作『水』字。

〔一一六〕『瀵』字底卷誤分作『渙』、『奐』二字，茲爲校改，詳參《箋七》校記〔四二〕。

〔一一七〕注文『齬』字《箋七》、《王二》作『鋙』，底卷蓋承前條字頭而訛，茲據校改。

〔一一八〕『名』字《箋二》、《王二》、《箋七》無，《廣韻》訓作『美玉名，案《禮記》注云「笏也」』。

〔一一九〕殘字底卷存下部少許筆畫，茲參《箋二》、《箋七》、《王二》及《廣韻》校補作『緩』字。又字頭缺字底卷殘泐，可據諸本補作『紓』字。

〔一二〇〕字頭底卷漫漶不能辨，可據《王二》、《廣韻》補作『蕍』字。

〔一二一〕小韻標數字《王二》作『九』，底卷本小韻脱字頭『賍』字，參下條校記，蓋抄者據其脱抄後的實收字數改『九』作『八』字，茲據回改。

〔一二二〕『琚』字注文底卷作『貯玉』，《箋二》、《箋七》、《王二》皆作一字『玉』，諸本『琚』字條下皆有『賍，貯』一條，底卷脱字頭，而又臆倒『玉貯』之序作『貯玉』，茲據諸本乙正并爲擬補一個字頭缺字符。

〔一二三〕『鶋』字當爲『鶋』字形訛，參《箋七》校記〔四一八〕，《敦煌掇瑣》、《姜韻》徑録作『鶋』字，茲據校改。

〔一二四〕『渠』字注文『渠強』二字在行末，次行行首至『⿰車豦』字間底卷殘泐約一個大字的空間，其間殘字存右下角撇形筆畫，『渠』字注文《王二》作『強魚反。水溝。廿』，與底卷所殘空間吻合，茲據校補殘字作『水』，并擬補四個缺字符。

〔一二五〕『⿰車囚』字《箋二》作『軜』，《箋七》作『輌』，《王二》作『輌』，皆『輛』之俗寫，底卷當爲形訛，茲據校補正字。

〔一二六〕『⿱糸巨木』字爲『⿰糸渠』字俗省，參《箋二》校記〔一七五〕。

〔一二七〕『⿱⿰石巨木』字《箋二》、《箋七》、《王二》、《廣韻》皆作『磲』形，《集韻》『磲』字注云『或省』作『⿱⿰石巨木』。

〔一二八〕殘字底卷皆存下部筆畫，茲參《王二》、《廣韻》校補作『⿰木豦』、『栫』二字。

〔一二九〕「蘧」字《王二》作「藘」形，《廣韻》、《集韻》皆未收此字，此當爲本小韻前所收之「藘」字的俗字，「藘」字《說文·艸部》訓作「菜也，似蘇者」，是知此當爲王仁昫之誤收。

〔一三〇〕「蝶」字《王二》同，龍宇純《校箋》云：「《說文》『蟲，蟲蜋也』，此即《說文》『蟲』字，《廣韻》云『蝶』與『蟲』同。』然『蟲』字《箋二》、《箋七》已收，訓『獸』，與底卷同，則『蝶』字之收，或亦始自王仁昫。又底卷『蟦』字當爲『蜋』字形誤，兹據校改。

〔一三一〕『同』字下《王二》無『余』字，於義爲長。『廿三』底卷漫漶，此從《敦煌掇瑣》録定。

〔一三二〕注文《箋二》作『旌幡』，《箋七》作『旗』，《王二》作『旂』，《廣韻》作『《周禮》曰「鳥隼曰旟，州里所建也」，《爾雅》曰「錯革鳥曰旟」，郭璞云：「此謂合剥鳥皮毛置之竿頭。」』可參。

〔一三三〕『澳』字《箋二》、《箋七》、《王二》皆作『澦』形，合於《説文》，《廣韻》兼收二字，皆訓『水名』，余迺永《新校》於『澳』字上注云『本紐重出，當删』，是底卷當爲『澦』字俗省。

〔一三四〕『婦』字《廣韻》同，合於《説文》，《王二》作『女』。

〔一三五〕殘字底卷存上部『鹿』形部分，兹據《箋二》、《箋七》、《王二》校補作『麜』字。

〔一三六〕『篋』字《王二》作『籧』，合於《方言》卷十三及《廣雅·釋器》文，底卷當爲俗寫換聲旁字。

〔一三七〕注文《王二》同，龍宇純《校箋》云：『《廣韻》引《爾雅》「鷄大者蜀，蜀子雜」，此當云「蜀雞子」。』

〔一三八〕『九』字底卷漫滅，此從《敦煌掇瑣》、《補正》録定。

〔一三九〕『路』字《王二》、《廣韻》皆作『露』，底卷脱上『雨』旁，兹據校改。

〔一四〇〕『楕』字左下角底卷略殘，兹據《箋二》、《箋七》、《王二》録定。又缺字底卷殘泐，可據諸本補作『木名』。

〔一四一〕殘字底卷存右下角筆畫，兹據《箋二》、《箋七》、《王二》校補作『蜙』字。又『蝑』字左側底卷略有殘泐，亦據諸本録定。缺字底卷殘泐（其中字頭缺字當居前行末），可據諸本補作『蝑』、『蟲』二字。

〔一四二〕字頭殘字底卷存右側筆畫，注文殘字存左下角鈎和一點，兹據《王二》、《廣韻》校補作『揟』、『水』二字。

又釋義《王二》同，《廣韻》作『取水具也』，《説文・手部》『揟，取水沮也』段注：『沮字《玉篇》、《廣韻》作「具」，非也。取水之具或以木或以瓦缶，則製字不當从手矣。「沮」今之「渣」字。』疑底卷『水』字下脱一字。

〔一四三〕『十三』底卷漫滅，此從《敦煌掇瑣》、姚榮松《新校記》録定。

〔一四四〕前行字頭殘字底卷存右部『且』旁，注文殘字僅存右側少許筆畫，兹據《箋二》、《箋七》、《王二》校補作『胆』、『蟲』二字。又『蟲』以下至行末底卷殘泐約四個大字的空間，次行行首至『坥』字間亦殘泐約兩個半大字的空間，《王二》相關内容作『○胆，虫在肉中。俗作蛆。又子魚反。○葅，苞。○⿰即阝，鄉名，在鄠縣』，比底卷多約半個大字，可參。

〔一四五〕『似』字《王二》、《集韻》作『伺』，底卷形訛，兹據校改。

〔一四六〕『三』字底卷有些漫漶，此從《敦煌掇瑣》、《潘韻》録定。

〔一四七〕本條《王二》同，龍宇純《校箋》云：『五刊（即《唐刊》伯二〇一四）本紐亦「鋤」、「鉏」、「豠」三字，「鉏」下云「人姓」。本書「齬」字似當作「鋙」。然語韻「鉏呂反」有「齟」無「鉏」，又似正文有誤。《廣韻》語韻亦有「鉏」字。』底卷注文當用注文與被注字連讀成訓例。

〔一四八〕『三』字底卷漫滅，此從《補正》録定。

〔一四九〕『筳』字下部底卷略殘，兹據《王二》録定。又殘字底卷略有漫滅，其可辨者爲左部『辶』旁，《姜韻》録作『達』字，《潘韻》校云：『原卷「達」字模糊，不能辨識，似非「達」字。』《廣韻》除本小韻外，又於模韻『同都切』小韻收之，檢定紐字中從『辶』旁者，蓋『達』字與底卷殘形最似，兹姑據校補。又從底卷之行款看，其『筳』字下殘泐有二小字的空間，可參《廣韻》及文例補作『名』、『又』二字。

〔一五〇〕字頭殘字底卷存左側似『𧾷』形部分，注文二殘字皆僅存左側少許筆畫，兹據《王二》校補作『踈』及『遠九』。又缺字底卷殘泐，可據《王二》補作『色魚反』三字。

〔一五一〕前行『踈』字條下至行末底卷殘泐約兩個大字的空間，次行行首至『櫛』字間殘泐約兩個半大字的空間，《王二》相關内容作『○練，練葛之練。○蔬，菜蔬。○梳，櫛梳』，與底卷所殘空間吻合，茲據擬補九個缺字符。又『櫛』字左側底卷略有殘壞，此據《王二》録定，『櫛』字底卷居雙行注文小字的右行，其左行殘泐，據《王二》當有一代字符，即『梳』字，茲亦爲擬補一個缺字符。

〔一五二〕『爲』字《王二》作『作』字，於文例爲安。

〔一五三〕『舉』字下《王二》有一『反』字，底卷脱，茲據擬補一個脱字符。

〔一五四〕此三『虛』字字形應有差異，但審底卷字形實同，《敦煌俗字研究》下編參酌《干禄字書》及《正名要録》等校録注文或體之前者作『虗』形，後者作『虚』形，茲從之。又小韻標數字底卷漫滅，《王二》作『五』，與底卷實收字數合，可據補。

〔一五五〕『畜』字下《王二》有『生』字，《箋七》同底卷。

〔一五六〕『魖』字在行末，次行行首至『郤』字間底卷殘泐約三個大字的空間，其中『郤』字上存二注文殘字，前者可辨爲『反』字下部形，後者僅存右下角筆畫，《王二》相關内容作『○魖，魖秏。○徐，似魚反。緩步。四』，與底卷所殘空間吻合，茲據校補二殘字作『反』、『四』，并爲此殘泐空間擬補七個缺字符。

〔一五七〕殘字底卷存右部筆畫，茲據《箋七》、《王二》校補作『羊』字。

〔一五八〕字頭殘字底卷存上部筆畫，注文殘字存一右部捺筆，茲據《王二》校補作『徐』、『人』二字。又缺字底卷殘泐，可據《王二》補作『姓』字。

〔一五九〕殘字底卷存右側筆畫，可辨其爲一捺筆下有二點，茲據《王二》校補作『於』字。又『於』字注文底卷作『箊▨(箊)，□□』，檢《王二》『於』字注文作『央魚反。俗作扵。又哀都反。五』，其下接『箊』字條注文作『箊箊，竹名』，是底卷此處脱抄『於』字注文及『箊』字字頭，然底卷又於本條右下側行間補抄『箊，箊箊，竹名』條，而『於』字注文則未補抄，今補録『箊』字條内容，并爲『於』字注文擬補十一個缺字符。

〔一六〇〕『箊』字條下至『唹』字間底卷殘泐約四個大字的空間，『唹』字右上角有一殘字存下部『如』形部分，《王二》相關内容作『○淤，淤泥。○菸，菸邑，茹熟之皃』，與底卷所殘空間及殘字形吻合，茲據校補殘字作『茹』，并爲此殘泐空間擬補九個缺字符。

〔一六一〕『唹』字左部『口』旁的左側底卷略有殘泐，茲據《王二》録定。

〔一六二〕『三』字底卷漫滅，此從《敦煌掇瑣》、《補正》録定。

〔一六三〕『臚』字注文『反』、『臚』、『通』三字底卷皆有些漫壞，茲據《王二》録定，『通』下殘字底卷存上部筆畫，亦據《王二》校補作『作』字；『反』和殘『作』字底卷分居雙行注文之右行和左行，左行『作』字似已在行末，而右行『反』下至行末似還有可抄一字的空間，次行行首至『毛』字間底卷殘泐約二個大字的空間，《王二》相關内容作『○臚，力魚反。皮臚。通作臚。十。○䰕，毛䰕（䰕字衍）』，與底卷所殘空間吻合，茲據擬補四個缺字符；《箋二》、《箋七》及伯二〇一四號《大唐刊謬補缺切韻》同一小韻『臚』字下皆有『皮臚』一訓，亦可證。

〔一六四〕『閭』字左竪底卷殘泐，茲據《王二》録定。又其注文《王二》作『閭閈』，而底卷『里』字居注文雙行之右行，其左行殘泐，疑底卷當如《箋七》作『里閭』，姑於『里』下擬補一個缺字符。

〔一六五〕殘字存下部似『小』形部分，『閭』字條下至『藺』字間底卷殘泐約三分之一行，據空間，可抄八個左右大字，《王二》相關内容作『○廬，舍。○蘆，漏蘆，藥名。○驢，下獸。○櫚，栟櫚。○蘆（藘），蘆（藘）蒢』，與底卷所殘空間略合，當可據補，茲據校補殘字作『蒢』。

〔一六六〕『爐』字《王二》同，《箋二》、《箋七》、《廣韻》皆作『爈』字，底卷形訛，茲據校改。

〔一六七〕『蔗』字居底卷行末，次行以下殘斷，其中次行右側下部有少許文字殘畫，未能比勘出具體内容，故不具録。又『藷』字《王二》訓作『藷蔗，甘蔗』，可參。

〔一六八〕第二紙正面末行至反面首行間殘泐，以《王二》爲參照，其内容爲九魚韻後部（約四行）和十虞韻前面的文字，計約殘泐十六行左右。

〔一六九〕行首至下條殘字『萸』間底卷殘泐約半行，據空間，可抄十三個左右大字。

〔一七〇〕殘字底卷存下部漫漶的筆畫，茲據《王二》校補作『萸』字，隸『羊朱反』小韻。缺字底卷殘泐，可據《王二》補作『茱』字。

〔一七一〕殘字底卷存左部『土』旁，茲據《王二》校補作『堬』字。又缺字底卷殘泐，可據《王二》補作『冢』字。

〔一七二〕殘字底卷存左部筆畫，其中『木』旁可辨，茲據《王二》校補作『榆』字。又缺字底卷殘泐，《王二》注文作『木名』，底卷可據補作『木』字。

〔一七三〕『牏』字右側底卷略殘，茲據《王二》録定。又缺字底卷殘泐，可據《王二》補作『築垣』二字。

〔一七四〕『踰』字右側底卷略殘，茲據《王二》録定。又缺字底卷殘泐，可據《王二》補作『變色』二字。

〔一七五〕殘字存左部似『俞』形部分，茲據《王二》校補作『㼶』字。又缺字底卷殘泐，可據《王二》補作『鉼』字。

〔一七六〕前行『萮』字底卷居行末，其並列的右側注文殘泐。次行行首至『渝』字間底卷殘泐約兩個大字的空間，《王二》的相關内容作『萮，莒萮。又庚句［反］。亦作⿱艹⿰齒青(⿱艹⿰齒俞)』，與底卷所殘空間吻合，茲據擬補八個缺字符(包括前行的一個缺字符)。

〔一七七〕殘字前者底卷存下部筆畫，後者存上部筆畫，茲據《王二》校補作『變』、『亦』二字。

〔一七八〕殘字底卷存上部筆畫，其下至『鰸』字間底卷殘泐約三分之一行，據空間，可抄八個左右大字，《王二》相關内容作『〇⿱⺈旦(舀)，臼。又翼州反。〇踰，過踰。〇區，氣俱反。垣⿰阝宛(院)。六。〇嶇，崎嶇。亦作嶇』，與底卷所殘空間吻合，茲據校補殘字作『舀』，并擬補二十一個缺字符。

〔一七九〕本條底卷附在『珠』字右側，蓋初抄遺漏，後補於此，然『七』字底卷漫漶難辨，此從《姜韻》録定。

〔一八〇〕行首至『鴸』字間底卷殘泐約兩個大字的空間，《王二》相關内容作『咮，譽咮，多咮(咮字衍)言也(也字衍)』，其校定後的文字比底卷所殘空間少約一個大字，疑底卷注文標有異體或又音。

〔一八一〕『鴟』字左旁底卷略有漫壞，兹據《箋二》、《王二》録定。

〔一八二〕缺字底卷殘泐，當據《王二》補作『繒純』二字，龍宇純《校箋》：『《廣韻》云「繒純赤色」，《説文》云「純赤也」，「純」下當有「赤」字。』底卷同脱，故亦爲擬補一個脱字符。

〔一八三〕『袾』字右側底卷略殘，兹據《王二》録定。又殘字底卷存左部筆畫，亦據《王二》校補作『身』字。缺字底卷殘泐，可據《王二》補作『又』字。

〔一八四〕字頭『趨』字及注文『七朱反疾行』五字底卷皆右部略殘，兹據《箋二》、《王二》録定。又『一』字底卷漫滅，此從《敦煌掇瑣》録定。

〔一八五〕殘字底卷漫漶，僅存其大略，然與《王二》之作『敬』字字形略合，故據校補。又『作』字前《王二》有『正』字，合於文例，底卷蓋脱，兹據擬補一個脱字符。

〔一八六〕字頭所從『婁』旁底卷皆作『婁』形，今爲省造字之繁，皆徑改作從『婁』形，後同。

〔一八七〕殘字底卷存左部『丁』旁，可據《王二》校補作『頂』字。又缺字底卷殘泐，亦可據《王二》補作『山』字。

〔一八八〕殘字前者底卷存左下角少許筆畫，後者存大部筆畫，行首至殘字間殘泐約一個半大字的空間，《王二》相關内容作『鶵，鵪鶵，野鵞』，與底卷殘形及所殘空間吻合，兹據校補二殘字作『野鵞』，并爲擬補三個缺字符。

〔一八九〕釋義《箋二》同，《廣韻》作『求子豬也』，又參《箋二》校記〔三七〕。

〔一九〇〕『夫』字上部底卷略有殘泐，兹從《箋二》、《王二》録定。

〔一九一〕殘字底卷存右部少許筆畫，兹據《王二》校補作『符』字。

〔一九二〕缺字底卷殘泐，可據《箋二》、《王二》補作『鴨』字。

〔一九三〕前行末字『榑』木旁左部底卷略有殘泐，兹據《箋二》、《王二》録定。又次行行首至殘字『扶』間底卷殘泐約兩個大字的空間，《王二》相關内容作『海外大業（桒），日所出之』，《箋二》略同，然無『之』字，與底卷所殘空間吻合；『槫』字《廣韻》訓作『槫桑，海外大桑，日所出也』，疑《王二》『之』爲『也』字形訛，而底卷注文不用語尾『也』字，茲據擬補七個缺字符。

〔一九四〕殘字存下部筆畫，茲據《箋二》、《王二》校補作『枎』字。

〔一九五〕釋義《王二》同，《廣韻》作『草木子房』，《集韻》作『草木花房』，龍宇純《校箋》謂『「李」當作「木子」二字』，茲從校改。

〔一九六〕『畉』字《王二》同，《廣韻》、《集韻》作『畎』形，底卷所作當爲俗字。又『畚』字《龍龕·田部》以爲是『畚』之俗字。

〔一九七〕『蔿』爲『蒍』之俗字。又注文《箋二》作『蔿茈』，《王二》作『蒍茈，子』，龍宇純《校箋》：『「子」疑「草」字之誤，草書「草」字與「子」字形近』，《廣韻》注文作『蒍茈，草也。案《爾雅》曰：「芍，鳧茈。」不從艹』，是底卷三字皆形訛，茲據校改（其中注文『鳧』字雖與《爾雅》略同，然依文例，此用字當與字頭同形）。

〔一九八〕前行二殘字底卷分居雙行注文右行首字和左行第二字，茲據《王二》校補作『水』、『陽』二字。又殘字下至行末底卷殘泐約五個左右大字，次行行首雙行注文的右行殘，依左行行款，右行當缺四個小字，《王二》相關內容作『〇潙，水名，出桂陽。〇泭，水中草（箄）茷（筏）。又扶留反。〇䅳，士于［反］。稷穰。俗作𥞵』，與底卷所殘空間吻合，茲從擬補十六個缺字符。又次行殘字底卷存下部兩側筆畫，茲據《王二》校補作『俗』字。另外，從行款看，底卷『䅳』字的注文字數與《王二》同，疑亦脱『反』字，故爲擬補一個脱字符。

〔一九九〕《王二》字頭作『雛』形，其注文釋義後有『又作雛』。又依文例，注文『鶵』字當與字頭同形，蓋抄者因前『鶵』字而類化作從『鳥』。

〔二〇〇〕『語』字《箋二》、《王二》皆作『誤』，底卷形訛，茲據校改。

〔二〇一〕缺字底卷殘泐，可據《箋二》、《王二》補作『囚』字。

〔二〇二〕『痡』字右側底卷略殘，茲據《箋二》、《王二》録定。又『痡』字下至行末底卷殘泐約一個半大字的空間（包括殘字)，《王二》相關内容作『痛，病。又普胡反』，與底卷所殘空間吻合，茲據校補底卷殘字(存左部似『古』形部分)作『胡』，并擬補四個缺字符。

〔三〇三〕『花』字下《王二》有一代字符，《玉篇·艸部》同，又『蘤』字《廣韻》訓作『花葉布也』，是其本不指花，底卷脱代字符，茲據擬補一個脱字符。

〔三〇四〕『紉』當爲『紬』字形訛，參《箋二》校記〔三三二〕，茲據校改。

〔三〇五〕『豆』字《王二》作『主』，檢《王二》上聲九麌韻『方主反』小韻收有『郙』字，底卷麌韻『方主反』小韻『郙』字條稍殘，但可辨知其有，是底卷『豆』字當承前字又音而訛，茲據校改。

〔三〇六〕殘字底卷存左上角筆畫，《王二》相關的字頭作『⿱髟豆』，龍宇純《校箋》云：『「⿱髟豆」字見「相俞反」下，此當從《集韻》作「⿱髟音」。』從底卷或體字聲旁從『音』看，底卷殘字當亦從『音』聲，茲據校補。

〔三〇七〕『耶』《姜韻》録作『玡』，不確。

〔三〇八〕殘字底卷存左及上部筆畫，茲據《王二》校補作『鈇』字。缺字底卷殘泐，可據《箋二》、《王二》補作『鉞』字。

〔三〇九〕注文或體『袂』字《王二》同，與字頭同形，不合文例。《廣韻》收其或體作『帙』形，《集韻》收『帙』、『紩』，茲姑據校改作『帙』字，底卷形訛。

〔三一〇〕『⿰亻鳥』字《箋二》、《王二》皆作『⿰忄鳥』形，後者合於形聲構字理據，底卷形訛；又『尺』字二書皆作『足』，底卷亦形訛，並據校改。

〔三一一〕注文後一『尺』字前《王二》有『十』字，合於《説文》，底卷脱『十』字，茲據擬補一個脱字符。

〔三一二〕注文《王二》同，《爾雅·釋鳥》『佳其，鳺鴀』，郭璞注：『今鵓鳩。』按『鳺鴀』爲聯綿詞，底卷用注文與被注字連讀成訓例。

〔三一三〕注文《王二》誤作『⿰魚眞』形，《廣韻》作『⿰魚夫鯕，魚名』；底卷亦單字訓，當與前條同用注文與被注字連讀成訓例。

〔三二四〕缺字底卷殘泐，可據《箋二》、《王二》補作『憶俱』、『縈』三字。

〔三二五〕『尩』字《王二》略同（唯『丂』旁作『于』形，爲同一篆文的不同隸定之形），《廣韻》作『尫』形，合於《説文》，底卷俗寫。又注文《王二》作『服』，龍宇純《校箋》：『《説文》云「尪，股尪也」。「股」下當重「尪」字。《廣韻》云「盤旋」。案《説文》「股」疑當是「般」字之誤。』按底卷當用注文與被注字連讀成訓例。

〔三二六〕注文《王二》同，龍宇純《校箋》：『《廣韻》云「鞬也」，《集韻》云「《字林》鞬也，胡人謂之韝」。案胡人云「鞬」爲「韝」，「鞬」爲「弓矢之服」，此云「胡矛」，非其義。』

〔三二七〕殘字底卷存下部『一』形筆畫，兹據《王二》及本小韻實收字數校補作『三』字。缺字可據《王二》補作『反』、『臼』二字。又『扇』字《王二》同，龍宇純《校箋》：『「扇」當作「扉」，字之誤也。《易·繫辭》「樞機之發」，《釋文》：「門臼也。」』《廣韻》『樞』字注文作『本也；《爾雅》曰「樞謂之椳」，郭璞云「門户扉樞也」』，兹據校改。

〔三二八〕注文《王二》作『策箂』，《廣韻》作『箂策』，《玉篇·竹部》同，『箂策』當爲連綿詞，《王二》誤倒，底卷當用注文與被注字連讀成訓例。

〔三二九〕『抢』爲『挹』之俗字，俗寫『口』多作『厶』形，而『巴』、『巳』則爲同一篆文的不同隸變形體。

〔三三〇〕『梂』字《王二》同，《箋二》誤作『株』形，《廣韻》作『捄』形，後者合於《説文》，俗寫『扌』、『木』二旁多混而不分，兹據校補正字。

〔三三一〕殘字底卷僅存左下角一點狀殘畫，兹據《王二》校補作『俱』字。又『偕』字上部底卷略殘，亦從《王二》録定。

〔三三二〕『礪』字下《王二》有『石』字，《廣韻》同。

〔三三三〕注文『氍毹』《廣韻》同，《王二》另有一釋義字『毛』，疑爲後增。

〔三二四〕『操』字《箋二》誤作『榀』形，《廣韻》作『橾』形，後者合於《説文》，俗寫『扌』、『木』二旁多混而不分，茲據校補正字。

〔三二五〕注文殘字前者底卷存下部『大』形筆畫，後者存下部少許筆畫，其上至行首底卷殘泐約一個大字的空間，《王二》相關内容作『十一模，莫胡反。法。九』，茲據校補二殘字作『莫』、『法』，并擬補三個缺字符（標序字底卷皆提行書寫）。

〔三二六〕『子』字前《箋二》、《王二》皆有一『揄』字，與《説文・酉部》『醔，醔醶，揄醬也』合，底卷脱抄『揄』字，茲據擬補一個脱字符。

〔三二七〕注文『謨』字《箋二》、《王二》、《廣韻》皆作『謀』，合於文例，底卷抄者蓋誤以爲『謨』形，而録作代字符，茲據校改。

〔三二八〕『七』字底卷模糊，此參《敦煌掇瑣》、姚榮松《新校記》録定。

〔三二九〕殘字存下部少許筆畫，茲據《箋二》、《王二》校補作『大』字。又缺字底卷殘泐，可據二書補作『酺』字。

〔三三〇〕『䍘』字《箋二》、《廣韻》作『䕎』形；《王二》作『劓』、『劐』二形，龍宇純《校箋》謂二字並誤，『當依删韻「胡關反」作「䍘」』，按『褱』、『罘』二形當皆『睘』形之俗寫訛變，茲據校補正字作『䍘』。

〔三三一〕『十』字底卷漫滅，此從《敦煌掇瑣》、《姜韻》録定。

〔三三二〕『壺』字《王二》同，龍宇純《校箋》云：『「壺」當作「壼」。』《廣韻》字頭正作『壼』形，茲從校改。

〔三三三〕『鬻』字《王二》無，龍宇純《校箋》謂底卷之『鬻』當爲『鬻』字之誤，合於形聲構字理據，《説文・䰜部》『鬻，鍵也』段注：『《釋言》「餬，饘也」當作此字，今江蘇俗粉米麥爲粥曰餬。』（《集韻》本小韻據《説文》分『餬』、『鬻』爲二條）底卷形訛，茲據校改。

〔三三四〕或體《廣韻》、《集韻》作『嗰』形，底卷形訛，茲據校改；《王二》作『咕』，俗省。

〔三三五〕注文殘字底卷存下部筆畫，茲據《箋二》、《王二》校補作『鶘』字；又『鳥名』下《王二》有『食魚』二字，《箋二》同底卷。

〔三三六〕注文『上』字《箋二》、《王二》皆作『士』，底卷形訛，兹據校改。

〔三三七〕『醍醐』底卷誤倒作『醐醍』，兹據《箋二》、《王二》乙正。

〔三三八〕『乎』字《説文·兮部》篆文作『〔篆文字形〕』形，與底卷之解形合。

〔三三九〕注文《王二》作『瘻瘌』，《廣韻》作『瘌瘻，物在喉中』，《集韻》首義同，《玉篇·疒部》作『瘌瘻，瘷也，物蛆（阻）咽中也』，是底卷此注文乃用注文與被注字連讀成訓例，《王二》增代字符而誤屬於『瘻』字後。

〔三四〇〕『椷』字當從《王二》、《廣韻》、《集韻》作『裓』，底卷形訛，兹據校改。

〔三四一〕『孤』字右部底卷作『爪』形，底卷『瓜』字及『瓜』旁皆寫作『爪』或『爪』形，今皆徑録作『瓜』，本小韻後從『瓜』旁字同，不再一一出校。又小韻標數字因後脱『柧』字條而誤計，故爲校改。

〔三四二〕注文《王二》作『父姊妹曰姑』。

〔三四三〕『𣧑』蓋『辜』之古文訛變字，參《切二》校記〔一四八〕。又『巫』爲『巫』的繁化俗字，參《敦煌俗字研究》下編工部『巫』字條考釋。

〔三四四〕殘字底卷皆存下部筆畫，兹據《箋二》、《王二》校補作『水』、『高』二字。

〔三四五〕『胍』字以下至本小韻末的各字注文有竄亂，『胍』字《王二》置於『膞』字後，其注文《王二》作『胍肫』，《廣韻》作『胍肫，大腹』，周祖謨《廣韻校勘記》云：『「肫」，段氏改作「肊」，是也。「肊」字見本韻「當孤切」下。』按『胍』字注文底卷誤移作下字『膞』的注文，且用注文與被注字連讀成訓例；本條注文『息大』則爲下二條注文闌入。

〔三四六〕上條注文『大』字疑當移置本條下，且有脱漏，『膞』字注文《王二》作『大脯』，可證；《廣韻》作『膞脯』，可參。

〔三四七〕前『胍』字條注文『息』字疑當移置本條下，『⿰鹵占』字注文《王二》作『息⿰鹵占（⿰鹵占字衍）』，《廣韻》作『⿰鹵占息。《禮記》作『姑』，可證；原有注文『程』則爲後『⿱竹觚』字條注文竄入。

〔二四八〕前『鮎』字條注文『程』字疑當移置本條下，『⿱竹觚』字注文《王二》作『程⿱竹觚（⿱竹觚字衍）』，可證；原有注文『瓜』則爲後『觚』字條注文竄入。

〔二四九〕前『⿱竹觚』字條注文『瓜』字疑當移置本條下，『觚』字注文《王二》作『瓜觚（觚字衍）』，《廣韻》作『瓜也』，可證；原有注文『柧棱』《王二》、《廣韻》皆隸於『柧』字下，是底卷此處脱字頭『柧』字，兹據擬補二個脱字符。

〔二五〇〕『廿一』《王二》作『廿二』，底卷本小韻『⿱大舌』字下脱『⿰酉余』字條，故而誤計，兹據校改。

〔二五一〕『大』字《王二》作『丈』，龍宇純《校箋》云：『P二〇一一麻韻有此字，在「槎」、「䐋」二字之間，二字本書音「宅加反」，《廣韻》、《集韻》麻韻並有此字……「如」、「加」二字形近，此當是「又丈加反」之誤。』兹從校改。

〔二五二〕『⿱大舌』字條下《箋二》有『⿰酉余，酒』一條文字；《王二》略同，而注文作『酒⿰酉余』，衍抄一『⿰酉余』字，底卷脱此條，兹據擬補二個脱字符。

〔二五三〕『⿰馬壬』右旁之『壬』乃『缶』之俗寫，參《敦煌俗字研究》下編缶部缶字條考釋，則『⿰馬壬』之正字當作『⿰馬缶』，『⿰馬缶』即『騊』的俗字，《廣韻》正作『騊』字。

〔二五四〕殘字底卷中部漫漶，存四周筆畫，兹據《箋二》、《王二》校補作『⿰牛余』字。

〔二五五〕注文『書』及前二『圖』字今本《説文·口部》『圖』字注文作『畫』、『啚』字，底卷並訛，兹據校改。

〔二五六〕字頭『⿸广屠』字上部有些殘泐，兹據《箋二》及注文『⿸广屠』字録定。《王二》字頭作『瘏』形，俗寫『广』、『疒』二旁多混，然從釋義知此字當以從『广』爲是。

〔二五七〕『烏⿺虎兒』下《王二》有『虎名』二字。

〔二五八〕釋義《王二》作『引』，《廣韻》作『捈引』，《説文·手部》作『卧引也』，是底卷『别』字當爲『引』字形訛，兹據校改。

〔三五九〕釋義《王二》作『下人』，《廣韻》作『人之下也』。

〔三六〇〕從『帑』至『吾』十二字底卷初抄脱，後自所缺處始倒書補於該行右側。

〔三六一〕『烏籠』底卷作『籠烏』，《箋二》、《王二》、《廣韻》同，《切二》（伯三六九五）作『烏籠』，合於《説文》，兹徑據乙正。

〔三六二〕殘字皆存右部筆畫，可辨者前爲『乎』形，中略複雜而有漫漶，後爲一捺筆，兹參文例及《王二》、《廣韻》校補前後二殘字作『評』、『八』，中間殘字疑爲『嘑』字，俟考。

〔三六三〕『夫』字後底卷衍抄一『反』字，兹依文例徑删。

〔三六四〕『⿱艹⿱林示』爲『蒜』的訛變俗字，參《敦煌俗字研究》下編艸部『蒜』字條考釋。

〔三六五〕『呼』字底卷漫汚，兹從《姜韻》録定。

〔三六六〕注文切上字『吾』與被切字同，不合文例，《箋二》、《王二》皆作『五』，底卷蓋承字頭而訛，兹據校改。

〔三六七〕注文『國名』下《王二》有又義『又姓』。通俗體『吳』亦或作『吴』，皆爲唐代前後常見俗字。

〔三六八〕殘字存下部『⿱吾日』形部分，檢《集韻》收『⿱艹吾』字或體作『⿱艹⿱吾吾』、『莫』形，疑底卷之或體當與『⿱艹⿱吾吾』形有關，其上部當有一『艹』旁，兹姑據校補；但『⿱艹⿱吾吾』、『⿱艹⿱吾日』二形似皆不合於構字理據，不知其原形如何。又缺字底卷殘泐，可從《王二》補作『草』字。

〔三六九〕『側』字《箋二》、《王二》、《廣韻》皆作『則』，底卷誤增『亻』旁，兹據校改。

〔三七〇〕『廿三』《王二》同，然《王二》本紐實收廿四字，底卷脱『爐』字條，蓋抄者既脱抄一字，而後又據實收字數改『廿四』作『廿三』，參後補脱字符處校記，兹據校改。

〔三七一〕注文《王二》同，龍宇純《校箋》云：『「火烝」二字語義不明，《集韻》云「一曰火函」，「烝」、「函」形近，「烝」當是「函」字之誤。』可參。

〔二七二〕注文《切二》（伯三六九五）、《王二》同，《箋二》作『黑土』，於義爲長。
〔二七三〕注文《箋二》、《王二》無『蘆』字。
〔二七四〕注文《王二》作『柱櫨（櫨字衍）；黄櫨，木名』，增一義項。
〔二七五〕『艫』字前《箋二》、《王二》皆有『爐』字條，《廣韻》本小韻亦收『爐』字，其中《王二》訓作『盛火』，底卷當脱，兹據擬補三個脱字符。
〔二七六〕注文《箋二》、《廣韻》略同（少一『大』字），《王二》改作『圓轉木曰艫』。
〔二七七〕『烏』下《王二》有一『名』字，於義爲長。
〔二七八〕『鱸』字上端底卷略殘，兹據《王二》録定。
〔二七九〕『虘』字《王二》同，《廣韻》、《集韻》作『虘』形，爲《説文·甾部》同一篆文隸定之異。
〔二八〇〕『蛩』字《王二》訛作『蛩』形，又釋義《廣韻》首義作『蠦蛩』，合於《爾雅·釋蟲》『蜚，蠦蛩』，底卷當用注文與被注字連讀成訓例。
〔二八一〕本小韻實收『三』字，底卷作『六』，蓋抄者誤計下一小韻字數所致，兹據校改。
〔二八二〕小韻標數字底卷誤脱，可據實收字數補作『三』字，兹爲擬補一個脱字符。
〔二八三〕殘字底卷皆存下部筆畫，兹據《王二》校補作『都』、『十』二字。又缺字底卷殘泐，可據《王二》補作『哀』、『烏』二字。
〔二八四〕『字』字前《切二》（伯三六九五）、《箋二》、《王二》皆有一重文符號，底卷蓋脱，兹據擬補一個脱字符。
〔二八五〕『相』字右側及右下略有殘泐，兹據《箋二》、《王二》録定。
〔二八六〕『弖』下『又』字《切二》（伯三六九五）、《箋二》、《王二》皆作『有』，底卷蓋蒙下一『又』字而訛，兹據校改。
〔二八七〕『故』字《王二》作『古』，龍宇純《校箋》云：『案字見姥韻烏古反，《王一》誤。』兹從校改。
〔二八八〕注文《王二》同，《廣韻》作『蚅，蝺蠋，蟲也，大如指，白色』，《集韻》作『蝺蠋，蟲名。通作烏』，龍宇純《校箋》云：『案《爾雅·釋蟲》「蚅，烏蠋」，「蜈」字義爲「大蝦蟆」，此「蜈」字當即「蚅」字之誤。』茲從校改。又底卷當用注文與被注字連讀成訓例。

〔二八九〕殘字底卷存下部筆畫，茲據《王二》校補作『引』字。又缺字底卷殘泐，可參《王二》、《廣韻》補作『扜』字（《王二》誤作『忓』形）。

〔二九〇〕注文《王二》同，《廣韻》作『鵏𧹞，鳥名』，龍宇純《校箋》：『案《爾雅·釋鳥》「鴩，鋪𧹞」，《説文》「鴩，鋪豉也」。本書質韻「鴩」下云「鋪豉」。』是底卷當用注文與被注字連讀成訓例。『鶒』字當從『赤』聲而得，與《説文·鳥部》作爲『鵏』字或體的『鶒』字無關，『赤』隸昌紐，『豉』隸禪紐，從聯綿詞形無定體的角度看，『鵏鶒』與『鵏（或作鋪）豉』當通。

〔二九一〕殘字底卷存下部筆畫，茲據《王二》校補作『娛』字。又缺字底卷殘泐，可據《王二》補作『於』、『反』二字。

〔二九二〕『忓』字《王二》同，龍宇純《校箋》云：『「忓」當作「扜」。』從手旁合於形聲構字理據，茲從校改。

〔二九三〕『路』字疑爲『超』字形訛，參《切二》校記〔一六四〕。

〔二九四〕殘字底卷存下部筆畫，茲據《箋二》、《王二》校補作『都』字。

〔二九五〕殘字底卷存下部筆畫，茲據《箋二》、《王二》校補作『齊』，又依文例爲本大韻標序字擬補一個缺字符。『秥』字《王二》同，爲『秙』之俗字。下同。

〔二九六〕注文『齊』字《王二》作『齎』，《廣韻》注文引《説文》作『𪗉』形，後者是，底卷脱『月（肉）』旁，茲據校改。

〔二九七〕字頭《王二》、《廣韻》皆作『鉢』形，底卷蓋因形近并受右行鄰字『鋪』字影響而致訛，茲據校改。

〔二九八〕注文『作』字前《王二》有『亦』字，合於文例，底卷當脱，茲據擬補一個脱字符。『黎』字《王二》作『棃』形，龍宇純《校箋》云：『「棃」字蓋誤。』又『五』字底卷有漫漶，此從《敦煌掇瑣》、姚榮松《新校記》録定。

〔二九九〕『屢』字《王二》同，龍宇純《校箋》云：『「屢」字當從《廣韻》作「廔」，本書侯韻「落侯反」「廔」下云「麗廔，綺窗」。』按《箋二》正作『廔』字，底卷形訛，茲從校改。

〔三〇〇〕『藋』字《王二》同，龍宇純《校箋》云：「『藋』字當從《廣韻》作『藋』。」底卷形訛，兹從校改。

〔三〇一〕『似』字《王二》作『以』，《廣韻》同，『以瓠爲飲器』與《廣雅・釋器》『瓢也』之訓合，底卷形訛，兹據校改。

〔三〇二〕『鼊』字《箋二》、《王二》、《廣韻》皆作『鼊』形，底卷聲旁不省。

〔三〇三〕『攴』字非韻，《王二》、《廣韻》作『支』，底卷形訛，兹據校改。

〔三〇四〕『鯐』字下《王二》有『魚，似虵而黄』五字。

〔三〇五〕注文《王二》作『文章』，《廣韻》作『縒斐，文章相錯皃』，底卷『文』當爲『斐』字之脱省，兹據校改。《王二》蓋因其不通而改作。

〔三〇六〕『⿰亻互』字《王二》略同，《廣韻》作『氐』，俗寫『氐』多作『互』、『丘』之形，參《敦煌俗字研究》下編氏部『氐』字條考釋。又反語下字《王二》作『㐌』，《箋二》同；釋義《箋二》同（『昂』誤作『即』），《王二》作『下』字；『⿰亻丘』字《王二》作『低』，疑底卷俗訛。

〔三〇七〕字頭《王二》作『□』，手寫之變，皆『氐』字的隸變字形，注文『丘』、『互』又爲其訛俗字；注文末《王二》有『正作氐』三字。

〔三〇八〕殘字底卷皆存右上部筆畫，兹據《箋二》、《王二》校補作『書』、『日』二字。又缺字底卷殘泐，可據二書補作『磾』字。

〔三〇九〕殘字底卷存下部筆畫，兹據《箋二》、《王二》校補作『鞮』字。又『草』字《箋二》、《王二》、《廣韻》皆作『革』，底卷俗訛，兹據校改。

〔三一〇〕注文《王二》作『曆』，《廣韻》作『⿸广⿱秝月（入聲錫韻作『⿸厂⿱秝月』形）⿰月是，強脂』，《集韻》作『曆⿰月是，強脂也』，俗寫『日』『月』、『广』『厂』、『禾』『木』多淆，底卷『曆』即『曆』之俗字，其釋義當用注文與被注字連讀成訓例。

〔三一一〕『剅』字下《王二》有代字符，《廣韻》注文作『剅剅，以刀解物』，是底卷當用注文與被注字連讀成訓例。

〔三一二〕本條《王二》同，龍宇純《校箋》：『上文已有「□」字，注云「丘羌，正作氐」，《廣韻》「氐」字一見，注云「氐羌，《説文》至也」，《集韻》「氐」下云「戎種」，別出「厎」字，云「至」。疑此「氐」字原作「厎」。」

〔三一三〕「止」字《王二》、《廣韻》、《集韻》皆作「正」，底卷俗訛，兹據校改。

〔三一四〕「揥」字左下角、「捐」字左上角底卷皆略有殘泐，兹據《王二》録定。又缺字底卷殘泐，可據《王二》補作「細」字。

〔三一五〕「⿷匚是」字《廣韻》作「⿺尢是」形，俗寫「兀」、「尢」多混，又「是」爲「是」的古字（見《説文・是部》），從訓解看，此字當以從「尢」旁爲是，底卷所作爲俗字。

〔三一六〕「度」字以下至行末底卷殘泐約二個大字（包括「度」字）的空間，《王二》相關内容作「度嵇反。悲聲。四十」，與底卷所殘空間吻合，兹據擬補六個缺字符。然《王二》實收字數爲卅八字，蓋脱二字；底卷據校補後所得字數，實爲卅九字，蓋亦脱「堤，玉」一條文字。

〔三一七〕「蹏」字《王二》作「蹏」形，《廣韻》、《集韻》字頭首字同，底卷俗省。

〔三一八〕注文前一「亦」字依文例當作「又」，底卷蓋蒙下或體字用語而致訛，兹爲校改。

〔三一九〕「笑」字《王二》同，《箋二》、《廣韻》作「美」，《校箋》以爲「笑」字誤，兹從校改，底卷形訛。

〔三二〇〕「次」字底卷漫滅，此從《姜韻》校補。

〔三二一〕殘字底卷存右部筆畫，《箋二》作「納」，《王二》作「䋄」，皆爲「網」之俗字，姑從《王二》校補。

〔三二二〕殘字底卷存右部筆畫，兹據《箋二》、《王二》校補作「泋」字；「稊子」二字在次行，與殘「或」字分居雙行注文右行、左行之首，「或」字存右下角一斜鉤，兹據《箋二》、《王二》擬補；「泋」字至行末底卷殘泐約三個左右大字的空間，「稊子」和「或」字至行首殘泐一個大字的空間，《王二》相關内容作「○泋，研米槌。○綈，結。又徒帝反。二十五（二十五衍）。○稊，稊子，草。或作苐」，《箋二》略同（唯無「二十五」三字），與底卷所殘空間略合，兹據擬補十個缺字符。

〔三二三〕後一「又」字置此不辭，《王二》作「反」，合於文例，底卷蓋承前一「又」字而訛，兹據校改。

〔二二四〕『莠』字《王二》同，《箋二》作『秀』，皆通，參《箋二》校記〔二七九〕。

〔二二五〕殘字底卷皆存右部筆畫，前者可辨者有『奚』形部分，後者可辨者有『皮』形部分，兹據《王二》校補作『蹊』、『跛』二字。

〔二二六〕『蹊』字在前行，下至行末底卷殘泐約六個左右大字的空間，『䖒』字在次行，上至行首殘泐約一個半大字的空間，《王二》相關内容作『○𢈘，唐𢈘，石。○鶗，鶗肩。又達(達)麗反。亦作鵜。○鷤，鴩(鴺)，鳥。又才(大)計反』，與底卷所殘空間吻合，兹據擬補廿一個缺字符。

〔二二七〕『攴』字《王二》作『支』，是，底卷形訛，兹據校改。又龍宇純《校箋》：『各書支韻無此字，又見脂韻「以脂反」，云「又大奚反」，「支」當作「脂」。』

〔二二八〕『迎』字底卷有些漫漶，此從《姜韻》録定。

〔二二九〕『蕛』字條底卷在前行，下至行末殘泐約三分之一行，據空間，可抄九個左右大字；又『䠙』字底卷在次行，行首至此字間殘泐約一個半大字的空間，其中『䠙』前注文雙行之右行末字右下部似『艮』或『早』形殘畫，《王二》相關内容作『○銻，鎕銻。○鮷，魚四足。○㥴(㡗)，怍(𢂜)。○徲，久。○禔，福。又章移反』，比底卷所殘空間少約一個半大字，是前『桋』字前脱録的『瑅，玉』一條當補抄於本小韻後殘泐處，然考殘字疑當爲『禔』字注文第三字『章』，如此則『瑅』字條疑當抄於『禔』字條前，又參前校記〔二二六〕，姑據擬補十九個缺字符。

〔二三〇〕缺字底卷殘泐，可據《王二》補作『十三』二字。

〔二三一〕『䠙』字條下至殘字『𦯬』間底卷殘泐約六個大字的空間，其間三個殘字皆居注文雙行小字之右行，存其右側筆畫，《王二》相關内容作『○𢅏，車簾。○螕，牛蝨。○椑，椑榹，小樹；又樹栽』，與底卷所殘空間及殘字筆畫吻合，兹據校補三殘字作『榹小樹』，并擬補十一個缺字符。

〔二三二〕殘字底卷漫壞，可辨者爲右下角筆畫，兹據《王二》校補作『𦯬』字。又注文代字符上部底卷略殘，亦據《王二》録定并回改作本字『疕』。

〔三三三〕注文『脂』字底卷在前行，存右上角筆畫，以下至行末殘泐近半行，據空間，可抄十一個左右大字；『鼠』字底卷在次行，存右部漫漶的筆畫，行首至此殘泐近半行，據空間，約可抄十一個左右大字，《王二》相關内容作『〇紕，謬。又芳脂反。或作諀。〇篦，眉篦。〇梐，門外行馬。又防啓反。〇錍，錍鈚，短皃。〇⿰忄坒，誤。〇狴，狴牢。〇䚜，横角牛。〇箄，冠飾。〇奚，胡鷄反。何。十四。〇嵇，山。〇兮，詞。從八、丂，［丂］音考。俗作兮，非真，謬。〇鼷，鼠小』，與底卷所殘空間略合，當可據補。兹據校補二殘字作『脂』、『鼠』，并爲二殘條擬補六個缺字符。

〔三三四〕『貕』字左側底卷略殘，兹參《王二》録定。又缺字底卷殘泐，可據《王二》補作『生』、『月』二字。

〔三三五〕『貕』字條下至行末底卷殘泐，據空間，可抄十三個左右大字。

〔三三六〕第三紙正面與背面間底卷殘泐十二齊韻後部（約十一行）、十三佳韻全部文字及十四皆韻首行文字，參諸《王二》之内容，計約殘泐十七行。

〔三三七〕行首至下條殘字『諧』間底卷殘泐約一個半大字的空間。又參《王二》，知以下内容爲『十四皆』韻。

〔三三八〕字頭殘字底卷存左部筆畫，其中『言』旁可辨，兹據《箋二》、《王二》校補作『諧』字。注文殘字底卷存左上部筆畫，檢《王二》『諧』字注文作『户皆反。和。七』，兹據校補注文殘字作『和』，并爲本殘條擬補四個缺字符。

〔三三九〕『諧』字條下至殘字『⿰骨皆』間底卷殘泐約六七個大字（不包括『諧』字注文缺字）的空間，《王二》相關内容作『〇湝，風雨不止。〇骸，骨。〇瑎，黑石。〇⿰馬皆，馬性和』，與底卷所殘空間吻合，兹據擬補十四個缺字符。

〔三四〇〕字頭殘字底卷存左下角少許筆畫，注文殘字存右部有些漫漶的筆畫，兹據《王二》校補作『⿰骨皆』、『樂』二字。

〔三四一〕『⿱艹裉』字上部底卷略殘，兹據《王二》、《廣韻》録定。又注文殘字底卷存上部『艹』旁及左下部『月』形筆畫，亦據二書校補作『菔』字。缺字底卷殘泐，可據二書補作『⿱艹裉』字。

〔三四二〕『蓗』字條底卷在前行，下至行末殘泐近半行，據空間，可抄十三個左右大字；又次行行首至『反』字間約殘一個大字的空間，《王二》相關内容作『○排，步皆反。推。五。○輫，車箱。○俳，優。從人，[從]彳是徘徊字。○牌，牌牓。○碩，曲頤。又蒲來反。○乖，古懷反。背。亦作乖。一』，比底卷所殘空間約少一個大字，可參。兹爲殘條擬補五個缺字符（殘條的字頭當居前行末）。

〔三四三〕前一『反』字右下角底卷略殘，兹據《箋二》、《王二》録定。又缺字可據《王二》補作『又胡來』三字。又字頭與注文所收正體同形，必有一誤，《王二》字頭作『懷』，而注文未收或體，考《干禄字書》有『懐懷：上通下正』條，兹據校改注文正字作『懷』。又『褱』旁下文多從俗作『褢』或『裹』形，一般徑予録正，不再出校説明。

〔三四四〕殘字底卷存上部少許筆畫，兹據《王二》校補作『崴』字。

〔三四五〕前行『褱』字條下至行末底卷殘泐約十個左右大字的空間，次行行首至殘字『劺』間底卷殘泐約半個大字的空間，《王二》相關内容作『○瀤，似牛四角。○淮，水名。○孃，和。○匯，苦淮反。澤名。又胡罪反。三。○攦，摩攦』，與底卷所殘空間吻合，兹據擬補二十四個缺字符。

〔三四六〕殘字底卷存左下角筆畫，兹據《王二》校補作『劺』字。又『劤』字《王二》作『劥』，《廣韻》『劺』字注文作『劤劺，人有力也』，是《王二》形訛，而底卷當用注文與被注字連讀成訓例。

〔三四七〕『四』字底卷有些漫滅，此從《敦煌掇瑣》及姚榮松《新校記》録定。

〔三四八〕『佳』字前脱反語上字，《王二》作『士』，兹據擬補一個脱字符。又龍宇純《校箋》：『又「疾離反」《王一》同，本書支韻「疾移反」無此字，各書同。脂韻「取私反」下云「又士諧、疾脂、士佳三反」，「疾脂反」下有「䝙」字，云「又士諧、士佳、取私三反」，佳韻「士佳反」下云「又士諧反」，皆不云支韻又切，「離」字疑是脂韻某字之誤。』

〔三四九〕『五』字《王二》同，《廣韻》、《集韻》作『平』字，龍宇純《校箋》云『「五」字誤』，兹從校改。

〔三五〇〕「二」字上畫因底卷斷裂分作似二横，然比照下横之寬知其原爲一畫，故從録定。

〔三五一〕缺字底卷殘泐，可據《王二》、《廣韻》補作「起」字。

〔三五二〕殘字底卷存左部少許筆畫，兹據《王二》、《廣韻》校補作「虺」字。又「虺」字下至行末底卷殘泐約六七個大字的空間，《王二》相關内容作「〇虺，呼懷反。虺隤，馬病。一。〇埋，草(莫)皆反。藏。亦作薶。三。〇霾，風而雨土」，與底卷所殘空間略合，兹據擬補二十二個缺字符。

〔三五三〕「懇」字右上角底卷略殘，兹據《箋二》、《王二》録定。

〔三五四〕「齊」字《王二》同，《箋二》「齋」字注文作「齋潔」，《唐刊》(伯二〇一四)同，龍宇純《校箋》：「『齋』字經典通用『齊』字，非『齋』字爲『齊』義，此文疑有脱誤。《廣韻》云『經典通用齊』，《集韻》收『齊』爲『齋』字或體。」

〔三五五〕注文「揩」字左部底卷有殘，此從《箋二》、《王二》録定。

〔三五六〕注文殘字前者存左部筆畫，其中「言」旁可辨，後者存左上部筆畫，兹據《箋二》、《王二》校補作「諾」、「皆」二字；又缺字底卷殘泐，可據二書補作「反」字。

〔三五七〕「擗」字條下至行末底卷殘泐約四五個大字的空間，然此爲皆部末行文字，依文例容有空白處存在，《王二》僅收「俙，呼皆反。訟。一」一條，可參。

〔三五八〕「灰」爲大韻代表字，其前標序字唯存一右下角的短「一」形筆畫，據文例及《王二》知此爲「十五灰」韻字，故校補殘字作「五」，并擬補一個缺字符。又「三」字《王二》作「四」，其實收字數中比底卷多「㾯，黄白色」一條。

〔三五九〕「籢」字《廣韻》同，《王二》、《集韻》作「籢」形，後者合於《玉篇》，前一形蓋爲俗字。

〔三六〇〕「隈」字右下角底卷略殘，兹據《箋二》、《王二》録定。又注文殘字「煻」底卷爲次行首字，存右下部筆畫，兹據《王二》校補。「隈」字下唯存雙行注文之左行首字「水」，其下至行末底卷殘泐約二個大字的空間，

《王二》相關内容作『○隈，烏恢反。水曲。［七］。○煨，煻煨火』，與底卷所殘空間及行款吻合，兹據擬補六個缺字符；又底卷校補後的實收字數只有六個，比《王二》少『椳，樞』一條文字，不知是底卷所脱還是《王二》所增。

〔三六一〕『鰃』字《王二》同，《廣韻》、《集韻》『鰃』訓作『魚也』，『䚈』訓作『角曲中』，龍宇純《校箋》：『案《説文》「䚈，角曲中也」。「隈」下云「烏恢反。七」，本紐無脱文，「鰃」當是「䚈」之形誤，《廣韻》「鰃」下云「魚也」，或别有所據，或即由此而生傅會。』是底卷形訛，兹從校改。

〔三六二〕注文『樹』字《王二》作『木』。

〔三六三〕『⿰犭阝』字《王二》、《廣韻》同，《集韻》作『⿰豸阝』，龍宇純《校箋》：『案「⿰犭阝」不成字理，當作「⿰尤阝」，與「蚘」從「尤」聲同。』底卷當爲俗訛字，兹從校改。注文『名』字右下部底卷略殘，兹據《王二》、《廣韻》録定；又缺字底卷殘泐，可據二書補作『在』字。

〔三六四〕『⿰犭阝』字條下至行末底卷殘泐約一個半大字的空間，《王二》相關内容作『焴，光色』，與底卷所殘空間吻合，兹據擬補三個缺字符。

〔三六五〕『十一』《王二》作『十二』，其實收字數中比底卷多『脢，胎經二月。又苦背反』條。《箋二》亦收『脢』字，訓作『衣上白醭』，疑底卷删之，參《箋二》校記〔三五〇〕。

〔三六六〕注文『屋』字下《箋二》有『上』字，於義爲長。

〔三六七〕『⿰糸冈』字《箋二》、《王二》作『⿰糸冈』形，皆爲『網』的俗字，參《敦煌俗字研究》下編网部『网』字條考釋，《廣韻》正作『網』字。

〔三六八〕釋義《王二》作『莓美盛皃』，《廣韻》作『莓莓，美田也』，底卷當用注文與被注字連讀成訓例。

〔三六九〕『蔍』字下部底卷略殘，兹從《王二》、《廣韻》録定。又注文殘字底卷存左下角一竪狀殘畫，亦據二書校補作『罪』字。

〔三七〇〕『䨓』字《王二》作『霆』，是，底卷俗訛，兹據校改。

〔三七一〕『䨻』字《王二》同，《廣韻》、《集韻》作『甊』形，龍宇純《校箋》：『《廣雅・釋宫》云「甍謂之甊」，王念孫云：「甊之言霤也。」「甊」又讀「力迴反」者，蓋俗書譌爲「䨻」字，遂從「雷」字讀之耳。』又『檑』爲『欙』之俗字。

〔三七二〕『瓃』字前底卷衍抄一字頭『頪』，右側有三點以示删除。

〔三七三〕殘字底卷存下部少許筆畫，兹據《箋二》、《王二》校補作『壝』字。

〔三七四〕『羆』字《箋二》同，《王二》、《廣韻》作『熊』。

〔三七五〕『擻』字《王二》同，《廣韻》作『檄』，《集韻》『檄』字下云『或从木』，俗寫『木』、『扌』二旁多混而不分，底卷字當以從『木』旁爲正，兹據校改。

〔三七六〕『蘈』字《王二》同，《廣韻》作『蘈』，注文引《爾雅》云：『蘈，牛蘈。』《集韻》以『蘈』、『蘈』爲或體字。又『頪』、『蘈』當爲古今字。

〔三七七〕『迴』字《王二》作『回』，『迴』爲後起分化字。

〔三七八〕『五』字底卷漫漶，此從《敦煌掇瑣》、《姜韻》録定。又『迴』字《王二》作『回』。

〔三七九〕『鎚』字上部底卷略殘，兹從《箋二》、《王二》録定。

〔三八〇〕『槌』、『樀』二字《王二》同，《廣韻》並從『扌』旁，後者與《廣雅・釋詁四》合，俗寫『木』、『扌』二旁多混而不分，然此二字當以從『扌』旁爲正。

〔三八一〕『灰』字《王二》作『回』。

〔三八二〕『迴』字《王二》作『回』。

〔三八三〕『繫』字《箋二》、《王二》、《廣韻》皆作『擊』，後者與《文選・馬融〈長笛賦〉》『挼拏捘臧』李善注引《説文》『挼，摧也』義合，底卷形訛，兹據校改。

〔三八四〕『韃』字《王二》同，《廣韻》、《集韻》作『韈』形，《校箋》：「案《廣雅・釋器》『韈謂之鞘』，即此所出。」唯《集韻》訓作『韋（韋）邊帶』，與《箋二》、《箋七》平聲支韻之『韈』訓『鞍鞘』同（諸本字頭右下角之形有小異，《箋七》作『韈』形），底卷蓋俗省，《玉篇・革部》亦作『韃』形。

〔三八五〕『灰』字《王二》作『恢』。

〔三八六〕『培』字底卷居行末，次行行首殘半個大字的空間，『培』字注文《王二》作『益』，與底卷所殘空間吻合，茲據擬補一個缺字符。

〔三八七〕『碩』字《廣韻》同，《王二》作『頙』形，古『不』、『丕』同字，後分化。

〔三八八〕『迴』字《王二》作『回』。又釋義《王二》單作一『盞』字。

〔三八九〕字頭『胚』字下部底卷有一裂紋，其下行注文字『智』上部已有少許殘壞，《敦煌掇瑣》、《姜韻》皆據所存字形録作『肧』，是與注文所揭正字同形。《敦煌俗字研究》下編月部『胚』字條下云：「《龍龕・肉部》『胚，俗；肧，正』，上揭韻書（即《王一》）標目字與正作字同形，疑標目字本作『胚』。」此言是，茲從校改。又『反』字底卷初書作『不』，後在其右側又書『反』字以示改正，茲徑録作『反』字。

〔三九〇〕『濟』字《箋二》、《王二》、《廣韻》皆作『漉』，底卷形訛，茲據校改。

〔三九一〕『疑』字《王二》、《廣韻》皆作『凝』，合於《說文》，底卷誤脱左部『冫』旁，茲據校改。

〔三九二〕注文『不迴』二字底卷居行末，其中『不』字《箋二》、《王二》、《廣韻》皆作『五』，底卷形訛，茲據校改。次行行首殘泐，其中雙行小字右行殘一個小字的空間，左行殘二個小字的空間，故據擬補三個缺字符。《王二》『鮠』字注文作『五回反。魚名，似鮎。三』，諸本及《廣韻》『鮠』字亦皆無又音，而底卷又音前又當脱一『又』字，另外，此反語也可能是注『鮎』字讀音，則其前亦脱一代字符，故據擬補一個脱字符。

〔三九三〕『舟』字《箋二》同，《王二》作『舩』。

〔三九四〕『軿』之或體字『軺』《廣韻》、《玉篇》皆作『軺』，後者合於形聲構字理據，底卷俗作，茲據校改。

〔三九五〕注文「智」《王二》作「知」，「知」、「智」古今字；又「鴟」字《王二》作「鵄」，不詳。

〔三九六〕「二」字底卷漫滅，此從《敦煌掇瑣》録定。

〔三九七〕注文殘字底卷存左下角一「二」形筆畫，茲據《王二》校補作「峻」字；又缺字可據《王二》補作「亦」字；又「瘦」字《王二》作「廋」形，龍宇純《校箋》：「『廋』字當從《廣韻》、《集韻》作「叜」。《廣韻》云「叜」字出《聲類》，「峻」字見《老子》。」茲從校改。又「峻」字下《王二》有「見《老子》」三字。

〔三九八〕字頭及注文《王二》同，《集韻》作「粗履，不借也。或作𡳐」，「𡳐」字底卷本大韻前「他迴反」小韻訓作「履」，龍宇純《校箋》：「此云「粗者」，蓋謂履之粗者。」「屡」即「𡳐」之俗作。

〔三九九〕「咍」爲韻部代表字，其前標序字唯存下字左部筆畫，依文例及《王二》知此爲「十六咍」韻字，茲爲校補殘字作「六」，并擬補一個缺字符。

〔四〇〇〕本條《王二》同，當校作「𣪠，毅𣪠，剛卯」。參《切二》校記〔二〇三〕。

〔四〇一〕「三」字底卷漫滅，此從《敦煌掇瑣》、《姜韻》録定。

〔四〇二〕「段」當爲「𣪠」字形訛，參看上文校記〔四〇〇〕。

〔四〇三〕釋義當用注文與被注字連讀成訓例。

〔四〇四〕釋義《王二》同，《廣韻》作「蹋跆，連手唱歌」，是底卷當用注文與被注字連讀成訓例。

〔四〇五〕「皃」字《切二》（伯三六九五）、《箋二》、《王二》、《廣韻》皆作「白」，底卷形訛，茲據校改。

〔四〇六〕「下亥反」當爲又音，依文例其前當有一「又」字以爲標識，疑此誤脱，姑爲擬補一個脱字符。

〔四〇七〕「木」字疑當爲「大」字形訛，參《切二》校記〔二〇七〕。

〔四〇八〕「茾」字《箋二》、《王二》作「菁」形，底卷俗作。

〔四〇九〕「可」字置此不合文例，茲據《王二》校改作「亦」字，底卷形訛。

〔四一〇〕釋義《廣韻》作「奇侅」（「賅」爲「侅」之或體），合於《説文》，底卷當用注文與被注字連讀成訓例。

〔四一一〕殘字底卷存下部筆畫，茲據《箋二》、《王二》校補作『昨』字。

〔四一二〕注文『回』字《王二》作『往』；又小韻標數字《王二》作『十九』，龍宇純《校箋》謂其增收『迷，至。又力代反』一條。

〔四一三〕注文底卷本作『=名在蜀』，《王二》作『=地名在蜀』，《箋二》作『地名，在蜀』，《廣韻》作『地名』，底卷、《王二》蓋皆衍抄代字符，而底卷又脱『地』字，茲據徑删代字符，并擬補一個脱字符。

〔四一四〕『秏』字左下角底卷略殘，『綀』字右上角亦略殘，茲並據《王二》、《廣韻》録定。又殘字底卷存右側少許筆畫，茲據《王二》校補作『或』字。又缺字底卷殘泐，可據《王二》補作『作』字。

〔四一五〕『鳩』字右下角底卷有殘，茲據《王二》録定。又『爽』字《王二》作『鶆』，二者古今字。

〔四一六〕『鰊』字左旁『魚』形上部底卷有些殘泐，茲據《王二》録定。

〔四一七〕注文殘字前者存其大略，後者則漫漶而僅存少許淡畫，茲從《姜韻》校補作『間名』二字，又《方言》卷八：『貔，陳楚江淮之間謂之貅。』可參。

〔四一八〕注文『麳』字與字頭重形，不合文例，茲據《廣韻》、《集韻》校改作『麳』形。

〔四一九〕『棶』字左旁底卷有些漫漶，茲據《王二》録定。又『棶』字注文底卷漫滅，《王二》作『椋』，《廣韻》作『棶椋，木名』，茲據擬補一個缺字符，底卷當用注文與被注字連讀成訓例。

〔四二〇〕殘字底卷存右下部似『來』下部之筆畫，茲據《王二》校補作『琜』。又『瓄』字左下角略殘，亦據《王二》録定。缺字底卷殘泐，可據《王二》及《廣韻》補作『玉』字。

〔四二一〕殘字底卷存右下部似『來』字下部之筆畫，茲據《王二》、《廣韻》校補作『睞』字。缺字底卷殘泐，可據《王二》補作『土』字。又注文《廣韻》作『耕外舊場』，《集韻》作『舊場也，休不耕者。通作萊』，龍宇純《校箋》：『「土奮」二字是「舊土」之倒誤。支韻「畯」下「舊場」譌作「奮場」。』

〔四二二〕『代』字左旁略殘，茲據《王二》、《廣韻》録定。

〔四二三〕『昌』字左側底卷略殘，茲從《補正》録定。

〔四二四〕第三紙與第四紙間缺一紙正反兩面的内容，爲十六咍部部分文字及十七真韻、十八臻韻、十九文韻、廿殷韻、廿一元韻、廿二魂韻、廿三痕韻的全部文字及廿四寒韻首行文字。

〔四二五〕寒韻首行文字底卷殘泐，依文例及《王二》知此下所殘存之内容爲『廿四寒』韻。注文『一小圓』三字底卷在行首，其字頭《王二》作『丸』字，隸『胡官反』小韻，可從補。

〔四二六〕『藋』字《箋二》、《王二》作『雚』形，《廣韻》作『雈』形，注文云：『亦作萑，俗作藋，雚本自音灌。』俗寫『萑』、『雚』多混。

〔四二七〕『雚』字《箋二》、《王二》、《廣韻》皆作『雈』形，《説文·雈部》『雈，鴟屬』、『雚，小爵也』，二者異字，俗寫多混，然據《集韻》『雈』字注文，則訓『木兔』者當與《説文》訓『鴟』者同字，待考。

〔四二八〕『在鄰』二字底卷略有漫漶，茲參《箋二》録定，《敦煌掇瑣》、《姜韻》録同。

〔四二九〕注文底卷漫滅，《王二》作『綾（綬）組（組字衍）』，《箋二》只作『綬』字，茲姑據擬補一個缺字符。

〔四三〇〕缺字底卷漫滅，《箋二》、《王二》、《廣韻》皆作『芄蘭』二字，《姜韻》録作『芄蘭』，當可從補。

〔四三一〕殘字底卷存漫漶的筆畫，缺字漫滅，《王二》本條内容作『獂，豕屬；又獂道，縣，在天水』，《箋二》同，《廣韻》字頭作『獂』，故注文多『亦作獂』三字，《姜韻》録作『豕屬；又獂道，縣名，在天水』，茲據校補殘字作『在』，缺字亦可據補。

〔四三二〕字頭殘字底卷存左部『木』旁，注文殘字亦存左部似『木』形筆畫，茲據《箋二》、《王二》、《廣韻》校補作『梡』、『梧』二字。又缺字漫滅，『梡』字注文《王二》作『木名，出蒼梧，子可食』，《箋二》、《廣韻》同，《姜韻》録如此，當可據補。

〔四三三〕注文《王二》作『山峘』，又《爾雅·釋山》：『小山岌大山，峘。』

〔四三四〕字頭『羦』字右上角底卷有漫壞，茲參《王二》（作『羦』）、《廣韻》（『羱』）及《集韻》（作『萈』、『羱』及

『𥹸』）諸形録作『𥹸』。

〔四三五〕殘字底卷存其大略，而左旁介於『糹』、『豸』之間，《爾雅·釋獸》『貈子貆』郭璞注：『今江東呼貉爲𤝱貄』，《王二》注文只作一『貄』字，龍宇純《校箋》謂『「貄」當是「𤝱」字之誤』，兹從校補殘字作『貄』。

〔四三六〕『莌』字《王二》同，龍宇純《校箋》：『「莌」當從《廣韻》、《集韻》作「莞」，「古丸反」下不誤。』按『皃』爲『完』的俗字，參《敦煌俗字研究》下編宀部『完』字條考釋，是『莌』當爲『莞』的俗字。

〔四三七〕『蒰』字《王二》同，龍宇純《校箋》：『「蒰」字當從《集韻》作「莀」。』《説文·艸部》收有『莀』字，訓『夫蘺也』，《爾雅·釋草》『莞，苻蘺』郭璞注：『今西方人呼蒲爲莞蒲。』按俗寫『日』『目』、『完』『皃』多混，兹據校補正字。

〔四三八〕『綄』字《王二》同，《廣韻》、《集韻》作『綩』，按『綄』當爲『綩』的俗字，參前『莌』字條校記。又『胡管反』爲又音，其前《王二》有一『又』字，底卷脱，兹據擬補一個脱字符。

〔四三九〕注文《王二》作『一丸反。削陡。陡字當苟反』，玄應《音義》卷二二『若剜』注『斗削曰剜，挑中心也』，按《説文·斗部》『斗』字段注：『假借爲斗陗之「斗」，因斗形方直也，俗乃製「陡」字。』是底卷『徒』當爲『陡』字形訛，兹據校改，《王二》『削陡』誤倒，當據底卷乙正。

〔四四〇〕又義《王二》同，《箋二》、《廣韻》作『一曰目無精』，底卷有訛脱，兹據校改『月』字作『目』，并擬補兩個脱字符。

〔四四一〕小韻標數字底卷漫滅，《王二》作『十二』，然亦實收十字，與底卷同，或抄者誤增『二』字，姑爲擬補一個缺字符。

〔四四二〕『或』字《王二》同，《廣韻》作『惑』，『或』『惑』古今字。

〔四四三〕『音』字前《箋二》有一代字符，謂『茚』字音『力久反』，底卷脱，兹據擬補一個脱字符。

〔四四四〕殘字底卷存下部筆畫，姑據《王二》校補作『水』字。又注文《王二》作『水清』，《廣韻》作『《説文》曰「漏流也」;水沃也;漬也」，龍宇純《校箋》:「『清』即『漬』字之誤。」底卷形訛，兹從校改。

〔四四五〕小韻標數字底卷脱，可據實收字數補作『七』字，《敦煌掇瑣》徑録作『七』，恐爲臆補，《姜韻》、《潘韻》、姚榮松《新校記》皆未補之，姑據擬補一個脱字符。

〔四四六〕『鼈』字下《王二》有『而大』二字，《廣韻》略同底卷。

〔四四七〕『欑』字中部筆畫底卷有些漫漶，兹參《箋二》、《王二》及《廣韻》録定。

〔四四八〕注文『小』下之代字符《箋二》、《王二》、《廣韻》皆作『山』字，底卷形訛，兹據校改。

〔四四九〕注文『纂』字《王二》同，《廣韻》、《集韻》或體皆作『篹』，後者合於形聲構字理據，底卷形訛，兹據校改。

〔四五〇〕『九』字底卷漫滅，此從《敦煌掇瑣》、《姜韻》録定。

〔四五一〕從注文『貉字下各反』可知其前當有『貉』字，『貈』、『貉』二字古書通用（《説文》本作『貈』），如《爾雅·釋獸》『貈子，貆』，《詩經·魏風·伐檀》鄭箋『貉子曰貆』，然底卷於同一文本内則當統一，兹據字源校改『貉』作『貈』字。

〔四五二〕『啄』字當爲『喙』之形訛，參《箋二》校記〔四七二〕，兹據校改。

〔四五三〕『腸』字《王二》、《集韻》同，《廣韻》作『腸』形，龍宇純《校箋》:『案:「腸」即上文「鴅」字，今《尚書》作「驩兜」，《山海經》作「驩頭」，韓愈、孟郊、李翺聯句云「開弓射鴅吺」，「鴅吺」亦同，故《廣韻》此云「腸兜」，古文尚書作「鴅」;《集韻》云「腸吺」，通作「鴅」，今通作「驩」。』

〔四五四〕字頭殘字底卷存下部筆畫，兹據《箋二》、《王二》、《廣韻》校補作『貒』字。又『腞』字底卷略有漫漶，兹參《王二》録定，此字《箋二》作『豚』，《爾雅·釋獸》『貒子，貗』郭璞注云『貒，豚也』，是底卷形訛，兹據校改。

〔四五五〕注文《王二》改作『上同』，謂此字爲『貒』之或體。

〔四五六〕切語下字『官』《箋二》同，《王二》作『丸』。又『四』字底卷漫滅，此從《敦煌掇瑣》、姚榮松《新校記》録定。

〔四五七〕『九』字底卷漫漶，唯有殘痕，此從《敦煌掇瑣》、《姜韻》録定。

〔四五八〕缺字底卷殘泐，可據《箋二》、《王二》補作『剬』字。

〔四五九〕殘字存上部『田』形部分，茲據《王二》、《廣韻》校補作『果』字。

〔四六〇〕又音反語上字《箋二》、《廣韻》同，《王二》作『子』。

〔四六一〕『轣』字《廣韻》、《集韻》皆作『轢』形，合於形聲構字理據，底卷形訛，茲據校改。

〔四六二〕『工』字《王二》作『公』。

〔四六三〕殘字底卷存下部筆畫，茲據《箋二》、《王二》校補作『棺』字。注文『小』字《王二》同，《箋二》作『棺』，《廣韻》略同，疑底卷『小』字當爲『棺』代字符之形訛，存疑。

〔四六四〕注文《王二》作『係。俗作貫(與字頭同形，當有誤)』。

〔四六五〕字頭《王二》作『簨』；注文缺字底卷漫滅，《王二》未收或體，龍宇純《校箋》：『《說文》作如此，《集韻》云「或省」作「萛」，疑《王一》正文本作「萛」，而注云「正作簨」。』今按俗書竹頭、草頭不分，或底卷注文正字作『簨』，而字頭從俗作『蕁』也。

〔四六六〕字頭底卷僅存右下角一鈎形筆畫，注文首字本作代字符，茲據《箋二》、《王二》校定字頭作『摶』字。

〔四六七〕『霻』字《王二》同，《廣韻》作『𩅰』形，《集韻》以『溥』爲正字，別收『𩅰』、『澶』、『霻』三字爲或體，龍宇純《校箋》：『「霻」是「霻」字之誤。』茲從校改。

〔四六八〕『九』字底卷漫滅，此從《敦煌掇瑣》、《姜韻》録定。

〔四六九〕殘字底卷存下部『單』旁，茲據《箋二》、《王二》校補作『簞』字。

〔四七〇〕殘字底卷存左部筆畫，《敦煌掇瑣》、《姜韻》蓋皆參《廣韻》録作『當』，茲從校補。

〔四七一〕注文『梃』字《箋二》同，《王二》作『竿』。

〔四七二〕注文《箋二》作『肝心』，《王二》作『肝腸』，《廣韻》作『木藏』，後者合於《說文》，然《呂氏春秋·孟秋紀》『祭先肝』高誘注云：『肝，金也。』是底卷之說亦有所據。又底卷注文當用注文與被注字連讀成訓例。

〔四七三〕字頭底卷僅存右下角一鈎形筆畫，注文首字本作代字符，兹據《箋二》、《王二》校定字頭作『鳭』字。注文前一殘字底卷存下部筆畫，後一殘字字形漫滅，末一捺筆可見，兹據《箋二》分别校補作『吉』字『反』字。又『吉』字前底卷有一『又』字，不合文例，今徑據《箋二》删之，而『鴶』字前《箋二》有『作』字，底卷脱，兹據擬補一個脱字符。又『琟』下底卷有『雔字古沃反』五字，當爲承前衍抄，兹依《箋二》及文例删之。

〔四七四〕殘字底卷有些漫漶，存左部長『丿』形筆畫及右部部分淡畫，兹參《王二》及《廣韻》校補作『盾』字。

〔四七五〕殘字底卷存左下部筆畫，兹據《箋二》、《王二》校補作『撣』字。

〔四七六〕『拏』字《王二》作『擊』，《廣韻》首義訓『糾也』，與『拏』義略同。又『旦』字《王二》同，爲『旦』的避唐諱缺筆字。

〔四七七〕『目』字《王二》作『因』，《廣韻》、《集韻》作『耳』，後者合於《説文》，俗寫『目』、『耳』二形多混，兹據校改。

〔四七八〕『貙』字前底卷承前條衍抄一『歎』字，《王二》無，兹徑據删。

〔四七九〕『十七』二字底卷有些漫漶，兹參《王二》及本小韻實收字數録定。

〔四八〇〕『瘡』字《王二》作『瘢』。

〔四八一〕『嫛』字《王二》、《廣韻》皆作『嫛』形，底卷蓋蒙下字而訛，兹據校改。又此字《王二》在『鞶』字條下，而底卷下條『蹣』字右上角有一乙正符號『√』，然不知此乙正符僅代表一條還是包括後三條，故姑存其舊。

〔四八二〕『蹣』字右上角有一乙正符號『√』，參上條校記。

〔四八三〕『鶥』字《廣韻》、《集韻》皆作『鶌』，《玉篇·鳥部》同，後者與今本《山海經·北山經》合，底卷形訛，兹據校改。

〔四八四〕『輡』字《廣韻》、《集韻》作『輨』，後者合於《説文》，俗寫『目』、『日』二形多混，兹據校改。又缺字底卷漫滅，可據《王二》及本小韻實收字數補作『五』字。

〔四八五〕『棸』字《王二》同，《廣韻》作『栞』形，後者合於《説文》，底卷所作蓋爲訛俗字。

〔四八六〕「十五」二字底卷有些漫漶，此從《姜韻》并參《王二》録定。

〔四八七〕注文「謾」字底卷作代字符形，《箋二》、《王二》同，疑此衍增一代字符，參《箋二》校記〔四八五〕。

〔四八八〕「或」字《王二》、《廣韻》皆作「惑」，「或」「惑」古今字。

〔四八九〕字頭「謾」字左下角「口」形部分底卷殘泐，此從《王二》録定。又「谻」字當從《廣韻》作「𧮫」，《廣韻》注文云「𧮫音求」。又「亭」字下《王二》有「名」字，《廣韻》同。

〔四九〇〕「芇」字《王二》同，《廣韻》作「芇」形，後者與《説文》字形略合，茲據校改。又「丠」爲「丘」之古字，《王二》作「云」，並誤，《廣韻》作「亡」，是，茲據校改。

〔四九一〕或體「食」字《王二》作「飡」，《廣韻》以「餐」爲正字，而收或體「湌」及俗體「飡」，《集韻》則以「飡」爲正體，而收或體「餐」及通用字「湌」，按《説文·食部》「餐，吞也。从食，𣦼聲。湌，餐或从水」，疑底卷承前「食」字而訛，茲據校改作「餐」字。

〔四九二〕「簡」字下《王二》有「從東非」三字。又小韻標數字底卷脱，《王二》作「九」，與底卷實收字數合，茲爲擬補一個脱字符。

〔四九三〕「瀾」字前底卷誤承前行相近位置的文字而衍抄「○㦨，忘。○鏝，所以泥壁」兩條内容，《王二》無此，茲據逕刪。

〔四九四〕「際」字前底卷衍抄一代字符，茲據《箋二》及《廣韻》逕刪。又缺字底卷殘泐，可據《箋二》補作「一曰」二字，《敦煌掇瑣》逕録作「一曰」，或劉氏讀時尚存殘迹。

〔四九五〕「誕」字下依文例脱二「反」字，茲據擬補一個脱字符。

〔四九六〕「六」字底卷漫滅，此從《敦煌掇瑣》、《姜韻》録定。

〔四九七〕殘字居底卷行首，可辨右下角鉤形筆畫，此從《敦煌掇瑣》、《姜韻》校補。

〔四九八〕字頭底卷存漫漶筆畫，此從《敦煌掇瑣》、《姜韻》校補。

〔四九九〕『殘』字《王二》同，《箋二》、《廣韻》皆作『⿱殘皿』，合於文例，底卷誤脱『皿』旁，茲據校改。

〔五〇〇〕『⿰占又』字《王二》同，《廣韻》作『⿰卢又』形，《集韻》作『⿰⿱⺈小又』形，後二形皆《説文》篆文隸定之不同形體，底卷當爲俗省。又或體《王二》作『⿰⿱卜未又』形，底卷蓋『⿰⿱⺈小又』形俗作，《王二》又底卷之改作，《集韻》則作『⿰⿱虍小又』形。

〔五〇一〕注文底卷作『蒲攤之攤』，『蒲攤』當是『攤蒲』之誤倒，參《箋二》校記〔四九〇〕。茲徑乙正。

〔五〇二〕『水灘』二字的左側底卷皆略有殘泐，茲據《箋二》、《廣韻》録定。殘字底卷存下部筆畫，亦從二書校補作『在』字，《敦煌掇瑣》及《姜韻》皆徑録作『在』字。

〔五〇三〕『几』字《王二》同，又《王二》山韻『譠』字亦隸『几山反』小韻，然《廣韻》山韻『譠』字所在小韻則作『陟山切』，龍宇純《校箋》疑此『几』字皆爲『丑』字形訛，俟考。

〔五〇四〕『訖』字《箋二》、《王二》皆作『託』，底卷形訛，茲據校改。

〔五〇五〕底卷行首殘泐約一個大字的空間，殘字存右下角似『小』形筆畫，《王二》相關内容作『磾，磾硟（誕），言不正』，茲據校補殘字作『不』，并爲擬補二個缺字符。

〔五〇六〕『潘』字左上角底卷略殘，茲據《箋二》、《王二》録定。

〔五〇七〕『胡』字《王二》同，底卷模韻『户吴反』小韻『瓳』字下作『甗瓳』，雖聯綿詞字無定體，然其於字書中有專用字時，自當擇而用之，茲據校改。

〔五〇八〕『畨』爲『番』的隸變俗字，底卷『番』字及『番』旁大抵皆從俗作『畨』形，爲便排版，一般徑予録正，不一一出校説明。

〔五〇九〕『峙』字《王二》作『時』，《廣韻》作『峙』，《集韻》同（述古堂本訛作『蒔』形，今從揚州使院本），『峙』、『峙』正俗字，龍宇純《校箋》：『此云「峙居」者，儲物之屋也。』

〔五一〇〕『肪脂』《箋二》、《王二》同，《廣韻》作『脂肪』，於義爲長。

〔五一一〕注文『蘏』字底卷漫漶，《敦煌掇瑣》録作『蘏』，《姜韻》録作『巓』，蓋皆因《廣韻》而爲之，茲參《箋二》校補作『顒』字。缺字底卷在次行行首，至『北』字間約殘泐兩個大字的空間，《王二》相關内容作『○頇，許安反。又胡安反。一。○黯，北潘反。三。』兹參擬補五個缺字符。又『黨』、『三』二字底卷漫壞，前者從《敦煌掇瑣》、《姜韻》録定，後者從《姜韻》録定。

〔五一二〕『肝』字《王二》作『干』。

〔五一三〕殘字下部底卷漫漶，僅存大略，《姜韻》録作『蜜』字，《王二》此又音反語下字作『密』，然同書入聲質韻『畢』字所隸小韻則作『比蜜反』，姑從《姜韻》校補。

〔五一四〕底卷行首至『訕』字間可容二個半大字，唯存『反』字及一殘字，餘殘泐，『訕』前《箋二》、《王二》、《廣韻》皆作『刪』字，其相關内容《王二》作『廿五刪，所姦反。除。五』，與底卷所殘空間吻合（底卷韻部標序字高出正文書），兹據擬補六個缺字符。又小韻標數字底卷存下部『一』形筆畫，兹據《王二》校補作『五』字。

〔五一五〕注文《王二》作『單于名』，《廣韻》作『單于別名』，底卷誤脱『于』字，兹據擬補一個脱字符。《敦煌掇瑣》徑據《廣韻》補録『于』字，《姜韻》則於『單』字後録一缺字符，皆非原形。

〔五一六〕字頭底卷存右旁，兹據《箋二》、《王二》校補作『潸』字。又注文缺字底卷殘泐，可據《王二》補作『數板反』三字。

〔五一七〕殘字左部底卷殘泐，兹從《箋二》、《王二》校補。注文殘字底卷存右部三殘畫，《姜韻》録作『疑』，與底卷殘畫略合，然『關』字未見此訓，考慧琳《音義》卷一三『關鬮』注引《考聲》云『關，礙也』，兹據校補作『礙』字，《敦煌掇瑣》徑據《廣韻》録作『閉』，非是。又小韻標數字底卷漫滅，可據《王二》及底卷實收字數補作『三』字。

〔五一八〕『瘝』字左部底卷略殘，兹據《箋二》、《王二》、《廣韻》録定。

〔五一九〕『鉡』、『灣』之間底卷多有殘泐，《王二》相關内容作『○鉡，織貫抒（杼）。○彎，烏關反。引弓。三』，與底卷所殘空間及殘存文字能相吻合和銜接，兹據擬補五個缺字符。又注文之末『三』字底卷存右半似『一』

形筆畫，亦據《王二》校補。

〔五二〇〕注文『旋』字底卷存右部筆畫，茲據《王二》校補；又小韻標數字底卷漫滅，《王二》作『十二』，茲從擬補二個缺字符。

〔五二一〕注文『環』字左旁底卷殘泐，茲據《箋二》、《王二》、《廣韻》録定；又『石』字諸本皆作『玉』，底卷誤，亦據校改。

〔五二二〕前行字頭殘字居底卷行末，僅存上部筆畫，其中左上部『罒』形部分可辨，《箋二》、《廣韻》、《集韻》作『罽』形，《王二》作『罽』，蓋俗省作如此，茲從《王二》校補。又次行注文殘字底卷漫漶，僅存字形大略，而行首至『鬟』字間文字多殘，約可容三個大字，《王二》相關内容作『罽，樸罽，縣名，在武威』，《廣韻》略同，與底卷所殘空間及行款比較，尚少五個小字，而《箋二》於此下又有『樸字薄姑反』五字，與底卷情況正相吻合，茲據校補二注文殘字作『姑反』，并擬補八個缺字符。

〔五二三〕『髻』字左下角底卷略殘，此從《箋二》、《王二》録定。又注文雙行小字之左行底卷殘泐，檢《王二》『鬟』字訓作『髻鬟』，《廣韻》同，故爲擬補一個缺字符。

〔五二四〕殘字前者底卷存左下部『丨』形筆畫，後者存右下部『丨』形筆畫，茲據《箋二》、《王二》校補作『闤』、『門』二字。又『鬟』、『糫』二字間約可容七個大字，其中文字多殘泐，《王二》相關内容作『〇鬟，髻鬟。〇寰，王者封畿内縣。又玄見反。〇闤，闤闠，市門』，《箋二》略同（唯『鬟』字注文作『髻』），比底卷所存空間少一個大字的内容，疑底卷或有衍文，茲姑爲殘條擬補三個缺字符。

〔五二五〕殘字底卷存上部『亠』形筆畫，『糫』字下至行末底卷殘泐約半行，據空間，可抄十三個左右大字（包括殘字），《王二》『糫』字注文作『膏糫，粔籹』，茲據校補殘字作『膏』，并爲此殘條擬補三個缺字符。次行以下缺（然次行行中右側存一捺形殘畫，因不能辨其爲何字，故不録）。

〔五二六〕底卷以下所缺内容，較諸《箋二》、《王二》，當包括廿五删韻後部（約二行）、廿六山韻全部、廿七先韻前部

（約七行），依《王二》之內容，計當殘泐約十七行左右。又據《箋二》，廿七先韻以下當爲卷第二，底卷因此處殘泐，先韻之前是否有書名卷名及卷二韻目不得而知，但從底卷平聲之末抄有『刊謬補缺切韻卷第二』字樣及其韻目的情況，以及《王二》此處亦脱抄卷首題名看，疑其初抄時即因上平聲字與下平聲字的韻部序號接排而脱此卷目，故於平聲之末補抄卷目及韻首字。

〔五二七〕行首至『𦁤』字間底卷有可抄三個大字的空間，其中多殘，《王二》相關內容作『○厧（厧），冡厧（厧字衍）○牽，苦賢反。引。又作𤛛。八』，從底卷『牽』字條注文所存行款看，當没有或體，又行首當爲前行『厧』的注文『冡』字，其後爲字頭『牽』，『牽』字注文殘字底卷皆存下部筆畫，兹據校補作『賢』、『引』二字，并擬補四個缺字符。

〔五二八〕『𦁤』字至殘條注文『閑反』間底卷約可抄八個大字，中多殘泐，其中殘字存左及上部筆畫（上部爲『艹』），《王二》相關內容作『○𦁤，𦁤縹，惡絮。縹字落嵇反。○汧，水名，在安定。又苦見反。○掔，厚。又苦閑反』，與底卷所殘空間及殘存文字所在行款基本吻合，兹據校補殘字作『落』，并爲擬補二十個缺字符（其中底卷依行款，『厚』字前當有一字，疑爲代字符）。

〔五二九〕前行『掔』字條之下至行末底卷殘泐約半行，據空間，可抄十三個左右大字，次行行首至『鳽』字間殘泐約二個大字的空間，《王二》相關內容作『○豣，鴟鳥。［又□□］、苦耕二反。○邢，周公所封。○麉，鹿絶有力。又五年反。○蛢（蚈），螢火。又古奚兮（反）○妍，五賢反。淨。六。○鳽，▨（鳽）鶄』，加上擬補的內容，與底卷所殘空間略合，當可據補，兹爲後一殘條擬補一個缺字符。

〔五三〇〕『斫木』與『或作』的位置底卷蓋因雙行小字的對應判斷失誤而誤倒，兹徑依文例乙正。

〔五三一〕缺字底卷殘泐，可據《王二》補作『急又牛』三字。

〔五三二〕『琖』字右部底卷略殘，此從《王二》、《廣韻》録定。又注文缺字底卷殘泐，可據上揭二書補作『醆』（《王二》誤作『盞』形）字。

〔五三三〕「幵」字右部底卷殘泐，此從《王二》録定。又缺字底卷殘泐，可據《王二》補作「平」字。

〔五三四〕「眠」右上角底卷略殘，此從《箋二》、《王二》録定。又殘字底卷存左側「亻」旁，檢「眠」字注文《王二》作「莫賢反。臥。亦作瞑。五」，茲據校補殘字作「作」字，并爲此殘條擬補五個缺字符。

〔五三五〕殘字底卷皆存下部筆畫，後者稍多，茲據《王二》校補作「目」、「薄」二字。又字頭缺字可據《王二》補作「瞑」字。

〔五三六〕「作」字《王二》作「住」，《廣韻》注文引《埤蒼》云：「注意而聽也。」龍宇純《校箋》云：「『住』、『作』並『注』字之誤。」茲從校改。

〔五三七〕「燒煙」二字右側底卷略殘，茲從《王二》録定。

〔五三八〕殘字底卷存少許筆畫，檢《王二》注文作「蒱田反。七」，無釋義，《箋二》本條收有釋義作「蹁躚」二字，合之則與底卷所殘文字之行款吻合，茲據校補殘字作「蒱」，并擬補四個缺字符，又參下文校記〔五四三〕。

〔五三九〕殘字底卷存左部「王」旁，又行首至「骿」字間底卷殘泐約一個半大字的空間，《王二》相關内容作「蠙，蠙蛛」，《箋二》作「蠙珠」，與底卷所殘空間及殘存字形合，茲據《箋二》校補殘字作「珠」，并擬補二個缺字符。

〔五四〇〕「賀」字《箋二》作「併」，《王二》殘存右部「并」形部分，龍宇純《校箋》據《廣韻》補作「骿」字，底卷當爲「骿」字形訛，茲據校改。

〔五四一〕「弊」字《箋二》、《王二》、《廣韻》皆作「蔽」，底卷形訛，茲據校改。

〔五四二〕「三」字《箋二》同，《王二》、《廣韻》皆作「二」，合於《説文》，底卷形訛，茲據校改。

〔五四三〕「楄」字下底卷有二個小字的空位，蓋文字漫滅，可據《廣韻》擬補作「木名」二字，茲爲擬補二個缺字符。又「牑」、「楄」二字《王二》無，其中「牑」字條《廣韻》、《集韻》亦未收載，《箋二》所收七字末條爲「胼」字，《廣韻》前七字同，《王二》所收七字前六字同《箋二》，末字作「賆（賆）」，龍宇純《校箋》：「『胼』與『賆』、

「跰」字形相近，而本書無「跰」字，未審本書何以不收。」

〔五四四〕字頭中部筆畫底卷略有漫漶，此參其後諸從『淵』旁字形録定。又『九』字當爲『八』字之誤改，本小韻實收八字，《王二》亦作『八』，底卷『蘋』字誤抄爲二字，蓋抄者因以改小韻標數字作『九』，兹據校改。

〔五四五〕『削』字右上角底卷殘泐，此從《箋二》、《王二》録定。又『前』字上揭二書皆作『剪』，《廣韻》作『翦』，『前』爲古本字，或借用『翦』，『剪』則爲後起俗字。

〔五四六〕『蘋』字上下部分底卷分抄作兩個並列字頭，兹據《箋二》、《王二》合録。又『市』字《王二》作『巾』，與字頭聲旁音諧，底卷形訛，兹據校改。

〔五四七〕『烏郡』不辭，《王二》作『烏群』，《廣韻》同，底卷形訛，兹據校改。

〔五四八〕『名』字《王二》無。

〔五四九〕『鋇』字《箋二》、《王二》、《廣韻》皆作『鋗』形，底卷形訛，兹據校改。

〔五五〇〕『圎』字《王二》、《廣韻》皆作『圓』形，後者合於《説文》，底卷形訛，兹據校改。又『治』字諸本皆作『㳂（沿）』，底卷亦形訛，并據校改。

〔五五一〕『又稨』《王二》無，未詳，《爾雅·釋詁下》『邊，垂也』郝懿行疏『邊，又偏也』，疑『稨』爲『偏』之形訛，姑從校改。又『十二』底卷漫滅，此從《敦煌掇瑣》録定。

〔五五二〕『⿰舟几』字《王二》作『⿰瓜几』，底卷蓋俗寫有脱省，兹從校改。

〔五五三〕注文《箋二》同，《王二》作『蝙蝠，虫』。

〔五五四〕『稹』字《王二》同，《箋二》作『稹』（『眞』、『真』正俗字），並當從《廣韻》作『穆』形，參《箋二》校記〔五三三〕。

〔五五五〕『蔄』字前底卷脱抄反語上字，當從《王二》補作『北』字，兹爲擬補一個脱字符。

〔五五六〕注文『溳』字《箋二》、《王二》、《廣韻》皆作『涓』，麥耘《簡編》已指出『「溳」爲「涓」之訛』，兹從校改；釋義《王二》作『天』；又『七』字底卷漫滅，此從《敦煌掇瑣》及《姜韻》録定。

〔五五七〕釋義《王二》作「垂懸」。又「古」字下依文例當有「作」字，然此標識字底卷亦多有省寫。
〔五五八〕「白」字《王二》、《廣韻》皆作「皃」，底卷訛省，《補正》校作「皃」字，兹從校改。
〔五五九〕「肱」字條下底卷衍抄一字頭字「肱」，兹依文例及《王二》徑删。
〔五六〇〕韻部標序字底卷殘泐，依文例知以下爲「廿八仙」韻字，故擬補二個缺字符。
〔五六一〕「蹮」字《箋二》同，《王二》作「躚」，《廣韻》作「躚」，「躚」爲「躚」之省，而「蹮」爲「躚」之俗字，參《箋二》校記〔五二五〕。
〔五六二〕「毵」字亦見於《龍龕·毛部》，《王二》、《廣韻》皆作「毨」，後者合於《廣雅·釋器》所作，「毵」當爲「毨」之俗字。注文「毨」字右側底卷略有漫滅，兹據《王二》、《廣韻》録定；《王二》「毨」下有一代字符，《廣韻》注文作「毨毨，罽也」，是底卷當用注文與被注字連讀成訓例。
〔五六三〕「湔」字《箋二》、《王二》、《廣韻》皆作「湔」形，後者合於《説文》，底卷蓋承前「煎」字而訛，兹據校改。缺字底卷殘泐，可參諸本補作「洗」、「玉壘」三字。又「先」字下依文例脱「反」字，《箋二》、《王二》皆有，兹爲擬補一個脱字符。
〔五六四〕「延」、「是」二字底卷誤倒，兹參《箋二》、《王二》及《廣韻》乙正。又「七」字底卷漫滅，此從《敦煌掇瑣》、《姜韻》録定。
〔五六五〕「白」字《廣韻》同，《箋二》、《王二》無，疑此或别爲一説，參《箋二》校記〔五二九〕。
〔五六六〕「姃」字《箋二》、《王二》、《廣韻》皆作「姓」，後者合於《説文》，底卷形訛，兹據校改。
〔五六七〕「蘺」字《王二》、《廣韻》作「虄」形，後者合於《説文》，從「離」聲字不當入此韻，底卷形訛，兹據校改。
〔五六八〕「延」爲「延」的俗字（《干禄字書》以「延」爲「延」的「通」體）。下文「延」字或「延」旁底卷偶亦有寫作「延」的，一般徑予録正，不一一出校説明。又注末「九」字底卷漫滅，此從《敦煌掇瑣》、《姜韻》録定。
〔五六九〕「席」字底卷略有漫漶，此從《箋二》、《王二》録定。

〔五七〇〕殘字底卷存下部筆畫，兹據《箋二》、《廣韻》校補作『郰』字。

〔五七一〕『旋』字《箋二》、《王二》、《廣韻》皆作『𧙫』形，底卷形訛，兹據校改。

〔五七二〕『趄』字《王二》同，《廣韻》作『䀽』，或體作『遣』，後一形與《説文》合，龍宇純《校箋》：『此字當從《廣韻》作「遣」。』底卷俗寫有訛省，兹從校改。

〔五七三〕注文『粥饘』《箋二》作『饘同』，《王二》作『正作饘』，皆以『饘』『餰』爲異體關係，龍宇純《校箋》：『案《説文》「餰」與「饘」爲二字，無所謂正俗，故云同也。當以《切三》（長龍按：即《箋二》）爲是。』按《禮記·内則》『饘、酏、酒、醴……唯所欲』鄭玄注：『饘，粥也。』『饘』『餰』異字同義，故底卷以『粥饘』釋『餰』不誤。《王二》以『饘』、『餰』爲一字異體，其實誤也。

〔五七四〕或體字『饘』《王二》作『旜』，《廣韻》作『旜』，後者合於《説文》，『旜』爲其俗省，而底卷形訛，兹據校改。

〔五七五〕殘字底卷存下部筆畫，兹據《箋二》、《王二》校補作『鸇』字。又注文所收或體與字頭同形，不合文例，《王二》作『鷏』形，龍宇純《校箋》：『「鸇」字不得或體作「鷏」……《集韻》或體有「鸇」字，本書疑本如此。（案俗書「亶」字作「厘」，與「垔」形近）。』兹從校改。

〔五七六〕『七』字底卷漫滅，此從《敦煌掇瑣》、《姜韻》録定。然本小韻實收六字，《王二》小韻標數字作『六』，不知是本小韻底卷有脱字，還是小韻標數字誤書，姑爲校改作『六』字。

〔五七七〕缺字底卷殘泐，前者可據《王二》補作『又』字，然《王二》脱後一又音反語，龍宇純《校箋》：『本書字（長龍按：指『棧』字）又見産韻「士限反」及諫韻「士諫反」，「嵈」字即諫韻字。』按底卷所存反語上字『仕』《王二》作『士』，則後一反語上字底卷亦當同前作『仕』字。

〔五七八〕注文《王二》、《廣韻》同，《集韻》作『聚名，在睢陽』，疑底卷注文當用注文與被注字連讀成訓例，故於『門』字下逗斷。

〔五七九〕『或』字《箋二》、《王二》、《廣韻》皆作『式』，底卷形訛，兹爲校改。又『車』字非韻，諸本皆作『連』字，底卷誤脱「辶」旁，兹據校改。

〔五八〇〕首義「打瓦」《王二》同，《箋二》、《廣韻》隸於「埏」字下，而别立「挻」字訓「柔挻」，可參，蓋二字俗通，故有此歧見。

〔五八一〕注文底卷漫滅，《王二》作「魚醬」，《廣韻》同，兹據擬補兩個缺字符。

〔五八二〕缺字底卷殘泐，《姜韻》作缺字處理，《敦煌掇瑣》録作「式」、「反」二字，與《王二》合，或劉氏録文之時尚存其字。又「四」字底卷漫滅，此從《敦煌掇瑣》録定。

〔五八三〕「辿」字《箋二》、《王二》同，《廣韻》作「延」，後者與《説文》同，底卷當爲俗字。又「侵」字《箋二》、《王二》皆作「綏」，與《説文·辵部》「安步延延也」義合，底卷形訛，兹據校改。

〔五八四〕釋義《箋二》、《王二》、《廣韻》首義皆作「小矛」，姚榮松《新校記》：「本書前文『以然反』下有『鋋，小矛。又市延反』，可證原卷『小』下蓋奪『矛』字。」兹從擬補一個脱字符。

〔五八五〕「蟬」字《王二》作「蝉」形，而注文中加有「正作蟬」三字。

〔五八六〕「儃」字《箋二》、《王二》、《廣韻》皆作「儃」形，「儃」爲「儃」的俗字，參《敦煌俗字研究》下編亠部「亶」字條考釋。又「能」字《王二》同，《箋二》作「熊」，《廣韻》、《集韻》作「態」，「能」、「熊」皆當爲「態」之形訛，兹據校改。

〔五八七〕「纒」爲「纏」字俗寫，參《箋二》校記〔五三六〕，後從「廛」旁字而俗寫作「厘」、「黑」形者不再一一出校。注文「裕」字置此不辭，兹據《王二》校改作「俗」字。又「八」字底卷漫滅，此從《敦煌掇瑣》録定。

〔五八八〕「踵」字《王二》作「蹍」，《集韻》所收或體與《王二》略同，疑爲「躔」之俗訛字。

〔五八九〕殘字底卷存下部筆畫，其右下部分的「灬」可辨，兹參《箋二》、《王二》及底卷書寫習慣校補作「瀍」字，爲「瀍」之俗字。

〔五九〇〕「畢」字《箋二》、《王二》皆作「半」字，《説文·土部》「廛，一畝半，一家之居」，蓋後增「土」旁作「壥」字，底卷形訛，兹據校改。

〔五九一〕注文《王二》作『市，俗作壥；郊鄽，作厘。從省作鄽字』。

〔五九二〕『蟨』字《王二》作『蝁（蟺）』形，《廣韻》同，底卷下部贅增一『虫』旁，當删。又注文『宫』字下底卷蒙後『嘕』字左旁而衍抄一『口』字，兹據《王二》、《廣韻》徑删。

〔五九三〕『四』字底卷漫滅，此從《敦煌掇瑣》録定。

〔五九四〕『聮』爲『聯』字隷變之異。下文『聯』字或『聯』旁作此形者不再出校説明。

〔五九五〕注文底卷本作『漣漪，漣風水動』，《王二》作『漣風動水』，《箋二》作『漣漪，風動水』，《廣韻》略同，龍宇純《校箋》：『《王一》「風」上一字蓋誤衍，動水二字誤倒。』兹從删正。

〔五九六〕『松』字《王二》作『朴』，與本大韻前『丑延反』小韻『鏈』字注文同，底卷此作形訛，兹據校改。

〔五九七〕『屋』字下《王二》有一『山』字，《廣韻》同。

〔五九八〕『止』字《箋二》、《王二》、《廣韻》皆作『正』，俗寫二形多混，此當以『正』字爲是，兹據校改。

〔五九九〕『正』字《王二》作『輕』，《箋二》、《廣韻》作『枯』字，龍宇純《校箋》：『「輕」字蓋涉「媥」字注文「身輕便皃」而誤。《王一》云「身正」，亦誤。』按底卷蓋承前『偏』字注文『不止（正）』而訛，兹據校改。

〔六〇〇〕字頭『萹』字左上角略殘，此據《王二》、《廣韻》録定。

〔六〇一〕注文末《王二》有『正作僊』三字。

〔六〇二〕『偠』字《王二》作『佞』，《干禄字書》：『偠佞：上俗下正。』

〔六〇三〕『絜』字下《王二》有『正作緜』三字。

〔六〇四〕『聮』、『瞳』二字《箋二》、《王二》皆從『目』旁，俗寫『目』、『月』二形多混，兹據校補正字。

〔六〇五〕『杣』字《廣韻》作『柄』，是，《王二》誤作『柄』，《集韻》注文作『柄』，正文亦訛作『柄』形，底卷俗訛，兹據校改。

〔六〇六〕『虵』字《王二》作『蚵』，《廣韻》作『蚵』，此與前『杣』字諸誤類似，兹據校改。又『屋』字龍宇純《校箋》謂當作『屬』，乃『涉下「宀」字注文「深屋」而誤』，并引《説文·虫部》『蚵，蚲蚗，蟬屬』爲證，兹從校改。

〔六〇七〕『或』字《王二》作『亦』。

〔六〇八〕注文《王二》同，《廣韻》作『芊菒，草也』，《集韻》作『羊菒，艸也』，龍宇純《校箋》謂底卷『「芊」字誤』，兹從校改。

〔六〇九〕『搏』字《王二》作『搱』形，《廣韻》所收或體作『搱』形，《集韻》亦收此或體，底卷及《王二》所作當皆爲後者形訛，兹據校改。

〔六一〇〕『決』字左下角底卷略殘，此參《王二》、《唐刊》（伯二〇一四）録定，唯《箋二》、《廣韻》、《集韻》皆作『快』字，合於《方言》卷二『逞、苦、了，快也』郭璞注『今江東人呼快爲愃』，又『快』字之訓與《説文·心部》『寬嫺心腹皃』之義亦合，底卷形訛，兹據校改。

〔六一一〕注文『儁』字《王二》作『鐫』，合於形聲構字理據，底卷形訛，兹據校改。

〔六一二〕『翾』字左部的『睘』底卷作『罖』形，下文從『睘』旁者亦多作此形或『罖』形，俗訛，兹均徑予録正，下不再一一出校説明。

〔六一三〕『智』《王二》作『知』，『知』、『智』古今字。

〔六一四〕『疾』字下《王二》有『走』字，《廣韻》同，《説文》與底卷同。

〔六一五〕『縣』字《王二》同，《廣韻》作『縣』，『縣』爲『縣』的構件换位俗變字。

〔六一六〕注文《王二》未收釋義。『墺』字字書未見收載，『堧』字《廣韻》、《集韻》皆以爲正體，而别收『壖』爲其或體，疑『墺』即『或』字之形訛，俟考。又『廣』字《箋二》作『廇』，《廣韻》作『廟』，《説文·广部》以『廇』爲『廟』之古文，則底卷『廣』當是『廇』之形訛，兹據校改。又『三』字底卷漫滅，此從《敦煌掇瑣》、《姜韻》録定。

〔六一七〕『從』字《王二》、《廣韻》皆作『促』，《集韻》釋義作『衣縫襵也；一曰緣也』，其前者義與『促衣縫』略同，是底卷『從』字當爲『促』字形訛，兹據校改。

〔六一八〕『撝』字《王二》同，龍宇純《校箋》：『《集韻》有「擩」、「揳」、「捼」等或體，無作「撝」者，此疑誤。』又『和』（《王二》誤作『知』）字下《王二》有『二反』二字，合於文例，兹據擬補二個脱字符。

〔六一九〕釋義《王二》作『穴過』。又『三』字底卷漫滅，此從《敦煌掇瑣》録定。

〔六二〇〕注文『川』字底卷與字頭字形略同，《王二》注文俗體作『巛』，《敦煌俗字研究》下編丿部『川』字條下云『敦煌卷子中「川」字多寫作「儿」』，疑底卷及《王二》字形皆當爲『儿』字之俗訛，兹從校改。

〔六二一〕字頭與注文或體同形，不合文例，兹據《箋二》、《王二》及前一字頭的字形校改本字頭作『鉛』（後世多隸定作『鉛』），底卷當蒙注文俗字而訛。又釋義當用注文與被注字連讀成訓例，參《箋二》校記〔五四七〕。

〔六二二〕『亦』字《箋二》、《王二》、《廣韻》皆作『可』，且此『粽』字亦非『櫞』字或體，底卷蓋因熟語而致訛，兹據校改。

〔六二三〕釋義後《王二》有『正作鳶（鳶）』三字。

〔六二四〕『腞』字《王二》作『旋』，《廣韻》、《集韻》同，後者合於《方言》卷十三『旋，短也』之形，底卷誤承前諸從『彖』旁字而訛，兹據校改。

〔六二五〕『泉』字《王二》作『宣』。

〔六二六〕『安』字《箋二》、《王二》、《廣韻》皆作『案』，合於《説文》，底卷誤脱下部『木』旁，兹據校改。

〔六二七〕『暶』字《王二》、《廣韻》、《集韻》皆作『⿰目旋』形，俗寫『日』、『目』二旁多混。

〔六二八〕『反』字下底卷衍抄有『偓佺，仙之（人）』四字，蓋蒙後『佺』字注文而致，兹據《王二》删之。

〔六二九〕注文『蝱』字底卷分上下作二字，兹據《王二》徑合爲一字。

〔六三〇〕釋義《箋二》同，『一曰』後爲又義，其前似當有另一義項，《王二》删『一曰』二字。

〔六三一〕『舩』字字頭與注文或體同形，不合文例，兹據《王二》校改作『船』，又參前校記〔六二二〕。

〔六三二〕『檛』字《王二》作『撾』，俗寫『扌』、『木』不分，『撾』爲『檛』之俗字。又『六』字《王二》作『五』，與本小韻實收字數同，底卷蓋誤計入後『涎』字而誤改小韻標數字，兹據校改。

〔六三三〕『竹與』《箋二》同，不辭，『與』當爲『輿』字形訛，參《箋二》校記〔五五〇〕，兹據校改。

〔六三四〕『⿰扌遍』字《王二》作『揙』形，《廣韻》同，後者合於《説文》，底卷當爲俗寫增繁字。

〔六三五〕『湺』字《王二》作『泒』形，《周韻》校記云：『謨案：「湺」當作「泒」，見《玉篇》。』按『湺』蓋『泒』字俗變，《龍龕·水部》以『湺』爲『㳄』的俗字，則此形固已約定俗成。又小韻標數字『一』底卷殘泐，兹姑爲擬補一個脱字符。

〔六三六〕注文『銓』字前底卷有一『病』字，葉鍵得《十韻彙編研究·王一校勘記》云：『案原卷此「病」字蓋涉下文「痊」字之注文而衍。』《王二》無此，兹從徑删。

〔六三七〕『脊』字《王二》同，《箋二》、《廣韻》皆作『膂』字，後者合於《爾雅·釋獸》，底卷形訛，兹據校改。

〔六三八〕注文《箋二》、《王二》同，《廣韻》作『取魚竹器』，於義爲長。

〔六三九〕『仕』字《王二》作『士』。

〔六四〇〕『遵』字《唐刊》（伯二〇一四）同，《王二》作『遵』形，爲『⿷匚遵』之俗寫，《廣韻》、《集韻》正作『⿷匚遵』形，底卷形訛，兹據校改。又『簿』字諸本同，考《方言》卷五：『簙，吴楚之間或謂之夗專，或謂之⿷匚遵璇。』『簿』、『簙』二字俗通。

〔六四一〕『栓』字左上部底卷略有殘泐，兹參《王二》、《集韻》録定。

〔六四二〕釋義《王二》無『一』字，又字頭《王二》作『專』，注文釋義後有『俗作專字』四字。本小韻從『專』旁字底卷皆從俗作『専』，下皆徑予録正，不再出校説明。

〔六四三〕『芧』《箋二》作『茅』，皆當爲『茅』字形訛，參《箋二》校記〔五五四〕，兹據校改。

〔六四四〕缺字底卷漫滅，《王二》小韻標數字作『六』，然比底卷多末條文字『歃，口氣。又視兖反』，考《箋二》本小韻收四字，無『歃』字條，而底卷上聲獮韻收有『歃』字，與《王二》『歃』之又音合，故不能確定『歃』字條爲底卷脱抄抑是《王二》所增。

〔六四五〕『篅』字底卷誤作『竹耑』二字，茲據《箋二》、《王二》徑合作一字録文。

〔六四六〕『水』字《箋二》、《王二》、《廣韻》皆作『木』，與釋義合，茲據校改，底卷形訛。

〔六四七〕字頭底卷存下部筆畫，茲據《王二》校補作『諯』字。又『兖』字《王二》作『充』，龍宇純《校箋》：『又「充絹反」本書線韻「尺絹反」無此字，《廣韻》收之，《王一》云又「兖絹反」，「兖」即「充」字之誤。』茲從校改。

〔六四八〕『貟』爲『員』字隷變之異，以下注文或偏旁作此形者一般徑予録正，不再一一出校説明。『五』字《王二》作『三』，底卷蓋誤計入後『山貟反』小韻的二字而誤改，茲據本小韻實收字數校改作『三』字。

〔六四九〕小韻標數字底卷脱，可據實收字數及《王二》補作『二』字，茲爲擬補一個脱字符。

〔六五〇〕注文殘字前者存上部筆畫，中者存右下一捺筆，後者存上部『关』旁，茲據《王二》校補作『軸』、『反』、『眷』三字。

〔六五一〕『庄』爲『莊』之俗字，參《敦煌俗字研究》下編艸部『莊』字條考釋。

〔六五二〕『饌』字《箋二》、《王二》、《廣韻》皆作『鐉』，與釋義合，底卷形訛，茲據校改。

〔六五三〕注文『乾』字底卷誤分作『乙乹』二字，其中前者《敦煌掇瑣》、《姜韻》皆録作『之』字，不確，茲依文例及《箋二》徑合作一『乾』字。又《王二》無古體之説，且釋義改作『乹坤天地』。

〔六五四〕『虔』字在前行末，次行行首至『犍』字間底卷殘泐約半個大字的空間，《王二》相關内容作『虔，敬』，茲從擬補一個缺字符。

〔六五五〕『郡』字《箋二》同，《王二》作『縣』，《廣韻》同，按唐上元元年（六七四）犍爲自屬戎州改屬嘉州，天寶元年（七四二）因玄宗避難成都而改作犍爲郡，乾元元年（七五八）復縣，仍隷嘉州。則《王二》之改『郡』作

「縣」，蓋在乾元之後，而底卷之抄作，或在天寶、乾元之間。

〔六五六〕「喜」字下《箋二》、《王二》皆有一「縣」字，疑底卷脱。

〔六五七〕「罪」字下《王二》有「俗㥽」二字。

〔六五八〕「樓」字《箋二》、《王二》、《廣韻》皆從「衤」旁，與釋義合，底卷形訛，兹據校改。

〔六五九〕「攉」字《王二》從「木」旁，《箋二》同，《唐刊》（伯二〇一四）云「字從手」，慧琳《音義》亦屢云權變之權「從手」，而《集韻》「權」字注文云：「俗從手，非是。」蓋唐代前後爲區别於木名之權，而以權變之權從手作「攉」，大約宋代以後則皆以從木作「權」爲典正。參看《敦煌俗字研究》下編木部「權」字條。又注文「員」字底卷居前行末，次行殘泐約半個大字的空間，《王二》相關内容作「巨員反。反常道禾（當作合道）。亦作竈」，《箋二》作「反常合道。巨員反」，兹據擬補三個缺字符。又或體字字形《廣韻》作「權」形，《敦煌俗字研究》下編收有一或體作「穲」形，而其中的「口」形俗寫多作「厶」形，疑底卷及《王二》所作皆爲「穲」脱左「禾」旁之訛變字。又小韻標數字「十六」《王二》作「十九」，合於本小韻實收字數，底卷「六」字誤，兹據校改。

〔六六〇〕「伐」字《箋二》、《王二》皆作「代」字，俗寫「戈」、「弋」二形多混而不分，兹據校補正字。

〔六六一〕注文《王二》作「美皃」，《廣韻》同。

〔六六二〕注文「倉」字《箋二》、《王二》、《廣韻》皆作「食」，底卷形訛，兹據校改。

〔六六三〕字頭底卷存下部筆畫，兹據《王二》、《廣韻》校補作「鸜」字。又注文《王二》同，《廣韻》作「鸜鵒也」，與「鴝鵒」一聲之轉，似於文例爲安。

〔六六四〕注文「刑」字《王二》、《廣韻》皆作「形」，底卷形訛，兹據校改。

〔六六五〕注文《王二》同，龍宇純《校箋》：「案《説文》云「行曲脊皃」，疑底卷「曲」字上脱「行」字，《廣韻》云「曲走皃」。」

〔六六六〕『屈』字《箋二》、《王二》、《廣韻》皆作『屋』，底卷形訛，茲據校改。

〔六六七〕字頭與俗字同形，不合文例，《王二》字頭作『傳』形，與俗體異形，是，茲據校改。參看上文校記〔六四二〕。又『轉』字前底卷衍抄『於攉』二字，龍宇純《校箋》指出此『疑涉「嬛」下注文誤衍，各書「嬛」下音「於權反(切)」』，茲據徑刪。

〔六六八〕亦作字『䜌』《王二》作『⿱䜌殳』形，龍宇純《校箋》謂下部當作『䜌』；按《説文・手部》：『攣，係也。从手，䜌聲。』『攣』『䜌』同音，二字當可通用；元周伯琦《六書正譌》卷二：『䜌，吕員切，係也。从絲，言聲。借爲去聲。別作攣，通。』可證。

〔六六九〕缺字底卷殘泐，可參《箋二》、《王二》補『縣』、『又力』三字。

〔六七〇〕此條底卷初脱抄，後補於『卷』字條行側，《王二》無此，蓋刪之，參後校記〔六七六〕。

〔六七一〕注文『熒』字《王二》同，《廣韻》作『縈』，按『熒』、『縈』古今字。

〔六七二〕『廾』通常爲『斗』字俗寫，《箋二》作『廾』，通常爲『升』之俗寫，《王二》、《廣韻》皆作『升』，然此二字俗書相亂，茲據後二書校正。

〔六七三〕字頭『鬉』字《王二》作『⿱髟夋』，《唐刊》(伯二〇一四)作『⿱髟夋』，博士生張新朋指出：『鬉』字從『㚇』(東韻字)得聲，與仙韻隔遠，而『夋』爲真韻(後分出諄韻)字，則與仙韻近，仙韻之『悛』字正從『夋』聲，是其比，底卷形訛，茲從校改。又注文『髮』底卷作代字符形，而上揭二書皆作『⿱髟夋』，故存其舊。

〔六七四〕『音灣』《王二》同，『音』前依文例當脱一代字符或『彎』字，茲據擬補一個脱字符。

〔六七五〕注文殘字底卷僅存下部少許筆畫，行首底卷殘泐約一個大字的空間，《王二》相關内容作『嬛，於權反。娥眉皃。一』，茲據校補殘字作『眉』，并擬補三個缺字符。又底卷小韻標數字蓋誤計入下一小韻的三字而誤改，茲據校改作『一』字。

〔六七六〕『居員反』《王二》同，《箋二》『勬』字隸『居員反』小韻，而『跧』字則隸『莊緣反』小韻，《廣韻》『勬』字音同

《箋二》，『跧』、『晔』二字皆隸『莊緣切』小韻，《集韻》略同《廣韻》，『勬』字亦見於『莊緣切』小韻，龍宇純《校箋》：『案《廣雅·釋詁三》「跧，伏也」，曹憲音「莊拳反」，《釋言》「晔，曝也」，曹憲音「昃權反」，本書真韻「將倫反」「跧」下云「又阻圓反」，可證此誤合「居員反」「勬」字及「莊緣反」「跧」、「晔」爲一切。』且底卷『居員反』、『莊緣反』小韻前皆已出，《王二》蓋删前之『居員反』小韻。又小韻標數字底卷脱抄，可據《王二》及本小韻實收字數補作『三』字，兹爲擬補一個脱字符。

〔六七七〕本條《王二》無，蓋因前『丑連反』（底卷作『丑延反』）小韻已出而删之。又『綬步』不辭，『綬』字當爲『緩』字形訛，兹爲校正，參前校記〔五八三〕。

〔六七八〕本條《王二》無，龍宇純《校箋》：『「褼」字與「袻」同，《切三》（長龍按：即《箋二》）韻末增「袻」字，云「襦衣縫。又（人）全反」，《王一》既於「而緣反」收此字，是亦不當更出，蓋並後人所增。』

〔六七九〕本條《王二》無，《廣韻》作『𨇦，行不正皃。丁全切。一』，周祖謨《廣韻校勘記》云：『《切韻》無此字，敦煌《王韻》作「𨇦，丁全反。一。𨇦，九也。出《説文》，一」，注云「出《説文》」，案《説文》無「𨇦」字。五代刻本韻書作「𪓍」，未詳。』龍宇純《校箋》：『案此是《説文》「𨇦」字，形音義並誤。《説文》「𨇦，𡯂不能行，爲人所引曰𨇦𨇛，从允，从爪，是聲」。《集韻》字作「𨇦」，云「珍全切，𨇦𨇛，行不正皃」，猶略存其義。五刊字作𪓍（案此字以前周氏所引近是），注云「𨇦𨇦。丁全反」，「𪓍」即「𨇛」字之誤，注文又誤爲「𨇦」。此字本讀「都兮反」（見大徐《説文》），音「丁全反」者，「全」即「兮」字之誤，「𨇦𨇛」爲疊韻連語。《集韻》又改類隔爲音和。云「行不正」者，《説文》「𨇦，行不正也」，因「𨇦」字誤爲「𨇦」（見前引《集韻》，本書齊韻「當嵇反」下誤同），與「𨇦」形近，遂以「𨇦」字之訓附之。《王一》有此字，然其上「灿」、「褼」二字既不得爲王氏所收，此亦當出後人增之耳。』又注文二『一』字，前者墨書，後者朱筆。

〔六八〇〕韻部標序字底卷殘泐，依文例并參《王二》知以下内容爲『廿九蕭』（其中『九』字底卷存左下角筆畫）韻字，兹據校補殘字爲『九』并擬補一個缺字符。又小韻標數字『十二』《王二》作『十三』，其『鮹』字前有

「倏，倏然（原本誤倒）」條，疑爲底卷所脱。

〔六八一〕「颵」字《箋二》、《廣韻》、《集韻》同，《王二》作「颵」，按「颵」字《廣韻》隸屋韻，《王二》蓋誤脱右旁「蕭」之「艹」旁。

〔六八二〕「箾」字《王二》同，《廣韻》作「箾」，龍宇純《校箋》：「當從《廣韻》作「箾」。《史記・吴世家》云：「見舞韶箾者，見舞象箾南籥者」。」底卷形訛，兹從校改。

〔六八三〕「八」字《王二》作「九」，其「挑」字前有「佻，輕佻」條，《箋二》同，疑爲底卷所脱。

〔六八四〕「崔」字《王二》、《廣韻》、《集韻》皆作「雀」，底卷形訛，兹據校改。

〔六八五〕注文「周」字《箋二》、《王二》作「作」，底卷涉字頭及下「雕」字誤書，兹據校改。

〔六八六〕「落」字下《王二》有「亦作彫」三字。

〔六八七〕殘字底卷漫滅，僅右上角筆畫可辨，兹據《箋二》、《王二》校補作「招」字。

〔六八八〕「小」字前底卷衍抄一「亦」字，兹據《箋二》、《王二》徑删。

〔六八九〕字頭「苕」字《王二》同，龍宇純《校箋》：「疑當作「芀」，《説文》「芀」下訓「葦華」，爲正字，本書「徒聊反」「芀」下云「又音彫」，是此作「芀」之証。」底卷注文或體已出「苕」字，是此字頭誤增「口」形部分，兹從校改。

〔六九〇〕「下」字《王二》、《廣韻》作「丁」，《王二》魂韻「都昆反」小韻收有「弴」字，「丁」「都」紐同，底卷形訛，兹據校改。

〔六九一〕「列」字《王二》同，《廣韻》作「刐」形，底卷俗變。

〔六九二〕「奝」底卷誤分作「大周」二字，兹據《王二》、《廣韻》徑合爲一字録之。

〔六九三〕「鵃」字《王二》同，《廣韻》作「鳭」形，底卷俗變，參前「列」字條校記。

〔六九四〕「衮」字《王二》同，《廣韻》作「衷」形，龍宇純《校箋》：「當從《廣韻》作「衷」，《説文》「祶，棺中縑裏，讀若雕」。』底卷形訛，兹從校改。

〔六九五〕字頭殘字底卷存右部『兆』旁，兹參《箋二》、《王二》校補作『㣶』字，龍宇純《校箋》：『《廣韻》作「佻」，與《詩》合。《集韻》「佻」或作「㣶」。』後一殘字底卷存右下角竪鉤形筆畫，兹據諸本校補作『獨』字。又缺字底卷殘泐，可據諸本補作『㣶㣶』二字。

〔六九六〕同一小韻字頭重出，不合文例，此字頭《王二》、《廣韻》作『芀』，《箋二》作『艻』，即『芀』俗寫，底卷形訛，兹據校改作『芀』字。又『音』前《王二》有『又』字，合於文例，底卷誤脱，兹爲擬補一個脱字符。

〔六九七〕注文《王二》同，龍宇純《校箋》：『案此字訓「獨行皃」，即上文「㣶」之異文，《詩》「佻佻公子」，《韓詩》作「嬥嬥」。《廣韻》亦分「佻」、「嬥」爲二，而「嬥」下引《聲類》「細腰皃」。』

〔六九八〕釋義《王二》同，《廣韻》作『多髮皃』，後者與《説文·髟部》『髾，髮多也』義合，龍宇純《校箋》謂『「名」當是「多」之誤』，底卷形訛，兹從校改。

〔六九九〕注文《王二》同，《廣韻》作『草木實垂卤卤然也』，後者合於《説文》，於義爲長。

〔七〇〇〕前行『県』字下至行末底卷殘泐約半個大字的空間，次行殘字存右下角一捺筆，行首至『憿』字間殘泐約兩個大字的空間，《王二》相關内容作『〇県，倒懸首。〇澆，浚』，《箋二》略同（唯『倒』字作『到』、『浚』作『沃』），與底卷所殘空間略合，兹據校補殘字作『浚』并爲擬補四個缺字符。又『浚』字《箋二》、《廣韻》作『沃』，龍宇純《校箋》：『澆無浚義，疑是渼之譌誤。《説文》「澆，渼也」，《廣韻》云「沃也」，「沃」即「渼」字。』此殘字『浚』當爲『沃』字形訛。

〔七〇一〕字頭『憿』字左上角底卷略有漫壞，兹據《箋二》、《王二》録定。

〔七〇二〕『能』字前《王二》有『水居』二字，注文《廣韻》作『水蟲，似蛇四足，能害人也』，《集韻》作『獺屬，害魚者。或作蝺』，龍宇純《校箋》：『案《漢書·賈誼傳·弔屈原賦》「偭蟂獺以隱處兮」應劭曰：「蟂獺，水蟲，害魚者也。」此云「食人」，未詳所出。』

〔七〇三〕釋義《王二》、《集韻》同，《箋二》、《廣韻》本小韻無『僥』字條，龍宇純《校箋》：『案「僥」字訓「僞」未聞，「五聊反」下云「僬僥，短人（正文僥字誤脱，此注文在嶢字下）」，與《説文》合，「僞」或即「僬」字之誤。』姑從校改，而底卷釋義當用注文與被注字連讀成訓例。

〔七〇四〕字頭《王二》作『膠』形，而於注文云『俗作聎』，是底卷之正體當作『膠』形，『聍』其草寫訛變也。

〔七〇五〕『膋』字注文前二字在行末，底卷皆僅存上部少許筆畫，兹據《箋二》、《王二》校補作『腸間』二字。次行行首至『遼』字間底卷殘泐約兩個大字的空間，《王二》相關内容作『〇膋，腸間脂。〇飉，風飉（飉字衍）』，《箋二》略同（唯『飉』字注文僅作『風』字），與底卷所殘空間吻合，兹據擬補三個缺字符。

〔七〇六〕釋義《箋二》、《王二》皆作『料理』，《廣韻》首義同，底卷此處當用注文與被注字連讀成訓例。又或體字諸本及《集韻》皆未載，然《集韻》『料』字條下接之字作『敹』（《廣韻》排序稍後，字形作『敹』），注文作『《説文》「擇也」，引《周書》「敹乃甲謂」』，龍宇純《校箋》謂底卷或體『當作「敹」』，兹從校改。

〔七〇七〕字頭『瘵（瘳）』字《箋二》、《王二》、《廣韻》皆作『廖』，俗寫『疒』、『广』二旁多混，此『瘳』當校讀作『廖』，注文同。注文殘字底卷存上部『亠』形筆畫，兹參《箋二》校補作『立』字；又缺字可據《箋二》補作『反』字；又『後』字下依文意當有一『漢』字，故爲擬補一個脱字符。

〔七〇八〕本條底卷在行首，行首至『鐐』字間底卷可容約三個大字，其間多殘，殘字底卷存右下角竪鈎形筆畫，《王二》相關内容作『僚，同官爲僚。字或作寮』，《箋二》略同（唯『同』字誤作『周』），與底卷所殘空間及存字行款吻合，兹據校補殘字作『爲』字，并爲擬補六個缺字符。

〔七〇九〕殘字底卷存右部筆畫，兹據《箋二》、《王二》、《廣韻》校補作『鑪』字。又『有』字前底卷承前條注文衍抄『同官』二字，亦據諸本删之。

〔七一〇〕殘字當爲字頭，底卷存右部一捺筆；又『鷯』字前存有雙行注文右行的末字『肉』，殘字至『鷯』間底卷約殘泐七個左右大字的空間，《王二》相關内容作『〇繆，空谷。〇嶚，嶚嵐，山皃。〇簝，宗廟盛肉方竹器』，與底卷所殘空間吻合，兹據校補殘字作『繆』，并爲擬補十四個缺字符。

〔七一一〕『鷌』字上部底卷略有漫壞，此從《箋二》、《王二》録定。

〔七一二〕注文《王二》同，《廣韻》、《集韻》作『目明也』，龍宇純《校箋》：『《周禮・春官》序官「眂瞭」注云「瞭，目明者」，疑此「明目」二字誤倒。』

〔七一三〕『蘔』字《廣韻》、《集韻》同，《王二》作『蘽』形，龍宇純《校箋》：『案此云「草器」，「落過反」下云「盛土器」，則是《孟子・滕文公》「虆梩」字。「落過反」下云「又力隹反」，本書脂韻「力追反」下正有「虆」字。蓋「虆」省作「蔂」，俗從二糸作「蘽」，又譌作「蘔」。「虆」變作「蘔」，猶「灅」、「漯」互亂也。唯此字入本韻，疑有譌誤。歌韻「又力隹反」，王一「隹」譌作「焦」，疑即此字入本韻所本。（案《尚書》四載「欙」字，《淮南》作「蔂」，《史記》作「橋」，「橋」、「焦」同韻，或即「力焦反」之所由誤也。）』又底卷哥韻所收字形正作『蘔』形，故從校改。又注文殘字底卷存左下部一短横，兹據《王二》、《廣韻》校補作『草』字，『草器』二字居行末。

〔七一四〕行首至殘字『堯』字間底卷殘泐約半行，據空間，可抄十三個左右大字，《王二》相關内容作『○蘽，草器。又力弋（戈）反。○藔，草木踈莖。○癆，痛。又力到反。○嵺，虚嵺。○蟧，馬蛹。亦作蟟。○寮，宲寮』，比底卷所殘空間約少兩個左右大字，可參。

〔七一五〕字頭底卷存右下角一點狀筆畫，兹據《箋二》、《王二》、《廣韻》校補作『堯』字。又注文『俗』字上部底卷略有殘泐，此依文例録定，《王二》或體標識作『或作』二字。

〔七一六〕缺字底卷殘泐，可據《王二》補作『羹』、『六』二字。

〔七一七〕『反』字居『怮』字前雙行注文右行末，行首至『怮』字間底卷殘泐約半行，據空間，可抄十四個左右大字。《王二》相關内容作『○嘵，聲嘵（嘵字衍）。○顤，額大。又去遥反。○膮，膮臊（當乙正）。○奃，肥大。又去遥反。○翢，翢毦。亦作鴘、毦。○幺，於堯反。幺幺，小。二』，與底卷所殘空間略合，唯後一殘條比照右行雙行注文之左行應爲三字，疑『幺幺，小』僅作『幺小』二字，故爲後一殘條擬補五個缺字符。

〔七一八〕注文『陽』字下《王二》有一『郡』字。又小韻標數字底卷漫漶，僅存大略，茲據《王二》校補作『三』字。

〔七一九〕『鹿』字下《王二》有『正作鄡（當從《廣韻》字頭作『鄡』）』三字。

〔七二〇〕殘字底卷皆存上部筆畫，其下至行末殘泐約一個半大字的空間，《王二》相關内容作『敿，擊。又五交、口的二反』，與底卷所殘空間略合，茲據校補二殘字作『又』、『口』，并擬補五個缺字符。又《王二》以此爲蕭韻的末條文字，從底卷的行款看，當同。

〔七二一〕行首至『銷』字間底卷殘泐約半行，據空間，可抄十四個左右大字，其中末條注文存有一個殘字（存下部筆畫）和『又』、『反』二字。《王二》相關内容作『○卅宵，相焦反。夜。十五。○消，滅消（消字衍）。○霄，近天赤氣。○捎，摇捎，動。○逍，逍遥。○痟，痟渴，病。○綃，生絲絹。又蘇彫反』，與底卷所殘空間吻合，茲據校補殘字作『絹』，并爲殘條擬補五個缺字符。

〔七二二〕『火』字《王二》作『史』，《廣韻》又音上字作『所』，『所』、『史』皆生紐字，又底卷覺韻『所角反』小韻收有『揱』字，是此處『火』字當爲『史』字形訛，茲據校改。

〔七二三〕前行殘字底卷存左部少許筆畫，茲據《王二》、《廣韻》校補作『莦』字。又『莦』字下至行末底卷殘泐約一個大字的空間，次行行首至『潮』字間底卷殘泐約半行，據空間，可抄十四個左右大字，其中末條注文存有『遥反』二字，《王二》相關内容作『○莦，惡草。反（又）所交反。○鮹，煎鹽。○奞，張羽毛。○超，勑宵反。越。三。○怊，怊悵。○昭，鳴。○朝，知遥反。又直遥二（二字衍）反。旦朝（朝字衍）。五（一）。○晁，姓。直遥反（反語當與前釋文互乙）。〔四〕』，與底卷所殘空間略合，當可據補，茲爲後一殘條擬補四個缺字符。

〔七二四〕『水潮』《王二》同，《箋二》、《廣韻》作『潮水』，於義爲長。

〔七二五〕小韻標數字底卷漫滅，可據《王二》及底卷實收字數校補作『十』字。

〔七二六〕 前行『馨』字下至行末底卷殘泐約一個大字的空間；次行『草』字上部底卷略殘，又殘字底卷略有漫漶，僅存字形大略，兹並據《王二》、《廣韻》録定和校補，又行首至『草』字間底卷殘泐約半行，據空間，可抄十四個左右大字，《王二》相關内容作『○梈，玄梈，星名。○歊，熱氣。○馨，犬(大)聲(磬)。○獢，猲獢，犬短啄(喙)。○獢，犬黄白色。○繭，白芷别名。○傜，驕傜(傜字衍)○囂(囂)，炊氣。○蔮，草木盛肥。又許交反』，其中『馨』字條底卷置前，又『蔮』字條釋義文字底卷與《王二》不同，此外内容所占空間與底卷所殘空間吻合，當可據補，兹爲後一殘條擬補一個字頭缺字符。

〔七二七〕 『蕉』、『穛』二字《王二》、《廣韻》皆作『蕉』、『樵』之形，其中『蕉』字《箋二》同，俗寫『禾』、『木』二旁多混，兹據校補正字。又小韻標數字底卷漫滅，可據《王二》及底卷所收字數補作『十一』二字。

〔七二八〕 前行『耳中』居雙行注文右側，其左行底卷殘泐約兩個小字空間，其下至行末底卷殘泐約兩個半大字的空間；次行殘字存下部『冋』形筆畫，兹據《王二》校補作『喬』字，又行首至殘字『喬』間底卷殘泐約半行，據空間，可抄十四個左右大字，《王二》相關内容作『○膲，耳中聲。又才高反。○憔，憔悴。或作顦。○譙，國名。○嶕，嶕嶢。○蕉，蕉蕘(二字當乙正)，朿(朿字衍)山高皃。○醮，面焦枯皃。○推(撨)，取推(推字衍)。○落，草落(落字衍)。○驕，舉喬反。馬高八(六)尺。八』，可參。底卷末條注文後二缺字疑當作『此喬』，『從夭、喬』則當作『從夭、高』，『喬』字《説文》從夭、高省；而『喬』『驕』二字古通用。

〔七二九〕 『憍』字左下角底卷略殘，此從《箋二》、《王二》録定。

〔七三〇〕 殘字底卷存右部『喬』旁，兹據《箋二》、《王二》校補作『嬌』字。又注文缺字底卷殘泐，可據二書補作『字』字。

〔七三一〕 前行『嬌』字條下至行末底卷殘泐約五個左右大字，次行行首至『鳥』字間底卷殘泐約半行多，據空間，可抄十六個左右大字，《王二》相關内容作『○穚，禾秀。○簥，大管。○鷮，似雉而小。○蕎，草小支上(此釋義有誤)。○撟，舉手。○焦，即遥反。火焦。亦作爂。十二。○毦，兜鍪上飾。○蕉，芭蕉。○膲，人之心（心字衍）三膲胞（胞字衍）。○鴅，鴅鴉（鵬），鳥名，似鳳』，除末字條注文外，比底卷所殘空間少約一個半左右大字，可參。又底卷後之殘條所存注文皆居於雙行注文的右行，《廣韻》『鴅』字注文作『鴅鵬（鵬），南方神鳥，似鳳。又鴅鷄，小鳥』，參酌《廣韻》與《王二》的注文及底卷之行款，可擬補底卷殘條内容爲『鴅，鴅鵬，鳥名，似鳳，南方神鳥；又鴅鷄，小鳥』，茲姑爲擬補十一個缺字符。

〔七三二〕殘條『南』字下至行末底卷殘泐約八個左右大字的空間。次行以下底卷斷裂殘泐。

〔七三三〕此處所殘内容爲卅宵韻後部，據《王二》所收文字推擬，約爲十五行左右。

〔七三四〕行首至『又』字間底卷殘泐約半行，據空間，可抄十四個左右大字。又因其行款與《王二》比較，知此行爲『肴』大韻首行文字，《王二》相關内容作『○卅一肴，胡茅反。乾肉。亦作餚。十五。○崤，山名，在弘農。又下高反。○蓛，茅根。○殽，溷雜。○洨，水名；又縣名，在沛郡』，比底卷所殘空間少約二個左右大字，可參，茲姑爲殘條擬補四個缺字符。

〔七三五〕『笶』字《箋二》、《王二》、《廣韻》皆作『笅』，底卷形訛，茲據校改。

〔七三六〕『猇』條注文『南又五加直』底卷皆居雙行注文之左行，其中『南』爲首字，以下至行末底卷殘泐約七個大字的空間，次行行首至『茭』字間底卷殘泐約半行，據空間，可抄十四個左右大字，《王二》相關内容作『○猇，虎聲。○㮁，㮁桃，梔子。○爻，易卦。○倄，痛聲。○恔，快。○絞，黃色。○䣊，沾（沽）。○淆，渾。○交，古肴反。杖過。亦作䢒道（遣）。十四。○蛟，蛟龍』，其中『猇』字注文與底卷所存内容差異較大，然此字注文《箋二》作『虎聲；又縣名，在濟南。又吾加反。又直支反』，《廣韻》略同（少『又吾加反』一個又音），與底卷所存字及其行款略合，只是底卷又音當作『又五加、直交二反』格式，茲爲此殘條擬補十個缺字符。『猇』字條外，《王二》所存内容與底卷所殘空間略合，當可據補。

〔七三七〕殘字底卷存下部『交』旁，茲據《箋二》、《王二》校補作『茭』字。

〔七三八〕缺字底卷殘泐，可據《箋二》、《王二》補作『邑』字。

〔七三九〕前行『郊』字條下至行末底卷殘泐約兩個半大字的空間，次行殘字存下部筆畫，行首至殘字間底卷殘泐約半行，據空間，可抄十四個左右大字，《王二》相關内容作『○咬，鳥聲。○嘐，嘐，鷄鳴。又古包反。○詨，鳥鳴。又詡教反。○筊，竹索。○轇，轇轕，長遠。○孝，挍（挍字衍）胄子。○㲇，衰（囊）』，龍宇純《校箋》據《唐刊》（伯二〇一四）、《廣韻》、《集韻》校改末條注文『衰』字作『囊』，兹從補，并爲後一殘條擬補一個字頭缺字符。又其餘校後内容比底卷所殘空間少約三個左右大字，可參。

〔七四〇〕缺字底卷漫滅，可據《王二》及本小韻實收字數補作『六』字。

〔七四一〕前行『勦』字條下至行末底卷殘泐約一個大字的空間，次行行首至『鶵』字間底卷殘泐約半行，據空間，可抄十四個左右大字，《王二》相關内容作『○巢，陽田，在聊域（城）。○鄛，鄉名，在南郡。○窠，鳥穴居。○鐃，女交反。鐃鼓。七。○呶，喧。○譊，静。○怓，心亂』，比底卷所殘空間約少一個左右大字，可參。

〔七四二〕前行『梢』字雙行注文右行存『所交反船』四字，左行存『梢木』二字及下漫滅的小韻標數字，其下至行末底卷殘泐約一個半大字的空間；次行行首至『蟲』字間底卷殘泐約半行，據空間，可抄十四個左右大字，《王二》相關内容作『○梢，所交反。船上梢木。十六。○捎，蒱捎，良馬名；又芟。○髾，髮尾。○輎，兵車。○旓，旗旒。○弰，弓弰。○鞘，餅帚。○筲，斗筲。○鞘，鞭頭。○蛸，蠨蛸，似喜子，小』，末條與底卷所存文字不同，《箋二》作『蛸，蠨蛸，虫名，喜子』，與底卷合，以此配入，《王二》的内容與底卷所殘空間略合，當可據補，兹爲前後二殘條各擬補三和五個缺字符。

〔七四三〕字頭《王二》作『箱』，訓『木名』。

〔七四四〕前行『茅』字下部底卷略殘，兹據《箋二》、《王二》録定。又『茅』字下至行末底卷殘泐約一個大字的空間，次行行首至『鴟』字間底卷殘泐約半行，據空間，可抄約十四個左右大字，《王二》相關内容作『○茅，莫交反。草，似蘭。六。○蝥，盤蝥，虫，［有］毒。○貓，獸，食鼠。又莫儦反。○犛，牛名。又力之反。○媌，好皃。又莫佼反。○鶔，鴟鶔』，比底卷所殘空間少約一個左右大字，可參，兹據爲後一殘條擬補一個字頭缺字符。又『鴟鵂』疑當爲『鵂鴟』之倒，《廣韻》作『鵂鴟』，《爾雅·釋鳥》作『茅鴟』，俗或稱之爲猫頭鷹。

〔七四五〕『犯』字《王二》、《箋二》、《廣韻》皆作『肥』，底卷形訛，兹據校改。

〔七四六〕缺字底卷殘泐，可據《箋二》補作『嗃謈』二字，《王二》『謈』字誤作『暴』。

〔七四七〕『髏』字上部底卷略殘，此從《王二》、《集韻》録定。又行首至『髑』字間底卷殘泐約三個大字的空位，《王二》相關内容作『○颵，颵風。○髐，髑髏』，與底卷所殘空間吻合，兹據擬補四個缺字符。

〔七四八〕殘字底卷皆存上部少許筆畫，《王二》『涍』字注文作『水名，在河南』，《廣韻》、《集韻》略同（唯『河南』作『南郡』），與底卷『又』字前所存文字及行款吻合，兹據校補前一殘字作『水』字。依文例及行款，『又』所引領的内容當爲或體或釋義，疑殘字當從《萬姓統譜·肴韻》『涍，南郡，見《姓苑》』補作『姓』字。

〔七四九〕殘字底卷存下部似『人』形筆畫，又『涍』、『虓』二字間底卷可容約七個左右大字，其中文字底卷多殘，除『涍』字條所擬補的内容外，尚有約五個大字的空間，《王二》相關内容作『○灱，熇灱。○虖，［謼豁。○哮］，哮闞。又呼教反』，校補後的文字與底卷所殘空間吻合，兹據校補底卷殘字作『反』，并爲擬補十一個缺字符。

〔七五〇〕『聲』字前《王二》有『虎』字。

〔七五一〕注文『正』字《王二》作『俗』；『丏』字《王二》作『勹』，是，底卷形訛，兹據校改；『勹』、『包』《説文》異字，謂之正、俗似皆不確。又『二』字底卷漫滅，此從《敦煌掇瑣》、姚榮松《新校記》録定。

〔七五二〕小韻標數字底卷漫滅，可據《王二》及本小韻實收字數補作『八』字。

〔七五三〕缺字底卷殘泐，可依文例及《王二》補作『反』字。

〔七五四〕『罞』字在前行末，次行行首至殘字『抛』間底卷殘泐約二個左右大字的空間，《王二》相關内容作『○罞，内（网）。○脬，腹中水府』，與底卷所殘空間略合，兹據擬補六個缺字符。

〔七五五〕殘字底卷存左下部筆畫，兹據《箋二》、《王二》校補作『抛』字。

〔七五六〕『温』字《箋二》、《王二》、《廣韻》皆作『漚』，《補正》校『温』作『漚』，茲從之。

〔七五七〕『⿱艹乇』字《王二》同，《廣韻》作『芁』形，《集韻》作『⿱艹⿰氵乚』，并收或體作『⿱艹七』，合於形聲構字理據，底卷字形當爲『⿱艹七』字俗訛，茲據校改。

〔七五八〕『七』字底卷漫滅，此從姚榮松《新校記》録定。

〔七五九〕『於』字前《王二》有一『字』字，於文例爲安。

〔七六〇〕缺字底卷居行末，殘泐，可據《王二》補作『不媚』二字。

〔七六一〕行首至殘字『聱』間底卷殘泐約二個大字的空間，《王二》相關内容作『墝，地肥』，龍宇純《校箋》：『「墝」爲瘠土，此云「地肥」，誤。或本云「地肥墝」，而「肥」下脱重文。《孟子》云「地有肥磽」，「磽」與「墝」同。』與底卷空間略合，茲據擬補四個缺字符。

〔七六二〕『三』字底卷漫滅，此從《補正》録定。

〔七六三〕前行『嘲』字下至行末約殘半個大字的空間，次行行首至『⿺走周』字間底卷殘泐約一個大字的空間，《王二》相關内容作『嘲，張交反。言調。三』，與底卷所殘空間吻合，茲據擬補六個缺字符。

〔七六四〕『音』字《箋二》、《王二》、《裴韻》皆作『盲』，底卷形訛，茲據校改。

〔七六五〕『五』字底卷漫滅，此從《敦煌掇瑣》録定。

〔七六六〕『十二』二字底卷漫滅，此從《敦煌掇瑣》、姚榮松《新校記》録定。《王二》本小韻標數字作『十二』，其『鉋』字條下有『嘐，嘐，不實事而大語』一條，《裴韻》亦收其字，訓作『嘐嘐，不實事』，疑底卷脱之。

〔七六七〕前行『炮』字下至行末底卷可容一個大字的空間，而其中『合』字可辨，二殘字前者存上部一『丿』形筆畫，後者存漫漶的字形大略，缺字殘泐，檢『炮』字注文《箋二》、《王二》、《裴韻》皆作『合毛炙肉；一曰裹物燒』，《廣韻》亦略同，比底卷多兩個小字的空間，或『炮』字下注文長出版心半個大字的空間，或底卷又義無『一曰』二字，茲姑從校補二殘字作『毛炙』。

〔七六八〕本條《箋二》、《王二》、《裴韻》皆作『麃，似鹿』，《廣韻》作『麃，獸名，似鹿』，是底卷二『麈』字當爲『麃』、『鹿』之形訛，兹並據校改。

〔七六九〕『𣏟』字《王二》作『桼』，《廣韻》作『漆』，『𣏟』爲『桼』之俗字，『漆』爲『桼』之後起字，參《敦煌俗字研究》下編水部『漆』字條考釋。

〔七七〇〕『㿫』字《箋二》、《裴韻》（『凹』誤作『曲』）、《王二》、《廣韻》皆無，姚榮松《新校記（二）》云：『《廣韻》洽韻「凹」字（烏洽切）下云：「或作㝹。」《集韻》洽韻則云：「凹㿫，低下也。或作㿫。」是「㿫」爲「凹」之異體，《王一》作「頭凹㿫」，「凹㿫」重疊，似有衍文。』又注文『䪻』字下有一『反』字，麥耘《簡編》：『按「反」字衍文，此非又音。』此論合於文例，兹從徑删。又『五』字底卷漫滅，此從《敦煌掇瑣》、姚榮松《新校記（二）》、《補正》録定。

〔七七一〕『唔』字《箋二》、《王二》、《裴韻》、《廣韻》、《集韻》皆作『呑』形，底卷誤增右下『口』形贅筆，兹據校改。

〔七七二〕殘字底卷存上部一『一』形筆畫，兹據《王二》、《裴韻》補作『面』字。又缺字底卷殘泐，可據二書補作『不平』二字。

〔七七三〕『梘』字《王二》、《裴韻》同，《廣韻》作『梎』，《集韻》作『梘』形，按『梘』字當爲『梎』之俗寫，而『梘』又爲『梘』之訛變，兹據校補正字作『梎』。又注文《王二》作『捎祠』，《裴韻》作『梢柌』，《廣韻》作『梎柌』，龍宇純《校箋》：『此文「祠」當是「柌」字之誤，「捎」當即「梎」字之誤。』兹從校改。

〔七七四〕『交』字底卷漫漶，僅可辨其大略，此從《敦煌掇瑣》及《姜韻》録定。又缺字底卷漫滅，可依文例補作『一』字。

〔七七五〕韻部標序字底卷存『豪』字前一『二』字，依文例及《王二》知此下爲『卅二豪』韻字，故擬補一個缺字符。又『使』爲『使』之俗寫，參潘重規主編《敦煌俗字譜》第六〇號『吏』字的俗寫形體，然此字《箋二》、《王二》、《裴韻》、《廣韻》皆作『俠』（或作俗字『侠』形），底卷形訛，兹據校改。

〔七七六〕或體字底卷作『高』，與字頭同形，不合文例，兹據《王二》校改作『高』形。小韻標數字底卷漫滅，《王二》、《裴韻》皆作『十九』，底卷本小韻實存十八字，『怜』字上《王二》、《裴韻》有『覨，見』條，疑爲底卷所脱。

〔七七七〕『[麻/示]』字《箋二》、《王二》作『糜』形，《裴韻》、《廣韻》作『穈』形，《玉篇》同，按當以『穈』字爲是，『糜』蓋以從『米』旁而俗通作『穈』，底卷形訛，兹據校改。

〔七七八〕『二』字下《王二》有『尺』字，《箋二》同；《裴韻》同底卷。

〔七七九〕『鳥名』底卷誤倒，兹據《箋二》、《王二》、《廣韻》乙正。

〔七八〇〕『桔』字《王二》、《裴韻》、《廣韻》同，諸家録作『枯』，不確。

〔七八一〕殘字底卷存右部一捺形筆畫，兹據《王二》、《裴韻》、《廣韻》校補作『偺』字

〔七八二〕『怜』字《王二》、《裴韻》、《唐刊》（伯二〇一四）同，《廣韻》作『[忄夲]』，《集韻》作『[忄夲]』，龍宇純《校箋》：『案當以作「[忄夲]」者爲正。』按《廣韻》本大韻『土刀切』小韻之『夲』字或作『丰』形，皆《説文》同一篆文隸變之不同形體，『皋』（或作『臯』形）字下部從之，底卷俗作，兹從《廣韻》校改。

〔七八三〕『自』字《王二》、《唐刊》（伯二〇一四）、《廣韻》皆作『白』字，底卷形訛，兹據校改。

〔七八四〕『鄉』字下《王二》有一『名』字，《裴韻》、《廣韻》同。

〔七八五〕注文底卷漫漶，此從《姜韻》録定，又『牝廲』《王二》、《裴韻》、《唐刊》（伯二〇一四）同，《集韻》作『牡廲』，龍宇純《校箋》：『案《爾雅·釋獸》「麋，牡麔牝麎」，又云「廲，牡麌牝麋」，《説文》同。「廲」或作「麋」，與「麋」形近，遂誤「麔」爲廲屬，當云「牡麋」。』兹從校改。

〔七八六〕『十四』二字底卷漫滅，此從《姜韻》録定。

〔七八七〕『牢』字解形《説文·牛部》作『从牛、冬省，取其四周帀也』，段注：『从古文冬省也，冬取完固之意，亦取四周象形，引伸之爲牢不可破。』按『冬』字篆文作『□』形，古文作『□』形，與『用』字互訛，當以篆文爲形近，姚榮松《新校記（二）》據以認爲『原卷「從用省」當作「從冬省」，云省者，省仌也』，此言是，然底卷之『冬』

字當用其篆文的直接隸定形體，玆姑據校改作『冬』之篆字之形。

〔七八八〕殘字底卷存下部筆畫，玆據《箋二》、《王二》、《廣韻》校補作『有』字。又缺字底卷殘泐，可據諸本補作『葉』、『毒』二字。

〔七八九〕注文《箋二》、《裴韻》同，《王二》作『濁酒』，《廣韻》同。

〔七九〇〕『偖』字《王二》、《裴韻》同，《廣韻》作『擆』，龍宇純《校箋》：『今《方言》作「諸」，各韻書正字無「偖」字。』疑『偖』即『諸』字形訛。

〔七九一〕『木』字下《王二》有『名』字，《箋二》、《廣韻》同。

〔七九二〕缺字底卷殘泐，可據《箋二》、《王二》、《裴韻》補作『死』、『里』二字。

〔七九三〕『休』字《王二》未收，《裴韻》、《集韻》收有或體『㧶』，《廣韻》收有或體『𪲔』，俗寫『扌』、『木』二旁多混而不分，然從其表示用手之勞動義言，當以從『扌』爲是，《廣雅·釋詁三》亦作『㧶』形，底卷形訛，玆從校改。

〔七九四〕『八』字底卷漫漶，此參《敦煌掇瑣》、《補正》録定。

〔七九五〕『菜』字前《王二》有一代字符，《箋二》、《裴韻》、《廣韻》同底卷。

〔七九六〕注文缺字底卷漫滅，可據《王二》及底卷實收字數補作『十九』二字。

〔七九七〕殘字底卷存下部筆畫，玆據《箋二》、《王二》校補作『洮』字。

〔七九八〕注文《王二》有又音『又樗舟反』，《箋二》、《裴韻》、《廣韻》同底卷無又音，龍宇純《校箋》：『本書尤韻無此字，不詳。《集韻》字又音「叨号切」，亦不見尤韻。』蓋抄者後增。

〔七九九〕『弢』字《箋二》同，《王二》作『㢭』，『弢』爲『㢭』之俗字，參《箋二》校記〔六三八〕。

〔八〇〇〕『曷』字《箋二》、《裴韻》、《廣韻》皆作『昌』字，《補正》校『曷』作『昌』，玆從之，《王二》誤作『高』字。

〔八〇一〕『問』字《箋二》、《王二》、《廣韻》皆作『周』，合於《説文》，底卷形訛，玆據校改。又對注文中字的注音，底卷或脱省『字』字前的被注字，於韻書通例不合，玆據擬補一個脱字符。

〔八〇二〕殘字底卷存左部『亻』旁，可依文例校補作『作』字。缺字底卷殘泐，前者可據《王二》、《裴韻》、《廣韻》、《集韻》補作『目』字，後者可參《王二》補作『亦』字。又或體唯《裴韻》有之，作『曉（曉）』形，似於形聲構字理據爲安，然『䀛』字或爲會意字，姚榮松《新校記（二）》疑『䀛』即《裴韻》之『曉（曉）』，俟考。

〔八〇三〕注文《王二》同，《裴韻》誤作『謭』字，《廣韻》作『詃詾，言不節』，是底卷當用注文與被注字連讀成訓例。

〔八〇四〕『丯』通行字作『夲』，爲篆文隸變之異。參看上文校記〔七八三〕。

〔八〇五〕『簴』字《王二》作『篪』，《廣韻》作『籧』，龍宇純《校箋》：『「篪」當從《廣韻》作「籧」，《方言》十三：「筥，籧也。」《説文》：「籧，飲（段注本改作食字，疑當從《集韻》作飤）牛筐。」』是底卷『簴』字當爲『籧』字俗訛，茲據校改。

〔八〇六〕反語後《王二》有釋義『一刃劍』三字，《裴韻》同底卷。又『五』字底卷漫滅，此從《敦煌掇瑣》、《姜韻》録定。

〔八〇七〕『裯被』《王二》作『襌被』，《裴韻》、《廣韻》同《王二》。

〔八〇八〕釋義《王二》作『摩動皃』，《裴韻》、《廣韻》同底卷。

〔八〇九〕『九』《王二》作『八』，本小韻《王二》比底卷少末條『栜，船名』。

〔八一〇〕『爬』字《箋二》、《裴韻》同，《王二》、《廣韻》作『爮』形，龍宇純《校箋》：『各韻書無「爮」字，疑即「爬」字之誤，明梅膺祚《字彙》收「爮」字，云「爬刮」，所本蓋即《廣韻》。』又『利』字《箋二》、《王二》、《裴韻》、《廣韻》皆作『刮』，底卷形訛，茲據校改。

〔八一一〕字頭《王二》作『縿』，《裴韻》、《廣韻》作『繰』，合於形聲構字理據，唯《廣韻》『繰』字注文又云『俗又作縿，縿本音衫』，按『縿』當爲『繰』字形訛，而底卷字形正其訛變的中間形態。又殘字底卷存下部筆畫，茲據《箋二》校補作『所』字。又缺字底卷殘泐，前者可據《箋二》及文例補作『又』字，後者疑當作『斿』字，《説文・糸部》：『縿，旌旗之斿也。』可參。

〔八一二〕字頭《王二》作『鱢』形，《箋二》、《裴韻》、《廣韻》、《集韻》並同底卷，龍宇純《校箋》指出《王二》『當是涉上「臊」字注文「鱢」字而誤』。

〔八一三〕『二』字底卷漫漶，此參《敦煌掇瑣》、《姜韻》録定。

〔八一四〕『凡』字《王二》作『瓦』，『凡』即『瓦』俗字『凡』的俗寫，參《敦煌俗字研究》下編瓦部『瓦』字條考釋。又注文正字形體脱抄，《王二》作『匋』，《集韻》則以『匋』作字頭，而於注文中謂『通作陶』，底卷當可據補。又小韻標數字底卷漫滅，此從《敦煌掇瑣》録定。

〔八一五〕注文『咷』字右上角略殘，此從《箋二》、《王二》録定。又缺字底卷殘泐，可據二書補作『號』字。

〔八一六〕『央』字爲『史』之俗寫，《王二》無此字，《箋二》、《裴韻》皆作『又』字，底卷形訛，兹據校改。

〔八一七〕『倌』字《王二》、《裴韻》作『棺』，《箋二》作『搐』，俗寫『扌』、『木』二形多混而不分，然於形義關係論，此字當以從『扌』爲正字，底卷形訛，兹據校改。

〔八一八〕注文『蝗』字前《王二》有一代字符；又考《爾雅·釋蟲》『蟓，蝮蜪』郭璞注：『蝗子，未有翅者。』龍宇純《校箋》據以謂『當從《王二》（長龍按：即《裴韻》）云「未有翅」』，底卷當脱『未』字，兹從擬補一個脱字符。

〔八一九〕注文『在』字《王二》作『作』字，合於文例，底卷形訛，兹據校改。

〔八二〇〕本條《王二》作『褿，䄷。又才勞反』，龍宇純《校箋》：『「褿」當作「褿」，「䄷」當作「䄷」，《說文》「褿，帴也」，《廣雅·釋器》：「褿、袯、䄷，褯也。」「䄷」即「帴」字。』俗寫『衤』、『礻』二形多混而不分，兹據校補正字。又底卷『勞反』二字居雙行注文左行，依行款，其右行當有二缺字，而據《王二》，則當有『䄷又才』三字，疑底卷有脱文，或右行三字寫得較密，兹姑擬補三個缺字符。

〔八二一〕『十五』《王二》作『廿』，龍宇純《校箋》：『案《王一》實廿一字，誤「囂」以下六字爲「許驕反」，遂改「廿一」爲「十五」（姜書P.二〇一一「囂」上加圍，是其驗），本書脱一「敖」字，因改「廿一」爲「廿」。』兹據校改。

〔八二二〕『省』字《箋二》、《王二》、《裴韻》、《廣韻》同，《唐刊》（伯二〇一四）作『肖』，合於《說文》，然段注本據《韻會》改之作『省』，是底卷所作，或有所據，姑存其舊。『五』字前《王二》有『又』字，合於文例，底卷誤脱，茲據擬補一個脱字符。

〔八二三〕注文《箋二》同，《王二》、《裴韻》『犬』字下有『高四尺』三字。

〔八二四〕原卷字頭『嫯』下復録一字頭『敖』字，其右側有一删除符號『卜』。

〔八二五〕『頿』字《王二》同，龍宇純《校箋》：『當作「䫜」。』底卷俗省。

〔八二六〕『蝌』字上部略殘，茲參《王二》、《裴韻》、《廣韻》録定。

〔八二七〕『夫』字前《王二》有『衛大』二字，《裴韻》同，底卷脱，茲據擬補二個脱字符。

〔八二八〕『爊』字《王二》同，當爲『爊』字形訛，參《箋二》校記〔六四七〕，茲從校改。

〔八二九〕『鑣』字《箋二》、《王二》作『鑣』，皆爲『鑣』之形訛，參《箋二》校記〔六四八〕，茲從校改。

〔八三〇〕釋義《王二》作『姓』，龍宇純《校箋》：『案「正」下疑奪「曹」。』底卷或體標識『作』字多省，龍校蓋是，茲從擬補一個脱字符。

〔八三一〕『先』字上部底卷漫漶，茲參《王二》、《裴韻》、《廣韻》録定。又釋義《王二》作『祭豕先』，《裴韻》作『祭名，豕先』，《廣韻》作『祭豕先也』，是底卷『先』字前當脱一『豕』字，茲爲擬補一個脱字符。又疑注文『禮』字（底卷作代字符形）衍。

〔八三二〕『獲』字《箋二》、《王二》、《裴韻》、《廣韻》皆作『猴』，底卷形訛，茲據校改。又『五』字底卷漫滅，此從《敦煌掇瑣》、《姜韻》録定。

〔八三三〕注文『色』字《王二》作『毛』，『色』字疑爲『毛』字形訛；『獿』字釋義《箋二》作『多毛犬』，《裴韻》作『多毛犬之大』，《廣韻》作『長毛犬』，皆可參。

〔八三四〕大韻標序字底卷殘泐，據《王二》及底卷文例知當作『卅三』，故擬補二個缺字符。又『哥』字上部底卷有殘泐，茲據《王二》録定，《箋二》、《廣韻》及底卷本卷末所附韻目名皆作『歌』字，『哥』、『歌』古今字。

〔八三五〕「擊」字《王二》作「係」，《箋二》、《裴韻》、《廣韻》皆作「繫」，底卷形訛，茲據校改。又「柯」字《箋二》、《王二》、《裴韻》、《廣韻》作「舸」，底卷形訛，亦並據校改。

〔八三六〕「又」字《王二》作「反」，底卷形訛，茲據校改。

〔八三七〕釋義《箋二》同，《王二》作「棺材頭版」，《裴韻》作「棺頭版」，於義爲明。

〔八三八〕注文「在淮」二字在前行末，次行行首至「戈」字間底卷殘泐約半個大字的空間，《王二》相關内容作「水名，在淮陽」，《箋二》同，茲據擬補一個缺字符。

〔八三九〕「鳥」字前《王二》有「魚身」二字，《箋二》、《裴韻》、《廣韻》同，底卷當脱，遂致形義不合，茲據擬補二個脱字符。又「十二」《王二》作「十三」，底卷蓋因本小韻「羸」字脱而誤計，茲據校改。

〔八四〇〕「蘲，穀積」條諸韻書皆無，《王二》相關内容作「〇蘲（蘲），草名，生水中。羸，穀積。或作穲」，《箋二》、《裴韻》、《廣韻》略同，唯「蘲」皆作「蘲」形，底卷誤糅二條爲一，茲據擬補六個脱字符。

〔八四一〕注文前一「鑹」字《王二》作「銼」，《箋二》、《裴韻》、《廣韻》、《集韻》同，底卷誤書作代字符，茲據校改。又殘字底卷存右下部筆畫，《王二》作「鬲」字，《箋二》作「鬲」形，皆爲「鬲」字俗寫，茲據校補作正字。

〔八四二〕「㪺」字《王二》同，《廣韻》作「㪺」形，龍宇純《校箋》：「「㪺」字當作「㪺」，即《説文》「鬲」字。」按《玉篇·鬲部》亦訛變作「㪺」形，《字彙補·鬲部》：「㪺，與㪺同，土釜也。」

〔八四三〕「蔂」字《王二》作「蔂」形，《裴韻》、《廣韻》作「蔂」形，《集韻》則以「虆」爲正字，而收「蔂」、「樏」爲或體，龍宇純《校箋》：「案字本作「虆」，省作「蔂」，俗從二「糸」作「蔂」，又譌作「蔂」。」又注文「焦」字《王二》作「隹」，《裴韻》作「誰」，龍宇純《校箋》云：「又脂韻「力追反」下有「虆」字，各書同。」（按底卷脂韻字殘）是當以「隹」爲是，底卷俗訛，茲據校改。

〔八四四〕「莎」字《王二》作代字符，合於文例，底卷唯相鄰字同或用代字符，餘不用，「莎」字抄誤，茲據校改。

〔八四五〕「毸」字《箋二》、《王二》同，爲「芯」之俗訛字，參《箋二》校記〔六六〇〕。

〔八四六〕缺字底卷殘泐，其中或體字《王二》作『桫』，《裴韻》作『莏』，《廣韻》、《集韻》作『桫』，當以『桫』形爲是，他皆承前『莏』字字形而誤。

〔八四七〕殘字存下部似『又』形筆畫，兹據《王二》校補作『唆』字。又『過峻』字《王二》作『嗵唆』，《廣韻》、《集韻》同，底卷『峻』字形訛，兹據校改；『過』、『嗵』當爲古今字。

〔八四八〕『小目』底卷蒙下誤作『麥李』，兹據《王二》、《裴韻》、《廣韻》徑改。

〔八四九〕『邛』字《王二》同，《廣韻》作『卮』，後者與《説文》略合，底卷字形當爲同一篆文的不同隸定字。

〔八五〇〕殘字底卷存下部似『小』形筆畫，兹據《箋二》、《裴韻》及《王二》校補作『窠』字。

〔八五一〕『可爲篋耳』不辭，『耳』字《王二》作『用』，底卷形訛，兹據校改。

〔八五二〕『渦』字在前行末，次行行首底卷有殘泐，兹依存字行款擬補四個缺字符，《王二》相關内容作『渦，水坳；又人姓。又古禾反』，底卷當脱後一『又』字。又『和』字左上角底卷略殘，兹參《王二》録定。

〔八五三〕注文《王二》同，《箋二》作『治象牙』，《廣韻》略同，《裴韻》作『理象牙』，是底卷脱一『牙』字，兹爲擬補一個脱字符。又『飾』、『理』皆爲『治』之避諱用字。

〔八五四〕『夕』字《王二》作『多』，《箋二》、《裴韻》、《廣韻》、《集韻》同，底卷俗作。又『二』字底卷漫滅，此從《敦煌掇瑣》録定。

〔八五五〕『傰』字《王二》、《廣韻》同，《裴韻》作『侈』，《集韻》同，又收或體作『侈』，周祖謨《廣韻校勘記》：『《漢書》卷七十六王尊傳作「傰」，本書登韻「步萌切」下作「倗」。案《漢書》注：「蘇林曰傰音朋，晉灼曰音倍。」無得何切一音。後以「傰」譌作「傰」，又由「傰」譌作「侈」（如蒯字唐人每寫作蒯），字既訛變，音由字生，去古彌遠。』

〔八五六〕小韻標數字底卷漫滅，此從《敦煌掇瑣》録定。

〔八五七〕『杪』字《箋二》、《裴韻》、《廣韻》作『抄』，《集韻》同（述古堂本字頭訛作『抄沙』二形，此從揚州使院本），注文謂亦省作『抄』，俗寫『扌』、『木』二旁多混而不分，兹據校補正字作『抄』。

〔八五八〕『無』字《箋二》、《廣韻》皆作『舞』，《裴韻》作『舞』之俗字『儛』，底卷誤省下部『舛』形部分，兹據校改。

〔八五九〕缺字底卷殘泐，《王二》相關部分作『婆，薄何反。老女稱。四』，可據補。

〔八六〇〕後一『白』字《箋二》同，《王二》、《裴韻》皆作『皃』，底卷形訛，兹據校改。

〔八六一〕『緐』字《王二》、《裴韻》同，《廣韻》、《集韻》作『繁』形，龍宇純《校箋》云『當從《廣韻》作「繁」』，底卷蓋俗訛。

〔八六二〕本條《王二》脱，《箋二》注文作『磨挼』，龍宇純《校箋》謂『「磨」爲「珵石」不詳』，按《爾雅·釋器》云：『玉謂之琢，石謂之磨』，疑底卷『珵』字或爲『琢』字形訛。又博士生張新朋謂『珵』或爲『理』字之誤，蓋原釋『治石』，避唐諱改作『理石』，而『理』又形訛作『珵』。其説頗有思致，亦可備一説。

〔八六三〕『髍』字《王二》同，《箋二》、《裴韻》未收此字，《廣韻》、《集韻》作『𦢊』形，龍宇純《校箋》：『案上文「髍」字云「偏病」，從「骨」，此當從「肉」與「髍」别。』兹據校改。

〔八六四〕『駞』字下《王二》有『此獸出北道，有肉鞍，日行三百里，負千斤，知水脉』十九字，《箋二》、《裴韻》釋義皆同底卷。又『十六』底卷漫滅，此從《敦煌掇瑣》録定。

〔八六五〕殘字底卷皆存下部筆畫，兹據《箋二》、《王二》、《裴韻》校補作『鼉』、『寒』二字。又缺字底卷殘泐，可據二書補作『徒』字。

〔八六六〕注文『負』字前《箋二》、《王二》、《裴韻》皆有一代字符，《廣韻》則徑書一『舵』字，是底卷蓋用注文與被注字連讀成訓例。

〔八六七〕注文《王二》作『坡』，《廣韻》作『陂陀，不平之皃。陂普河切』，《裴韻》字頭作『陁』，云『陋陁，不平。亦陀』，龍宇純《校箋》：『案《廣雅·釋丘》「陂陁，險也」，《釋詁》「陂陀，衺也」，「陀」與「陁」同。』是『坡陀』爲聯綿詞。

〔八六八〕「⿱留黽」字《王二》作「⿱臽黽」形，《裴韻》、《廣韻》作「鼉」形，底卷與《王二》俗訛，茲據校改。

〔八六九〕「何」字《王二》、《裴韻》同，龍宇純《校箋》：「案「達何反」與正切「徒何反」音同。《廣韻》云「又達可切」，本書字又見哿韻「徒可反」，「何」當作「可」。」茲從校改。

〔八七〇〕缺字底卷在行首，《王二》相關内容作「驒，連錢驄。又丁年反」，與底卷存字及行款合，茲據擬補四個缺字符。

〔八七一〕「⿰歹差」與前「瘥」爲異體字，參《箋二》校記〔六七六〕。

〔八七二〕又音《王二》無，龍宇純《校箋》：「案本書麻韻無此字，《爾雅·釋草》釋文云「又子邪反」，《王一》「相」爲「祖」字之誤。《廣韻》「子邪切」收此字。」茲從校改。

〔八七三〕「反」字前《王二》有一「二」字，合於文例，底卷脱抄，茲據擬補一個脱字符。

〔八七四〕「虎不」二字在前行末，次行行首底卷殘泐約一個大字的空間（所存「才」字在雙行注文右行），《王二》相關内容作「虘，虎不信。又在都反」，與底卷所殘空間吻合，茲據擬補四個缺字符；反切上字「才」字《裴韻》、《廣韻》同，與「在」字紐同。

〔八七五〕「鴠」字《王二》作「鴨」，《箋二》、《裴韻》同，《廣韻·狎韻》「鴨，水鳥。或作⿰鳥甲、⿱甲鳥、鴠」。

〔八七六〕行首底卷殘泐約一個半大字的空間，《王二》相關内容作「他，託何反。非己。四」，與底卷所存殘字及行款吻合，茲據擬補三個缺字符。

〔八七七〕注文「他」字前底卷有一「又」字，《箋二》無，《王二》此處有脱文，不知其詳，按此又音爲注又義者，前已出「又」字，此不當重出，故據文例徑删。

〔八七八〕「𨚗」字《王二》略同，《裴韻》作「那」，左側皆爲「冄」旁異寫；下文從「冊」旁者同此。注文又義《王二》脱，其中「上」字《箋二》、《裴韻》、《廣韻》皆無，疑底卷衍抄。又「六」字蓋因本小韻脱「䎃」字條而改作，茲據校改作「七」字，《王二》本小韻則因脱「䎃」字而作「六」字，參龍宇純《校箋》的相關考論。

〔八七九〕缺字底卷殘泐，可據《箋二》、《王二》、《裴韻》及《廣韻》補作「似牛」二字。

〔八八〇〕「䍲」字條下《箋二》有「挪，搓挪」一條文字，《裴韻》、《廣韻》本小韻亦皆收有此條（唯字頭作「挪」形），《王二》則糅此條與「䍲」字條作「挪，多挪」，是底卷此條當脱抄「挪」字條，兹據擬補三個脱字符。

〔八八一〕釋義《裴韻》略同，《王二》脱「髓醬」二字，《廣韻》「髓」字作「骨」，《集韻》作「雜骨醬也」；龍宇純《校箋》：「本書齊韻「奴低反」下云「醢有骨」，《王一》、《王二》（長龍按：即《裴韻》）「髓」疑是「醢」字之誤。」按《爾雅·釋器》：「肉謂之醢，有骨者謂之臡。」《玉篇·肉部》：「臡，有骨醢也。」是底卷不當作「麋鹿醢醬」明矣，疑其本作「骨醬」，或以爲不通而臆改作「髓」。又「䐿」字《王二》同，《裴韻》作「䐿」，俗寫「月」、「日」二旁多混，然本字當以從「月」（「肉」之變）爲是，兹據校補正字。

〔八八二〕注文「疾」字《王二》作「疢」，《裴韻》、《廣韻》同，底卷形訛，兹據校改。又龍宇純《校箋》云：「「魌」當作「䰶」。」然二字之構形似有會意與形聲之别。

〔八八三〕「水」字下《王二》有一代字符，底卷蓋用注文與被注字連讀成訓例。

〔八八四〕「䲡」爲「䱀」之俗字。

〔八八五〕「蚵」字下《王二》有「作蚵」二字，疑蒙下「訶」字注文衍。

〔八八六〕「乙」字條《王二》脱，《裴韻》、《集韻》皆作「𠀀」形，《集韻》注文作「《説文》「反丂也」」，何錯曰「气已舒」」，是底卷字頭當爲「𠀀」字俗寫之變；又注文「子」字當爲「丂」字形訛，兹據校改。

〔八八七〕釋義《王二》作「水汶」。

〔八八八〕注文「向」置此不辭，兹據《箋二》、《王二》、《裴韻》等校改作「白」字，底卷形訛。

〔八八九〕「語第」《王二》同，底卷去聲箇韻「頗」字訓作「語莭」，《王二》相關處則仍訓作「語第」；龍宇純《校箋》疑當是「語邪」之誤，俟考。

〔八九〇〕「謫誘」《王二》作「謫誘」，「謫」爲「謫」之俗字，俗寫「商」、「啇」二形多混而不分。龍宇純《校箋》：「案錫韻「他歷反」下無「謫」字，《廣韻》「謫」作「詆」（云「誘詆」，二字互倒），本書「他歷反」下正有「詆」字，注云「詆誘」，又屋韻「他谷反」「誘」下亦云「詆誘」，各書同。此云「謫誘」，未詳何由而誤。』按此爲透透紐族聯綿詞，二字的前後互倒并不影響該聯綿詞的表意，又「詆」亦隸端紐，則與「謫」字爲舌頭舌上類隔，而於中古例得通用，故或用「謫誘」字，且底卷又特標「謫」於此聯綿詞中讀透紐之音。

〔八九一〕小韻標數字底卷漫滅，此從《敦煌掇瑣》録定。

〔八九二〕缺字底卷殘泐，可據《王二》補作「或」字。又「二」字下部「一」畫底卷漫漶，茲從《王二》録定。

〔八九三〕「鞾」爲「靴」的俗寫增繁字，《裴韻》、《廣韻》、《集韻》皆收或體作「靴」。又「布」字《王二》作「希」，《裴韻》同，底卷形訛，茲據校改。又「二」字底卷漫滅，此從《敦煌掇瑣》録定。

〔八九四〕「枇」字《王二》、《裴韻》、《廣韻》皆作「批」，俗寫「木」、「扌」二旁多混而不分，茲據校補正字。

〔八九五〕「一」字底卷漫滅，此從《敦煌掇瑣》録定。

〔八九六〕「三」當爲「二」之誤，本小韻實收二字，又《王二》小韻標數字亦作「二」，底卷形訛，茲據校改。

〔八九七〕注文《王二》、《裴韻》同，《廣韻》作「欠去」，余迺永《新校》校作「欠㰦」，《集韻》作「出气」，《玉篇·欠部》訓作「張口也」，底卷注文當有脱誤。

〔八九八〕「二」字底卷漫滅，此從《敦煌掇瑣》録定。

〔八九九〕「二」字底卷漫滅，此從《姜韻》録定。

〔九〇〇〕殘字底卷存下部似「辶」末筆之形，茲據《王二》、《裴韻》、《廣韻》録作「嗢」字。又「一」字底卷漫滅，此從《敦煌掇瑣》録定。又「嗢」字前《王二》有「虵，夷柯反。又吐何、食遮二反」一條，《裴韻》略同，而有釋義作「蝮」，《廣韻》、《集韻》本大韻無此紐。

〔九〇一〕「四」字《王二》作「二」，底卷當爲誤計後「子過反」小韻二字而訛，茲據校改。

〔九〇二〕小韻標數字底卷脱，可據《王二》及實收字數補作「二」字，茲爲擬補一個脱字符。

〔九〇三〕『侳』與本小韻首字同形，不合文例，《王二》作『挫』形，底卷形訛，兹據校改，又龍宇純《校箋》：『「挫」無小義，疑當作「脞」，《書・堯典》「元首叢脞哉」鄭玄注：「總聚小脞之事。」傳云：「細碎無大略。」正義引馬融注：「脞，小也。」與此云「小」合。「倉和反」下有「脞」字，亦與此云「又倉和反」相合。唯《集韻》本紐有「⿰女坐」字，云「少皃」，本書「倉和反」「⿰女坐」下云「又子和反」，與此云「又倉和反」互見，故又疑此爲「⿰女坐」字之誤。《王一》此字誤作「侳」。』可參。

〔九〇四〕注文殘字底卷存右下部，兹據《箋二》、《王二》、《裴韻》、《廣韻》校補作『莫』字；又缺字底卷殘泐，《王二》未收或體，《集韻》『麻』字條云『或作菻』，底卷當可據此補作『作菻』二字。又底卷他處『麻』字或從俗寫作『⿸广林』形，如去聲問韻『縕』字注文即作此形，不知此處字頭是否亦俗寫作如此；又依文例及《王二》知本大韻代表字及其標序字當作『卌四麻』，故擬補三個缺字符。

〔九〇五〕注文『車』字《王二》作『居』，龍宇純《校箋》：『「居」上奪「又音」二字，《王二》（長龍按：指《裴韻》）、《廣韻》並云「又音居」，《王一》作「車」字，尤誤。』兹姑從校改，并擬補二個脱字符。

〔九〇六〕『渠』字《王二》作『磲』，《箋二》、《廣韻》同，《裴韻》作『璖』字，按：『磲』、『璖』皆爲『渠』之後起偏旁類化字。

〔九〇七〕『育』爲『⿱𠫓貝』字之訛，『⿱𠫓貝』則爲『貰』之諱改字，如『葉』字諱改作『𦯧』形例。

〔九〇八〕『邪』依文例當作『耶』，而『耶』又即『邪』之俗字。又小韻標數字底卷漫滅，《王二》作『九』，與底卷本小韻實收字數合，可據補。

〔九〇九〕殘字底卷存右部『人』形筆畫，兹據《箋二》、《王二》、《裴韻》校補作『似』字。又缺字底卷殘泐，可據諸本補作『嗟反』二字。

〔九一〇〕前行『斜』字條下至行末底卷殘泐約一個半大字的空間，次行行首至『節』字間底卷殘泐約二個大字的空間，《王二》相關内容作『〇釾，鏌鋣（鋣字《箋二》、《裴韻》作釾，於文例爲安），劍人。〇椰，木名』，與底卷所殘空間吻合，兹據擬補八個缺字符。

〔九一一〕注文不辭，『臨』字前《箋二》、《王二》、《廣韻》皆有一『生』字，底卷誤脱，兹據擬補一個脱字符。

〔九一二〕『擨』字《王二》同，《箋二》俗寫作『𢷬』形，皆爲『擨』字俗變，參《箋二》校記〔六八三〕。

〔九一三〕『⿺辶鹿』字《王二》作『遮』，合於形聲構字理據，本小韻後『⿰亻鹿』字誤同，兹據校改。『三』字底卷漫滅，此從《敦煌掇瑣》録定。

〔九一四〕『⿰亻鹿』字《王二》作『⿰亻庶』，底卷前卅三哥韻『儸』字注文同，此形訛，兹據校改。

〔九一五〕殘字底卷存左部『言』旁，兹據《王二》、《裴韻》校補作『謯』字。又本條注文大部分殘泐，《王二》相關内容作『子邪反。亦作謯。六』，與底卷存字及行款吻合，可據補。

〔九一六〕殘字底卷皆存左側筆畫，其中前者似『亻』旁，後者左下部可辨爲『糹』形部分，《王二》相關内容作『罝，冈(网)。亦作⿱罒組，同(同字衍)』，兹據校補二殘字作『作⿱罒組』。又缺字底卷殘泐，亦可據《王二》補。

〔九一七〕前條字頭在行末，底卷存左部『女』旁，次行行首至殘字『⿰歹差』間底卷殘泐約三個大字的空間，《王二》相關内容作『○⿰女虛，驕。亦作⿰巾且(怚)。○祖，縣名。又似与反』，似比底卷多半個大字，或底卷此處書寫較密，兹據校補殘字作『⿰女虛』，并姑從擬補十一個缺字符。

〔九一八〕字頭底卷存右部似『差』字右側筆畫，兹據《王二》、《裴韻》、《廣韻》校補作『⿰歹差』字。又缺字底卷殘泐，可據諸本補作『疫』字。

〔九一九〕『食遮反又吐何反毒蟲古者草』十二字居底卷雙行注文的右行，其左行文字皆存右側少許筆畫，《王二》注文脱省過甚，檢《説文·它部》注文云：『虫也。从虫而長，象冤曲垂尾形。上古艸居患它，故相問「無它乎」。……蛇，它或从虫。』與底卷殘形多合，兹參酌校補作『屋患虵故相問無虵乎』九字，又其後還有二殘字，則據《裴韻》校補作『亦蛇』二字。

〔九二〇〕字頭『華』與注文通俗字『華』爲《説文》篆文隸變之異；本大韻下文從『華』旁者底卷皆作前一形，爲方便排版，兹均改爲『華』形，下不再出校説明。釋義《王二》作『茂』。

〔九二一〕行首至『女』字間底卷殘泐約半行，據空間，可抄十三個左右大字，《王二》相關内容作『○鏵，錘（鍤）。○鋘，兩刃垂（臿）。或茉。○瓜，古華反。蓏屬。五（六）。○騧，馬名。○緺，青綬。○蝸，蝸牛，小螺。○[婐]，女侍。又於果反』，校正後的内容與底卷略合，當可據補，兹爲前後二殘條分别擬補四個和二個缺字符。

〔九二二〕小韻標數字底卷漫滅，《王二》作『四』，可參。

〔九二三〕殘字底卷存上部筆畫，兹參《王二》、《裴韻》校補作『奢』字。

〔九二四〕行首至殘字『笯』間底卷殘泐約半行，據空間，可抄十四個左右大字，《王二》相關内容作『○髍，髂上骨。○拏，女加反。牽。六。○詉，謣詉，語[不正]。謣字張家反。○挐，絲絮相牽。亦作詉、詑』，校正後的内容比底卷所殘空間少約三個左右大字，可參。

〔九二五〕殘字底卷存右下角一捺形筆畫，兹據《王二》、《裴韻》及《廣韻》校補作『笯』字。

〔九二六〕注文《王二》、《裴韻》同，龍宇純《校箋》：『《廣韻》「衣」下有「敝」字，當從之。《易·既濟》「繻有衣袽」虞注：「敗衣也。」《説文》「帑，敝衣。」』可參。

〔九二七〕前行『笳』字注文居底卷行末，依行款當缺三個小字，兹爲擬補三個缺字符；次行行首至殘字『袈』間底卷殘泐約半行，據空間，可抄十三個左右大字，《王二》相關内容作『○笳，笳[簫]，卷蘆葉吹之。○麚，鹿。○猳，猳（猳字原作代字符，衍）▨（牡）豖。○痂，瘡痂。○駕，駕鵞，鳥名。○枷，枷瑣；又連枷，杙穀[具]』，校正後的内容與底卷所殘空間略合，當可據補。

〔九二八〕殘字底卷存下部似『衣』之下端筆畫，兹據《箋二》、《王二》、《裴韻》及《廣韻》校補作『袈』字。又『沙』字諸本皆作『裟』形，雖『裟』爲『沙』之後起偏旁類化字，然聯綿詞既已有專用字，則字書當用之，底卷應脱下部『衣』旁，故爲校改；又『裟』字下《王二》有『胡人衣』三字。

〔九二九〕『犌』字下至行末底卷殘泐約一個大字的空間，『犌』字注文《王二》作『牛絶有力』，與底卷所殘空間吻合，茲據擬補四個缺字符。

〔九三〇〕行首至殘字『騢』間底卷殘泐約半行，據空間，可抄十三個左右大字，《王二》相關内容作『○猳，玃。○瘕，病。○遐，胡加反。遠。十一。○蝦，水中虫。○鍜，錏鍜。○霞，赤雲。○瑕，玉［病］』，比底卷所殘空間少約一個大字，可參。

〔九三一〕殘字底卷存下部少許筆畫，茲據《箋二》、《王二》、《裴韻》及《廣韻》校補作『騢』字。

〔九三二〕『顀顋』底卷作『顋顀』，茲據《箋二》、《王二》、《裴韻》、《廣韻》、《集韻》乙正。

〔九三三〕本條《王二》、《裴韻》、《廣韻》於『碫石』義外又引《春秋傳》曰：『鄭公孫碫字子石。』周祖謨《廣韻校勘記》：『此字從「段」，已見換韻「丁貫切」下，此處作「碫」當删。《原本玉篇殘卷》云：「碫，都段反。《説文》：春秋鄭公［孫］碫字子石。」今《左傳》作公孫段。』龍宇純《校箋》從之。

〔九三四〕『葩』字底卷存右部似『巴』形筆畫，茲據《王二》校補。『葩』字下至行末底卷殘泐約一個大字的空間，次行行首至『皃』字間底卷殘泐約半行（『皃』字在後一條雙行注文右行之末），據空間，可抄十四個左右大字，《王二》相關内容作『○葩，普巴反。草花［白］。俗作葩（皅）。二。○蚆，蠃（蠃）屬。［又］百加反。○鴉，烏加反。鴟。四。○錏，錏鍜。○窫，窫奈，［作］姿態皃。奈字宅加反』，校正後的内容與底卷所殘空間略合，當可據補，茲爲前後二殘條擬補四個和十一個缺字符。

〔九三五〕小韻標數字底卷漫滅，《王二》作『六』，可據補。

〔九三六〕缺字底卷殘泐，可依文例補作『又』字。

〔九三七〕『蚆』字條下至行末底卷殘泐約一個半大字的空間，《王二》『蚆』字條下爲『芭，芭蕉』條，其内容與底卷所殘空間吻合，當可據補，茲爲擬補三個缺字符。

〔九三八〕殘字底卷存下部捺形筆畫，茲據《箋二》、《王二》校補作『反』字。又行首至殘字『反』間底卷殘泐約半行，據空間，可抄十三個左右大字，《王二》相關内容作『○叉，初牙反。六。○釵，婦人笄。○靫，鞴靫。鞴字音步。○艖，瑕（瑕）。○剈，劄（剳）剈（剈字衍）。○甀，甀甀。○砂，所加反。或作沙。六』，校正後的内容與底卷所殘空間略合，當可據補，茲爲後一殘條擬補五個缺字符（此條底卷比《王二》多釋義『砂石』二字）。

〔九三九〕『嵛』字下《王二》有一『山』字，《箋二》同底卷。

〔九四〇〕前行『牙』字下至行末底卷殘泐約半個大字的空間，茲爲擬補二個注文缺字符。次行殘字存下部似『天』形筆畫，茲據《箋二》、《王二》校補作『葵』字。又行首至殘字『葵』間底卷殘泐約半行，據空間，可抄十三個左右大字，《王二》相關内容作『○牙，五加反。大齒。四。○衙，縣名，在馮翊。○芽，萌芽。○齖，齖齵，齒不正。○櫨，側加反。似梨而醋。［八］。○葅，菜（芹），楚葵，生水中』，校正後的内容比底卷所殘空間少約一個大字，可參，茲爲後一殘條擬補六個缺字符。

〔九四一〕『曥』字《王二》未收，《集韻》作『臚』形，俗寫『日』、『月』多混，茲據校補正字。

〔九四二〕『𪘏』字《王二》、《裴韻》、《廣韻》皆作『䶥』形，合於《説文》，底卷當爲其換位俗字。又『字合齒在左』五字《王二》無，龍宇純《校箋》：『案《切三》（長龍按：即《箋二》）本紐四字，無此字，則此字出王氏所增，不應書其誤體而注云「合作某」，蓋或本誤「䶥」爲「𪘏」，鈔者不欲逕改，遂云「字合齒在左」耳。』按此當爲書主人之筆記，而後之據抄者誤録入正文。

〔九四三〕行首至殘字『𣘻』間底卷殘泐約半行，據空間，可抄十三個左右大字，《王二》相關内容作『○涂，棠汁。○窡（宊），宅加反。窒窡（宊）。九。○躇，跱，行難皃。○荼，苦菜。又度胡反。○鄌，亭名，在部陽』，比底卷所殘空間少約兩個大字，可參。

〔九四四〕字頭殘字底卷僅存上部及右側少許筆畫，注文二殘字皆存右部筆畫，茲據《王二》、《裴韻》、《廣韻》校補作『𣘻』、『春藏』三字。又『飲巴南人曰葭𣘻』七字底卷除『人曰』二字外多有漫漶，茲參《廣韻》并從《姜韻》

録定。

[九四五]『餝』、『都反』三字底卷皆漫漶不能識，此從《敦煌掇瑣》、《姜韻》録定。

[九四六] 行首至殘字『髽』間底卷殘泐約半行，據空間，可抄十三個左右大字，《王二》相關内容作『○衺，又（又字衍）似嗟反。不正。二。○秅，二柹（秭）。○藉，藉蒿。○闍，視奢反；[又]德胡反。城上重門。一。○窊，烏瓜反。㾄。二。○洼，深。又於佳反』，其中『秅』字條爲前『宅加反』小韻内容誤竄入此，參龍宇純《校箋》，其餘校正後的内容比底卷所殘空間少約二個半大字，又其『衺』字條注文底卷有一『或』字，此當爲或體字的標識，《王二》無，《箋二》、《裴韻》、《廣韻》皆收有或體作『斜』，則可據補『作斜』二字，然補此後，《王二》的内容仍比底卷所殘空間少約二個大字。

[九四七] 殘字底卷存下部筆畫，兹據《箋二》、《王二》、《裴韻》校補作『髽』字。又缺字底卷殘泐，可參諸本補作『莊』字。

[九四八]『朾』字《王二》作『捶』；『朾』後起字作『打』。

[九四九] 行首至『反』字間底卷殘泐約半行，據空間，可抄十三個左右大字，《王二》相關内容作『○楂，鋤加反。[水中木]。亦作槎。四。○齇，牙齇（當乙正）。○虘，欲壞。○鄌，地名。又昨歌反。○侘，勑加反。[侘]傺，失志皃。二。○𡖿，緩[口]皃。○奓，陟加反。張。七』，校正後的内容比底卷所殘空間約多近兩個大字，疑底卷原抄亦如《王二》而有脱文，姑據爲後一殘條擬補四個缺字符。

[九五〇] 字頭『譇』字右上角底卷略殘，兹據《箋二》、《王二》録定。

[九五一] 注文《王二》同，龍宇純《校箋》：『「張」下當從《王二》（長龍按：即《裴韻》）、《廣韻》補「屋」字，見《説文》。』兹從擬補一個脱字符。

[九五二] 缺字底卷漫滅，可據《王二》、《廣韻》補作『密』字，《裴韻》『密』字誤作『蜜』。

[九五三] 行首至『反』字間底卷殘泐約半行，據空間，可抄十三個左右大字，《王二》相關内容作『○煆，許加反。又

呼嫁反。火氣猛。三。○呀，哈呀。哈字呼哈(含)反。○颬，吐氣。○鍜，客加反。齧。一。○婼，而遮反。婼羌，國名。一』，與底卷所殘空間吻合，當可據補。

〔九五四〕行首至『木』字間底卷殘泐約半行，據空間，可抄十三個左右大字，《王二》相關内容作『○卅五覃，徒南(含)反。及。十四。○鄿，鄿城，在濟南。○潭，深水。○曇，雲布。○藫，水衣。或作薄。○橝，木名，灰可染』，與底卷所殘空間吻合，當可據補。

〔九五五〕『大』字相並的左行注文小字處底卷有墨滴染漬，内中似有一『口』形的字迹，《姜韻》録作『口』字，《敦煌掇瑣》未録，本條注文《王二》作『大譚。又徒感反，姓』，『大』下之字，龍宇純《校箋》已據《箋二》、《裴韻》、《廣韻》校其爲誤增，是底卷之字迹或亦即墨滴不均所致，故不具録。

〔九五六〕前行注文文字『劒鼻又』居底卷雙行之右行，其中『反』字爲行末字，其左行文字底卷殘泐，故依右行行款擬補三個缺字符；次行行首至『南』字間底卷殘泐約半行，據空間，可抄十三個左右大字，《王二》相關内容作『○鐔，劒鼻。又徐林、余針二反。○撢，長味。又徒紺反。○戡(戡)，戡(戡)，室邃。○參，倉含反。敬。四。○驂，驂駕。○傪，好皃。○趍，䟃趍(二字當乙正)，走皃』，與底卷所殘空間吻合，當可據補。

〔九五七〕小韻標數字底卷漫滅，《王二》作『七』，可據補。

〔九五八〕『稱』字下《王二》有『字從田力』四字。

〔九五九〕『名』字下《王二》有『可作舩』三字。

〔九六〇〕殘字底卷存右部『也』旁，茲據《王二》校補作『他』字。又缺字底卷殘泐，可據《王二》補作『又』、『甘反』三字。

〔九六一〕前行『聃』字條之下至行末底卷殘泐約一個半大字的空間，次行行首至殘字『暗』間底卷殘泐約半行，據空間，可抄十四個左右大字，《王二》相關内容作『○抩，併侍(持)。又生(疑有誤)兼反。○䶌(䶌)，龜距。亦作舑(舑)。○諳，烏含反。託(記)。亦作諳(諳)。九。○鵪，鵪鶉，鳥。○馣，香。○媕，媕婴，不決。

○庵，小草舍。○腤，煑［魚］肉」，「腤」字條底卷補抄於後「音（韽）」字條下，除此之外，《王二》所存相關內容與底卷所殘空間略合，當可據補。

〔九六二〕字頭底卷存右下部筆畫，茲據《王二》、《裴韻》、《廣韻》校補作「暗」字。又「於」字左部底卷有殘，此從《王二》、《裴韻》録定。

〔九六三〕「音」字《王二》、《裴韻》、《廣韻》皆作「韽」，底卷誤脱左旁，茲據校改。又注文「小」字下《王二》有「又於林反」四字。

〔九六四〕前行「腤」字條之下至行末底卷殘泐約三個半大字的空間，次行行首至殘字「霻」間底卷殘泐約半行多，據空間，可抄十五個左右大字，《王二》相關内容作「○盦（酓），覆盖。○含，胡南反。容物。十四。○涵，涵泳。○梒，梒桃。○䑪（硆），棑（排）囊柄。○錎，鎧别名。○顉（頷），輔車。亦作顄。○洆（涵），水澤名（多）」，比底卷所殘空間約少三個左右大字，可參。

〔九六五〕殘字前者存右下角筆畫，後者存右部筆畫，此二殘字的殘存部分國家圖書館藏王重民所攝照片較《法藏》所存者略多，茲參《王二》、《廣韻》校補作「霻」、「亦」二字。又缺字底卷殘泐，可據《王二》補作「作霻」二字。

〔九六六〕「霻」字條之下至行末底卷殘泐約六個大字的空間，其中間處有二字的右側殘存少許筆畫，因不能確定爲何字之殘，故不録。次行行首至殘字「貪」間底卷殘泐約半行多，據空間，可抄十五個左右大字，《王二》相關内容作「○鋡，受盛。○硆，似瓶有耳。又渠劒反。○㖤，舩没。○鼢，鼠屬，似蜥蜴。又工含反。○筨，中實竹。○圅（函），銜圅（圅字衍）。○婪，盧含反。或作惏。四。○爁，焦色。又［音］壈。○葻，草得風。○嵐，地名」，與底卷所殘空間略合，當可據補。

〔九六七〕前行殘字前者底卷存左下角少許筆畫，後者存左部「矢」形部分，次行殘字底卷存「辶」旁，茲據《王二》校補作「貪」、「知」、「遠」三字。又前行「貪」字下至行末底卷殘泐約十個左右大字（其中僅存「貪」字雙行注文之左行首字『知』的殘形），次行行首至『而』字間底卷殘泐約半行，據空間，可抄十五個左右大字，《王二》相關内容作『○貪，他含反。不知足。二。○探，取。○簪，作含反。又側岑反。笄。五。○篸（篸），所以篸（篸）衣。又作憾反。○膳，脂膳。○籫，笹籫（籫字衍）。○鐕，無盖釘。○蠶，昨含反。虫。三。○撏，取。○蹭，止蹭（蹭字衍）。○魫，丁含反。淫甋。七。○眈，視近而遠志（二字當乙正）』，與底卷所殘空間略合，當可據補，兹爲前後二殘條分别擬補六和四個缺字符。

〔九六八〕『𡰱』字爲『𡰱』之俗字，『尣』旁俗寫多作『冗』形，參《敦煌俗字研究》下編冖部『尣』字條考釋。

〔九六九〕『樂』字下《王二》有『甚』字。

〔九七〇〕殘字底卷存左上角少許筆畫，兹據《王二》、《廣韻》校補作『内』字；《裴韻》作『力』，誤。

〔九七一〕前行『覘』字條之下至行末底卷殘泐約五個左右大字的空間，次行行首至殘字『䶣』間底卷殘泐約半行，據空間，可抄十三個左右大字，《王二》相關内容作『○𡰱，多𡰱（𡰱字衍）。○龕，口含反。經龕；一曰龍皃。七。○㦸，殺。○頷（顉），醜皃；一［曰］頷頓。○堪，任。○磨（曆），和。又紅談反。○嵁，崿。又五男反。○戡，翦戡。○峆，火含反。大谷。五』，比底卷所殘空間多約一個大字，可參，考『頷（顉）』之又義《箋二》、《廣韻》皆無，疑底卷同。

〔九七二〕殘字前者底卷存下部筆畫，後者存左部筆畫，兹據《王二》、《裴韻》及《廣韻》校補作『䶣』、『面』二字。

〔九七三〕前行『毛』下殘字底卷存上部筆畫，次行『小』字前後二殘字皆存下部筆畫，兹據《箋二》、《王二》校補作『長』及『贏』、『者』三字。又『毵』字下至行末底卷殘泐約四個左右大字的空間（其中僅存『毵』字雙行注文左行首字『毛』及次字『長』之上部），次行行首至殘字『贏』間底卷殘泐約半行，據空間，可抄十三個左右大字，《王二》相關内容作『○毵，蘇含反。毛長皃。二。○蕠，蕠綏。又所金反。○弇，古南反。五。○䶣，䶣鼠。○淦，水入舩。又古暗反。○㦾，持意。又呼兼、公廉二反。○蛹，贏大（小）者』，比底卷所殘空間少約一個大字，可參，兹爲前後二殘條各擬補四個和一個缺字符。

〔九七四〕『三』字底卷略有漫漶，此從《敦煌掇瑣》録定。又『三』字前《王二》有『又五紺反』四字，《裴韻》亦收此又音。

〔九七五〕行首至下條殘字『䓻』間底卷殘泐約半行，據空間，可抄十三個左右大字，《王二》相關内容作『○卅六談，徒甘反。言語。八。○郯，國名，在東海。○惔，憂惔（惔字衍）。○錟，長鑃（鉾）。○淡，水皃。又徒濫反。○痰，胷上水病』，校正後的内容與底卷所殘空間略合，當可據補。

〔九七六〕殘字底卷存下部筆畫，茲據《王二》、《裴韻》、《廣韻》校補作『䓻』字。

〔九七七〕殘字底卷存左部筆畫，其中『木』旁可辨，茲據《王二》、《裴韻》校補作『橘』字。

〔九七八〕『㛪』《王二》、《裴韻》同，《廣韻》、《集韻》作『媣』，後者合於《説文》，然《集韻·琰韻》『媣』字注文云『或省』作『㛪』。

〔九七九〕行首至殘字『藍』間底卷殘泐約半行，據空間，可抄十三個左右大字，《王二》相關内容作『○擔，都甘反。負。五。○儋，人名，《漢書》有田儋。○聸，垂耳。○頕，頰緩。○甔，小罌。亦儲（儋）。○三，蘇甘反。數。二。○衫，衣破』，與底卷所殘空間吻合，當可據補。

〔九八〇〕殘字底卷存下部『皿』旁，茲據《箋二》、《王二》、《裴韻》及《廣韻》校補作『藍』。又小韻標數字底卷漫滅，《王二》作『八』，可據補。

〔九八一〕行首至『水』字間底卷殘泐約半行，據空間，可抄十三個左右大字，《王二》相關内容作『○婪（惏），貧（貪）。又力貪反（又音衍）。○籃，籃篸，薄大。○坩，苦甘反。坩甒。七（一）。○甜，他酣反。吐舌皃。六。○聃，耳漫無輪，老子名。又那含反。或耼。○坍，水衝岸壞』，校正後的内容與底卷所殘空間略合，當可據補，茲爲後一殘條擬補一個缺字符。

〔九八二〕『三』字底卷漫滅，此從《敦煌掇瑣》録定。

〔九八三〕又音《王二》誤作『在咸反』，龍宇純《校箋》云：『各書咸韻床母無此字，《廣韻》此字無又切，此上「壍」字各書又見「士咸反」，未審有誤否？」

〔九八四〕行首至注文『酣』字間底卷殘泐約半行，據空間，可抄十三個左右大字，《王二》相關内容作『○酣，胡甘反。樂酒不醉。七。○甝，白虎。○蝨，桑萗上虫。○厝(曆)，和。又公[三、口]含反二反(前一反字衍)。○邯(浀)，[或]。阮(沅)湘人言。○炶，火上行。亦作炶。○魽，蛤魽(魽字衍)。○姏，武酣反。老女稱。一』，校正後的内容比底卷所殘多約三個大字，可參，茲爲後一殘條擬補二個缺字符。

〔九八五〕小韻標數字底卷漫滅，《王二》作『一』，可從補。

〔九八六〕『屬』字下部底卷漫漶，此從《姜韻》録定。又小韻標數字底卷殘泐，可從《王二》補作『四』字。

〔九八七〕殘字底卷存下部『心』旁，茲據《箋二》、《王二》校補作『憨』字。

〔九八八〕『歛』當爲『貼』之俗字，底卷闞韻『貼』字注文云『或作歛』，《廣韻》此字頭正作『貼』。

〔九八九〕注文『舒』字底卷存左上部筆畫，茲據《王二》、《廣韻》校補。行首至『祭』字間底卷殘泐約半行，據空間，可抄十三個左右大字，《王二》相關内容作『○卅七陽，与章反。日氣。廿三(四)。○暘，日出暘谷。○煬，釋金。○鍚，鈴，在馬額。○揚，舉。○禓，道上祭：一曰道神。又舒羊反』，比底卷所殘空間少約一個大字，又檢《箋二》『揚』字下有『楊，木』條，《廣韻》置『楊』字於『揚』前，《裴韻》該字在『禓』前，《王二》蓋脱抄後補於本小韻末，訓作『木名，一曰姓』，若加上『楊，木名』則可與底卷所殘空間吻合，但若如《王二》有又義，則又比底卷所殘空間多一個大字的空間，疑底卷無『一曰姓』三字。

〔九九〇〕注文底卷殘泐，按其空間，可寫一至二小字，前字下部存一竪形殘畫，《箋二》無訓，《王二》作『羜』，《廣韻》釋義較繁，其首義作『牛羊』，可參；《敦煌掇瑣》、《姜韻》録作『羊豕』二字，疑未確。(如果前一字爲『羊』，按例似應用代字符，而與殘畫不合)姑據别擬一個缺字符。

〔九九一〕行首至『痒』字間底卷殘泐約半行，據空間，可抄十三個左右大字，《王二》相關内容作『○鍚，赤鱺。○咩(样)，搥(槌)。又子郎反。○鮮，多。○鸞，白鷹。○詳，詳狂。又似羊反，審。○咩，美目。又餘尚反。

○䀇，杯」，與底卷所殘空間吻合，當可據補。

〔九九二〕「七」字底卷僅右部筆畫可辨，此從《姜韻》録定。

〔九九三〕「洋」字底卷在前行末，僅存右上角一點狀筆畫，茲據《箋二》、《王二》校補。次行行首至「粱」字間底卷殘泐約半行，據空間，可抄十三個左右大字，《王二》相關内容作「○洋，水流。○祥，吉祥。○庠，養老宮。○痒，病。○牂，女鬼。○良，吕張反。善。十六。○粱，亡（宋）瘤（廇）。○涼，小冷」，與底卷所殘空間略合，當可據補。

〔九九四〕注文「粱」字《王二》略同（右上部構件「刅」皆從俗寫作「刃」），《集韻》以「粱」爲正字，注云「《説文》「米名」，或從禾」，底卷形訛，茲據校補正字。

〔九九五〕注文又音反切下字「向」字《箋二》同，《王二》作「尚」，韻同。

〔九九六〕「數」字下《王二》有「亦量」二字。

〔九九七〕缺字底卷殘泐，可據《箋二》、《王二》補作「踉」字。

〔九九八〕前行「踉」字條之下至行末底卷殘泐約一個半大字的空間。次行二殘字皆存下部筆畫，前者據《箋二》、《王二》校補作「良」字，後者姑據《廣韻》、《集韻》校補作「芳」字。又次行行首至殘字「良」間底卷殘泐約半行，據空間，可抄十三個左右大字，《王二》相關内容作「○輬，輼輬車。○琼，薄。［又］力尚反。○綡，纙。○䣼，漿。○㹁，牛。又力向反。○椋，木名。○䝩，賦䝩（䝩字衍）。○香，許良反。五」，與底卷所殘空間略合，當可據補，茲爲後一殘條擬補二個缺字符。

〔九九九〕「上」字《王二》作「土」，龍宇純《校箋》：「《廣雅·釋地》「十邑爲鄉」，「土」、「上」疑並「十」字之誤。」茲從校改。

〔一〇〇〇〕「腳」字《王二》、《裴韻》、《廣韻》、《集韻》皆作「膷」形，底卷誤脱「乡」形部分，茲據校改。

〔一〇〇一〕缺字底卷殘泐，可據《箋二》、《王二》補作「賈」字。

〔一〇〇二〕前行『賨』字條之下至行末底卷殘泐約兩個大字的空間，次行行首至『賫』字間底卷殘泐約半行，據空間，可抄十三個左右大字，《王二》相關内容作『〇傷，哀傷。〇蔏，蔏陸。〇殤，少死。〇觴，酒［器］。〇禓，道上祭。〇鶮，鶮庚，鳥。〇塲，耕塲。〇饟，饋。又式尚反。〇鬺，賫。亦作𩱳』，與底卷所殘空間吻合，當可據補，兹爲後一殘條據補一個缺字符。又『𩱳』字底卷誤分作二字『善閃』，兹參《王二》『𩱳』録作一字，龍宇純《校箋》：『「𩱳」不成字，當從《廣韻》、《集韻》作「𩱳」，《説文》「𩱳，賫也」。』底卷形訛，兹據校改。

〔一〇〇三〕『洶』字《裴韻》同，《王二》作『汮』，《廣韻》作『汸』，《集韻》作『沕』，後者合於《説文》，『汸』乃『沕』字俗省，而『洶』、『汮』皆其訛變，兹據校改。又『名』字下《王二》有『又乃見、又力京四(二)音』八字。

〔一〇〇四〕前行『防』字下至行末底卷殘泐約一個半大字的空間，次行行首至下條殘字『璋』間底卷殘泐約半行，據空間，可抄十三個左右大字，《王二》相關内容作『〇防，虚度。〇魴，魴魚鱮(鱮字衍)。〇鴋，澤虞鳥。又敷冈(网)反。〇章，諸良反。什。十一。〇漳，水名。〇樟，豫樟。〇幛(憧)，幓(懼)幛(幛字衍)』，校正後的内容比底卷少約兩個左右的大字(『防』字與注文不合，疑其间有脱文)，可參。

〔一〇〇五〕殘字底卷存右部筆畫，兹據《箋二》、《王二》校補作『璋』字。

〔一〇〇六〕『廱』字《王二》作『雍』，《裴韻》同，《廣韻》作『𤸧』，『雍』、『𤸧』古今字，『廱』則『雍』之俗變字。

〔一〇〇七〕『鹿』字下《王二》有『而小』二字。

〔一〇〇八〕前行殘字底卷在行末，存上部『一』形筆畫，兹參《箋二》、《王二》、《裴韻》及《廣韻》校補作『昌』字；次行行首至下條『蜣』字間底卷殘泐約半行，據空間，可抄十三個左右大字，《王二》相關内容作『〇昌，處良反。盛。六。〇裮，被，衣不帶。〇倡，優倡。〇猖，猖狂。〇閶，閶闔(闔)，門。〇鯧，鯸，魚。〇羌，去良反。發語端。三』，與底卷所殘空間吻合，當可據補。

〔一〇〇九〕『蜣』字右上部底卷殘泐，兹從《箋二》、《王二》録定。又注文『也』字置此不辭，兹依文例校改作『反』字，底卷形訛，《王二》入聲藥韻其虐反小韻收有『𧍪』字。

〔一〇一〇〕注文『儿』字底卷形近『几』，乃手寫之變，兹徑録正；『羌』字本作『羌』，『羌』字《説文》『从羊儿』（據段注本），『儿』《説文》以爲『古文奇字人也』，底卷『儿』下當重出一『儿』字，兹據擬補一個脱字符；又『罪』字置此不辭，《補正》校作『非』，兹從之，《敦煌掇瑣》、《姜韻》皆徑録作『非』字，非原形。

〔一〇一一〕殘字底卷皆存上部筆畫，兹參《王二》、《廣韻》、《集韻》校補作『畺』、『韁』二字。

〔一〇一二〕行首至下條『僵』字間底卷殘泐約半行，據空間，可抄十二個左右大字，《王二》相關内容作『○㹼，牛長脊；一曰白脊牛。○韁，馬絡。○殭，白（白字衍）死不朽。○礓，礓石。○橿，一名檍，万年木；一曰鉏橿。○姜，人姓。○𧓉，蠶自（白）死』，比底卷所殘空間多約三個大字，《箋二》本小韻亦收十字，其字頭内容與《王二》同，疑底卷脱録『㹼』條，可參。

〔一〇一三〕字頭『僵』字右上部底卷殘泐，兹從《箋二》、《王二》録定。又缺字底卷漫滅，可據二書補作『仆』字。

〔一〇一四〕小韻標數字底卷漫滅，《王二》作『八』，可參。底卷『𡊅』字前似當別有一條，爲《王二》所無，然亦不能確定其是否爲衍抄者。

〔一〇一五〕『羊』字上部底卷略有漫漶，此從《敦煌掇瑣》録定，此爲注『昜』字音。

〔一〇一六〕行首至下條殘字『𡊅』間底卷殘泐約三個大字的空間，《王二》『塲』、『𡊅』之間無其他字條，《裴韻》略同（其『𡊅』字前作『腸，祭處』，顯係誤糅『腸』、『塲』二條爲一），《廣韻》雖有『𨁱』字條，然底卷於前已收之，故此處所殘内容不詳。

〔一〇一七〕殘字底卷存左部『土』旁，兹據《王二》、《裴韻》校補作『𡊅』字。又缺字底卷殘泐，可據二書補作『道』字。

〔一〇一八〕注文缺字底卷殘泐，《王二》又音作『又除向反』，《裴韻》同，可據補『又除』二字。又底卷『何』當爲『向』字形訛，兹據校改。

〔一〇一九〕缺字底卷殘泐，可據《王二》、《裴韻》補作『𧍯』字。

〔一〇二〇〕『張』字右部略殘，此從《箋二》、《王二》、《裴韻》録定。又缺字底卷殘泐，可據諸本補作『陟良反』三字。

〔一〇二一〕『莖』字底卷有些漫漶，此從《姜韻》及《補正》録定。又『三』字底卷漫漶，此從《王二》并參底卷本小韻實收字數録定。

〔一〇二二〕『蘘』字在前行末，次行行首至『皃』上殘字間底卷殘泐約二個大字的空間，殘字底卷存左部『氵』形部分，茲據《箋二》、《王二》、《裴韻》校補作『濃』字。《王二》相關内容作『○蘘，蘘荷，茱似薑蘘（蘘字衍）。○瀼，露濃』，比底卷所殘空間多約一個大字的空間，檢『蘘』字注文《箋二》、《裴韻》、《廣韻》皆作『蘘荷』，疑《王二》『茱似薑』三字爲其後加，茲姑依行款擬補四個缺字符。又『瀼』字或體《王二》未收，《裴韻》、《廣韻》、《集韻》皆作『⿱雨囊』形，合於形聲構字理據，底卷誤脱上部『雨』旁，茲據校改。又『瀼』字或體標識語缺字《裴韻》作『亦』（原訛作『赤』），可參。

〔一〇二三〕『迫白』不辭，『白』字《箋二》、《王二》、《裴韻》皆作『皃』，底卷誤脱下部筆畫，茲據校改。

〔一〇二四〕『衡』字《王二》作『行』，《裴韻》同，此字《王二》又見庚韻『乃庚反』小韻，因『行』有多音，當以用『衡』字爲長。

〔一〇二五〕又音前依文例脱一標識詞『又』字，《王二》有，茲爲擬補一個脱字符。

〔一〇二六〕又音《王二》作『又如掌、女良二反』。

〔一〇二七〕缺字底卷殘泐，可據《王二》補『作汸』、『十』三字。

〔一〇二八〕殘字底卷存右部『丁』形筆畫，茲據《箋二》、《王二》校補作『坊』字。又『聚』字底卷亦略有漫漶，此從《王二》録定。

〔一〇二九〕『蚄』字右部底卷略殘，此從《箋二》、《王二》、《裴韻》録定。又缺字底卷殘泐，可參諸本補作『蚄』、『虸』二字，《王二》『虸』誤作『好』。

〔一〇三〇〕『邡』字右上角底卷殘泐，此從《箋二》、《王二》、《裴韻》録定。

〔一〇三一〕注文《王二》同，龍宇純《校箋》：「《切三》（長龍按：即《箋二》）、《王二》（長龍按：即《裴韻》）、《廣韻》、《集韻》「偃」字下並有「魚」字，當從之。」兹據擬補一個脱字符。

〔一〇三二〕釋義《王二》作「郡名」，《裴韻》與底卷略同（無「又」字）。又小韻標數字底卷漫漶，兹參本小韻實收字數録定。

〔一〇三三〕釋義《箋二》同，《王二》作「序」。

〔一〇三四〕「箱」字底卷存上部筆畫，其中「⺮」旁可辨，兹據《箋二》、《王二》校補。又「箱」字下至行末底卷殘泐約三個大字的空間，次行行首至下條「纕」字間底卷殘約半個大字的空間，《王二》相關内容作「〇箱，竹器。〇緗，淺黄。〇儴（儴），儴（儴）佯（徉）」，與底卷所殘空間吻合，兹據擬補八個缺字符。

〔一〇三五〕「語」字下《王二》有「曰」字，《箋二》同底卷。

〔一〇三六〕「敓」字《集韻》作「敓」，爲「敚」之俗字，俗寫「口」形部分多作「厶」形，《説文·攴部》：「敚，彊取也，《周書》「敚攘矯虔」。」「敚攘」猶「敚斁」；《王二》臆改作「寇」字，非是；《裴韻》、《廣韻》本小韻未收「斁」字，而置之於汝羊反小韻，《王二》訓「因盗」，《廣韻》訓「盗也」。

〔一〇三七〕釋義底卷作「鱌魚名鱂」，《王二》作「鱌魚」，皆有誤，《箋二》作「鱌鱂，魚名」，《裴韻》、《廣韻》、《集韻》略同，底卷「鱂」字蓋抄寫誤脱而後補於注文末，兹據乙正。

〔一〇三八〕「菰」字《王二》、《廣韻》作「菰」，《箋二》作「苽」，按「苽」、「菰」俗通，底卷形訛，兹據校改。又注文「蔣」字下《王二》有「草，可作薦用」五字。

〔一〇三九〕或體字《王二》作「搣」形，合於形聲構字理據，底卷俗訛，兹據校改。

〔一〇四〇〕「痍」字底卷略有漫漶，此參《切二》録定。

〔一〇四一〕殘字底卷存上部筆畫，《王二》作「刅」形，《裴韻》同，《廣韻》則以之爲「瘡」之俗字，《集韻》作「刅」形，後者合於形聲構字理據，「刅」當爲其俗寫，兹據校補正字。又缺字底卷殘泐，可據《王二》補作「刃傷」二字。

〔一〇四二〕殘字前者底卷存左部筆畫，後者存下部筆畫，兹據《箋二》、《王二》、《裴韻》校補作『亡』、『武』二字。又小韻標數字底卷漫漶，兹參校補後的實收字數録定。

〔一〇四三〕以本字『望』解本字字形，不合文例，《説文·亡部》：『望，出亡在外，望其還也。从亡，朢省聲。』是底卷此注文『望』字當爲『朢』字形訛，兹據校改。

〔一〇四四〕『望』字條下《王二》有『朢，弦朢，月与日相望，臣以日朝君，從月從臣』一條，《箋二》作『朢，弦朢』，《裴韻》、《廣韻》（加有『又音妄』）同，《集韻》『望』字下亦收『朢』字條，是底卷脱之，兹據《王二》擬補十七個脱字符。

〔一〇四五〕『杧』蓋承前條注文而訛，《王二》『藥』下一字作『名』，兹據校改。《集韻》『藥』下一字作『石』，於義爲長。

〔一〇四六〕注文《王二》同，《箋二》『邙』下有『山』字，於義爲長。

〔一〇四七〕『不』字前底卷有一『又』字，《王二》無，於文例爲安，兹據徑删。

〔一〇四八〕釋義《王二》、《裴韻》同，《廣韻》作『忘』，《集韻》作『翌也；忘也』，周祖謨《廣韻校勘記》云：『「忘」，段改作「忙」，蓋據《廣雅》「遽也」一訓。』疑底卷『惡』爲『忘』字形訛。

〔一〇四九〕『莊』字《王二》作『庄』，《箋二》以『庄』爲字頭，而引《説文》形體作『莊』，《廣韻》所收『莊』之或體亦作『庄』形，底卷蓋承字頭字形而誤增『艹』旁，兹據校改。

〔一〇五〇〕注文《王二》作『女人妝飾』，《裴韻》與底卷略同，唯字形作『飾』（『餝』爲俗字）。

〔一〇五一〕『論』字《箋二》、《王二》、《裴韻》皆作『輪』，底卷形訛，《補正》校作『輪』字，兹從之。

〔一〇五二〕『鳥』字前《王二》有『西方神』三字。

〔一〇五三〕注文俗作『牆』字，與字頭同形，不合文例，《廣韻》所收『牆』之俗字作『墻』，《集韻》亦收此形，底卷當爲此形之訛，兹據校改。

〔一〇五四〕『[illegible]』字《集韻》同，《王二》誤作『牀』形，龍宇純《校箋》云：『字當作「漿」。』底卷爲其俗字。

〔一〇五五〕注文《王二》同，《裴韻》該條作『奘，妄強犬也。又在郎反』，《廣韻》略同，唯『在』改作『徂』字，《集韻》訓與《廣韻》同，然未收又音。龍宇純《校箋》：『案《說文》「奘」、「奘」二字，「奘」下云「妄強犬」，「奘」下云「駔大」，本書「奘」是「奘」字之誤，「大」是「犬」字之誤。』茲從校改。

〔一〇五六〕釋義《王二》作『兵器』，《箋二》、《廣韻》同底卷。

〔一〇五七〕『𨂃』字條《王二》、《裴韻》同，《箋二》無，《廣韻》以『𨂃』爲『蹡』字或體，《集韻》則以『𨂃』爲字頭，而於注文中云『或書作蹡』，按《說文》作『𨂃』形，而於釋義中引《詩經》用字作『蹡』，底卷蓋王氏誤爲分立字頭。

〔一〇五八〕缺字底卷殘泐，可據《箋二》、《王二》補作『邑名』二字。

〔一〇五九〕缺字底卷殘泐，可據《箋二》、《王二》補作『框』字。

〔一〇六〇〕『玲』字《王二》同，《箋二》、《裴韻》、《廣韻》、《集韻》皆作『鈴』字，葉鍵得《十韻彙編研究·王一校勘記》云：『案原卷「玲」蓋「鈴」字之誤。』茲從校改。

〔一〇六一〕殘字底卷皆存左下角似『月』下部筆畫，茲參《王二》、《裴韻》及《廣韻》校補作『脝胦』二字。又字頭底卷殘泐，可參諸本補作『胦』字。

〔一〇六二〕或體『強』字與字頭同形，不合文例，《王二》未收或體，《箋二》同，《裴韻》云『又彊（彊）』，《廣韻》『彊』字注文云『與強通用，《說文》曰「弓有力也」』，是底卷之或體當爲『彊』字，茲據校改。

〔一〇六三〕釋義《王二》作『芬』。

〔一〇六四〕注文所示正體『狂』與字頭同形，不合文例，《王二》作『狂』形，《集韻》以『狌』爲字頭首字，注文云『隸作狂』，龍宇純《校箋》：『「狂」當作「狌」。』茲從校改。又小韻標數字底卷漫滅，《王二》作『三』，與本小韻實收字數合，可據補。

〔一〇六五〕字頭底卷殘泐，可據《箋二》、《王二》、《裴韻》及《廣韻》補作『軖』字。

〔一〇六六〕字頭底卷存下部似『口』形筆畫，茲據《王二》校補作『唐』字，又其韻部標序字亦據知爲『卅八』，故擬補二個缺字符。又『名』字前《王二》有『國』字，《裴韻》同，底卷誤脱，兹據擬補一個脱字符。

〔一〇六七〕『符』字底卷抄作『竹行』二字之形，兹據《箋二》、《王二》録作一字。又『竹』字下底卷脱一『笪』字，參《箋二》校記〔七六七〕，兹爲擬補一個脱字符。

〔一〇六八〕缺字底卷殘泐，可據《箋二》、《裴韻》及《廣韻》補作『陂』字。

〔一〇六九〕『眊』字《王二》同，《裴韻》作『毦』，《廣韻》『毦』字注文作『毦毦，罽也』，與《廣雅·釋器》合，龍宇純《校箋》云：『「眊」當作「毦」。』按俗寫『目』、『耳』二形多混，兹據校改。

〔一〇七〇〕『閬』字《王二》、《裴韻》同，《廣韻》作『闑』形，《集韻》則字頭首字作『闑』而以『閬』爲或體。

〔一〇七一〕『樘』字《王二》、《廣韻》皆作『橕』，按《集韻·庚韻》：『樘』字注文云『或作橕』。

〔一〇七二〕注文《王二》同，龍宇純《校箋》：『注文「瓷」字涉上文「甂」字注文誤衍，《唐（廣）韻》云「鎕銻，火齊」，見《説文》。』葉鍵得《十韻彙編研究·王一校勘記》據《原本玉篇零卷》引及『鎕銻，瓷也』例，謂『此本「瓷」字似不必云衍也』。

〔一〇七三〕行首至『鞺』字間底卷殘泐約一個半大字的空間，《王二》『鞺』與『簜』字注文『罩』相接，《廣韻》略同，《裴韻》『鞺』字條前有『溏，池』，《廣韻》本小韻亦收此條，或底卷所殘即此條，然如此又比其小韻標數字多一字，俟考。

〔一〇七四〕小韻標數字《王二》作『廿四』，底卷誤糅『狼』、『䱶』二條爲一，參後『狼』字條校記，兹據校改『三』作『四』字。

〔一〇七五〕『普木名』不辭，『普』字《箋二》、《裴韻》皆作『並』，底卷誤增『日』旁，兹據校改。又注文《王二》作『桄桹，木名，心中出麪，大者數百斛，出嶺南交州』，龍宇純《校箋》謂『此疑後人改之』。

〔一〇七六〕缺字底卷殘泐，可據《箋二》、《王二》、《裴韻》補作『蜋』字。

〔一〇七七〕『狼』訓『魚脂』未聞，《王二》相關内容作『〇狼，狼虎。〇䱶，魚脂』，《箋二》、《裴韻》、《廣韻》二條雖不相接，然皆見於本小韻，且訓解亦略同(《廣韻》『狼』字訓釋差異較大)，《王二》本小韻收字廿四，而底卷少一，是誤糅『狼』、『䱶』二條爲一，而致有脱文，兹據擬補三個脱字符。

〔一〇七八〕『藥』字前《王二》有『蒗毒』二字，《箋二》、《裴韻》同，疑底卷脱之。

〔一〇七九〕『㺸』字《王二》作『狕』，《裴韻》、《廣韻》同，合於《説文》，俗寫『矛』、『予』二形多混，兹據校改。

〔一〇八〇〕殘字底卷存下部似『田』字下半形筆畫，兹據《箋二》、《王二》校補作『當』字。又注文《王二》有釋義『正』字，疑底卷脱。

〔一〇八一〕注文二『螳』字《王二》分別作『蟗』、『蟷』二字，合於文例，《廣韻》略同，兹據校改。

〔一〇八二〕『剛』爲『剛』的訛俗字，《干禄字書》以『剛』爲『剛』的通俗體。

〔一〇八三〕釋義下《王二》有『正作岡』三字。

〔一〇八四〕釋義下《王二》有『亦瓺』二字。

〔一〇八五〕缺字底卷漫滅，可從《王二》、《裴韻》補作『䍃』字。

〔一〇八六〕釋義後《王二》有『俗作桑』三字，龍宇純《校箋》謂其『正文「桒」與注文「桑」字當互易。《廣韻》「桒」下云「俗」』。

〔一〇八七〕字頭《王二》作『喪』，二形爲隸變之異；注文釋義後《王二》有『或從哭、亡曰(曰字衍)』。

〔一〇八八〕『湯』字《王二》、《廣韻》皆作『湲』，底卷形訛，兹據校改。

〔一〇八九〕小韻標數字底卷漫滅，此從《敦煌掇瑣》、《補正》録定。

〔一〇九〇〕缺字底卷漫滅，可據《箋二》、《王二》補作『鬲』字。

〔一〇九一〕『反』字下底卷有一朱筆『四』字，《補正》已校其『誤衍』，《王二》無，兹從徑删。

〔一〇九二〕釋義底卷作『堂壯』，《王二》作『堂堭』，《箋二》、《裴韻》作『堂』，從《王二》之抄例看，其單字釋義多於其後臆加代字符，故底卷當僅作『堂』字，『壯』字乃蒙下條釋義衍抄，兹據徑删。

〔一〇九三〕釋義《箋二》、《王二》、《廣韻》作「火狀」，《裴韻》作「煌灼；又水（火）狀」，底卷誤脱「狀」字，兹據擬補一個脱字符。

〔一〇九四〕「錫」字下部有些漫漶，此從《箋二》、《王二》録定。

〔一〇九五〕「稽」字下《王二》有「下郥」二字，蓋後人所加。

〔一〇九六〕本條《王二》同，龍宇純《校箋》：「上文已有『堭』字云『堂堭』，不當又出『堭』字。《廣雅·釋宫》『堂堭，壂也』，《太平御覽》引作『堂皇合殿』，《廣韻》亦云『堂堭合殿』，《切三》（長龍按：即《箋二》）、《王二》（長龍按：即《裴韻》）、《廣韻》『堭』字止一見。」

〔一〇九七〕「蛢」字下《王二》有「瓜虫」二字，龍宇純《校箋》：「《廣韻》云『甲蟲』，與《爾雅》郭注合。」

〔一〇九八〕「盲」字《箋二》、《裴韻》皆作「盲」，《王二》又音唯收「下孟反」，《廣韻》亦於去聲映韻「户盲切」小韻收「蝗」字，是底卷俗訛，兹據校改。

〔一〇九九〕「色」字《王二》無，《裴韻》、《廣韻》同，疑底卷衍。

〔一一〇〇〕「大」字《箋二》、《王二》、《裴韻》、《廣韻》皆作「木」，底卷形訛，兹據校改。

〔一一〇一〕釋義《王二》同，《廣韻》作「僙僙，武皃」，底卷當用注文與被注字連讀成訓例。

〔一一〇二〕注文「薳」字《王二》作「葛」，《裴韻》同，《廣韻》、《集韻》字頭作「薚」，故於注文中亦作「蓫薚」，底卷承前字而誤加「辶」旁，兹據校改。

〔一一〇三〕「霞」字《王二》作「雱」，《箋二》、《裴韻》、《廣韻》同，底卷形訛，兹據校改。又注文後一「雱」字諸本皆作「霈」字，亦據校改。

〔一一〇四〕小韻標數字《王二》作「五」，「洸」字條下《王二》比底卷多收「兀，曲脛」一條，《裴韻》同，《廣韻》字頭作「尣」形，注文云「曲脛。俗作九」，「兀」當爲「九」之俗寫，《説文》以「尪」（底卷俗寫作「尩」）爲「尣」之古文，疑底卷脱此條。

〔一〇五〕注文『秤』爲『稱』的俗字，《王二》、《裴韻》、《廣韻》正作『稱』。參看《敦煌俗字研究》下編禾部『稱』字條。

〔一〇六〕『航』字條前《王二》有『〇炕，煮昡(胘)。呼郎反。二。〇⿰亢欠，畋⿰亢欠』一個小韻二條文字，《箋二》、《裴韻》同，唯『昡』作『胘』字，底卷脱抄，兹據擬補十個脱字符。

〔一〇七〕『航』字左上部底卷殘泐，此從《王二》、《裴韻》録定，《箋二》俗寫作『航』形。

〔一〇八〕釋義下《王二》有又音『又户庚反』。又『竹』字下底卷脱一『笪』字，詳參《箋二》校記〔七六七〕，兹爲擬補一個脱字符。

〔一〇九〕注文《箋二》、《廣韻》同，《裴韻》誤作『檝』字；《王二》作『杜』，龍宇純《校箋》以爲乃出於後人妄改。

〔一一〇〕『位』字《箋二》同，蓋指位次而言，然《王二》、《裴韻》、《廣韻》皆作『伍』，疑『位』或當爲『伍』之形訛。

〔一一一〕『迒』字下《王二》載或體作『⿺辶更』，《廣韻》、《集韻》又載或體作『⿰⻊更』，皆合於形聲構字理據，底卷形訛，兹據校改二或體作『⿺辶更』、『⿰⻊更』二形。

〔一一二〕注文『吴興』，《箋二》、《廣韻》同，《王二》作『吴郡』。

〔一一三〕殘字底卷存左下角筆畫，兹據《王二》、《裴韻》、《廣韻》校補作『㠯』字。

〔一一四〕『言』字《裴韻》同，《王二》、《廣韻》作『語』。

〔一一五〕『牂』字《王二》訓作『羊』，其下接『樣，槌。又餘章反』條，《裴韻》『牂』訓『羊名』，其下接『样』字訓『槌。又餘章反』，《廣韻》本小韻亦有『牂，牝羊』及『樣，槌也。出《廣雅》』二條，是知底卷誤合『牂』、『樣』二條爲一，而致有脱誤，兹據《王二》擬補二個缺字符。

〔一一六〕『二』字底卷漫滅，此從《敦煌掇瑣》、《補正》録定。

〔一一七〕注文『衣』字非訓，《敦煌掇瑣》、《姜韻》皆徑録作『依』，《漢書·武帝紀》『遂北至琅邪，並海』顏師古注：『「並」讀曰「傍」，「傍」，依也。』《王二》作『他』，乃由『依』字抄誤，底卷則誤脱『亻』旁，《補正》校『衣』作『依』，兹從之。然依附之訓文獻多讀作去聲，置此平聲音讀下似不確，《箋二》無訓，《裴韻》訓作『邊側』，

《廣韻》作『亦作旁側也；《説文》曰「近也」；又羌姓』，可參。

〔一一八〕釋義《箋二》、《裴韻》、《廣韻》略同，《王二》作『走』。

〔一一九〕『女』字《王二》作『汝』，二者古今字。

〔一二〇〕殘字底卷存下部筆畫，兹據《箋二》、《裴韻》校補作『浪』字。

〔一二一〕字頭《箋二》、《王二》、《裴韻》、《廣韻》皆作『藏』。《干禄字書》：『咸滅臧：上俗，中通，下正。』可以比勘。

〔一二二〕大韻標序字底卷殘泐，據《王二》及底卷文例知當作『卅九』字，故擬補二個缺字符。

〔一二三〕注文『倉』字《箋二》、《王二》、《裴韻》、《廣韻》皆作『鶬』，『鶬』爲『倉』的後起類化字；又『鶬』字下《王二》有『鳥名』二字。

〔一二四〕又音後《王二》有『古作叜』三字，《裴韻》有『亦叜』二字。

〔一二五〕注文『逸』當爲『兔』之增旁訛字，兹校正；《王二》脱此字，參《箋二》校記〔七八七〕。

〔一二六〕『或』字《王二》作『亦』。

〔一二七〕『盲』和注文『日』當分别爲『盲』、『目』的訛俗字，俗寫『日』、『目』二形多混，兹予校正。

〔一二八〕缺字底卷殘泐，前者可據《箋二》、《王二》補作『縣』字，後者可依文例補作『通』字。

〔一二九〕『三』字《王二》作『四』，龍宇純《校箋》：『「四」字《王一》作「三」，因其下文奪「鍠」字，後人改之如此。』兹據校改。

〔一三〇〕『鍾』字《王二》、《裴韻》同，《廣韻》作『鐘』，按《玉篇·金部》『鐄，鐘聲』，則底卷當以『鐘』字爲是，『鍾』『鐘』古通用。

〔一三一〕『喤』、『颺』二條間《王二》有『鍠，鍾（鐘）聲』一條，該條《箋二》、《裴韻》、《廣韻》本小韻皆收之，底卷誤脱，兹爲擬補三個脱字符。

〔一三二〕注文《王二》、《裴韻》同，《廣韻》『謁』字作『喝』，龍宇純《校箋》：『案字當作「諿」，「諿」即「唱」字（見漾韻「唱」字注文），《説文》「嗙，訶聲嗙喻也」，《廣韻》云「喝」，「喝」當作「唱」，《集韻》既引《説文》之義，又云「一曰叱也」，蓋誤從《廣韻》「喝」字之訓。」

〔一三三〕「亦」字依文例當作「作」字，疑底卷誤。

〔一三四〕注文「小壺」《王二》同，《裴韻》、《廣韻》作「小皃」，後者合於《説文》（段注謂「小」當作「大」），龍宇純《校箋》云：「此因《國語》、《説文》云『侊飯不及壺飧』而誤。」

〔一三五〕「槖」字《王二》同，《廣韻》作「橐」，合於形聲構字理據，俗寫「口」多作「厶」形，蓋抄者回改「厶」作「口」形而訛，茲據校改。

〔一三六〕缺字處底卷原本空一格，《王二》作「撫」，《廣韻》同，當可據補。

〔一三七〕「悙」字《王二》、《裴韻》同，《廣韻》作「悙」，「悙」當爲「悙」之俗寫，《集韻》本大韻「虚庚切」小韻「亨」字下收有或體作「享」，本大韻從「享」旁字皆「亨」之俗作，不再一一出校説明。

〔一三八〕「三」字《王二》作「四」，與本小韻實收字數同，底卷誤計，茲據校改。

〔一三九〕字頭《王二》、《裴韻》同，《箋二》、《廣韻》作「亨」形，底卷俗作。又注文「加」字前的「不」字依文例當爲「下」，「不」字形訛，茲據校改；「弇」字當依《説文》「亯」字（段玉裁注定作「亨」字籀文）隸定作「亯」或「亯」。又「同長音止長音去豈亦別作字乎也」句有誤，博士生張新朋謂「止」當校作「上」，極是，今據校讀如前。

〔一四〇〕「撡」《箋二》、《王二》、《裴韻》、《廣韻》皆作「橖」形，《集韻》則以「樘」爲首字，而以「橖」爲其或體，俗寫「扌」、「木」二形多混而不分，茲據校作「橖」字。又「擮」字除《集韻》外，諸書皆作「撥」，疑底卷形訛。

〔一四一〕注文「鼑」爲「鼎」的俗字，參《龍龕·斤部》所釋；又「鐺」字右下角底卷殘泐，茲據《王二》、《裴韻》及《廣韻》録定。

〔一四二〕「搶」、「攙」二字《王二》、《裴韻》同，《箋二》「搶」同，「攙」作「欃」，《廣韻》作「槍」、「欃」，後者合於《爾雅・釋天》所載字形，俗寫『扌』、『木』二旁多混而不分，茲據校補正字。

〔二四三〕注文『高陽』《箋二》、《裴韻》、《廣韻》同；《王二》作『湯』一字，龍宇純《校箋》以爲抄手既脱『高』字，遂附會而改『陽』字作『湯』。

〔二四四〕注文殘字底卷存右下角二短横，茲據《王二》、《裴韻》校補作『雀』字；又缺字底卷殘泐，可據上揭二書補作『梅』字。

〔二四五〕『二』字《王二》作『五』，與本小韻實收字數合，茲據校改，底卷蓋以第三字『享』之又音末的『二反』而誤以其下爲另一小韻，因而致訛。

〔二四六〕注文《王二》同，《廣韻》作『蛑蚲』，考《廣雅・釋蟲》『蚲』字訓作『蛘』，王念孫疏證：『《爾雅》「蛄䗐，強蛘」郭璞注云：「今米穀中蠹小黑蟲是也，建平人呼爲米子，音芈姓。」《釋文》云：「蛘，郭音芈，亡婢反。本或作芈，《説文》作羊，《字林》作蛘，弋丈反。」或是此與。』疑『蛑』字爲『蛘』字形訛。

〔二四七〕『蚲』字條之下至行末底卷殘泐約一個大字的空間，次行行首至殘字『京』間底卷殘泐約一個半大字的空間，《王二》相關内容作『鶩，舉卿反，恐。四』，與底卷所殘空間吻合，茲據擬補六個缺字符。

〔二四八〕殘字底卷存右下角部分筆畫，茲據《王二》校補作『京』字。

〔二四九〕『明』字《王二》作『朙』，注文云『浄皎。字從囧從月』；《裴韻》字頭作『明』，注文云『亦朙、明』，按『朙』即《説文》篆文的隸定字，而『明』爲其隸變體，『明』則爲《説文》古文的隸定字；《五經文字》卷上月部：『明、朙、明，上古文，中《説文》，下《石經》。』可參。

〔二五〇〕『澄』字條注文『清』字底卷存右部筆畫，『定』字存右上角殘畫，茲據《王二》校補。該二字以下至行末底卷殘泐約兩個大字的空間，次行行首至殘字『憕』間底卷殘泐約三個大字的空間，《王二》相關内容作『〇澄，水清定。又直陵反。〇振，觸振（振字衍）。〇瞪，直視。〇揨，舉』，與底卷所殘空間吻合，茲據擬補十一個缺字符。

〔二五一〕字頭底卷存下部筆畫，茲據《王二》、《裴韻》校補作『憕』字。

〔二五二〕殘字底卷存上部少許殘畫，茲據《王二》、《裴韻》校補作『六』字。

〔二五三〕字頭『蠑』字底卷存右側殘畫，茲據《王二》校補。『蠑』下至行末底卷殘泐近半行（其中僅存四個注文殘字的右部筆畫，第二字的殘存部分可辨爲『寺』旁），據空間，約可抄十三個左右大字，次行行首至『兄』字間底卷殘泐約兩個左右大字，《王二》相關内容作『〇蠑，蠑蚖，蜥蜴別名。亦作螢。〇瑩，玉色，《詩》云『琉耳琇瑩』。又烏定反。▨（當爲衍字）。〇揘，拔（扒）。〇嶸，崢嶸。又户萌反。〇禜，祭名。〇兵，補榮反。戎卒。一』，與底卷所殘空間略合，茲據校補四個注文殘字爲『色詩云琉』，并爲擬補三十七個缺字符。

〔二五四〕『兄』字上部底卷略殘，茲據《箋二》、《王二》、《裴韻》録定。小韻標數字底卷殘泐，可據諸本補作『一』字。

〔二五五〕殘字底卷皆存右部筆畫，茲據《王二》、《裴韻》校補作『卿』、『去』二字。又缺字底卷殘泐，可據上揭二書補作『京反。官名。一』五字。

〔二五六〕殘字前者底卷存右上角殘『一』狀筆畫，後者存右部筆畫，茲據《箋二》、《王二》、《裴韻》校補作『生』、『樂』二字。又殘字『生』下至殘字『樂』間底卷殘泐約四個左右大字的空間（包括後一殘字），《王二》相關内容作『〇生，所京反。出。七。〇笙，樂器』，比底卷所殘空間少約半個大字，當是『生』字注文別有《王二》所脱省者，茲爲後一殘條擬補二個缺字符。

〔二五七〕『牲』字下《王二》有注文『犧牲』，合於文例，疑底卷誤脱。

〔二五八〕殘字底卷存上部筆畫，茲參《箋二》、《王二》、《裴韻》校補作『猒』字。缺字可據諸本補作『狌』字，又據《箋二》及《廣韻》，底卷當用注文與補注字連讀成訓例。

〔二五九〕前行『猩』字條下至行末底卷殘泐近半行，據空間，可抄十三個左右大字；次行殘字底卷存下部筆畫，行首至『京』字間底卷殘泐亦近半行，據空間，可抄十三個左右大字，《王二》相關内容作『〇鉎，鐵鉎。〇甥，姊妹之子。○麈，似麈而小。○擎，渠京反。舉。八。○勍，強力。○鯨，大魚，雄曰鯨，雌曰鯢。亦作鱷。○黥，墨刑。○檠，所以正弓。○梹(樈)，鑿柄。○葝，小(山)薤。又渠征反。○頗，頸頗(頗字衍)。○迎，語京反，一』，比底卷所殘空間少約兩個大字，茲依文例校補殘字作『作』字，又據行款及《王二》相關内容爲後一殘條擬補三個缺字符。

〔二六〇〕『迎』字條下至行末底卷殘泐約半行，據空間，可抄十三個左右大字。其次行中部殘紙上有少許漫漶的文字右側殘痕，因不能辨爲何字，故不具録。

〔二六一〕以下所殘較諸《箋二》、《王二》知當爲卅九庚韻後部（一行）、卌耕韻、卌一清韻及卌二青韻前部（約八行），共計約爲廿六行左右的文字。

〔二六二〕『頸』字右上角底卷略殘，茲據《王二》録定。行首至『頸』字間底卷殘泐近半行，據空間，可抄十三個左右大字。此下内容所在大韻據《王二》及底卷韻數可推知當爲卌二青韻。

〔二六三〕前行『頸』字下至行末底卷殘泐約半行，據空間，可抄十四個左右大字，次行殘字皆存左部筆畫，可據《王二》校補作『榠』、『櫨』、『銘』三字。行首至殘字『榠』間底卷殘泐約一個半大字的空間，《王二》相關内容作『○頸，狹頭。又他頂反。○苧，蔏。又禿冷反。○鯖，於形反。魚青色，頭有枕骨。一。○冥，莫經反。暗。冖音扃，從日、從六。通俗作冥。十二。○▨(榠)，榠▨(櫨)。○(銘)，刻石記功。』比底卷所殘空間約少兩個大字，可參。

〔二六四〕殘字『銘』下至『蛉』字間底卷殘泐約六個左右大字的空間。《王二》相關内容作『○▨(銘)，刻石記功。○鄍，晉邑。○[溟，□]○顛，眉目間。○螟，螟蛉』，除『溟』字條外，其内容比底卷所殘空間少約一個半大字，考『溟』字《裴韻》訓作『濛濛小雨。又亡冷反』，則依底卷之行款，蓋當作『溟，小雨』三字，如此則與底卷所殘空間吻合，當可據補，茲爲後一殘條擬補二個缺字符。

〔二六五〕殘字底卷存上部筆畫，茲據《王二》校補作『㹠』字，《箋二》、《裴韻》作『豘』，『㹠』當爲『豘』之俗字。

〔二六六〕前行「猽」字條下至行末底卷殘泐約半行，據空間，可抄十三個左右大字，次行行首至「屏」字間底卷殘泐約二個半左右大字的空間，《王二》相關内容作「○蓂，蓂莢，瑞草，知月大小。○嫇，嫇奵。○覭，小見，又亡狄反。○⿱龹邑，漬米。○瓶，薄經反。汲水器。十三。○蛢，以翼飛(鳴)蟲。○鼮，鼠子。○屏，屏風。又必郢反」，與底卷所殘空間吻合，當可據補，兹爲後一殘條擬補一個缺字符，所缺爲字頭「屏」字。

〔二六七〕「翳」、「雨」二字右部底卷略有殘泐，兹據《箋二》、《王二》録定。

〔二六八〕缺字底卷殘泐，可據《箋二》、《王二》補作「竹」字。

〔二六九〕殘字底卷皆存左部「車」旁，兹據《箋二》、《王二》、《裴韻》校補作二「軿」字。又注文缺字底卷殘泐，可據《箋二》、《裴韻》補作「輜」字，《王二》誤作「鞀」形。

〔二七〇〕「萍」字《王二》作「蓱」，《箋二》字頭作「萍」，注文中云「或作蓱」。

〔二七一〕前行「萍」字條下至行末底卷殘泐約半行，據空間，可抄十四個左右大字，次行行首至「螢」字間底卷殘泐約兩個大字的空間，《王二》相關内容作「○竮，竛竮。○蓱，馬帚草名，似蓍。○郱，郱城，在東莞。○眪，竹器，在(在字衍)亦作䶄。○⿰車瓦，甀。又音犯。○熒，胡丁反。光。六。○褮，衣開孔」，校正後的内容與底卷所殘空間吻合，當可據補。

〔二七二〕「或」字《王二》、《裴韻》同，《廣韻》作「惑」，「或」「惑」古今字。

〔二七三〕「外」字前《王二》有「户」字，《箋二》、《裴韻》、《廣韻》同，疑底卷脱。

〔二七四〕缺字底卷殘泐，可據《王二》、《裴韻》補作「駿」字，《箋二》誤作「俊」字。

〔二七五〕殘字前者底卷存左部「馬」旁，後者存左部「月」旁，兹據《箋二》、《王二》、《裴韻》校補作「駫」、「肥」二字。又缺字底卷殘泐，可據諸本補作「馬」字。

〔二七六〕殘字底卷存左半「土」旁，兹據《箋二》、《王二》、《裴韻》校補作「坰」字。又缺字底卷殘泐，可據諸本補作「郊外林外」四字。

〔二七七〕缺字底卷殘泐，可據《箋二》、《王二》補作『古』字。

〔二七八〕殘字底卷存左上角筆畫，兹據《箋二》、《王二》校補。『駉』字下至行末底卷殘泐約二個大字的空間，次行行首至『尤』字間殘一個大字的空間，《王二》相關内容作『○駉，駉鼢，鼠。○絅，急引。○冋，象遠界』，比底卷所殘空間多二個左右大字，龍宇純《校箋》以爲『本書「坰」下云「郊外林外。本作冋」，此尤不當又收「冋」字』，如此則與底卷所殘空間略合，兹據擬補六個缺字符。

〔二七九〕『尤』爲大韻代表字，其韻部標序字底卷殘泐，行首至『尤』字間底卷殘泐約二個大字的空間，是其標序字當处於界欄内，與底卷通例之大韻標序字提行書不同，據《王二》及底卷序數知此大韻標序字當作『卌三』，故擬補二個缺字符。又小韻標數字底卷漫滅，《王二》作『七』，與底卷本小韻實收字數合，當可據補。

〔二八〇〕『恴』字《王二》作『𢚧』，並當爲『𢝊』字俗省，後者見《説文》，爲憂愁之『憂』的古本字；《顔氏家訓・雜藝》稱北朝俗字『百念爲憂』，可參。又小韻標數字《王二》作『十四』，龍宇純據其實收字數校改作『十五』，底卷脱『稪，覆種』一條，當據補，參後校記〔二八三〕，兹爲校改小韻標數字『十四』作『十五』。

〔二八一〕字頭底卷存左部筆畫，注文殘字存左部『虫』形上部筆畫，兹據《箋二》、《王二》校補作『麀』、『虬』二字。又缺字底卷殘泐，《王二》『麀』字注文作『麀鹿。又於虬反。亦麔』，底卷可據補。

〔二八二〕『歃』字《王二》、《裴韻》、《廣韻》皆作『歃』，底卷形訛，兹據校改，《箋二》誤作『畋』字。

〔二八三〕『嗄』、『妭』二條間《王二》有『稪，覆種』一條，《箋二》、《廣韻》本小韻皆收此條，底卷當脱，又參前校記〔二八〇〕，兹據擬補三個脱字符。

〔二八四〕小韻標數字底卷有些漫漶，兹參《王二》及本小韻實收字數録定。

〔二八五〕殘字底卷存右部筆畫，其中可辨有『亻』旁，兹參《廣韻》校補作『住』字。又缺字底卷殘泐，可參《王二》、《廣韻》補作『止』字。

〔二八六〕釋義《王二》作『水逝』，《裴韻》作『水行』，《廣韻》作『演也；求也；覃也；放也；《説文》「水行也」』，疑底卷「遊」爲「逝」字形訛。

〔二八七〕釋義《箋二》、《王二》同，《廣韻》作「旗旒」，於義爲長。

〔二八八〕「九」字《裴韻》同，《王二》作「久」，按「九」、「久」同隸上聲有部。

〔二八九〕「䋺」、「鞦」二字《王二》無，然《王二》所收或體「鞦」字亦爲底卷所無，檢《集韻》以「緧」爲字頭首字，別收「䋺」、「緅」、「鞧」、「鞦」四字爲或體，疑底卷「鞦」字爲「鞦」字之訛省，姑據校改。

〔二九〇〕反語下《王二》有釋義「謀猷」二字，合於文例，底卷疑脱，然此訓《廣韻》作「謀也」，《王二》抄者多於單字釋義後加代字符，故疑底卷釋義本作一字「謀」。

〔二九一〕「䚻」字《王二》、《裴韻》同，《廣韻》、《集韻》「由」字下皆未收或體，《集韻》本小韻有「䚻，徒歌；一曰從也」，《玉篇·言部》有「䚻，與周切，從也」，按「䚻」字《説文·言部》訓「徒歌」，段注：「䚻、謡古今字也，謡行而䚻廢矣。」蓋因「謡」行而「䚻」遂虚化而用來表示「從」義了，底卷字形當爲「䚻」之俗省。

〔二九二〕「大」字《王二》同，疑爲「犬」字之訛，龍宇純《校箋》：「《爾雅·釋獸》『猶，如麂，善登木』，《釋文》引《尸子》『猶，五尺大犬也』，又《説文》云『隴西謂犬子爲猷』，此疑『大犬』或『犬子』之誤。」可參。

〔二九三〕釋義下《王二》有「俗作遊」三字。

〔二九四〕「弋」字底卷初抄作「戈」，後又加粗斜鈎以塗去下「丿」，兹參底卷麻韻「」字所在小韻「以遮反」徑録作「弋」字。又「攴」亦當爲「支」字俗訛，並據校改。

〔二九五〕殘字底卷存下部捺形筆畫，兹據《箋二》、《王二》、《裴韻》校補作「遜」字。

〔二九六〕「廇」字《裴韻》同，《集韻》作「庮」，後者合於形聲構字理據，底卷俗訛，《王二》更與下「囮」字或體互易，而誤作「圝」形。又「戈」字《王二》、《裴韻》、《廣韻》皆作「弋」，俗寫二形多混，兹據校改。

〔二九七〕「臽」字《王二》、《廣韻》皆作「舀」，《集韻》同以「抭」爲首字，而別收「舀」、「眈」、「揄」爲其或體，按俗寫「臽」、「舀」二形多混，「臽」不當有「尤」韻之音，兹據校改。

〔二九八〕『𦥑』字上部有殘，兹從《王二》録定，《裴韻》作『𦤎』，《廣韻》作『𢀶』并引《説文》釋之，《集韻》作『𡿺』形，按該字篆文通常隸定作『𢀶』或『𡿺』形，底卷字形當爲前者之俗寫。

〔二九九〕『𠁥』字底卷分抄作『由户』二字，兹據《王二》徑録作一字。

〔三〇〇〕『𨔞』字《王二》作『𨔞』，《廣韻》作『𨕈』，後者與《説文·玉部》『𨕈』形略合，合於形聲構字理據，『𨔞』字當爲其俗寫，而底卷則又其俗訛矣，兹據《説文》校改。

〔三〇一〕『䚝』字《王二》、《裴韻》作『䚝』，合於形聲構字理據，底卷俗訛，兹據校改。

〔三〇二〕『逌』字《裴韻》、《王二》作『逌』形，《廣韻》作『𨗴』形，後者合於《説文》，《集韻》以『𨗴』爲首字，謂或作『逌』，底卷字形訛省，《王二》字形益爲訛變。

〔三〇三〕殘字底卷存下部筆畫，兹據《王二》、《裴韻》録作『武』字。又小韻標數字底卷殘泐，可據二書補作『一』字。

〔三〇四〕小韻標數字底卷作『十八』，《王二》作『十』，底卷乃因其脱四字頭并誤計後『字秋反』小韻韻字而得，兹據校改後的内容徑改作『十』字。

〔三〇五〕『湫』字注文《王二》作『水，又子小反，湓』，其下有『○𩹉，聚；又束𣅀。又字秋反。○噍，雀聲。又才笑反。○鬌，接髮。○揫，束。又字秋反。亦𩍐』，檢《裴韻》本小韻收十一字，除『楢』字外，與《王二》同；《廣韻》亦收十一字，比《王二》多『遒』、『揂』二字而少『噍』一字，是底卷此處誤以『湫』字注文與『揫』字注文糅接，而致其間内容脱抄，兹據《王二》擬補二十六個脱字符。又『揫』字或體《集韻》亦作『𩍐』形，底卷下『字秋反』小韻『揫』字下同，此處『𩍐』字蓋其俗訛，兹據校改。

〔三〇六〕本小韻《箋二》、《王二》、《裴韻》、《廣韻》、《集韻》皆以『酋』字爲首字，底卷蓋其抄寫有誤，因而改之。『周』字《王二》作『冏』，龍宇純《校箋》：『「冏」疑是「固」字之誤，《破斧》詩「四國是遒」，傳云：「固也」。《王一》作「周」字，與「固」字形尤近似。』按《玉篇·辵部》『遒』字訓云：『固也；終也；迫也；盡也；迫也；忽也。』底卷形訛，兹據校改。又小韻標數字底卷脱，可據實收字數補作『十二』二字，兹爲擬補兩個脱字符，《王二》本小韻比底卷少『揫』字條内容。

〔三〇七〕『⿰牛隹』字《王二》作『⿰牛焦』，《集韻》同，《裴韻》、《廣韻》本小韻未收此字，然其前一小韻所收字形則《裴韻》同底卷之形，而《廣韻》則作『⿰牛焦』形，底卷蓋其俗省。

〔三〇八〕注文《王二》、《裴韻》無『聲』字，疑底卷誤增。

〔三〇九〕注文『饋』爲『饙』字之誤，《王二》、《裴韻》正作『饙』，兹據校正；清述古堂影宋鈔本《集韻·尤韻》『餐』字下云『《廣雅》饙謂之餐』，其中的『饋』亦爲『饙』字之誤，今本《廣雅》正作『饙謂之餐』，可以比勘。

〔三一〇〕缺字底卷殘泐，《箋二》作『治』，《王二》、《裴韻》作『理』，龍宇純《校箋》以爲作『治』當是陸氏原作，『王氏改「治」爲「理」』。

〔三一一〕『鋋』字《王二》、《裴韻》同，《集韻》注文引《博雅》云『鏅、鉏，鋋也』，龍宇純《校箋》謂『當作鋋』，底卷形訛，兹據校改。

〔三一二〕釋義《廣韻》作『轤輊，載喪車』，《集韻》作『轤輊，載麥三箱車，河南穫麥用之。或説載喪車，非是』，則知底卷此處當用注文與被注字連讀成訓例。

〔三一三〕『抽』字訓『技』未聞，檢《王二》訓作『拔』，《廣韻》首義同，底卷形訛，兹據校改。又或體下《王二》有『正作㨨』三字；『㨨』字見於《説文》，《裴韻》、《廣韻》、《集韻》皆收之，疑底卷脱。

〔三一四〕『救』字《姜韻》録作『狄』，《潘韻》謂原卷該字『模糊不可識』，從底卷後面的字如『不』字又音『甫救反』等『救』字寫法來比勘，實可斷爲『救』字，然該字《王二》、《裴韻》皆作『狄』字，《廣韻》又見於錫韻『他歷切』小韻，則底卷『救』字實當爲『狄』字形訛，兹據校改。

〔三一五〕反切上字『亦』《箋二》、《王二》、《裴韻》、《廣韻》皆作『赤』，底卷形訛，兹據校改。

〔三一六〕『八』字《王二》作『九』，底卷誤脱『賙』字條内容，故而誤計，兹據校改。

〔三二七〕『洲』、『⿱罒州』之間《王二》有『賙，賙贍』一條内容，《箋二》同，又《裴韻》、《廣韻》本小韻亦皆收此條（唯《廣韻》訓作『贍也』），底卷誤脱，兹據擬補三個脱字符。

〔三二八〕小韻標數字底卷略有漫漶，兹據《王二》録定。

〔三二九〕『皷』字《王二》作『鼔』，合於《説文》，底卷形訛，兹據校改。

〔三三〇〕『十一』二字底卷有漫漶的筆畫，兹據《王二》及本小韻校定後收字數録定。

〔三三一〕『騥』、『鞣』之間《王二》有『葇，香葇草』一條，《箋二》略同（其注文無『草』字），《裴韻》、《廣韻》本小韻亦皆收有『葇』字條，底卷脱，兹據《王二》擬補四個缺字符。

〔三三二〕字頭與注文俗字同形，不合文例，《王二》、《廣韻》字頭作『收』形，而收或體作『収』形，兹據校改。

〔三三三〕反語下《王二》有『作丠（北）』二字，龍宇純《校箋》：『「作」上疑脱「正」字。』

〔三三四〕『富』字《箋二》、《王二》同，《裴韻》作『留』字，疑『富』爲『留』字形訛，參《箋二》校記〔八八九〕。

〔三三五〕釋義《王二》僅收一個義項作『鴘』，《箋二》、《裴韻》皆未收釋義，《廣韻》訓作『鳥名；又聚也』，可參。又小韻標數字《王二》作『四（實收八字）』，底卷本小韻實收七字，比《王二》少『莽，草相繚』一條内容，按『莽』字《箋二》、《裴韻》、《廣韻》本小韻皆未收之，《集韻》同《王二》，故不能斷定底卷是脱是無，俟考。

〔三三六〕『⿰氵乙』字《王二》作『⿰氵几』（底卷下文用作偏旁亦多作此形），《廣韻》、《集韻》作『丩』；按『丩』或作『乚』，亦作『儿』，前二形即其進一步訛變的産物，參看《漢語俗字叢考·氵部》『⿰氵几』字條考釋。

〔三三七〕注文《王二》同，而又於末加小韻標數字『四』，龍宇純《校箋》：『「虬」字見幽韻，此爲又切，「居」上奪「又」字。「大力」二字依全書通例當在「又居虬反」之上，蓋「居」上誤脱「又」字而改之。《王一》亦同本書。「四」字不當有。』又字頭『㔹』《箋二》、《王二》、《裴韻》同，《廣韻》作『劬』形，合於形聲構字理據，底卷俗訛，兹據校改。

〔三三八〕字頭字形《裴韻》同，《王二》作『⿱艹廾』形，皆爲『⿱艹丩』字俗寫，《箋二》、《廣韻》、《集韻》作『艽』，後者合於形聲構字理據，底卷形訛，茲據校改。注文『芇』字亦『芐』字形訛，茲並據校改。又又音前脱標識性文字『又』，此依文例擬補一個脱字符，又『由』字疑爲『幽』字音訛，參《箋二》校記〔八九二〕。

〔二二九〕『急』下《王二》有『病』字，《廣韻》訓作『腹中急痛』，《集韻》又義同底卷。

〔二三〇〕『友』字《箋二》同，《王二》作『皁』，《裴韻》作『九』。

〔二三一〕『餅』字《王二》同，《裴韻》作『飰』，皆爲『飯』的俗字，參《敦煌俗字研究》下編食部『飯』字條考釋，《廣韻》徑作『飯』字。

〔二三二〕注文《裴韻》同，《箋二》作『鎪馬皃』，《王二》蓋依《爾雅・釋器》改作『鏤也；鍬鉒也』，參《箋二》校記〔八九四〕。

〔二三三〕『仁』字《王二》同，《箋二》、《廣韻》作『人』，後者與今本《論語・爲政》同。

〔二三四〕就字形而言，字頭『扫』與上文『𢪃』字皆爲『搊』的俗字，《王二》前一字作『扫』，爲『搊』字，後一字作『𣏌』，爲『𣘻』字，注文『拘』字《王二》作『枸』，『𣏌』、『枸』是也；《廣雅・釋器》『𣘻、桊，枸也』，王念孫《疏證》：『「枸」猶「拘」也，今人言「牛拘」是也。』

〔二三五〕字頭《王二》作『鄒』形，正字，注文云『亦俗作鄆、郰、鄹』。

〔二三六〕『一』字下《王二》有『曰』字，合於文例，底卷脱，茲據擬補一個脱字符。

〔二三七〕『箃』字《王二》作『菆』，《廣韻》本小韻兼收『箃』、『菆』二字頭，前者訓『竹柴別名』，後者訓『草名；又矢之善者；《説文》曰麻蒸也；一曰蓐也』，俗寫『艹』、『⺮』二形多混，此依釋義當以從『艹』旁爲是，茲據校改。

〔二三八〕『甚』字《王二》無，《裴韻》、《廣韻》同。

〔二三九〕『俗』下『作』字《王二》同，龍宇純《校箋》謂其『不當有』，按『俗作』猶言『俗書』、『俗寫』，『作』字不應删；又注文『休』字與字頭同形，不合文例，《王二》作『烋』，可參；但《王二・尤韻》許彪反下又云『休』字『加火失』，頗疑『加火』的俗字爲『烋』，『加點』的俗字則當作『休』，『休』字加點作『休』俗書經見，下文『庥』

字底卷即寫作從『休』的俗字，又《鉅宋廣韻》本條標目字亦作俗字『休』，可證，故校注文『休』字作『休』。

〔二四〇〕『猑』字《王二》作『貔』，《箋二》同，《廣韻》作『貔』，後者合於《說文》，《龍龕·犬部》：『貔，俗，音毗。正作貔。』『猑』又爲『貔』的訛變俗字。

〔二四一〕釋義《王二》、《裴韻》同，《廣韻》作『瘠也』，《集韻》則作『腹脊間謂之脙』，龍宇純《校箋》：『案《爾雅·釋言》「臞、脙，瘠也」，郭注：「齊人謂瘠瘦爲脙。」《義疏》引《玉篇》云：「齊人謂瘠腹爲脙。」（案與今《玉篇》不同，當是原本。）「瘠腹」當是「瘠瘦」之誤。（案「瘦」或作「膄」，與「腹」字形近，故誤「膄」爲「腹」。）本書「瘠」又誤作「脊」。（案《集韻》又承「脊腹」之文云「腹脊之間謂之脙」，益誤。）』兹從校改。

〔二四二〕『鵂』字《王二》作『鵃』，《裴韻》、《廣韻》同，與釋義合，又本小韻前已收『鵂』字，此不當重出，故據校改。

〔二四三〕本條《王二》同，《裴韻》訓作『貅猥』，『猥』蓋『猑（貔）』的訛俗字，《廣韻》、《集韻》皆以『貅』爲『狳』之正字，故不別立字頭。

〔二四四〕『瞍』字《王二》同，《裴韻》作『瞍』，《廣韻》作『膄』，後者爲『溲』之或體，俗寫『目』、『月』二旁多混，底卷當又爲『膄』之俗寫。

〔二四五〕『惆』字《箋二》、《王二》、《裴韻》同，《廣韻》作『啁』，後者爲『怵』之或體，底卷蓋其俗寫之變。

〔二四六〕釋義《王二》作『侶』，其或體《王二》未收；《說文·羽部》『翿，翳也，所以舞也』，又《人部》『儔，翳也』，『翿』、『儔』二字音義皆同，故或通用；《集韻》載『儔』或體作『翿』，蓋『翿』字因『儔』之表儔侶義而別造之俗字（『羽』『朋』二旁形近，亦多相亂）。

〔二四七〕釋義下《王二》有『禪［音］丹』字。

〔二四八〕『籌』字《王二》作『籌』，《裴韻》、《廣韻》同，按本小韻後有『籌，筭』條，此不當更出，俗寫『艹』、『竹』二旁多混，兹據校改。

〔二四九〕『筭』字下《王二》有代字符，《廣韻》釋義作『籌筭』，底卷蓋用注文與被注字連讀成訓例。

〔二五〇〕本條《王二》（『否』下衍抄一代字符）、《裴韻》略同，《廣韻》本小韻未收此條，《集韻》以『噕』爲前『咼』字或體，龍宇純《校箋》：『疑「否」或即「咨」字之誤。』

〔二五一〕『六』字《王二》作『陸』，《裴韻》同底卷。

〔二五二〕『㡯』字《王二》作『屋』，《箋二》、《裴韻》、《廣韻》同，底卷字形合於《説文》，『广』、『厂』二旁義通，俗多通用。

〔二五三〕『人』字《王二》作缺末筆的『民』字，避太宗諱，今阮刻《十三經注疏》本《禮記·月令》亦作『民』字，可證。

〔二五四〕『苙』字《箋二》同，《裴韻》誤作『荳』形，《王二》作『芷』，《廣韻》作『芷』，按《廣雅·釋草》：『白苙，茪蒉也。』疑『芷』、『芷』皆爲『苙』字形訛。

〔二五五〕殘字底卷存下部筆畫，兹據《王二》、《裴韻》及《廣韻》校補作『㺢』字。

〔二五六〕『鈋』爲『鈍』字俗寫，《王二》作『釓』形，《裴韻》略同，《廣韻》作『鈨』，《集韻》則以『鈨』爲首字，而收『釓』、『鈨』爲或體，底卷注文亦作『釓』形，是其字頭形訛，兹據校改。

〔二五七〕注文『求』字下《王二》有『俗作綵（綵字衍）毬，皮裏毛』七字。

〔二五八〕『戴』字《廣韻》同，《王二》作『載』；按《説文·人部》『俅，冠飾皃』，又《爾雅·釋言》『俅，戴也』，底卷作『戴』是。

〔二五九〕『薄』字《箋二》同，《王二》、《廣韻》作『縛』，《裴韻》作『父』。

〔二六〇〕『㞐』爲『居』的古異體字，《箋二》、《王二》、《裴韻》、《廣韻》皆作『屋』，底卷形訛，兹據校改。

〔二六一〕『軥（輞）』字《王二》同，《箋二》、《裴韻》、《廣韻》皆作『網』，底卷字形當爲因車而類化的『網』字，然因漢以來『輞』字多用來表示車輪外圈，故此類化字或有誤解之嫌。

〔二六二〕注文《箋二》、《裴韻》及《玉篇·衣部》訓同，《王二》『芣苢』下有對此聯綿詞加以釋義的『車前』二字。

〔二六三〕『減』字《王二》同，《裴韻》訓作『聚也』，《集韻》同，《廣韻》本小韻未收此字，龍宇純《校箋》：『未詳，疑誤從「衰」字之義。（猶之混韻「盾」下訓「視」，則誤「盾」爲「省」。）』

〔二六四〕『鎾』字《王二》作『鏂』，《裴韻》、《廣韻》、《集韻》亦同，底卷形訛，茲據校改。

〔二六五〕『十七』二字底卷漫滅，此從《敦煌掇瑣》、《補正》録定。

〔二六六〕『淣』字《箋二》、《王二》、《裴韻》、《廣韻》皆作『兜』，底卷形訛，茲據校改。

〔二六七〕『倉』字《王二》作『食』，《箋二》、《裴韻》、《廣韻》同，底卷形訛，茲據校改。 又『⿱丞蟲』字《王二》作『⿱丞䖵』，《廣韻》、《集韻》同，底卷誤增一『虫』畫，茲據校改。

〔二六八〕『鴝』字《裴韻》同，《王二》作『鴿』，《廣韻》訓作『鶉之別名』，《集韻》作『鳥名，鴽也』，龍宇純《校箋》：『案「鴝」、「鴿」並當作「鴽」，《爾雅·釋鳥》「鴽，鴾母」郭注：「鴽也」』，姑從校改。

〔二六九〕注文底卷作『醶醬』，《王二》、《裴韻》同，《廣韻》作『醬醶』，并訓云『榆人醬』，與《説文》『醬醶，榆醬也』合，底卷誤倒，茲徑據乙正。

〔二七〇〕『侔』字前《王二》有一『作』字，龍宇純《校箋》謂『作』字爲衍文。又『牛』字《王二》作『件』，於文意爲安，疑底卷誤脱『亻』旁，姑據校改。 又殘字前者底卷存右下角似『小』形筆畫，後者存左下角少許筆畫，茲據《王二》校補作『斻反』二字。

〔二七一〕『卌四』二字底卷皆存左部筆畫，茲據《王二》及底卷文例擬補。

〔二七二〕『言大』《箋二》同，《王二》作『大言』，《廣韻》同。

〔二七三〕『䯏』字《王二》、《裴韻》、《廣韻》、《集韻》作『骺』，按此字本當作『䯏』，『舌』旁俗書作『𠯑』形，與『后』字俗書同，參《敦煌俗字研究》下編舌部『舌』字條及口部『后』字條考釋，故『䯏』俗書作『骺』，或錯誤回改作『骺』，而『䯏』字本音『古活反』，因其回改作『骺』字，遂因右旁『后』音而增『胡溝反』音；又底卷注文與被注字同，不合文例，《王二》『骺』字下有『骨』字，《裴韻》徑訓作『骨』，《廣韻》訓作『骨骺』，底卷蓋注文『䯏』下脱『骨』字，茲爲擬補一個脱字符。

〔二七四〕『哥』字《王二》作『歌』，《裴韻》、《廣韻》同，按『哥』、『歌』古今字。

〔二七五〕『延』字《箋二》同，《王二》、《廣韻》皆作『涎』，底卷誤省『氵』旁，參《箋二》校記〔九五〕，兹據校改。

〔二七六〕『姓』字下《王二》有『亦歐打』三字，《箋二》同底卷，《裴韻》、《廣韻》釋義亦只言姓氏。

〔二七七〕『樓』爲『樓』的俗字，《王二》注文末有『正作樓』三字。本大韻下文『婁』旁底卷皆作『婁』，爲方便排版，兹均徑予録正，後不再出校説明。

〔二七八〕『瓳』字《王二》作『𤬏』，《箋二》、《裴韻》、《廣韻》同，合於《廣雅·釋草》，然『瓳』、『𤬏』二字紐同，而聯綿詞用字形無定體，底卷疑爲形訛，然視之爲轉語用字亦通。

〔二七九〕釋義底卷作『求豕子』，《王二》同，《裴韻》、《廣韻》作『求子豬』，《集韻》作『求子豕』，龍宇純《校箋》以爲『「豕」、「子」二字誤倒』，兹從校改。

〔二八〇〕釋義《裴韻》同，《王二》作『魚名』，《廣韻》同，按《説文·魚部》：『䱾，魚名；一名鯉；一名鰜。』

〔二八一〕『速』字《箋二》、《裴韻》、《廣韻》同，《王二》作『束』。

〔二八二〕『豆』字《裴韻》同，《王二》作『苟』，『豆』字疑誤。又『𠹗』字《集韻》同，《王二》作『簉』形，未詳。

〔二八三〕『斵』字《箋二》、《裴韻》略同（二書各作俗寫），《王二》作『剅』，《廣韻》同。

〔二八四〕注文『齁』字左下角底卷有殘，兹參《箋二》、《裴韻》及《廣韻》録定；《王二》注文『齁』字作『𪖐』，考『齁』字釋義《箋二》、《裴韻》、《廣韻》皆作『齁𪖐，鼻息』（《裴韻》『息』誤作『急』），底卷當脱『𪖐』字，兹據擬補一個脱字符。又小韻標數字底卷殘泐，《王二》作『一』，與底卷本小韻實收字數合，可據補。

〔二八五〕殘字底卷存右下角筆畫，兹據《王二》并參下『䱗』字擬補作『䱗』形，《箋二》、《廣韻》作『鯫』，《裴韻》略同，按『冣』字見《説文》，積也，與『聚』、『叢』古通用，而與『最』字音義皆別，但『最』字俗書作『㝡』，俗書訛變，則或進而混同於『冣』（參看《敦煌俗字研究》下編日部『最』字條），底卷『䱗』字亦『鯫』之類推俗字。又『子』字左上部底卷亦有殘泐，此參諸本録定。又『六』字《王二》作『二』，與底卷本小韻實收字數合，底卷誤計下『託侯反』小韻四字於内，茲據校改。

〔二二八六〕本條文字《裴韻》略同（唯字頭作『鯫』形），《王二》作『緅，色』，《廣韻》本小韻亦只收『緅』而未收『鯫』字，《集韻》則二者兼收，唯字形作『鯫』，龍宇純《王二》校箋：『疑本書「緅」即「鯫」字之誤，「鯫」誤爲「緅」，遂改注文「魚」爲「色」字耳。倘本是「緅」字，當云「青赤色」，不當獨言「色」也。「徂溝反」「鯫」下云「又子溝反」，足證此當有「鯫」字。』又『鯫』字他書皆作『鯫』形，而底卷本大韻後『徂鉤反』小韻該字上部殘泐，不能確知是否亦作此形，然從本小韻首字字形《集韻》收『緅』爲或體看來，『鯫』、『鯫』亦可作或體字觀。

〔二二八七〕小韻標數字底卷脱，《王二》作『四』字，與底卷本小韻實收字數合，當可據補，茲爲擬補一個脱字符。

〔二二八八〕『紫』蓋爲『貲』或『疵』字之形訛，參《箋二》校記〔九三三〕。

〔二二八九〕殘字底卷僅存少許漫漶的筆畫，茲據《王二》校補作『歌』字。

〔二二九〇〕殘字底卷存右下角筆畫，茲據《王二》、《裴韻》校補作『�』字。又缺字底卷殘泐，可據上揭二書補作『鵶』字。

〔二二九一〕『窬』字《王二》作『窬』，《裴韻》、《廣韻》同，二者爲隸變之異；注文《王二》作『穿窬。或作窬』；《裴韻》、《廣韻》皆訓作『穿』，並無或體。

〔二二九二〕『醬酳』底卷作『酳醬』，《裴韻》同，茲從《王二》、《廣韻》乙正，又參前校記〔二三六九〕。

〔二二九三〕小韻標數字底卷殘泐，《王二》作『一』字，與底卷本小韻實收字數合，可據補。

〔二二九四〕『溝』字《王二》作『溝』，底卷俗作。後從『冓』（亦或作『冓』）旁字同，不再一一出校。又釋義下《王二》有『俗作溝』三字。

〔二二九五〕『氏』字底卷存右部筆畫，茲據《箋二》、《王二》校補。又『緱氏』二字爲『緱』字雙行注文之右行首二字，『緱』字下至行末底卷殘泐約二個半大字的空間（包括注文『緱氏』二字），次行殘字底卷存下部筆畫，茲據

《箋二》、《王二》校補作『籠』字；又行首至『籠』字間底卷殘泐約二個大字的空間，《王二》相關内容作『○緱，緱氏，縣，在河南；又刀劍頭纏絲。○篝，籠篝（篝字衍）』，《箋二》略同（唯『篝』字注文無『篝』字），校正後的内容與底卷所殘空間吻合，兹據擬補十一個缺字符。

〔二九六〕『甊』字底卷存左半，此參《箋二》、《王二》、《裴韻》、《廣韻》録定。

〔二九七〕殘字底卷存上部筆畫，缺字殘泐，注文《王二》作『數名，十秭曰葬』，《箋二》略同，兹據校補殘字作『秭』，又缺字亦可據補。

〔二九八〕釋義下《王二》有『俗作勾』三字。

〔二九九〕注文底卷除『佔』、『下』略可辨識外，餘皆漫漶，唯存大略，此從《敦煌掇瑣》、《姜韻》録定。

〔三〇〇〕前行殘字底卷存上部筆畫，其下至行末底卷殘泐約三個大字的空間，次行行首至『眵』字間底卷殘泐約二個大字的空間，《王二》相關内容作『○吺，輕出言。或作告。○篼，食馬籠。○眍，眍眵，目汁凝。眵字赤支反。亦作覨（覨）』，與底卷所殘空間吻合，兹據校補殘字作『吺』，并擬補十四個缺字符。

〔三〇一〕『駒』字《王二》作『竘』，《裴韻》、《廣韻》同，底卷形訛，兹據校改，龍宇純《校箋》：『「竘」字《廣韻》、《集韻》爲「剅」字或體，《王一》、《王二》（長龍按：即《裴韻》）同本書。案《廣雅·釋言》「剅，拘」，本書齊韻「古携反」「拘」字下云「竘」，亦「竘」、「剅」同字。』又缺字底卷殘泐，可據諸本補作『裂』字。

〔三〇二〕字頭底卷存右部豎形筆畫，注文殘字存右部似『且』形筆畫，兹據《箋二》、《王二》校補作『𠠝』、『徂』、『二』三字。又缺字底卷殘泐，可據二書補作『細斷』、『二』三字，《玉篇·刀部》訓『細切也』，於義爲長。

〔三〇三〕字頭底卷存下部筆畫，《王二》作『鯫』，底卷本大韻前『子侯反』小韻則作『鯫』，不過後者有可能是受該小韻首字所從『取』旁影響所作，故此姑據《王二》校補作『鯫』字。注文殘字存左部筆畫，兹從《王二》校補作『子』字。

〔三〇四〕行首至『牝』字間底卷殘泐近半行，據空間，可抄十二個左右大字，《王二》相關内容作『○卌五幽，於虬反。

暗。六(七)。○泑,[澤名,在崑崙山下。○呦,]鹿鳴。亦作欿。○怮,怮(怮字衍)憂懣。又於聊反。○麀,牝鹿。亦⿸鹿幽』,校正後的内容與底卷所殘空間略合,當可據補(其中『亦』字下的缺字符依底卷行款及文例擬補,當作『作』字)。

〔一三〇五〕缺字底卷漫滅,《王二》作『四』,與底卷校補後的實收字數合,當可據補。

〔一三〇六〕前行『斛』字條下至行末底卷殘泐約一個大字的空間,次行『蟉』字上部底卷殘泐,此從《王二》録定,又行首至『蟉』字間底卷殘泐近半行,據空間,可抄十三個左右大字,《王二》相關内容作『○彪,甫休反。虎文皃。四(三)。○髟,髮垂皃。又所銜反。○驫,馬走。○樛,居虯反。木下垂。[一]。○鏐,力幽反。紫磨金。二。○蟉,蝴蟉。又力攸、渠糾二反』,校正後的内容比底卷所殘空間多一個左右大字,可參,茲爲後一殘條擬補四個缺字符。

〔一三〇七〕『⿰禾慈』字《箋二》、《王二》、《裴韻》、《廣韻》、《集韻》皆作『稵』形,《姜韻》補記云『原作「⿰禾慈」,以朱改「心」作「皿」』,《龍龕·禾部》『⿰禾慈,俗;稵,正』,疑底卷之朱改非是。

〔一三〇八〕『香』字底卷存右上角筆畫,茲據《箋二》、《王二》校補。又『香』字下至行末底卷殘泐約一個大字的空間,次行底卷僅存無字的下半行,是爲幽部的末行文字,依例韻部換行,故可不必抄滿全行,《王二》相關内容作『○飍,香幽反。風。又風幽二(二字衍)反。○休,許彪反。美。加火失。一。○繆,武彪反。綢繆。又靡幼反。一。○讙,千侯(隹)反。就。又于(子)隹反。一』,可參,茲據爲前行所殘空間擬補五個缺字符。

〔一三〇九〕行首至下條殘字『鱏』間底卷殘泐近半行,據空間,可抄十三個左右大字,《王二》相關内容作『○卌六侵,七林反。漸進。正作㑴。三。○駸,馬行。○⿰豆⿱彐⿱冖又,幽豆。○尋,徐林反。八尺曰[尋]。十一。○鐔,劒鼻。又餘針、徒南二反。○潯,傍深』,與底卷所殘空間略合,當可據補。

〔一三一〇〕殘字底卷存下部竪畫,茲據《箋二》、《王二》、《裴韻》校補作『鱏』字。

〔三三一〕前行「灉」字左下角底卷略殘，茲據《王二》、《裴韻》録定。又「灉」字下至行末底卷殘泐約二個大字的空間，次行行首至「霖」字間底卷殘泐約半行，據空間，可抄十三個左右大字，《王二》相關内容作「○灉，水名，出巴郡。○襑，衣大。又他感反。○林，力尋反。檟木。八。○琳，玉名。○淋，以水沃物。○臨，抗(莅)臨。○痳，病痳(痳字衍)。○箖，竹名。○瀶，水出皃」(「臨」、「痳」、「箖」三字《王二》在「霖」後，《切三》、《廣韻》在「淋」後「瀶」前，《箋二》略同，唯「臨」、「痳」二條位置互乙，此依《切三》、《廣韻》録其序)，與底卷所殘空間略合，當可據補，茲爲前一殘條擬補五個缺字符。

〔三三二〕字頭「霖」字上部底卷殘泐，此從《切三》、《王二》、《裴韻》録定。又「霖雨」《切三》同，《王二》作「三日雨」，《裴韻》同，《廣韻》作「久雨」，可參。

〔三三三〕小韻標數字底卷漫滅，《王二》作「七」，與底卷本小韻實收字數合，可據補。

〔三三四〕「金」字《王二》作「今」，《切三》、《箋二》亦作「金」，《裴韻》作「林」，龍宇純《校箋》謂《王二》「今」字當據改作「金」。

〔三三五〕「行舟」二字底卷漫漶，此從《敦煌掇瑣》、《姜韻》録定。又注文《王二》作「船行」，《切三》、《箋二》、《廣韻》同，《裴韻》作「行舟」。

〔三三六〕缺字底卷殘泐，可據《切三》、《箋二》、《王二》補作「在」字。

〔三三七〕前行「郴」字條下至行末底卷殘泐約二個大字的空間，次行行首至殘字「鱵」間底卷殘泐約半行，據空間，可抄十三個左右大字，《王二》相關内容作「○睍(覘)，私出頭視。又丑熓反。○䀼，䀼賛。○斟，䤕深反。酌。九。○針，縫衣具。或作鍼。○鷈，鷈鵟，鳥名。○箴，竹名」，比底卷所殘空間少約二個左右大字，可參。

〔三三八〕殘字底卷存下部少許筆畫，茲據《切三》、《王二》校補作「鱵」字。

〔三三九〕「⿰土廾」字右旁通常爲「升」的俗寫，但俗書「斗」「升」形近相亂，「斗」旁俗書亦可作此形(參《敦煌俗字研究》下編丿部『升』字條考釋），文中即應爲『斗』旁俗訛，《切三》作『垪』，《王二》作『坍』，即是『抖』字俗寫，《裴韻》、《廣韻》、《集韻》正作『抖』，與《漢書·地理志上·北海郡》『平壽』顔師古注引應劭曰『古抖尋，禹後，今抖城是也』合，兹據校改作正字作『抖』。

〔一三〇〕『葴』字《王二》、《裴韻》同，《廣韻》『葴』字釋『酸蔣草也』，箴規義則作『箴』，而同一小韻不收訓『竹名』的『箴』。又注文『規』字下《王二》有『誡』字，《切三》、《箋二》、《裴韻》同，但《廣韻》『箴』字則釋『箴規也』，底卷亦可視爲被注字與注文連讀成訓例。

〔一三一〕注文《王二》作『酸蔣草名』，《切三》、《箋二》、《裴韻》同底卷，《廣韻》此義則隷之於『葴』字下。參上條。

〔一三二〕『沉』字右部底卷作『冘』，即『冗』旁的俗寫，而『冗』又爲『冘』旁的俗寫，參《敦煌俗字研究》下編冖部『冘』字條考釋，本大韻下文作此形者同，兹均徑録作『冗』旁，不再一一出校説明。注文『深』、『稔』二字底卷存上部筆畫，兹據《王二》、《裴韻》校補；其下至行末底卷殘泐一個半大字的空間，兹爲擬補六個缺字符，可參上揭二書補作『反没又』及『反人姓』六字。

〔一三三〕殘字底卷存下部筆畫，行首至『亦』（底卷居『忱』前一條雙行注文之右行末字）字間殘泐約半行，據空間，可抄十三個左右大字，《王二》相關内容作『○沉，餘深反，没；又或（式）稔枕（枕字衍）反，人姓。俗以出頭作姓。隷（疑爲衍字）。四。○犺，水牛。○芃，草名。又下敢反。○霃，久陰。○碪，知林反。擣衣石。一。○諶，氏林反。誠。亦作訦、愖。四』，與底卷所殘空間略合，可據補，兹據校補殘字作『愖』，并爲後一殘條擬補八個缺字符。

〔一三四〕小韻標數字底卷殘泐，《王二》作『五』字，與校正後底卷本小韻實收字數合，可據補。

〔一三五〕缺字底卷殘泐，《王二》作『北方』，當可據補。

〔一三六〕行首至殘字『筀』間底卷殘泐約半行，據空間，可抄十二個左右大字，《王二》相關内容作『○紝，機上縷。又女林反。亦作絍。○深，式針反。遠。二。○滐，蒲蒻。○淫，餘針反。久雨。十一。○婬，婬蕩』，與底卷所殘空間略合，當可據補。

〔三二七〕殘字底卷存下部『一』形筆畫，茲據《切三》、《王二》、《裴韻》校補作『笙』。又缺字底卷殘泐，可據諸本補作『名』字。

〔三二八〕『行』、『扃』二字底卷略有漫漶，此參《敦煌掇瑣》（其中後一字作缺字符）、《姜韻》録定。

〔三二九〕缺字底卷殘泐，可據《王二》、《裴韻》補作『又』字。

〔三三〇〕行首至『窨』字間底卷殘泐約半行，據空間，可抄十三個左右大字，《王二》相關内容作『○鐔，劒鼻。又徐林、徒南二反。○鄩，地名。○㶣，貪。○心，息林反。二。○杺，車劒（枸）杺。○愔，於淫反。靖。二』，與底卷所殘空間略合，當可據補。

〔三三一〕底卷當用注文與被注字連讀成訓例，參《切三》校記〔三二〕。

〔三三二〕『才』字底卷略有漫漶，此參《姜韻》録定。

〔三三三〕『𪖰』爲行末字，底卷大部漫漶，唯中部殘畫可辨，此從《姜韻》録定。又次行行首至殘字『梣』間底卷殘泐近三分之二行，據空間，可抄十五個左右大字，《王二》相關内容作『○𪖰，高鼻。○䅲，錐䅲（䅲字衍）。○攕（櫼），揳（楔）。或作礸。○䲰，魚名（注文當作鷄之别名）。○鱕，魚名。○鮗，昨淫反。大（小）魚。六。○嶜，嶜岑』，校正後的内容比底卷所殘空間少約三個左右大字，可參。

〔三三四〕字頭底卷存下部筆畫，茲從《王二》、《裴韻》及《廣韻》校補作『梣』字。

〔三三五〕殘字前者底卷存右部『又』形筆畫，後者存右部筆畫，茲據《切三》、《箋二》、《王二》校補作『諏』、『喉』二字。又缺字底卷殘泐，可據諸本補作『聲一』二字。

〔三三六〕行首至『寒』字間底卷殘泐近三分之二行，據空間，可抄十六個左右大字，《王二》相關内容作『○琴，渠金反。舜樂器。十九。○捦，急持。或作捡。○黔，黑而黄；一曰黔首，衆。○禽，鳥。○芩，黄芩。亦作荃。○檎，林檎。○凜，寒狀。又力朕反』，與底卷所殘空間吻合，可據補。茲爲後一殘條擬補一個缺字符。

〔三三七〕『殁』字《王二》同，龍宇純《校箋》：『「殁」字當從《廣韻》、《集韻》作「殺」，本書寑韻字作「殺」。』兹從校改。

〔三三八〕『持止』《王二》同，《裴韻》作『持鈙』，龍宇純《校箋》：『《廣韻》、《集韻》云「持也」，與《説文》合，然本書例不用句尾「也」字，「止」非「也」字之誤。』按『止』疑爲『正』字之訛，敦煌寫本中『正』、『止』多混，唯諸字書未見訓『持正』者，俟考。

〔三三九〕『錐』字《王二》作『鵭』形。又『渠』字下部底卷略殘，此從《王二》録定。

〔三四〇〕前行『錐』字條下至行末底卷殘泐約二個大字的空間，次行行首至下條殘字『嶔』間底卷殘泐近三分之二行，據空間，可抄十六個左右大字，《王二》相關内容作『○紟，單被。又渠禁反。○擒，捉。○㭲，石地。○䅧，禾欲秀。○昤，音。又其廉反。○黚，［黄黑］。又渠炎反。○庈，庈父。○𩊠，竹密。○邤，亭名。○欽，去音反。［敬］。四。○衾，被』，校正後的内容比底卷所殘空間多三個左右大字，可參。

〔三四一〕殘字底卷存下部筆畫，兹據《切三》、《王二》校補作『嶔』字。又注文『岑』字《王二》、《裴韻》同，《切三》作『崟』形，《廣韻》同，龍宇純《校箋》：『本書魚音反「崟」下云「嶔崟」，此誤。』兹從校改。

〔三四二〕『屬』字置此不辭，考《切三》、《王二》、《廣韻》皆作『蒿』字，底卷形訛，兹據校改。

〔三四三〕字頭殘字底卷存下部筆畫，又注文殘字存右側筆畫，此從《切三》、《王二》校補。又殘字『嶔』下至行末底卷殘泐約二個半大字的空間，次行行首至『對』字間底卷殘泐近三分之二行，據空間，可抄十六個左右大字，《王二》相關内容作『○崟，嶔崟。○荃（芩），菜荃（荃字衍）。○霃，霖雨。又牛皆［反］。○㕙，崯。又口敢反。○歆，許金反。神食氣。三。○廞，陳車服。又虚錦反。○䖈（㪨），火盛皃。○金，居音反。銑。六。○今，古』，與底卷所殘空間略同，當可據補。

〔三四四〕『黔』字《王二》訓作『黄色』，其下『衿』字注文作『小帶。又琴禁反』，《切三》、《裴韻》同，底卷此處誤糅『黔』、『衿』二條爲一，而致有脱文，兹據擬補三個脱字符。

〔二四五〕前行『襟』字條下至行末底卷殘泐約三個大字的空間，次行行首至『蔘』字間底卷殘泐近三分之二行，據空間，可抄十六個左右大字，《王二》相關内容作『○黔，淺黄黑。○音，於吟反。聲。七。○陰，陰陽。○霒，雲覆日皃。○瘖，瘂瘖（瘖字衍）。○喑，於（極）啼無聲。又於含反。○韽（籲），［聲小］。又於南反。○䪩，㱃。○森，所今反。木長皃。六』，與底卷所殘空間略合，可據補。

〔二四六〕『蔘』字上部『艹』旁底卷殘泐，此參《切三》、《王二》、《裴韻》録定。又『蔘』字諸本隸於『所今反』（《切三》作『所金反』）小韻。

〔二四七〕『糸』、『㬱』二字左側底卷皆有些漫壞，此從《裴韻》、《廣韻》録定。又殘字底卷存右側少許筆畫，此參上揭二書校補作『作』字。又『日』字疑爲『星』字之訛省，《説文·晶部》：『曑，商，星也。』兹姑據校改；又據《説文》，底卷字頭『㬱』與注文俗作『㬱』字似當互乙。

〔二四八〕前行『㬱』字條之下至行末底卷殘泐約四個大字的空間，次行行首至『山』字间底卷殘泐近三分之二行，據空間，可抄十六個左右大字，《王二》相關内容作『○槮，樹長皃。亦作篸。○棽，木枝長。又丑林反。○㝮，灾（突）。○岑，鋤金反。高山（當訓山小而高）。五。○涔，涔陽，地名。又士監反。○霠，雨聲。○梣，青皮木。亦作梫。○㞤，入山深』，比底卷所殘空間約少二個左右大字，可參，兹爲後一殘條擬補三個缺字符。

〔二四九〕小韻標數字底卷漫滅，《王二》作『四』，當可據補。

〔二五〇〕底卷『石』字下至行末殘泐約五個大字的空間，次行存下部約三分之二行左右的一段無字殘紙，此爲侵部末行文字，因底卷韻部間换行抄録，故其末行文字容有不能抄滿一行者，《王二》相關内容作『○瑨，石似玉。○榗（搢），連（速）。○兂，首笄。○嵾，楚今反。木（不）齊皃。二。○㰯，木長。○緸，乃心反。織。一。○覘，充針反。内視。一』，可參。

〔二五一〕行首至『閻』字間底卷殘泐近三分之二行，據空間，可抄十六個左右大字，《王二》相關内容作『○卌七鹽，余廉反。䶢味。亦作塩、㙔、鹽。十二。○櫩，木名。○閻，里中門。○阽，壁危。○檐（簷），屋前。○鵮，離。○壛，壛。○䶩，進。亦作灡。○閻，門屋』，與底卷所殘空間略合，當可據補。

〔三五二〕『池』字前《王二》有一『深』字，龍宇純《校箋》云：『疑爲「汙」或「洿」字之誤。』《廣韻》注文引《説文》云：『海岱之間謂相汙曰潤。』

〔三五三〕前行『廉』字下至行末底卷殘泐約五個大字的空間，次行行首至『覝』字間底卷殘泐近三分之二行，據空間，可抄十六個左右大字，《王二》相關内容作『○廉，力鹽反。儉。十五。○鎌，鎌刀。或作鎌（鐮）。○霏，久雨。○慊，幨慊。○簾，簾簿。○薕，薕藡。○蘞，白蘞，藥名。○匳，盛器。○磏，礪。亦作磏。○獫，犬長㖨（喙）。又虚檢又（反），獫狁。○籢，鏡籢』，與底卷所殘空間略合，當可據補。

〔三五四〕『覝』字上端底卷略殘，此從《廣韻》録定，《王二》誤作『規』形。

〔三五五〕前行『鬑』字雙行注文左行首字底卷殘存上端少許筆畫，其下至行末殘泐約四個大字的空間，次行行首至『占』字間底卷殘泐近三分之二行，據空間，可抄十六個左右大字，《王二》相關内容作『○鬑，鬍。又勒兼反。○砭，府廉反。以石剌（刺）病。亦作砭（砭）。一。○籖，七廉反。牒。六。○臉，臉臛。○鹻，水和鹽。又公斬反。○槧，削板。又公斬反。○憸，憸詖。○僉，咸僉（僉字衍）○詹，職廉反。詹省。四』，與底卷所殘空間略合，當可據補，兹爲校補前行殘字作『兼』，并爲此殘條擬補四個缺字符。

〔三五六〕小韻標數字底卷漫滅，《王二》作『十二』，當可據補。

〔三五七〕前行『暹』字右下角底卷略殘，兹從《箋二》、《王二》録定。又『暹』字下至行末底卷殘泐約二個半大字的空間，次行殘字底卷存右下角一竪形筆畫，行首至『飾』字間底卷殘泐近三分之二行，據空間，可抄十六個左右大字，《王二》相關内容作『○暹，進。○枮，木名。○綅，白經黑緯。○韱，似韭而細，出五原。○襳，小襦。本衫子（字）。○纖，細纖（纖字衍）。○孅，繁美；疾。又彦奄反。○孅，鋭細。○憸，利口。○彡，毛飾。又所銜反』，與底卷所殘空間吻合，可據補，兹爲校補次行殘字作『銜』，并爲該殘條擬補三個缺字符。

〔一三五八〕前行『苫』字注文殘字底卷存上部『艹』旁，與『失』字並居『苫』字雙行注文之右行和左行首字，其下至行末底卷殘泐約二個大字的空間，次行行首至『妗』字間底卷殘泐近三分之二行，據空間，可抄十六個左右大字，《王二》相關内容作『○苫，失廉反。草覆。三。○痁，病。又都念反。○姿，妗。又丑兼（廉）反。○韂，處詹反。屏。九。○姑，姑㛗，輕薄皃。○幨，帷。○襜，襜褕，蔽膝。亦作裧、襝。○䄡，衣動皃。○痹，皮剥』，比底卷所殘空間多一個左右大字，疑某字又音底卷無，兹校前行殘字作『草』，并爲前行所殘空間擬補五個缺字符。

〔一三五九〕釋義《王二》同，《廣韻》作『妗姿，善笑皃』，與《說文》略合，疑底卷『善』字下脱一『笑』字，兹姑據擬補一個脱字符。

〔一三六〇〕『㥶』字《王二》作『㛗』，《裴韻》、《廣韻》同，按『㥶』當爲『㛗』之換位俗寫。

〔一三六一〕『鬑』字底卷有些漫漶，《王二》作『䰈』形，此參《裴韻》、《廣韻》、《集韻》録定。又缺字底卷殘泐，可參《王二》及諸本補作『頜毛』、『十』三字。

〔一三六二〕前行行末殘字底卷存左部『虫』旁部分，兹據《王二》校補作『蚦』字。次行行首至殘字『黏』間底卷殘泐約半行，據空間，可抄十三個左右大字，《王二》相關内容作『○蚦，虵，出南方，膽可爲藥。○呥，唯（噍）皃。○枏，梅。○詽，多言。○䩎，美䩎。○拑，持。又乃甘反。○袡，緟（緯）袡（袡字衍）。○毋，毛毋［毋］』，比底卷所殘空間多約二個大字，可參。

〔一三六三〕殘字底卷存下部筆畫，兹據《王二》、《裴韻》校補作『黏』字。

〔一三六四〕小韻標數字底卷漫滅，《王二》作『一』字，與底卷本小韻實收字數合，可據補。

〔一三六五〕小韻標數字底卷漫滅，《王二》作『二』字，與底卷本小韻實收字數合，可據補。

〔一三六六〕注文『碩』字《王二》作『預』，底卷形訛，兹據校改，又參《箋二》校記〔九七〇〕。

〔三六七〕殘字底卷存下部少許筆畫，兹據《箋二》、《王二》、《裴韻》及《廣韻》校補作『安』字。又行首至『倚』字間底卷殘泐約半行，據空間，可抄十四個左右大字，《王二》相關内容作『○娑，妗。又失廉反。○淹，英廉反。没。四(五)。○菴，菴蕳。○崦，崦嵫。亦作淹、嶮。又音奄。○醃，葅。又於紺反。○腌，腌魚，以鹽漬魚。○㥲，丘廉反。㥲倚，意不安。一』，比底卷所殘空間多約三個左右大字，可參，兹爲後一殘條擬補七個缺字符。

〔三六八〕『小』字前《王二》有『上』字，底卷誤脱，兹據擬補一個脱字符。

〔三六九〕殘字底卷漫漶，唯可辨其大略，兹據《箋二》、《王二》校補作『盡』字。

〔三七〇〕行首至『山』字間底卷殘泐約半行，據空間，可抄十三個左右大字，《王二》相關内容作『○嚱，嚱㗩。不廉。㗩字子俱反。○瀸，泉出水出(後一『出』字疑衍)。○蘞，百足。○䨲，小雨。又力艷反。○䨘，漬。又山廉反』，比底卷所殘空間少約一個半大字，又《王二》本小韻末有『幟，拭』一條，《箋二》置於『鑯』(即底卷『嚱』字)下，《裴韻》置於『殲』字下，《廣韻》置於『瀸』字下，《王二》蓋初抄脱録而後補於小韻末，加此則與底卷所殘空間吻合，可據補，兹爲後一殘條擬補五個缺字符。

〔三七一〕行首至『淺』字間底卷殘泐約半行，據空間，可抄十三個左右大字，《王二》相關内容作『○箈，漂絮簀。○灊，縣名，在廬江。○螹，離。○箝，巨淹反。鎖頭。或作鉗；亦作拑、柑。八。○帢，絹頭。○鉗，持鐵。○黚，淺黑；又黚陽，縣，在武陵』，與底卷所殘空間吻合，當可據補，兹據校改『點』作『黚』字，底卷形訛，又爲後一殘條擬補一個缺字符。

〔三七二〕前行『㢛』字下至行末底卷殘泐約一個半大字的空間。次行殘字底卷存下部筆畫，兹參《裴韻》、《廣韻》校補作『𩎖』字(即䪜之俗寫)；行首至『肉』字間底卷殘泐約半行，據空間，可抄十三個左右大字，《王二》相關内容作『○㢛，於鹽反。安靜。正作厭。五。○猒，飽。正作猒。○嬮，和靜。○嬐，含怒。又魚檢反。○稖，稖稖，苗美。又魚鴆反。○燖，徐廉反。湯瀹肉。或作燂。四』，與底卷所殘空間略合，當可據補，兹爲前行下所殘空間擬補六個缺字符，并爲後一殘條擬補九個缺字符。

〔三七三〕『采』字《王二》同，《裴韻》、《唐刊》（伯二〇一四）作『菜』，《廣韻》、《集韻》作『木』字，龍宇純《校箋》以爲『當從《廣韻》、《集韻》作「木」』，兹從校改。

〔三七四〕『美』字今本《説文·女部》妗字下作『笑』，兹據校改（依敦煌文獻通用字形作『笑』形），底卷形訛。又『更毛』不詳。又龍宇純《校箋》：『王書句尾例不用「也」字，疑此出後人增之。』本條《王二》無，且其注文與箋注本《切韻》體例同，疑爲抄者據某一箋注本《切韻》補。

〔三七五〕殘字底卷存下部筆畫，兹據《箋二》、《王二》、《廣韻》校補作『稱量』二字。行首至『稱』字間底卷殘泐約半行，據空間，可抄十三個左右大字，《王二》相關内容作『〇卌八添，他兼反。益。三。〇黏，黄色。〇蟾（𩍖）。蟾（𩍖）蚺（㘝），吐舌。〇髻，丁廉（兼）反。髻髮。七。〇聑，耳垂。〇呫，目垂。又丁念反。〇战，稱量』，與底卷所殘空間略合，可據補，兹爲後一殘條擬補一個缺字符。

〔三七六〕注文《王二》、《裴韻》、《廣韻》同，龍宇純《校箋》：『案：《方言》十「嚂哰，南楚曰謰謱，或謂之支註，或謂之詀謕，轉語也」，謂「支註」與「詀謕」一語之轉，此誤讀《方言》。（冬韻「傱」下、齊韻「謕」下云「轉語」，誤與此同。）』

〔三七七〕字頭『㠕』與注文『䃸』字右部底卷皆作『耴』形，《王二》、《裴韻》同，『耴』既爲『取』的俗寫，又爲『耶』的俗寫，此處當爲『耶』的俗寫，《廣韻》、《集韻》正作『耶』，故徑據録正。

〔三七八〕此條底卷初漏抄，後補在行側。又『廉』字置此非韻，《王二》作『兼』，底卷形訛，兹據校改。又小韻標數字底卷漫滅，《王二》作『五』，與本小韻實收字數合，可據補。

〔三七九〕前行『菭』字《王二》同，《裴韻》作『葀』，《廣韻》、《集韻》作『萿』，龍宇純《校箋》以爲當作『萿』，後者合於形聲構字理據，兹從校改。又『菭（萿）』字下至行末底卷殘泐約二個半大字的空間，次行首至『意』字間底卷殘泐約半行，據空間，可抄十三個左右大字，《王二》相關内容作『〇菭（萿），藥草。〇鬑，勒兼反。鬑跦。四。○濂，薄。亦作溓。又理染反。○熑，㷫(燥)軸(輞)絶。○燫，火不絶。○謙，苦兼反。自卑。二。○歉(縏)，堅持[意]。又呼廉、公函二反』，與底卷所殘空間吻合，可據補，兹爲後一殘條擬補六個缺字符。

〔一三八〇〕前行『蒹』字條之下至行末底卷殘泐約二個大字的空間；次行殘字底卷存下部一捺筆，兹據《王二》校補作『反』字，行首至殘字『反』間底卷殘泐近半行，據空間，可抄十三個左右大字，《王二》相關内容作『○罿，網(網)。○嫌，户兼反。心不平。二。○稴，稻不黏。又胡緘反。○鮎，奴兼反。魚名。三。○拈，指取物。○鉆，鈼。○馦，許兼反。氣香。六』，與底卷所殘空間略合，當可據補，兹爲後一殘條擬補五個缺字符。

〔一三八一〕『云』字《王二》作『公』，《裴韻》同，《補正》校『云』作『公』，兹從改。

〔一三八二〕注文殘字底卷存下部筆畫，兹據《王二》、《裴韻》校補作『葅』字。行首至『葅』字間底卷殘泐近半行，據空間，可抄十二個左右大字，《王二》相關内容作『○卌九蒸，諸膺反。衆。烝字(疑當作「亦烝」，「字」衍抄)。六。○烝，冬祭；又熱氣上。此是丞(烝)衆字。○脀，熟脀(脀字衍)。○葢，葅葢(葢字衍)』，比底卷所殘空間少約三個大字，又《王二》於該小韻末别收『烝，熱氣』，龍宇純《校箋》已指出『上文「烝」下云「又熱氣上」，此不當又出「烝」字』，然疑底卷别有一條内容，爲《王二》所脱，兹爲後一殘條擬補一個缺字符。

〔一三八三〕前『音』字前底卷有一個小字大的空位，疑用雌黄塗改而後漫滅，依文例此當有一『廾』字，姑爲擬補一個缺字符，『丞』字《説文·山部》『从廾，从卩，从山』，『巴』、『卩』爲篆文隸變之異；又『音隅』之説依文例當指前之『山』或『巴』字，然二字皆無『隅』音，俟考，姑於『音』字前擬補一個脱字符。

〔一三八四〕『澄』字下至行末底卷殘泐約一個半大字的空間(包括注文小字『水』和其下二字，其中的殘字底卷存上部少許筆畫)，次行行首至『竹』字間底卷殘泐約三個大字的空間(其中的殘字底卷存下部少許筆畫)，《王二》相關内容作『〇澄，直陵反。水清定。又直庚反。四。〇憕，平。又竹萌反』，與底卷所殘空間吻合，兹據校補二殘字作『清』、『反』，并爲擬補十三個缺字符。

〔二三八五〕『清』字右部底卷有殘，此參《廣韻》録定。

〔二三八六〕殘字底卷存下部筆畫，兹據《箋二》、《王二》校補作『又』字。又『陵』字下至『又』字間底卷殘泐約四個大字的空間，其中僅存『陵』字注文『欺亦作』三字，《王二》相關内容作『〇陵，六應反。曲(大)阜；又欺，亦作勑。十二。〇淩，瀝(歷)；又水名』，與底卷所殘空間吻合，兹據擬補十一個缺字符。

〔二三八七〕上條『水名』之訓的字頭已作『淩』形，則此不當重出，《王二》作『凌』形，合於形聲構字理據，底卷形訛，兹據校改。

〔二三八八〕『堎』字條注文『去』、『㞐』二字分居雙行注文的右行與左行首字，其下至行末底卷殘泐一個大字的空間，次行行首至『於』字間底卷殘泐約二個半大字的空間，《王二》相關内容作『〇堎，去。又力居反。〇裬，馬福。〇膺，於陵反。胷。亦作膺。四』，與底卷所殘空間吻合，兹據擬補七個缺字符，唯底卷『於陵反』小韻首字的字頭蓋當作『膺』，較《王二》字頭與或體互易。

〔二三八九〕『𧖅』字左部底卷有漫漶，此從《王二》、《裴韻》録定。

〔二三九〇〕『四』字底卷漫滅，此從《敦煌掇瑣》録定。

〔二三九一〕『淍』字《王二》、《裴韻》作『㳫』形，此通常爲『㴸』之俗作，但《廣韻》作『淜』，合於《説文》，是底卷形訛，兹據校改。

〔二三九二〕『硐』字《王二》、《裴韻》皆作『硼』，《玉篇·石部》『硼』字下作『硼磳，石皃』，底卷本大韻後『硼』字下亦訓作『硼磳，石皃』，是此形訛，故據校改。

〔二三九三〕缺字底卷殘泐，可參《箋二》、《王二》、《裴韻》補作『棱閣』二字。

〔二三九四〕字頭殘字底卷存右部『月』形筆畫，注文『覆』字下至行末底卷殘泐約一個大字的空間；注文殘字『陵』、

『通』在次行，底卷皆存下部少許筆畫，行首至此二殘字間底卷殘泐約一個半大字的空間，《王二》相關内容作『〇掤，覆矢。亦作弸。〇蠅，余陵反。俗作蠅。一。〇繩，食陵反。索。九』，比底卷所殘空間多三個大字，審底卷之行款，其『蠅』字條蓋脱，而《裴韻》、《廣韻》『蠅』字條所在位置皆與《王二》同，《箋二》置之於『食陵反』小韻下，底卷『食陵反』小韻下亦未收此條，兹據校補三殘字作『掤』、『陵』、『通』（此依底卷文例校補），并爲擬補六個缺字符及八個脱字符。

〔三九五〕注文底卷作『名魚』，《王二》、《裴韻》皆作『魚名』，義長，兹據乙正。

〔三九六〕『塍』字右上角底卷漫漶，兹從《箋二》、《王二》、《裴韻》録定。

〔三九七〕字頭『廾』字《裴韻》同，《王二》作『外』；注文釋義下《王二》有『正作[口]』字樣，《裴韻》作『正廾』；『廾』、『外』、『廾』皆爲『升』的俗字，後二形俗書亦用作『斗』的俗字。説詳《敦煌俗字研究》下編『升』字條。下文『升』字或『升』旁底卷多作『廾』形，兹均徑予録正，不再出校説明。

〔三九八〕『勝』字《王二》作『勝』形，《箋二》、《裴韻》、《廣韻》、《集韻》同；『勝』、『勝』爲篆文隸變之異。注文前一殘字底卷存左部『亻』旁，後一殘字存左部『禾』旁及右上部，兹據諸本校補作『任』、『務』二字；又缺字底卷殘泐，諸本作『又書證反。亦』四字，但『作務』二字底卷在雙行注文左行之首，依行款，『任』下只能抄一字或二字，疑底卷無又音，『任』下僅殘缺一『亦』字；但按『勝』字條下至行末殘泐的空間推算，『勝』字條下除下文字頭『昇』外，還可容納一個半大字，是底卷注文雙行鈔寫失配，其右行蓋抄全又音而致遠較左行爲長，姑據擬補五個缺字符。

〔三九九〕缺字底卷殘泐，可據《箋二》、《王二》、《裴韻》補作『昇』、『日』二字。

〔四〇〇〕字頭『矝』字《王二》作『矜』形，底卷注文已指出『俗從令，失』，蓋抄者從俗而致，故據校改。『矝』『矜』二字的糾葛詳參《敦煌俗字研究》下編矛部『矜』字條。

〔四〇一〕反語下《王二》有釋義文字『召』，合於底卷文例，故爲擬補一個脱字符。

〔一四〇二〕缺字底卷殘泐，可據《王二》、《裴韻》補作「召」字。

〔一四〇三〕字頭底卷殘泐，可據《箋二》、《王二》、《裴韻》補作「繒」字。

〔一四〇四〕注文「冰」字當爲「水」字誤增「冫」旁，《説文》：「冰，水堅也。」兹據校改。《王二》作「堅冰」，蓋或以「冰堅」非訓而改作。

〔一四〇五〕「應」字《王二》作「膺」，龍宇純《校箋》：「『膺』當從《王一》作『應』，『應』讀去聲，《王二》（長龍按：即《裴韻》）云『又去聲』。」

〔一四〇六〕注文「鄜」字《王二》作「處」，《箋二》、《裴韻》、《廣韻》同，底卷俗訛，兹據校改；又「稱」字底卷不太明晰，今姑如是録，「冉」「冄」爲篆文隸變之異，下文「爯」字《王二》作「再」形，可以比勘。參看《敦煌俗字研究》下編禾部「稱」字條。

〔一四〇七〕「殊」字《箋二》、《集韻》作「殑」，《玉篇·歺部》同，又底卷本大韻後「殑」字下亦訓作「殑殑」，是底卷此處形訛，兹據校改。

〔一四〇八〕或體字底卷脱，《王二》作「鐙」，《集韻》「豋」字注文云「《説文》『禮器也。从廾，持肉在豆上』，或作登、甑；通作鐙」，是底卷可據補「鐙」字，兹爲擬補一個脱字符。

〔一四〇九〕「樓」字《王二》同，當爲「楞」之俗訛，參《箋二》校記〔一〇〇三〕，兹爲校改。又注文「盧」字《王二》作「慮」，《箋二》同底卷，《廣韻》作「魯」。

〔一四一〇〕「僧」字底卷作「僧」形，《王二》同，俗書「曾」旁中部的「丷」形二筆往往連筆作一横畫，此徑録正，下同；《王二》釋義下有「正作僧」三字，其中的「僧」則當作「僧」。

〔一四一一〕切語下字「滕」《廣韻》同，《王二》作「騰」，《箋二》作「縢」，音同。

〔一四一二〕切語上字「在」《王二》作「昨」，《箋二》、《廣韻》作「作」，龍宇純《校箋》：「『昨』當從《切三》（長龍按：即《箋二》）、《廣韻》作『作』。」底卷形訛，兹據校改。

〔四一三〕『釣』字《箋二》作『䋄』，《王二》作『䋞』，皆爲『網』之俗字，《廣韻》徑作『網』字，與《説文》『罾，魚网也』合，底卷當爲『網』字俗訛，茲據校改正字作『網』。

〔四一四〕『以』字下《王二》有一『竹』字，《箋二》無『以』有『竹』字，《廣韻》『肉』字下作『於竹中炙』，亦通，底卷形訛，《王二》複因訛而别增『竹』字，茲姑校改底卷『以』作『竹』字。

〔四一五〕字頭『曺』《王二》作『曹』，俗寫『日』、『目』二形多混，茲據校補正字作『曹』。

〔四一六〕前一『作』字《王二》作『昨』，《箋二》、《廣韻》同，底卷蓋因前『作滕反』小韻訛作『在滕反』而誤改此反語上字，茲據校改。

〔四一七〕注文中後一『反』乃承前反語之『反』而訛，茲依文例校改作『又』字。

〔四一八〕字頭『弘』字上部底卷略有殘泐，茲從《箋二》、《王二》録定。又注文俗字與字頭同形，不合文例，茲據《王二》校改作『弘』，俗寫『口』旁多作『厶』形，蓋或回改『厶』作『口』形，而成此俗字。

〔四一九〕『二』字底卷漫漶，此參《敦煌掇瑣》録定。

〔四二〇〕注文俗字與字頭同形，不合文例，茲據《箋二》、《王二》校改字頭作『能』字。

〔四二一〕字頭『縢』字《王二》作『縢』形，而於注文云『正作縢』，底卷字頭涉下條而誤，茲據校正；本小韻下文『舟』旁《王二》皆從隸變形作『月』旁。

〔四二二〕又音反切下字『登』《王二》作『證』，龍宇純《校箋》：『本書證韻無此字，《廣韻》「以證切」收之，《王一》云「又以登反」，「登」當即「證」字之誤。』茲從校改。

〔四二三〕『梔』字《箋二》同，《王二》、《廣韻》作『揯』，後者合於《説文》，俗寫『扌』、『木』二旁多混而不分，茲據校改。又『三』字《王二》作『二』，與底卷本小韻實收字數合，底卷蓋誤計下一小韻的『䕨』字而誤，故據校改。

〔四二四〕小韻標數字底卷脱，《王二》作『一』字，與底卷本小韻實收字數合，可據補，茲爲擬補一個脱字符。

〔一四二五〕『咸』字上部底卷略殘，兹從《箋二》、《王二》、《裴韻》録定。又參諸書知本大韻標序字爲『五十一』，故擬補三個缺字符。

〔一四二六〕注文前一『咸』字《箋二》、《王二》、《裴韻》皆作『感』字，合於今本《尚書·大禹謨》文，底卷誤脱『心』旁，兹據校改。

〔一四二七〕注文『忲』字《箋二》同，《王二》作『忕』，『忲』即『忕』字俗省，參《箋二》校記〔一〇一二〕。

〔一四二八〕字頭『㺂』字上部底卷略殘，兹參《箋二》、《王二》、《裴韻》、《廣韻》録定。

〔一四二九〕『霙』字《王二》、《裴韻》作『霎』形，《廣韻》作『霋』，後者即《説文·雨部》『霰』字之變，底卷形訛，兹據校改作《説文》正字。

〔一四三〇〕注文或體與字頭同形，不合文例，《王二》、《裴韻》及《集韻》皆僅收一個或體字『㔋』，故不能遽斷底卷注文『㨔』字爲衍抄抑是訛字。

〔一四三一〕『蚙』字《王二》作『蛤』，《箋二》、《裴韻》、《廣韻》同，底卷形訛，兹據校改。

〔一四三二〕『一』字《王二》作『三』，與底卷本小韻實收字數合，底卷蓋誤以下字爲别一小韻（其注文末有標數字『二』），故致此誤，兹據校改。

〔一四三三〕又音有脱誤，《王二》作『苦咸反』，《裴韻》同，麥耘《王一校記簡編》指出：『「蔵」係「苦咸」之訛。』兹從校改。又注文末底卷有一『二』字，蓋誤以此爲小韻首字而誤增標數字，兹依文例徑删。

〔一四三四〕『語』字《箋二》、《廣韻》皆作『詀』，本大韻前『詀』字注文亦作『詀諵』，底卷形訛，兹據校改。

〔一四三五〕字頭與注文俗字同形，不合文例，《王二》字頭與注文皆作『讒』形，姑據校改字頭作『讒』，龍宇純《校箋》：『注文「讒」疑當作「讒」。』考俗書『毚』形構件多作『毚』，因疑此處注文通俗字當作『讒』。又又音前當有標識性文字『又』，《箋二》、《裴韻》皆有之；又《王二》、《裴韻》皆有釋義『譖』，合於底卷文例，兹并據擬補二個脱字符。

〔一四三六〕『四』字《王二》作『九』，底卷乃誤以『毚』字以下五字爲别一小韻，故此誤計，兹據校改。

〔一四三七〕『反』字《王二》作『又』，《箋二》、《裴韻》同，底卷形訛，兹據校改。又注文末底卷有一『五』字，乃誤以『狡兔反』爲反語而加之標數字，兹徑删之。

〔一四三八〕『鼻』字下《王二》有『皃』字，《箋二》、《裴韻》、《廣韻》同，底卷誤脱，兹據擬補一個脱字符。

〔一四三九〕『竹咸』二字底卷録似作『箴』一字，麥耘《王一校記簡編》指出：『「箴」係「竹咸」之訛。』《王二》正分作二字，兹據徑録作『竹咸』。

〔一四四〇〕大韻標序字『二』字底卷存下部『一』畫，兹據《王二》及底卷文例録定，又『銜』字爲平聲第五十二韻的代表字，『二』字前底卷當有『五十』二字，故擬補二個缺字符。

〔一四四一〕『杲』字《箋二》、《王二》、《裴韻》皆作『合木』，底卷誤合二字爲一，而又臆改，《補正》據校，兹從之。

〔一四四二〕注文『广』字底卷原文如此，《姜韻》録作『厂』，蓋據字義改訂，《説文·厂部》：『厂，山石之厓巖。』兹從校改；又《廣韻·釅韻》：『㚅，厓下也。』可參。《王二》『巖』字釋義作『山巖』，與『㚅厂下』含義略同。

〔一四四三〕『攙』、『搶』二字《箋二》、《王二》同，當作『欃』、『槍』，參《箋二》校記〔一〇一七〕。反語與又音底卷本作『楚咸、初咸二反』，不合文例，《王二》作『楚咸反；初咸反』，依文例當作『楚銜反。又初咸反』，底卷前一『咸』字當爲『銜』字音訛，兹爲校改，又爲擬補二個脱字符，并徑删『二』字。

〔一四四四〕釋義《王二》作『鼠黑白署鱴』，『黑』字下有脱文，且於『署』字下衍抄代字符，《裴韻》作『鼠黑身白署』。按『鱴』字《廣韻》作『鼸』形，入咸韻，訓『鼠名』；又《埤蒼》云『鼠皃』』。《廣雅·釋獸》『鼸鼩』下王念孫疏證：『《説文》：「獑𪕰鼠，黑身白署若帶，手有長白毛，似握版之狀，類蝯蜼之屬。」「獑」與「鼸」同。』是當以『身』字爲是，俗寫『耳』、『身』二形多混，兹據校改。

〔一四四五〕『襳（䊰）』爲『衫』之俗字，依文例其前當有標識性文字，《王二》脱此，《裴韻》作『亦襳』，兹從擬補一個脱字符。

〔一四四六〕注文《王二》同，《箋二》作『旗旒』，底卷咸韻『縿』字下亦作『旌旗旒』，與《説文·糸部》『縿，旌旗之斿也』合，底卷誤脱『旒』字，兹據擬補一個脱字符。

〔一四四七〕注文《裴韻》略同（唯或體作『又作輓字』），《王二》作『旌旗所著』，龍宇純《校箋》：『案《爾雅·釋天》「纁帛縿」郭注云：「縿，衆旒所著。」此以「鞪」當《爾雅》「縿」字，本書「旗」及《王一》、《王二》（長龍按：即《裴韻》）「好」字並「斿」字之誤。「著」下《王一》有「亦作輓」三字，《王二》（長龍按：即《裴韻》）同。案「輓」不得同「鞪」，當從《集韻》作「鞍」。』兹從校改。

〔一四四八〕『䨲』字《王二》、《裴韻》同，《集韻》作『㲉』（爲『雺』之或體），後者與《説文》字形合，鹽韻該字底卷訛作『㝮』形，兹據校補正字作『㲉』，又參前校記〔一四二九〕。

〔一四四九〕『監』字《箋二》作『監』形，《王二》、《廣韻》同，《裴韻》作『盬』，按《龍龕·皿部》以『鹽』爲『盬』之俗字，底卷『監』字蓋即『鹽』之俗作，疑底卷蓋因誤書下字作『監』形，故回改此字字形，而致訛亂，兹姑從諸本校改作『監』形。

〔一四五〇〕字頭『監』字《王二》作『鑒』，《箋二》、《裴韻》同，底卷形訛，兹據校改。

〔一四五一〕大韻標序字底卷有殘泐，據文例前當有『五十』二字，故爲擬補二個缺字符。

〔一四五二〕『蘞』字《箋二》、《王二》同，當從《説文》作『籢』形，參《箋二》校記〔一〇三三〕，俗寫『艹』、『⺮』二旁多混而不分，兹據校改。

〔一四五三〕『清』字置此不辭，兹據《王二》、《箋二》、《裴韻》校改作『漬』字，底卷形訛。又『魚』字下《王二》有『亦作腌，字同』五字，《箋二》、《裴韻》同底卷。

〔一四五四〕小韻標數字底卷漫滅，《王二》作『一』字，與底卷本小韻實收字數合，可據補。

〔一四五五〕大韻標序字底卷殘泐，據底卷文例知此爲五十四凡韻字，故爲擬補三個缺字符。

〔一四五六〕『颿』《王二》作『颿』，《裴韻》同底卷，《廣韻》則字頭作『颿』形。

〔一四五七〕注文《王二》同，《裴韻》作『木皮可爲索』，《廣韻》作『木皮可以爲索』，底卷當脱『爲』字，兹爲擬補一個脱字符。

〔一四五八〕『二』字《王二》作『三』，與底卷本小韻實收字數合，底卷形訛，兹據校改。

〔一四五九〕『欦』字《王二》、《裴韻》同，《廣韻》作『欲』，龍宇純《校箋》：『案正當作「欦」，此字陳澧《切韻考》及周氏《廣韻校勘記》謂當音「丘凡反」，《集韻》本紐無此字，見「丘凡切」下。』

〔一四六〇〕『沘』字《王二》、《裴韻》同，《箋二》、《廣韻》本紐無此字，龍宇純《校箋》：『《集韻》有「氾」字，注云「水名」，蓋即此字，疑當從之。』

〔一四六一〕此疑爲卷二即下平聲卷首所列韻目字，因底卷平聲序號接排而脱收，故補於此卷末。

〔一四六二〕依文例此當有『肴，胡茅』三字，兹據擬補三個脱字符。

〔一四六三〕新加韻數《王二》作『一千二百十五』，如此諸數相加始與『一万二千一十六』合，底卷形訛，兹據校改。

〔一四六四〕韻部標序字底卷殘泐，兹依《王二》及文例擬補作『一』字。

〔一四六五〕韻部標序字底卷存右下角『一』形筆畫，兹據《王二》及文例校補作『五』字。

〔一四六六〕『魚』字《王二》、《裴韻》作『虞』，二字皆隸疑紐；《箋二》作『麌』，誤。

〔一四六七〕『夏侯』底卷誤倒作『侯夏』，兹據《王二》乙正。

〔一四六八〕『典』字《王二》、《裴韻》同，《箋二》作『顯』，《周韻》於總述中謂此『爲避中宗諱，改「顯」爲「典」』。

〔一四六九〕韻部標序字前一字底卷殘泐，兹據《王二》及文例擬補作『廿』字。

〔一四七〇〕『感』字左上角底卷殘泐，兹據《箋二》、《王二》録定。又韻部標序字底卷殘泐，兹依上揭二書及底卷文例擬補作『卅三』二字。

〔一四七一〕『夏侯在平聲陽唐』費解，『在』字疑爲『杜』字之訛，『杜』謂杜氏臺卿也。

〔一四七二〕因前行擠壓，底卷『卅六』二字標在反語下，兹依文例移前。

〔四七三〕韻部標序字及韻目底卷殘泐，此據《王二》擬補作『卅七梗』；注文殘字底卷存下部筆畫，兹據《箋二》、《王二》校補作『古』；『靖』下缺字可補作『同，吕』三字。

〔四七四〕『迥』字《王二》作『迥』，《箋二》、《廣韻》同，底卷形訛，兹據校改。又韻部標序字因前行擠壓，底卷録於反語下，兹依文例移前。

〔四七五〕韻部標序字及韻目底卷殘泐，兹據《王二》及文例擬補作『卌一有』；注文殘字底卷存下部捺筆，兹據《王二》校補作『反』字；『别』前『吕』字上部底卷有殘，亦據《王二》録定；又『反』前、『夏侯』後的缺字可分别補作『云久』和『爲疑』。

〔四七六〕韻部標序字及韻目底卷殘泐，兹據《王二》及文例擬補作『卌五琰』；注文殘字底卷存下部筆畫，兹據《王二》校補作『别』字；又『与』前、『夏侯』後的缺字可分别補作『以冉反』和『与范、豏』。

〔四七七〕本條字頭及反語底卷皆有些殘壞，兹據《王二》擬補。

〔四七八〕『卌』、『掭』、『無』三字底卷皆有些漫壞，兹據《王二》擬補。

〔四七九〕行首至『李』字間底卷殘泐約四個左右大字的空間，《王二》本條作『卌九豏，下斬反。李与檻同，夏侯别，今依夏侯』，與底卷所殘空間吻合，兹據擬補韻部標序字、韻目『卌九豏』及七個缺字符。

〔四八〇〕『檻』字左旁底卷殘泐，兹據《王二》録定。注文殘字底卷存上部少許筆畫，此據《箋二》、《王二》校補作『胡』字；缺字底卷殘泐，亦可據二書補作『黤反』二字。

〔四八一〕『一广』二字底卷漫漶，此據《王二》擬補。

〔四八二〕『取之上聲』不辭，『取』字下《王二》有『凡』字，《裴韻》、《廣韻》同，麥耘《〈王一〉校記簡編》已指出『「取」字後脱「凡」字』，兹從擬補一個脱字符。

〔四八三〕行首至『朦』字間底卷殘泐近半行，據空間，可抄十二個左右大字，《王二》相關内容作『〇一董，多動反。正。三。〇蝀，螮蝀，虹。〇蕫，蕫蕫；又曰蔦根。〇蠓，莫孔反。蠛(蠓)蠓，蟲。三。〇鸏，小(水)鳥』，與底卷所殘空間略合，當可據補。

〔一四八四〕『朦』字下部及『大皃』二字的上部底卷皆有漫壞，茲從《王二》、《廣韻》録定。

〔一四八五〕『二』字底卷漫滅，此從《敦煌掇瑣》録定。

〔一四八六〕殘字底卷存上部筆畫，茲據《箋二》、《王二》校補作『直』字。又小韻標數字底卷漫滅，《王二》作『三』，可據補。

〔一四八七〕前行『侗』字條之下至行末底卷殘泐約一個半大字的空間，次行『屋』、『且』二字上部底卷有殘，茲據《王二》録定，又行首至『屋』字間底卷殘泐近半行，據空間，可抄十三個左右大字，《王二》相關内容作『○桶，木桶。○瞳，瞳曨，欲曙。○揔，作孔反。率。俗作捴。九。○蓯，巃蓯，山皃。○傱，衆立。○蓯，奉蓯，草皃。○鬆，鬆角。亦作髮。○熜，熅，又青公反。○傯，屋會。又且公反』，又底卷『作孔反』小韻以『⿰車夋，輪』爲末條，而《王二》『⿰車夋』字條下復有『緫，聚束』一條文字，加『緫』字條於前則《王二》相關内容比底卷所殘空間多五個左右大字，疑底卷有脱文，可參，茲姑爲後一殘條擬補三個缺字符。

〔一四八八〕『⿰車夋』字右上部底卷漫壞，此從《姜韻》録定，《王二》、《裴韻》字形同，《廣韻》作『⿰車叟』形，《方言》卷九、《廣雅·釋器》與《廣韻》同，『⿰車叟』字合於形聲構字理據，則『⿰車夋』當爲『⿰車叟』之俗訛字，茲據校改。

〔一四八九〕底卷釋義作『澒水銀滓溶水皃』，《王二》更誤脱作『水溶皃』，檢《箋二》作『水銀滓』，《裴韻》作『澒溶，水皃；又水銀滓』，《廣韻》作『《説文》曰「丹沙所化爲水銀也」；又濛澒，大水』，蓋箋注本《切韻》以前釋義唯作『水銀滓』一義，而王氏又加『澒溶，水皃』一義，底卷誤倒『澒』字於『水銀滓』前，茲依文例徑爲乙正，又『澒溶』、『濛澒』爲不同詞族的聯綿詞。

〔一四九〇〕『⿰月翁』字《箋二》、《王二》、《裴韻》皆作『暡』形，俗寫『日』、『月』二形多混，茲據校改。注文二殘字底卷皆存上部筆畫，可參諸本補作『氣』、『皃』二字；缺字底卷殘泐，可據補作『盛』字。

〔一四九一〕殘字底卷存下部筆畫，茲據《王二》校補作『皃』字。行首至殘字『皃』間底卷殘泐近半行，據空間，可抄十三個左右大字，《王二》相關内容作『○𣫭，𣫭𣯷，多。○勜，屈強皃。○𣯷，奴動反。𣫭𣯷。一。○琫，方孔反。佩刀飾。亦作鞛。四。○菶，草盛。又蒲蠓反。○紨，小兒履；又繩履』，比底卷所殘空間多二個大字，可參，兹爲後一殘條擬補五個缺字符。

〔一四九二〕殘字底卷存上部『虍』形筆畫，兹據《箋二》、《王二》、《裴韻》校補作『盧』字。又缺字底卷殘泐，可據諸本補作『又』、『紅反』三字。

〔一四九三〕前一缺字底卷居前行行末，殘泐，次行行首至下條殘字『慒』間底卷殘泐半行多，據空間，可抄十五個左右大字，《王二》相關内容作『○動，徒揔反。摇。五。○酮，酒壞。○垌，項直皃。○眮，瞋目。又大貢反。○挏，推引。○菶，蒲蠓反。草盛。二。○唪，大聲』，與底卷所殘空間略合，當可據補，兹爲後一殘條擬補一個缺字符。

〔一四九四〕殘字底卷存右側筆畫，兹據《箋二》、《裴韻》校補作『慒』字。

〔一四九五〕行首至『力』字間底卷殘泐約半行多，據空間，可抄十五個左右大字，《王二》相關内容作『○二腫，之隴反。病。四。○種，類生。又之用反。○踵，足後跟。亦作歱（𨂂）。○偅，相迹。○寵，丑隴反。愛寵。〔二〕。○埫，埫塎，不安。○隴，力奉反。大坂。三』，與底卷所殘空間略合，當可據補，兹爲後一殘條擬補一個缺字符。

〔一四九六〕『㳥』字《裴韻》同，《廣韻》作『壟』，後者與《説文》合，底卷蓋俗省，《王二》誤作『沈』形。

〔一四九七〕缺字底卷殘泐，可據《王二》、《裴韻》補作『持』字。

〔一四九八〕行首至『氄』字間底卷殘泐約半行多，據空間，可抄十五個左右大字，《王二》相關内容作『○宂，而隴反。散。從宀，從人（入），通俗作宂（冗）。八。○㲰，不肖；一曰傝㲰，劣，或作搑茸。○穁，稻稍（稍）。○氄，鳥毛。亦作毴、𩼶（褎）。又而〔尹〕反』，與底卷所殘空間略合，當可據補。

〔一四九九〕『栁』爲『柳』之俗字，《箋二》、《王二》皆徑作『柳』字。

〔一五〇〇〕行首至『勇』字間底卷殘泐約半行多，據空間，可抄十五個左右大字，《王二》相關内容作『○愑，遲。○襱，袴。又來公反；力董反。亦作裥。○冢，知壠（隴）反。大。二。○塚，墓塚（塚字衍）。○奉，扶隴反。進上。一。○捧，敷隴反。掏（掏字衍）掬。一』，與底卷所殘空間略合，當可據補。

〔一五〇一〕『泉』字《王二》作『皃』，《箋二》、《裴韻》、《廣韻》同，底卷形訛，兹據校改。

〔一五〇二〕『塎』字在行末，次行行首至殘字『拲』間底卷殘泐約半行多，據空間，可抄十五個左右大字，《王二》相關内容作『○塎，塕塎，不安。○俑，木人，送葬。○悀，出。○傛，不安。○恐，墟隴反。懼。一。○尰，時冗反。足腫病。亦作瘇。一。○拱，居悚反。手抱。十二（三）』，與底卷所殘空間吻合，可據補。

〔一五〇三〕字頭底卷存下部筆畫，可據《王二》補作『拲』字。注文二殘字皆存右部筆畫，前字《王二》作『恭』，龍宇純《校箋》：『「恭」當從《集韻》作「桊」，《説文》「拲」或從木。』審底卷所存殘形，實與『桊』形可合，故據校補；後一殘字可據《王二》補作『又』字；『又』字下的缺字底卷殘泐，可據《王二》補作『居辱』二字。

〔一五〇四〕殘字底卷存右部筆畫，兹據《箋二》、《王二》校補作『亦』字。缺字底卷殘泐，可參二書補作『作曟』二字。又《廣雅·釋蟲》該字作『曟』，龍宇純《校箋》：『案從「具」聲，作曟誤。』

〔一五〇五〕殘字底卷存右部筆畫，兹據《箋二》、《王二》、《裴韻》校補作『珙』字。

〔一五〇六〕行首至下條『慫』字間底卷殘泐約半行多，據空間，可抄十七個左右大字，《王二》相關内容作『○拜，兩手。○瓷，缺（缾）。○挐，抱持。○捀，抱。○烘，慄。○鞏，网鞏（鞏字衍）。○鮿，鯤，魚子。○悚，息拱反。怖。九。○竦，敬。《國語》「竦善抑惡」』，與底卷所殘空間略合，當可據補。

〔一五〇七〕『慫』字上部底卷略殘，兹從《王二》、《裴韻》及《廣韻》録定。注文殘字底卷存上下少許漫漶的筆畫，此參諸本校補作『驚』字。

〔一五〇八〕前行殘字底卷存上部筆畫，次行殘字存下部筆畫，兹據《王二》、《裴韻》及《廣韻》校補作『執』、『方』二字。又『執』字以下至行末底卷殘泐約三個大字的空間，次行行首至『方』字間底卷殘泐半行多，據空間，可抄十七個左右大字，《王二》相關内容作『○摟，執。亦推（摟）。○慺，懼慺。○從（縱），從（縱）從（縱），走皃。○駷，馬摇（當乙正）銜走。又思口二（『二』字衍）反。○洶，許拱反。洶溶，水勢。又許恭反。一。○湩，都隴反。濁多。此是冬字之上聲，陸云冬無上聲，何失甚！一。○覂，方奉反。覆巢。或泛。一』，校正後的内容比底卷所殘空間少約一個大字，可參，兹爲後一殘條擬補二個缺字符。

〔一五〇九〕注文殘字底卷存上部筆畫，兹據《王二》校補作『湩』字。又小韻標數字底卷漫滅，《王二》作『二』，當可據補。

〔一五一〇〕前行『朧』字條之下至行末底卷殘泐約四個大字的空間，次行殘字底卷存下部筆畫，兹據《王二》并參《箋二》、《廣韻》校補作『朾』字，又行首至『朾』字間底殘泐約半行多，據空間，可抄十七個左右大字，《王二》相關内容作『○桻（梥），渠隴反。穜。［又］渠恭反。二（一）。○鞋，充隴反。鳥飛。一。○㧬，且勇反。褌。或作㧬、𧙛。［一］。○縱，子冢反。褌（襌）衣。一。○三講，古項反。教。四。○港，水流。○耩，耩地。○傋，倯傋。○棒，步項反。朾。或作棒。四』，校正後的内容比底卷所殘空間多約四個大字，因『三講』大韻字少，故底卷破例與前『二腫』大韻接抄，二大韻間可能空約兩三個大字甚至更多的空間，可參，今爲便於檢讀，於『三講』大韻字特换行録文。

〔一五一一〕本大韻首字至『玤』字間的内容《王二》與《箋二》、《裴韻》略同，故據擬補二十四個缺字符。參上條校記。

〔一五一二〕『木』字《箋二》、《王二》、《裴韻》作『大』。

〔一五一三〕注文前一『作』字下部及『蚝』字左下角底卷略有殘泐，兹據《王二》并參《箋二》、《裴韻》録定。

〔一五一四〕前行『蚌』字條下至行末底卷殘泐約四個左右大字的空間，次行存下部少半行無字的部分（此爲大韻末行文字，依例可不抄滿全行），《王二》相關内容作『○慃，烏項反。佷戾。一。○項，胡講反。頸後。二。○缿，受錢器。○倄，武項反。倄傋，不媚皃。二。○鴅，鴅頭（鵙）。又莫奉反』，可參。

〔一五一五〕行首至殘字『㑊』間底卷殘泐半行多，據空間，可抄十七個左右大字，《王二》相關内容作『○四紙，諸氏反。

蔡倫所造。十五。○只，詞。又諸移反。○坻(坻)，隴坻(坂)。又當礼反。○軹，縣名，在河南。○枳，▨(棘)枳。○咫，咫尺。○扺，扺掌。○汦，水名，出拘扶山』，與底卷所殘空間略合，當可據補。

〔五一六〕殘字底卷存下部筆畫，其右下角爲㪚形，兹據《王二》、《裴韻》校補作『恀』字。又注文《王二》、《裴韻》同，龍宇純《校箋》謂當從《爾雅·釋言》『恀、怙，恃也』作『怙』，底卷形訛，兹據校改。

〔五一七〕『支』字《王二》脱，《裴韻》誤作『杖』字，《廣韻》作『枝』，是，底卷誤脱右旁『木』，兹據校改。

〔五一八〕『正』字《王二》同，《裴韻》、《廣韻》作『止』，後者合於《説文》，底卷形訛，兹據校改。

〔五一九〕殘字底卷存上部筆畫，兹據《王二》、《廣韻》校補作『著』字。

〔五二〇〕前行『坻』字條之下至行末底卷殘泐約三個左右大字的空間，次行行首至『輿』字間底卷殘泐半行多，據空間，可抄十七個左右大字，《王二》相關内容作『○䴢，鳥，如烏鳥也(鳥也二字衍)。○抧，開。○是，承紙反。無非。八。○氏，是(承前誤，原蓋作氏族二字)。○媞，江淮間呼母。○䟗，積聚。○諟，審諟。○禔，行皃。○褆，衣服端下。○狔，狔狼。○靡，文彼反。無。四。○靡，乘輿金耳。又美爲反』，校正後的内容與底卷所殘空間略合，可參，兹爲後一殘條擬補三個缺字符。

〔五二一〕前行注文後一『𢕟』字下至行末底卷殘泐約四個大字的空間，次行行首至『擊』字間底卷殘泐半行多，據空間，可抄十七個左右大字，《王二》相關内容作『○𢕟，𢕟，猶遲遲。亦作𠎝(𢖻)。○彼，補靡反。此。二。○髀，相分解。○被，皮彼反。衾。又皮義反。二。○罷，遣有罪。又平陂、薄解二反。○毀，許委反。壞。七。○燬，燬火。亦作𤈦、焜。○嫛，惡口』，比底卷所殘空間少約二個左右大字，可參，兹爲前一殘條擬補五個缺字符。

〔五二二〕『擊』字上部底卷略有漫壞，兹從《王二》、《裴韻》録定。

〔五二三〕殘字底卷存下部筆畫，兹據《王二》、《裴韻》校補作『者』字。

〔五二四〕缺字底卷殘泐，可據《王二》、《裴韻》補作『毛』、『丸』二字。

〔一五二五〕前行『鳺』字條之下至行末底卷殘泐約三個大字的空間，次行行首至『獸』間底卷殘泐半行多，據空間，可抄十七個左右大字，《王二》相關内容作『〇委，於詭反。依。四。〇骩，骨曲。〇鳺，鷲鳥食吐毛。〇蝼，鼠婦。〇跪，去委反。拜。二。〇尯（尯），刖一足。〇詭，居委反。詐。十。〇垝，垝垣。亦作陒、窓。又於爲反。〇鵍，戾鋸齒。〇觤，獸角不齐皃。亦作䚝』，與底卷所殘空間略合，當可據補。

〔一五二六〕字頭底卷殘泐，可據《王二》、《裴韻》補作『觤』字。又注文文字底卷亦多有漫漶，此從《姜韻》并參《王二》、《裴韻》録定。

〔一五二七〕殘字底卷皆存上部筆畫，兹據《王二》、《裴韻》校補作『短矛』二字。

〔一五二八〕前行『桅』字條之下至行末底卷殘泐約三個大字的空間，次行行首至下條『妓』字間底卷殘泐半行多，據空間，可抄十七個左右大字，《王二》相關内容作『〇庋，上（庋）懸。〇攱，抏（抗）。又九僞反。〇髓，息委反。骨肉行（汁）。亦作膸。四。〇嶲，越嶲，郡。〇靃，靃靡，草弱皃。〇餢，餢餅。〇累，力委反。多。三。〇㶡，似小盤，中有隔。〇簗，法者，簗可以网（網）人心。〇技，渠綺反。藝。俗作伎。五』，其中『攱』字條《王二》置於前『觤』字條下，底卷『觤』字條無之，故依文例補抄於該小韻末，然如此則比底卷所殘空間多三個左右大字，疑底卷有脱文，可參。

〔一五二九〕本條底卷有漫漶，此參《姜韻》録定。

〔一五三〇〕本條底卷有漫漶，此參《敦煌掇瑣》、《姜韻》録定。

〔一五三一〕注文底卷有些漫漶，兹參《姜韻》、《補正》及《王二》録定。

〔一五三二〕本條底卷有漫漶，此參《姜韻》録定。

〔一五三三〕『於綺』、『恃』三字底卷皆有些漫漶，兹參《姜韻》及《王二》校補。又缺字底卷殘泐，可據《王二》補作『反』、『三』二字。

〔一五三四〕前行『倚』字條之下至行末底卷殘泐約三個大字的空間，次行行首至下條『䭲』字間底卷殘泐約半行多，據空間，可抄十七個左右大字，《王二》相關内容作『○椅，椅柅。○旑，旗。又河（阿）我反。○掎，居綺反。牽一脚。六。○剞，曲刀。亦作刬。○庋，食閣（閣）。○旖，弃。又丘知、九奇二反。○⿸厂奇（⿺尢奇），一足。亦作踦。○攲，去。○綺，墟彼反。綾綺。七』，與底卷所殘空間略合，當可據補。

〔一五三五〕前行殘字底卷存上部筆畫，其中左側爲『忄』上部形，右部爲『大』形，兹據《王二》、《裴韻》校補作『倚』字。又『倚』字之下至行末底卷殘泐約三個大字的空間，次行行首至下條『檥』字間底卷殘泐約半行多，據空間，可抄十七個左右大字，《王二》相關内容作『○倚，減（㑄），又去奇反。○［觭，牛角。又丘奇反。］○痔，痓。又於蟹反。○螘，魚倚反。蚍蜉。亦作螘。七。○錡，三足鼎；一曰兵藏爲蘭錡。或作錡。○礒，碕礒，石巖皃。○齮，齧』，校正後的内容比底卷所殘空間少約一個多大字，可參。

〔一五三六〕『檥』字上部底卷略殘，兹從《箋二》、《王二》、《裴韻》録定。

〔一五三七〕『敲』字底卷存上部筆畫，兹參《王二》、《裴韻》、《廣韻》校補（其中《王二》訛作『敲』形）。又『敲』字下至行末底卷殘泐約三個大字的空間；次行『鄭』字上部底卷略殘，兹從《王二》、《裴韻》録定，又殘字底卷存下部筆畫，與《裴韻》『虛』字形合，故據校補，《王二》訛作『丘』字（又參龍宇純《校箋》考釋），行首至『鄭』字間底卷殘泐約半行多，據空間，可抄十七個左右大字，《王二》相關内容作『○敲（敲），釜。亦作鈘。○蔿，爲委反。姓。又干（于）戈反。九。○鄬，地名。○蘤，花蘤（蘤字衍）。○瘍，口咼。○闖，門（闢）。○薳，人姓；又薳復。○蔿（僞），不安。○寪，屋皃。○隝，鄭地。又丘爲反』，比底卷所殘空間少約三個大字，可參。

〔一五三八〕注文『喙』字下部底卷略殘，兹參《王二》、《裴韻》、《廣韻》録定；又缺字底卷殘泐，可據諸本補作『或作』二字。龍宇純《校箋》：『「柴」當作「柴」，見《説文》。……或體「喙」與俗體「觜」當互易，《切三》（長龍按：即《箋二》）正字作「觜」，云「或作柴」。』又小韻標數字底卷殘泐，可據《王二》補作『一』字。

〔一五三九〕前行『柴』字條之下底卷殘泐約四個大字的空間，次行殘字底卷存一捺形筆畫，兹據《王二》校補作『反』

字，又行首至殘字『反』間底卷殘泐半行多，據空間，可抄十七個左右大字，《王二》相關内容作『○蘂，而髓反。花心。一。○呲，雌氏反。正作此。斯。九。○仳，舞皃。亦作柴。○跐，蹈。○玼，色鮮。○泚，水清。○㑽(傂)，小皃。○越，淺度(渡)。○柴，直大。[○嶋，馬名。]○豸，池尔反。蟲豸豸(後一『豸』字衍)。十』，校正後的内容與底卷所殘空間略合，可據校補，兹爲後一殘條擬補六個缺字符。

[一五四〇]『奮』字《王二》同，《裴韻》作『舊』，皆誤，《箋二》、《廣韻》作『奪』，是，兹據校。

[一五四一] 前行『傂』字右部底卷有些漫漶，兹從《王二》、《裴韻》録定。『傂』字之下至行末底卷殘泐約四個左右大字；次行行首至下條『池』字間底卷殘泐約半行多，據空間，可抄十七個左右大字，《王二》相關内容作『○傂，仳傂。又直知反。○牠(柁)，折(析)薪。又達可反。○阤，落阤。○觽，角端不正。○廌，解廌。又子見反。亦作觽。○徙，斯氏反。移。正作辿。二。○璽，印別名。○酏，移尔反。酒。八』，比底卷所殘空間少約三個大字，龍宇純《校箋》於『池尔反』小韻首字『豸』下云：『本紐九字而此云十，或係誤脱一字。《王二》(長龍按：指《裴韻》)本紐九字，《廣韻》十有二字。』

[一五四二] 注文殘字底卷存上部筆畫，兹據《箋二》、《王二》、《裴韻》校補作『莊』字；又缺字底卷殘泐，可據諸本補作『子』字。

[一五四三] 前行『䑛』字條下至行末底卷殘泐約三個左右大字的空間，次行行首至殘字『灑』間底卷殘泐約半行，據空間，可抄十四個左右大字，《王二》相關内容作『○㢈，峛㢈，沙丘狀。○㩉，架；又離。又弋支反。○㥲不憂事。又餘支反。○邐，力氏反。[邐]迆，連山(皃)。二。○峛，峛㢈。○躧，所綺反。躧步。亦作韊。又所解反。五』，與底卷所殘空間吻合，當可據補。

[一五四四] 字頭底卷存左部筆畫，其中『氵』旁可辨，注文殘字亦存左部筆畫，其中『扌』旁可辨，兹據《箋二》、《王二》、《裴韻》校補作『灑』、『掃』二字。又缺字底卷殘泐，可據《王二》補作『灑』字。

[一五四五] 字頭底卷存左下角少許筆畫，兹據《箋二》、《王二》及《裴韻》校補作『纚』字。注文『韜』字右下角底卷有

漫漶，亦從諸本録定。

〔一五四六〕注文『屣』字《王二》同，《箋二》、《裴韻》、《廣韻》皆作『履』，底卷寘韻『屣』字下注亦作『履』，底卷此處形訛，兹據校改。

〔一五四七〕前行『箷』字之下至行末底卷殘泐約三個大字的空間，次行『氏』字上部底卷略殘，兹從《箋二》、《王二》録定，又行首至『氏』字間底卷殘泐約半行，據空間，可抄十四個左右大字，《王二》相關内容作『○箷，籬箷（箷字衍）。○俾，卑婢反。彼（使）。九。○鞞，刀鞞。○箄，竹器。○䵒（䵗），黍屬。又平懈反。○髀，髀股。○崥，山足。○俾，使。○蘋（蘼），鼠莞。○埤，客。○爾，兒氏反。亦作尒、尔』，與底卷所殘空間略合，當可據補，兹爲後一殘條擬補四個缺字符。

〔一五四八〕『七』字底卷誤置於下『弭』字條注文後，兹依文例乙正。

〔一五四九〕注文末底卷有漫漶，可從《姜韻》知此處有一『七』字，當爲前『渳』字條下而誤置此者，兹徑爲乙正。參上條校記。

〔一五五〇〕『㢱』字《王二》作『洋』形，《集韻》同，是當爲『泮』之俗字，底卷承前『弭』字或體而訛，兹據校改。

〔一五五一〕前行『芊』字《箋二》同，《王二》、《裴韻》、《廣韻》作『羋』，按《説文·羊部》作『𦍌』，『羋』字當爲其俗字，而『芊』又當爲『羋』之俗訛。又次行行首至『埤』字間底卷殘泐約半行，據空間，可抄十四個左右大字，《王二》相關内容作『○羋，羊鳴；一曰楚姓。亦作嘪。○侎，安。亦作怽、敉。○闢（闢），力揙（褊）。反（又）乃弟反。○葞，春草。○婢，便俾反。女奴。二。○庳，下。或作堺（埤）。又音被』，與底卷所殘空間吻合，當可據補，兹爲後一殘條擬補七個缺字符。

〔一五五二〕『氏』字《王二》作『尔』，《箋二》、《裴韻》、《廣韻》同底卷。又『十』字竪畫底卷有些漫滅，兹據《王二》録定。

〔一五五三〕『姑』字《裴韻》同，《王二》作『姑』，《箋二》、《廣韻》同，與《説文·女部》『姑，小弱也；一曰女輕薄善走也；一曰多技藝也』合，底卷形訛，茲據校改。

〔二五五四〕行首至下條『紫』字間底卷殘泐約半行，據空間，可抄十四個左右大字，《王二》相關内容作『○灃，音不和。又昌厲反。○瘆，廣瘆。○烗，晟。○袳，衣張。亦作袲。○象，豕。○弛，式是反。廢。亦作虒、弛（弛）。二。○豕，豬』，與底卷所殘空間略合，當可據補。

〔二五五五〕『紫』字上部底卷略殘泐，茲從《箋二》、《王二》、《裴韻》録定。

〔二五五六〕前行『茈』字左下角底卷略殘，茲據《箋二》、《王二》、《裴韻》録定。又次行行首至『又』字間底卷殘泐約半行，據空間，可抄十四個左右大字，《王二》相關内容作『○茈，生薑。○呰，口毀。○批，梓（捽）。又子米、側氏二反。○捶，之累反。擊。五。○箠，策。又時蘂反。○桝，二水。又資遺反。○惴，小巵。又之兗反』，比底卷所殘空間多約二個左右大字，可參，茲爲後一殘條擬補五個缺字符。

〔二五五七〕『仄』字《王二》作『尺』，《裴韻》同，《補正》、《周韻》皆以爲底卷當爲『尺』字之訛，茲據校改。

〔二五五八〕反語上字與字頭同，不合文例，《王二》作『隨』，《箋二》、《裴韻》、《廣韻》同，底卷形訛，茲據校改。

〔二五五九〕前行『虵』字注文底卷居行末，其中後三字殘泐，次行二注文殘字底卷皆存下部筆畫，茲據《王二》校補作『於』、『失』二字，又行首至殘字『於』間底卷殘泐近半行，據空間，可抄十三個左右大字，《王二》相關内容作『○虵，食紙反。舌取物。或作舓，亦作舐。二。○狏，獸名，似狐，見則有兵。○輢，於綺反。車騎（輢）。陸於倚韻作於綺反之，於此輢韻又［作］於綺反之，音既同反，不合兩處出韻，失何傷甚！一』，與底卷所殘空間略合，茲據擬補四十一個缺字符（不包括前行所擬三個缺字符）。

〔二五六〇〕『拳茄人』不辭，茲據《王二》、《裴韻》、《廣韻》校改『茄』作『加』字。

〔二五六一〕缺字底卷殘泐，可據《王二》、《裴韻》補作『文』字。

〔二五六二〕前行行末底卷殘泐一個大字的空間，次行行首至『筭』字間底卷殘泐近半行，據空間，可抄十二個左右大字，《王二》相關内容作『○諀（諀），匹婢反。諀訾。四。○庀，具。又匹几反。○疕，瘡上甲。○訛，離具。○莜，羊捶反。雞頭。五。○蒍，草木花初出』，與底卷所殘空間略合，蓋可據補。

〔一五六三〕小韻標數字底卷漫滅，此從《敦煌掇瑣》録定。

〔一五六四〕缺字底卷殘泐，可據《箋二》、《王二》、《裴韻》補作『弁皃』二字。

〔一五六五〕行首至殘字『柅』間底卷殘泐約三個大字的空間，《王二》相關内容作『狔，女氏反。猗狔，從風皃。[一三]』，與底卷所殘空間吻合，茲據擬補十個缺字符。

〔一五六六〕字頭底卷存左下角筆畫，茲據《王二》、《裴韻》校補作『柅』字。注文缺字底卷殘泐，可據二書補作『椅』字。

〔一五六七〕字頭底卷存左部『方』旁，茲據《王二》、《裴韻》校補作『旎』字。注文缺字底卷殘泐，可據二書補作『旖旎』二字。又『弱』字右部底卷有殘泐，此從二書録定。

〔一五六八〕『旎』字條之下至下條『婏』字間底卷殘泐五個左右大字的空間，《王二》相關内容作『○硊，魚毀反。嵬（磈）硊，石皃。四。○頠，閑習。又五罪反』，與底卷所殘空間吻合，茲據擬補十六個缺字符。

〔一五六九〕『牛』字《王二》同，《裴韻》作『才』，龍宇純《校箋》考訂以爲『才』當是『牛』字之誤，諸家録作『才』字，非是。

〔一五七〇〕小韻標數字底卷漫滅，此從《敦煌掇瑣》録定。

〔一五七一〕注文《王二》、《裴韻》同，《廣韻》作『衧䙅』，《集韻》作『衧䙅，敝衣』，底卷當用注文與被注字連讀成訓例。

〔一五七二〕『襣』字左下角底卷殘泐，茲從《王二》、《裴韻》録定。又缺字底卷殘泐，可據二書補作『興倚反。去涕。一』六字。

〔一五七三〕行首至下條殘字『指』間底卷殘泐約三個大字的空間，《王二》相關内容作『五百，職雉反。正作旨。美。四』，與底卷所殘空間吻合，當可據補。

〔一五七四〕字頭底卷存左下角少許筆畫，茲據《箋二》、《王二》及《裴韻》校補作『指』字。

〔一五七五〕『注文殘字底卷存左上角筆畫，茲據《王二》、《裴韻》校補作『望』字。

〔一五七六〕殘字底卷存左部似『女』形左側筆畫，茲據《王二》、《裴韻》校補作『好』字。　缺字底卷殘泐，可據二書補作『美，無鄙反。　精』五字。　注文釋義前《王二》有『從羊，從大』四字。

〔一五七七〕『二』字底卷漫滅，此從《敦煌掇瑣》録定。

〔一五七八〕字頭《王二》作『兕』，底卷字形當爲其手寫之變；『兕』『兕』爲《説文》古文隸變之異。　注文『牛』字下《王二》有『青色』二字，《裴韻》同底卷。

〔一五七九〕『計』字右部底卷有漫壞，茲從《王二》録定。　缺字底卷殘泐，可參《王二》及文例補作『草又直』及『二反』五字。

〔一五八〇〕殘字底卷存左下角筆畫，茲參《箋二》、《王二》、《裴韻》校補作『杖』字。　又行首至『履』字間底卷殘泐約三個大字的空間，《王二》相關内容作『○芵，蒿。　○几，居履反。　曲机杖（當作「几杖，曲憑」）。　八』，與底卷所殘空間吻合，茲據擬補四個缺字符。

〔一五八一〕『名』字《王二》作『如』，《廣韻》同，《裴韻》作『似』，底卷形訛，茲據校改。

〔一五八二〕『屌』字《王二》同，《裴韻》作『鳲』，《廣韻》作『屌』，後者合於形聲構字理據，底卷俗訛，茲據校改。　又釋義《王二》、《裴韻》（『鳥』字訛作『寫』）、《集韻》同，《廣韻》作『赤鶥屌也』，龍宇純《校箋》：『案《詩·狼跋》云「赤舄几几」，傳曰「几几，絇皃」，「屌」即《詩》「几」字，非「赤舄」之稱，疑當云「赤舄皃」，《廣韻》云「赤鶥屌也」，「也」字疑爲「屌」字重文之誤。』

〔一五八三〕『爲』字《王二》、《裴韻》作『作』字，合於文例。

〔一五八四〕『比』條注文『又』字在前行末，次行行首至下條『祉』字間底卷殘泐約二個大字的空間，《王二》相關内容作『婢四、方（房）脂、扶必三反』，與底卷所殘空間吻合，茲據擬補八個缺字符。

〔一五八五〕『祉』字右上角底卷略有殘泐，茲從《箋二》、《王二》、《裴韻》録定。

〔一五八六〕『漏』字《王二》同，《箋二》、《裴韻》、《廣韻》皆作『灟』字，龍宇純《校箋》：『「漏」當依各書作「灟」。』底卷俗省，兹據校改。又『芀』字當爲『艿』之俗字，參《箋二》校記〔一〇九三〕。

〔一五八七〕注文《王二》同，《説文・車部》『軌』字注文云『从車，九聲』，可參。

〔一五八八〕注文疑用注文與被注字連讀成訓例，參《箋二》校記〔一〇九四〕。

〔一五八九〕『岠』字《王二》作『巨』，《裴韻》作『岠』，按『止』、『山』二旁俗寫多混，『岠』、『岠』當爲或體字。

〔一五九〇〕字頭底卷存左下部筆畫，兹據《王二》、《廣韻》校補作『匭』字。

〔一五九一〕『上』字《王二》、《廣韻》作『土』，合於《説文》，底卷形訛，兹據校改。

〔一五九二〕『皃』字《王二》同，《箋二》作『白』，疑底卷誤增下部筆畫，又參《箋二》校記〔一〇九六〕。

〔一五九三〕『夭』爲『矢』的隸變俗字，慧琳《音義》卷二一《大方廣佛華嚴經》第十五卷慧苑音義：『矢，字又作夭。』下從『夭』者同此。

〔一五九四〕『堇』字《王二》作『糞』，《裴韻》同，底卷當爲『糞』俗字『𡋯』之形訛，兹據校改。又『菌』字《王二》作『菌』，後者合於《説文》，底卷俗寫。

〔一五九五〕『舟』字下《王二》有一『夊』字，合於《説文》，底卷誤脱，兹據擬補一個脱字符。

〔一五九六〕『犺』字《裴韻》同，《王二》左側從『扌』旁，誤；《箋二》作『狁』。按此字今本《説文》作『貁』，段玉裁以爲當從『冗』聲，『俗譌作穴聲』；『貁』俗書換旁作『狁』，底卷『犺』即『狁』字俗寫；俗書『冗』『穴』二旁相亂，故『貁』訛變作『貁』，而『犺』又即『貁』的換旁俗字；玄應《音義》卷二一引《説文》『狁，禺屬』，而今本《説文》無『狁』字，『狁』亦正『貁(貁)』的訛俗字。

〔一五九七〕『鴈』字前《王二》有一『出』字，《裴韻》、《廣韻》同，合於文例，底卷誤脱，兹據擬補一個脱字符。

〔一五九八〕『嫛』字《王二》同，《裴韻》作『嫯』形，《廣韻》作『嫛』形，合於《説文》，《説文・女部》：『嫛，媞也。从女，規聲。讀若癸。秦晉謂細嫛。』段注：『《方言》曰：「嫛、笙、揫、摻皆細也，自關而西秦晉之間謂細而有容曰嫛。」』是底卷、《王二》及《裴韻》皆用俗作之形。

〔一五九九〕『嫳』字《箋二》、《王二》、《廣韻》皆作『躄』，底卷蓋蒙下條反語上字而訛，兹據校改。

〔一六〇〇〕注文『崑』字《王二》作『崐』，底卷俗訛，兹據校改。　『醇』、『圮』音同義近，其或體蓋俗寫同字。

〔一六〇一〕注文『埒』字《箋二》、《裴韻》同，《王二》、《廣韻》作『埒』，疑底卷形訛，兹姑據校改。

〔一六〇二〕注文『能』字《王二》、《裴韻》、《廣韻》皆作『態』，合於《説文》，底卷誤脱『心』旁，兹據校改。

〔一六〇三〕『走』字下《王二》有一『皃』字，《裴韻》、《廣韻》同底卷。

〔一六〇四〕注文『鳥啐』《箋二》、《王二》、《裴韻》、《廣韻》皆作『鳥嚜』；按『嚜』釋『鳥嚜』，『嚜』字之義仍不甚了了；《集韻》釋義作『鳥喙。一曰鳥聲』；『啐』字《玉篇·口部》釋『嘗也』、『吮聲』，《集韻》『鳥聲』或即指鳥吸吮之聲，則『啐』字當不誤。

〔一六〇五〕缺字底卷殘泐，可參《箋二》、《裴韻》及《王二》補作『冕』、『褳』、『三』三字。

〔一六〇六〕『夂』字《王二》、《裴韻》、《廣韻》皆作『夊』形，底卷形訛，兹據校改。

〔一六〇七〕『麜』字《王二》同，《箋二》作『𪋳』形，《廣韻》作『𪋳』，左側作『尿』爲正，右部『桒』則爲『桑』旁的俗寫。

〔一六〇八〕『䁤』字《裴韻》、《廣韻》同，《王二》作『䁤』，龍宇純《校箋》：『案字蓋本作「瞲」，《集韻》改作「𥌒」，餘並誤。』按底卷字形當爲俗字。

〔一六〇九〕行首底卷殘泐，據《王二》知本大韻代表字及其標序字當爲『六止』，兹擬補二個缺字符。又『諸』字右上角底卷略殘，兹從《王二》及《箋二》、《裴韻》等録定。　又小韻標數字底卷漫滅，《王二》作『九』，《裴韻》同，與底卷本小韻實收字數合，可據補。

〔一六一〇〕『訐』字《裴韻》作『許』，《王二》作『計』，龍宇純《校箋》：『此字《廣韻》在旨韻「職雉切」下。案《説文》：「䛈，訐也。从言，臣聲，讀若指。」是此字讀音所本，本書誤。《王一》、《王二》（長龍按：即《裴韻》）同本書。《集韻》「䛈」字同《廣韻》，此别出「訨」字云「訐」，未詳所本，疑即改本書此字。「計」當作「訐」。』

〔一六一一〕注文『薏』、『苿』二字上部底卷皆有殘泐，茲參《箋二》、《王二》（『苿』字訛作『苃』）、《裴韻》録定。

〔一六一二〕釋義《王二》、《裴韻》同，《廣韻》作『大堅』，《説文》曰『㱾攺，大剛卯，以逐鬼魅也』。龍宇純《校箋》：『案「大堅」之義不詳。隋以剛堅義同，改堅爲剛。疑此原作「大剛卯」，「剛」下「卯」字誤奪，後人誤以爲「剛」字隋時避諱所改，因更作「堅」，德《切》「攺」下云「□岡」，「岡」當是「剛」之殘文，即其証。《廣韻》蓋未加審照，遂陳二義，《集韻》云「㱾攺，大剛卯也」，不載「大堅」之義。』可參。

〔一六一三〕『百』字《箋二》、《王二》、《裴韻》皆作『一曰』，底卷誤糅二字爲一，茲據校改。

〔一六一四〕注文殘字底卷皆存下部筆畫，前者可據《王二》校補作『所』字，後者據《敦煌掇瑣》校補作『故』字。又『中牟縣汜』下《王二》有『澤』字，合於文例及句法，底卷當脱，茲爲擬補一個脱字符。又龍宇純《校箋》：『案此王氏刊陸書之謬，……王氏以三水所讀各異，故分别言之，其實「南汜」、「東汜」字從「㔾」，與成皋汜水字非唯讀音不同，字形亦異，王氏蓋亦未辨。又「東汜」字《釋文》亦音「凡」，與王氏異。』

〔一六一五〕『鋋』字《王二》、《廣韻》作『鋌』，《裴韻》作『鎚』，《龍龕·金部》訓同底卷，與《集韻》訓『矛屬』義合。

〔一六一六〕『𧯷』字《王二》、《裴韻》作『𧯶』形，《箋二》、《廣韻》作『𧰉』形，後者合於形聲構字理據，底卷俗訛，茲據校改。

〔一六一七〕『五』字底卷漫漶，此從《敦煌掇瑣》及《姜韻》録定。

〔一六一八〕字頭底卷存下部筆畫，茲據《王二》、《裴韻》及《廣韻》校補作『緝』字。

〔一六一九〕『八』字《王二》作『九』，《箋二》、《裴韻》同，底卷誤糅『理』、『郪』二條文字爲一，而致此誤，茲據校改。

〔一六二〇〕注文《王二》作『似梅；又姓』。

〔一六二一〕『理』字訓解《王二》、《裴韻》皆作『直』，而『亭名』云云的字頭《箋二》、《王二》、《裴韻》、《廣韻》皆作『郪』字，底卷誤糅二者爲一，而致有脱文，茲據擬補二個脱字符。

〔一六二二〕『曰』字前底卷有『一』字，《裴韻》同，注文《王二》作『竹篒曰篒』，《箋二》略同，唯『篒』作『怠』字，是底卷抄者蓋因『息』字而誤於『曰』前增『一』字，茲據徑删。

〔一六二三〕字頭『革』字下部底卷作『廾』，注文又作『大』形，《王二》作『丌』，皆爲『革』字俗訛，《箋二》、《裴韻》、《廣韻》正作『革』，茲徑録正。

〔一六二四〕『認』字《箋二》、《王二》、《裴韻》、《廣韻》皆作『諰』，合於形聲構字理據，底卷形訛，茲據校改。

〔一六二五〕『畤』即『時』之增繁俗字，而『時』又爲『庤』之通假字，《説文通訓定聲・頤部》：『時，叚借爲庤。』

〔一六二六〕『陽』字《王二》、《裴韻》、《廣韻》皆作『郡』，《説文・邑部》：『邔，南陽縣。』段玉裁校改作『南郡縣』，按南郡與南陽郡漢時皆隸荆州，邔隸南郡，唐時南郡改入襄陽郡，與南陽郡併，底卷誤作，茲據校改。

〔一六二七〕『官』字《王二》作『宧』，《裴韻》作『宧』之俗字『𥦗』形，按《説文・人部》『仕，學也』段注：『古義宧訓仕，仕訓學。』底卷俗訛，茲據校改。

〔一六二八〕反語上字底卷漫滅，可據《箋二》、《王二》補作『㯃』字。

〔一六二九〕『水』字《王二》、《裴韻》皆作『外』，按《廣韻》訓『閾也』，《尚書・顧命》『夾兩階戺』孔安國傳：『堂廉曰戺，士所立處。』皆與『霤外』義近，是底卷形訛（『水』字草寫字形與『外』甚似），茲據校改。

〔一六三〇〕注文後一『杍』字《王二》、《裴韻》皆作『材』，《廣韻》訓作『工木匠』，是底卷形訛，茲據校改。

〔一六三一〕注文『詞』指語氣詞，其下『矣』字《王二》無，底卷疑衍。

〔一六三二〕『芖』字《王二》作『芺』，《裴韻》、《廣韻》、《集韻》皆作『葵』，《玉篇・艸部》與《王二》同，蓋『芺』爲『葵』之俗省，而『芖』又『芺』之形訛，茲據校改。

〔一六三三〕『刺』字《王二》同，當爲『剢』之俗字『剩』之形訛，參《箋二》校記〔一二三〕，茲據校改。

〔一六三四〕前一條『滓』字注文底卷作『側李反。粈。亦作莘。三』，《王二》略同，《箋二》本小韻收四字，『滓』下一條爲『茦，草，或作莘』，是底卷有脱文，又書小韻標數字於『莘』字下，茲據擬補二個缺字符，并校改『三』字作『四』，且移至前『粈』字下。

〔一六三五〕注文『乾』下『脯』字《王二》作『胏』，與阮刻《十三經注疏》本《周易·噬嗑》同，底卷依文例當作字頭之形，此蓋承前訛，茲據校改。

〔一六三六〕小韻標數字《王二》作『二』，其下又收『醷，《周礼》云「梅漿」』一條内容。

〔一六三七〕『七』字右上角底卷有殘，茲從《王二》及底卷文例録定。 注文『尼』字與字頭同形，誤，《箋二》、《王二》皆云『俗作尾』，茲據校改。

〔一六三八〕『亹』字底卷作『亹文』二字形，《王二》作『亹』，《廣韻》、《集韻》同，是底卷誤分『亹』作『文亹』二字，又誤倒其序，《裴韻》則進而脱『文』字，所誤益甚，茲據徑改。

〔一六三九〕字頭『依』字《箋二》、《王二》、《廣韻》、《集韻》皆作『倞』形，《裴韻》則正文作『偣』形，而於注文云『亦倞』，是底卷蓋因前後從『依』旁字而訛，茲據校改。 又注文『依』字諸本皆作『餘』，底卷形訛，亦據校改。

〔一六四〇〕『五』字底卷漫滅，此從《敦煌掇瑣》録定。

〔一六四一〕『月』字下《王二》有『亦眀』二字。

〔一六四二〕『𩇧』字底卷及《王二》、《廣韻》（清澤存堂本）下部作『巳』，《裴韻》作『巴』形，按《説文·非部》『𩇧，别也。從非，己聲』，俗寫『己』、『已』、『巳』多混而不别，當以《説文》所論字形爲正，茲徑據録正。 底卷去聲至韻平祕反『𩇧』字同此。

〔一六四三〕小韻標數字底卷漫滅，《王二》脱，《裴韻》作『七』，與底卷本小韻實收字數合，可據補。

〔一六四四〕本小韻後有脱文，故計數者據實收字數作『九』字，今從《箋二》補其脱文，故據改此『九』作『十』字。 參下條校記。

〔一六四五〕訓『光』者《箋二》、《王二》、《裴韻》、《廣韻》皆作『煒』字，然《箋二》『煒』前有『愇，恨』一條，《廣韻》本小韻亦收之，《王二》、《裴韻》無，疑因王仁昫書初如底卷誤糅『愇』、『煒』二條爲一，而後之抄者徑改字頭『愇』作『煒』，遂至『愇』條全脱，茲姑從《箋二》擬補二個缺字符。

〔一六四六〕『腖』、『膵』二字《箋二》、《王二》、《裴韻》、《廣韻》皆從『日』旁，俗寫『日』、『月』二旁或混，兹據校改。

〔一六四七〕『蘆』字下《王二》、《裴韻》、《廣韻》皆有『葦』字，《箋二》同底卷。

〔一六四八〕『愇』字《箋二》、《王二》、《廣韻》皆作『偉』，《裴韻》作『葦』，諸字同韻。

〔一六四九〕『虽』爲『虫』的隸變俗字，敦煌寫本中『虫』字或『虫』旁類皆作『虽』形，爲方便排版，一般徑按後世通行寫法録作『虫』，不一一出校説明。

〔一六五〇〕『豈』字底卷漫滅，此從《敦煌掇瑣》、《姜韻》録定。

〔一六五一〕『蘌』字《箋二》、《王二》同，《裴韻》、《廣韻》、《集韻》作『篽』，後者合於《説文》，然《廣韻》、《集韻》復收或體作『籞』，俗寫『⺮』、『艹』二旁多混而不分，此『蘌』應即『籞』字俗作。

〔一六五二〕『道』字《箋二》、《廣韻》作『導』，《王二》誤作『遵』，《裴韻》俗寫作『導』形，按『道』、『導』古今字，今傳本《楚辭·九辯》作『通』，王逸注『一作道』。

〔一六五三〕又音《王二》同，《裴韻》作『又魚加反』，《箋二》、《廣韻》無，龍宇純《校箋》：『本書麻韻「五加反」無此字，各書同，别有「齖」字，注云「齖齵，齒不正」，似非一字。本書字又見魚韻，與魚字同音，注云「又魚舉反」。又案《切三》「衙」下云「又五加反」，本書麻韻「五加反」有「衙」字，疑「又魚家反」四字由「衙」下誤此。』

〔一六五四〕『篽』字《王二》、《裴韻》同，《廣韻》、《集韻》皆作『蘌』，按《廣雅·釋器》『籞，翳也』，王念孫疏證引《漢書·宣帝紀》『詔池籞未御幸者假與貧民』服虔注云：『籞，在池水中作室，可用棲鳥，鳥入中則捕之。』唯顔師古注又引蘇林云：『折竹以繩緜連禁禦，使人不得往來，律名爲籞。』是篽字當即有二義：捕鳥之室與禁苑，唯何者爲早尚不可遽考，而『籞』當即『篽』之增繁俗字，後世或别其二義而以與防禦相關的『籞』字爲禁苑義，遂别以『篽』字表捕鳥之室，蓋因分别不嚴，故字書意見亦或不同，又俗寫『⺮』、『艹』二形多混而不分，故『籞』字或又寫作『蘌』。

〔一六五五〕『挔』爲『旅』的俗字，俗書『方』旁多寫作『扌』旁，《箋二》、《王二》、《裴韻》正作『旅』。下文『膂』、『簇』所從的構件『方』底卷亦從俗作『扌』，茲徑予録正，不再出校説明。

〔二六五六〕殘字底卷存下部筆畫，茲據《箋二》、《王二》、《裴韻》校補作『脊』字。

〔二六五七〕釋義《箋二》同，《王二》作『野自生出』（當乙作『野生自出』），《裴韻》作『自生稻』。

〔二六五八〕『痻』字《裴韻》同，《王二》、《廣韻》、《集韻》皆作『痻』，《玉篇·广部》同，俗寫『疒』、『广』二旁多混，且《集韻》本小韻收有『痻』字，訓作『久病』，是别爲一字，然《玉篇·疒部》亦收有『痻』字，注云：『《埤倉》云晉大夫冀叔痻也。』王安石《夜夢與和甫别如赴北京時和甫作詩覺而有作因寄純甫》中有『冀叔善事國，有知無不爲』，其『冀叔』疑即與《玉篇》所云者同，胡吉宣《玉篇校釋·疒部》『痻』字條下云：『案人名似不應從疒，違於命名之例，申儒曰：「名不以隱疾。」（桓六年傳，注：「隱，痛也。」）僖卅三年傳：冀缺爲下軍大夫，不知是否冀叔痻，「痻」當爲字，以名「缺」亦非美詞也。』可參。

〔二六五九〕『宻』字右上角底卷略殘，茲參《王二》、《裴韻》、《集韻》録定，是为『宻』之俗作。又釋義《裴韻》同，《王二》作『器』，與《説文》合。

〔二六六〇〕注文『僎』字《王二》作『撰』，《裴韻》作『椣』，《廣韻》作『䅵』，《集韻》以『䅵』爲首字，云『或从艸』作『蒖』，龍宇純《校箋》謂『當從《廣韻》作「䅵」』，底卷形訛，茲從校改。

〔二六六一〕『䆐』字《箋二》、《王二》、《裴韻》、《廣韻》皆作『䆐』形，俗寫『爿』旁左下部的二筆多作一撇形，底卷因而訛變，茲據校改。

〔二六六二〕釋義《王二》作『擣杵臼』，《裴韻》作『舂米』。

〔二六六三〕『扒』字他本未見，龍宇纯《校箋》以爲當是『処』字形訛，茲從校改。又注文末《王二》有『又昌慮反』四字，《箋二》、《裴韻》同底卷無。

〔二六六四〕底卷本小韻脱抄『褚』字條，故其小韻標數字少計一條，茲據校改。

〔二六六五〕殘字底卷存下部筆畫，茲據《王二》、《集韻》校補作『幡』字。

〔二六六六〕「㤖」字前《王二》有「褚，褏（裝）衣」一條文字，《箋二》、《裴韻》、《廣韻》本小韻皆收有此條（唯「褏」字皆作「裝」），是底卷誤脱，茲據擬補三個脱字符。

〔二六六七〕「知」字《王二》、《裴韻》作「智」，「知」、「智」古今字，《廣韻》訓作「有所知也」。

〔二六六八〕「䍆」字《王二》作「䍆」，《裴韻》作「䍆」，按《説文·宁部》：「䍆，幡也，所以載盛米。从宁，从甾，甾，缶也。」底卷「畄」旁爲「留」之俗字，是爲「甾」旁形訛，茲據校改。

〔二六六九〕「篘」字《王二》作「篭」，當爲「簏」字形訛，《箋二》、《廣韻》皆作「簏」，「篘」、「簏」於此皆當表過濾義。

〔二六七〇〕「米」字下《王二》有「又音所」三字，《廣韻》同，《裴韻》同底卷。

〔二六七一〕「子」字下底卷有一代字符，茲參《王二》、《裴韻》徑刪。

〔二六七二〕殘字底卷存下部筆畫，其中右部「日」形可辨，茲參《箋二》、《王二》、《裴韻》校補作「褚」字。

〔二六七三〕釋義《王二》脱，《裴韻》作「大」，龍宇純《校箋》：「《王一》『工』疑『大』字之誤。」又小韻標數字《王二》作「十六」，底卷誤糅「蔖」、「虡」二條爲一，故致誤計，詳後校記，茲據校改「五」作「六」字。

〔二六七四〕「虡」字《裴韻》同，《王二》、《廣韻》作「𧇖」，按《説文·虍部》「𧇖」字下云：「虡（或隸作虡形），篆文𧇖省。」是底卷之形當爲「虡」之俗作，茲據校改。又「虡」字下《王二》有「懸鍾磬木」四字，《箋二》、《裴韻》無。

〔二六七五〕殘字底卷僅存左下角少許筆畫，茲參《王二》、《裴韻》、《廣韻》校補作「岠」。又注文「違」字底卷有漫漶，此亦參諸本録定。

〔二六七六〕「蔖」字《王二》作「蔖」，注文作「蕢」，其下有「虡」字條，注文作「神獸。亦作𧇖」，《裴韻》略同，底卷此處誤糅二條爲一而致有脱文，故據擬補二個脱字符。又「蔖」字《王二》作「蔖」（按「虛」或作「虗」），《裴韻》作「蘆」，龍宇純《校箋》：「『蔖』當從《王二》（長龍按：即《裴韻》）作『藘（藘）』，《集韻》作『藘』，即上文『藘』字。《廣韻》『藘』下云『苦藘，江東呼爲苦蕢』。」茲從校改。又注文「虗」字《王二》作「𧇖」，《裴韻》作

『虞』，後者與底卷文例合，故亦據校改。

〔一六七七〕『進』字下《王二》有『亦趄趑』三字，《裴韻》同底卷。

〔一六七八〕『趡』字《王二》同，《廣韻》作『𧺆』，《裴韻》作『趡』，《集韻》同，底卷屑韻作『𧾐』形，《廣韻》屑韻作『𧾐』形，《玉篇·走部》同，《龍龕·走部》以『趡』爲『𧾐』的俗字，《篇海類編·人事類·走部》：『𧾐，𧾐本字。』

〔一六七九〕『苩』字《箋二》、《王二》、《廣韻》皆作『莒』，底卷形訛，茲據校改。

〔一六八〇〕『�』字底卷作似『主』形，其外『乚』形部分漫滅，茲從《王二》録定。又『匡』字《箋二》、《裴韻》、《廣韻》皆作『筐』，『匡』『筐』古今字。

〔一六八一〕『篋』字《王二》、《裴韻》同，乃『篆』的俗字，《集韻》『篆』字下云：『俗作篋，非是。』

〔一六八二〕小韻標數字《王二》作『十一』，與底卷本小韻實收字數合，底卷『十』下誤脱『一』字，茲據擬補一個脱字符。

〔一六八三〕『抒』字《箋二》、《廣韻》同，《王二》、《裴韻》作『杼』形，《廣韻》『抒』字注文云：『俗作浖。』

〔一六八四〕注文『殗』字《王二》作『殗』，《裴韻》同，與《集韻》所收或體『䑛』爲換位俗字，俗寫『予』、『矛』二形多混，茲據校改。

〔一六八五〕『舉』字下《王二》有『反』字，《裴韻》同，底卷誤脱，茲據擬補一個脱字符。

〔一六八六〕『厺』字《王二》作『𠫓』、『厺』二形，按《説文·去部》『去』字篆文作『[illegible]』形，其直接隸定當作『厺』形，《玉篇·去部》：『厺，《説文》去。』是底卷、《王二》所作皆當爲訛變俗字。

〔一六八七〕『野』字《箋二》同，《王二》、《裴韻》作『壄』，《箋二》注文云：『俗作埜（壄）。』

〔一六八八〕又音反語上字《箋二》、《王二》、《裴韻》、《廣韻》同，《校箋》：『本書魚韻「子餘反」無此字，《廣韻》收之。……本書字又見「七餘反」下。「子」字或誤。』又參《箋二》校記〔一二四八〕。又小韻標數字底卷漫滅，《王二》作『一』，與底卷本小韻實收字數合，可據補。

〔一六八九〕大韻標序字底卷殘泐，依文例及《王二》知當作『九』字，茲爲擬補一個缺字符。又以本字爲反語上字不合文例，而『知』字置此亦非韻，《王二》、《裴韻》、《廣韻》反語皆作『虞矩』，《箋二》『矩』字訛作『巨』，底卷二字皆形訛，《補正》校作『虞矩』，茲從改。

〔一六九〇〕釋義《王二》作『鳥羽』，《裴韻》同底卷。

〔一六九一〕『禹』字《王二》作『寓』，《裴韻》、《廣韻》作『寓』，合於《説文》，底卷誤脱『宀』旁，茲據校改。

〔一六九二〕『反』字前《王二》有『如』字，《箋二》同底卷。

〔一六九三〕缺字底卷殘泐，注文《箋二》、《王二》作『萬餘粮，藥名』，可據補四字。

〔一六九四〕『庚』字《箋二》、《王二》、《裴韻》皆作『庾』，麥耘《『王一』校記簡編》云：『按「庚」爲「庾」之訛。原件多處訛「庾」爲「庚」。』本大韻後之反語下字『庚』皆徑校改作『庾』，不再一一出校。又『鄹』字前《王二》有『歛又似喻反』五字，《箋二》、《裴韻》皆無又音，龍宇純《校箋》：『各書遇韻無邪紐，字又見「才句反」下，注「又浄雨反」，各書同，「鄹」字《王一》同，《集韻·遇韻》「鄹」、「聚」同字，疑此「鄹」上奪「亦」字。』茲從擬補一個脱字符。

〔一六九五〕反語下字『方』非韻，《箋二》、《王二》、《裴韻》皆作『主』，底卷承上字訛，茲據校改。

〔一六九六〕『自里』不辭，茲參《箋二》、《裴韻》校改作『白黑』二字，底卷俗訛。

〔一六九七〕缺字底卷殘泐，《王二》作『瑞草』，可據補。

〔一六九八〕字頭底卷存下部殘畫，注文殘字底卷存右部『朱』旁，《王二》相關内容作『郙，亭名。又芳洙反』，茲據校補殘字作『郙』、『洙』二字。

〔一六九九〕釋義《王二》同，《裴韻》作『魚名』，《廣韻》、《集韻》作『大魚』，與字形相契，於義爲長。

〔一七〇〇〕『靡』字前依文例當有一『又』字，《王二》不缺，茲據擬補一個脱字符。又『反』字下《王二》復有一又音『又他叫反』。

〔一七〇一〕『武』字注文《王二》作『無主反。止戈爲武。俗作武』，龍宇純《校箋》：『依注文，正文「武」當作「𣥐」。《王一》「反」下止一「戈」字，恐有奪缺。』

〔一七〇二〕前條字頭『甒』在行末，次行行首至『名』字間底卷殘泐約二個大字的空間，其中殘字底卷存右側筆畫，《王二》相關内容作『○甒，罌。○潕，水名，在南陽』，與底卷所殘空間吻合，兹據校補殘字作『陽』，并爲擬補四個缺字符。

〔一七〇三〕『矩』字前《王二》有『天乹』二字。

〔一七〇四〕前條注文『嚼』字底卷在行末，下部殘泐，兹從《王二》、《裴韻》録定。次行行首至下條殘字『府』間底卷殘泐約二個大字的空間，《王二》相關内容作『○吺，咀嚼皃。○蚥，蟾蠩』，與底卷所殘空間吻合，兹據擬補四個缺字符。

〔一七〇五〕殘字底卷存右下角少許筆畫，兹參《王二》（誤作『瘬』形）、《裴韻》、《廣韻》校補作『府』字。

〔一七〇六〕殘字底卷筆畫漫漶，兹據《裴韻》、《廣韻》校補作『作釖、釗』三字。

〔一七〇七〕『白』字《王二》作『毛』，《廣韻》則訓作『食上生白毛』，疑底卷『白』下脱『毛』字。

〔一七〇八〕『㲯』字《王二》、《裴韻》作『髻』，《廣韻》作『髻』，《集韻》則『髻』、『髻』二形兼收，底卷蓋俗省字。

〔一七〇九〕『𡢃』字在行末，次行行首至下條殘字『珝』間底卷殘泐約五個大字的空間，《王二》相關内容作『○𡢃，殷冠。○姁，漢高后字娀（娥）姁。又求俱、香句二反』，與底卷所殘空間略合，兹據擬補十六個缺字符。

〔一七一〇〕字頭底卷存右部『羽』旁，兹據《王二》、《裴韻》校補作『珝』字。注文缺字底卷殘泐，可據二書補作『薛珝』二字。

〔一七一一〕殘字底卷存右上角筆畫，以下至『㽋』字間底卷殘泐約五個左右大字的空間，《王二》相關内容作『○栩，木名。○欨，吹。又況于反。○喣，呈尔（示）』，與底卷所殘空間略合，兹據校補殘字作『栩』，并爲擬補十一個缺字符。

［一七二］注文所標正體與字頭同形，不合文例，茲據《王二》、《裴韻》校改作『豎』形。

［一七三］注文《王二》同，龍宇純《校箋》：『「逾」字《王一》同，當是「踰」字之誤。「匸」字唐時俗體作「辶」，下文「茜」作「迺」即其例，故此誤「踰」爲「逾」。……本書「踰」當是「庾」字或體，上疑奪「亦」字。』茲從校改，并擬補一個脱字符。

［一七四］『瘐』條注文『寒』下殘字底卷存上部一横畫，『書』下殘字存右側筆畫，其下有二小字在行末，底卷殘泐；次行行首至殘條注文『如』前殘字（存下部筆畫）間底卷殘泐近半行，據空間，約可抄十二個左右大字，《王二》相關内容作『○瘐，囚以飢寒死，《漢書》曰「囚瘐死獄中」。○窳，器病。亦作窊。○瘉，病。○愈，差。○貐，猰貐，食人，迅走；［又］貐如貔，音如嬰儿啼，見［則］天下大水』，與底卷所殘空間略合，茲據校補三殘字作『死』、『曰』、『貐』，并爲前後二殘條擬補二十四個缺字符。

［一七五］『似』字下《王二》有『山』字，《箋二》、《裴韻》、《廣韻》同，底卷脱，茲據補一個脱字符。

［一七六］『末』字《王二》同，《箋二》、《裴韻》、《廣韻》作『末』，底卷俗訛，茲據校改。

［一七七］殘字底卷存上部少許筆畫，茲據《箋二》、《王二》、《裴韻》校補作『鹿』字。

［一七八］前行『塵』字條之下至行末底卷殘泐約二個大字的空間，次行行首至『傍』字間底卷殘泐近半行，據空間，可抄十三個左右大字，《王二》相關内容作『○枓，斟水器。或作斗。○宔，廟宔。亦作砫。○傴，於武反。不伸。二。○迃，曲迴。○齲，齭主反。齒病。亦犅（獝）。一。○鮭，智主反。鮭點。二。○拄，從傍指。合從手』，與底卷所殘空間吻合，當可據補（其中『智主反』小韻標數字底卷當作『三』）。又末條注文『傍』下殘字底卷存下部筆畫，茲據《王二》校補殘字作『指』，并爲此條擬補二個缺字符。

［一七九］字頭『窶』與注文『窶』所從的『婁』底卷皆作『婁』形，《王二》略同，是爲俗寫，下文從『婁』旁者同，茲均徑予録正，不再一一出校説明。

［一八〇］前行『數』字下至行末底卷殘泐約二個大字的空間，次行行首至殘字（底卷存下部筆畫）間底卷殘泐約半

行，據空間，可抄十三個左右大字，《王二》相關内容作『○數，所矩反。又所角、[所句]二反，速。一。○矩，俱羽反。或作椝。側(則)。八。○踽，獨行。○椇，枳椇。○枸，木名，出蜀。○蒟，蒟醬，出蜀。又求于、俱付二反。○聥，張耳有所聞。○椒，曲枝果』，校正後的内容比底卷多約四個大字，可參，茲據校補後一條殘字作『枝』，并爲此條擬補二個缺字符。

〔一七二一〕釋義《王二》作『絲縷』，其『絲』字前復有『正作縷』三字。

〔一七二二〕殘字底卷存頂端少許筆畫，茲據《箋二》、《王二》、《裴韻》校補作『交』字。又『贏』字《箋二》、《王二》、《裴韻》皆作『羸』，與後之注音合，底卷形訛，茲據校改。

〔一七二三〕前行『隩』字條之下至行末底卷殘泐約一個半大字的空間，次行行首至殘字(存下部筆畫)間底卷殘泐約半行，據空間，可抄十三個左右大字，《王二》相關内容作『○僂，僂傴(傴僂)。○褸，襤。○簍，小筐。○嶁，嶁峋(峋嶁)，衡山别名。○漊，雨漊漊；又汝南謂飲酒習之下(不)醉爲漊。○蔞，草，可以烹魚。又力俱反』，比底卷所殘空間多約二個大字，可參，殘字雖右下部似『一』形，疑爲『魚』或『襤』字，然終不能決，俟考。

〔一七二四〕『迺』字《王二》、《裴韻》、《廣韻》同；《集韻》作『茵』，《玉篇·艸部》同，龍宇純《校箋》：『此即「茵」字俗書。』

〔一七二五〕行首至下條『芏』字間底卷殘泐約半行，據空間，可抄十四個左右大字，《王二》相關内容作『○十姥，莫補反。老母。五。○莾，宿莾。○⿰金莾，鈷⿰金莾。又莫朗反。○媽，母媽(媽字衍)。○⿰忄某，愛。○土，他古反。地。四。○吐，歐。○稌，稻』，比底卷所殘空間多約一個大字，可參。

〔一七二六〕『芏』字上部底卷略殘，茲據《箋二》、《王二》、《裴韻》録定。又『莧』字三書同，《廣韻》、《集韻》作『茺』，底卷俗訛，參《箋二》校記〔一二六八〕，茲據校改。

〔一七二七〕注文殘字存上部，茲據《王二》校補作『名』字；缺字底卷殘泐，可據《王二》補作『古反』、『十三』四字。

〔一七二八〕前行「魯」字條之下底卷殘泐約一個半大字的空間，次行行首至「又」字間底卷殘泐約半行，據空間，可抄十四個左右大字，《王二》相關内容作「○櫓，城上守禦。○滷，鹹滷。○擄，搖動。○虜，北虜；又卒名。○樐，彭排。○艣，所以進船。○鐪，釜屬。○蓾，草名。○桴，木名」，與底卷所殘空間吻合，當可據補，唯後一殘條依所存字及文例可知當有又音，《裴韻》正收有「又力胡反」一音，茲爲後一殘條擬補五個缺字符。

〔一七二九〕殘字底卷前者存左部「月」旁，後者存上部少許筆畫，茲據《箋二》、《王二》、《裴韻》校補作「肚」、「又」二字。

〔一七三〇〕前行「肚」字條之下至行末底卷殘泐約一個半大字的空間，次行行首至殘字「瞽」間底卷殘泐約半行，據空間，可抄十四個左右大字，《王二》相關内容作「○賭，戲賭。○堵，垣。○楮，木名。亦作柠。○皵，桒(桑)皮。○帾，幡帾(帾字衍)。○居(居)，美石。又胡古反。○古，姑户反。昔古(古字衍)。十六。○皷(鼓)，動。○鼓，鍾鼓」，校正後的内容與底卷所殘空間略合，當可據補。

〔一七三一〕殘字底卷存下部筆畫，茲據《箋二》、《王二》、《裴韻》校補作「瞽」字。

〔一七三二〕或體字《王二》作「骰」，《裴韻》、《集韻》同，底卷承前訓解字誤，茲據校改。

〔一七三三〕字頭《箋二》、《王二》、《裴韻》、《廣韻》皆作「蠱」字，底卷誤脱下「皿」旁，茲據校改。

〔一七三四〕殘字底卷存上部少許筆畫，茲據《箋二》、《廣韻》校補作「𩌦」字。

〔一七三五〕行首至殘字「旿」間底卷殘泐約半行，據空間，可抄十四個左右大字，《王二》相關内容作「○詁，詁訓。○盬，器盬(盬字衍)。○夃，多質(貨)利。○沽，屠沽。○死(兆)，象人左右蔽，兜從此。○蘆，采古反。草死。一。○五，五(吾)古反。數。五。○午，日正南(中)」，比底卷所殘空間多二個左右大字，可參。

〔一七三六〕殘字底卷存下部筆畫，茲據《箋二》、《王二》、《裴韻》校補作「旿」字。

〔一七三七〕殘字底卷存左部「米」旁，茲據《王二》、《裴韻》校補作「精」字。

〔一七三八〕前行行末殘字底卷存上部筆畫，茲據《箋二》、《王二》、《裴韻》校補作『麆』字。次行行首至『發』字間底卷殘泐約半行，據空間，可抄十四個左右大字，《王二》相關内容作『○麆，大。○徂(但)，淺。亦作粗。○捔(觕)，長角。又助角反。亦作觕。○祖，則古反。宗。三。○珇，圭上起。○組，組綬。○虎，呼古反。四。○琥，發兵符，爲虎文；琥珀』，與底卷所殘空間略合，當可據補，茲爲後一殘條擬補一個缺字符。

〔一七三九〕釋義《王二》作『洩水器』，《裴韻》作『洩船中水』，與底卷略同。

〔一七四〇〕前行行末殘字底卷存右部筆畫，茲據《箋二》、《王二》、《裴韻》校補作『瑦』字。次行行首至『弩』字間底卷殘泐約半行，據空間，可抄十四個左右大字，《王二》相關内容作『○瑦，石似玉。○詛，相毀。○趨，走輕。○[鵃，鵃]頭，中(車)。○滸，水名。○苦，康杜反。不甘。二。○箬，竹。○怒，奴古反。嗔。四』(其中『滸』字條《王二》置於『塢』字下，茲姑補於該小韻末)，與底卷所殘空間略合，當可據補。

〔一七四一〕釋義《王二》作『牙弓』，《箋二》作『弓』，《裴韻》、《廣韻》作『弓弩』。

〔一七四二〕殘字底卷存右部筆畫，茲據《箋二》、《王二》、《裴韻》校補作『扈』字。

〔一七四三〕『恃』字左下角底卷略殘，茲從《箋二》、《王二》、《裴韻》録定。

〔一七四四〕『怙』字條之下至行末底卷殘泐約一個半大字的空間，次行行首至『一』字間底卷殘泐約半行，據空間，可抄十四個左右大字，《王二》相關内容作『○鄠，縣名，在扶風。○帍，巾。○祜，福。○盺，文采狀。○嶋[山卑而大。○岵]，山多草木。亦作岵(三字誤增)。○鳲，鳥。○芐，地黄。○酤，一宿酒。又古胡、古慕二反』，與底卷所殘空間吻合，當可據補，茲爲後一殘條擬補一個缺字符。又『胡』字左旁底卷有殘，此亦參《王二》録定。

〔一七四五〕『娞』字《王二》同，《裴韻》作『娞』，《廣韻》作『㛱』，後者合於《説文》，底卷形訛，茲據校改作『㛱』字。

〔一七四六〕『居』字《王二》、《裴韻》同，《廣韻》作『居』形，後者合於《説文》，底卷俗訛，茲據校改。

〔一七四七〕『鳸』字條底卷雙行注文『竊』和『亦』字下至行末殘泐約三個大字的空間(其中的殘字底卷存上部筆畫)，

次行行首至下一大韻代表字注文『礼』字間底卷殘泐約半行，據空間，可抄十四個左右大字，《王二》相關內容作『○鳸，鷵脂鳥。亦作鶚。○普，滂古反。偏。五。○溥，大。○浦，水口。○誧，大。又徒布（『徒布』當乙正）反。○烳，火皃。○補，博古反。蔽破。三。○譜，載職。亦作[諩]。○圃，園。又博故反。○十一薺，徂礼反。菜。三』，比底卷所殘空間多約二個大字（如果計及大韻之間可能留出的一二大字的空間，則其多出的內容當在三四個大字間），兹據校補前一條殘字作『作』，并爲此條擬補三個缺字符。參下條。

〔一七四八〕本大韻代表字及其標序字底卷接抄在上一大韻之後，原卷殘泐，據《箋二》及《王二》，應爲十一薺，兹依底卷文例擬補三個缺字符，并換行録之。參上條校記。

〔一七四九〕前行注文『蠡』字下至行末底卷殘泐約三個大字的空間，次行行首至下條殘字『艬』間底卷殘泐約半行，據空間，可抄十四個左右大字，《王二》相關內容作『○蠡，蠡吾，縣名，在涿郡。○艬，小舩。○澧，水名，在武陵。○醴，醴酒。○鱧，魚名。○豊，行禮之器。○䰢，希。○欐，小舩。又力計反』，比底卷所殘空間少約一個大字，可參。

〔一七五〇〕字頭殘字底卷存下部少許筆畫，兹據《王二》、《裴韻》及《廣韻》校補作『艬』字。又『大舩』二字底卷有些漫漶，此亦參諸書録定。

〔一七五一〕『蠡』字《王二》、《裴韻》同，《廣韻》作『盠』，底卷齊韻『落嵇反』小韻亦作『盠』形，疑此形訛，姑據校改。注文缺字底卷殘泐，《王二》載又音作力西反，可據補。

〔一七五二〕注文殘字底卷皆存右側筆畫，兹據《王二》并參《裴韻》校補作『或』、『軆』二字；又缺字底卷殘泐，可據《王二》補作『作』、『六』二字。

〔一七五三〕前行殘字底卷存右下角筆畫，兹據《箋二》、《王二》、《裴韻》校補作『醍』字。『醍』字下至行末底卷殘泐約六個左右大字，次行行首至『之』（居雙行注文右行末）字間底卷殘泐約半行，據空間，可抄十四個左右大字，《王二》相關内容作『○醍，醍酒。○涕，淚涕（涕字衍）。○挮，去淚。○緹，纁色。又音提。○趧，横首杖。○頼，匹米反。傾頭。一。○濟，子礼反。水名。或作泲。又子計反。四。○擠，手[搦]酒。○瘠，生而不長。○絼，事之之（後一之字衍）制』，與底卷所殘空間略合，當可據補，茲爲後一殘條擬補四個缺字符。

〔一七五四〕『邸』字下部底卷略有殘壞，茲據《箋二》、《王二》、《裴韻》録定。又『邸』字下至行末底卷殘泐近半行，據空間，可抄十三個左右大字。

〔一七五五〕據《箋二》、《王二》，此處所缺應爲十一薺韻後部（約六行）、十二蟹韻、十三駭韻全部，計約十行左右。

〔一七五六〕注文殘字底卷存下部筆畫，行首至此殘字間底卷殘泐約半行，據空間，可抄十三個左右大字，《王二》相關内容作『○十四賄，呼猥反。財。亦作賄。四。○胆，䐎胆，大腫皃。䐎字都罪反。○燗，爛皃。又亡罪反。○煨，火。○猥，烏賄反。大（犬）聲。七』，與底卷所殘空間略合，茲據校補殘字作『反』字，并爲此殘條擬補六個缺字符。

〔一七五七〕前行『腲』字下至行末底卷殘泐約半行，據空間，可抄十四個左右大字，次行行首至殘字『鍡』間底卷殘泐約半行，據空間，可抄十三個左右大字，《王二》相關内容作『○腲，腲腇（脮），肥弱病。○鍡，鍡鑸，不平。○㛱，㛱婑（娞），好皃。○𣩍，𣩍𣨙（𣧑），不知人（皃）。○㕓，㕓𠩺（𠩵），病厞（痱）。○碨，碨鑸。亦作碨。○碨（磥），落猥反。或作磊。衆石。十二。○癗，厞（痱）癗，皮外小起。○𡾰，𡾰峞，山狀。○礧，礧啓（硌），大石皃。又勒潰反。○儡，[傀儡]。○郲，郲陽，縣，在桂陽』，校正後的内容比底卷所殘空間多約一個大字，疑底卷『儡』字條亦脱抄（《王二》該條後補於行下）。

〔一七五八〕殘字底卷存下部筆畫，茲參《箋二》、《王二》、《裴韻》校補作『鑸』字。

〔一七五九〕殘字底卷存左部筆畫，茲據《箋二》、《王二》、《裴韻》校補作『皃』字。又參《箋二》校記〔三二〇〕。

〔一七六〇〕缺字底卷殘泐，可據《王二》、《裴韻》補作『垂皃又』三字。

〔一七六一〕殘字底卷存左部『耒』旁，兹據《王二》校補作『頛』字。又缺字底卷殘泐，可據《王二》、《裴韻》補作『頭不』二字。

〔一七六二〕前行『頛』字條之下至行末底卷殘泐約三個大字的空間，次行行首至『爛』字間底卷殘泐約半行，據空間，可抄十四個左右大字，《王二》相關内容作『○辠，辠犨。○鐓，徒猥反。矛戟下。三。○陮，高。亦作崔。○䥏，車鍺。又徒果反。○浼，武罪反。流皃。四。○毐，頻。俗作每。○燘，爛皃。又呼猥反』，比底卷所殘空間少約二個大字，可參，兹爲後一殘條擬補一個缺字符。

〔一七六三〕注文『碎』字前底卷有一代字符，兹據《王二》、《裴韻》、《集韻》徑删。

〔一七六四〕此條《箋二》、《王二》、《裴韻》、《廣韻》皆無，疑或注『辠』義，而抄者誤立爲字條。

〔一七六五〕前行『骽』字下部底卷略殘，兹從《箋二》、《王二》、《裴韻》録定。又『骽』字下至行末底卷殘泐約三個大字的空間，次行行首至『溾』字間底卷殘泐約半行，據空間，可抄十四個左右大字，《王二》相關内容作『○骽，吐猥反。股。七。○尯，重。○聉，聉頪，癡頭皃。頪字五罪反。○腇，腲腇。○儽，長好皃。○㔯，䫥㔯。○崣（峞），山長皃。○瘣，胡罪反。木病無枝。六』，與底卷所殘空間略合，當可據補。

〔一七六六〕字頭『溾』字上部底卷略殘，兹從《箋二》、《王二》、《裴韻》録定。

〔一七六七〕本大韻前『郲』字下訓『䫥郲』，又『䫥』字下《王二》（字頭訛作『㱬』）訓『㱬（䫥）䍴』，『䍴』字《裴韻》、《廣韻》同，底卷俗訛，兹據校改。

〔一七六八〕缺字底卷殘泐，注文《王二》作『口猥反。大頭。又五罪反。三』，可據補。

〔一七六九〕前行『䰎』字條之下至行末底卷殘泐約一個半大字的空間，次行行首至『風』字間底卷殘泐約半行，據空間，可抄十四個左右大字，《王二》相關内容作『○頠，大首。又口瓦（兀）、口懷二反。○傀，偏子。○腂，都罪反。腂朏。二。○䵻，木實垂皃。○餒，奴罪反。餓。六。○娞，媿（娞）娞。○颹，風動。又烏迴反』，與底卷所殘空間略合，當可據補，兹爲後一殘條擬補二個缺字符。

〔一七〇〕前行『隗』字下至行末底卷殘泐約一個半大字的空間，次行殘字底卷存下部『非』形，行首至此殘字間底卷殘泐約半行，據空間，可抄十四個左右大字，《王二》相關内容作『〇隗，姓隗（隗字衍）。〇峞，峞嵬。〇魌，頭不正。〇皠，七罪反。雪霜[白]狀。五。〇漼，水深。亦作滜。〇璀，玉色。〇䊴（䊴），物粗。〇濢（濢），新濢（濢字衍）。〇琲，鋪（蒱）罪反。珠五百枚。亦作蜚。二』，與底卷所殘空間略合，當可據補，茲據校補殘字作『罪』，并爲後一殘條擬補四個缺字符。

〔一七一〕『素』字《王二》同，《箋二》、《裴韻》皆作『羽』，《廣韻》作『于』，底卷誤，龍宇純《校箋》疑『素』是『袁』或『韋』字之誤，由形近言，蓋與『袁』最似，茲姑從校改。

〔一七二〕行首至殘字『凱』間底卷殘泐約半行，據空間，可抄十四個左右大字，《王二》相關内容作『〇十五海，呼改反。二。〇醢，肉醬。〇愷，苦亥反。樂。六。〇颽，南風。〇塏，地高。〇闓（闓），美闓（闓字衍）。〇輆，輆軕，不平』，與底卷所殘空間略合，當可據補。

〔一七三〕殘字底卷存下部漫漶的筆畫，茲據《箋二》、《王二》校補作『凱』字。

〔一七四〕釋義《箋二》同，《王二》改作『官』，《廣韻》首義亦同底卷。

〔一七五〕『往』字《王二》作『住』，《裴韻》同，底卷蓋承字頭從『彳』旁而訛，茲據校改。

〔一七六〕前行行末底卷有殘泐，約可抄一個大字，次行行首至『撓』字間底卷殘泐約半行，據空間，可抄十四個左右大字，《王二》相關内容作『〇迨，及。〇怠，懈。〇紿，言不實。〇噯，噯喂，言不正。〇箉，笥。〇軕，輆軕。〇乃，奴亥反。古作迺，詢（訶）。三。〇疠，病疠（疠字衍）。〇轅，撓轅（轅字衍）』，与底卷所殘空間略合，當可據補，茲爲後一殘條擬補一個缺字符。

〔一七七〕注文殘字前者底卷存右上角筆畫，後者存上部筆畫，茲據《王二》、《裴韻》校補作『古』、『亦』二字；又缺字底卷殘泐，可參二書補作『作侅』二字。又釋義《王二》、《裴韻》亦同，《廣韻》作『奇胲，非常』，合於《説文》。

〔一七八〕前行行末底卷有殘泐，約可抄一個大字，次行行首至『綵』字間底卷殘泐約半行，據空間，可抄十三個左右大字，《王二》相關内容作『○忋，恃。○啡，匹愷反。出唾聲。一。○採，倉宰反。取。古本作采。六。○采，文采』，比底卷所殘空間少約五個大字，可參。

〔一七五九〕字頭『綵』字右上角底卷略殘，茲從《箋二》、《王二》、《裴韻》録定。

〔一七六〇〕反語下字『紿』《廣韻》同，《箋二》、《裴韻》作『待』，《王二》作『殆』。

〔一七六一〕前行『穤』字下至行末底卷殘泐約三個大字的空間，次行行首至『辰』字間底卷殘泐約半行，據空間，可抄十三個左右大字，《王二》相關内容作『○穤，莫亥反。禾傷雨。又莫代反。二。○挴，貪。○在，昨宰反。存。一。○倍，普乃反。不肯。一。○欸，於改反。相然辞。四。○毐，嫪毐，秦皇父。嫪字浪報反。○挨，擊』，與底卷所殘空間略合，當可據補。

〔一七六二〕字頭底卷存下部筆畫，茲從《王二》、《裴韻》、《廣韻》校補作『辰』字。

〔一七六三〕行首至『稹』間底卷殘泐約半行，據空間，可抄十三個左右大字，《王二》相關内容作『○十六軫，之忍反。憂慮。俗作軨。十五。○縝，結。○胗，膚(瘧)胗，皮外小起。又之(居)忍反。○畛，田間道。○賑，隱賑。又之刃反。亦作眕。○鬒，[鬒]髮』，比底卷所殘空間多約二個大字，可參。

〔一七六四〕注文『此小』二字疑爲衍文當删，而注文之末『此』下底卷留有一字空格，疑當補一『尒』字；『㐱』字作『尒』爲俗書通例，如上條校記所引《王二》『軫』字『俗作軨』之比。

〔一七六五〕『紾』字《王二》作『絺』，《裴韻》同，合於形聲構字理據，底卷俗訛省，茲據校改。

〔一七六六〕二殘字底卷皆存上部少許筆畫，其下至行末殘泐約兩個大字的空間，考《王二》『砂(胗)』字注文作『顔色畛(胗)疄(䮻)，慎事皃』，與底卷所殘空間吻合，其中『慎』字上部形與底卷後一殘形略合，茲據校補二殘字作『顔』、『慎』，併爲本殘條擬補五個缺字符。

〔一七六七〕行首至下條殘字『惷』字間底卷殘泐近半行，據空間，可抄十個左右大字，《王二》相關内容作『○眕，目有所恨。○耾(珉)，《礼記》『耾(珉)於鬼神』。○訡，訡候。亦作脉訡。○蠢，尺尹反。虫動。九。○賰，肥』，比底卷所殘空間少約一個大字，可參。

〔一七八八〕『惷』字上部底卷殘泐，此從《王二》、《裴韻》校補。

〔一七八九〕缺字底卷殘泐，注文《王二》作『之忍反。古作準。平。三』，可據補。

〔一七九〇〕行首至殘字『狁』間底卷殘泐約六個大字的空間，《王二》相關内容作『〇埻，射的。〇純，緣純（純字衍）。〇尹，余准反。官。又人姓。七。〇允，信』，比底卷所殘空間多約一個大字，可參。

〔一七九一〕字頭與注文殘字底卷皆存左側『犭』旁，茲據《箋二》、《王二》校補作二『狁』字。又缺字底卷殘泐，可據二書補作『獫』字。

〔一七九二〕『狁』字條之下至下條『殞』字間底卷殘泐約四個大字的空間，《王二》相關内容作『〇駹，馬毛逆。〇玧，蠻夷充耳』，與底卷所殘空間吻合，茲據擬補九個缺字符。

〔一七九三〕『⿰舟允』字《王二》作『⿰車允』形，《裴韻》作『⿰車允』，《廣韻》作『⿰米允』，後者與《説文》合，諸本俗訛，茲據校改。

〔一七九四〕注文《王二》作『懸鍾悲』，《裴韻》作『懸鍾磬』，龍宇純《校箋》：『「⿰木奥」即上文「簨」字，簨簴所以懸鐘磬也，不應别出。《廣韻》、《集韻》並收「⿰木奥」爲「簨」字或體，《切一》（長龍按：即《切四》斯二六八三）、《切二》（長龍按：即《箋七》）有「簨」無「⿰木奥」，「悲」字涉下「愍」字注文而誤，當依《王二》（長龍按：即《裴韻》）作「磬」，《王一》、《王二》（長龍按：即《裴韻》）同本書，《王一》注作「作慈」，當有譌誤。』按『慈』字當爲『簨』字蒙下『愍』字而訛，茲據校改。

〔一七九五〕前行殘字爲字頭，底卷存上部筆畫，其下至行末底卷殘泐約二個大字的空間，次行行首至下條殘字『⿱罒电』間底卷殘泐約三個大字的空間，《王二》相關内容作『〇愍，眉殞反。悲。十。〇憫，默。亦作⿰氵閔。〇閔，傷。〇敏，聰敏。〇簢，竹中空。亦作愍（⿱⺮愍）。〇暋，不畏死。〇⿱敏牛，獸，如牛』，比底卷所殘空間多約八個大字，底卷此處當有脱文，參後校記〔一八〇〇〕，茲據校補前一殘字作『愍』。

〔一七九六〕殘字底卷存下部『电』形筆畫，《王二》作『⿱罒电』字，龍宇純《校箋》：『「⿱罒电」當從《廣韻》、《集韻》作「⿱罒黽」。』茲參校作『罨』形。

〔一七九七〕『⿰車叟』字《王二》、《裴韻》同，《廣韻》、《集韻》作『⿰車夒』，後者合於《説文》，底卷蓋爲俗作。

〔一七九八〕缺字底卷漫壞，可據《王二》、《裴韻》補作『流』字。

〔一七九九〕缺字底卷殘泐，可據《王二》、《裴韻》補作『毗忍反雌』四字。

〔一八〇〇〕『愍』字所在『眉殞反』大韻前已出（底卷殘泐），此不應重出，蓋前此小韻脱抄『愍』字注文及其後四條文字，故補抄於此，且又以釋義字『悲』與反語上字『眉』誤倒。參前校記〔一七九五〕。又小韻標數字與實收字數不合，底卷蓋誤計，姑據校改。

〔一八〇一〕注文缺字底卷殘泐，前者可據《箋二》、《王二》、《裴韻》補作『閔』字，後者可據底卷本小韻實收字數補作『四』字。

〔一八〇二〕注文殘字底卷存左部筆畫，茲據《王二》校補作『殞』，龍宇純《校箋》：『「殞」字《王二》（長龍按：即《裴韻》）作「磒」，當從之。』又行首至下條『⿱艹玓』字間底卷殘泐約二個大字的空間，《王二》相關内容作『隕，墜。亦作殞（磒）』，與底卷所殘空間吻合，茲據擬補四個缺字符。

〔一八〇三〕『急』字下《王二》有一『迫』字，《切四》（斯二六八三）、《箋二》、《裴韻》同底卷。

〔一八〇四〕注文『菌』字下《王二》有『蕈也』二字，《切四》（斯二六八三）、《箋二》、《裴韻》同底卷。

〔一八〇五〕『紖』字或體《集韻》收有『絼』字，龍宇純《校箋》：『「緣」爲「絼」字之誤。』《周禮·地官司徒·封人》鄭玄注：『絼本又作紖。』底卷形訛，茲據校改。

〔一八〇六〕注文『力』字《王二》作『刃』，《裴韻》作『忍』，按『⿰月引』字又見於底卷去聲『与晉反』小韻，注文有『又直引反』，此處形訛，茲據校改。

〔一八〇七〕殘字底卷存上部筆畫，茲據《箋二》、《王二》校補作『忍』字。又缺字底卷殘泐，可據二書補作『反又』、『反大』四字。

〔一八〇八〕『瘡』字《王二》、《裴韻》同，《廣韻》作『槍』，後者合於《説文》，底卷形訛，兹據校改。

〔一八〇九〕釋義《裴韻》、《廣韻》同，《王二》作『舉目視人』，後者與《説文》合。

〔一八一〇〕『絞』字《王二》、《裴韻》同，《集韻》載『緊』之或體作『紾』，龍宇純《校箋》：『疑當從《集韻》作「紾」。』按『㐱』旁下部俗寫与『文』草書略近，或因而楷定作『夊』形，兹據校改。

〔一八一一〕『辱』字《王二》作『脣』，《箋二》、《裴韻》、《廣韻》同，後者合於《説文》，底卷形訛，兹據校改。

〔一八一二〕注文正字底卷與字頭字形略同，兹參《説文》通行隸定字定作『盡』；《王二》不收正字，亦作字作『盡』，與『盡』爲隸定之異；亦作字《裴韻》作『蓋』形，似誤。

〔一八一三〕『泯』字《王二》同，《箋二》、《廣韻》作『泯』，《裴韻》作『泯』，底卷爲諱改字，兹據校改，本大韻後從『氏（民）』字同，不再一一出校。又『急』字諸本作『皃』，底卷形訛，亦據校改。

〔一八一四〕『肎』字《箋二》、《王二》、《裴韻》、《廣韻》皆作『盾』形，底卷俗寫，後從『肎』旁字同，不再一一出校説明。

〔一八一五〕『闌』字《王二》、《裴韻》、《廣韻》作『欄』，『闌』『欄』古今字。

〔一八一六〕『笉』字《王二》、《裴韻》、《廣韻》同，注文《王二》作『千忍反。笅』，龍宇純《校箋》：『正、注文《集韻》同，《王一》、《王二》（長龍按：即《裴韻》）注云「笑」，（姜書P.二〇一一作笅。）《廣韻》云「笑皃」。案「笉」字從「匀」讀「千忍反」，而義爲笑，形音義俱不得其解。本書前「于閔反」下有「筠」字，注云「篏」，「篏」即「笅」字，見《爾雅・釋草》釋文。《集韻》「羽敏切」字作「笉」，（案注云「笅也」。）疑此「笉」字即「筠」之誤；音「千忍反」者，「千」即「于」字之誤。《萬象名義》「筠」字音「于忍反」，《爾雅・釋草》：「筠，茭。」《説文》云：「筠，茇也」。姜書P.二〇一一此字注文作「笅」，亦與《説文》「茇」字相當。蓋「茇」譌作「笅」，遂誤爲「笑」字（案唐人俗書「笑」字作「笅」）。』按底卷切語上字作『干』形，實即『于』字手寫之變，兹徑録正。

〔一八一七〕『三』字《王二》作『四』，多末條『嶙，山形嶙嶙』，《裴韻》略同，疑底卷誤脱，後計數者因誤作『三』字。

〔一八一八〕『毴』字《王二》、《裴韻》同,《廣韻》、《集韻》作『氊』形,後者與《説文・毛部》『𣯍』形略合,底卷俗省。注文『勇』字下《王二》有一『反』字,合於文例,兹據擬補一個脱字符,《裴韻》同脱『反』字;又『[illegible]』字《王二》、《裴韻》無,龍宇純《校箋》以爲即《集韻》同音字『[illegible]』之訛,俟考。

〔一八一九〕『縻』字《王二》、《裴韻》同,《廣韻》作『縻』形,《集韻》則首字作『稛』,而收異文作『𦆞』,周祖謨《廣韻校勘記》云:『案「縻」、「縻」均「𦆞」字之誤。顧野王《原本玉篇殘卷・糸部》云:「𦆞,丘隕反。《左氏傳》羅无勇,𦆞之」,杜預曰:「𦆞,束縛也。」是其證。案「𦆞」又見吻韻,音「丘粉切」。』龍宇純《校箋》:『案《左傳》字作「麇」,「𦆞」是「麇」字俗作。』

〔一八二〇〕『蚓』字下《王二》有一『虫』字,《裴韻》同底卷。

〔一八二一〕注文『忍』字《王二》作『刃』,《裴韻》、《廣韻》同,按『趣』見收於底卷去聲震韻『去刃反』小韻,是此處誤增『心』旁,兹據校改。

〔一八二二〕注文『睶暉』《裴韻》同,《王二》有脱誤,《廣韻》、《集韻》皆作『暉睶』,底卷後吻韻『暉』字下亦作『睶暉』;按影書族聯綿詞復有『腪睶』,而書影族則未能檢得,疑底卷誤倒。

〔一八二三〕切語下字『緊』《裴韻》作『腎』,《王二》無此條,龍宇純《校箋》:『《王一》「緊」當是「腎」之誤,《集韻》見「姜愍切」,與「緊」字音「頸〔忍〕切」對立,《廣韻》亦無此字此音。』兹從校改。

〔一八二四〕殘字底卷存右下角少許筆畫,兹據《箋二》、《王二》、《裴韻》校補作『吻』字。又本大韻標序字底卷殘泐,據諸本知當作『十七』,兹擬補二個缺字符。

〔一八二五〕缺字底卷殘泐,可據《王二》、《裴韻》、《廣韻》補作『切』、『肉』二字。

〔一八二六〕注文『犳』字《王二》同,《裴韻》作『狗』,《廣雅・釋獸》:『狂、獊,犬屬。』疑當作『狗』爲是。

〔一八二七〕本條《王二》、《裴韻》同,《廣韻》作『搵,没也』,《集韻》作『搵,《博雅》柱也』。龍宇純《校箋》:『案當作「搵拄」,《廣雅・釋詁四》「抐、搵、搙、揷,拄也」,是此字所出,《疏證》改「揷拄」二字爲「擩」字,云:「《集韻》、《類篇》揾、搙、揷三字並引《廣雅》拄也，則宋時《廣雅》本已然。」本書亦云「揾拄」，是《廣雅》之誤，唐時已然。』按俗寫『扌』、『木』旁多混而不分，兹姑存俗。

〔一八二八〕『睶暉』《王二》（『暉』字誤作『曋』）、《裴韻》同，疑當爲『暉睶』之倒，參前校記〔一八三〕。

〔一八二九〕『顛』字《王二》、《裴韻》同，《廣韻》、《集韻》作『顛』形，後者合於《説文》，底卷形訛，兹據校改。

〔一八三〇〕大韻標序字底卷殘泐，據《箋二》、《王二》知當作『十八』，兹擬補二個缺字符。字頭『隠』《王二》、《廣韻》等皆作『隱』，『隱』與注文通俗字『隐』皆爲『隱』的常見俗字。注文『爰』字《王二》作『㥯』，龍宇純《校箋》：『案並當是「𢀩」字之誤。《説文》「𢀩，有所依據也」。通常借「隱」爲「𢀩」，故曰「隱」正作「𢀩」。』

〔一八三一〕注文『水』字《切四》（斯二六八三）、《箋二》、《王二》、《廣韻》皆作『外』，底卷形訛，兹據校改。

〔一八三二〕本條《王二》同，龍宇純《校箋》：『《廣韻》無此字，《集韻》「㥯，憂病也」，此「㥯」字當即「㥯」字之俗誤。《廣雅·釋詁一》「㥯，哀也」，「㥯」與「隱」、「慇」字通。下文又有「㥯」字，云「謹」，義出《説文》。』

〔一八三三〕『乙』字《王二》略同，《廣韻》、《集韻》作『乚』，後者合於《説文》，底卷形訛，兹據校改。

〔一八三四〕『十』字底卷漫滅，此從《姜韻》録定。

〔一八三五〕殘字底卷存下部少許筆畫，兹據《箋二》、《王二》校補作『馴』字。

〔一八三六〕『菫』當爲『菫』字俗省，參《箋二》校記〔二三八〕。

〔一八三七〕『槿』字下《王二》有『似李，朝生花夕死』七字，《切四》（斯二六八三）、《箋二》同底卷。

〔一八三八〕『湏』字《王二》作『清』，《廣韻》、《集韻》本小韻皆未收『撞』字條，而別收『漌』，訓作『清』，余廼永《新校》校『漌』作『撞』，按《説文·手部》：『撞，拭也。』底卷『湏』即『滑』之俗字，《玉篇·水部》：『滑，清也。』

〔一八三九〕『一』字底卷漫滅，此從《敦煌掇瑣》録定。

〔一八四〇〕釋義《箋二》同，《王二》於『毀』字前有『齠齓』二字，而後於小韻標數字下又加有『男八歲女七歲換齒』八字。

〔一八四一〕殘字底卷存下部筆畫，兹據《箋二》、《王二》校補作「其」字。又「反」字上部底卷略殘，亦據二書録定。又釋義「逼」字《王二》作「迩」。

〔一八四二〕大韻標序字底卷僅存下字的底部殘畫，據《箋二》、《王二》知此當爲「十九阮」韻字，兹爲校補殘字作「九」，并擬補一個缺字符。

〔一八四三〕「偃」字右部的「女」底卷作「安」字草書之形（「女」上作近似「八」形筆畫），本大韻下文從「匽」旁者皆同，兹均徑予録正，下不再出校説明。又本小韻收八字，《王二》收九字，較諸《箋二》、《王二》，知底卷誤糅「鰋」、「褗」二條爲一，致有脱文，小韻標數字因而誤計，兹據校改。

〔一八四四〕「鰋」字《王二》訓作「魚名」，其下又有「褗」字條，訓作「衣領」，《箋二》、《廣韻》（二字不相接，然訓同）同，底卷誤糅二條爲一，兹據擬補三個脱字符。

〔一八四五〕「亦作此匽」底卷作「亦匽作此」，兹依文例徑爲乙正，蓋抄者初脱「作此」二字，而後隨補於注文末。

〔一八四六〕「⿰干刀」字《王二》、《廣韻》、《集韻》皆作「⿰干力」，《玉篇·力部》作「⿰千力」形，後者於形聲構字理據爲洽，俗寫「干」、「千」、「刀」、「力」間多混，兹據校改。

〔一八四七〕「予」字《王二》作「矛」，《廣韻》、《集韻》同，合於字頭構字理據，俗寫「予」、「矛」多混，兹據校改。

〔一八四八〕注文「楗」字下《王二》有「亦作鍵」三字。

〔一八四九〕「訁（《王二》誤作「言」）」字條前《王二》有「言（訁），去偃反。一」一條，《箋二》二條的内容略同，然排序相反，《廣韻》排序與《王二》同，底卷脱「言，去偃反。一」五字，兹據擬補五個脱字符。

〔一八五〇〕「訁言」《廣韻》及《玉篇·言部》皆作「言訁」，疑底卷誤倒，俟考。

〔一八五一〕「甗」字下《王二》有「上大下小」四字；《廣韻》注文作「山形如甗」，與底卷義略同。

〔一八五二〕「櫶」字《王二》、《廣韻》作「攇」，合於形聲構字理據，俗寫「扌」、「木」二旁多混而不分，兹據校正。

〔一八五三〕本小韻末條「輓」字誤別計數，故此標數字誤作「五」，兹據《王二》校改。

〔一八五四〕注文『娩』字下《王二》有『女態』二字，《箋二》同底卷，《廣韻》則別加『媚也』之訓。

〔一八五五〕『肌』字《王二》同，《廣韻》作『肥』，《玉篇·肉部》同，《集韻》作『愉也；色美澤』，然《廣韻·願韻》則訓作『肌澤』，《集韻·願韻》訓作『澤也；一曰愉色必有晩容』，是『肌澤』説原亦不誤，然訓『色肌澤』則不辭，茲姑從《廣韻》校改作『肥』字。

〔一八五六〕『帨』字《王二》作『悦』，當即『帨』之俗寫，《校箋》：『《廣雅·釋詁三》「⿰皮叟，離也。《廣韻》各本亦作「悦」（帨），張改作「脱」。」』按底卷去聲願韻『⿰皮叟』字釋義字形與此形近，《王二》、《廣韻》去聲願韻『⿰皮叟』字訓則皆作『帨』，蓋指皮敚成殼狀，似不必改字。

〔一八五七〕又音所在位置底卷初蒙下條誤抄作『覆』字，後於右側行間補抄『莫安反』，且於『覆』字左側畫一竪綫以示刪除。　又注文末底卷誤因其有反語而加一小韻標數字『一』，茲據《王二》徑刪。

〔一八五八〕本小韻首字『返』《切四》（斯二六八三）、《箋二》、《王二》、《廣韻》皆作『反』，底卷誤倒『反』、『返』二字位置，茲據乙改。

〔一八五九〕『反』、『返』二字頭之位置底卷誤倒，茲據乙改，參前條校記。　又注文『還』字前底卷承前條反語誤衍一『府』字，茲據諸本徑刪。

〔一八六〇〕『坡』字下《王二》有『［亦］阪』字。

〔一八六一〕『黄』字《箋二》、《王二》、《廣韻》皆作『黄』，底卷蓋所據抄之底本有殘，故作此形，茲據校補正字作『黄』。

〔一八六二〕注文『苑』字《切四》（斯二六八三）、《王二》、《廣韻》皆作『菀』，底卷蓋承下『苑』字條而訛，茲據校改。

〔一八六三〕注文『菀』字《切四》（斯二六八三）、《廣韻》皆作『苑』，底卷蓋承上『菀』字條而訛，茲據校改。

〔一八六四〕『魚』字非『蜿』之或體，《王二》、《廣韻》、《集韻》皆作『蛩』，底卷形訛，茲據校改。

〔一八六五〕『尉』字《王二》、《廣韻》、《集韻》皆作『慰』；按《説文·言部》『䛁，慰也』，『慰』字段注改作『尉』，校云：『「尉」各本作「慰」，而《集韻》、《類篇》及葉石君抄本《説文》皆作「尉」，則知大徐本作「尉」也。火部曰

「尉者，從上案下也」，「詉」訓「尉」未得其證。考《毛詩·凱風》傳「慰，安也」，《車舝》傳曰「慰，怨也」，二傳不同，《車舝》傳一本作「尉，安也」，陸氏德明從「怨」，謂作「安」乃馬融義。今按此《毛詩》及傳正當作「尉，詉也」，爲許所本，後人乃以易識之字易之耳。」

〔一八六六〕『作』字前依文例當有一『又』、『亦』或『或』等字，《王二》未收或體，兹爲擬補一個脱字符。

〔一八六七〕字頭與或體字《王二》同，《廣韻》、《集韻》字頭作『虉』，龍宇純《校箋》：『「虉」當從《王一》（長龍按：龍氏從《敦煌掇瑣》、《姜韻》録形，誤）與《廣韻》作「虉」，「虉」當作「虉」，《爾雅·釋草》「虉」《釋文》本或作「虉」。』按從形近角度言，似當以底卷或體作『虉』爲允，兹姑據校改。

〔一八六八〕注文『粯』應爲『粽』字俗寫，底卷平聲寒韻『莞』、『綄』字作『莧』、『綄』等形是其比，『棬』字或體從『皃』聲非是。

〔一八六九〕『鮮』字下《箋二》、《廣韻》有『云』字，底卷誤脱，兹據擬補一個脱字符。

〔一八七〇〕殘字底卷存下部筆畫，兹依文例及《箋二》、《王二》校補作『廿』字。又小韻標數字《王二》作『十三』，底卷誤計下『倉本反』小韻二字於此，兹據校改『五』作『三』字。

〔一八七一〕注文『鯇』字《王二》作『鯤』，《集韻》作『鯇』，後者與《爾雅·釋魚》『鯇』郭璞注『今鯶魚』合，底卷俗訛，兹據校改。

〔一八七二〕『東』字下《王二》有『緯長也』三字，《切四》（斯二六八三）、《箋二》、《廣韻》同底卷。

〔一八七三〕『遜』字下《王二》有一『反』字，底卷慁韻『古鈍反』小韻收有『睔』字，葉鍵得《十韻彙編研究·王一校勘記》、麥耘《『王一』校記簡編》皆指出此脱『反』字，兹從擬補一個脱字符。

〔一八七四〕『湶』字《王二》作『湶』，《切四》（斯二六八三）、《箋二》、《廣韻》、《集韻》皆未收此字，龍宇純《校箋》謂『湶』、『湶』二字即《集韻》『古本切』『滾』字之誤，兹從校改。又『泉』字《王二》作『皃』，義長。

〔一八七五〕『僒』字他書未見所載，《王二》作『僒』，《廣韻·軫韻》以『僒』爲『窘』之或體，然從形義關係言，底卷字形或不誤，俟考。

〔一八七六〕殘字底卷存右下部殘畫，兹據《王二》校補作『沃』字。

〔一八七七〕小韻標數字底卷脱，《王二》作『二』，與底卷本小韻實收字數合，可據補，兹爲擬補一個脱字符。

〔一八七八〕『抈』字《切四》（斯二六八三）、《箋二》、《王二》、《廣韻》皆作『抈』，底卷形訛，兹據校改。

〔一八七九〕『夲』爲『本』字俗寫，與《説文》釋進趣、讀若『滔』的『夲』同形異字；注文『根』字前《王二》有『正作本』三字。上下文『本』字或『本』旁底卷皆作『夲』形，兹俱徑予録正，不再一一出校説明。又小韻標數字《王二》作『四』，底卷誤糅『苯』、『笨』二條爲一，故計作『三』，兹據校改。

〔一八八〇〕『畬』字《王二》作『奋』形，《廣韻》作『畚』，《集韻》則以『畚』爲首字，而收『畬』爲其或體，底卷之形蓋『畬』字俗省，《王二》誤。

〔一八八一〕『苯』字訓解《切四》（斯二六八三）、《箋二》、《王二》皆作『苯蕁』，《廣韻》則作『苯蕁，草叢生也』；《王二》『苯』字下有『笨』字，注文作『竹裹。又盆本反』，《廣韻》『笨』字序稍前，注文作『竹裹。又蒲本切』，是底卷此處誤糅『苯』、『笨』二條爲一，而致有脱文，兹據擬補三個脱字符。

〔一八八二〕『瘷』字當爲『瘷』之俗字，參《箋二》校記〔三五二〕。

〔一八八三〕『從』字《王二》同，《廣韻》訓作『拴；趨，《禮》曰「恭敬撙節」，鄭玄云：「撙猶趨也。」』，《漢書·王吉傳》『馮式撙銜』顔師古注引臣瓚曰：『撙，促也』，底卷『從』當爲『促』字形訛，俗寫『口』多作『厶』形，而『亻』、『彳』二旁多混，兹據校改。

〔一八八四〕『六』字《王二》作『七』，底卷下文脱『伅』字條，故誤計作『六』字，兹據校改。參看下文校記〔一八八六〕。

〔一八八五〕『盾』字即『盾』之俗寫，參《敦煌俗字研究》下編目部『盾』字條考釋。

〔一八八六〕『沌』字條之下《切四》（斯二六八三）、《箋二》、《王二》皆有『伅，倱伅』三字，底卷誤脱，兹據擬補三個缺字符。

〔一八八七〕注文『箎』字《王二》同，《廣韻》訓作『篴也』；《説文》「箎也」。』龍宇純《校箋》以『嵩』、『虎』二形篆文相似，疑『箎』即『篪』字形訛，茲從校改。

〔一八八八〕『二』字底卷本作『十一』，乃誤計下『古本反』小韻九字而致，《王二》作『二』字，與底卷本小韻實收字數合，茲徑據校改。

〔一八八九〕殘字底卷皆存下部筆畫，茲據《箋二》、《王二》校補作『反』、『父』二字。又小韻標數字底卷脱，可據實收字數補作『九』字。

〔一八九〇〕釋義《王二》作『緄帶，織成章也』，《切四》（斯二六八三）、《箋二》、《廣韻》與底卷同。

〔一八九一〕『穀』字《王二》同，《廣韻》作『轂』，後者合於《説文》，底卷形訛，茲據校改。

〔一八九二〕『怨』字乃『恖』的俗寫形訛字，茲校正，參《切四》校記〔六二〕。

〔一八九三〕『怨』字《王二》同，《廣韻》作『恖』形，後者合於形聲構字理據，底卷形訛，茲據校改。

〔一八九四〕『怨』字《王二》同，龍宇純《校箋》：『《集韻》引《廣雅》「思也」，疑即「思」字涉上「怨」字而誤，本書真韻「惀」下云「思」。』茲從校改。

〔一八九五〕『稛』字或體《集韻》作『囷』，後者合於形聲構字理據，底卷蓋訛省俗字。

〔一八九六〕『頵』字《王二》、《廣韻》皆作『頌』形，底卷俗作。

〔一八九七〕『椓』字《集韻》引《説文》作『瘃』，底卷蓋其形訛，茲據校改。

〔一八九八〕『硱』字又作『硱』，《玉篇·石部》『硱』字下云『硱磳，石皃』，《集韻·諄韻》『硱』字下則訓作『硱磳，石危皃』。注文『水』字應爲『氷』字之訛，《王二》正作『氷』，茲據校改。

〔一八九九〕『麜』字《王二》作『麋』形，訓作『牝』，龍宇純《校箋》：『《集韻》云「牝麋」，別出「麐」字，云「麻蒸也」，俱不詳。《廣韻》無「麋」或「麐」字。』疑底卷此處誤糅二條爲一，『牝』字下脱注文『麋』及字頭『麐』字。

〔一九〇〇〕殘字底卷存下部筆畫，茲據《箋二》、《王二》校補作『佷』字；又大韻標序字底卷殘泐，據二書及底卷文例知當作『廿一』二字，茲爲擬補二個缺字符。

〔一九〇一〕注文『側』字《王二》同，《箋二》作『則』，皆誤，《切四》（斯二六八三）、《廣韻》作『惻』，是，底卷形訛，茲據校改。

〔一九〇二〕殘字底卷存左部筆畫，茲據《箋二》、《王二》校補作『旱』字；又大韻標序字底卷殘泐，據二書及底卷文例知當作『廿二』二字，茲擬補二個缺字符。

〔一九〇三〕『涀』字《王二》同，《廣韻》作『浣』，『涀』即『浣』之俗字；俗寫『完』作『皃』形，參《敦煌俗字研究》下編宀部『完』字條考釋。

〔一九〇四〕注文『篇』字下《王二》有一代字符，按《廣雅·釋器》『篇篓，篰也』王念孫疏證：『《説文》「篰，㒼爰也」，徐鍇傳云：「字書篇篓，簡牘也。」「㒼爰」與「篇篓」通。』是『篇篓』爲聯綿詞，底卷蓋用注文與被注字連讀成訓例。

〔一九〇五〕『絸』字《王二》同，《廣韻》作『綄』，『絸』即『綄』之俗字。參上校記〔一九〇三〕。

〔一九〇六〕『𣃔』字《王二》作『斷』，『𣃔』即『斷』之俗字，參《敦煌俗字研究》下編斤部『斷』字條考釋。

〔一九〇七〕注文『篌』字《王二》同，《廣韻》作『籆』，《集韻·藥韻》『籆』字注云『或作篗』，龍宇純《校箋》：『本書「篌」當是「篗」字之誤。俗書「篗」作「篗」，與「篌」極近。』茲從校改。

〔一九〇八〕注文『亦作匴』三字《王二》無，龍宇純《校箋》：『三字當在「篹」下。……《儀禮·士冠禮》「各一匴」注：「古文作篹。」』此蓋誤竄，當從乙正。

〔一九〇九〕『簒』字《王二》同，《廣韻》作『篹』，底卷俗訛，茲姑據校改。又參上條校記。

〔一九一〇〕字頭『欵』與注文通俗字同形，疑字頭當從《説文》隸定作『歀』，注文通俗字則當作『款』，『款』爲『歀』的隸變俗字。唐張參《五經文字》卷下欠部：『歀款：上《説文》，下經典相承隸省。作欵非。』清述古堂影宋鈔本《集韻·緩韻》：『款、欵，苦緩切，《説文》意有所欲也。或从柰。俗作欵，非是。』其中的字頭『欵』亦應爲『歎』字之訛，可參。《王二》字頭作『款』，注文云『俗欵』，疑出於傳抄者臆改，非王韻原貌。又『欵』爲《説文》『歎』字或體『款』俗書，《王二》『款』字下云『亦作款、款』，可參。

〔一九一一〕『窾』字左中側的構件『士』底卷作『三』形，疑爲『出』之訛省，茲姑按通行寫法録定。參上條校記。

〔一九一二〕注文『梡』字《王二》同，《廣韻》本小韻別收『梡』字，《集韻》則以『棵』爲『梡』之或體，『梡』即『梡』之俗字。參上校記〔一九〇三〕。

〔一九一三〕『作』字上部底卷有殘泐，茲依文例校補。

〔一九一四〕『旦』字底卷作『且』，俗訛，茲從諸本徑録作『旦』。下文『旦』字及『旦』旁底卷亦多作『且』形，皆徑予録正，不一一出校説明。

〔一九一五〕本條《王二》同，龍宇純《校箋》：『《廣韻》、《集韻》本紐無此字，案「莫」聲之字例不讀脣音，此疑有誤。』

〔一九一六〕殘字底卷存右下角筆畫，茲據《王二》校補作『府』字。

〔一九一七〕注文『段』字下《王二》有一『反』字，合於文例，底卷脱，茲據擬補一個脱字符。

〔一九一八〕注文《王二》同，《廣韻》作『車鞁具』，合於《説文》。

〔一九一九〕『皃』字《王二》作『速』，《廣韻》同，龍宇純《校箋》據《説文·足部》『蹵，践處也』以爲『速』蓋『處』或『迹』字之誤。

〔一九二〇〕本條底卷在行首，所存注文『管反』二字在雙行注文的右行，《王二》相關内容作『卵，落管反。鳥胎。一』，與底卷所殘空間及行款吻合，茲據擬補五個缺字符。

〔一九二一〕『篛』字《王二》同，《廣韻》、《集韻》作『篛』，後者合於形聲構字理據，底卷俗訛，茲據校改。

〔一九二二〕『涉』字《王二》作『沙』，《切四》（斯二六八三）、《箋二》、《廣韻》同，底卷形訛，茲據校改。

〔一九二三〕行首至下條殘字『亶』間底卷殘泐約一個半大字的空間，《王二》相關内容作『䦡，䦡（闌）䦡（䦡字衍）』，與底卷所殘空間吻合，茲據擬補二個缺字符。

〔一九二四〕字頭底卷存右下角筆畫，茲據《切四》（斯二六八三）、《箋二》、《王二》校補作『亶』字。

〔一九二五〕注文『洛』字《王二》作『落』，《切四》（斯二六八三）、《箋二》、《廣韻》同，二字紐同；又或體字『懶』《王二》作『懶』，『懶』即『嬾』字俗寫，猶『嬾』字俗寫作『嬾』。

〔一九二六〕行首至『蒓』字間底卷殘泐約二個半大字的空間，《王二》相關内容作『衦，摩展衣。亦作紆』，與底卷所殘空間吻合，茲據擬補七個缺字符。

〔一九二七〕『薛』字上部底卷略殘，茲據《王二》、《廣韻》録定。又注文《王二》同，《廣韻》作『衆草莖也』，《集韻》以『薛』爲『稈』字或體，龍宇純《校箋》：『本書「草」下應有「莖」字或「薛」字重文。』底卷蓋用注文與被注字連讀成訓例。

〔一九二八〕『桃』字下《王二》有一『枝』字，《唐刊》（伯二〇一四）、《廣韻》（『枝』作『支』）同，與《廣雅·釋草》『篙簸，桃支也』合，底卷誤脱『支』（或『枝』）字，茲據擬補一個脱字符。

〔一九二九〕『扉』字《王二》作『扇』，《箋二》、《唐刊》（伯二〇一四）同，《廣韻》作『盖』字，疑底卷形訛，姑據校改。

〔一九三〇〕釋義《王二》作『圭瓚』。

〔一九三一〕『捍』字隸去聲翰韻，置此非韻，葉鍵得《十韻彙編研究·王一校勘記》謂『當改作「稈」』，底卷形訛，茲從校改。

〔一九三二〕行首至『倨』字間底卷殘泐約三個左右大字的空間，《王二》相關内容作『〇鵪，難。〇厂，山厓。又呼半反』，與底卷所殘空間吻合，茲據擬補九個缺字符。又『鵪』、『難』二字或體，龍宇純《校箋》云：『《廣韻》無此字，此疑有譌誤。《集韻》云「鵪，鳥名」，蓋即據本書言之。』

〔一九三三〕『倨』字左上角底卷略殘，茲據《王二》録定。

〔一九三四〕前二殘字底卷存右部筆畫，其中前者『又』形可辨，末一殘字底卷僅存右下角少許筆畫，茲據《王二》校補作『奴旦』及『反』三字。又缺字底卷殘泐，可據《王二》補作『二』、『一』二字。

〔一九三五〕行首至『反』字間底卷殘泐約四個半大字的空間，《王二》相關内容作『〇廿三潸，數板反。悲涕。一。〇綰，烏板反。繫。一』，與底卷所殘空間吻合，兹據擬補十四個缺字符。

〔一九三六〕字頭底卷存右部『反』旁，注文殘字底卷存右下角筆畫，兹據《箋二》、《王二》校補作『板』和『反』字。又缺字底卷殘泐，可據《王二》補作『薄木五』三字。

〔一九三七〕『餅』字右上角底卷略殘，兹參《王二》、《廣韻》（類化作『鉼』字）録定。又『板』字條下至『餅』字間底卷殘泐約四個大字的空間，《王二》相關内容作『〇版，大。〇瓪，牝瓦。又博稈反。〇鈑，餅金鉼（『鉼』字蓋爲校改上文『餅』字）』，比底卷所殘空間多一個大字，疑底卷『瓪』字注文無又音，兹爲後一殘條擬補一個缺字符。

〔一九三八〕釋義底卷作『蝂負』，《王二》作『負』，《廣韻》作『蝂蝜，蟲』，《集韻》作『螟蝂，蟲名』，按《爾雅·釋蟲》『傅，負版』，柳宗元撰有《蝜蝂傳》，疑諸本及底卷誤倒。

〔一九三九〕『怒』字《箋二》同，《王二》作『奴』，《切四》（斯二六八三）、《廣韻》同。

〔一九四〇〕『僩』條注文『寬』字底卷在前行行末，存上部少許殘畫；次行行首至『阪』字間（包括存左側少許筆畫的殘字和『反』字）底卷殘泐約三分之一行略強，據空間，可抄十個左右大字，《王二》相關内容作『〇僩，胡板反。武皃。一曰寬大。又姑限反。二。〇橺，木大。〇睆，户板反。大目。四（三）。〇鯇，魚名。〇麲，全麥麪。又胡昆反』，與底卷所殘空間吻合，當可據補，兹據校補二殘字作『寬』、『昆』，并爲前後二殘條分别擬補六和五個缺字符。又『僩』字條反語上字《切四》（斯二六八三）、《箋二》、《廣韻》皆作『下』，『胡』、『下』皆隸匣紐，然有合口與開口之别，而諸本本大韻皆别有開口音小韻，疑底卷『古』字爲『下』字形訛，後之抄本如《王二》又因『古』而改作濁紐『胡』字，所誤益甚，兹姑據校改作『下』字。

〔一九四一〕注文底卷本作『子漆可食』，兹參《王二》、《唐刊》（伯二〇一四）、《廣韻》乙正。

〔一九四二〕小韻標數字誤計下『初板反』一字，兹據《王二》校改。

[一九四三] 小韻標數字底卷脱，《王二》作「一」，與底卷本小韻實收字數合，可據補，兹爲擬補一個脱字符。

[一九四四] 前行末字「板」底卷下部殘泐，兹據《王二》校補。次行存下部約三分之二的無字部分，上部殘泐，《王二》相關内容作「○莧，胡板反。莧尔，笑皃。二。○睅，大目。○昄，普板反。目中白。一」，可參，兹爲前一殘條擬補一個缺字符。

[一九四五] 行首至「限」字間底卷殘泐約九個左右大字的空間，《王二》相關内容作「○廿四產，所簡反。生。[五]。○嵼，蹇嵼。○汕，魚浮。○滻，水名，在京兆。○摌，以手核物」，比底卷所殘空間多約一個大字，可參。

[一九四六] 「魚」字置此不辭，兹據《箋二》、《王二》校改作「皃」，底卷形訛。

[一九四七] 殘字底卷在前行行末，存上部筆畫，兹據《箋二》、《王二》校補作「揀」。次行行首至「肉」字間底卷殘泐約九個左右大字的空間，《王二》相關内容作「○揀，擇揀（揀字衍）。○澗，洗。○襇，襇帬。○剗，初限反。削。三。○鏟，平木鐵。○弗，炙肉鐵」，與底卷所殘空間略合，當可據補，兹爲後一殘條擬補二個缺字符。

[一九四八] 「士」字前《王二》有一「又」字，合於文例，底卷誤脱，兹據擬補一個脱字符。

[一九四九] 「在皃」《王二》作「作皃」，《補正》校二字作「作堅」，龍宇純《校箋》亦謂「「皃」字當從《集韻》作「堅」」，底卷二字皆形訛，兹並從校改。

[一九五〇] 「醆」字下部略殘，其下至行末底卷殘泐二個小字的空間，次行行首至「反」字間底卷殘泐約九個左右大字的空間，《王二》相關内容作「○醆，側限反。或作盞、琖字。三。○僝，又色產反。有令德。○蠢（蠢），礶粟。○艮（齦），口限反。[齧聲。亦作豤。]一」，校正後的内容與底卷所殘空間略合，可參，兹據爲前後二殘條擬補十四個缺字符（此又參《廣韻》定之）。

[一九五一] 行首至殘字「銷」間底卷殘泐約十個左右大字的空間，《王二》相關内容作「○廿五銑，蘇典反。金銑。七。○跣，跣足。○毨，鳥獸秋毛。○姺，古國，商之諸侯。○洗，沽（姑）洗，律名」，與底卷所殘空間略合，當可據補。

〔一九五二〕字頭底卷存右下角「月」形筆畫，兹據《王二》、《唐刊》（伯二〇一四）校補作「𥳜」字，龍宇純《校箋》：「《切一》（長龍按：即《切四》斯二六八三）、《切三》（長龍按：即《箋二》）、《廣韻》、《集韻》無此字。《王一》、《五刊》（長龍按：即《唐刊》伯二〇一四）正、注文同本書，《廣韻》本紐有「箲」字，云「洗帚飯具，或作筅」，《集韻》同。《集韻》又有「⿱竹㓱」字，云「竹器，《博雅》籍謂之⿱竹㓱」。案《方言》五：「箸筩，陳楚宋魏之間謂之筲。」《説文》：「𥳜，陳留謂飯帚曰𥳜；一曰宋魏謂箸筩爲𥳜。」是本書「𥳜」訓「箸筩」所本。然「筲」、「𥳜」並從「肖」聲，音「所交反」，不得又讀「蘓典反」，《廣雅·釋器》云「𥳜謂之⿱竹㓱」，曹憲「⿱竹㓱」音「素典反」，故《集韻》云「𥳜謂之⿱竹㓱」，本書此誤收「𥳜」字。」

〔一九五三〕注文「簡」字《王二》、《唐刊》（伯二〇一四）同，《廣韻》作「𥳑」，後者與《廣雅·釋器》「𥳑⿱竹鮮，籍也」合，底卷形訛，兹據校改。

〔一九五四〕小韻標數字底卷漫滅，《王二》作「十」，當可據補。

〔一九五五〕「熱」字底卷誤書作「執 一」二字（分書於注文右行末和左行首），兹據《箋二》、《王二》、《廣韻》徑改。

〔一九五六〕後條注文殘字底卷存右下角一似捺形筆畫，行首至殘字間底卷殘泐約十個左右大字的空間，《王二》相關內容作「○㥏，慙。○蚕，堅（蜸）蚕，丘（蚯）蚓。○典，多繭反。亦作⿱竹典、敟。[三]。○蕇，葶藶。○⿰典頁，頻後。○蝘，徒典反。[蝘蜓]，守宮虫。四」，與底卷所殘空間略合，當可據補，兹據校補殘字作「反」，并爲後一殘條擬補七個缺字符。

〔一九五七〕「嬿」字左下角底卷有殘，兹據《王二》、《廣韻》録定。又缺字底卷殘泐，可據《王二》補作「於見反」（《廣韻》作「烏見切」）三字。

〔一九五八〕殘字底卷存右部「晏」旁，兹據《王二》校補作「⿰日晏」字（此字《廣韻》作「⿰日匽」形，《集韻》二形並收，而謂「古作⿰日匽」）。注文殘字底卷存下部筆畫，兹據《王二》校補作「反」字。又缺字底卷殘泐，可據《王二》補作「見」字。

〔一九五九〕『藺』字《王二》作『藺』，《廣韻》、《集韻》同，底卷俗寫換位。又注文『藺』字與字頭同形，不合文例，兹參《箋二》、《廣韻》校改作『蠒』字，底卷蓋承前訛。

〔一九六〇〕殘字底卷存右下角少許筆畫，行首至殘字間底卷殘泐約十一個左右大字的空間，《王二》相關内容作『〇棄，小束。亦作枅。〇垷，塗。〇筧，以竹通水。〇搽，拭面。亦作挸。〇趼，行傷。〇蕣，罰(蕳)。〇襺(襺)，纊著袍』，與底卷所殘空間略合，當可據補，兹據校補殘字作『纊』，并爲後一殘條擬補二個缺字符。

〔一九六一〕殘字底卷存字形大略，其上部『艹』旁可辨，兹據《王二》校補作『藺』字。又缺字底卷殘泐，可據《王二》補作『反』、『十』二字。

〔一九六二〕『峴』字條之下至『小』字間底卷殘泐約三個大字的空間，《王二》相關内容作『〇臔，内急。〇哯，小兒歐乳。亦作哹』，與底卷所殘空間略合，兹據擬補四個缺字符。

〔一九六三〕行首至殘字『撚』間底卷殘泐近半行，據空間，可抄十三個左右大字，《王二》相關内容作『〇蘽，里(黑)。〇纇，綴。〇現，▨(見)。〇顯，呼典反。明；今上諱。四。〇韅，在背曰韅。亦作韅。又呼見反。〇蜆，小蛤。〇拎，引戾』，與底卷所殘空間略合，當可據補。

〔一九六四〕殘字底卷存右下部殘畫，兹據《箋二》、《王二》校補作『撚』字。又『撚』字下至『蹨』字間底卷殘泐約三個半大字的空間，《王二》相關内容作『〇撚，奴典反。以指按物。三。〇涊，淟涊』，與底卷所殘空間吻合，兹據擬補十一個缺字符。

〔一九六五〕行首至殘字『鉉』間底卷殘泐近三分之二行，據空間，可抄十八個左右大字，《王二》相關内容作『〇編，方藺反。又卑連反。五。〇匾，匾匾(匾)，[薄。匾(匾)]字陽秕反。〇緶，褰裳。〇萹，萹竹，草。又匹便反。〇扁，署門户。又(又字衍)亦作碥。〇泫，胡犬反。[露]光。五。〇贙，獸名，似犬多力，西國人家養之；一曰對争皃。或作贙』，校正後的内容與底卷所殘空間略合，當可據補。

〔一九六六〕字頭底卷存下部筆畫，兹據《箋二》、《王二》校補作『鉉』字。

〔一九六七〕「隕」字《王二》同，《廣韻》、《集韻》作「陗」，與《廣雅·釋水》「陗，坑也」形合；又「院」字《王二》作「阬」，《廣韻》作「坑」，「坑」字是，兹並據校改。

〔一九六八〕行首至「窒」字間底卷殘泐近三分之二行，據空間，可抄十八個左右大字，《王二》相關内容作「○辮，薄典反。編髮。四。○艑，吴船。○扁（鶣），蜀人呼鹽。○毦，毛領（毦）。○畎，古泫反。田上渠。四。○鉉，誘鉉（鉉字衍）。○罥，挂。○埍，女牢。○犬，苦泫反。狗。一」，比底卷所殘空間少約一個左右大字，《箋二》「畎」字注文有又義「一曰引水」，疑底卷有之，可參。

〔一九六九〕「窒」字右上角底卷略殘，此從《王二》、《廣韻》録定。注文「重」字《廣韻》、《集韻》作「動」，《玉篇·穴部》同，似於形義關係爲安，底卷蓋誤脱右旁「力」，兹姑據校改。

〔一九七〇〕注文「麲地」字《王二》同，《廣韻》作「麲也」，後者與《説文》合，龍宇純《校箋》：「疑此誤增一『也』字，後人以本書例不用句尾『也』字，遂附會爲『地』字，與梗韻『䵃』下云『䵃麥地』同例。」兹姑據校改「地」字作「也」字。

〔一九七一〕「蚤」字《王二》作「蚕」，《廣韻》同，按《爾雅·釋蟲》「螼蚓，蜸蚕」郭璞注：「蜸蚕，即䖮蟺也，江東呼寒蚓。」底卷形訛，兹據校改。

〔一九七二〕注文殘字底卷存右下部似「人」形筆畫，行首至殘字間底卷殘泐近三分之二行，據空間，可抄十八個左右大字，《王二》相關内容作「○廿六獮，息淺反。秋獵。六。○尠，少。○癬，癛。○癬，疥癬。○尟，寡尟（尟字衍）。○燹，火。○演，以淺反。廣。正作演（?）。〔三〕。○縯，長。○衍，達。又餘見反。○踐，疾演反。蹈。亦作俴。六」，與底卷所殘空間略合，當可據補，兹據校補殘字作「疾」。

〔一九七三〕「謟」字《王二》同，《廣韻》作「諂」，與《説文·言部》「諓，善言也」義合，俗寫「舀」、「臽」二形多混，兹據校改。

〔一九七四〕「𤸱」字上部的「亠」形構件底卷訛作「宀」形，《王二》、《廣韻》、《集韻》皆不誤，兹徑録正。注文「痒」字左側『丫』殘泐，《王二》作『蛘』，《廣韻》作『痒』，按《廣雅·釋言一》：『瘍痿，蛘也。』王念孫疏證：『《玉篇》「瘍，大痒也」，「痿，小痒也」，「痒」與「蛘」通，亦通作養，俗作癢。』茲據録定。

〔一九七五〕『痿』字條之下至行末底卷殘泐約一個大字的空間；次行殘字底卷皆存下部筆畫，行首至殘字『偏』間底卷殘泐近三分之二行，據空間，可抄十八個左右大字，《王二》相關内容作『〇俴，駟馬不著甲。〇譾，旨善反。耳門。十四。〇剷，以槌去牛勢。〇樿，木名。〇饘，糜。又諸延反。〇皽，皮[寛]。〇檀，束。〇軀，倮無蔽。或作襢。〇嫸，萹（偏）帔（伎）』，與底卷空間略合，茲據校補二殘字作『偏伎』（《廣韻》作『偏忮』，與《說文·女部》『嫸，好枝格人語也』義合），并爲後一殘條擬補一個缺字符。

〔一九七六〕前行殘字一、三底卷皆存上部筆畫，第二殘字存右側筆畫，其下至行末底卷殘泐約五個左右大字的空間；次行行首至殘字『反』間底卷殘泐近三分之二行，據空間，可抄十七個左右大字，《王二》相關内容作『〇剸，擊。亦作鏄。〇橏，木榴。〇戩，武。又摯。〇醆，盃醆。〇展，知演反。中。五。〇搌，束縛。〇皽，皮寛。〇輾，輾轉。〇琠，極巧視之。又視戰反。〇趁，居（尼）展反。踐。又且（丑）恡反。五。〇輾，車轢物。或作碾』，與底卷所殘空間略合，茲據校補三殘字作『擊』、『亦作』，并爲前一殘條擬補一個缺字符。

〔一九七七〕字頭底卷僅存下部少許筆畫，茲據《王二》、《廣韻》校補作『反』字。

〔一九七八〕前行注文『七』、『不』二字分居雙行行首，其下至行末底卷殘泐約五個左右大字的空間，次行行首至『書』字間底卷殘泐近三分之二行，據空間，可抄十八個左右大字，《王二》相關内容作『〇淺，七演反。不深。一。〇闡，昌善反。大。六。〇燀，燒燀（燀字衍）。〇䵐，黄色。〇僤，魯邑。〇幝，緩。亦作繟。〇䌤，偏緩。又酉箭反。〇遣，去演反。送。七。〇繾，繾綣。〇饋，黏。又進（噍）。〇䈴，䈴䉳，户籍』，比底卷所殘空間少約一個半左右大字，可參，茲爲前一殘條擬補四個缺字符。

〔一九七九〕殘字底卷漫漶，僅存其大略，《姜韻》録作『輿』，《潘韻》校云『原卷「輿」字模糊不可識』，《王二》該字作『偲』，與底卷字形略似，龍宇純《校箋》：『「偲」當是「佷」字之誤。』

〔一九八〇〕前行『善』字下至行末底卷殘泐約五個左右大字的空間，次行行首至殘字『綫』間底卷殘泐近三分之二行，據空間，可抄十七個左右大字，《王二》相關内容作『○善，常演反。今亦作善。正作譱。六。○墠，壇墠。○鱓，魚，似虵。亦作䱉。○蟮，蚯蚓。亦作蟺。○單，人姓。又都寒反。○僐，姿。又布（市）戰反。○蹇，居輦反。跛。四。○謇，吃。亦作讙、㺩（㺨）、搴（褰）字。○搴，取』，與底卷所殘空間略合，可參。

〔一九八一〕字頭底卷存下部筆畫，茲據《王二》、《廣韻》校補作『綫』字。

〔一九八二〕小韻標數字底卷漫滅，《王二》作『九』，蓋可據補。

〔一九八三〕本條《王二》作『揃，滅』，《廣韻》作『揃，搣』，按《説文·手部》『揃，搣也』，《龍龕·手部》謂『揃』同『揃』，可參，又訓『滅』當爲『搣』字俗借。

〔一九八四〕前行殘字底卷存右部『戈』旁，殘字下至行末底卷殘泐約五個大字的空間，次行行首至『燃』字間底卷殘泐近三分之二行，據空間，可抄十八個左右大字，《王二》相關内容作『○戩，福祥。正作戩。○媊，明星。又子離反。○鬋，垂髪。○揃，切。○錢，銚。又似連反。○翦，羽生；今作剪，割。○湔（瀟），玉（王）彗。○蹨，人善反。踐。五。〔○橪，橪棗，樹名。〕○戁，懼。又奴盞反，慙。○熯，爇』，校正後的内容與底卷所殘空間略合，可參，茲據校補殘字作『戩』。

〔一九八五〕『物』字《王二》同，《廣韻》『燃』字訓作『意脃也』，與《説文·人部》『燃，意膬也』合，疑底卷『物』字爲『脃』字形訛。

〔一九八六〕『力演』二字底卷有些漫漶，茲從《箋二》、《王二》録定。又缺字底卷殘泐，可據《王二》補作『運』、『六』二字。

〔一九八七〕前頁末行『輦』字條之下至行末底卷殘泐約六個左右大字的空間，次頁首行行首至『從』字間底卷殘泐近三分之二行，據空間，可抄十八個左右大字，《王二》相關内容作『○璉，瑚璉。○鄻，地名，在周。○僆，雙生子。○摙，載摙。○爈，小然。○件，其輦反。分次。三。○鑳，鑳嵯。○鍵，管籥。○縒，徐輦反。緩。

又昌善反。一。○⿰齒雁(齴)，魚蹇反。齒露。二。○巘，山峯。○辯，符蹇反。詞。從言在辡，音豻問(間)。三』，與底卷所殘空間略合，可參。又『辯』字條注文『從言在辡音豻問(間)』不辭，《説文》『辯』字解形作『從言在辡之間』，又『音豻』二字不詳，龍宇純《校箋》云『或是「言辯」二字誤重，或是「音辯」之誤』。按依底卷文例，此蓋當作『從言在辡間，辡音辯』，唯其注音字多省，故或只作『音辯』，只是此與底卷行款之左行以『間』爲末字不合，或底卷亦如《王二》一樣有誤倒者，茲姑爲後一殘條擬補十個缺字符。

〔一八八〕缺字底卷殘泐，《王二》作『諌』字，龍宇純《校箋》：『本書諌韻無此音，各書同。字見裥韻，音「薄莧反」。《廣韻》此云「又薄莧切」，本書「諌」字誤。』底卷疑當據補作『莧』字。

〔一八九〕前行殘字底卷存左部『言』旁，其下至行末底卷殘泐約五個左右大字的空間，次行行首至『虫』字間底卷殘泐近三分之二行，據空間，可抄十八個左右大字，《王二》相關内容作『○諞，巧言。又得(符)蟬反。○緬，無究反。遠。亦作絤。六。○沔，漢水別名。○愐，思。○勔，自強。○湎，酖酒。亦作酾。○黽，黽池，縣名，在弘農。又亡忍反。或作黾。○褊，方緬反。衣急。一。○鵬，姊究反。臛少汁。或作𤎒。二。○鷦，虫食』，與底卷所殘空間略合，當可據補，茲從校補殘字作『諞』，并爲後一殘條擬補一個缺字符。

〔一九〇〕前行殘字底卷存左側似『口』形筆畫，其下至行末底卷殘泐約五個大字的空間，次行殘字底卷存下部二『一』形筆畫，又行首至『大』字間底卷殘泐近三分之二行，據空間，可抄十八個左右大字，《王二》相關内容作『○吮，嗽。又徐究反。○嶲(巂)，蔨嶲(巂)，菜。○𤸎，大蝆。○辡，方免反。罪人相訟。三。○睘，蔽目。○覵，視。○究，以轉反。州名。五。○沇，濟水別名。○㕣，山澗閒泥。○莬，雀弁草。○駚，馬毛逆。○臠，力究反。大臠肉。三』，與底卷所殘空間略合，當可據補，茲從校補二殘字作『吮』、『三』，並爲後一殘條擬補六個缺字符。

〔一九一〕『女』字《箋二》、《王二》、《廣韻》皆作『好』，底卷蓋誤脱『子』旁，茲據校改。

〔一九二〕前行『轉』字注文二殘字分居雙行之第三字，底卷皆存上部筆畫，其下至行末殘泐約五個大字的空間，次行行首至『藍』字間底卷殘泐近三分之二行，後一條注文殘字存下部左右兩側筆畫，據空間，可抄十八個左右大字，《王二》相關内容作『〇轉，陟兖反。迴轉。一。〇卷，居轉反。又居援反。二。〇菤，菤耳。〇圈，渠篆反。圈獸。又求晚反。二。〇蔨，鹿藿。〇輭，而兖反。柔。亦作㼊(甍)、輾(報)。八。〇蝡，虫動。亦作蠕。〇楩，紅藍；一曰棗名』，比底卷所殘空間少約六個左右大字，可參，兹據校補三殘字作『反』、『作』、『棗』，又參行款爲前後二殘條各擬補四和二個缺字符，其中前一殘條中『轉』之或體可參《箋五》(伯三六九三)補作『轉』形。

〔一九三〕前行『碝』字條之下至行末底卷殘泐約五個大字的空間，次行行首至『亦』(爲雙行注文右行末字)間底卷殘泐近三分之二行，據空間，可抄十八個左右大字，《王二》相關内容作『〇愞，弱。又奴亂反。亦作耎、葖(甍)字。〇媆，好皃。〇戻，弱。〇舛，昌兖反。舛剥。或作踳。五。〇喘，息。〇荈，茗草。〇腨，腓腸。〇敱，揣。又初委、[丁果]二反。〇膞，視兖反。切肉。六。〇腨，腨腸』，比底卷所殘空間少約二個左右大字，可參，兹參行款爲後一殘條擬補五個缺字符，其中『亦』字下可依文例并參《集韻》補作『作踌』二字。

〔一九四〕前行『歂』字下至行末底卷殘泐約五個大字的空間，次行行首至『孨』字間底卷殘泐近三分之二行，據空間，可抄十八個左右大字，《王二》相關内容作『〇歂，口氣引。又視專反。〇膊，小巵，有盖。〇篆，持兖反。篆書。六。〇瑑，璧(璧)上文。〇沌，水名，在江夏。又徒混反。〇堟，耕土卷。〇隊，道邊堺(埤)。〇縺，卷，《尔雅》云「十羽爲縺」。〇剸，旨兖反。細割。害(亦)作剬。六』，與底卷所殘空間略合，當可據補。

〔一九五〕注文『在』字《王二》同，《箋二》、《廣韻》作『莊』，龍宇純《校箋》以爲『在』即『莊』俗字『庄』之形訛，兹據校改。

〔一九六〕『闢』字左下角底卷略殘，兹從《廣韻》録定，《王二》誤作『闗』。又缺字底卷殘泐，可據二書補作『開閉門利』四字。

〔一九九七〕行首至『香』字間底卷殘泐近三分之二行，據空間，可抄十八個左右大字，《王二》相關内容作『〇鱒，美魚。又士免反。〇選，思兗反。又思絹反。或作僎。一。〇撰，士免反。述。本作巽。三。〇僎，具。〇鱄，魚名。〇蜎，狂兗反。蜎蠉，井中虫。一。〇蠉，香兗反。蜎蠉。三（二）』，比底卷所殘空間少約一個大字，可參，兹爲後一殘條擬補一個缺字符。

〔一九九八〕殘字中部底卷略殘，兹據《王二》、《集韻》校補作『意』字。

〔一九九九〕『辨』字中部底卷略有漫漶，《王二》作『辨』，《廣韻》作『辩』，合於形聲構字形據，兹參《廣韻》録定。

〔二〇〇〇〕『揙』字在行末，次行行首至『生』字間底卷殘泐近三分之二行，據空間，可抄十八個左右大字，《王二》相關内容作『〇揙，擊。又雨（甫）賢反。〇鶣，履底。〇艑，舩艑（艑字衍）。〇免，亡辯反。黜。七。〇娩，婉娩。〇勉，勖。〇俛，俯，亦作頫。〇冕，冠冕。〇鮸，魚名。〇挽，生子免身』，比底卷所殘空間少約二個大字，可參，兹爲後一殘條擬補一個缺字符。

〔二〇〇一〕本小韻首字《箋五》（伯三六九三）、《廣韻》同，《箋二》、《王二》作『⿰金蚩』（其中《箋二》誤作『⿰魚蚩』形），二字訓解略同，又《箋五》（伯三六九三）、《廣韻》二字兼收，他書皆僅收其一，按『⿰金蚩』字見於《廣雅·釋詁二》，訓『長也』，而『搌』字出現似稍晚於『⿰金蚩』字，二字音同義近，故多通用，而致字書所收意見不一，然從底卷與《王二》之别看，疑二書各有脱文，即底卷脱『⿰金蚩，長』字條。又『美』字諸本作『善』，底卷形訛，兹據校改。

〔二〇〇二〕前行行末殘字底卷存左部筆畫，次行行首至殘字『⿰女然』間底卷殘泐約半行，據空間，可抄十四個左右大字，《王二》相關内容作『〇蒧（蕆），備；一曰去貨。〇⿰革蚩，驂具。又丑井反。〇蚩，行蚩（蚩字衍）。〇辿，安步。又刃（丑）延反。〇㫃，於蹇反。旗偃。二。〇⿺走蚩，走⿺走蚩（⿺走蚩字衍）。〇⿰亻然，式善反。物。二』，與底卷所殘空間略合，可參，兹據校補殘字作『曰』。

〔二〇〇三〕殘字底卷存左側似『女』旁部分，兹據《王二》校補作『⿰女然』字，又缺字底卷殘泐，《王二》作『女自姿。又奴見反」，龍宇純《校箋》疑「自」爲「有」字形訛。

〔三〇〇四〕 行首至「晈」字間底卷殘泐近半行，據空間，可抄十二個左右大字，《王二》相關内容作「○廿七篠（筱），蓨鳥反。細竹。俗作篠。四。○魟，魚名。○謏，誘。又所六[反]。正作謏（謏）。○䃋，墨（黑）砥。又思六反」，比底卷所殘空間少約二個大字，可參。

〔三〇〇五〕 殘字底卷存左部「日」旁，兹據《箋二》、《王二》校補作「晈」字。

〔三〇〇六〕 「璬」與「皎」字間底卷殘泐約二個半大字的空間，《王二》相關内容作「○璬，佩玉。○皦，行縢皦脛」，與底卷所殘空間吻合，兹據擬補七個缺字符。

〔三〇〇七〕 字頭底卷存下部筆畫，兹據《箋二》、《王二》校補作「皎」字。

〔三〇〇八〕 「鐃」當爲「鐃」字俗省。參《箋二》校記〔一三六〕。

〔三〇〇九〕 行首至「杓」字間底卷殘泐約三分之一行略強，據空間，可抄十個左右大字，《王二》相關内容作「○闧，絞闧（闧字衍）。○譑，糾。○皦，明。亦作曒。○袎，小袴。○鳥，都了反。飛禽。七。○杓，絹帛頭杓」，與底卷所殘空間吻合，當可據補。

〔三〇一〇〕 缺字底卷殘泐，可據《箋二》、《王二》補作「樹上寄生」四字。

〔三〇一一〕 殘字底卷存左部「衤」旁，兹據《王二》、《廣韻》校補作「褭」字。

〔三〇一二〕 「䙚」字《王二》、《廣韻》皆作「穗」，《補正》校作「穗」，兹從改。

〔三〇一三〕 本小韻《王二》收十一字，多末條「憭，心朗反（反字衍）。又力彫反」。

〔三〇一四〕 「鬏」字在行末，次行行首至殘字「袃」間底卷殘泐約九個左右大字的空間，《王二》相關内容作「○鬏，鬏髎，長皃。○撩，快（抉）。又力彫反。○潦，小衣（水）。○礞，礞鳥，重（垂）○幓，拭」，與底卷所殘空間吻合，當可據補。

〔三〇一五〕 殘字底卷存左下角筆畫，兹據《王二》校補作「袃」字。又注文《王二》同，龍宇純《校箋》：「《方言》四「小袴謂之衩衧」，「裓」爲衣掖下之稱，此當是「衩」字之誤，下疑奪重文。《廣韻》云「袴也」。」疑「裓」爲「袴」字形訛。

〔三〇一六〕字頭與注文或體《王二》分别作「曉」、「皢」，《廣韻》、《集韻》字頭亦作「曉」，唯「皢」字别立字頭，《廣韻》訓「白也」，《集韻》引《説文》「日之白也」，然二字音同義近，俗寫「日」、「白」二旁多混而不分，清俞樾《兒笘録》云：「樾謂曉、皢一字，皢即曉之俗體也，凡從日之字，俗或從白。」俗寫「月」與「日」、「白」亦多相混，然「膮」字《説文・肉部》訓作「豕肉羹也」，底卷平聲廿九蕭韻「許幺反」小韻已收之，此不當再出，故並據校改。

〔三〇一七〕注文《王二》作「鐵鐃（文）」，《廣韻》及前「古了反」「鐃」字注文皆作「鐵文」，底卷脱「文」字，茲據擬補一個脱字符。

〔三〇一八〕「窈」字在行末，次行行首至「鴢」字間底卷殘泐約九個左右大字的空間，《王二》相關内容作「〇窈，窈窱；又窈窕，美皃。〇㛦，㛦褭（㒡），身弱好皃。〇騕，［騕］㒡（褭），神馬。亦作䮁」，比底卷所殘空間少約一個大字，可參。

〔三〇一九〕「擾」字底卷在前行行末，存上部筆畫，次行殘字存下部少許筆畫，又行首至殘字間底卷殘泐約九個大字的空間，《王二》相關内容作「〇擾，擿擾（擾字衍）。〇皛，胡了反。白。三。〇葯，皛茈，草。亦作蔜。又胡激反。〇芍，蓮中子。又且略、者歷二反」，與底卷所殘空間吻合，當可據補，茲據校補二殘字作「擾」、「子」，并爲後一殘條擬補七個缺字符。

〔三〇二〇〕「吊」字下《王二》有一「反」字，合於文例，底卷誤脱，茲爲擬補一個脱字符。

〔三〇二一〕二殘字底卷皆存上部筆畫，其中前者上部「勿」形可辨，茲據《王二》、《廣韻》校補作「忽高」二字，又《廣韻》及《玉篇・木部》「杪」皆訓作「木忽高」，於義爲明。

〔三〇二二〕行首至殘字「狣」間底卷殘泐約十個左右大字的空間，《王二》相關内容作「〇廿八小，私兆反。幺。一。

〇肈，直小反。始。亦作庫。八。〇兆，十億。〇趙，國名。〇旐，旗旐（旐字衍）」，與底卷所殘空間吻合，當可據補。

[二〇二三] 殘字底卷存右下角一鈎形筆畫，兹據《箋二》、《王二》校補作『狣』字。又缺字底卷殘泐，可據二書補作『力』字。

[二〇二四] 『杯』字《王二》、《集韻》作『牀』，底卷形訛，兹據校改。

[二〇二五] 或體《王二》等本不載，然《箋二》字頭作『叐』形，敦煌寫本『夭』字多有作此形者；又『二』字疑當作『亦』，蓋『亦』字草書『厽』，與『二』形近而誤，兹據校改。

[二〇二六] 本條《王二》作『擾，而沼反。動』。

[二〇二七] 前行行末底卷殘泐一個大字的空間，次行殘字前者底卷存下部筆畫，可依文例校補作『亦』字，後者底卷存右下角筆畫，行首至殘字『亦』（居注文雙行之右行倒第二字）間底卷殘泐約十個左右大字的空間，《王二》相關内容作『〇繞，繚繞。〇遶，周遶。〇嬈，戲嬈。〇犪，牛柔。〇摽，符小反。又平表反。三（四）』，比底卷所殘空間少約三個左右大字，可參，兹據校補後一殘字作『反』，并參文例爲後一殘條擬補十個缺字符（『亦』字前當有一釋義文字，《箋二》、《箋五》（伯三六九三）作『落』，《廣韻》首義同，蓋可從補）。

[二〇二八] 『三』字底卷漫滅，此從《敦煌掇瑣》、《姜韻》録定。

[二〇二九] 『黄』字《箋二》、《廣韻》同，《王二》作『白』，合於《説文》。

[二〇三〇] 注文殘字底卷存下部筆畫，行首至此殘字間殘泐十一個左右大字的空間，《王二》相關内容作『〇犥，牛黄白色。［〇顠，髮白。］〇皫，鳥變色。〇篻，竹名。〇藨，苕花。〇瞟，睽。又撫招反。〇眇，亡沼反。小眇（眇字衍）。七』，校正後的内容比底卷所殘空間多約一個大字，可參，兹據校補殘字作『亡』，并爲後一殘條擬補三個缺字符。

[二〇三一] 『三』字底卷略有漫漶，此參《敦煌掇瑣》録定。

〔三〇二二〕『袑』字在行末，次行行首至殘字『蟜』間底卷殘泐約四個大字的空間，《王二》相關内容作『○袑，袴上。○矯，居沼反。或作⿰矢高。七』，與底卷所殘空間略合，茲據擬補十個缺字符。

〔三〇二三〕字頭底卷存左部『虫』旁，茲據《王二》校補作『蟜』字。

〔三〇二四〕缺字底卷殘泐，可據《箋二》、《王二》補作『目重』二字。

〔三〇二五〕殘字底卷存左側筆畫，其下至殘字『嬌』間底卷殘泐約三個大字的空間，《王二》相關内容作『○敽，盾。○⿰角喬，角長』，比底卷所殘空間少一個大字，可參，茲據校補殘字作『敽』。

〔三〇二六〕字頭底卷存右下角少許筆畫，注文殘字存下部筆畫，茲據《王二》分别校補作『嬌』和『舉』字。

〔三〇二七〕殘字底卷存上部『一』形筆畫，茲據《箋二》、《王二》校補作『可』字。又小韻標數字底卷殘泐，《王二》作『七』，當可據補。

〔三〇二八〕殘字居底卷雙行注文右行末，存下部少許筆畫，行首至殘字間底卷殘泐約三個半大字的空間，《王二》相關内容作『○殍，餓死。○欲，歐。又於垢反』，與底卷所殘空間略合，茲據校補殘字作『於』，并擬補八個缺字符。

〔三〇三九〕『受』字《王二》作『𠬪』，《集韻》同，《補正》校『受』作『𠬪』，兹從改。

〔三〇四〇〕『⿰豸歨』字右下角底卷略殘，兹從《王二》、《集韻》録定。

〔三〇四一〕『二』字底卷漫滅，此從《敦煌掇瑣》録定。

〔三〇四二〕注文『剎』乃『劋』字俗寫，『劋』字見《説文》，從刀，喿聲，爲劋絶之義的古正字，而『勦（剿）』爲其後起換旁字，説詳《敦煌俗字研究》下編刀部『劋』字條。又小韻標數字底卷漫滅，《王二》作『六』，當可據補。

〔三〇四三〕『勦』字條下《箋二》、《箋五》（伯三六九三）（誤作『勦』形）、《王二》、《廣韻》皆有『勦』字條，《王二》訓作『勞。又鉏交反。亦作巢』，龍宇純《校箋》：『各書此字無或體，《廣韻》云「又音巢」，《切三》（長龍按：即《箋二》）云「又鉏交反」，「巢」即「鉏交反」，本書「亦作巢」三字當删。』兹據擬補六個脱字符。

〔二〇四四〕殘字底卷存下部筆畫，行首至『又』（居注文雙行之右行末）字間底卷殘泐約二個半大字的空間，《王二》相關内容作『〇撡，截。〇膘，脅前。又扶了（小）反』，與底卷所殘空間吻合，茲據校補殘字作『反』，并擬補六個缺字符。

〔二〇四五〕『濯』字《王二》同，《廣韻》作『濯』，後者合於《説文》，底卷蓋俗省。

〔二〇四六〕『驕』字《箋二》、《王二》、《廣韻》等本作『驕』，後者合於漢字書寫特點。又『一』字底卷漫滅，此從《敦煌掇瑣》録定。

〔二〇四七〕『敹』字《王二》同，《廣韻》作『敹』，《玉篇·攴部》與底卷同，《正字通·攴部》謂『敹』字與『撩』通，則從『攴』不誤。

〔二〇四八〕『隔』字底卷原作右旁略有漫漶，茲據《王二》、《廣韻》録定。

〔二〇四九〕行首至『工』（居注文雙行之右行末）字間底卷殘泐約二個半大字，《王二》相關内容作『廿九巧，苦絞反。工。又苦教反。一』，與底卷所殘空間吻合，茲擬補六個缺字符；又大韻標序字底卷皆提行書，此亦別爲擬補兩個缺字符。

〔二〇五〇〕『巧』字前《王二》有一『古』字，底卷誤脱，茲據擬補一個脱字符。

〔二〇五一〕字頭與注文俗作同形，不合文例，茲據《廣韻》校改字頭作『卯』形。注文殘字前二者底卷皆有漫漶，不能確知究爲何字，後者存左部『辶』旁，茲據文例校補作『通』字；又缺字底卷殘泐，前者可依文例補作『反』字，後二字不詳。

〔二〇五二〕『昂』字《箋二》作『昴』，《王二》、《廣韻》作『昴』，按『昴』爲『昴』之俗字，底卷形訛，茲據校改。

〔二〇五三〕注文『鳥』字《王二》作『鳧』，《箋二》、《廣韻》同，底卷誤脱下部『几』旁，茲據校改。

〔二〇五四〕小韻標數字《王二》作『九』，與底卷本小韻實收字數合，底卷誤計，茲據校改。

〔二〇五五〕『姣媚』《王二》作『妖媚』，《廣韻》同，《集韻》則以『妖』爲『姣』之或體，蓋因俗訛而作。

〔三〇五六〕注文『炊』字《王二》同，《集韻》作『灼』，後者合於《説文》。

〔三〇五七〕注文『不』字《王二》作『木』，《箋五》（伯三六九三）、《廣韻》同，底卷形訛，兹據校改。

〔三〇五八〕『䑸』字左上角底卷有殘，兹從《王二》録定。

〔三〇五九〕『垂』字《王二》同，《廣韻》作『缶』，《集韻》引《廣雅》云『耕也』，是底卷形訛，兹據校改。

〔三〇六〇〕『四』字《王二》作『二』，底卷誤計後所絞反小韻二字，兹從校改。

〔三〇六一〕『𩰫』字右部底卷寫作『匋』形，《王二》寫作『匋』形，皆爲『芻』旁俗訛，此徑録正。注文或體《王二》作『耿』、『𤈦』二字。

〔三〇六二〕『絞』字下《王二》有『反』字，底卷誤脱，又因而小韻標數字亦脱計，《王二》小韻標數字作『二』，與底卷本小韻實收字數合，兹爲擬補二個脱字符。

〔三〇六三〕大韻標序字底卷殘泐，據《王二》知當作『卅』，兹擬補一個缺字符。

〔三〇六四〕《敦煌俗字研究》上編『導論』第二章注〔三七〕：「『夰』當作『界』。《九經字樣》：『界昊，上《説文》，下隸省。』」頁六十五。《廣韻》字頭同，而於注文中亦云『《説文》作「界」』，底卷誤省，兹從校改。

〔三〇六五〕『曍』字《王二》同，《箋五》（伯三六九三）作『暤』形，《箋二》、《廣韻》、《集韻》作『皡』，按『皡』爲《説文·日部》『皡』字隸變之異，而『暤』又其聲旁替換俗字，『曍』和注文『曍』則當爲『暤』之俗寫。

〔三〇六六〕『壥』字《王二》作『壂』形，《廣韻》、《集韻》皆以『號』爲字頭或首字（後者合於《説文》），而别收『壉』爲或體，底卷二形皆俗訛，兹並據校改。

〔三〇六七〕『細』字《王二》同，《廣韻》作『綑綴』，《集韻》首義作『綑飾謂之馨』，小徐本《説文》載徐鍇按語云『「字」書細綴也』，龍宇純《校箋》：『《萬象名義》云「細雨止」，「雨」當即《説文》「而」字之誤，「細」字亦不詳，然並可證《廣韻》、《集韻》「綑」是「細」字之誤，《玉篇》云「《説文》馨𨁝而止也」，引《説文》「𢖋」字作「𨁝」（案《説文》云「𢖋」「从又」者，「从丑省」，疑與此有關。）「細」與「𨁝」字形近，則疑「細」亦誤字耳。』按『細』當爲『紉』字形訛，參《切二》校記〔八四〕，『紉』有連綴、曲結義，於諸書所引詞例皆通，亦與《説文》『𥟖秵而止』之訓義略合，茲姑據校改。

〔二〇六八〕『侯』字《王二》作『葔』，《廣韻》同底卷，按此專名記音用字，其從『艹』旁『葔』字當爲後起類化字。

〔二〇六九〕注文『扶摧』不辭，『摧』字《王二》作『擁』，義長，茲據校改，底卷形訛。

〔二〇七〇〕注文『矣』字《王二》無，底卷注文例不加詞尾語氣詞，疑此誤衍。

〔二〇七一〕注文『是』字《箋二》、《箋五》（伯三六九三）、《王二》、《廣韻》皆作『長』，底卷形訛，茲據校改。

〔二〇七二〕注文『小』字《王二》作『山』，《箋二》、《箋五》（伯三六九三）、《廣韻》同，底卷形訛，茲據校改。

〔二〇七三〕字頭底卷缺泐，可據《王二》補作『𦞦』字；『𦞦』即『腦』的俗字，下文右側作『甾』形者仿此。

〔二〇七四〕『馬』字《王二》作『碼』，《箋二》、《廣韻》同，《箋五》（伯三六九三）同底卷，按『碼』當爲『馬』的後起類化字。

〔二〇七五〕注文『媨』字底卷作代字符形，《王二》作『所』，後者合於《説文》，疑底卷代字符爲『所』字草寫形訛，姑據校改。

〔二〇七六〕『𡗥』字底卷誤分作『春壽』二字，《王二》更誤作『春擣』，茲據《集韻》徑改。

〔二〇七七〕注文『嫂』字右上角底卷略殘，茲據《王二》録定，按此字《説文・女部》作『㛮』，底卷『安』旁多增贅筆作『寠』，蓋爲俗作。又缺字底卷殘泐，可據《王二》補作『反』、『作』二字。

〔二〇七八〕本條《王二》同，龍宇純《校箋》：『「正」當作「俗」，《集韻》云「俗作燥，非是」，《王一》同本書。或正文本從俗作「燥」，注云「正作燥」，後互誤。』

〔二〇七九〕『蘋』字《王二》作『蕿』，底卷贅增構件『火』，與底卷他處從『安』旁字不同，茲據校改。

〔二〇八〇〕注文底卷作『嘷無人瓈皃』，《王二》作『嘷嘐，無人皃』，底卷本大韻前『嘐』字注文作『嘷嘐，寥靜』，是底卷初抄只作『嘷瓈』，後以雙行注文例而於二字下分別加抄『無人』和『皃』三字，今參酌乙正，并校改『瓈』作

「嘍」字。

〔三〇八一〕「藻」字《王二》作「藻」，似於形聲構字理據爲安，又底卷從「巢」旁字皆作「巣」形，則此處作「巣」當爲抄者筆誤，兹據校改作「藻」字，後從「巣」旁字皆徑改録作「巣」旁，不再一一出校。

〔三〇八二〕殘字存下部，其中「虫」旁可辨，「虫」上似有一長捺，疑此字爲《集韻》所載「蚤」字或體「蛤」字的換位寫法，即作「蠧」形，俟考。

〔三〇八三〕注文底卷作「名魚」，兹據《箋二》、《王二》、《廣韻》乙正。

〔三〇八四〕注文「似玉丸」《王二》作「似玉」，《廣韻》作「次玉者」，後者合於《説文》，底卷「丸」字疑誤。

〔三〇八五〕「三」字底卷漫滅，此從《敦煌掇瑣》録定。

〔三〇八六〕注文《王二》作「修造。又七到反」，《箋二》作「作」字，《廣韻》作「造作。又七創切」，底卷「倏」字當爲「修」字俗訛，兹據校改。

〔三〇八七〕「㭫」字《王二》同，《廣韻》作「梏」，後者合於《説文》，底卷俗寫易位，兹據校改。

〔三〇八八〕又音《王二》、《廣韻》同，龍宇純《校箋》：「本書沃韻無此字，字又見屋韻「莫卜反」，各書同。疑「毒」字涉上文「毒」字而誤，而《廣韻》因之。」

〔三〇八九〕又音《王二》同，龍宇純《校箋》：「本書宥韻無此音，字又見候韻「莫候反」，注「又亡保反」，各書宥韻無此字。」

〔三〇九〇〕「珎」當爲「㺸」字之訛，《王二》注文作「㺸寶」，可證；《説文·宀部》「寶，珍也」，可參。

〔三〇九一〕注文或體字《王二》作「亦作綵」，《廣韻》、《集韻》或體字同，皆未有作「保」字者，疑底卷「保」爲「作」字之訛，姑據校改。

〔三〇九二〕「鳵」字《箋二》、《王二》同，《龍龕·鳥部》以「鴇」爲「鳵」之俗字，《廣韻》作「鴇」形。

〔三〇九三〕「㚏」字《王二》作「卣」，《廣韻》作「𠧗」，後者合於《説文》，底卷俗訛，兹據校改。注文「相次」二字上部底卷有些漫壞，此從《王二》録定。

〔三〇九四〕「鴇」字本小韻前已有收，此不當重出，《王二》作「馲」，《廣韻》作「駂」，與《爾雅・釋畜》「驪白雜毛駂」（郭璞注「今之烏驄」）同，底卷形訛，兹據《王二》校改作「馲」字。

〔三〇九五〕「髮」字《王二》作「𩬈」，《箋二》作「跃」，「𩬈」爲「跃」之俗寫，底卷又其俗訛。注文「早長」《王二》同，不辭，「早」字《箋二》、《箋五》（伯三六九三）作「卑」，底卷形訛，兹並據校改。

〔三〇九六〕「考」字訓「氏」未詳，《王二》作「成」，《廣韻》、《集韻》第二義項同，底卷形訛，兹據校改。又小韻標數字底卷漫滅，此從《敦煌掇瑣》録定。

〔三〇九七〕殘字底卷存下部筆畫，兹據《箋二》、《王二》校補作「栲」字。

〔三〇九八〕「攷」字《王二》作「殁」形，疑此即「攷」之變形，龍宇純《校箋》於次條下云：「或當時訓「校」之「攷」與訓「擊」之「攷」形體略有區別，《廣韻》、《集韻》僅一見。」

〔三〇九九〕「䫂」字左下部底卷作「于」形，《王二》作「干」形，應皆爲「午」之寫訛，此徑録正。注文「大面配」費解，《王二》作「大面醜」，「配」當爲「醜」字形訛，兹據校改。又《廣韻》、《集韻》本小韻收「䓯」、「頓」二字，《廣韻》前者訓「瓜蔓苗頭」（《集韻》作「瓜蔓」），後者訓「顢頓，大頭」（《集韻》作「大頭也」），底卷所釋應爲「頓」字之義，疑有脱誤。

〔三一〇〇〕大韻標序字底卷殘泐，據《箋二》、《王二》知當作「卅一」，兹爲擬補二個缺字符。

〔三一〇一〕「云」字《王二》作「公」，按「划」字又見於底卷去聲箇韻「古卧反」小韻，是此處「云」當爲「公」字形訛，兹據校改。

〔三一〇二〕「剪」字《王二》作「前」，《箋二》同，「前」、「剪」古今字，又參《箋二》校記〔一三七〇〕。

〔三一〇三〕「鈌」字《王二》作「缺」，「鈌」爲「缺」之或體字，《廣韻》、《集韻》作「鈌」（《説文・金部》「刺也」），《玉篇・金部》同，又《集韻・過韻》「鎟，銼也。或从刀」，可參。

〔三〇四〕『規』字底卷初作『頓』，後改右旁作『見』形，茲據《王二》徑録作『規』字。按『惢』字底卷又見收於支韻，注云『又桒果反』，而慁韻則未見所收。

〔三〇五〕注文後一『又』字《王二》同，《箋二》無，龍宇純《校箋》：『唯此字二義二音，此「又」字不當有。』

〔三〇六〕注文『沙』字下《箋二》、《王二》有『人』字，《廣韻》同底卷。

〔三〇七〕注文『遺』字前《王二》有『小兒』二字，與本大韻前『丁果反』小韻『鬌，小兒剪髮』訓略合，疑此脱『小兒』二字。

〔三〇八〕注文反切下字『眥』《王二》作『貲』，龍宇純《校箋》：『各書支、寘二韻無此字。案《廣雅·釋詁一》「嫷，好也」，與《方言》合，今各本作「隋」（案王氏改「嫷」），即此又「辝貲反」所從出，作眥者誤。』茲從校改。

〔三〇九〕小韻標數字『一』《王二》作『五』，底卷誤以本小韻後四字别爲計數，茲據校改。

〔三一〇〕『隋』字《王二》作『墮』，與底卷本大韻上文徒果反小韻『墮』字訓合，此誤脱『土』旁，茲據校改。又『反』字下底卷誤加小韻標數字『四』，茲依文例徑删。參上條校記。

〔三一一〕『𤻲』字《王二》作『歷』，《箋二》作『癧』，《廣韻》作『𤻲』，『𤻲、𤻲』皆『癧』字俗省，《王二》因俗省而訛。

〔三一二〕『𩗗』字《王二》作『𩙪』，與《説文》、《玉篇》旡部『𣧶』形略合，茲據校改，底卷俗訛。

〔三一三〕注文『云』字前《王二》有『人』字，《廣韻》同。

〔三一四〕『䭫』字《王二》作『䭫』，《廣韻》同，後者合於《説文》，底卷蓋蒙注文『理』字形訛，茲據校改。又釋義『理』字《王二》、《廣韻》同，《説文·攴部》訓作『研治也』，龍宇純《校箋》：『案此唐人避諱改「治」爲「理」。』

〔三一五〕小韻標數字底卷漫滅，《王二》作『六』，比本小韻多『陊，下阪皃』（處於『柁』、『䪙』二條間）一條文字，考《箋二》本小韻收三字，亦有陊字條，《廣韻》『柁』下除别立一異體字外，亦爲『陊』字條，故疑底卷脱抄『陊』字條，俟考。

〔三一六〕『自』字置此不辭，《王二》作『舟』，《箋二》、《廣韻》同，底卷形訛，茲據校改。

〔三一七〕「白」字《王二》作「皃」，《補正》校作「皃」，兹從改。

〔三一八〕反語上字底卷脱，《王二》作「則」，當可據補，兹爲擬補一個脱字符。

〔三一九〕字頭「麼」字《王二》、《廣韻》作「麽」，是，底卷形訛，兹據校改。

〔三二〇〕「㲃」字《王二》作「毇」，《廣韻》、《集韻》同，後者合於《説文》，俗寫「白」、「日」二形多混，兹據校改。

〔三二一〕「閧」字當爲「鬨」之俗字。參《箋二》校記〔一三八二〕。小韻標數字「四」底卷殘存少許筆畫，此從《敦煌掇瑣》、《姜韻》録定。

〔三二二〕注文「榱」字底卷作「㮽」形，兹據《王二》徑予録正。

〔三二三〕釋義《王二》同，《廣韻》作「旇旗旃皃」，龍宇純《校箋》：「『旃』下疑脱『皃』字。」

〔三二四〕「牛」字《王二》作「五」。

〔三二五〕「卬」字《王二》同，《廣韻》作「巵」，注文云「亦作厄」，《集韻》作「卮」，按「巵」、「厄」、「卮」皆《説文·卩部》同一篆文隸定之形，通俗多隸作「卮」形，底卷俗訛，兹據校改作形近字「厄」。

〔三二六〕「六」字《王二》作「三」，與底卷本小韻實收字數合，此誤計「苛」字以下屬其他小韻的三字，兹據校改。

〔三二七〕「韡」字《王二》同，《廣韻》作「韡」形，注云「韡」字古文，底卷俗作。

〔三二八〕小韻標數字底卷脱抄，可據《王二》補作「一」字，兹爲擬補一個缺字符。

〔三二九〕「硶」字《王二》注文作「倉顆反。碎石。三」，其下字「脞」訓「細碎」，《廣韻》則以「脞」爲本小韻首字，訓作「《書》傳云：『叢脞，細碎無大略也。』」其下字「硶」訓作「碎石」，是底卷此處誤糅「硶」、「脞」二條爲一，兹據《王二》擬補七個脱字符。

〔三三〇〕「硝」字《王二》同，《廣韻》、《集韻》作「碵」，《玉篇·石部》同，後者合於形聲構字理據，底卷形訛，兹據校改。

〔三三一〕「父」字下底卷有「子」字，《王二》作重文符號，龍宇純《校箋》：「重文疑出誤增，《王一》作『父子』，尤誤。」

茲從徑删。

〔三三二〕反切上字『丁』《王二》同，龍宇純《校箋》：『郭（按：指《方言》郭璞注）音「于果反」，《廣韻》、《集韻》字並在「胡果切」下，本書「丁」當是「于」字之誤。又《集韻》「都果切」下又有「過」字，注云「大衣也」，蓋即據本書附會爲辭。』

〔三三三〕大韻標序字底卷殘泐，據《箋二》、《箋五》（伯三六九三）、《王二》知當作『卅二』，茲爲擬補二個缺字符。

〔三三四〕注文《王二》無訓解，有或體『又埜』二字。

〔三三五〕注文《箋二》同，《王二》『鑪』字下有『冶』字，義長。

〔三三六〕『正』字下《王二》有『又山居反』四字。

〔三三七〕『疨』字《箋二》、《箋五》（伯三六九三）、《廣韻》作『厊』形，《集韻》則二形兼收，俗寫『广』、『厂』、『疒』三形多混，疑『痄疨』爲『厏厊』因訓『不合』義而後起的俗字。又注文底卷作『痄合疨口不』，語序訛亂不可解，茲據《王二》乙正。

〔三三八〕缺字底卷殘泐，可據《箋二》、《王二》補作『古』字。

〔三三九〕又音反切上字『加』《王二》作『古』，《箋二》、《箋五》（伯三六九三）同底卷。

〔三四〇〕釋義《王二》作『以玉爲酒盃』，《箋二》同底卷。

〔三四一〕『野』字《王二》作『雅』，《箋二》同底卷。

〔三四二〕『賤』字前『又』依文例蓋衍，底卷去聲禡韻『胡訝反』小韻的『下』字正訓『向卑』，與『賤稱』義有引伸關係，則又音前已有『又』字，其後釋義前不當重出。

〔三四三〕殘字底卷存下部『馬』旁，茲據《箋二》、《王二》録定。又『下』字前『胡』字上部底卷略殘，此從《王二》録定。

〔三四四〕『本』字下《王二》有『曰寫』二字。

〔三四五〕「囒」字《王二》作「喝」，合於形聲構字理據，底卷訛作，兹據校改。「笑」字下《王二》有「聲」字，《箋二》、《廣韻》同底卷。

〔三四六〕反切下字「野」《箋二》同，《王二》、《廣韻》作「也」，音同。

〔三四七〕反切下字「者」《箋二》、《廣韻》同，《王二》作「也」，音同。

〔三四八〕注文「書」字上部、「止」字左側底卷皆略有殘泐，兹從《箋二》、《王二》録定；缺字底卷殘泐，可據二書補作「反」字；又「野」字《箋二》同，《王二》作「也」，音同。

〔三四九〕「慈」當爲「兹」字誤增「心」旁，兹爲校改，詳參《箋二》校記〔三九二〕。

〔三五〇〕「八」字《王二》作「九」，底卷誤糅「黊」、「觟」二條爲一，故致小韻計數失誤，兹據校改，又參下條。

〔三五一〕「黊」字《王二》注文作「鮮明黄。又胡卦反」，其下「觟」字(《廣韻》作「觟」，龍宇純《校箋》以爲「觟」乃「觟」字形訛)訓「楚冠」，底卷此處誤糅「黊」、「觟」二條爲一，兹據擬補八個脱字符。

〔三五二〕「⿰女卂」字《王二》同，《廣韻》作「⿰女卂」，後者合於《説文》，底卷蓋俗作。

〔三五三〕注文《王二》同，《集韻》作「噐大口曰⿰口甄，或省(作甄)」。

〔三五四〕字頭底卷存右下角少許筆畫，兹據《王二》校補作「鰈」字。注文《王二》略同(唯「鯉」字下衍抄一代字符)，考《説文·魚部》「鰈，鱧也」，龍宇純《校箋》以爲「鯉」當是「鱧」字聲誤，兹從改。

〔三五五〕「寘」字《王二》作「寡」，皆爲「寡」字俗變，參《敦煌俗字研究》下編宀部「寡」字條考釋。

〔三五六〕「凡」字爲「瓦」之俗寫，底卷他處所見「凡」字或從「凡」旁字，如無對比字形之需要，一般皆徑改作「瓦」形，不一一出校説明。又小韻標數字「三」《王二》作「一」，底卷誤計下「人者反」小韻二字，兹據校改。

〔三五七〕「若」字《箋二》、《王二》同，《廣韻》、《集韻》作「若」，蓋「若」字因訓「乾草」而累增「艹」旁。又小韻標數字底卷脱，可據《王二》補作「二」字，兹爲擬補一個脱字符。

〔三五八〕釋義底卷不辭，《王二》作「米腌魚」，「鮑」、「腌」義略同，是底卷「采」字當为「米」字形訛。又「羞」字《王二》作『羹』，述古堂影宋鈔本《集韻》字頭作『羹』，釋義中又作『羹』，『羹』蓋俗省字。

〔三五九〕缺字底卷殘泐，其中後二字可據《王二》補作『炭』、『亦』，然依底卷行款，『籠』字前有二小字空間，而《廣韻》、《集韻》『篕』字釋義皆作『炭籠』，故前一缺字不詳，俟考。又『羔』字《王二》作『羔』，《集韻》別收有『羔』字，注文云：『《博雅》「曝也」；一曰束炭。』

〔三六〇〕『九』字《王二》作『四』，與底卷本小韻實收字數合，此誤計下『車者反』小韻五字，兹據校改。

〔三六一〕『痄』字蓋『厏厊』因訓『不合』義而後起的俗字，又參前校記〔三三七〕。

〔三六二〕小韻標數字底卷脱抄，可據《王二》補作『五』字。又『者』字《王二》作『下』，《箋二》、《廣韻》同底卷。

〔三六三〕注文缺字底卷殘泐，可據《箋二》、《王二》補作『奴』字；又『袽』字《王二》同，龍宇純《校箋》：『當作「袽」，魚韻「女余反」「袽」下云「又奴下反。亦作絮。縕」，「絮」即「絮」字之誤。』兹從改。

〔三六四〕『牙』字《王二》作『另』，《廣韻》作『牛』，《集韻》首字作『斗』，而以『牛』爲其或體，按『斗』、『牛』當爲《説文·攴部》『午』字俗變，而『牙』、『另』又因而形訛，兹據校改。

〔三六五〕本大韻標序字底卷殘泐，據《箋二》、《王二》知當作『卅三』，兹擬補二個缺字符。又注文『靈』字前《王二》有『神』字。

〔三六六〕『贛』字《箋二》作『贛』，《廣韻》同，後者合於《説文》，『贛』字篆文本『从貝，竷省聲』，隸定俗寫或作『贛』形，是底卷俗作，《王二》誤作『贛』字。

〔三六七〕『灨』字《王二》同，《廣韻》同一小韻出『贑』字，注云『水名，在南康』，又出『灨』字，注云『水名』，《集韻》『灨』字下云『水名，在南康。或作贑、贑』，又出『灨』字，訓『豆瀋也』，按《廣韻》去聲勘韻『灨』字注文云：『縣名，《記》云：章、貢二水合流，因其處立縣，例以爲名，在南康郡。亦作贑。』如此則所謂出於南康之贑水，其字初當亦作『贑』，爲一會意字，后類化而加『氵』旁作『灨』，或借《説文·貝部》訓『賜也』之『贛』字以代『贑』字，俗亦或類化而加『氵』旁作『灨』字，至於訓『豆瀋』之『灨』，或又别爲借形之字也。

〔三六八〕小韻標數字底卷作「十四」，《王二》作「八」，後者與底卷實收字數合，底卷此處誤計下一小韻字數（且因脱文而有誤），故據徑改。

〔三六九〕「窞」爲「窞」之俗字，參《箋二》校記〔一三九〕。又「埳」字《王二》同，《箋二》、《廣韻》皆作「坎」，合於《說文》，「埳」當爲「埳」字俗寫，底卷本大韻後「坎」字下注文云「亦作埳（埳）」，又《玉篇・土部》：「埳，陷也。與坎同。」俗寫「舀」、「臽」二形多混而不分，本大韻後從「舀」旁者皆當作「臽」形，不再一一出校說明。

〔三七〇〕「髧」字《王二》同，爲「髧」之俗字，參《箋二》校記〔一四〇〇〕。

〔三七一〕「菡」字上部底卷略殘，此據《箋二》、《王二》録定。又「萏」、「菡」二字爲「萏」、「菡」之俗寫，參《箋二》校記〔一四〇一〕，兹爲校補正字。又「萏菡」底卷作「菡萏」，《王二》、《裴韻》同，「萏」爲「菡」字或體，此注文依文例當是注明聯綿詞「菡萏（萏）」之或體，抄者誤倒，兹爲乙正。

〔三七二〕小韻標數字底卷脱計，《王二》作「八」，與底卷本小韻實收字數合，可據補，兹爲擬補一個脱字符。

〔三七三〕「納」字下《王二》有「亦罨」二字，《箋二》、《裴韻》同底卷。

〔三七四〕「黤」、「黭」二條底卷抄作「黤青黑又蹇黭」，又於行左側補抄「烏檻反」三字，蓋初糅二條爲一，抄作「黤，青黑」，後接抄補「黤」字注文及「黭」字條内容，《補正》據《王二》校正，兹從改。

〔三七五〕「喃」字《王二》作「腩」，《箋二》、《裴韻》、《廣韻》同，後者與《廣雅・釋器》合，俗寫「日」、「月」二形多混而不分，兹據校補正字。

〔三七六〕字頭底卷存右下角少許筆畫，注文殘字存右側筆畫，兹據《王二》校補作「萳」、「弱」二字。

〔三七七〕釋義下《王二》有「亦作醓」三字（其字頭作「醓」），龍宇純《校箋》以爲當從《廣韻》作「醓」，是），《裴韻》同底卷。

〔三七八〕「肒」字《箋二》、《裴韻》同，《王二》作「肒」，皆爲「肬」字俗寫。參《箋二》校記〔一四〇七〕。

〔三七九〕釋義《王二》、《裴韻》同，《廣韻》誤形作「犬魚」，龍宇純《校箋》：「案《說文》「鮗，鰲也；一曰大魚爲鰲，小魚爲魿」，「魿」爲小魚鮺之稱，《集韻》「士瘁切」下云「小魚鮺」是也，本書侵韻及寑韻並云「大魚」，同誤。」茲從校改。又『杭』字《王二》作『沈』，《裴韻》、《廣韻》作『枕』，底卷即『枕』字俗寫。

〔三八〇〕『子』字底卷漫漶，此從《姜韻》録定。又二殘字底卷皆存下部筆畫，茲據《王二》校補作『又』、『反』二字。

〔三八一〕缺字底卷殘泐，可據《王二》分別補作『噆』、『銜』、『臘』。

〔三八二〕『𨓜』字《切四》略同，爲『寁』字俗寫，《箋二》、《王二》、《裴韻》正作『寁』。注文『遠』字爲『速』之形訛，參《箋二》校記〔一四〇九〕，茲爲校改。

〔三八三〕行首至下條殘字『𩞾』間底卷殘泐約一個半大字的空間，《王二》相關内容作『慆（慆），恨慆（慆字衍）』，《裴韻》作『慆，恨』，茲據擬補二個缺字符。

〔三八四〕殘字底卷存右下角少許筆畫，《王二》、《裴韻》作『𩞾』，《廣韻》、《集韻》作『𩞾』，後者合於《説文》，茲據校補作正字『𩞾』。

〔三八五〕『嬙』字當爲『嬸』的訛變俗字，參《切四》校記〔一〇七〕。又『惡性』底卷作『性惡』，茲從《切四》、《箋二》、《王二》、《裴韻》乙正。

〔三八六〕『菌』字《王二》同，《裴韻》作『菌』形，龍宇純《校箋》：『並「蕾」字之誤。』茲從校改。

〔三八七〕『雍』字《裴韻》同，《廣韻》作『壅』，《集韻》作『擁』，底卷蓋用借字。

〔三八八〕『戶』字《王二》作『戸』，《廣韻》作『马』，後者合於《説文》，底卷俗訛，茲據校改。

〔三八九〕『庳』字《裴韻》同，《王二》作『庳』形，《集韻》作『康』形，并引《説文》云：『木垂華實，从木、弓（马）。』按《説文·東部》作『東』形，底卷俗訛，茲據校改。

〔三九〇〕『黑』字《切四》、《箋二》、《王二》、《裴韻》、《廣韻》皆作『焦』，底卷形訛，茲據校改。

〔三九一〕『痡』字《王二》作『庯』，《裴韻》作『痟』，龍宇純《校箋》：『《集韻·寑韻》云「瘠也」，《聲類》云「面瘠皃」，《説文》「顲」下云「面顑顲皃」，「顑」下云「飯不飽面黄起行也」，《廣韻》本韻「顑」下云「顑顲，瘦也」，

「𢉸」、「痏」、「痟」並當是「瘠」字之誤。」茲從校改。又缺字底卷殘泐，可據《王二》補作「離甚反」三字。

〔三九一〕字頭底卷殘泐，可據《王二》補作「轉」字。又「困」字左上角底卷有殘，此據《王二》録定。

〔三九二〕「肍」字《切四》、《箋二》、《王二》、《裴韻》皆作「朊」形，後者爲「朊」之俗字，俗寫「目」、「月」二旁多混而不分，茲據校改。又「虗」爲「虛」之俗字，諸本作「虎」，底卷形訛，亦據校改。

〔三九三〕注文《王二》、《裴韻》同，《廣韻》作「《埤蒼》云『被緣也』」，《集韻》作「緣也」，龍宇純《校箋》：「案《儀禮·士喪禮》『緇衾赬裏無紞』，注云『被識也』，『紞』、『衴』字同，本書云『被』，誤。」唯底卷蓋用注文與被注字連讀成訓例。

〔三九四〕釋義《王二》、《裴韻》同，底卷去聲勘韻「顑」字下作「飯不飽面黄」，與《説文·頁部》「顑，飯不飽面黄起行也」略合，疑底卷所訓不確。

〔三九五〕注文「欖」字左上角底卷有殘，茲據《王二》録定。殘字底卷存右側「止」旁，亦據《王二》校補作「阯」字。行首至「欖」字間底卷殘泐約三個半大字的空間，《王二》相關内容作「〇卌四敢，古覽反。正作敢。果決。三。〇橄，橄欖，木名，出交阯」，比底卷所殘空間多一個左右大字，疑底卷無「正作敢」三字。

〔三九六〕字頭「覽」字左下角、注文「盧」字左側筆畫底卷殘泐，茲從《王二》、《裴韻》録定。又殘字底卷存右側少許筆畫，亦據二書校補。此下至下條殘字「欖」間底卷殘泐約一個半大字的空間，《王二》相關内容作「〇覽，盧敢反。視。俗作覽（覧）。四。〇擥，手取。亦作襤（攬）」，校諸底卷行款空間，則「擥」字條當無，故據擬補六個缺字符，然《箋二》本小韻收三字，亦有「擥」字條，《裴韻》收字與《王二》同，唯「擥」字條在「欖」字條下，又《廣韻》本小韻收「擥」而未收後「擥」字，《集韻》以「攬」、「擥」二字爲「擥」字或體，故疑底卷是脱此條，俟考。

〔三九七〕字頭底卷存右下角鉤形筆畫，注文殘字存右部「攵」形部分，茲據《箋二》、《王二》、《裴韻》校補作「欖」、「橄」二字。又缺字底卷殘泐，可據諸本補作「欖」字。

〔二九八〕字頭底卷存右下角筆畫（爲『皿』右部形），注文殘字存右下角筆畫，兹據《王二》、《裴韻》校補作『擥』、『持』二字。又缺字底卷殘泐，可據《王二》補作『甘』字（《裴韻》作『紺』）。

〔二九九〕『心』字《箋二》、《王二》、《裴韻》、《廣韻》皆作『膽』字，疑底卷『心』字乃代字符形訛。

〔三〇〇〕行首至『淡』字間底卷殘泐約半行略強，據空間，可抄十四個左右大字，《王二》相關内容作『○紞，冕垂飾。○芁，［芁］藩，籌（蕁）。又除林反。○磹，石磹。○鷂，應鳥。○噉，徒敢反。食。或作啖。四。○澹，澹淡，水皃』，校正後的内容比底卷所殘空間少約一個左右大字，可參，兹據爲後一殘條擬補三個缺字符。

〔三〇一〕注文殘字前者底卷存右上角筆畫，後者存左上角筆畫，兹據《王二》校補作『反』、『饕』二字。又缺字底卷殘泐，可據《王二》補作『一』字。

〔三〇二〕此行底卷存下部無字部分約半行，上部殘泐，《王二》相關内容作『○▨（槧），才敢反。削板。又七廉、七厭二反。一。○埯，安敢反。坑。一。○噉，工覽反。可。又工淡反。亦作嚂。一』，可參。

〔三〇三〕行首至『桒』字間底卷殘泐約半行略強，據空間，可抄十四個左右大字，《王二》相關内容作『○卅五養，餘兩反。畜。亦作敹。四。○痒，皮痒。○瀁，洸瀁。○勨，勉。○像，詳兩反。貌像。五。○象，似。正作𤉢。○蟓，桒（桑）上繭』，比底卷所殘空間約少一個大字，可參。

〔三〇四〕『將』字《王二》作『𤖯』，《箋二》、《裴韻》、《廣韻》同，『𤖯』爲『奬』字異寫，《集韻》收『將』爲『奬』字或體，蓋俗省也。

〔三〇五〕『槳』字下部底卷略有殘壞，兹從《箋二》、《王二》、《裴韻》録定。又缺字底卷殘泐，可據諸本補作『楫屬』二字。

〔三〇六〕行首至『甥』字間底卷殘泐約半行略強，據空間，可抄十四個左右大字，《王二》相關内容作『○蔣，人姓。○兩，力𤖯反。再。本作兩（㒳）。七。○魎，魍（魍）魎。亦作蜽。○裲，松脂。○脼，膎脼。○㔝，㔝甥。○緉，履兩頭。○俩，伎俩』，與底卷所殘空間略同，蓋可據補。

〔三〇七〕注文殘字底卷存左上角部分筆畫，茲據《王二》、《裴韻》校補作『羈』字；又缺字底卷殘泐，可據二書補作『反』、『八』二字。

〔三〇八〕行首至『剌』字間底卷殘泐半行多，據空間，可抄十六個左右大字，其間僅存『剌』前一字注文右行的一個殘字（存右部筆畫）及『反瓦』二字，《王二》相關内容作『○柍，木名。○秧，秧穰。○鉠，飽皃。○帙，纓。○眏，無訾。○蚫，氣流皃。○詇，早知。○仰，魚兩反。偃仰。一。○磢，測兩反。瓦石洗物。四』，比底卷所殘空間約少一個大字，可參，茲據校補殘字作『兩』，并爲後一殘條擬補六個缺字符。

〔三〇九〕『反』字下底卷有訓解文字作『守物』，《王二》無，《裴韻》訓作『思』，按『守物』二字乃蒙下條而誤竄，故徑删之。

〔三一〇〕前行末字『朩』《王二》作『允』形，《裴韻》作『爪』形，《廣韻》作『爪』形，合於《説文》，底卷俗訛，茲據《廣韻》校改。又次行行首至『響』字間底卷殘泐半行多，據空間，可抄十六個左右大字，《王二》相關内容作『○允（爪），反爪。○爽，踈兩反。明。亦覩。四。○綊，属中絞繩。○鷞，鷞鳩。○瓶，半破。○敞，昌兩反。闕。四。○惝，惝怳。○氅，鶖鳥毛。○蹚（堂），踞』，與底卷所殘空間略合，當可據補。

〔三一一〕『蚼』字《王二》、《裴韻》同，《箋二》以『蚼』爲『蠁』字或體，龍宇純《校箋》：『本書此云「亦作蚼」，蓋由「蠁」下誤入。』

〔三一二〕注文殘字底卷存下部筆畫，行首至殘字間底卷殘泐半行多，據空間，可抄十六個左右大字，《王二》相關内容作『○繈，居兩反。絲有節。四。○鏹，錢鏹（鏹字衍）。○襁，襁緥。○膙（膙），筋（筋）膙（膙）。○丈，直兩反。十尺。四。○杖，傷。○仗，凴。○疰，病。○昶，丑兩反。通。一。○壤，如兩反。土。七。○釀，蕪菁葅釀（釀字衍）』，比底卷所殘空間多五個左右大字，疑底卷此處有脱文，茲據校補殘字作『菁』，并爲後一殘條擬補三個缺字符。

〔三一三〕注文殘字底卷皆存下部筆畫，行首至殘字間底卷殘泐半行多，據空間，可抄十六個左右大字，《王二》相關内容作『○孃，亂。又如章[反]。○賞，識兩反。酬功。二。○饞，日西食。亦作餳。○髣，芳兩反。髣髴。古作仿佛。三。○紡，紡績。○鴋，鴋鸔虞。又苻方反。○罔，文兩反。無。亦作冈、𦉪、囲、㓁。七』，與底卷所殘空間略合，兹據校補二殘字作『文』、『𦉪』（底卷殘形下部無『一』畫）二形，并爲後一殘條擬補一個缺字符。龍宇純《校箋》：『各書無「𦉪」、「囲」二體，蓋並譌誤，「𦉪」疑當作「罓」。』

〔三二四〕『圭』字下部底卷殘泐，兹從《王二》録定；又『圭』字字形《王二》略同，《廣韻》、《集韻》作『㞷』，於形聲構字理據爲安，底卷俗訛，故據校改。又缺字底卷殘泐，可據《王二》補作『誑㞷（㞷）』二字。

〔三二五〕後一條注文『王』、『反』二字上部底卷皆有殘泐，兹並從《王二》録定。又行首至『王』字間底卷殘泐半行多，據空間，可抄十六個左右大字，《王二》相關內容作『○罒（罔），罟罒（罒字衍）。○昉，方兩反。日色。三。○倣，學。古作以（倆）。○瓬，瓬。○枉，紆罔反。屈。四。○汪，汪罔（陶），縣，在鷹門。又烏光反。○欯（歎），倿。人（又）居攜反。○犮（犮），曲侵。○往，王兩反。去。古迱。二』，比底卷所殘空間多二個左右大字，可參，兹爲後一殘條擬補一個缺字符。

〔三二六〕注文『蔑』字《王二》同，《裴韻》、《廣韻》作『夢』，後者合於《説文》，底卷形訛，兹據校改。

〔三二七〕注文『詩』字《王二》作『時』，《箋二》、《裴韻》、《廣韻》同，底卷形訛，兹據校改。

〔三二八〕注文殘字底卷存上部筆畫，兹據《王二》校補作『反』字；又缺字底卷殘泐，可據《王二》、《裴韻》補作『二』字。

〔三二九〕『長』字條下至行末底卷殘泐約一個大字的空間，次行存下部無字部分，上部殘泐半行多，《王二》相關內容作『○纇，又丈反。醜。二。○俠，恧。二（『二』字衍）。○𩡳（槼），渠往反。乖。二。○徃，往』，可參。

〔三三〇〕行首至殘字『廣』間底卷殘泐半行多，據空間，可抄十六個左右大字，《王二》相關內容作『○卌六蕩，堂朗反。大。十。○像，放像。○愓，不憂。○盪，滌盪。○璗，玉名。○暘，大（大字衍）春。○簜，大竹。○

婸，戲婸。○簜，竹篃。○潒，洸潒」，與底卷所殘空間吻合，當可據補。

〔三三一〕字頭底卷存下部筆畫，兹據《王二》校補作『廣』字。

〔三三二〕『鼜』字《王二》同，其左旁《箋二》、《裴韻》、《廣韻》皆作『壴』形，合於形聲構字理據，然《廣韻》復收或體作『鼟』，《集韻》則字頭徑作『鼟』形，《廣雅·釋器》『鼓鼙謂之柧』王念孫疏證：『「鼙」曹憲音顙，字或作「鼟」，《衆經音義》卷十七引《埤倉》云「鼟，鼓柧也」，又引《字書》云「鼓材也」；卷二十四云「今江南名鼓匡爲鼟」。案鼟者，中空之名。……《考工記》謂「轂輮爲藪」，鄭衆注云：「藪謂轂空壺中也，以其中空如壺，故曰壺中。」鼓鼟之字從壺，義與此同也。』底卷俗訛，兹據校改。

〔三三三〕前行『博』字下部底卷略殘，兹據《王二》録定。『博』字下至行末底卷殘泐約二個大字的空間，次行殘字底卷存右部豎鈎形筆畫，行首至殘字間底卷殘泐半行多，據空間，可抄十七個左右大字，《王二》相關内容作『○榜，博朗反。木片。五。○牓，題。○牨，毛片（牨）。○髺，鬤髺。○螃，似蝦蟆。○駔，子朗反。會馬市人。又在古反。俗作驡。一。○曩，奴朗反。久。一。○沆，胡朗反。沆瀣，氣。二。○吭，直項。○曭，他朗反。日不明。七。○儻，倜儻。又他浪反』，比底卷所殘空間多約二個左右大字，可參，兹據校補殘字作『朗』，并爲後一殘條擬補三個缺字符。又『他朗反』與正切同音，非是，《王二》『朗』作『浪』字，麥耘《『王一』校記簡編》謂『後一切語爲又音，切下字當爲「浪」之誤』，兹從校改。

〔三三四〕殘字前者存右部『荒』旁，後者存右上角筆畫，兹據《王二》校補作『慌』、『失』二字。又缺字底卷殘泐，可據《王二》補作『意』字。

〔三三五〕前行『爣』字條下至行末底卷殘泐約三個大字的空間，次行行首至『黨』字間底卷殘泐半行多，據空間，可抄十七個左右大字，《王二》相關内容作『○矘，矘眬，目無精。○簜，竹器。○帑，帑舍帛（三字衍）金帛舍。○莽，莫朗反。又莫古反。草。七。○𥇒，無二目。○暡，日無光。○䒐，䒐䒐，無色狀。○鏻，鈷鏻。又莫補反。○蟒，大虵。○漭，漭沆』，比底卷所殘空間多約二個大字，可參。

〔三二六〕『黨』字上部底卷略殘，兹從《王二》録定。注文『郎』字非韻，兹據《箋二》、《裴韻》、《廣韻》校改作『朗』字；又釋義《裴韻》同，《王二》作『聚衆』。

〔三二七〕前行『讜』字條下至行末底卷殘泐約四個大字的空間，次行『朗』字左上角底卷略殘，兹據《王二》録定，又行首至『朗』字間底卷殘泐半行多，據空間，可抄十七個左右大字，《王二》相關内容作『○鄗，地名。○朗，盧黨反。明。二。亦作朖、誏。○㝗，康㝗，虚空皃。○坱，烏朗反。塵埃，吴人云坱（坱字衍）。六。○胦（映），胦（映）䁏（䁏），不明。○泱，翁泱，水皃。○醠，濁酒。又烏浪反。○姎，女人自稱姎我。又烏郎反。○䇦，無色皃。○慷，苦朗反。慷慨。三』，比底卷所殘空間多約一個大字，可參，兹爲後一殘條擬補五個缺字符。

〔三二八〕殘字底卷皆存右部筆畫，兹據《王二》、《裴韻》校補作『廣反』二字。

〔三二九〕『骯』字左側底卷略殘，兹從《王二》録定。

〔三三〇〕殘字底卷存右側筆畫，兹據《王二》校補作『泩』字。又殘字下至行末底卷殘泐約四個大字的空間。

〔三三一〕據《箋二》、《王二》，此處所缺應爲卌六蕩韻後部（約一行）、卌七梗韻、卌八耿韻全部及卌九静韻前部（約三行），計約十行左右。

〔三三二〕下『郢』、『請』字所在大韻《箋二》、《王二》皆作『卌九静』。行首至注文『廮』字間底卷殘泐半行多，據空間，可抄十七個左右大字。

〔三三三〕殘條《箋二》、《王二》皆爲『廮』字注文，其中殘字底卷存下部筆畫，《王二》該條注文作『安；一曰廮陶，縣名，在鉅鹿。亦作胃（胃）』，龍宇純《校箋》：『「胃」當作「胃」，《廣韻》「胃」下云「滯氣」，與「廮」別，《集韻》爲「癭」字或體。本書收此字或體，蓋誤。』又《集韻》『癭』字或體有二，另一字作『𩕢』形，不知底卷殘字是否即此之殘，姑據擬補五個缺字符。

〔三三四〕前行殘字底卷存上部筆畫，其下至行末底卷殘泐約四個大字的空間，次行存下部少半行無字部分，上部半行底卷多殘泐，《王二》相關内容作『〇請，七静反。又疾盈、疾性二反。言祈。二。〇睈，昭（昭）睈。〇省，息井反。又所景反。謁問。二。〇睈（睲），睈（睲）睈（睲），昭（照）視。〇惧，弥井反。惧惧，意不盡。[一]。〇徎，丈井反。兩（雨）後徎（徑）。又力整反。二。〇浧（湦），通』，可參，兹據校補前行殘字作『請』。

〔三三五〕行首至『奵』字間底卷殘泐半行多，據空間，可抄十七個左右大字，《王二》相關内容作『〇冊迥，户鼎反。遠。三。〇冋，空。〇炯，光。〇泂（洞），古鼎反。迥；又清。六。〇熲，火光。〇炅，光。又古惠反，姓。〇狊（畀），目驚。〇泂，冷泂（泂字衍）。〇蝙（蝙），蝙（蝙）螬。〇茗，莫迥反。茗草，亦作榠，可爲飲。五。〇婰，婰奵，自持皃』，比底卷所殘空間多約五個左右大字，可參，兹爲後一殘條擬補兩個缺字符。

〔三三六〕『瀴』字《王二》同，《箋二》作『溟』，《集韻》同，《廣韻》以『溟』爲『瀴』字或體，《集韻》則置『瀴』於『烟頂切』小韻，於形聲構字理據爲安。

〔三三七〕前行殘字底卷存左上部『一』形筆畫，其下至行末底卷殘泐約四個大字的空間，次行行首至『梃』字間底卷殘泐半行多，據空間，可抄十六個左右大字，《王二》相關内容作『〇頂，丁挺反。頂顛，頭上。九。〇奵，婰奵。〇酊，酩酊。〇耵，耵聹，耳垢。〇鼎，鎗鼎。〇薡，草名。〇打，擊。〇屢，展屢（屢字衍）。〇葶，葶藶，毒魚草。正作葶。〇挺，徒鼎反。出。七。〇艇，小舟。〇鋌，金鋌』，比底卷所殘空間多約二個大字，可參，兹據校補殘字作『頂』。

〔三三八〕『鼑』爲『鼎』之俗字，《龍龕·斤部》收『鼎』之三個俗字中，即有『鼑』字。又小韻標數字底卷誤計下二小韻二字而作『十二』，兹參《王二》及底卷本小韻實收字數徑改。

〔三三九〕前行殘字底卷存左部『土』旁，其下至行末底卷殘泐三個大字的空間，次行殘字底卷存下部筆畫，其中右下角『土』旁可辨，行首至『濴』字間底卷殘泐半行多，據空間，可抄十六個左右大字，《王二》相關内容作『〇圢，平。〇脡，脯朐。〇侹，長直。〇町，田町。〇頲，狹頭。又他經反。〇侱，俓。〇艼，莔。又秃靈反。○𦉢，𦉢䍅，小空。○壬，善。○洴，徂醒（醒）反。洴濙。又去挺反。一。○濙，烏迴反。小水。亦作瀅。一』，比底卷所殘空間多約一個大字，茲據校補二殘字作『圢』、『瀅』，并參底卷文例爲後一殘條擬補九個缺字符（其中底卷釋義當有『洴濙』二字）及一個小韻標數字脱字符。

〔三四〇〕『聲欬』不辭，《箋二》、《箋五》（伯三六九三）、《王二》、《廣韻》『聲』皆作『謦』，底卷形訛，茲據校改。又『七』字底卷漫漶，此從《敦煌掇瑣》、《姜韻》録定。

〔三四一〕前行殘字底卷存上部少許殘畫，其下至行末底卷殘泐約一個大字的空間，次行行首至殘字『醒』間底卷殘泐半行多，據空間，可抄十六個左右大字，《王二》相關内容作『○𩕡，乃挺反。頂𩕡。三（四）。○聹，耵聹。○甯，葶甯。○［蝙］，蝙（蝙）蠕（蠕）。蝙（蝙字衍）虫，似蛙。○婞，下娗反。佷。亦作緈。六。［○涬，瀴涬。］○鯹，魚名。○鋞，似鍾而長。○悜，佷。○脛，脚脛。又户定反』，校正後的内容比底卷所殘空間多三個左右大字，疑底卷亦同有脱文，茲據校補殘字作『𩕡』。

〔三四二〕字頭底卷存下部筆畫，茲據《箋二》、《箋五》（伯三六九三）、《王二》校補作『醒』字。

〔三四三〕缺字底卷殘泐，可參《箋二》、《王二》、《廣韻》補作『衣亦』（『亦』字下《王二》有『作』字）及『三』三字。

〔三四四〕前行『褧』字條下至行末底卷殘泐約一個大字的空間，次行行首至殘字『竝』間底卷殘泐半行多，據空間，可抄十六個左右大字，《王二》相關内容作『○檾，枲屬。○烓，行竈。○剄，古挺反。斷首。一。○熲，焦臭。○頩，匹迥反。斂容。一。○笭，力鼎反。篝笭，籠。三。○冷，小寒。又魯打反。○䍅，𦉢䍅』，與底卷所殘空間略合，當可據補。

〔三四五〕字頭底卷存下部筆畫，茲據《箋二》、《箋五》（伯三六九三）、《王二》校補作『竝』字。

〔三四六〕釋義下《王二》有『亦作鮩』三字。

〔三四七〕行首至『綹』字間底卷殘泐半行多，據空間，可抄十六個左右大字，《王二》相關内容作『○冊一有，云久反。不無。七。○右，對左。○䳑，鳥，似雉。○友，同志。○𥁕，器。又余救反，小甌，貯水器。○𥁕，同上，水器。○梢,木,服之不□(妬)。又於六反。○栁,力久反。又作柳。木;姓。十一。○瀏,清水(當乙正作「水清」)」,比底卷據殘空間多約五個大字,可參。

〔三四八〕『採』字前《箋二》、《箋五》(伯三六九三)、《王二》、《廣韻》皆有『言』字,與阮刻《十三經注疏》本《詩經·魯頌·泮水》作『薄采其茆』類似,底卷誤脱句首語氣詞,兹據擬補一個脱字符。

〔三四九〕注文殘字底卷存右部『卩』旁,行首至此殘字間底卷殘泐半行多,據空間,可抄十六個左右大字,《王二》相關内容作『○嬼,妖。○劉,竹聲。又力周反。○熮,火爛。○鼦,似鼠而大。○飀,飀飀。○丑,勑久反。北方。二。○杻,杻械。亦作杽。○紐,女久反。結也。六。○狃,相狎腸(腸字衍)。○鈕,印鈕』,校定後的内容比底卷所殘空間多約二個大字,可參,兹據校補殘字作『印』,并爲後一殘條擬補一個缺字符。又底卷『女久反』小韻末收『肚』、『邪』二字,爲《王二》所無。

〔三五〇〕小韻標數字底卷漫滅,《王二》作『二』,當可據補。

〔三五一〕行首至『書』字間底卷殘泐半行多,據空間,可抄十六個左右大字,《王二》相關内容作『○疛,腸痛。○朽,許久反。爛。亦作死(死)。三。○疞,病。○殠,臭殠(殠字衍)。○久,舉有反。淹時。六。○九,次八。○玖,玉名。○灸,灼。○韭,菜。○妭,女字。○首,書久反。頭。五』,比底卷所殘空間多二個大字,可參,兹爲後一殘條擬補一個缺字符。

〔三五二〕『椀』字《王二》作『腕』,底卷形訛,《補正》校作『腕』字,兹從之。

〔三五三〕『百』字《裴韻》、《廣韻》、《集韻》皆作『百』形,後者與《説文》合,又《説文》『百』字古文隸定亦作此形,俗寫『日』、『目』二形多混,兹據校改。『似』字諸本皆無,疑抄校者臆增。

〔三五四〕行首至殘字『蝜』間底卷殘泐約半行,據空間,可抄十四個左右大字,《王二》相關内容作『○蘸,菝葜。○湫,在久反。洩水瀆。又子小反。二。○愀,變色。○婦,房久反。屈狄(伏)於夫。十一。○阜,阜螽。○負,背將物。亦作偩。○萯,玉(王)萯』,與底卷所殘空間略合,當可據補。

〔三五五〕字頭底卷存下部筆畫，注文殘字存左部『虫』旁，兹據《箋二》、《箋五》（伯三六九三）、《王二》校補作『螅』、『蟂』二字。

〔三五六〕『盛』字下《王二》有『又麻化反，益』五字，《裴韻》厚韻所收『隖』字訓同底卷，龍宇純《校箋》：『案麻化反「隖」字從阜馬聲，此即《詩》「駟鐵孔阜」之後起字，從阜加馬以顯其義，字蓋本如《集韻》作「騲」，後形與「麻化反」之「隖」同化，其實非一字。「又麻化反。益」五字或出後人增之。』

〔三五七〕小韻標數字底卷殘泐，《王二》作『九』，可據補。

〔三五八〕行首至『反』字間底卷殘泐約半行，據空間，可抄十四個左右大字，《王二》相關内容作『○缶，蒸缶。○否，不從。○姤，好色。又普來反。○痞，病。○殕，餅敗有氣。○鴀，鳩。○罘（罘），鳥飛上不下。○不，弗。○蹂，人久反。蹂。五』，與底卷所殘空間略合，當可據補，兹爲後一殘條擬補四個缺字符。

〔三五九〕注文殘字底卷存上部筆畫，兹據《箋二》、《箋五》（伯三六九三）、《王二》、《裴韻》校補作『乾』字，又小韻標數字底卷殘泐，可據諸本補作『一』字。

〔三六〇〕行首至『反』字間底卷殘泐約半行，據空間，可抄十四個左右大字，《王二》相關内容作『○舅，強久反。母之兄弟。七。○咎，灾。○臼，舂臼。○齨，齒。○麔，牝（牡）麋。○鴭，鳥名。○臯，糗米。○紂，直柳反。馬緧。《謚法》曰「賦多殺民曰紂也」。四』，除『紂』字條所引《謚法》内容外，其内容與底卷所殘空間略合，當可據補，兹參《王二》及底卷行款爲後一殘條擬補六個缺字符。

〔三六一〕『隴』字下底卷脱『反』字，兹據《箋五》（伯三六九三）、《裴韻》擬補一個脱字符。

〔三六二〕注文殘字底卷存左上角筆畫，兹據《王二》、《裴韻》校補作『誘』字；又缺字底卷殘泐，可據二書補作『誸』字。

〔三六三〕行首至『生』字間底卷殘泐約半行，據空間，可抄十四個左右大字，《王二》相關内容作『○卣，中形罇。又餘求反。○楢，積木燎。○莠，草。○羑，進善，文王所拘羑里，在陽（湯）陰；獄。○庮，久屋木。又余周反。○蜏，朝生暮死。又餘救反」，與底卷所殘空間略合，當可據補，茲爲後一殘條擬補三個缺字符。

〔三六四〕「遙」字《王二》、《裴韻》同，《廣韻》作「墼」，後者合於《説文》，「乚」形筆畫俗寫多作「辶」形，或移於下部，又受「邎」字影響，遂使「墼」字訛變作「遙」形，茲爲校改。又注文「昭」字《王二》同，《裴韻》作「照」，檢《王二》宵韻無此字，而底卷去聲笑韻「弋笑反」載之，是底卷「昭」當爲「照」字誤省，茲據校改。

〔三六五〕注文《箋二》、《箋五》（伯三六九三）、《廣韻》同，《王二》反語下作「滫瀡。亦溲字」，《裴韻》略同，唯「字」作「同」。

〔三六六〕「頌」字在行末，下部底卷略殘，茲據《王二》録定；次行行首至「壽」字間底卷殘泐約四個半大字的空間，《王二》相關内容作「○頌，絆前兩足。又先主反。○受，植酉反。容。四」，與底卷所殘空間吻合，茲據擬補十四個缺字符。

〔三六七〕字頭「𨞙」字右側及注文「郡」字右側底卷皆略有殘泐，茲並從《王二》録定。又缺字底卷殘泐，可據《王二》補作「水名在」三字。

〔三六八〕「𨞙」字條下至殘字「懮」間底卷殘泐約五個大字的空間，《王二》相關内容作「○綬，帶佩綺綬。○颵，於柳反。風。三。○䱂，魚名」，與底卷所殘空間略合，茲據擬補十四個缺字符。

〔三六九〕字頭底卷存右下角少許筆畫，茲據《王二》、《裴韻》校補作「懮」字。

〔三七〇〕釋義《王二》作「醉人」，《裴韻》作「醲酒汁」。

〔三七一〕前條「紑」字底卷在行末，次行行首至「側」間底卷殘泐約二個半大字的空間（「側久」二字右側底卷皆有殘泐，茲據《王二》、《裴韻》録定），《王二》相關内容作「○紑，鮮。又孚丘反。○掫，側久反。持。又子俱反。一」，與底卷所殘空間吻合，茲據擬補六個缺字符；又「久」字下底卷脱抄「反」字，故爲擬補一個脱字符。

〔三七二〕殘字底卷存下部筆畫，茲據《箋二》、《箋五》（伯三六九三）、《王二》校補作「反」字，又行首至殘字「反」間底卷殘泐約二個大字的空間，《王二》相關内容作『卌二厚，胡口反。不薄。亦作㫗，又作厚。五』，與底卷所殘空間吻合，兹據擬補六個缺字符。又龍宇純《校箋》：『各書無「㫗」字或體，蓋《説文》「㫗」字俗書。』

〔三七三〕『亦通爲鸚鵡』《王二》作『亦作鵡』。

〔三七四〕『罘』、『柰』二字《王二》同，《裴韻》作『罘』、『枽』形，《廣韻》本紐無此字，字見支韻『武移切』小韻，字形分別作『罘』、『宷』，合於《説文》，底卷俗作，《集韻》又從俗改聲旁作『罺』形。

〔三七五〕『七』字底卷漫滅，此從《敦煌掇瑣》録定。

〔三七六〕『牿』字在行末，次行行首至殘字『瓿』間底卷殘泐約二個大字的空間，《王二》相關内容作『牿，牿牯，偏高；又牛短頭』，與底卷所殘空間吻合，兹據擬補八個缺字符。

〔三七七〕字頭底卷存下部筆畫，兹據《箋二》、《王二》、《裴韻》校補作『瓿』字。注文『數』字諸本及《廣韻》皆作『甀』字，於義爲安，底卷形訛，亦據校改。

〔三七八〕『嘍』字下《王二》有『小垜』二字，《箋二》、《箋五》（伯三六九三）、《裴韻》同底卷。

〔三七九〕注文《王二》作『瓦器』，《箋二》、《箋五》（伯三六九三）、《裴韻》同底卷。

〔三八〇〕『黈』字下《王二》有『餠』字，《箋二》、《箋五》（伯三六九三）、《裴韻》及《廣韻》同，疑底卷誤脱。

〔三八一〕『斗蟲』不辭，《王二》作『科蚪，虫名』，《箋二》作『蝌蚪』，《箋五》（伯三六九三）作『蝌蚪，虫』，《裴韻》同，疑底卷用注文與被注字連讀成訓例，其『斗』爲『科』字誤脱左旁，兹據校改。

〔三八二〕注文『傳』《箋二》、《王二》、《裴韻》同，《廣韻》作《左傳》，蓋俗言有所簡省。

〔三八三〕『蔛』字《王二》、《裴韻》、《廣韻》、《集韻》皆作『蔛』，底卷蓋俗作。

〔三八四〕『鳿』字在行末，次行行首至『䱎』字間底卷殘泐約一個半大字的空間，《王二》相關内容作『鳿，水鳥。又大口反』，與底卷所殘空間吻合，兹據擬補六個缺字符。

〔三八五〕『䱎』字右上角底卷略殘，兹從《王二》、《裴韻》録定。

〔三八六〕注文《裴韻》同,《王二》作『塵垢』,《廣韻》同。

〔三八七〕字頭底卷存下部筆畫,兹據《箋二》、《王二》、《裴韻》校補作『搩』字。注文『后』字《裴韻》同,《王二》作『垢』,《箋二》、《廣韻》同。

〔三八八〕『縠』字當爲『縠』字俗作,《箋二》俗借作『穀』形(參《箋二》校記〔五一二〕)。又『母虎』《王二》同,龍宇純《校箋》:『案《左傳》宣公四年「楚人謂乳穀」,《説文》引作「縠」。「母虎」誤,《王一》同本書,《廣韻》云「乳」,與《左傳》、《説文》合,《集韻》「縠」字下云「虎乳」,即出《左傳》。』又『三』字《王二》作『四』,其該小韻比底卷多收『陝,衆陝(陝字衍)』一條,《裴韻》同(注文無『陝』字)。

〔三八九〕『𨔶』字《王二》同,《廣韻》、《集韻》作『嗿』形,似於形聲構字理據爲安,底卷俗作换位。

〔三九〇〕『三』字《王二》作『四』,其該小韻比底卷多收『鵅,雀』一條文字,《裴韻》同,《箋二》、《箋五》(伯三六九三)同底卷。

〔三九一〕又音反語下字『候』《裴韻》同,《王二》、《廣韻》作『侯』,標目字又見底卷侯韻『烏侯反』小韻,是底卷此處形訛,兹據校改。

〔三九二〕『箁』字條《王二》同,《箋二》、《廣韻》、《集韻》本小韻並不載此字,《廣韻》侯韻『薄口切』小韻收之,《集韻》同,又《集韻》本大韻『薄口切』小韻亦收此字,皆合於形聲構字理據,龍宇純《校箋》疑此處誤收。

〔三九三〕反語《箋五》(伯三六九三)、《裴韻》同,《王二》作『作口反』。

〔三九四〕字頭底卷存右下角少許筆畫,兹據《王二》、《裴韻》校補作『竘』字。

〔三九五〕『二』字底卷漫滅,兹從《敦煌掇瑣》録定。

〔三九六〕『碊』字《王二》、《裴韻》作『桀』,《廣韻》作『枽』,按『枽』字或體作『桀』,見《集韻·薺韻》『枽』字條下,『桀』即『枽』字俗作,底卷『碊』又爲『桀』字形訛,兹據校改。

〔三九七〕大韻標序字及大韻代表字底卷殘泐,據《箋二》、《箋五》(伯三六九三)、《王二》知當作『卌三黝』,兹擬補三個缺字符。

〔三二九八〕『於』字下《王二》有一反語下字『由』，《裴韻》同，底卷誤脱，兹據擬補一個脱字符，龍宇純《校箋》：『各書尤韻無此字，字見幽韻「於虯反」，注「又於糺反」，「由」字誤。』

〔三二九九〕『慈』字《箋五》（伯三六九三）、《裴韻》、《廣韻》同，《箋二》、《王二》作『玆』，當以『慈』爲是，參《箋二》校記〔五一九〕。又『田』字《箋二》、《王二》作『由』，《廣韻》於又音收有『於糾切』，『由』、『糾』同隸平聲尤韻，底卷形訛，兹據校改。

〔三三〇〇〕『糺』字《王二》作『糺』，俗字又或作『糾』，皆爲『糾』的俗字，《廣韻》正作『糾』，而云『俗作糺』。下文從『丩』旁者仿此。釋義《箋五》（伯三六九三）引《説文》作『繩三合』，《王二》作『糺告（合）』，按《説文·糸部》：『糾，縪繩也。』王筠《説文句讀·丩部》『糾』字下注：『葢用麻而絞急之，謂之糾；以糾而三合之，謂之糾；以糾而三合之，謂之徽。』疑底卷『一』當爲『三』字形訛。

〔三三〇一〕釋義《王二》作『幽糹翏』，與底卷本大韻前『繆』字訓同，底卷此處當用注文與被注字連讀成訓例。

〔三三〇二〕大韻標序字及大韻代表字底卷殘泐，據《王二》知當作『卌四寑』，兹擬補三個缺字符；底卷卷端韻目本大韻代表字作『寑』，可參。又注文『通俗作寑』四字《王二》作『正作寑』，《箋二》、《箋五》（伯三六九三）字頭皆作『寑』形。

〔三三〇三〕字頭與或體同形，不合文例，底卷字頭《王二》同，注文『通俗作朕』《王二》作『正作朕』，《箋二》字頭亦作『朕』，而於注文中云『古作朕』，按底卷字頭多用正體，而《箋二》、《王二》則多用俗字，是底卷字頭『朕』字當爲『朕』字形訛（《説文》作『朕』，隸定或作『朕』），又參《敦煌俗字研究》月部『騰』字條考釋，兹據校改。

〔三三〇四〕『森』字《王二》作『森』形，《箋二》、《箋五》（伯三六九三）同，『森』通常爲『蒜』之俗字，此處則應爲『森』字形訛，兹據校改。

〔三三〇五〕『凜』字《箋二》、《王二》同，《箋五》（伯三六九三）、《廣韻》作『凜』，俗寫『冫』、『氵』或混，此處作『凜』字是，茲據校改，又參《箋二》校記〔二五二〇〕。

〔三〇六〕「痟」字當爲「瘠」字俗訛，説詳上文校記〔二九〇〕，茲從校改。又「感」字下《王二》有「反」字，底卷誤脱，茲爲擬補一個脱字符。

〔三〇七〕「畓」字《王二》作「畓」，《廣韻》作「畓」，後者合於《説文》，底卷俗省。上下文從「畓」旁字仿此。注文殘字底卷存下部筆畫，茲據《王二》校補作「甚」字；又缺字底卷殘泐，可據《王二》補作「火」字。

〔三〇八〕注文反切下字「甚」《王二》作「稟」，《箋二》、《箋五》（伯三六九三）同底卷。又「即蔭」二字《王二》作「師陰」，按「罧」字又見於底卷沁韻「所禁反」小韻，則此處反語作「師蔭反」爲是，底卷「即」字爲「師」之形訛，茲據校改。

〔三〇九〕注文《王二》作「白懊劣」，《廣韻》作「顛頪，自懊劣皃」（「丑甚切」小韻），《集韻》同，又《集韻》「昌枕切」小韻訓作「弱也」，然則「皃懊劣」義長。

〔三一〇〕「踔」字前《箋二》、《箋五》（伯三六九三）、《廣韻》皆有「踸」字，後者合於《説文》，底卷蓋用注文與被注字連讀成訓例。又「𧿳」字《王二》同，《集韻》作「趻」，底卷俗寫。

〔三一一〕本條《王二》、《廣韻》同，《説文·干部》：「𢆉，撥也。从干，入一爲干，入二爲𢆉。讀若能，言稍甚也。」《校箋》據以爲「此云『𢆉，稍甚』誤」，可參。

〔三一二〕「杭」字《王二》同，《箋二》、《箋五》（伯三六九三）、《廣韻》皆作「枕」，俗寫「冘」旁多作「冗」形，「杭」即「枕」之俗字。又「水頭木」不辭，《王二》「水」作「承」，於義爲安，底卷形訛，茲據校改。

〔三一三〕「眣」字《王二》作「眹」，《廣韻》、《集韻》同底卷，周祖謨《廣韻校勘記》：「段云『眣不應入此』，案敦煌《王韻》有此字。」龍宇純《校箋》：「字當作『眹』，即《説文》『瞽』字下云『目但有眹』之『眹』字，本書字小誤耳，段云『不應入此』，誤以爲從『矢』聲字耳。」茲從校補正字。

〔三一四〕注文「大」字《王二》、《廣韻》同，當作「小」，説詳上文校記〔三一七九〕，茲據校改。

〔三二五〕注文缺字底卷殘泐，可從《王二》補作『作』字。又博士生張新朋指出：此處所出或體『𢻹』非是『桑椹』之『椹』字或體，而是『碪質』之『碪』字或體，《廣雅疏證》所附《博雅音》卷八：『椹，知今反。今人以爲桑葚，失之。』慧琳《一切經音義》卷第八十九『砧鎚』條：『上縶林反。郭注《爾雅》云：「碪謂斫木質也。」《蒼頡篇》云：「鈇也。」《考聲》：「擣衣石也。」從石作「碪」，與「砧」字同。《文字典説》云：「從木，甚聲。」字書又從支(攴)作「𢻹」，或作「枮」，音訓並同。』可參。

〔三二六〕注文殘字底卷皆存下部筆畫，兹據《箋二》、《箋五》(伯三六九三)校補作『慈』、『生』二字。

〔三二七〕『教』字《王二》作『穀』，《箋二》、《箋五》(伯三六九三)、《廣韻》同，與《説文·㐭部》『稟，賜穀也』合(『禀』爲『稟』的俗字)，底卷形訛，兹據校改。

〔三二八〕釋義《王二》作『湯』，蓋俗所改作。又字頭《廣韻》作『歆』，合於《説文》，底卷或體當即『歆』字俗省。

〔三二九〕『義』字下《王二》有反語下字『金』，底卷脱，兹據擬補一個脱字符。又前一訓蓋用注文與被注字連讀成訓例，龍宇純《校箋》：『案「裘」上當有重文，《周禮·司裘》：「大喪，廞裘飾皮車。」鄭司農云「陳裘」，鄭玄謂「廞，興也」。』

〔三三〇〕大韻標序字底卷殘泐，據《箋二》、《箋五》(伯三六九三)、《王二》知當作『卌五』，兹擬補二個缺字符。又『玉』字前底卷衍抄一『反』字，兹據諸本徑删。

〔三三一〕注文『會稽』底卷誤倒作『稽會』，兹據《王二》乙正。

〔三三二〕注文『戻』字《王二》、《裴韻》同，《廣韻》訓作『扊扅，户壯(牡)，所以止扉』，龍宇純《校箋》：『(戻)當作「扊」，「扊」，户鍵也。字見緝韻「其立反」，支韻「扅」下云「扊」。』底卷形訛，兹從校改。

〔三三三〕釋義《王二》無『繂』字(《集韻·質韻》『率』字下云『古作繂』)，《裴韻》同底卷。

〔三三四〕『頴』字《箋二》、《箋五》(伯三六九三)、《王二》、《廣韻》同，疑爲『頋』字形訛，參《箋二》校記〔一五三六〕。

〔三三五〕『頴』字疑爲『頋』字俗訛。説詳前條校記。

〔三二六〕『桒(桑)廉』二字底卷皆有些漫壞，茲參《王二》録定。

〔三二七〕『嬒』字《王二》同，《裴韻》作『𪍿』形，《廣韻》、《集韻》本小韻未收此字。又『烏兼反』《王二》、《裴韻》同，龍宇純《校箋》：『「添韻無此音，字見塩韻「於塩反」，注「又魚檢反」，「兼」當爲「廉」字之誤。』茲從校改。

〔三二八〕『嵰嶮』底卷作『嶮嵰』，茲據《王二》、《廣韻》乙正。又『小』字二書皆作『山』，底卷形訛，亦據校改。

〔三二九〕底卷釋義本作『魚喁上下白』，《王二》作『魚口喁上下皃』，《廣韻》作『噞喁，魚口上下皃』，是底卷此注當作『喁，魚口上下皃』，且用注文與被注字連讀成訓例，茲據乙正校改，并爲擬補一個脱字符。

〔三三〇〕注文『婦名』二字底卷皆略有漫漶，茲據《王二》録定。

〔三三一〕本大韻前後『冉』及從『冉』旁字皆俗寫作『冄』，今爲免繁瑣，除此字頭外，皆徑改作通用字形『冉』。

〔三三二〕注文後一『好』字《箋五》(伯三六九三)同，《王二》作『奴』，《箋二》、《裴韻》、《廣韻》同，底卷承前形訛，茲據校改。

〔三三三〕注文《裴韻》同，《王二》作『澌𩚂』，《廣韻》作『醶𩚂，味薄』，龍宇純《校箋》：『本書「澌」當作「䜈」，下文「䜈」云「薄味」。案「䜈」即《説文》「醶」字，《説文》「醶」、「𩚂」二篆相連，注並云「闕」。』

〔三三四〕又音『武贍』二字《王二》作『式瞻』，龍宇純《校箋》：『案鹽韻無此字，字又見豔韻「式贍反」下，各書同，本書「贍」誤爲「瞻」，《王一》「式」誤爲「武」。』茲從校改。

〔三三五〕『陖』字《王二》作『陖』形，《裴韻》作『陖』，《廣韻》作『陖』，後者合於《説文》，諸本皆俗訛，茲據校改底卷字形作『陖』。

〔三三六〕『睫』字《王二》作『睫』，《裴韻》同，按『疌』旁俗寫多作『疌』、『疌』、『疌』之形，或訛變作『建』形，茲據校改正字作『睫』。

〔三三七〕『謟』字《箋二》、《王二》同，爲『諂』之俗訛字，參《箋二》校記〔一五四三〕，茲據校改。

〔三三八〕字頭『旓』字《王二》同，《裴韻》作『旓』形(當爲『旓』形之訛)，《廣韻》作『旃』，《集韻》作『旝』形，後者合於《廣雅・釋器》：『旞』字所從之『囟』爲『网』之俗寫，通常作『冈』、『冈』、『罓』諸形，唯《集韻》所作字形之左旁當作『㫃』，始合於形聲構字理據，是底卷當爲俗訛之形，兹據校改作『旞』字形。

〔三三九〕注文『桂』字《王二》作『桂』，《裴韻》作『柸』，《廣韻》作『柰』，龍宇純《校箋》：『案《廣雅・釋木》「棯，椋也」（據王氏《疏證》如此）。《王一》「桂」字與「椋」形近，「桂」、「桂」、「柸」並「椋」字之誤。』兹從校改。

〔三四〇〕又音《王二》作『於劍反』，《裴韻》作『殃劒反』，按『裺』字又見於底卷梵韻，音『於劒反』，底卷此處『斂』字形訛，兹據校改。

〔三四一〕注文《王二》有『又古含反』四字，《裴韻》同底卷。

〔三四二〕反切下字『染』《箋二》同，《王二》作『冉』，《裴韻》作『琰』。又小韻標數字《王二》作『五』，比底卷多『塹，進塹（塹字衍）』一條，《裴韻》同。

〔三四三〕大韻標序字中的前一位數字底卷殘泐，可據《箋二》、《王二》補作『卌』字，兹擬補一個缺字符。又反切下字『點』《王二》、《裴韻》同，《箋二》、《箋五》（伯三六九三）、《廣韻》作『玷』，後者與底卷卷首韻目反語合。

〔三四四〕字頭『柄』字《箋二》同，《箋五》（伯三六九三）、《王二》、《裴韻》、《廣韻》皆作『栖』形，底卷俗訛，兹據校改，又參《箋二》校記〔一五四七〕。

〔三四五〕字頭『鍩』字《王二》、《裴韻》同，《廣韻》作『銛』，後者合於《方言》卷三『銛，取也』，諸本『鍩』字當爲『銛』字俗訛，《玉篇・金部》作『鍩』形，當即『銛』訛作『鍩』之過渡字形。

〔三四六〕注文或体『距』字當为『非』字形訛，參《箋二》校記〔一五五〇〕，兹爲校改。

〔三四七〕『叜』字《廣韻》作『叓』，後者合於《說文》，底卷字頭及注文正體皆俗訛。又注文『范』字下《王二》、《裴韻》皆有『反』字（《廣韻》作『又明忝切』），底卷誤脱，兹據擬補一個脱字符。

〔三四八〕大韻標序字底卷殘泐，大韻代表字底卷存下部筆畫，據《箋二》、《箋五》（伯三六九三）、《王二》知此當作『卌七掭』三字，兹據校補殘字作『掭』，并擬補二個缺字符。

〔三四九〕大韻標序字底卷殘泐，大韻代表字底卷存下部筆畫，據《箋二》、《箋五》（伯三六九三）、《王二》知此當作『卌八等』三字，兹據校補殘字作『等』，并擬補二個缺字符。

〔三五〇〕『二』字《王二》作『一』，底卷誤計下一小韻『肯』字條，兹據校改。

〔三五一〕小韻標數字底卷誤脱，《王二》作『一』，與底卷本小韻實收字數合，兹據擬補一個脱字符。

〔三五二〕『螊』字右上角底卷略殘，兹據《箋二》、《王二》録定。又大韻標序字底卷殘泐，可據二書補作『卌九』二字，兹擬補二個缺字符。

〔三五三〕『沁』字《王二》、《裴韻》同，《箋二》作『心』，《廣韻》同，龍宇純《校箋》：『案本書感韻「徒感反」無此字，侵、寑二韻澄母亦無。《集韻》「徒感切」、「直禁切」、「持林切」並收。《廣韻》侵韻「直深切」有此字，與《切三》（長龍按：即《箋二》）合，本書「沁」字疑「心」字之誤。』

〔三五四〕『減』字左上角底卷略殘，《裴韻》作『減』，《王二》、《廣韻》作『減』，『減』即『減』的俗字。

〔三五五〕『箴』字《裴韻》同，《王二》作『箴』，《廣韻》同，《集韻》以『箴』爲首字，注云『或省』作『箴』。

〔三五六〕『美』字《箋二》、《王二》、《裴韻》、《廣韻》皆作『羹』，底卷形訛，兹據校改。又小韻標數字底卷漫滅，兹從《敦煌掇瑣》録定。

〔三五七〕『子』字《王二》、《裴韻》同，《廣韻》切上字作『呼』，《集韻》作『火』，龍宇純《校箋》：『案《方言》十三「喊，聲也」，郭璞注音「減」。「減」字讀本韻匣、見二母。又《廣雅·釋詁三》「喊，可也」，曹憲音「呼感反」，字讀精母者未聞。《切三》（長龍按：即《箋二》）無此字，疑「子」原作「乎」，爲增加字。《廣韻》音「呼豏切」則與「闞」字同音。』

〔三五八〕字頭『囚』字《王二》作『図』，《集韻》同，與《說文》『网』之古文字形略合，《裴韻》訛作『内』形，《廣韻》加形旁作『罔』，底卷俗訛，兹據校改。又釋義下《王二》有『又作筃』三字，《裴韻》同底卷。《集韻》『図』、『罔』二字二義。

〔三五九〕『僴』字上部底卷有殘，此參《王二》、《裴韻》、《廣韻》録定。又『滅』字非韻，上揭三書皆作『減』，底卷形訛，兹據校改。

〔三六〇〕大韻標序字底卷殘泐，大韻代表字底卷存下部筆畫，據《箋二》、《王二》知此當作『五十檻』，兹據校補殘字作『檻』，并擬補二個缺字符。又小韻標數字『七』《王二》作『八』，與底卷實收字數合，底卷『七』當爲誤計而訛，兹據校改。

〔三六一〕注文『囚車』《王二》作『冈車』，『冈』當是『囚』字之訛，《集韻》作『載囚車。通作檻』，可證；《廣韻》作『網車』，非是。

〔三六二〕『⿳罒米皿』字《王二》、《廣韻》皆作『⿳罒米皿』，《集韻》以『⿳罒米皿』爲『糮』字或體，按『糮』字構形合於形聲理據，『⿳罒米皿』當爲『糮』之易位俗省字，而底卷所作，或又俗寫因米而改『罒』作『田』。

〔三六三〕注文『耳』字《箋二》、《王二》、《裴韻》、《廣韻》皆作『取』，底卷誤脱右部『又』旁，兹據校改。

〔三六四〕字頭底卷存下部筆畫，兹據《箋二》、《王二》、《裴韻》校補作『醶』字。

〔三六五〕大韻標序字底卷殘泐，大韻代表字底卷存左下角撇形筆畫，據《箋二》、《王二》知此當作『五十一广』，兹爲校補殘字作『广』，并擬補三個缺字符。又注文『⿰亻巖』字《王二》作『儼』，《裴韻》同，底卷誤增『山』旁，兹據校改。

〔三六六〕反語『虞广反』《王二》同，此與『广』音『虞埯反』切音同，龍宇純《校箋》：『此誤，《廣韻》音「於广切」是也。』底卷音訛，兹據校改。

〔三六七〕『⿰今攴』字《王二》、《裴韻》同，《廣韻》作『欿』，《集韻》同，按『欿』字底卷見豏韻『火斬反』小韻，訓作『笑』，從形聲構字理據上看，疑二義同形，『⿰今攴』或爲『欿』之俗作。

〔三六八〕大韻標序字底卷殘泐，可據《箋二》、《王二》、《裴韻》補作『五十二』，兹擬補三個缺字符；大韻代表字『范』字上端底卷略殘，亦據上揭各書録定。又小韻標數字《王二》作『四』，其『範』字條下有『犯，干犯（犯字衍）」一條，《箋二》、《裴韻》同，疑底卷既脱録，因計小韻標數字爲『三』。

〔三六九〕『謬』字下、『第』字下依文例當分别有一『補』和『三』字，兹爲擬補二個脱字符。又此卷尾標識語《王二》作『切韻第三卷盡』。

〔三七〇〕『刊』字上部底卷殘泐，兹依文例録定。

〔三七一〕『舊韻』前的『卅』字《王二》影印本同，但龍宇純所用唐蘭影抄本《王二》則作『卌』，『二千七百六十』下《王二》有一『七』字，『三百九十二』之『二』《王二》作『三』，龍宇純《校箋》：『案依本書，總數爲一万二千二十三字；依《王一》，總數爲一万二千零五字；依《王一》「卌」作「卅」，餘依本書，總數爲一万二千一十三字，俱與「一万二千一十四字」之數不合，後者近是。』姑據於『二千七百六十』下擬補一個脱字符，餘俟考。

〔三七二〕『送』字上部底卷略殘，兹據《箋五》（伯三六九六A）、《箋九》、《王二》録定；又『送』字前的大韻標序字底卷殘泐，可據諸本補作『一』字。

〔三七三〕『寘』字上部底卷略殘，兹據《箋九》、《王二》録定。又『寘』字前的大韻標序字底卷殘泐，可據二書補作『五』字。

〔三七四〕『御』字上部底卷略殘，兹據《箋五》（伯三六九六A）、《箋九》、《王二》録定。又『御』字前的大韻標序字底卷殘泐，可據諸本補作『九』字。

〔三七五〕殘字前字底卷存下部筆畫，後二字皆存右側筆畫，缺字殘泐，《王二》本條作『十三霽子訐（計）反。李（『李』字下原衍抄一『与』字，此徑删）、杜与祭同，吕别，今依吕』，兹據校補殘字作『李』、『依吕』三字，并爲擬補十個缺字符。

〔三七六〕第十七條底卷全部殘泐，《王二》作『十七夬古鎚反。無平、上。李与怪（怪）同，吕别，与會同；夏侯别，今依夏』，依底卷文例，『平上』下當有『聲』字，『今依夏』下當有『侯』字，兹並據擬補二十六個缺字符。

〔三七七〕『八』字左側底卷殘泐，茲據《箋五》（伯三六九六A）、《箋九》、《王二》録定；又缺字底卷殘泐，可據諸本補作『十』字。

〔三七八〕第廿一條底卷全部殘泐，《王二》作『廿一震職刃反』，茲據擬補六個缺字符。

〔三七九〕『問』字左部底卷有殘泐，茲據《箋五》（伯三六九六A）、《箋九》、《王二》録定。又其前之標序字底卷殘泐，可據諸本補作『廿二』二字。

〔三八〇〕『頋』用同『願』，參《敦煌俗字研究》下編頁部『願』字條考釋。又本條内容《王二》同，龍宇純《校箋》：『案「慁」下「別与」二字當出誤衍。平聲元下云「夏侯、杜与魂同」，上聲阮下云「夏侯、陽、杜与混、佷同」，入聲月下云「夏侯与没同」（案没韻不分開合，爲魂、痕二聲之入），又此下云「今竝別」，並其證。』

〔三八一〕第廿五條底卷全部殘泐，《王二》作『廿五慁胡困反。呂、李与恨同，今竝別』，茲據擬補十四個缺字符。

〔三八二〕殘字底卷存左下角少許筆畫，茲據《箋五》（伯三六九六A）、《箋九》、《王二》校補作『恨』字；又缺字底卷殘泐，可據諸本補作『廿六』、『胡』三字。

〔三八三〕第廿九條底卷全部殘泐，《王二》作『廿九襉古莧反』，茲據擬補六個缺字符。

〔三八四〕『三十』二字底卷僅存左側殘畫，茲據《王二》校補；『同』字下底卷承前衍抄『夏侯与同』四字，茲據《王二》徑删。

〔三八五〕『夏侯与効同』句龍宇純《校箋》云：『似當云「陽与效同」，《王一》效下云「陽与嘯、笑同，夏侯、杜別」，是爲其證。』

〔三八六〕『妙』字右部底卷略殘，茲據《箋五》（伯三六九六A）、《箋九》、《王二》録定；又殘字前者存左下角少許筆畫，後者存左側『禾』旁，茲參諸本校補作『笑』、『私』二字；又『笑』字前的大韻標序字底卷殘泐，可依底卷文例補作『三十三』三字。

〔三八七〕前一『夏』字下依文例當有一『侯』字，底卷誤脱，茲爲擬補一個脱字符。』

〔三三八八〕缺字底卷殘泐，可依文例及《王二》補作『卅』字。

〔三三八九〕缺字後二字《王二》作『竝别』，可據補；前二字當作『藥鐸』，底卷上聲卷首韻目卅五養下云『夏侯在平聲陽唐、入聲藥鐸並别，上聲養蕩爲疑』，可證。

〔三三九〇〕『静勁』、『勁徑』間底卷分别衍抄一『同』和一『徑』字，兹依文例并參《王二》徑删。

〔三三九一〕注文《王二》同，龍宇純《校箋》：『案上聲「有」下云「李与厚同，夏侯爲疑，吕别，今依吕」，平聲尤下亦云「夏侯、杜与侯同，吕别，今依吕」，此言「吕与候同」，疑誤。』

〔三三九二〕『㮰』、『今』二字下依文例及《王二》當分别脱『同』、『並』二字，兹爲擬補二個脱字符。

〔三三九三〕殘字底卷存右下角『一』形筆畫，兹依文例校補作『五』字。

〔三三九四〕『送』字上部底卷略殘，兹據《箋五》（伯三六九六A）、《王二》録定。又大韻標序字底卷殘泐，可依文例及上揭二書補作『一』字，兹擬補一個缺字符。

〔三三九五〕殘字前者底卷存上部筆畫，中者存右下角筆畫（其中『小』形可辨），後者存右側筆畫，前一殘字至中間殘字（居雙行注文之右行倒第四字）間底卷殘泐約四個大字的空間，《王二》相關内容作『○贑，賜。○湏，水名，出豫章。○虹，縣名，［在］沛郡。又音絳』，與底卷所殘空間吻合，兹據校補殘字作『贑』、『縣』、『音』三字，并爲擬補十個缺字符。

〔三三九六〕『箻』字《王二》略同，《廣韻》、《集韻》作『篷』，後者合於《説文》，底卷俗作。

〔三三九七〕釋義《王二》略同，唯『格』字下衍抄一代字符，《廣韻》訓作『格木』，龍宇純《校箋》：『唯「櫝」字訓「格」，不詳所出。《説文》「櫝」爲「匵」字或體，注云「小桮也」，《廣雅·釋器》「匵，杯也」，「桮」即「杯」字，與「格」形近，疑「格」即「桮」字之誤，《廣韻》不知「格」爲誤字，遂加「木」字耳。』兹從校改。

〔三三九八〕『愚』字下《王二》有『皃』字，《裴韻》同，《箋五》（伯三六九六A）、《廣韻》同底卷。

〔三三九九〕注文殘字底卷存上部殘畫，『又盧』二字在雙行注文的左行，『礱』字注文《王二》作『磨礱。又盧東反』，

《箋五》（伯三六九六A）作『磨礱，小磨。又盧東反』，茲據擬補殘字作『礱』；又據底卷行款，雙行注文右行『磨礱』下當有『小磨』二字，左行『又盧』下應有『東反』二字，故爲擬補四個缺字符。

〔三四〇〇〕本條底卷有殘泐，其中字頭當居前行末，殘字前者底卷存右下角一捺形筆畫，後者存右側少許筆畫，《箋五》（伯三六九六A）、《王二》相關內容作『梇棟，縣名，在益州』，從底卷行款看，疑無『名』字，故據校補二殘字作『棟縣』，并爲擬補五個缺字符。

〔三四〇一〕殘字底卷皆存右側筆畫，《王二》本條作『哢，哢口』，茲據校補二殘字作二『哢』字。

〔三四〇二〕本條左側部分底卷殘泐，注文右側下部亦有殘泐，字頭存右側少許筆畫，下部捺筆可辨，注文殘字前者存右側『暴』形，後者存右部筆畫，《王二》本條作『湅，多貢反。瀑雨。又水名，出發鳩山。五』，與底卷殘存文字行款吻合，《箋五》（伯三六九六A）內容略同，茲據校補字頭作『湅』、注文二殘字作『瀑雨』，并擬補九個缺字符。

〔三四〇三〕殘字前者底卷存下部筆畫，後者存右側似『丨』形筆畫，『湅』字條下至前一殘字間底卷殘泐約七個大字的空間，《王二》相關內容作『〇湅，冰。〇棟，屋棟。〇湩，乳汁。又都綜、竹用二反。〇𧱕，獸，似羊，一角一目』，與底卷所殘空間略合，當可據補，茲據校補二殘字作『獸』、『目』，并爲後一殘條擬補四個缺字符。

〔三四〇四〕注文『蘆』字下《王二》有『葉』字，《廣韻》同，《裴韻》訓作『葉裹米』，《箋五》（伯三六九六A）同底卷。又小韻標數字底卷殘泐，《王二》作『五』，可據補。

〔三四〇五〕字頭底卷存右部『忩』旁，茲據《箋五》（伯三六九六A）、《王二》、《裴韻》校補作『偬』字。『偬』字下至行末底卷殘泐約三個大字的空間，次行行首至下條『胴』字間底卷殘泐半行多，據空間，可抄十七個左右大字，《王二》相關內容作『〇偬，倥偬。〇㚇，鳥斂足。或作鯼（騣）。〇鯼，魚名。〇睃，竊視。〇甕，馬（鳥）貢反。瓮甕。三。〇齈，齈鼻。〇𦉥（罋），瓶。〇謥，千弄反。謥詷，言急。一。〇洞，徒弄反。穴。又洞庭。十三。〇峒，硐深』，與底卷所殘空間吻合，當可據補。

〔三四〇六〕字頭底卷存右上角筆畫，兹據《王二》校補作『衕』字。『衕』字下至行末底卷殘泐約四個半大字的空間，次行行首至下條殘字『夢』間底卷殘泐約半行多，據空間，可抄十七個左右大字，《王二》相關内容作『〇衕，街通。〇迵，遇（通）。〇肕，舩纜所繫。〇眮，轉目。又大孔反。〇絧，相通。〇㗢，歌大。〇痛，他弄反。傷苦。二。〇蕻，好。又他口反。〇仲，直衆反。一。〇諷，方鳳反。諫。一。〇焪，去諷反。火乾物。一』，與底卷所殘空間略合，當可據補。

〔三四〇七〕字頭底卷存下部筆畫，注文殘字前者存右下角一捺形筆畫，後者存右部大略，兹據《王二》校補作『夢』、『又莫』三字。又『鳳』字《王二》作『諷』，《裴韻》同，《箋五》（伯三六九六A）、《廣韻》同底卷。

〔三四〇八〕缺字底卷殘泐，前三字可據《箋五》（伯三六九六A）、《王二》、《裴韻》、《廣韻》補作『在南郡』，後二字可據《廣韻》補作『作夢』。

〔三四〇九〕『瞢』字條下至行末底卷殘泐約四個大字的空間，次行以下全殘。

〔三四一〇〕以下所缺據《王二》知爲一送韻的大部及二宋、三用、四降諸韻全部及五寘韻的前面部分，參諸《王二》所收内容推擬，計約九行左右。

〔三四一一〕下條『欰』字所在大韻《箋五》（伯三六九六A）、《王二》、《廣韻》皆爲『五寘』，又準《王二》及底卷行款，底卷自韻目字至『欰』字間當殘泐一行半多，即除『欰』字所在行外，只有韻目所在行殘泐。『欰』字行上部底卷殘泐半行多，據空間，可抄十七個左右大字。

〔三四一二〕字頭底卷存左部『此』旁，兹據《裴韻》、《廣韻》校補作『欰』字，《王二》俗省作『欪』。

〔三四一三〕『肉』、『郎』二字分居『杫』條雙行注文的右行、左行之首，其下至行末底卷殘泐約五個左右大字的空間，次行行首至下條殘字『彼』間底卷殘泐半行多，據空間，可抄十七個左右大字，《王二》相關内容作『〇枇（杫），肉机。《後漢書》［尚書］郎無被杭（枕）枇（杫）。〇爲，榮僞反。又榮危反。俗爲。一。〇䝬，詭僞反。賭。亦作䝐。三。〇攱，［又］居委反。戴（載）。〇庪，毁。又居毁反。〇帔，披義反。衣帔。一。

○賁，彼義反。卦名。四』，校正後的内容比底卷所殘空間少三個左右大字，可參，兹爲『柹』條擬補七個缺字符及二個脱字符。

〔二四四〕字頭底卷存下部二殘畫，兹據《王二》、《裴韻》、《廣韻》校補作『彼』字。注文『衺』字中部底卷略有漫漶，兹據《箋五》（伯三六九六A）、《王二》録定；《敦煌掇瑣》、《姜韻》蓋皆參《廣韻》、《裴韻》録作『哀』，恐非是，今不從。

〔二四五〕『髪』字右下角底卷略殘，此據《王二》録定。又『髪』字下至行末底卷殘泐約四個半大字的空間，《王二》相關内容作『○髪，皮義反。益髪。六。○被，服。○鞁，裝束鞁（鞁字衍）』，與底卷所殘空間吻合，唯小韻標數字當依底卷實收字數作『五』或『四』，《王二》本小韻第五字作『備』，第六字作『䘣』，疑『䘣』字爲別一小韻字，詳下『䘣』字條校記，兹據擬補十一個缺字符。

〔二四六〕『弢』字右上角底卷略殘，兹據《箋五》（伯三六九六A）、《王二》、《裴韻》録定。

〔二四七〕本條《王二》作『䘣，褶䘣』，《廣韻》作『⿱此皮，⿱此皮褟』，又於『争義切』小韻收『䘣』、『⿱此皮』二字，《裴韻》只於『争義反』小韻收『䘣』、『⿱此皮』二字。《集韻》則於『平義切』小韻及『争義切』小韻皆兼收『䘣』、『⿱此皮』二字。龍宇純《校箋》：『疑「䘣」即「柴」字，蓋《廣雅》「柴」訓「韏」，「韏」爲「襞積」之義，故字又從衣作；又以「韏」本義爲「皮褟」，故又孳乳爲「⿱此皮」，本書、《王一》字見本紐，疑其反語誤奪，或者王氏沿襲他書之誤。本書注文「褟」字又誤作「褶」，《廣韻》既同《王二》（長龍按：即《裴韻》）「䘣」、「⿱此皮」二字音争義切，又收「⿱此皮」字於此，蓋積誤已深，莫能諟正。《集韻》乃據本書「褶」字而云「衣不帶。通作披」，幾使本書之誤不可爲考矣。』

〔二四八〕注文『羸僞』二字右側底卷皆略有殘泐，兹據《王二》録定；又殘字底卷存左側少許筆畫，亦據《王二》校補作『反』字。

〔二四九〕殘字底卷存上部似『宀』旁左部筆畫，兹據《王二》校補作『寄』字。字頭『寄』字下至注文『寄』字間底卷殘泐約七個大字的空間，《王二》相關内容作『○寄，居義反。寓。二。○騎，肉四騎。○臂，卑義反。一。○芰，奇寄反。菱芰。六』，與底卷所殘空間吻合，兹據擬補十六個缺字符。

〔二四〇〕字頭底卷存左上角似『朿』上部形筆畫，兹據《箋五》（伯三六九六A）、《王二》校補作『刺』字。『刺』字之下至行末底卷殘泐約三個大字的空間，《王二》相關内容作『○刺，此豉反。針刺。俗作刾。九』，與底卷所殘空間吻合，兹據擬補九個缺字符。

〔二四一〕『⿸广束』字《箋五》（伯三六九六A）、《王二》同，《裴韻》俗作『⿸疒束』，《廣韻》作『⿸广朿』，後者合於形聲構字理據，『⿸广束』、『⿸疒束』皆其俗作。

〔二四二〕『束』字《箋五》（伯三六九六A）、《王二》同，《裴韻》、《廣韻》作『朿』形，後者合於《説文》，底卷俗作，然與表示『縛』義的『束』字同形，故據校補正字作『朿』。

〔二四三〕缺字底卷殘泐，可據《王二》補作『尺』字。

〔二四四〕『庛』字條下至殘字『誐』間底卷殘泐約三個大字的空間，《王二》相關内容作『蛓，毛虫。或作螆、⿰虫同、毦』，與底卷所殘空間吻合，兹據擬補八個缺字符。

〔二四五〕二殘字底卷皆存左側筆畫，其中『言』旁可辨，兹據《王二》校補作『誐』、『謀』二字。

〔二四六〕殘字底卷存上部筆畫，其下至行末殘泐約二個半大字的空間，後條注文『人』字居次行行首，《王二》相關内容作『○議，宜寄反。言。三。○誼，人所宜；漢有賈誼，年盡十八，能文，洛陽人』，與底卷所殘空間吻合，兹據校補殘字作『議』，并擬補六個缺字符。又『誼』字注文《箋五》（伯三六九六A）同底卷，《裴韻》作『信誼也；漢有賈誼。又所宜反』。

〔二四七〕注文缺字底卷殘泐，可據《王二》、《廣韻》補作『漢呼』二字。

〔二四八〕注文缺字底卷殘泐，可據《王二》、《裴韻》補作『在』字；又『知』字《箋五》（伯三六九六A）、《王二》、《裴韻》、《廣韻》皆作『智』，『知』、『智』古今字，但本大韻『智』字不作『知』形，疑此處誤脱『曰』旁，故據校改，本大韻下文『企』字條反語同。又『淵』字非訓，茲據諸本校改作『潤』，底卷形訛。又小韻標數字《王二》作『五』，其收字比底卷多『歭，瀾（㶕）歭（歭字衍）』條，《箋五》（伯三六九六A）、《裴韻》本小韻皆收三字，比底卷少『積』字條。

〔三四二九〕『體』字《王二》未收，《集韻》『殨』字或體中收有『髊』，合於形聲構字理據，而『體』字別有常義，底卷形訛，茲據校改。

〔三四三〇〕字頭底卷存上部少許筆畫，茲據《箋五》（伯三六九六A）、《王二》校補作『縋』字。『縋』字下至行末底卷殘泐約二個大字的空間，《王二》相關内容作『縋，池累反。繩［懸］。七』，與底卷所殘空間略合，茲據擬補六個缺字符。

〔三四三一〕字頭《王二》作『戲』，注文釋義下有『或作戲』。

〔三四三二〕『知』字《王二》、《裴韻》、《廣韻》皆作『智』，『知』、『智』古今字，但本大韻『智』字不作『知』形，疑此處誤脱『曰』旁，故據校改，又參上文校記〔三四二八〕。

〔三四三三〕注文殘字底卷存上部筆畫，茲據《王二》校補作『舉』字。注文『舉』、『視』二字分居雙行注文右行和左行首字，其下至行末底卷殘泐約一個大字的空間，《王二》相關内容作『跂，舉足望視。又渠知反』，與底卷所殘空間略合，從底卷所殘行款看，其殘字的標準排列當作『舉□□視□□』形，但因底卷抄寫亦或不盡嚴格遵此行款，故姑據《王二》注文實際情況擬補六個缺字符。

〔三四三四〕注文殘字底卷存右側筆畫，茲據《王二》、《廣韻》校補作『行』字；又缺字底卷殘泐，可據二書補作『息』字。

〔三四三五〕釋義《箋五》（伯三六九六A）同，《王二》作『自經死縊（縊字衍）』，《廣韻》同，《裴韻》作『自經也』。

〔三四三六〕注文『䄪』字《王二》作『䊺』，《集韻》『鍦』字或體作『鉈』，然其平聲支韻『鍦』字或體則兼收『䄪』、『䊺』二形，是底卷之字蓋『䊺』形之俗省。

〔三四三七〕注文『攝根』二字《王二》脱『根』字，《箋五》（伯三六九六A）、《廣韻》、《集韻》皆作『躡跟』，慧琳《音義》卷一四『躡金屣』注引《考聲》、卷六四『著屣』注引《集訓》同，然則『根』、『跟』於鞋跟義上俗通，而『攝根』之說於義爲長。

〔三四三八〕注文缺字底卷殘泐，可從《王二》補作『僞』、『二』二字。

〔三四三九〕『㹃』字上部底卷略殘，茲據《王二》、《廣韻》録定。

〔三四四〇〕注文反切下字『⿰貝爲』《王二》、《裴韻》皆作『賜』，《補正》校『⿰貝爲』作『賜』，然二字同隸本大韻，姑存之。

〔三四四一〕『符』字《王二》作『瑞』。

〔三四四二〕『雅烏』《王二》、《廣韻》同，《裴韻》訓作『鵶』（即鴟之俗字），《集韻》訓作『鳥名，《說文》「雃也」；一曰雅烏』，《說文·隹部》『雃，鴟也』，龍宇純《校箋》：『俗書「氐」字作「⿱丘一」，「互」字作「㸦」，「㸦」與「牙」形近，故「互」多誤爲「牙」，此又以「⿱丘一」、「互」形近，遂誤「雃」爲「雅」，而或加「烏」字云「雅烏」耳。（作「雅烏」者，「烏」當是「鳥」字之誤。）《集韻》不知「雅」爲「雃」字之誤，遂陳二義。《王二》（長龍按：即《裴韻》）此作「鵶」，「鵶」即「鴟」字（見《廣韻》），獨不誤。』《校箋》說近是。

〔三四四三〕釋義《王二》同，《廣韻》作『有大慶也』，《集韻》作『《說文》「有大度也」，一曰慶也』；《玉篇·卩部》字頭作『⿰多卩』，云『有大度也』，又《多部》作『大有慶也』。龍宇純《校箋》：『案《說文》「⿰多卩，有大度也」，段氏從《廣韻》改「度」爲「慶」，然《說文》云字「從卩」，恐仍以作「度」爲是。』

〔三四四四〕注文殘字底卷存上部筆畫，茲據《王二》校補作『飢』字；又《廣韻》『娷』字訓作『飢聲』，余迺永《新校》云：『《說文》「娷，諉也」，段玉裁注：「言部曰諈諉，絫也；又曰諉，絫也。按絫者，若今言以此纍人也。娷與諈音義皆同。」《集韻》以「娷」爲「諈」字或體，另出「⿰飠垂」字云「飢也」，本注「聲」字疑其草寫作「声」，又涉下文「諈」字從言，故訛「也」字爲「声」之誤（長龍按：之誤二字衍）。《萬象名義》釋「娷」爲「餧飢」，「餧」之義爲「飤」（詳本韻於僞切餧字注），疑本切另有「⿰飠垂」字，「⿰飠垂餧」之構詞猶如「諈諉」，「餧」字《廣雅·釋詁三》云「飤也」，餵飼之「食」俗書作「飤」，故「飢聲」當云「飤也」之誤。』又小韻標數字底卷殘泐，

《王二》作『二』，可從補。

〔二四五〕本條字頭及雙行注文左行底卷殘泐，僅存注文右行之代字符加一『諉』字，《王二》作『諈，諉諈』，《裴韻》作『諈，諈諉。置睡反』，《廣韻》作『諈，諈諉，累也』，合於《說文》，從底卷行款、文例看，其注文左行所殘之字當爲『累』，故據擬補二個缺字符。

〔二四六〕注文『紘中絶』《王二》、《廣韻》同，《集韻》釋義作『《博雅》「繣紳鞓帶也」，一曰維網（綱）中繩，一曰弦中絶。』龍宇純《校箋》：『案「紘中絶」不詳所出，《說文》「繣，維綱中繩也」，段注云：「綱者，网之紘也；又用繩維之，左右皆有繩，而中繩居要，是曰繣。」「紘」與「絃」字形近，「繩」與「絶」字形近，《玉篇》「繣」下云「維紘中繩」，「紘中絶」蓋即「紘中繩」之誤，段氏改《廣韻》卦韻注作「紘中繩」。』茲從校改。

〔二四七〕行首至『國』字間底卷殘泐約三個大字的空間，後一條注文殘字底卷存右側少許筆畫，《王二》相關內容作『〇六至，脂利反。到。十。〇摯，擊』，除『摯』字注文外的內容與底卷所殘空間吻合，茲據擬補八個缺字符。又『摯』字注文《裴韻》作『國名。又摯持也』，《廣韻》作『國名；亦持也；又姓，《左傳》、《周禮》有摯荒』，《集韻》作『《說文》握持也；又國名；亦姓』，而《王二》本小韻第三字『贄』因初脱抄而補於小韻末，訓作『國名，亦作𡠗』（此義所釋實亦爲『摯』字，參下條），《說文·女部》『𡠗，至也。从女，執聲。《周書》曰「大命不𡠗」，讀若摯同；一曰《虞書》「雉𡠗」』。雖《說文》『讀若』僅以示音，然底卷因以誤作者亦或有之，故尚不能遽斷『亦』字下的缺字和殘字究爲『握持』還是『作𡠗』。

〔二四八〕缺字底卷殘泐，《王二》『贄』訓有所誤置（參前條校記），《裴韻》作『礼所執』，《廣韻》作『執贄也，《周禮》云……』，疑底卷所缺字當從《廣韻》作『贄』。

〔二四九〕殘字前者底卷存右部及下部筆畫，後者存下部筆畫，茲據《王二》、《廣韻》校補前一殘字作『鷙』，後一殘字《王二》作『鵥』，龍宇純《校箋》以爲當爲『鷙』字俗寫『鷙』之形訛，然亦因此不能斷底卷殘字之原貌。又缺字底卷殘泐，可從《王二》補作『作』字。

〔二四五〇〕『倢』字右部底卷作『遈』，應爲『疌』之俗寫，參《敦煌俗字研究》下編手部『捷』字條考釋，《王二》本字正作『倢』形，爲免繁瑣，今皆徑爲録正，後不一一出校説明。又『倢』字當爲『懥』字俗訛，《廣韻》、《集韻》正作『懥』，茲據校改。

〔二四五一〕『七』字底卷漫滅，此從《敦煌掇瑣》録定。

〔二四五二〕前行『媚』字條下至行末底卷殘泐約一個大字的空間，次行行首至殘字『媚』間底卷殘泐約七個左右大字的空間，《王二》相關内容作『○魅，鬽魅。○篃，竹篃（篃字衍）。○娓，從。又妄鬼反。○䉋，筍，冬生地中』，與底卷所殘空間吻合，當可據補。

〔二四五三〕字頭底卷存下部少許筆畫，茲據《王二》、《廣韻》校補作『煝』字。注文『焅』字《王二》同，《廣韻》『煝』字訓作『焅熱』，龍宇純《校箋》：『「焅」當作「焅」，《廣雅·釋器》「焅謂之煝」。』底卷形訛，茲據校改。

〔二四五四〕小韻標數字《王二》作『十六』，於小韻末加收『穟，稻穟』一條，非是。

〔二四五五〕注文缺字底卷殘泐，可據《王二》、《裴韻》補作『木名』；又『食』字下部底卷有殘，此從《王二》、《裴韻》校補。

〔二四五六〕殘字底卷存下部筆畫，行首至殘字間底卷殘泐約七個大字的空間，《王二》相關内容作『○燧，烽燧；一曰燧人。○䜶（𧯊），塞上亭遥火。○澻，田間小溝』，與底卷所殘空間吻合，茲據校補殘字作『溝』，并爲後一殘條擬補四個缺字符。

〔二四五七〕注文『薳』應爲『蘧』的訛俗字，《王二》、《廣韻》正作『蘧』；又《王二》『蘧蒢』龍宇純《校箋》：『當作「蘧蔬」。（《漢書·匈奴傳》「比疎一」《史記》作「比余一」，「余」、「疎」之異，與此相類。）《爾雅·釋草》「出隧蘧蔬」，即此所出。』

〔二四五八〕注文『組』字《王二》、《廣韻》同，《集韻》作『細』，龍宇純《校箋》：『案「組」、「細」並「紐」字之誤，《説文》「韇，橐紐也」。』茲從校改。

〔二四五九〕『牸』字《王二》、《裴韻》、《廣韻》皆作『將』，麥耘《「王一」校記簡編》云：『「牸」爲「將」字之訛。』茲從校改。

〔二四六〇〕注文《王二》同，『木』字前《裴韻》、《集韻》有『以』字，於義爲長，疑底卷脱之；又『回』字《王二》作『迴』，異體字，底卷灰韻『子回反』小韻無此字，字見『昨回反』小韻，《校箋》云：『又見脂韻「醉唯反」，各書同。疑此有奪誤。』

〔二四六一〕『誶』字注文『言』、『云』二字底卷分居於雙行注文的右行和左行之首，其下至行末應各缺一注文小字，次行行首至殘字『篲』（底卷存左側筆畫）間底卷殘泐約七個大字的空間，《王二》相關内容作『○誶，言，《詩》云「可以誶止」。○粹，純。亦作睟。○彗，掃。或作彗（篲）。又囚歲反』，比底卷所殘空間少約一個大字，檢《王二》本小韻末有『睟，視皃』一條爲底卷存者所無，蓋亦居於底卷殘泐部分中，《裴韻》、《廣韻》『粹』下皆接『睟』字條，《王二》當爲脱抄後補於小韻末，如此本小韻字數亦與標數字合，且加此則與底卷所殘空間吻合，當可據補，茲據校補殘字作『篲』，并爲擬補二十個缺字符。

〔二四六二〕注文《王二》同，龍宇純《校箋》：『「亦」字蓋承上文「邃」下云「深」言之。』

〔二四六三〕『類』字《王二》、《裴韻》、《廣韻》作『類』，底卷俗作，參《漢語大字典》頁部『類』字條考證。

〔二四六四〕字頭《王二》作『秘』，注文『密』字前加『亦作祕』三字，『秘』爲『祕』的俗字。

〔二四六五〕字頭底卷存右上角少許筆畫，注文殘字存右部筆畫，其中右下角的似『乚』形下部筆畫可辨，茲據《王二》校補作『柴』、『地』二字。又缺字底卷殘泐，可據《王二》補作『名』字。

〔二四六六〕前行『柴』字條下至行末底卷殘泐約一個大字的空間，次行行首至下條殘字『柲』間殘泐約半個大字的空間，《王二》相關内容作『轡，馬轡』，與底卷所殘空間吻合，茲據擬補三個缺字符。

〔二四六七〕字頭底卷存左部『木』旁部分，茲據《王二》、《廣韻》校補作『柲』字。注文缺字底卷殘泐，可據《王二》補作『矛戟』二字。

〔二四六八〕字頭底卷存左部「氵」旁，茲據《王二》、《裴韻》校補作「泌」字。

〔二四六九〕「匱」字底卷作「遺」形，乃「匱」字俗變，參《敦煌俗字研究》下編匚部「匱」字條考釋，《王二》、《廣韻》正作「匱」，茲據録正。下文從「匱」旁字仿此，俱徑予録正，不再一一出校説明。

〔二四七〇〕本條《王二》同，龍宇純《校箋》：「『壝』字《王一》、《王二》（長龍按：即《裴韻》）、《集韻》同，《廣韻》本紐無此字，此字又見脂韻『以隹反』及旨韻『以水反』，字並作『壝』（各書同），與《周禮·大司徒》封人及遺人合。唐人俗書『匚』作『辶』，或誤爲『辶』，此疑誤『壝』爲『壝』，遂從『匱』讀。」

〔二四七一〕小韻標數字底卷漫滅，可據其實收字數補作「五」字。

〔二四七二〕字頭底卷存右下角一短竪形筆畫，茲據《王二》校補作「嚊」字。又注文「喘」字前底卷承前條誤書一「匹」字，右側有删除符號「卜」。

〔二四七三〕「具」字前《王二》有「亦〔葡〕，俗作㑩」諸字。

〔二四七四〕「奰」字訓「收」未聞，《王二》此首義作「怒」，《廣韻》同，《玉篇·大部》「奰」訓作「壯也」，後者合於《説文》，是底卷「收」當即「壯」字形訛，俗寫二字左旁皆作「丬」形；又或此字乃蒙下條注文「壯」字而訛作「收」形，其本亦作「怒」字，姑誌以俟考。

〔二四七五〕「屭」字《王二》同，《裴韻》作「眉」，《廣韻》作「屓」，《集韻》作「屭」，按「屭」字字書未見所載，疑即「屭」字俗訛。

〔二四七六〕注文「又」字下底卷衍抄一「並」字，茲依文例徑删。

〔二四七七〕字頭底卷存上部筆畫，茲據《王二》校補作「𤗼」字。又缺字底卷殘泐，《王二》作「鞴模」，龍宇純《校箋》：「《廣韻》云『牑模』，《集韻》云『牖也；模也；一曰牀横桄』，《萬象名義》云『鞴塻』，《玉篇》云『𤗼摸』。案『鞴』不成字，『牑』爲『牀版』，與《集韻》『一曰牀横桄』義近，『鞴』蓋即『牑』字之誤，『牖』亦『牑』之誤字。『塻』、『摸』、『模』義皆不詳，疑爲『𤗺』或『横』字之誤。《集韻》唐韻『姑黄切』『𤗺，牀下横木也』，『𤗺』即

「横」之孳乳字。』可參。

〔二四七八〕字頭『帥』字《裴韻》同，《王二》作『帥』，《干禄字書》以『帥』爲『帥』的通俗字。

〔二四七九〕注文《王二》同，《裴韻》『櫝』字前有一『槍』字，考《爾雅·釋木》有『椐横，腫節可以爲杖』條，《説文·木部》『椐，櫝也』，是《裴韻》之『槍』當爲『椐』字形訛，又疑底卷脱『椐』字。

〔二四八〇〕『髻』字下部底卷有殘，兹從《王二》録定。

〔二四八一〕前行末底卷殘泐約一個大字的空間，次行行首殘泐約半個大字的空間，《王二》相關内容作『甈（瓻），辻』，與底卷所殘空間合，故據擬補二個缺字符。

〔二四八二〕注文反切下字『僞』《王二》同，置此非韻，《裴韻》、《廣韻》作『位』，底卷蓋音訛，兹從校改。

〔二四八三〕『眎』字《王二》作『眎』，《廣韻》、《集韻》皆以『眎』爲『視』之或體，合於《説文》，『眎』通常爲『眕』字俗寫，此處則應爲『眎』字形訛，兹據校改。

〔二四八四〕『暿』字《王二》同，《廣韻》、《集韻》作『暿』形，後者合於《説文》，底卷俗省。

〔二四八五〕注文殘字底卷存左上角筆畫，兹據《王二》、《廣韻》校補作『釀』字。

〔二四八六〕注文或體與字頭同形，不合文例，《王二》、《裴韻》或體字作『劓』形，《集韻》則以『劓』爲首字，而以『劓』爲其或體，是底卷形訛，兹從校改。又『鼻』字下《王二》有『刑』字，《裴韻》、《廣韻》同底卷。

〔二四八七〕注文或體與字頭同形，不合文例，《王二》字頭作『致』，注文云『俗作致』；考『致』字右部《説文》本從『夂』，故其正字當從《王二》作『致』；俗書『夂』旁與『攴』旁的隸變形『夂』相混無別，故『致』字俗書作『致』；俚俗據『攴』旁作『夂』的規律加以回改，則『致』又或進而訛變作『致』。下文：『緻，直利反。密。通俗作緻。』可以比勘，參看《敦煌俗字研究》下編至部『致』字條考釋。又小韻標數字底卷漫滅，兹從《敦煌掇瑣》録定。

〔二四八八〕『疐』字底卷作『疐』形，《王二》、《廣韻》作『疐』形，後者合於《説文》，俗變或作『疐』形，今通用之，《裴韻》

作『疌』，當爲俗訛字：『疌』、『疐』下部的『人』形筆畫俗寫多夸大寫作似『辶』形，底卷正爲此俗作，此徑録正。

〔二四八九〕『敁』字即『敠』字俗寫之訛變字，參前校記〔二四八七〕。

〔二四九〇〕小韻標數字底卷漫壞，兹據《王二》校補作『三』字。

〔二四九一〕『結』字《王二》、《裴韻》、《廣韻》皆作『袺』，《集韻》則首字作『襭』，而以『袺』爲其或體，底卷形訛，兹據校改。

〔二四九二〕小韻標數字底卷略有漫滅，此從《敦煌掇瑣》録定，《姜韻》作『七』，與底卷實收字數合，然底卷『嚜』字條當爲誤增，故仍從劉氏所録。

〔二四九三〕『誺』字當爲『諫』之俗訛，詳參前文校記〔二〇〕。

〔二四九四〕本條《王二》同，《裴韻》、《廣韻》、《集韻》本小韻無此條，《廣韻》本小韻『屎』字下云『籑柄也；又屎嚜（屎嚜當乙正），多詐。』龍宇純《校箋》：『案《方言》十：「嚜屎，𡡉也，凡小兒多詐而𡡉，或謂云嚜屎。」郭注：「嚜音目。」《廣雅·釋詁二》曹音「眉北反」，《列子·力命篇》作「墨屎」，此當是由「屎」字注文誤爲正文。』

〔二四九五〕『㰷』字《王二》作『檠』，《廣韻》作『𣞤』，《集韻》首字作『𣞤』，或體作『㰷』形，葉鍵得《十韻彙編研究·王一校勘記》云：『（檠）當作「㰷」，爲「𣞤」之省。』而底卷字形當爲『𣞤』字訛變，兹據校改。

〔二四九六〕注文反切上字『具』《廣韻》同，《王二》、《裴韻》作『其』；按『具』、『其』同隸『群』紐，然從开合口呼角度言，當以『具』爲是，下一小韻合口三等則以『其』字爲聲紐。

〔二四九七〕殘字底卷存下部『土』旁部分，兹據《王二》校補作『至』。

〔二四九八〕『潗』字《王二》同，《裴韻》、《廣韻》作『滊』，後者合於《説文》，《集韻》改作『潗』形，又於入聲屑韻作『潗』形，依其聲旁審音作『倪結切』，『潗』字當爲『滊』之俗訛，兹據校改。

〔二四九九〕注文《王二》作『下漯』，《廣韻》作『下濕』，後者與《説文》『小濕也』略合，底卷注文二字皆形訛，兹據校改作『下濕』。

〔二五〇〇〕缺字底卷殘泐，可據《王二》、《裴韻》補『七』、『反』二字。

〔二五〇一〕字頭『髮』字《王二》同，《廣韻》、《集韻》作『髲』，合於形聲構字理據，底卷俗省。

〔二五〇二〕注文『熟』字《王二》、《裴韻》、《廣韻》同，周祖謨《廣韻校勘記》：『案「熟」字當作「熱」。《論語・鄉黨》篇及《爾雅・釋器釋文》並引《字林》「饐，飯傷熱溼也」。』底卷形訛，兹從校改。

〔二五〇三〕字頭『欥』字《王二》、《裴韻》、《廣韻》皆作『欭』形，合於《説文》，底卷注文不誤，字頭形訛，兹據校改。

〔二五〇四〕注文殘字底卷皆存下部筆畫，兹從《王二》校補作『或』、『⿱髟隶』二字；『⿱髟隶』字《廣韻》作『⿱髟聿』，《集韻》作『⿰镸隶』，『⿰镸隶』當爲『⿱髟隶』字之省，而『⿱髟聿』又爲『⿱髟隶』的隸變字。

〔二五〇五〕『上』字《王二》同，《廣韻》作『匕』，《裴韻》訓作『匕也；又角上』，龍宇純《校箋》：『案《儀禮・士冠禮》「角柶」注：「狀如匕，以角爲之者，欲滑也。」《周禮・玉府》：「角枕角柶。」本書「上」即「匕」字之誤，《王二》（長龍按：即《裴韻》）不能辨，遂以爲二義。』兹從校改。

〔二五〇六〕『殔』字《王二》、《廣韻》作『⿰歹聿』，前者合於《説文》，『⿰歹聿』當爲『殔』之隸變俗字。

〔二五〇七〕注文前一『反』字置此不辭，兹依《裴韻》校改作『又』字。

〔二五〇八〕『比』字本小韻重出，不合文例，《王二》作『坒』，《廣韻》同，後者合於《説文》，底卷誤脱下部『土』旁，兹據校改。又『標』字《王二》作『慓』，底卷入聲質韻『毗必反』小韻『比』下云『或作坒』，是底卷此處形訛，兹據校改。

〔二五〇九〕小韻標數字底卷漫滅，此從《敦煌掇瑣》録定。

〔二五一〇〕『畀』字左上角底卷略殘，兹參《王二》、《裴韻》録定。

〔二五一一〕『疪』字《王二》作『庇』，《裴韻》、《廣韻》同，後者合於《説文》，俗寫『疒』、『广』二旁多混，兹據校改。

〔三五二〕本條《王二》同，《裴韻》、《廣韻》本紐無此字，《集韻》有，但注文作『足氣不至病』，後者合於《説文》及底卷本大韻前『毗四反』小韻『痺』字注文，龍宇純《校箋》：『此蓋誤奪「不至」二字。』姑從擬補二個脱字符。

〔三五三〕『礴』字下《王二》有『也古作坒』四字。

〔三五四〕『夏后氏』底卷作『夏氏后』，《王二》、《裴韻》、《廣韻》皆作『夏后氏』，是底卷誤倒，兹據乙正。

〔三五五〕注文殘字底卷存下部少許筆畫，兹據《王二》校補作『反』字。又缺字底卷殘泐，可據《王二》、《廣韻》補作『呻』、『尸』二字。

〔三五六〕『𨽻』字《王二》同，《裴韻》俗變作『𨽻』形，《廣韻》作『𨽾』，『𨽾』當爲『𨽻』的隸變俗字。又小韻標數字底卷漫滅，此從《敦煌掇瑣》録定。

〔三五七〕注文『胾』字《王二》作『戴』，《廣韻》云『又音代』，與『戴』同韻，《集韻》代韻『待戴切』小韻收此字，底卷形訛，兹據校改。

〔三五八〕殘字底卷存上下筆畫，中間因裂紋拼合而湮滅，《王二》作『录』形，《廣韻》作『彔』形，當爲《説文·𢑚部》『𢑚』字之俗寫，《王二》誤作，故此徑據《廣韻》校補。

〔三五九〕釋義《王二》改作『指』，《廣韻》作『垂示』。又小韻標數字底卷漫滅，此從《敦煌掇瑣》録定。

〔三六〇〕『謚』字《王二》作『諡』，《裴韻》作『謚』，《廣韻》作『諡』，按《説文·言部》『謚』下解形作『从言，兮，皿，闕』，段注以爲本當作『謚』，而『自呂忱改爲謚，唐宋之閒又或改爲諡』，是底卷字形當爲『謚』之俗寫。

〔三六一〕又音反切下字『隹』《裴韻》同，《王二》作『追』，二字同韻，然疑底卷『隹』爲『追』字形訛。

〔三六二〕『漢』字前《王二》、《裴韻》、《廣韻》皆有一『出』字，於義爲安，底卷誤脱，兹爲擬補一個脱字符。

〔三六三〕『諸』字《王二》同，龍宇純《校箋》：『《廣雅·釋詁一》「賢、賭，益也」，疏證云：「賢者，卷三云賢，𢍰也，（案《廣雅·釋詁三》：賢，𡡛，𢍰也。𡡛字《説文》作𡡛。）紛𢍰亦多益之意。」……疑「諸」即《廣雅》「賭」字，此猶《廣雅》「𡖅，多也」，而後世「多」爲「𡖅」字或體；「𢆶，絣也」，而後世「𢆶」爲「絣」字或體；「坒、笓，次也」，而後世「笓」爲「坒」字或體。（《集韻》收不同之字爲一字，尤比比皆是。）』

〔二五二四〕『尾』字下《王二》有『似弥猴雨則到（倒）懸其頭』九字，於義爲長，《裴韻》訓作『獸似猕猴，鼻向上，犀（尾）三歧，《礼》有蜼』，《廣韻》作『《爾雅》曰：「蜼仰鼻而長尾。」雄（蜼）似獮猴，鼻露向上，尾長數尺，末有歧，雨即自縣於樹，以尾塞鼻』，可參。

〔二五二五〕反語《王二》、《裴韻》、《廣韻》、《集韻》同，本大韻前有『許鼻反』小韻（《王二》、《裴韻》同，《廣韻》作『香季切』），皆與此小韻同音，龍宇純《校箋》謂『此當是增加字』。

〔二五二六〕大韻標序字底卷殘泐，可據本卷卷端韻目及《王二》補作『七』字，茲擬補一個缺字符。

〔二五二七〕注文『體』字《王二》作『⿰骨玄』，《裴韻》同，《廣韻》作『⿰骨系』，『⿰骨玄』當爲『⿰骨系』之俗變字，底卷字形疑當爲『⿰骨系』字俗訛，姑據校改。

〔二五二八〕又音反切上字『帝』《王二》、《裴韻》、《廣韻》皆作『市』，又《王二》入聲職韻『常軄反』小韻收有『植』字，底卷形訛，茲據校改。

〔二五二九〕『舘』字《王二》作『官』，《廣韻》注文中亦有『寺者司也，官之所止，有九寺』，《篇海類編・身體類・舌部》謂『舘』爲『館』之俗字，實『舘』字當即『官舍』之類化字，因與『館』音義皆同，故以爲其俗字。

〔二五三〇〕『⿰食卜』字《王二》、《裴韻》、《廣韻》作『飤』，後者合於《説文》，按《龍龕・食部》以『⿰食卜』爲『飼』之俗字，而『飼』即『飤』之或體字。

〔二五三一〕『蚝』字右旁乃『屯』之俗作，字頭《王二》、《裴韻》、《廣韻》皆作『蚝』形，底卷形訛，茲據校改。又注文『虬』字《王二》無，《裴韻》作『蚝』，《廣韻》訓作『蛓，毛蟲，有毒』，龍宇純《校箋》以爲『「虬」即「蚝」之誤』，茲據校改。

〔二五三二〕注文『逆』字《裴韻》同，《王二》、《廣韻》作『逆』，『逆』即『逆』之俗字，《正字通・辵部》：『「逆」，俗「逆」字，舊注不詳考，「逆」即隸「逆」字省文。』

〔三五三三〕注文『旗』字《王二》作『旌』，《裴韻》、《廣韻》同底卷；又又音反切上字『曰』《王二》作『昌』，《裴韻》同，《廣韻》又音『熾』，本大韻後『尺志反』小韻正收此『幟』字，是底卷此處字形有脱誤，《補正》校『曰』作『昌』，茲從之。

〔三五三四〕『慈』字《王二》同，《廣韻》、《集韻》作『慈』，後者合於《説文》，底卷蓋其俗省。

〔三五三五〕注文『茲』字《王二》作『滋』，『茲』、『滋』古今字；《説文・叙》云：『倉頡之初作書，蓋依類象形，故謂之文；其後形聲相益，即謂之字，字者，言孳乳而浸多也。』是此處之『茲』取滋生、孳乳之義。

〔三五三六〕『麻母亦』三字右側底卷略殘，茲參《王二》、《廣韻》録定。　又『字』字《王二》同，《廣韻》字頭作『芓』形，而以『芋』爲其或體，《集韻》反之，然所收二字形同，是底卷抄者蓋誤省『艹』旁，茲據校改。

〔三五三七〕『餌』字《王二》作『飾』，《裴韻》、《廣韻》同，與《説文・玉部》『珥，瑱也』義合，底卷蓋承前從『耳』旁諸字而訛，茲據校改。

〔三五三八〕『開刑書』三字《王二》、《裴韻》、《廣韻》同，當泛指斷獄時所需翻檢之刑書。

〔三五三九〕『駛』字《王二》同，《裴韻》作『馶』，《廣韻》作『駛』，《集韻》作『駛』，大徐本《説文》新附字字形同底卷，『駛』當爲『駛』字俗省，而『馶』則『駛』字俗訛，『駛』又『駛』字俗訛，《集韻》因其訛旁而於平聲虞韻增『容朱切』一音，誤益甚。　又本小韻標數字《王二》作『六』，與底卷本小韻實收字數合，此誤計，故據校改。

〔三五四〇〕『鼬』字《王二》同，《裴韻》未收，《廣韻》作『鼬』，《玉篇・鼠部》同，唯釋義《玉篇》作『阜宎』，與《説文・鼠部》『鼬』字同訓，桂馥《説文解字義證》謂《廣韻》、《玉篇》之字即《説文》『鼬』字之訛，龍宇純《校箋》申證云：『案「吏」聲之字省作「史」，與「央」形近易亂，《王二》（長龍按：即《裴韻》）本韻正文及質韻「鴩」下注文「駛」並譌作「駃」，即其例。』可參。

〔三五四一〕『臾』字《王二》訛省作『臾』形，龍宇純《校箋》：『案《廣雅・釋獸》「狭，貁也」、「臭，狭也」二條相連，「狭」與「貁」皆貍屬。「央」與「史」形近每有訛亂，疑「臾」字即由「臭」字訛誤，而本書收之。』

〔二五四二〕本條《王二》作『餕，牧』，《廣韻》作『餕，《玉篇》云「嗜食」』，《集韻》作『餕，粃飾』，龍宇純《校箋》：『案「餕」字不詳所出，疑即「飾」之孳乳，原本作「餕」（《篇海類編》作如此），後誤爲「餕」爲「餕」，本書注文「牧」即「妝」字俗誤，與《集韻》云「粃飾」義同，《王一》「牧」是「妝」字之誤。《玉篇》云「嗜事（食）」，不詳所據，《字彙補》「餙，他結切。《篇》、《韻》貪食曰餙」，則以爲即《説文》「飻」字，然「餙」實《説文》「飭」字，古「飾」、「飭」通用，亦可證「餕」即「飾」字别構。』兹從校改『牧』字作『妝』。

〔二五四三〕释義《王二》作『小立』，《廣韻》作『近也，從也，承也』，按在承奉義上『丞』、『承』二字俗多通用。

〔二五四四〕『鴘』字左下角底卷略有漫漶，兹參《爾雅·釋鳥》『鴘，鵅鵋』録定，《王二》訓作『鵅鵋』，《廣韻》作『鵅鵋，鵂鶹鳥，今之角鴟』。

〔二五四五〕『畁』字《王二》作『畀』形，《廣韻》作『畁』，後者合於《説文》，隸定或作『畁』形（《集韻》作此形），底卷及《王二》皆俗作。

〔二五四六〕注文殘字底卷僅存右下角一捺形筆畫，兹據《王二》、《裴韻》校補作『尺』字；又缺字底卷殘泐，可據二書補作『反』字。

〔二五四七〕『戠』字《王二》作『戠』，《廣韻》同，《集韻》首字作『埴』，而以『戠』爲其或體，按『戠』字當爲『從土、戠聲』，合於形聲構字理據，底卷俗訛，兹據校改。

〔二五四八〕小韻標數字底卷漫滅，此從《敦煌掇瑣》録定。

〔二五四九〕字頭底卷存左下角筆畫，兹據《王二》、《裴韻》校補作『鱵』字。又『怨』字《王二》、《裴韻》、《廣韻》作『恐』，與《廣雅·釋詁四》合，底卷形訛，兹據校改。

〔二五五〇〕大韻標序字底卷殘泐，可據本卷卷端韻目及《王二》補作『八』字，兹擬補一個缺字符。

〔二五五一〕釋義『屎』字承前誤，《補正》已指出此爲『從「秜」字訓誤入』，《王二》釋義作『尊』，與《廣韻》首義同，兹據校改。

〔三五五二〕『十六』《王二》作『十五』，底卷因誤倒『魚貴反』小韻首字『魏』字條於『犩』字條下而致誤計『犩』爲本小韻字，參下『魏』字條校記，兹據校改『十六』作『十五』。

〔三五五三〕『偶』字下《王二》有『正胃』二字；《集韻》以『胃』爲首字，而以『偶』爲其或體。

〔三五五四〕釋義《裴韻》同，《王二》作『絡蝟，虫名』，龍宇純《校箋》：『案「蝩蝟」不詳，《爾雅·釋魚》「蝟蟔小者蟧」，郭云「即彭蝟」，疑此誤「蝟」爲「蝟」。』姑從校改『蝟』作『蝟』字。

〔三五五五〕『𧆨』字《王二》作『𧆨』，《廣韻》、《集韻》作『𦲸』，後者合於《説文》，底卷俗訛，故據校改。又釋義《王二》同，《廣韻》作『草木𦲸孛也』，與《説文》合，『𦲸孛』爲聯綿詞，疑底卷誤省，姑爲校補一個脱字符。

〔三五五六〕『蕒』字訓《王二》作『類』，『類』、『類』正俗字，《箋二》及《裴韻》未收『蕒』，《廣韻》訓作『草名』，《玉篇·艸部》訓作『草也』，略同，《集韻》以之爲『𦲸』字或體，訓云：『《説文》艸木𦲸孛之皃。』唯《集韻》『𦲸』字亦收『蕒』字爲其或體，是疑底卷誤混『蕒』、『彙』爲一而致誤訓『蕒』字，當據《玉篇》、《廣韻》改。

〔三五五七〕『魏』字條底卷抄於『犩』字條下，檢《王二》、《裴韻》、《廣韻》、《集韻》皆以『犩』字隷於魚貴反小韻，而該小韻首條亦同作『魏』字，底卷蓋初抄誤脱『魏』字條，旋覺而補於『犩』字條下，因其小韻標數字爲抄完後用朱筆補加，故於此處把『犩』字條計入前一小韻而『魏』字條徑標作『一』，兹據校改，并據乙正『魏』、『犩』二條之序。

〔三五五八〕釋義《裴韻》同，《王二》作『熱病』；《廣韻》作『熱生小瘡』，與底卷義略同。

〔三五五九〕字頭底卷存下部竪形筆畫，兹據《王二》、《廣韻》校補作『菲』字。

〔三五六〇〕注文《裴韻》同，《王二》作『罻罻，網羅』，《廣韻》作『罻網』。

〔三五六一〕『褽』字在行末，次行行首至下條『諱』字間底卷殘泐半個大字的空間，《王二》相關内容作『袚』，《裴韻》同，兹據擬補一個缺字符。

〔三五六二〕『鬻』字《王二》同，《裴韻》作『鬻』，《廣韻》作『䰛』，後者與《説文》略同，底卷俗訛，兹據校改。又釋義《裴韻》同，《王二》於『名』下加有『似人，峻走，食人，聲如小兒啼，披髮，面上廣下陝，俗呼爲山都』二十三字。又小韻標數字不確，本小韻第五字『菲』字條以下七字誤作别計，而加標數字『七』於『菲』字條注文末，茲依文例校改此小韻標數字作『十一』。

〔二五六三〕注文『反』字下底卷有一小韻標數字『七』，不合文例，茲據徑删；又『味』字《裴韻》同，《王二》作『未』，《廣韻》『又霏、斐二音』（《蔣藏》『霏』作『妃』），底卷本大韻『芳味反』小韻未收『菲』字，而上聲尾韻『妃尾反』小韻收之，又平聲微韻『芳非反』小韻『菲』字注文云『又芳尾、符未二反』，龍宇純《校箋》云：『此「未」字當誤，《王一》、《王二》（長龍按：即《裴韻》）「味」字誤同。』

〔二五六四〕『履』字《王二》作『屬』，《裴韻》、《廣韻》同。

〔二五六五〕或體《王二》僅收『茾』字，龍宇純《校箋》：『未詳。《廣韻》「茾」字别出，云「茾隱」（本書下文「𢈔」下云「隱」），即《説文》「𢈔」字，《廣韻》「𢈔」下云「隱也；陋也」）。《集韻》「茾」爲「𢈔」字或體，《玉篇》「茾」爲「𢈔」字或體，疑「亦作茾」三字原當在「𢈔」下。』

〔二五六六〕注文殘字底卷存下部筆畫，茲據《王二》校補作『扶』字；又缺字底卷殘泐，可據《王二》補作『稻』、『又』二字。

〔二五六七〕或體與字頭同形，不合文例，考《廣韻》收有或體作『蕿』形，合於《説文》，底卷形訛，茲據校改。

〔二五六八〕注文《王二》同，《廣韻》作『豕怒毛豎也』，於義爲安。

〔二五六九〕缺字底卷殘泐，可據《王二》、《裴韻》、《蔣藏》及《廣韻》補作『仰塗』二字。

〔二五七〇〕『載』字《裴韻》同，《王二》作『戴』，是『載』音當取代韻一讀。

〔二五七一〕注文『尾』字《王二》同，《集韻》釋作『居豎，獸名，似胃毛赤』，龍宇純《校箋》：『《山海經·北山經》云「其狀如彙而赤毛」，《廣韻》（按澤存堂本韻未注其色，志韻作「赤尾」）、《集韻》云「赤毛」，此誤。』

〔二五七二〕釋義《王二》作『着』，《蔣藏》作『衣著』，《廣韻》同。

〔三五七三〕大韻代表字及其標序字底卷殘泐，可參《王二》、《裴韻》、《蔣藏》、《廣韻》及底卷文例補作「九御」二字，兹擬補二個缺字符。又小韻標數字底卷作「十六」，檢《王二》、《裴韻》、《蔣藏》、《廣韻》本小韻皆收三字，底卷誤與下「力據反」小韻五字、「居御反」小韻八字合計，兹據徑改。

〔三五七四〕「慮」字《王二》、《裴韻》、《蔣藏》、《廣韻》皆爲「力據反」小韻首字，諸本「慮」字下皆接「勴，助」（《廣韻》釋義作「助也」）條，是底卷此處脱「慮」字注文「力據反。思。五」五字及注文「助」的字頭「勴」字，兹據《王二》并參諸本擬補六個缺字符。

〔三五七五〕「又」字《王二》作「反」，底卷形訛，兹據校改。又小韻標數字底卷脱，《王二》作「八」，與底卷本小韻實收字數合，兹據擬補一個脱字符。

〔三五七六〕「濾」爲「濾」的訛俗字（「慮」旁訛變作「處」爲俗書常例），《廣韻》、《集韻》正作「濾」，兹據校改；《集韻》復收或體作「瀏」，爲「濾」改換聲旁的繁化字；《王二》作「瀏」，則爲受「濾」、「濾」的交互影響産生的訛變字形，龍宇純《校箋》：「本書魚韻「攄」字誤「攄」，與此同例。《王一》作「濾」，尤誤。」未盡確。

〔三五七七〕釋義《王二》同，《廣韻》作「角似雞距」，《集韻》作「獸名，角似雞距」，於義爲長，疑底卷「鷄」字下脱「距」字。

〔三五七八〕缺字底卷殘泐，「覰」字注文《王二》作「七慮反。窺伺。三」，依底卷之行款文例，其釋義當僅有一字，檢《裴韻》釋義作「伺」，《蔣藏》、《廣韻》作「伺視」，疑底卷釋義當同《裴韻》。

〔三五七九〕「蜡」字《王二》作「蛆」，《集韻》同，龍宇純《校箋》：「案《周禮》「蜡氏」，《釋文》音「清預反」，《説文》「蜡，蠅胆也」，故以「蜡」爲「胆」字或體（《説文》「蜡」、「胆」二字）。本書魚韻「七余反」「胆」下云「虫在肉中」，俗作「蛆」，《廣韻》亦云「蛆」爲俗體，《切三》（長龍按：即《箋二》）字作「蛆」，亦云俗作。「蛆」爲正體者音「子魚反」，義爲「蝍蛆」，此云「亦作蛆」，「蛆」疑「蜡」字之誤。」

〔三五八〇〕釋義《王二》作「不住」，《廣韻》與底卷同。

〔二五八一〕注文「才」字《王二》作「又」，麥耘《「王一」校記簡編》：「按「才」當爲「又」，沿上而誤。」兹從校改。

〔二五八二〕釋義《王二》作「署書」，《裴韻》、《蔣藏》無，《廣韻》作「書也；廨署；部署也」。

〔二五八三〕釋義《裴韻》作「庶衆」。

〔二五八四〕釋義《王二》、《裴韻》、《蔣藏》、《廣韻》略同（唯《裴韻》、《廣韻》「罇」字作或體「樽」），龍宇純《校箋》：「案《禮記・禮器》：「天子諸侯之尊廢禁，大夫士棜禁」，「棜」、「禁」皆承樽之器，有足者「禁」，無足者「棜」，此云「無足罇」，失之，《集韻》云「承樽器，如案無足」，獨不誤。」

〔二五八五〕注文殘字底卷存上部少許筆畫，兹據《王二》、《裴韻》校補作「約」字；又釋義《王二》、《裴韻》、《蔣藏》同，《廣韻》作「濁水中泥也」，與《説文・水部》「淤，澱滓濁泥」合。

〔二五八六〕注文殘字底卷僅存下部少許筆畫，兹據《王二》校補作「擊」字。又缺字底卷殘泐，可據《王二》、《廣韻》補作「扵」字。

〔二五八七〕「二」字《王二》作「三」，與底卷本小韻實收字數合，底卷形訛，兹據校改。

〔二五八八〕「綿」字前《王二》有一「麁」字。又小韻標數字《王二》作「一」，與底卷本小韻實收字數合，底卷誤計下「鋤據反」小韻三字、「子據反」小韻二字、「側據反」小韻一字，兹據校改。

〔二五八九〕小韻標數字底卷誤脱，《王二》作「三」，與底卷本小韻實收字數合，兹據擬補一個脱字符。

〔二五九〇〕注文「筯」字《王二》同，龍宇純《校箋》：「案《孟子・滕文公》「殷人七十而助，助者，藉也」，此「耡」字即彼「助」字，《周禮・考工》「匠人」鄭注引《孟子》「助」字作「莇」，本書誤。」按敦煌俗寫「艹」、「⺮」二旁多混而不分，兹據校改。

〔二五九一〕注文「憍」字下底卷承前條衍抄一「子」字，兹據《裴韻》、《蔣藏》、《廣韻》徑删。又小韻標數字底卷誤脱，《王二》作「二」，與底卷本小韻實收字數合，兹據擬補一個脱字符。

〔二五九二〕小韻標數字底卷誤脱，《王二》作「一」，與底卷本小韻實收字數合，兹據擬補一個脱字符。

〔三五九三〕前行『洳』字下至行末底卷殘泐半個大字的空間，次行行首至『亦』（居雙行注文之右行末）字間底卷殘泐約一個半大字的空間，《王二》相關内容作『洳，而據反。沮洳。亦作澤。二』，與底卷所殘空間及行款吻合，兹據擬補八個缺字符。

〔三五九四〕殘字底卷存右部筆畫，其中『口』形部分可辨，兹據《王二》、《裴韻》、《蔣藏》及《廣韻》校補作『茹』字。注文缺字底卷殘泐，可據諸本補作『牛』字。

〔三五九五〕『豫』字左上角底卷略有殘泐，兹從《王二》録定。又小韻標數字底卷有些殘壞，此亦據《王二》録定。

〔三五九六〕『嘘』字底卷在行末，右下角略殘，兹參《裴韻》、《蔣藏》、《廣韻》録定。又次行行首至殘字『瘀』間底卷殘泐約六個半大字的空間，《王二》相關内容作『〇女，娘舉反。一。〇筯，直據反。或作箸。二』，比底卷所殘空間少約二個大字，然《王二》脱抄『嘘』字條，《裴韻》、《蔣藏》、《廣韻》皆有之，參諸本『嘘』字注文及底卷行款，底卷『嘘』字注文蓋當作『虚據反。吹。又許渠反。一』，兹據擬補二十二個缺字符。

〔三五九七〕字頭及注文殘字底卷皆存右下角少許筆畫，兹據《王二》校補作『瘀』、『慮』二字。

〔三五九八〕後條注文殘字底卷皆存右部筆畫，兹據《王二》、《裴韻》校補作『紆遇』二字。又行首至殘字『紆』間底卷殘泐約八個大字的空間，《王二》相關内容作『〇十遇，虞樹反。逢。四。〇寓，寄。亦作庽。〇瘍，疣。〇禺，獸禺（禺字衍）。〇嫗，紆遇反。老嫗。一』，與底卷所殘空間略合，兹爲所殘空間擬補十八個缺字符。

〔三五九九〕『祔』字在行末，次行行首至『贈』字間底卷殘泐約一個半大字的空間，『贈』後殘字底卷存右下角少許筆畫，《王二》相關内容作『〇祔，祭。〇賻，贈死』，與底卷所殘空間吻合，兹據校補殘字作『死』，并擬補二個缺字符。

〔三六〇〇〕『副』字右側筆畫底卷略殘，此從《王二》録定。

〔三六〇一〕字頭底卷存左部『魚』旁，兹據《王二》、《蔣藏》、《廣韻》校補作『鮒』字。注文缺字底卷殘泐，可據《王二》

定作『魚』字。

〔二六〇二〕『胕』字右側底卷有殘，此從《王二》、《廣韻》録定。注文缺字底卷殘泐，可從《王二》補作『肺』字。

〔二六〇三〕字頭底卷存左側『𠂆』形筆畫，茲據《王二》校補作『𠪐』字，《廣韻》同收此字，周祖謨《廣韻校勘記》云：『案此「𠪐」字當是「𠪐」字之誤，《説文》「𠪐，小卮有耳蓋者」，「𠪐」已見獮韻「市兖切」下，此「𠪐」字當刪。』余迺永《新校》云：『此訛从「尃」，故有是音。』又缺字底卷殘泐，可從二書補作『小卮』二字。

〔二六〇四〕『鄉』字下《王二》有『名』字，《廣韻》同。

〔二六〇五〕注文殘字底卷存左側似『辶』形部分，茲據《王二》校補作『遇』字；缺字底卷殘泐（其中字頭缺字居前行末），可從《王二》、《裴韻》、《廣韻》及《集韻》補作『屨』、『俱』二字。又『七』字底卷漫滅，此從《敦煌掇瑣》録定。

〔二六〇六〕又音反切上字『況』《王二》作『兄』，二字同隸曉母，『姁』字《王二》亦見上聲麌韻，隸『況羽反』小韻，與底卷又音用字合。

〔二六〇七〕字頭『腧』字《王二》、《裴韻》、《廣韻》皆作『隃』，『兪』、『俞』爲《説文》篆文隸定之異（『兪』字左下部《説文》本從『舟』）。本大韻下文從『兪』旁字仿此。

〔二六〇八〕缺字底卷殘泐，可據《王二》補作『又式』二字。

〔二六〇九〕注文殘字底卷存右部『戈』形筆畫，茲據《王二》校補作『式』字；俗寫『式』字右部或加撇筆作『戈』形，《敦煌掇瑣》、《姜韻》皆録作『戍』字，恐爲臆斷。

〔二六一〇〕『𨓈』字《王二》作『𧺆』，按『𨓈』字未見於他本字書，而『辶』、『走』義類相同，並用則有疊牀架屋之嫌，『𧺆』爲『赴』之俗寫字形，疑底卷字形即其訛變。

〔二六一一〕注文『女』字下《王二》有『亦州名』三字，《裴韻》同，《廣韻》略同底卷，唯『婺女』下別加釋義『星名』二字。

〔二六一二〕注文『羔』字《王二》、《裴韻》、《蔣藏》皆作『羊』，《廣韻》與底卷同，合於《説文》。

〔二六一三〕注文『髮』字《裴韻》、《蔣藏》、《廣韻》、《集韻》同，《王二》作『髟』，龍宇純《校箋》：『案《説文》「帣，髼巾也」，本書「髟」當是「髤」字之誤，「髤」與「髼」同，作「髮」者尤誤。』茲從校改。

〔二六一四〕『⿱矛虫』字《王二》作『蚤』，《廣韻》作『蟊』，《集韻》注文作『蟲名，《博雅》「蛷螋，蟱蛷也」』，按『⿱矛虫』當即『蟊』字俗省，龍宇純《校箋》云：『「蛷」亦作「⿱求䖵」，或省作「⿱求虫」，與本書「蚤」字形近，曹憲「蟱」音「霧」，與本書「蟱」字同音，疑本書「蚤」實「⿱求虫」字之誤，《王一》、《廣韻》又誤作「蟊」。《集韻》云「蟲也」，蓋不知「蟱」何以爲「蟊」，遂泛言之耳。』

〔二六一五〕注文『癯』字《王二》同，《裴韻》、《蔣藏》、《廣韻》、《集韻》皆作『瘦』，《王二》及《廣韻》虞韻皆以『癯』字爲『臞』之或體，疑底卷注文『癯』字前脱釋義『瘦』及『亦作』或『俗作』數字。

〔二六一六〕小韻標數字底卷漫滅較甚，僅略可辨下部『一』形筆畫，此從《敦煌掇瑣》録定。

〔二六一七〕注文殘字底卷存上部筆畫，茲據《王二》校補作『積』字。又『積』字底卷居注文右行，其下部及左行殘泐，『積』字位置已在行末，其下應已無其他文字；《王二》『積』字下有『又浄雨反』四字，《裴韻》、《蔣藏》、《廣韻》亦皆載此又音（唯後二書反語上字作『奏』，與『浄』字有清濁之異），當與底卷不同。

〔二六一八〕字頭底卷存右上角少許殘迹，注文殘字存右部筆畫，茲據《王二》、《裴韻》校補作『付』、『府』二字。又注文缺字底卷殘泐，可據《王二》補作『遇反授六』四字。

〔二六一九〕缺字底卷殘泐，可從《王二》補作『賦』、『詩』、『流』三字。

〔二六二〇〕字頭底卷存右部『尃』旁，茲據《王二》校補作『傅』字。注文缺字底卷殘泐，可從《王二》補作『保』字。

〔二六二一〕字頭底卷存右上角筆畫，其中『彡』形可辨，注文殘字底卷存右側筆畫，茲並據《王二》校補作『⿱髟寺』、『露』二字。

〔二六二二〕『搏』字左上角底卷略殘，此從《王二》、《廣韻》録定。

〔二六二三〕注文『置』、『人』分居右左雙行之行首，『又』字下至行末底卷殘泐約一个大字的空間，《王二》『鉒』字注文作『置』，又送死人物』，與底卷所殘行款略合，《裴韻》、《廣韻》訓與《王二》亦略同，茲據擬補三個缺字符。

〔二六四〕注文『小步』《王二》同；《裴韻》、《廣韻》作『步止』，合於《説文》。

〔二六五〕字頭殘字底卷存上部筆畫，茲據《王二》、《裴韻》、《蔣藏》及《廣韻》校補作『驅』字。又『驅』字至『膢』字間底卷殘泐約五個左右大字，其中的殘字存下部筆畫，位居該條雙行注文右行之末，《王二》相關内容作『○驅，主（匡）遇反。一。○蒧（葴），蒟注反。鳥窠。二』，比底卷所殘空間少約一個半大字，檢《裴韻》、《蔣藏》、《廣韻》『驅』字注文皆有又音，其中《裴韻》作『又匡愚反』，且依底卷文例，注文中當有釋義，《集韻》作『馬馳』，加此又音及釋義六字，則與底卷空間略合，茲據擬補後條殘字作『反』，并爲此殘條擬補六個缺字符。

〔二六六〕『膢』字左上角底卷略殘，茲從《王二》、《廣韻》録定。

〔二六七〕『蒟（或作芻）注反』小韻《王二》無此字，《廣韻》同；《裴韻》別立『即具反』小韻收此『足』字，《蔣藏》同，底卷前『子句反』小韻已收『足』字，且從此注文案語可知《切韻》本別立『即具反』小韻收『足』字，而底卷以爲其與『子句反』小韻無別，故合之，《王二》及《廣韻》『足』字亦皆僅見於前『子句反』小韻，《裴韻》別立『即具反』小韻，故於前『子句反』小韻則未收『足』字，是底卷此字不应出於此，蓋抄者初脱其『案』語，後加補於此，因致體例混亂，當移此『案』語於前『子句反』小韻『足』字下，而刪此『足』字。

〔二六八〕又音反切上字『息』《王二》作『思』，《廣韻》同底卷，『息』、『思』紐同。

〔二六九〕字頭『暮』字左部底卷有殘泐，茲從《王二》録定。又本大韻標序字及注文缺字底卷殘泐，標序字可據本卷卷端韻目及《王二》補大韻標序字作『十一』，茲擬補二個缺字符；注文缺字可據《王二》補作『日夕五』三字。

〔二七〇〕注文缺字底卷殘泐，可據《王二》、《裴韻》、《蔣藏》及《廣韻》補作『墓』字。

〔二七一〕字頭底卷存右部筆畫，茲據《王二》、《裴韻》校補作『慕』字。注文『思』字左下角底卷略殘，亦據前二書録定;又缺字底卷殘泐,可據《王二》補作『戀』字。

〔二六三二〕殘字底卷存右側一殘捺形筆畫,玆據《王二》、《裴韻》校補作『募』字。又『募』字下至『鍍』字間底卷殘泐約七個大字的空間,《王二》相關内容作『○募,勇征。○慔,勉。又亡各反。○渡,徒故反。越水。五。○斁,猒;一曰終,《詩》云「服之無斁」』,比底卷所殘空間多兩個大字,疑底卷或有脱文,可參。

〔二六三三〕注文殘字底卷存右部『勿』旁,玆據《王二》、《裴韻》校補作『物』字。

〔二六三四〕注文『故』字下《王二》有『反』字,底卷脱,玆爲擬補一個脱字符;又『逕』字《王二》作『路』。

〔二六三五〕注文《王二》同,龍宇純《校箋》:『《蓼蕭》詩「零露湑兮」,「湑」爲「露皃」,此不得訓爲「湑」,《廣雅·釋詁二》「露,漬也」,「漬」即「漬」字,與「湑」形近,疑此「湑」爲「漬」字之誤。』

〔二六三六〕前行『輅』字左下角及次行『反』字左上角底卷皆有殘泐,此並從《王二》録定。又次行殘字居底卷雙行注文之右行倒第三字,存右下角一捺形筆畫,前行『輅』字下至行末底卷殘泐約二個大字的空間,次行行首至殘字間底卷殘泐半行多,據空間,可抄十七個左右大字,《王二》相關内容作『○輅,車輅。又胡格反。○璐,玉名。○賂,遺。○鷺,白鳥。○簬,竹名。亦作簵。○蕗,蕗葵。○籚,庘。○妬,當故反。亦妒嫉。八。○秅,禾束;又縣名,在濟陰。亦作秺。○奼,美女。又所嫁反』,與底卷所殘空間略合,玆據擬補殘字作『美』,并爲後一殘條擬補三個缺字符。

〔二六三七〕前行『蠹』字下部底卷略殘,玆從《王二》、《裴韻》録定。又『蠹』字下至行末底卷殘泐約四個大字的空間,次行殘字底卷存一捺形筆畫,行首至殘字間底卷殘泐半行多,據空間,可抄十八個左右大字,《王二》相關内容作『○蠹,食桂虫。○殬,敗。○菟,湯故反。葵。四。○吐,歐吐。○兔,獸,毛可爲筆。○鵵,鷂(鷂)。○顧,古暮反。視。俗作頋。九。○雇,賃。○稒,稒陽,縣,在五原。○故,舊。○酤,酒。又古胡反。○痼,久疾』,與底卷所殘空間略合,玆據校補殘字作『久』,并爲後一殘條擬補二個缺字符。

〔二六三八〕缺字底卷殘泐,可據《王二》、《廣韻》補作『鼠』字。

〔二六三九〕前行『椢』字條下至行末底卷殘泐約四個大字的空間，次行行首至殘字『手』間底卷殘泐半行多，據空間，可抄十八個左右大字，《王二》相關内容作『○誤，吾故反。錯。八。○寤，寐。○忤，逆。○迕，遇。亦作仵、牾。○晤，朗晤（晤字衍）。○悟，覺悟。○梧，枝梧。○逜，于（干）。又吾古反。○護，胡故反。嫪（此有誤）。十六。○瓠，生匏。○嫭，美好。○婟，[婟嫪]，惜』，校正後的内容比底卷所殘空間約多一個左右大字，可參。

〔二六四〇〕字頭底卷存左下角筆畫，兹參《王二》及注文『手』字形校補作『手』字。

〔二六四一〕『樂』字下底卷有一『反』字，龍宇純《校箋》以爲誤衍，麥耘《〈王一〉校記簡編》亦云『「反」字衍，此非又音（「湯樂」指商湯之樂）』，兹從徑删。

〔二六四二〕前行『桙』字左旁『木』底卷殘泐，兹參《王二》、《裴韻》、《蔣藏》及《廣韻》録定。又『門』字下至行末底卷殘泐約四個大字的空間，次行殘字底卷分別存右部『屰』、『㐬』二旁，行首至前一殘字間底卷殘泐半行多，據空間，可抄十七個左右大字，《王二》相關内容作『○捋（桙），門外行馬。○筟，所以紡絲。○沍，寒凝。○擭，布擭，猶分解。○頀，樂名。○鱯，魚名。○蒦，草。○頀，青屬。○韄，佩刀[飾]。又於虢反。○罟，兔冈（网）。○訴，蘓故反。訟告。[七]。○泝，逆流上』，與底卷所殘空間略合，兹據校補二殘字作『逆流』，并爲前後二殘條各擬補三個和二個缺字符。

〔二六四三〕『亦』字下至行末底卷殘泐約七個半大字的空間，其中『愬』字注文《王二》作『行。亦作遡』，故據爲此殘條擬補二個缺字符。次行以下底卷殘泐，據《王二》，底卷本殘行之下本大韻約殘泐三行。

〔二六四四〕以下所缺據《王二》知爲十一暮韻後部及十二泰韻前面部分，參諸《王二》所收内容，約爲六行左右大字。

〔二六四五〕以下内容據《王二》可知爲『十二泰』大韻。行首至『軞』字間底卷殘泐半行多，據空間，可抄十七個左右大字。

〔二六四六〕注文缺字底卷殘泐，可據《王二》補作『步』字。

〔二六四七〕殘字底卷存左側殘畫，兹據《王二》校補作『芇』字。注文『方』字在雙行注文左行之首，其下至行末底卷殘泐約七個大字的空間，次行行首至『合』字間底卷殘泐半行多，據空間，可抄十八個左右大字，《王二》相關內容作『○芇，小兒。又方味反。○茷，茷草莱(葉)多。又苻廢反。○鋇，柔鋌。○魳，魚。○霈，普盖反。多澤。二。○怖，恨怒。○會，黄帶反。集。二。○襘，限(除)殃。又胡憒反。○兑，杜會反。卦。四。○鞔，補。○鋭，矛。○綐，細紬。○儈，古兑反。合市者。十一』，比底卷所殘空間多約一個左右大字，可參，兹爲前後二殘條各擬補五和八個缺字符。

〔二六四八〕『膾』字左上角底卷略殘，兹據《王二》録定。又注文『鮮』、『作』二字前底卷分别抄有『福』、『祭』二字，乃初抄蒙下條注文作『福祭』，後覺而於二字下接抄『膾』字注文，兹據《王二》徑删『福』、『祭』二字。

〔二六四九〕『襘』字注文《王二》作『帶結』，《廣韻》引《説文》略同，《裴韻》、《蔣藏》未收此條；以『福祭』爲訓的字《王二》作『禬』，《裴韻》、《蔣藏》及《廣韻》同，是底卷此處當誤糅『禬』、『襘』二條爲一，而致有脱誤，兹據擬補三個脱字符。又龍宇純《校箋》：『「襘」云「帶結」，此承《説文》之誤，《左》昭十一年傳：「衣有襘，帶有結。」「襘」本義爲「領之交會」(見《漢書·五行志》)。』

〔二六五〇〕前行二殘字底卷分居雙行注文之首，前者存左部『木』旁，後者存上部筆畫，後一殘字下至行末底卷殘泐約四個大字的空間；次行行首至『反』字間底卷殘泐半行多，據空間，可抄十八個左右大字，《王二》相關內容作『○檜，栢葉松身。又古活反。○旝，木置右(石)投敵。○澮，甽水；又水名，在平陽。○鄶，國名，在熒(滎)陽。○廥，蒭藁藏。○㨤，牧(收)㨤(㨤字衍)。○鬠，五采束髮。○㝡，作會反。極好。三。○最，會；凡。○騷，虫。又山芮反』，與底卷所殘空間略合，可參，兹據校補前一殘條二殘字作『栢』、『活』，并爲前後二殘條各擬補四和五個缺字符。

〔二六五一〕前行殘字底卷存上部筆畫，以下至行末底卷殘泐約四個大字的空間；次行殘字底卷前者存左下角少許筆畫，後者存左側似『立』形偏旁，行首至後一殘字間底卷殘泐半行多，據空間，可抄十八個左右大字，《王二》相關内容作『○翽，鳥飛。○鐬，鈴聲。○檜，苦會反。麄糠。一。○酧，郎外反。酒沃地。五。○毻，馬色。○銳，門祭。亦作涗。又始芮反。○頪，鮮白。○殨，疫病。又力卧反。○外，吾會反。一。○祋，丁外反。祋祤，縣，在馮翊。一』，與底卷所殘空間略合，兹據校補殘字分別作『鳥』、『縣』、『翊』三字，并爲後一殘條擬補八個缺字符。

〔三六五二〕『惡』字左下角底卷略有漫滅，兹從《王二》録定。又小韻標數字底卷漫滅，《王二》作『四』，當可據補。

〔三六五三〕前行『黵』字下至行末底卷殘泐約四個大字的空間，次行行首注文雙行小字右行首字殘泐，《王二》相關内容作『○黵，淺黑。○薉，在外反。薉尔。一。○襊，七會反。衣遊縫。一』，與底卷所殘空間略合，兹據擬補十三個缺字符。

〔三六五四〕注文殘字底卷存左側筆畫，兹據《王二》校補作『蹞』字；又缺字底卷殘泐，可據《王二》補作『蹞』、『行』二字。

〔三六五五〕殘字底卷存左側似『車』形筆畫，其下至『聲』字間底卷殘泐約七個半大字的空間，《王二》相關内容作『○軑（軷），祭道神。又薄葛反。○磕，苦盖反。浪（硠）磕。七。○鶡，鶡鴠。○轄，車轄（聲）』，與底卷所殘空間略合，兹據校補殘字作『軷』，并爲擬補十九個缺字符。

〔三六五六〕『愒』字左側底卷略殘，兹從《王二》、《裴韻》録定。

〔三六五七〕『藹』字《廣韻》、《集韻》皆作『藹』形，底卷俗作。又小韻標數字底卷漫滅，《王二》作『二』，與底卷本小韻實收字數合，當可據補。

〔三六五八〕『鶒』字右下角底卷略殘泐，兹從《王二》録定。又『鶒』字下至行末底卷殘泐約三個大字的空間，《王二》相關内容作『○鶒，鳩。○賴，落盖反。俗賴（作）頼。十二（十一）』，與底卷所殘空間略合，兹據擬補十個缺字符。

〔三六五九〕『疾』字《王二》作『病』，《裴韻》、《蔣藏》、《廣韻》同底卷。

〔二六六〇〕『糲』字下至殘字『藾』間底卷殘泐約六個大字的空間，《王二》相關内容作『○糲，麁米。○瀨（攋），墮壞。○犡，牛名。又力制反。○鰊，魚名』，與底卷所殘空間吻合，茲據擬補十五個缺字符。

〔二六六一〕字頭底卷存左部筆畫，其中『束』形部分可辨，茲據《王二》校補作『藾』字。

〔二六六二〕『藾』字《王二》作『籟』，然《王二》『籟』、『爤』二條間有『蔛，又力末反』一條文字，龍宇純《校箋》：『案《王二》第二「藾」字當作「莿」，本書「籟」亦當作「莿」，「莿」字及注文出後人所增，本書及《王一》末韻盧達反「莿」下云「莿蒿」，又「藾」下云「蒿。又力盖反」，與此正同。唯「莿」實「藾」或體，依例不當别出。』又『未』字麥耘《『王一』校記簡編》已指出當爲『末』字之訛，茲從校改。

〔二六六三〕字頭底卷存右側『負』字形部分，茲據《王二》、《廣韻》校補作『爤』字。

〔二六六四〕小韻標數字底卷漫滅，《王二》作『二』，然底卷本小韻實收字數當爲『三』，當據實收數補作『三』字。

〔二六六五〕『丨』字注文底卷僅存右行首字殘形及左行首字『反』，其下至行末底卷殘泐約二個大字的空間，《王二》未收『丨』字條，《裴韻》、《蔣藏》、《廣韻》同，《集韻》於『吐外切』小韻收有『丨，上下通也』一條；按《説文·丨部》：『丨，上下通也，引而上行，讀若囟；引而下行，讀若逷。』《廣韻》於上聲混韻『古本切』小韻收之，底卷同，故據擬補底卷殘字作『上』，并爲擬補五個缺字符，唯依韻書行款，『反』字下當有四五個小字，蓋底卷抄者或有不守行款處。

〔二六六六〕『眛』字《王二》、《蔣藏》、《廣韻》同，周祖謨《廣韻校勘記》云『此字段改作「眜」』，余迺永《新校》云：『「未」聲上古在微部，中古入隊韻而非泰韻；「末」聲上古在月部，中古入泰韻，故《説文》「眜」、「沫」二字从「末」。』

〔二六六七〕『林』字《廣韻》、《集韻》作『栜』，底卷形訛，姑據校改。

〔二六六八〕殘字底卷存上部筆畫，其中『宀』旁部分可辨，茲參《王二》、《廣韻》、《集韻》及《説文》校補。又『竄』字底卷居本大韻末行，其下部至行中缺泐（行中以下存而未抄字），《王二》相關内容作『○竄（竄），千（千）外反。塞。一。○濊，烏鱠反。注（汪）濊鳥（鳥字衍）。一』，可參。

〔二六六九〕注文『登又』二字右側底卷皆略有殘泐，兹參《王二》録定。

〔二六七〇〕『啑』字《王二》、《裴韻》、《蔣藏》同，《廣韻》作『嚏』，而下收『啑』字，注云『俗』。

〔二六七一〕『舡』字右下角底卷略殘，兹參《王二》、《蔣藏》録定。又『舡』字下至行末底卷殘泐約一個大字的空間，《王二》相關内容作『舡，艢，水戰舩』，與底卷空間吻合，然『艢』字前《蔣藏》、《廣韻》有一代字符或『舡』字，是底卷此處當用注文與被注字連讀成訓例，兹據擬補四個缺字符。

〔二六七二〕注文『腹』字底卷略有漫漶，兹參《王二》録定（《王二》『腹』字下又衍抄一代字符）。龍宇純《校箋》：『《廣韻》云「肤腹皃」，《集韻》云「膌胜，肤腹」，本書齊韻「當嵇反」「膌」下注文同《集韻》。案「膌胜」疊韻連語，義爲「大腹皃」，此云「腹膌」，誤。』按韻書於連語注文有省連語之詞而徑取其訓者，疑此訓當作『腹皃』，而抄者又脱去『皃』字，而致釋義不當。

〔二六七三〕釋義《王二》作『儁倚（倚字衍）』，《廣韻》作『倚儶』，《集韻》及《玉篇·人部》所收詞同，而《集韻》且申訓作『困劣皃』，是底卷『雋』字當爲『儶』之俗借字，而其釋義則用注文與被注字連讀成訓例。

〔二六七四〕『𢪍』字《王二》同，《廣韻》作『𢪘』形，後者合於《説文》，《集韻》則以『𢪘』、『𢪍』二字皆作『擕』之或體。

〔二六七五〕『趆』字《王二》同，《廣韻》、《集韻》作『趆』，後者合於《説文》，龍宇純《校箋》以爲『趆』字當作『趆』（『氐』字俗作『互』形），底卷形訛，兹據校補作正字『趆』。又『𧼮』字《王二》同，《廣韻》作『趍』，是爲『𧼮』之俗字，合於《説文》，底卷形訛，故亦據校改作正字『𧼮』。

〔二六七六〕反切下字『詣』《王二》改作『計』，《裴韻》作『細』，《蔣藏》、《廣韻》同底卷。

〔二六七七〕『醻』字右側底卷略有殘泐，兹參《王二》、《裴韻》及《蔣藏》、《廣韻》録定。又缺字底卷殘泐，可從《王二》補作『亦』字。

〔二六七八〕『貲』字《王二》作『眥』，其注文有『亦作眥』，然正注文同形，非韻書文例，檢《裴韻》、《蔣藏》、《廣韻》及

《集韻》字頭皆作『眥』形，唯《集韻》於注文收或體作『眦』，底卷字頭當爲俗借字，《説文·貝部》『貲，小罰以財自贖也』，依底卷韻書例，借音字不當立作字頭，疑此或抄者覺其字頭訛作後，遂於注文中補『正作眥』三字。

〔三六七九〕『齊』字《王二》作『齌』形，《廣韻》、《集韻》作『齎』，後者合於《説文》，底卷誤脱下部『火』旁，兹據校改。

〔三六八〇〕小韻標數字底卷漫滅，此從《敦煌掇瑣》録定。

〔三六八一〕『穡』字《王二》作『穡』，《裴韻》作『穡』，《廣韻》作『穡』，《蔣藏》略同，『穡』字合於形聲構字理據，《廣雅·釋地》所收字形亦作如此，俗寫『商』、『啇』二形多混而不分，兹據校改。

〔三六八二〕又音切下字『氏』《王二》同，龍宇純《校箋》：『本書紙韻「池爾反」無此字，各書同，字見旨韻「直几反」，「氏」字誤，（字又見「徐姊反」下，注文「又直履反」，與彼合）。』

〔三六八三〕殘字底卷存右下角少許筆畫，兹據《王二》校補作『筤』字。

〔三六八四〕注文《王二》作『殃』，《廣韻》作『殀殃』，《廣雅·釋詁一》『殃、殀，極也』，龍宇純《校箋》云『「殃」當從《廣韻》作「殃」』，兹據校改底卷注文『殀』字作『殃』。

〔三六八五〕『楏』字字書未見有載，《王二》、《裴韻》、《蔣藏》、《廣韻》、《集韻》皆作『棣』形，合於《説文》，底卷俗作，兹據校改。

〔三六八六〕注文缺字底卷殘泐，可據《王二》、《裴韻》、《蔣藏》補作『蹋』字。

〔三六八七〕字頭底卷存左下角『辶』形筆畫，此字《王二》作『趧』，《裴韻》、《蔣藏》、《廣韻》皆作『題』，其中《裴韻》訓義作『封』，《蔣藏》、《廣韻》無訓，又《廣韻》別收『趧』字，訓作『視皃』，《集韻》則以『趧』爲首字，而收『題』、『䚷』二字爲其或體，訓云『視皃；一曰顯也』，兹據《王二》校補作『趧』字。

〔三六八八〕『厲反』二字左側底卷皆有殘泐，此參《王二》、《廣韻》録定。

〔三六八九〕字頭左側底卷殘泐，兹參《王二》、《廣韻》校補作『逮』字。注文缺字底卷殘泐，可參二書補作『戴反』

二字。

〔三六九〇〕注文《王二》同，《廣韻》作『墆貯也；又墆翳，隱蔽皃。又徒結切』，《集韻》作『墆翳，障蔽也』，又别收『嵽』字，訓『岹嵽，山形』，按《廣雅·釋訓》『墆翳，障蔽也』，『墆』字不訓作『高』，又底卷屑韻『徒結反』小韻『墆』字下訓云『停貯』，而於其前『嵽』字訓『嵽嵲，高皃』，龍宇純《校箋》：『此文「墆」下云「高皃」或誤。』

〔三六九一〕注文殘字底卷僅存右下角筆畫，兹據《王二》校補作『聦』字。

〔三六九二〕殘字底卷居行末，存右部似殘『田』形筆畫，次行行首至殘字『壻』間底卷殘泐約八個大字的空間，《王二》相關内容作『〇細，蘇計反。小。又作絅。五。〇些，楚音語已詞。又蘇個反。〇栖，鷄所宿』，與底卷所殘空間略合，兹據校補殘字作『細』，并爲擬補二十二個缺字符。

〔三六九三〕殘字底卷存右旁『胥』，兹參《王二》、《裴韻》及《蔣藏》校補作『壻』字。又注文通俗字與字頭同形，不合文例，《敦煌俗字研究》下編女部『婿』字條下據字形演變規律謂通俗字形當作『埍』，兹從校改。

〔三六九四〕小韻標數字底卷漫滅，此從《姜韻》録定。

〔三六九五〕『腉』、『睥』二字《王二》、《裴韻》、《蔣藏》、《廣韻》皆從『目』旁，《集韻》所收『睥』、『睨』諸或體亦無從『月』旁者，俗寫『月』、『目』二形多混，兹據校改。

〔三六九六〕『旁』字下部底卷略殘，兹參《王二》録定。

〔三六九七〕『覞』字條下至行末底卷殘泐約一個大字的空間，次行行首至殘字『繼』間底卷殘泐約七個大字的空間，《王二》相關内容作『〇甈，破罌。〇計，古詣反。筭。十三。〇係，連』，比底卷所殘空間少約二個大字，可參。

〔三六九八〕字頭底卷僅存左下角少許筆畫，兹據《王二》、《裴韻》及《蔣藏》、《廣韻》擬補。注文『俗』字右側底卷略殘，亦據諸本録定；又『俗』、『紹』二字底卷誤倒，此參《王二》、《廣韻》徑爲乙正。

〔三六九九〕字頭『薊』字《裴韻》略同，《王二》、《蔣藏》作『葪』，皆爲『薊』的俗字，《裴韻》注文云『《説文》作此薊』，

《廣韻》字頭作『薊』，注文云『俗作葪』。

〔三七〇〇〕『㲉』字《廣韻》同，《王二》作『割』，龍宇純《校箋》：『案「割」字誤，「㲉」字亦不詳所出，疑並「㲉」字之誤。《萬象名義》「㲉，公拂反，係」；《集韻》「他計切」有「拂」字，而本紐收「㲉」爲「繫」字或體，是其證。』兹從校改。

〔三七〇一〕注文《王二》同，《集韻》引《説文》作『繘耑木』。

〔三七〇二〕『英』、『蜂』下部底卷皆略有殘泐，兹參《王二》録定。

〔三七〇三〕『脉』字右上角底卷略殘，兹參《王二》録定。又行首至『脉』字間底卷殘泐約三個半大字的空間，《王二》相關内容作『○蒵，胡計反。㔷蒵。八。○䐢，喉脉』，與底卷所殘空間吻合，兹據擬補九個缺字符。

〔三七〇四〕字頭及注文殘字底卷皆存左部筆畫，其中後者『亻』旁可辨，兹據《箋五》（伯三六九六A）、《王二》、《裴韻》校補字頭作『系』，注文殘字依文例校補作『作』字。注文缺字底卷殘泐，前一字可參《裴韻》、《蔣藏》、《廣韻》補作『緒』字，《王二》釋義作『緒系』，可參，後一字可參《集韻》補作『或』字；又或體字《集韻》收有『䘛』，與底卷形似，然其於形聲構字理據爲安，底卷當爲俗作訛省，兹據校改。

〔三七〇五〕注文『約』下『反』字《王二》作『又』，合於文例，底卷蓋承前誤，兹據校改。

〔三七〇六〕『䏿』字《王二》同，《蔣藏》、《廣韻》作『䏿』，後者合於《説文》新附字及形聲構字理據，底卷當爲其易位俗字。又『肥腸』《王二》同，《蔣藏》、《廣韻》引《字林》訓作『腨腸』，《集韻》同，《説文》新附字訓同底卷，清鈕樹玉《説文新附考》：『《説文》「疋，上象腓腸，下从止」，則「肥」當作「腓」。』又《廣雅·釋親》『腓、䏿，腨也』，疑底卷『肥』亦『腓』字音誤。

〔三七〇七〕注文殘字底卷存上部兩段較短的横形筆畫，《王二》此條蓋脱抄，《裴韻》未收，《蔣藏》、《廣韻》及《集韻》皆引《説文》訓作『器中空』，與底卷只容二小字的所殘行款不合，檢《廣韻》麥韻『𧮰』字訓作『器空』，疑底卷此處殘字當爲『器』字，而下一缺字蓋即爲『空』字，姑據校補殘字作『器』。

〔二七〇八〕字頭底卷存下部少許筆畫，茲參《王二》、《廣韻》校補作『嫛』字。

〔二七〇九〕注文《王二》作『螽蜥』，《廣韻》作『蟿螽，螇蜥（蚸）』，後者與《爾雅・釋蟲》『蟿螽，螇蚸』近，是底卷『蚤』字當爲『螽』字俗省，而『蜥』又『蚸』之俗訛，茲據校改。又『蟿螽』、『螇蚸』二詞皆爲聯綿詞，於底卷之文例，其前者可視爲注文與被注字連讀成訓，而後者則當爲脱『螇』字，故據擬補一個脱字符。

〔二七一〇〕字頭底卷存右部『壹』旁，注文殘字存下部筆畫，茲據《王二》、《廣韻》校補作『𡔲』、『塵』二字。又缺字可據上揭二書補作『天』字。

〔二七一一〕『⿱殹大』字《王二》、《裴韻》、《廣韻》、《集韻》皆作『殹』，後者合於《説文》，而『⿱殹大』字未見字書所載，蓋承前『㝨』字而衍增『大』旁，茲據諸本校改。

〔二七一二〕小韻標數字底卷漫滅，此從《敦煌掇瑣》録定。

〔二七一三〕『櫗』字《王二》、《廣韻》、《集韻》皆作『擮』，唯《集韻》訓作『拭滅也』，《廣雅・釋詁三》亦作『擮』字，俗寫『扌』、『木』二旁多混而不分，底卷蓋其俗作，姑從校改。

〔二七一四〕釋義《王二》同，《廣韻》作『軗⿰皃殳，毀也』，《集韻》同，按『軗⿰皃殳』爲聯綿詞，底卷此處當用注文與被注字連讀成訓例。

〔二七一五〕注文殘字底卷存上部筆畫，茲據《王二》校補作『恵』字。又缺字可參《王二》及底卷文例補作『俗』字。

〔二七一六〕字頭底卷存左部『虫』旁及右下角少許筆畫，茲據《王二》、《裴韻》校補作『蟪』字。

〔二七一七〕注文或體與字頭同形，不合文例，《王二》或體作『⿰虫聽』形，《集韻》亦收此或體，準上『譓』字或體作『⿰言聽』之例，《王二》所作當是，茲據校改。

〔二七一八〕注文『殀』字《王二》作『殃』，按『殀』當爲『⿰歹犬』字之形訛，參本大韻前文校記〔二六八四〕，茲爲校改。

〔二七一九〕反切下字『惠』字下部底卷略殘，茲參《箋五》（伯三六九六A）、《王二》、《裴韻》録定；又缺字底卷殘泐，《王二》作『二』，與底卷本小韻實收字數合，當可據補。

〔二七〇〕『曕』字左上角底卷略殘，茲參《王二》録定。

〔二七一〕字頭『戾』字上部底卷略殘，茲參《箋五》（伯三六九六A）、《王二》、《蔣藏》録定。

〔二七二〕亦作字『隸』《王二》無，然《王二》字頭作『隸』形，《蔣藏》字頭同，《裴韻》或體字正作此形，疑底卷或體字當作此形，而因字頭字形之左旁而致誤，姑據校改，又《廣韻》字頭作『隸』，而别收或體『隸』及俗體『隸』，可參。

〔二七三〕字頭《王二》同，《裴韻》、《廣韻》作『盭』，後者合於《説文》，爲乖戾之『戾』的本字，俗通作『綟』字，底卷蓋其俗省。

〔二七四〕注文二殘字底卷皆存下部筆畫，茲據《王二》校補作『穲』、『穤』二字。又『𠟗』字《集韻》作『㮥』形，其上部爲『列』字的隸變形體之一，底卷則又其俗作。

〔二七五〕『惡』字《王二》同，《廣韻》作『亞』，龍宇純《校箋》：『案《廣韻》是也，《説文》「蘼，艸木相附麗土而生」，「亞」猶「壓」，「亞土」猶杜甫《上巳宴集》詩言「（花蕊）亞枝（紅）」。』按龍説是，然其訓『亞』作『壓』似有未確，《玉篇·亞部》及《廣韻》禡韻『亞』字下皆有訓作『就也』之義項，與《説文》『附麗』義同，然此爲『亞』之『次』義的引伸俗義，因『亞』之醜義後來寫作『惡』，蓋抄者不明『亞』義之所指，遂改今字作『惡』，而致義隔，茲爲校改。

〔二七六〕注文殘字底卷存下部少許筆畫，茲據《王二》校補作『取』字。

〔二七七〕又音反切下字『證』《王二》作『訂』，龍宇純《校箋》：『本書無「訂」字，此字又見徑韻「乃定反」下，《唐韻》（長龍按：即《蔣藏》）、《廣韻》「訂」字正見徑韻。（《王一》云「又尼證反」，「證」字誤。）』

〔二七八〕本條《王二》同，又《廣韻》、《集韻》本小韻亦皆收此字，龍宇純《校箋》：『案《説文》「懘，極也」，「殢」即《説文》「懘」字，本書「懘」音「特計反」，《萬象名義》「殢」字亦音「大計反」，疑「大計反」「大」誤作「火」，遂收之此紐。』

〔三七二九〕字頭底卷存下部筆畫，茲據本卷卷端韻目及《箋五》（伯三六九六A）、《王二》校補作『祭』字。又大韻標序字底卷殘泐，可據卷端韻目及上揭二書補作『十四』二字，茲擬補二個缺字符。

〔三七三〇〕釋義下《王二》有『正作歲』三字，《裴韻》注文亦有『古歲』二字，《蔣藏》、《廣韻》皆未收或體，與底卷同。又小韻標數字底卷漫滅，此從《敦煌掇瑣》、《姜韻》録定。

〔三七三一〕『看』字《箋五》（伯三六九六A）、《裴韻》作『羽』，《王二》作『爲』，《蔣藏》、《廣韻》作『于』，『羽』、『爲』、『于』皆喻母三等字，底卷『看』字當爲『爲』字形訛，茲據校改。

〔三七三二〕注文『辟』字《王二》作『碎』，《裴韻》、《蔣藏》、《廣韻》同，《箋五》（伯三六九六A）誤作『碎』形，底卷形訛，茲據校改。

〔三七三三〕『衞』字底卷抄作『衛豚』二字，《王二》、《裴韻》、《廣韻》及《集韻》皆作『衞』字，合於《說文》，底卷誤分，茲據徑録作一字。

〔三七三四〕『芮』字《箋五》（伯三六九六A）、《裴韻》同，《王二》作『芮』，《蔣藏》、《廣韻》、《集韻》同，後者合於《說文》，底卷俗作，又參《箋五》校記〔四二二〕。注文『牧』字《王二》、《裴韻》、《蔣藏》、《廣韻》皆作『狀』，底卷形訛，茲據校改。

〔三七三五〕『㱿』字《王二》同，《廣韻》作『㱿』，後者合於《說文》，底卷俗訛，茲據校改。又後一『吉』字《說文》作『曰』，於義爲明，底卷蓋承前一『吉』字而訛，故同據校改。

〔三七三六〕注文『徐』字上部底卷略殘泐，茲參《箋五》（伯三六九六A）、《王二》、《裴韻》録定；又前一『反』字亦據諸本及文例校改作『又』字，底卷蓋蒙後一『反』字而致訛。

〔三七三七〕釋義『肥』字疑爲『脆』字形訛，參《箋五》校記〔四二五〕。

〔三七三八〕注文『時』據文意應爲『將』字形訛，故作校改；亦作字『帥』《王二》同，乃『帥』的俗字，『帥』『帨』爲古異體字，參看《敦煌俗字研究》下編巾部『帥』字條。

〔二三九〕『𩋳』字《王二》同，《廣韻》、《集韻》作『騷』，後者合於《説文》，底卷俗訛，兹據校改。又『祖』字《王二》作『租』，二字同紐。

〔二四〇〕『橐』字《王二》、《廣韻》同，《集韻》作『櫜』，合於《廣雅·釋詁四》及《説文》字形，底卷形訛，兹據校改。

〔二四一〕『潒』字《王二》同，《廣韻》作『瀀』，《集韻》作『瀵』，後者合於《説文》，《廣韻》俗作，又俗寫『艹』、『竹』二旁多混而不分，是底卷又其俗作之變。

〔二四二〕字頭《王二》下部略殘，然其或體字與底卷同，《廣韻》同一小韻字頭作『𣃔』形，《集韻》作『𣃔』，底卷字頭當以後者爲長，而亦作字則當是『𠝹』字俗訛，『𣃔』、『𠝹』爲古異體字。

〔二四三〕字頭底卷存左下角筆畫，其中『目』形部分可辨，兹參《箋五》（伯三六九六A）、《王二》、《裴韻》及《廣韻》校補作『叡』字。

〔二四四〕注文『䂊』爲『缺』的俗字，底卷入聲屑韻『苦穴反』小韻『缺』字注文云『或作䂊』，又參《敦煌俗字研究》下編缶部『缺』字條考釋。

〔二四五〕『弊』字訓『固』未聞，《王二》脱釋義，《裴韻》、《蔣藏》、《廣韻》皆收有『困也』義項，《校箋》以爲此『固』乃『困』之誤，兹從校改。

〔二四六〕『橐』字當作『櫜』，參前校記〔二四〇〕。又或體字《王二》無（唯其有脱文，不知其所據抄之原本有否），《裴韻》作『敱』，《蔣藏》作『簸』，龍宇純《校箋》：『疑是「敱」字之誤，淺人以「橐」字義爲「舂擣」，遂增此字，（《集韻》本紐首字作「籠」，注云「舂也」，或體作「敱」。）』

〔二四七〕『大𩱍』及下一字頭『槽』字底卷初脱抄，隨覺而補一小字『槽』於『鏪』字下，又補『鏪』字注文於行右。又『大』字《王二》、《裴韻》、《蔣藏》、《廣韻》、《集韻》同，然《蔣藏》、《廣韻》、《集韻》别出『䵽』字訓『小鼎』，龍宇純《校箋》：『案《淮南·説林篇》「水火相憎，鏪在其間，五味以和」，注云「鏪，小鼎」。（案以聲類求之，疑云「小鼎」者是。）』

〔三七四八〕或體字底卷本作『雲惠』二字，《廣韻》作『⿱叀口』，後者合於《説文》，龍宇純《校箋》：『「惠」當作「⿱叀口」，見《説文》；「雲」即「⿱叀口」之誤。』茲從徑删『雲』字，并校改『惠』字作『⿱叀口』。

〔三七四九〕小韻標數字《王二》作『三』，與底卷本小韻實收字數合，此處乃合計下一小韻三字而致誤，茲據校改。

〔三七五〇〕小韻標數字底卷誤脱，《王二》作『三』，與底卷本小韻實收字數合，可據補，茲爲擬補一個脱字符。

〔三七五一〕注文『剖』字《箋五》（伯三六九六A）、《王二》、《蔣藏》、《廣韻》同，《裴韻》、《集韻》作『剞』字，按『剞⿰屈刂』爲聯綿詞，自《説文》已然，龍宇純《校箋》以爲此『剖』字當從《裴韻》、《集韻》作『剞』字，茲據校改。《漢語大字典》刀部『⿰屈刂』字下因《廣韻》收『剖⿰屈刂』一詞，恐不足據。

〔三七五二〕『摽』字《王二》作『褾』，按『褾』蓋『標』之後起分別文，俗寫『扌』、『木』二形多混而不分，故底卷俗作『摽』形。

〔三七五三〕小韻標數字底卷有些漫漶，茲參《王二》録定。

〔三七五四〕『⿰犭斤』字《王二》同，《箋五》（伯三六九六A）（俗寫作『⿰犭⿴行斤』形）、《裴韻》、《蔣藏》、《集韻》作『狾』，後者合於《説文》，底卷蓋俗誤省，而與《説文·犬部》『⿰犭斤，犬吠聲』之字同形，茲據校改。又注文諸本皆作『狂犬』，亦與《説文》合，疑底卷脱抄『犬』字。

〔三七五五〕注文『知』字《王二》、《廣韻》、《集韻》皆作『和』，與阮刻《十三經注疏》本《禮記·樂記》『五者不亂，則無怗懘之音矣』鄭玄注『怗懘，敝敗不和貌』合，底卷形訛，茲據校改。

〔三七五六〕反語上字及小韻標數字底卷皆有漫漶，茲並參《王二》録定。

〔三七五七〕『作』字《箋五》（伯三六九六A）、《王二》、《裴韻》、《蔣藏》、《廣韻》皆爲『製』字訓文，諸本『製』字條前皆有『淛，水名』一條文字，底卷雜糅『淛』、『製』二字頭爲一，而致脱誤，茲據校改『⿰氵製』作『淛』字，并爲擬補三個脱字符。

〔三七五八〕注文『蝗』字下《王二》衍抄一代字符，《廣韻》、《集韻》釋義皆作『蝗子』，《玉篇·子部》訓同底卷。

〔三七五九〕字頭『鈃』字《王二》作『浙』，底卷乃蒙下一字頭而訛，兹據校改。

〔三七六〇〕字頭『斬』字《王二》作『鈃』，底卷誤抄『鈃』字於前一字頭的位置上，而此又蒙下一字頭而誤作，兹據校改。

〔三七六一〕小韻標數字《王二》作『九』，龍宇純《校箋》以爲《王二》實收字數與底卷同，或其『九』字誤計，或當與《裴韻》同，在『鍪』字條前有一『遾』字條，按《箋五》（伯三六九六Ａ）『鍪』字條前亦無『遾』字條，而底卷加字多綴於《切韻》原本及早期加字本所收字後，是爲其誤計説补充一證據。

〔三七六二〕『趆』字《王二》作『趆』形，《廣韻》、《集韻》及《玉篇·走部》同，形與義合，底卷形訛，兹據校改。

〔三七六三〕『勩』字《王二》作『勩』，《裴韻》、《蔣藏》（左上角『世』字有缺筆）、《廣韻》同，按『世』字作偏旁時，唐諱或作『云』形，底卷即用此諱改字形。

〔三七六四〕『洩』字《王二》同，《裴韻》、《蔣藏》、《廣韻》作『泄』（《蔣藏》『世』旁缺一竪筆），『洩』乃避唐諱改換聲旁字。下文『栧』、『猚』、『詍』、『鞅』等字仿此，不再出校説明。

〔三七六五〕『猚』字《王二》訓作『鳥飛』，其下一字『怈』注文作『明；一曰習。又丑世反』，《箋五》（伯三六九六Ａ）（『猚』作『翐』形）、《裴韻》、《蔣藏》、《廣韻》略同，底卷誤糅『猚』、『怈』二條爲一，兹據分作二條，并擬補三個脱字符。

〔三七六六〕『各』字《王二》同，龍宇純《校箋》：『《萬象名義》、《玉篇》並云「合板際」，……本書「各」當是「合」字之誤。』兹從校改。

〔三七六七〕『藻』字《王二》作『藻』形，《廣韻》、《集韻》同，底卷所作乃其諱改字，又參前校記〔三七六三〕。又注文『蒸』字前《王二》别有一義項『菍藻處末』（見於《禮記·曲禮》）四字。

〔三七六八〕『瘞』字《蔣藏》同，《箋五》（伯三六九六Ａ）、《王二》、《廣韻》、《集韻》皆作『瘞』形，後者合於《説文》，《古今韻會舉要·霽韻》『瘞，或作瘞』。

〔三六九〕『寠』字《王二》、《蔣藏》、《廣韻》同，《箋五》（伯三六九六A）、《裴韻》、《集韻》作『窶』，後者合於《説文》，俗寫『宀』、『穴』二旁多混而不分，底卷俗作。

〔三七〇〕或體與字頭同形，不合文例，注文『槸』字《王二》作『蓺』，《集韻》或體同，底卷誤脱右上角『艹』，茲據校改。

〔三七一〕注文殘字底卷存下部筆畫，又音《王二》無，檢本大韻前『看（爲）劇反』小韻『璩』字下收有又音作『又直例、爲厥二反』，其中反語上字『爲』與底卷殘形合，茲據校補。

〔三七二〕字頭『茵』字《王二》同，《廣韻》、《集韻》作『茜』，後者合於《説文》，底卷當爲俗作。又注文『捕』字諸本皆作『補』，《廣韻》注文且作『草補缺』，於義更明，底卷形訛，故據校改。又注文或體與字頭同形，不合文例，《王二》未收或體，疑當爲『茜』字形訛，茲姑據校改。

〔三七三〕『惡』字下《王二》有『一曰姓』，《箋五》（伯三六九六A）、《裴韻》皆未收此義項，《蔣藏》、《廣韻》收之。

〔三七四〕或體字《王二》無，《箋五》（伯三六九六A）、《裴韻》、《蔣藏》、《廣韻》同，《集韻》則收『禲』字爲其或體，龍宇純《校箋》以爲『例』字或當作『㓐』，《集韻》以『㓐』、『癘』、『𤸇』爲『痢』字或體，則底卷此處用『㓐』爲『禲』字或體，於形義爲安，茲從校改。

〔三七五〕注文殘字底卷前者存左下角少許筆畫，茲參《王二》、《裴韻》、《廣韻》校補作『餘』字；後者右上角底卷略殘，諸本皆收一個或體字『梨』，《集韻》亦收一個或體，然其形作『裂』，與底卷所存字形吻合，茲據校補。

〔三七六〕『𤛓』字《王二》同，《裴韻》、《廣韻》、《集韻》作『犡』形，後者合於《説文》，底卷蓋其俗省。

〔三七七〕『𢡖』當爲『愒』的俗訛字，參《箋五》校記〔四四五〕。

〔三七八〕『𡱫』字《王二》同，《廣韻》、《集韻》以『𡱫』爲『憩』字或體，《裴韻》、《蔣藏》有『憩』無『𡱫』。注文『上』字《王二》作『止』，《補正》從校，茲從改。

〔三七九〕『貰』字《王二》同，《箋五》（伯三六九六A）、《裴韻》、《廣韻》作『貰』，《蔣藏》上部『世』旁有缺筆，底卷當爲『貰』的諱改字。

〔二七八〇〕『濶』字右上角底卷略殘，兹參《箋五》（伯三六九六A）、《王二》録定。

〔二七八一〕注文『斤實』《王二》同，不辭，《裴韻》注文作『蘮蕠，似芥，實如大麥。蕠音茹』，《廣韻》作『蘮蕠，似芹』，龍宇純《校箋》：『案《爾雅・釋草》「蘮蒘，竊衣」郭注云：「似芹，可食，子大如麥。」《齊民要術》十引孫炎云：「似芹，江淮間食之，實如麥。」本書、《王一》「斤」爲「芥」或「芹」字之誤，又並有奪文。』《補正》校改作『芹』字，兹姑從改。

〔二七八二〕小韻標數字有誤，底卷蓋誤計後二小韻字而致，兹據本小韻實收字數校改『三』作『一』字。

〔二七八三〕小韻標數字底卷脱抄，可據實收字數補作『一』字，兹爲擬補一個脱字符。前『偈』字同。

〔二七八四〕『侘傺』底卷作『傺侘』，《王二》同，《箋五》（伯三六九六A）、《裴韻》、《蔣藏》、《廣韻》皆作『侘傺』，『侘傺』爲楚語聯綿詞，始見用於《楚辭・惜誦》『心鬱邑余侘傺兮』，王逸注：『楚人謂失志悵然住立爲侘傺也。』底卷誤倒其序，兹據乙正。又『侘傺』下《王二》有其釋義『不得志』三字，《裴韻》略同，作『失意皃』，《箋五》（伯三六九六A）、《蔣藏》、《廣韻》同底卷。

〔二七八五〕『⿰魚枽』字《王二》同，《廣韻》、《集韻》作『鰈』，『⿰魚枽』爲『鰈』之諱改字，又參本大韻其他從『枼』旁字。

〔二七八六〕注文殘字底卷存右下角少許筆畫，兹據《王二》校補作『又』字；又『反』字上部底卷略殘，此參《王二》録定；又缺字底卷殘泐，可據《王二》補作『梯』字。

〔二七八七〕『起』字《王二》作『趉』，《裴韻》、《蔣藏》、《廣韻》皆以『⿺走契』字爲『跇』字或體，《集韻》則準《説文》而分立『跇』、『⿺走契』爲二條，前者收『迣』、『⿺走世』二或體字，後者收『⿰𧾷契』一個或體字，按《玉篇・走部》『趉，直知切。走也』，與『馳』音義皆同，蓋爲其或體字，龍宇純《校箋》：『「趉」《王一》作「起」，並誤，當作「⿺走世」。』『⿺走世』字唐時諱改字或作『⿺走世』、『⿺走世』形，底卷及《王二》蓋皆此字之俗訛，兹據校改。

〔二七八八〕小韻標數字底卷漫滅，此從《敦煌掇瑣》録定。

〔二七八九〕『槽』字《王二》作『搢』，《廣韻》、《集韻》同，後者合於《廣雅·釋詁二》，而『槽』字《説文·木部》訓作『棺櫝也』，義不合，俗寫『扌』、『木』二旁多混而不分，兹據校改。

〔二七九〇〕大韻代表字及其標序字底卷殘泐，可依本卷卷端韻目及《箋五》（伯三六九六A）、《王二》補作『十五卦』字，兹擬補三個缺字符。

〔二七九一〕或體字《王二》未收，《箋五》（伯三六九六A）、《裴韻》、《蔣藏》同，《廣韻》、《集韻》收作『䚡』形，後者合於《説文》，底卷俗訛，兹據校改。

〔二七九二〕『瘕』字《箋五》（伯三六九六A）同，當爲『癥』字俗訛，兹校改，參《箋五》校記〔四五二〕。

〔二七九三〕『懈』字《王二》作『薢』，《箋五》（伯三六九六A）、《裴韻》、《廣韻》同底卷。

〔二七九四〕注文缺字底卷殘泐，可據《王二》補作『莫』、『價』二字。

〔二七九五〕注文『賣』字下《王二》有一『反』字，《箋五》（伯三六九六A）、《裴韻》、《蔣藏》同，底卷誤脱，兹據擬補一個脱字符。

〔二七九六〕『絃』、『絶』二字當爲『紘』、『繩』二字之形訛，兹爲校改，詳參前文校記〔二四四六〕。

〔二七九七〕本條《王二》脱，釋義《廣韻》作『愚戇又（又字衍）多態也』，與《説文·女部》『愚戇多態也』訓合，底卷『贛』、『能』蓋爲『戇』、『態』訛省。

〔二七九八〕注文殘字底卷皆存下部筆畫，兹據《箋五》（伯三六九六A）、《王二》校補作『目』、『佳』二字；又缺字底卷殘泐，可據二書補作『反』及『又五』三字。

〔二七九九〕小韻標數字『六』《王二》作『三』，與底卷本小韻實收字數合，底卷誤計下一小韻三字於此，兹據校改。

〔二八〇〇〕『稲』字《箋五》（伯三六九六A）、《王二》、《裴韻》、《蔣藏》及《廣韻》皆作『稻』，底卷形訛，兹據校改。

〔二八〇一〕反語下《王二》有『病三』二字，《箋五》（伯三六九六A）、《裴韻》該字下亦有釋義『病』字及小韻標數字，底卷誤脱，兹據擬補二個缺字符。

〔二八〇二〕「泒」字《王二》同，爲「派」字俗寫，《蔣藏》及《廣韻》正作「派」。下「𥿍」字仿此。又小韻標數字「二」字《王二》作「四」，與底卷本小韻實收字數合，底卷誤以後二字別計，兹據校改。

〔二八〇三〕「反」字下底卷誤置一小韻標數字「二」，兹依文例徑删。

〔二八〇四〕殘字存下部筆畫，可辨爲「貝」下部之形，兹據《箋五》（伯三六九六A）、《王二》校補作「賣」字。又缺字底卷殘泐，可據二書補作「苦」、「反難」三字。又反語下《王二》別收又音「又空悌反」，《箋五》（伯三六九六A）、《裴韻》、《蔣藏》皆無，《廣韻》有「又音契」，底卷霽韻「苦計反」小韻收有此字。

〔二八〇五〕「䐔」字《王二》同，《廣韻》、《集韻》作「䐔」形，後者合於形聲構字理據，俗寫「商」、「啇」二旁多混，底卷俗作。

〔二八〇六〕「伌」字《王二》作「佹」形，《廣韻》、《集韻》皆作「陒」形，《玉篇·山部》同，底卷形訛，兹據校改（「陒」字隸變亦作「阨」）。

〔二八〇七〕「庍」字當即「厎」字俗訛，又注文「到」乃「別」字形訛而闌入，詳參《箋五》校記〔四五九〕，龍宇純《校箋》：「又案《王二》（長龍按：即《裴韻》）、《唐韻》（長龍按：即《蔣藏》）、《廣韻》此字並在「謑」下「粺」上，《王一》同本書，疑本書原亦在彼，蓋漏脱而補之於此，故與「方賣反」「嶭」字相連，而未併爲一紐。」

〔二八〇八〕字頭底卷存下部少許筆畫，本卷卷端韻目作「㤦」，《王二》作「𢗊」（《蔣藏》、《裴韻》右部俗訛作「左」），《廣韻》作「怪」，而以「恠」爲其俗字，《箋五》（伯三六九六A）字頭即作「恠」形，《集韻》「怪」字注文云：「亦書作𢗊（揚州使院本作如此，述古堂本誤作恠），俗作恠，非是。」「𢗊」「怪」爲《説文》篆文隸定之異，而「㤦」、「恠」皆爲「𢗊」的訛變俗字，底卷既以「怪」爲正字，則字頭疑當從《箋五》、《廣韻》作「恠」爲近是（《干禄字書》「恠𢗊：上俗下正」，可參），兹姑暫校補作「恠」字。又大韻標序字底卷殘泐，可據本卷卷端韻目及《箋五》（伯三六九六A）、《王二》及底卷文例補作「十六」，兹擬補二個缺字符。

〔二八〇九〕「砝」爲「硅」的訛俗字，字亦作「硜」。下文「鉣」字仿此。

〔二八〇〕『拔』字《王二》、《廣韻》、《集韻》同，《裴韻》、《蔣藏》未收，龍宇純《校箋》：『《説文通訓定聲》云「獊亦作狘」（案「狘」字見《禮運篇》，與「狡獊」並爲獸行輕秒急疾之皃）。「獊」字音「古邁反」，與此字音近，疑此即「狘」字之誤。《説文》「訬，擾也；一曰獊也」，與此下云「訬」義正相合。』兹從校改。

〔二八一〕字頭底卷殘泐，《箋五》（伯三六九六A）、《王二》、《裴韻》、《蔣藏》皆作『界』，可據補。

〔二八二〕或體『夵』字底卷本分抄作『大ㄉ』二字，《王二》僅收俗字『介』，未收此或體字，按《集韻》本小韻『介』字下收『夰』字，引《説文》訓『大也』，兹據定作『夵』一字。

〔二八三〕『祜』字《王二》作『祏』，後者合於《説文》，底卷形訛，兹據校改。

〔二八四〕『几』字《集韻》作『儿』形，爲《説文》篆文隸定之異，『儿』字《説文》訓作『仁人也。古文奇字人也』，『兀』、『皃』、『允』、『兑』、『充』、『兄』等字從之。注文『仁人』底卷作『人仁』，兹據《説文》乙正；又『寄』字置此不辭，亦據《説文》校改作『奇』字。

〔二八五〕字頭底卷存下部筆畫，兹據《王二》校補作『幯』字。《箋五》（伯三六九六A）、《裴韻》、《蔣藏》、《廣韻》、《集韻》本小韻皆無此字，《箋五》（伯三六九六A）於『㦗』字下訓『飾，《司馬法》「有虞氏㦗於中國」』，諸本略同，合於《説文》，龍宇純《校箋》云：『本書「幯」當是「㦗」字之誤，然上文已有「㦗」字，此蓋誤收耳。』

〔二八六〕注文『結』字《王二》作『紩』，《箋五》（伯三六九六A）、《裴韻》、《蔣藏》、《廣韻》同，疑底卷形訛。

〔二八七〕『譪』字《王二》同，《廣韻》、《集韻》作『譪』，後者合於《説文》；又《集韻》收『譪』字爲其或體，則底卷字形蓋『譪』之俗寫增筆字。注文『大』字《王二》作『火』，考『譀』字又見於《廣韻》鑑韻『許鑑反』小韻，是底卷形訛，兹據校改；又『㦰』字字書未見有載，《王二》作『㦰（㦰）』，隸鑑韻，是，底卷形訛，亦據校改。

〔二八八〕釋義《王二》作『杻械』，《蔣藏》則二義兼收，作『器械；杻械』，《廣韻》略同。

〔二八九〕『薤』字《箋五》（伯三六九六A）俗寫作『薤』形，《裴韻》脱艸旁作『韰』（按此形或即《説文》『䪥』字的俗省變形字，其常用的偏狹義項即由其本義引申而來），《王二》作『薤』，《廣韻》同，《集韻》以《説文》字形

『䪜』爲首字，注云『或作薤、韰』。

〔二八二〇〕『僁』字《王二》同，《廣韻》作『㒁』，與本小韻其他從『𡨄』聲字合，底卷俗作。

〔二八二一〕『㥸』字《王二》、《裴韻》、《廣韻》皆作『𡨄』，《集韻》作『㥸』，是底卷當同《集韻》，於『𡨄』字下别加形旁『心』，唯抄者脱『韭』形下部之一横，兹據校改。

〔二八二二〕注文殘字底卷存上部筆畫，兹據《箋五》（伯三六九六A）、《王二》、《裴韻》、《蔣藏》校補作『扇』字；又缺字底卷殘泐，可據《王二》補作『胡計反』三字。

〔二八二三〕字頭底卷存下部筆畫，《王二》作『詠』，《廣韻》、《集韻》作『衸』，《集韻》本小韻又别收『訡』字，訓『言善也』，從底卷注文看，其字亦當以從『衤』旁爲是，故據校補作『衸』。又『補膝郡』不辭，『郡』字《王二》作『帬』，底卷形訛，兹據校改；龍宇純《校箋》：『「補」字《王一》、《廣韻》同，段氏改作「裺」，案《廣雅·釋器》「衩、衸、袥，裺膝也」，《玉篇》「裺膝，褁衸也」，本書昔韻「裺」下云「帬衸」，「衸」即「衸」字之誤。並此「補」當作「裺」之證。（案《説文》小徐引字書云「衸，補𧙉褁也」，本書蓋亦沿字書之誤。）』

〔二八二四〕『嘖』字當爲『嫧』字形訛，説詳《箋五》校記〔四七八〕，兹據校改。

〔二八二五〕前一『反』字《箋五》（伯三六九六A）、《王二》作『又』，合於文例，底卷蒙下形訛，兹據校改。

〔二八二六〕『匎』字《王二》作『匎』形，其餘韻書『㕝』字下皆未收或體字，唯《集韻》於本小韻『蔽』字下收有或體作『匎』，此形於形聲構字理據爲安。

〔二八二七〕『朳』字《箋五》（伯三六九六A）同，當爲『扒』字俗作，參《箋五》校記〔四八〇〕，兹據校改。

〔二八二八〕缺字底卷殘泐，可據《王二》補作『反』、『二』二字。

〔二八二九〕『湃』字條底卷在行末，次行行首至下條殘字『壞』間底卷殘泐約二個大字的空間，《王二》相關内容作『湏，水，出樂浪』，《箋五》（伯三六九六A）同（唯『浪』字訛作『良』），與底卷所殘空間吻合，兹據擬補五個缺字符。

〔二八三〇〕字頭底卷存右下角少許筆畫，注文殘字皆存右部筆畫，兹參《箋五》（伯三六九六A）、《王二》校補作『壞』及『胡恠』三字。又『▨▨（胡恠）反敗』四字底卷居雙行注文之右行，其左行殘泐，《王二》注文僅作『胡恠反。敗。二』，檢《箋五》（伯三六九六A）有加注作『按籀文作剫（𣫉）』，《裴韻》注文亦收或體作『亦𣫉』，《廣韻》則收『壞』字古文作『𡊅』形，是底卷當收有或體作『古作𣫉』或『亦作𣫉』三字，又小韻標數字可據《王二》補作『二』字，兹據擬補四個缺字符。

〔二八三一〕『𣩠』字左側底卷有些殘壞，兹並參《王二》、《廣韻》録定。

〔二八三二〕或體字《王二》未載，《箋五》（伯三六九六A）、《裴韻》、《蔣藏》同，《廣韻》收《説文》字形作『𦕹』，《集韻》於《説文》字形外復收有或體字作『𦗏』，『𦔻』、『𦗏』皆當爲《説文》字形的俗訛字。

〔二八三三〕小韻標數字底卷漫滅，此從《敦煌掇瑣》録定。

〔二八三四〕『鎩』字底卷在行末，次行行首至前一殘字間底卷殘泐約八個大字的空間，二殘字底卷皆存右下角少許筆畫，《王二》相關内容作『○鎩，所拜反。翽翽。又所例反。三。○褹，衣袸縫。○殺，殺害。又所八反。○㤥，客界反。熾。一』，與底卷所殘空間吻合，兹據校補二殘字作『客』、『熾』，并爲擬補二十三個缺字符。

〔二八三五〕釋義《王二》同，《集韻》作『擊頭聲』，《校箋》云『俱不詳』；《廣韻》作『顏惡也』，疑底卷所作與本大韻前『顡』字注文有關，俟考。

〔二八三六〕後條注文殘字底卷存下部少許筆畫，行首至殘字間底卷殘泐約九個左右大字的空間，《王二》相關内容作『○十七夬，古邁反。決，《易》有夬卦。二。○獪，狡獪。亦作狤。○快，苦夬反。憙。二』，與底卷所殘空間略合，兹據校補殘字作『憙』，并爲擬補廿二個缺字符。

〔二八三七〕或體字《王二》無，《裴韻》、《蔣藏》、《廣韻》同，《集韻》或體作『邁』，注文引《説文》云：『从辵、蠆省聲，或不省。』是底卷字形乃易位訛俗字，兹據校改。

〔三八三八〕小韻標數字底卷漫滅，此從《敦煌掇瑣》録定。

〔三八三九〕「嚝」字底卷居行末，其下部略有殘壞，茲參《王二》録定。又次行行首至下條殘字「鹹」間底卷殘泐約二個大字的空間，《王二》相關内容作「楚夬反。食盡齤。二」，《箋五》（伯三六九六A）略同，與底卷所殘空間吻合，茲據擬補七個缺字符。

〔三八四〇〕字頭底卷存左下角少許筆畫，注文殘字存左部筆畫，茲據《王二》、《廣韻》校補作「鹹」、「南」二字。

〔三八四一〕注文「邁」字右側底卷略殘，茲據《箋五》（伯三六九六A）、《王二》及《裴韻》録定。又缺字底卷殘泐，可據諸本補作「反」、「菜」二字。又「草」下之「菜」字諸本皆作「芥」，底卷蓋承前一「菜」字而致形訛，茲據校改。

〔三八四二〕字頭底卷存左部「馬」旁，茲據《王二》校補作「駖」字。

〔三八四三〕「刅菜」二字《箋五》（伯三六九六A）、《王二》皆作「丑芥」，《裴韻》作「丑界」，《蔣藏》作「丑介」，其中「界」、「介」非韻，蓋有訛誤，《廣韻》作「丑犗」，底卷形訛，茲據校改。

〔三八四四〕注文「菜」字《王二》作「茾」，《箋五》（伯三六九六A）、《裴韻》、《蔣藏》同，《裴韻》訛作「界」字，底卷形訛，參前條校記，茲據校改。又「喝」、「唔」二條間《王二》相關内容作「〇喝，於芥反。嘶聲。亦噎。二。〇餲，餅臭。又於罽反。〇㗂，所芥反。喝㗂，聲敗」，《箋五》（伯三六九六A）與此略同，《裴韻》、《廣韻》亦收有「餲」、「㗂」二條内容，是底卷誤脱，茲據《王二》擬補十六個脱字符。

〔三八四五〕注文「謹」字《王二》作「譹」，《箋五》（伯三六九六A）、《裴韻》、《蔣藏》、《廣韻》、《集韻》皆未載或體，然《集韻》本大韻「莫敗切」小韻「讆」字下收有或體作「讗」，疑「謹」、「譹」二形皆其形訛，茲姑據校改。

〔三八四六〕「食」字《王二》作「倉」，《廣韻》、《集韻》同，下文隊韻「七碎反」小韻「啐」字注文有「又先對反」，「先」、「倉」同爲齒頭清音字，俗或音通，《補正》校作「倉」字，茲從改，底卷形訛。

〔三八四七〕「隊徒」二字右部底卷皆有殘泐，茲據《箋五》（伯三六九六A）、《王二》録定。又「十八」二字底卷提行抄於本大韻代表字『隊』所在行的次行，不合文例，蓋抄者之疎失，茲依文例徑移至『隊』字前。

〔三八四八〕『亂』字右下角底卷略殘，茲參《箋五》（伯三六九六A）、《王二》録定。又缺字可據上揭二書補作『心』字。

〔三八四九〕『八』字《王二》作『九』，與底卷本小韻實收字數合，底卷誤把本小韻最後的『脢』字條別計，而致此誤，茲據校改。

〔三八五〇〕『苺』字《王二》作『莓』，《箋五》（伯三六九六A）、《裴韻》、《蔣藏》、《廣韻》同，『苺』、『莓』古今字，底卷平聲灰韻即作『莓』字。又『亡救』二字《王二》作『莫救』，《廣韻》作『莫杯』，『苺』字又見於平聲灰韻『莫盃反』小韻，龍宇純《校箋》以爲『救』、『杦』皆『杯』之訛，茲從校改。

〔三八五一〕『反』字下底卷誤抄一小韻標數字『一』，茲依文例及《王二》徑删。

〔三八五二〕『荒』字右上角、『言』字左上角底卷皆略有殘泐，茲參《王二》録定。又小韻標數字《王二》作『九』，底卷『悔』字條下誤脱『晦』字條內容，參下有關校記，茲據校改『八』作『九』字。

〔三八五三〕『悔』字條下《王二》有『晦，暗晦（晦字衍）』一條內容，《裴韻》、《蔣藏》及《廣韻》略同（唯釋義或異），疑底卷誤脱，茲姑據《王二》擬補二個缺字符。

〔三八五四〕『敏』字《王二》作『鈋』，《蔣藏》、《廣韻》、《集韻》同，後者合於《說文》，《裴韻》誤作『𣁽』形，底卷形訛，茲據校改。

〔三八五五〕『⿰面賣』字《王二》作『靧』，《裴韻》、《蔣藏》、《廣韻》、《集韻》同，底卷所作字形當爲『⿰面賣』形俗寫，此字字書未見所載，蓋底卷抄者誤增部件所致，茲據諸本校改。

〔三八五六〕注文『市』字底卷略有漫漶，茲參《王二》録定。

〔三八五七〕字頭底卷殘泐，可據《王二》補作『⿰面頁』字。注文『大面』二字上部底卷皆略有殘泐，此並參《王二》録定。

〔三八五八〕『⿰氵⿱罒日』字《王二》作『潤』，《廣韻》作『湣』，與《說文》合（今大、小徐本字形皆作『涽』，段氏改作如此），是底卷當爲其俗訛字，茲據校改。注文『大』字前《王二》有『青黑白（皃）』三字，《廣韻》注文作『大清，《說文》

曰「青黑皃」。今作溜」。

〔二八五九〕注文殘字底卷存右部漫漶的筆畫，兹參《王二》、《裴韻》校補作『對』字；又『反』字左上角底卷略殘，亦據二書録定；又缺字底卷殘泐，可據《王二》補作『六』字。

〔二八六〇〕字頭底卷存左側上下少許筆畫，兹據《王二》校補作『崪』字。又『崷』字《校箋》以爲當作『嶭』，『爲俗書嶭字』，可參。

〔二八六一〕『伇』字《廣韻》、《集韻》皆作『役』，合於《説文》，俗寫『亻』、『彳』二形多混，兹據校改。又『内』字《敦煌掇瑣》、《姜韻》皆未録之，不確，檢《集韻》或體有作『㕘』、『迺』二形者，疑底卷『内』字當即其中之一的誤脱偏旁字，兹姑據校補作『㕘』字。

〔二八六二〕『悷』字下部及注文『他没』二字左旁底卷皆有殘泐，兹參《王二》、《廣韻》及《集韻》録定。又注文殘字前後二者底卷存右側筆畫，中者存左下角一撇形筆畫，兹參諸本校補作『肆』、『又』、『反』三字。又缺字底卷殘泐，《王二》作『亦作悷、怢』。按《王二》字頭誤作『逮』形，龍宇純《校箋》已指出因字頭字形之誤而致『後人又加「悷」字於「怢」上』，而底卷字頭既作『悷』形，其注文中當不應重出，可去《王二》注文之『悷』字，而據補其餘四字。

〔二八六三〕字頭底卷僅存右下角一捺形點畫，注文殘字存右下角『乚』形筆畫，兹據《王二》、《裴韻》、《蔣藏》及《廣韻》校補作『憒』、『亂』二字。又缺字底卷殘泐，可據諸書補作『心』字。

〔二八六四〕『幗』字左部『巾』旁底卷殘泐，兹參《王二》、《裴韻》、《蔣藏》及《廣韻》録定。注文缺字底卷殘泐，可據《王二》補作『首飾』二字。

〔二八六五〕注文殘字底卷存右上角筆畫，兹據《王二》、《裴韻》、《蔣藏》校補作『曲』字；又缺字底卷殘泐，可據《王二》、《裴韻》補作『又胡梅反』四字。

〔二八六六〕注文文字左側底卷有些漫漶，兹參《王二》、《裴韻》録定。

〔二八六七〕『闠』、『市』二字爲底卷『闠』字雙行注文右行和左行首字，其下至『蛹』字間底卷殘泐約七個大字的空間，《王二》相關内容作『〇闠，闠闠。〇膭，肥大。〇僓，長皃。〇讃，相欺。〇螝，蠶蛹』，與底卷所殘空間略合，唯其『闠』字注文少申訓語『市門』二字，《裴韻》與《廣韻》有之，兹從擬補十三個缺字符。

〔二八六八〕『⿸麻祭』字《王二》作『磨』，與《説文》『碎，⿰石靡（按此爲「磨」的古本字）也』合，底卷形訛，兹據校改。又『脺』字《王二》同，《裴韻》、《蔣藏》、《廣韻》皆未收載，《集韻》以『脺』爲『脆』之或體。

〔二八六九〕缺字底卷殘泐，《王二》注文作『馳酒聲』，無又音，《裴韻》作『馹（駈）酒聲。又七碎反』，與底卷情況略合，可參補『聲』及『碎反』三字，又釋義《王二》之『馳』蓋『駈』字形訛，《蔣藏》、《廣韻》作『送酒聲』。

〔二八七〇〕『啐』字條之下至行末底卷尚有一個大字的殘泐空間，《王二》本小韻於『碎』、『啐』二條間有『誶，告』一條内容，比底卷所殘空間約多半個大字，疑其注文當在次行首，底卷蓋抄之於『啐』字條下，兹據擬補二個缺字符。

〔二八七一〕字頭底卷居行首，存右下角少許筆畫，注文殘字存『隹』形部分，兹參《王二》、《裴韻》、《蔣藏》、《廣韻》校補作二『繀』字。又注文『隹』形殘字底卷居『繈』字之上，釋義諸本作『繈繀』（《王二》『繀』誤作『緯』），參之前行當有一注文小字不能容納，以及底卷注文的抄寫行款不合文例，疑底卷字頭殘字及殘形『隹』皆爲底卷收藏整理時所誤粘，其正確的粘法當是字頭殘字降半個大字的位置，而『隹』形殘字粘於『繈』字左側，其前所存半個大字的空間亦正可抄前行的『誶』字注文，故此録文徑爲乙正作『繈▨（繀）』。

〔二八七二〕『對』字下至『草』字間底卷殘泐約九個左右大字的空間，後條注文二殘字底卷皆存右側漫漶的筆畫，《王二》相關内容作『〇内，奴對反。裹。一。〇纇，盧對反。麁絲。十（九）。〇耒，耒耜。又力軌反。〇儽，極皃。〇蘱，草名，似蒲』，與底卷所殘空間吻合，兹據校補二殘字作『似蒲』，并爲擬補二十一個缺字符。

〔二八七三〕注文『大皃』《王二》同，而《王二》賄韻『落猥反』小韻釋作『大石皃』，於義爲長。

〔二八七四〕注文『平』字下《王二》有『板』字，《廣韻》、《集韻》（唯『板』作『瓪』）同，《玉篇·金部》訓作『平板具』，於義爲長。

〔三八五〕『名』字左下角底卷有殘，此參《王二》録定。又其下至行末底卷殘泐，約可抄二個半左右大字，次行前約三分之二行殘泐，存下約三分之一行的無字部分，《王二》本大韻末尾相關部分作『○邦，縣名，在桂陽。○背，補配反。回面。二。○輩（輩），俗作輩（輩）』，可參。

〔三八六〕『𩾷』字右側底卷略有漫漶，兹據《王二》、《裴韻》録定。又行首至『𩾷』字間底卷殘泐半行多，據空間，約可抄十九個左右大字，《王二》相關内容作『○十九代，徒戴反。更。十一。○岱，東嶽。○黛，眉黛。○埭，以土斷水。○逮，及。又徒帝反。○帒，囊。○瑇，瑇瑁。又徒督反。○靉，靉靆，雲狀』，比底卷所殘空間少約四個左右大字，可參，兹爲後一殘條擬補三個缺字符。

〔三八七〕前行殘字底卷存上部筆畫，兹據《王二》、《裴韻》校補作『代』字。『代』字下至行末底卷殘泐約三個半大字的空間，次行行首至殘字『簺』間底卷殘泐半行多，據空間，約可抄十八個左右大字，《王二》相關内容作『○載，作代反。一年。四。○再，兩再（再字衍）。○𦿞，辞。○戴，故國。○穤，莫代反。木（禾）傷雨。又莫亥反。三。○帽，冒圭四寸。又莫沃反。亦作瑁。○脄，背肉。○賽，先代反。報。四』，比底卷所殘空間少約二個左右大字，可參。

〔三八八〕本條字頭及注文皆存漫漶的輪廓，兹從《姜韻》録定『五』（《姜韻》誤録作『互』）、『名』二字，并參《王二》校補另三殘字作『簺』、『格』、『戲』。

〔三八九〕殘字前者底卷存上部筆畫，後者存右部筆畫，兹參《王二》校補作『先特』（後字《王二》本作『待』，龍宇純《校箋》以爲當爲『特』字之形訛，余廼永《新校》以爲當是『得』字形訛，俟考，兹姑從龍氏校改）二字。又缺字底卷殘泐，可據《王二》補作『反』字。又『寬』字《王二》、《廣韻》同，龍宇純《校箋》：『「寨」云「寬」不詳，《説文》「𡫳，實也」，疑即「實」字壞爲「寳」，因傅會爲「寬」。』

〔三九〇〕前行『寨』字條之下至行末底卷殘泐約四個大字的空間，次行行首至『欬』字間底卷殘泐半行多，據空間，約可抄十九個左右大字，《王二》相關内容作『○貸，他代反。假人物。二(三)。○儓，儓儗，癡狀。○態，意美。亦作儱(儱)。○溉，古礙反。灌。五。○槩，平。○慨，主。○扢，摩。又紇音(紇音當乙正作音紇)。○摡，拭。又許氣反。○慨，苦愛反。慷慨。亦忾。六。○愾，大息』，比底卷所殘空間少一個大字左右，可參。

〔二八八二〕『欬』字左上角底卷略殘，兹參《王二》録定。

〔二八八二〕字頭底卷存右部筆畫，其中『豆』形部分可辨，兹據《王二》校補作『鎧』字。

〔二八八三〕字頭底卷存右側筆畫，兹據《王二》校補作『既』字。又『既』字下至行末底卷殘泐六個半大字的空間。

〔二八八四〕據《箋二》、《王二》，此處所缺應爲十九代韻後部，計約四行。

〔二八八五〕殘字『皽』所在行當爲廢大韻起始行，行首至『夷』字間底卷殘泐半行多，據空間，約可抄十九個左右大字，《王二》相關内容作『○廿廢，方肺反。舍。八。○癈，疾。○䟦，賦斂。○橃，木名。○祓，福。○䇙，針(斜)文織蘆。○䉬，[籧]篨。○䟧，弋射[具]。○肺，芳廢反。肝。三。○柹，木片。○昁，晹。○穢，於肺反。惡。五。○薉，荒薉。○濊，濊貊，夷名』，比底卷所殘空間多約六個大字(其中『䉬，[籧]篨』一條《裴韻》無，龍宇純《校箋》：『《王一》無此字，《廣韻》、《集韻》爲「䇙」字或體，是也。」)，可參。又『夷』字下《王二》有一『名』字，《裴韻》同，於義爲長，兹爲後一殘條擬補三個缺字符。

〔二八八六〕字頭底卷存左部『飠』旁，兹據《王二》、《裴韻》、《廣韻》校補作『皽』字。注文缺字底卷殘泐，可據《王二》補作『餅』字。

〔二八八七〕前行『皽』字條下至行末底卷殘泐約六個半大字的空間，次行前約三分之二行殘泐，下三分之一處存約六個大字長的一段空白，下部復殘，然此爲廿廢大韻的末行字，依例下部可不抄字，《王二》相關内容作『○驖，騍驖(驖字衍)。○吠，符廢反。犬聲。三。○茷(茷)，草皃。又房吠(大)反。○猷，鼠名。○喙，許穢反。口。三。○㾉，困。《詩》云「昆夷㾉矣」。○餯，飫(餅)臭』，可參。

〔二八八八〕行首至殘字『拒』間底卷殘泐半行多，據空間，約可抄十八個左右大字，《王二》相關内容作『○廿一震，職刃反。雷。九。○鷏，鷏鷺，鳥名。○振，動。又之仁反。○賑，贍。○娠，任身。○袗，絺綌。又之忍反。○郎，地名。又恃真反。○須，顔色須類（顡）順事』，比底卷所殘空間少約一個大字，可參。

〔二八八九〕字頭底卷存右下角少許筆畫，兹據《王二》校補作『拒』字。

〔二八九〇〕前行殘字底卷存左上角一『一』形筆畫，以下至行末底卷殘泐約三個大字的空間，次行殘字底卷存左下角筆畫，行首至『名』字間底卷殘泐半行多，據空間，約可抄十九個左右大字，《王二》相關内容作『○訊，問訊。○顖，腦會。亦作囟。○阠（汛），灑。又思見反。［○阠，八陵。］○卂，疾飛而羽不見。○遴，力晉反。行難。亦作賝。十七。○𢙯，惜。正作吝。○悋，鄙悋。○磷，薄石。○䴎，鳥名，似鴝鵒』，比底卷所殘空間少約二個大字，可參，兹據校補二殘字作『訊』、『鴝』，并爲後一殘條擬補二個缺字符。

〔二八九一〕注文殘字底卷存上部筆畫，其中『艹』旁可辨，兹據《王二》校補作『草』字。

〔二八九二〕前行『藺』字條下至行末底卷殘泐約二個半大字的空間，次行行首至『瞵』字間底卷殘泐約半個大字的空間，《王二》相關内容作『○躙，躙躒。○疄，轢田』，與底卷所殘空間吻合，兹據擬補六個缺字符。

〔二八九三〕字頭『瞵』與注文『視不』二字右側底卷皆有殘泐，兹據《王二》録定。

〔二八九四〕『簡』字下至『認』字間底卷殘泐約十二個左右大字，《王二》相關内容作『○簡，損（植）簡（簡字衍）。○撛，扶。又力盡反。○閵（閵），火皃。○䰱，䰱䰱（䰱字衍）。○賝，貪賝（賝字衍）。○顡，顡頒（須）。又力昣反。○忍（刃），而晉反。銛。十一。○刃，刀刃（本條誤增）』，校改後的内容與底卷所殘空間吻合，蓋可據補。

〔二八九五〕『認』字右上角底卷略殘，兹據《箋五》（斯六一七六）、《王二》録定。

〔二八九六〕『礙』、『輪』二字分居『軔』字雙行注文的右行和左行首字，其下至行末底卷殘泐約四個大字的空間，《王二》相關内容作『○軔，礙車輪。○賑（眡），眩，瀌。○訒，難言。○杒，木名』，與底卷所殘空間略合，兹據擬補八個缺字符。

〔二八九七〕『杌』爲『枕』字俗書，《王二》、《廣韻》正作『枕』；《集韻》以『𢅊』爲『帎』字或體，《説文·巾部》『帎，枕巾也』，俗寫『尢』或作『冘』形，參《敦煌俗字研究》下編冖部『尢』字條考釋。

〔二八九八〕『酳』字下部底卷有殘，茲參《王二》、《裴韻》録定。又『酳』字下至『在』字間底卷殘泐約七個大字的空間，《王二》相關内容作『○酳，酒漱口。亦作酌。○靷，引軸。○引，前行。又以軫反。○𨍭(輴)，小鼓在大鼓上』，與底卷所殘空間略合，茲據擬補二十一個缺字符。

〔二八九九〕小韻標數字底卷漫滅，此從《敦煌掇瑣》録定。又反語下《王二》有釋義『疾』字，合於文例，底卷誤脱，茲據擬補一個脱字符。

〔二九〇〇〕『印』字下至行末底卷殘泐約二個大字的空間，『魚名』以下居次行，《王二》相關内容作『○印，於刃反。三。○鮣，魚名，身上有(如)印。○𨁂，跌。又竹四反』，與底卷所殘空間吻合，又『𨁂』條《廣韻》亦略同，是底卷當脱字頭『𨁂』字，茲據擬補五個缺字符及一個脱字符。

〔二九〇一〕《王二》字頭作『儐』，注文云『正作儐』，『儐』爲『儐』的隷變俗字，而『儐』又爲『儐』字之變。下文從『賓』旁者大抵底卷作『賔』，而《王二》作『賓』，不再一一出校説明。

〔二九〇二〕殘字前者底卷存右上角少許筆畫，後二者皆存下部筆畫，前一殘字以下至後二殘字間底卷殘泐約七個大字的空間，《王二》相關内容作『○擯，擯庈(斥)。○殯，掩屍。○鬢，鬢髮。○覞，不相見。又亡見(見字衍)結反』，與底卷所殘空間吻合，茲據校補殘字作『擯』、『鬢髮』三字，并爲擬補十四個缺字符(其中『覞』字《廣韻》在『鬢』字條下，《箋五》(斯六一七六)該小韻末二字爲『殯』、『鬢』，是『覞』字當以居『鬢』字下爲是，然依底卷之行款，則『覞』字條又必在『鬢』字前，故爲擬補如此)。

〔二九〇三〕注文殘字底卷存上部少許筆畫，茲據《王二》校補作『謹』字；又缺字底卷殘泐，可據《王二》及底卷文例補作『刃』、『一』二字(《王二》小韻標數字脱)。又《王二》字頭作『慎』，其注文釋義下有『俗作愼』三字。

〔三九〇四〕字頭居底卷前行末，殘泐，可據《王二》補作「眒」字。注文「武」字《王二》作「式」，《箋五》（斯六一七六）、《裴韻》、《集韻》同，《廣韻》作「試」，麥耘《「王一」校記簡編》謂「「武」爲「式」之訛」，兹從校改。

〔三九〇五〕注文「叏」字《王二》作「墼」，《集韻》同，底卷蓋蒙下「燼」字注文或體而訛，兹據校改。

〔三九〇六〕注文缺字底卷殘泐，可據《王二》、《裴韻》及《廣韻》補作「刃」字。

〔三九〇七〕注文缺字底卷殘泐，可據《王二》、《裴韻》補作「亦」字。

〔三九〇八〕字頭「愸」字《王二》作「慭」，《箋五》（斯六一七六）、《裴韻》、《廣韻》同，後者合於《説文》，底卷形訛，兹據校改。

〔三九〇九〕殘字底卷存上部筆畫，兹據《王二》校補作「作」字。又「亦作進」《王二》同，《裴韻》無此三字，《廣韻》則以「進也」爲釋義中的第一義項，與《説文·日部》「晉，進也，日出萬物進」合，龍宇純《校箋》：「「亦作」二字疑「一曰」之誤。」可參。

〔三九一〇〕「晉」字條下至行末底卷殘泐約一個半大字的空間，《王二》相關内容作「搢，搢笏」，與底卷所殘空間吻合，兹據擬補三個缺字符。

〔三九一一〕「蜼」字注文《王二》作「螑蜼，似小蚌」，《箋五》（斯六一七六）同底卷，《裴韻》作「虫」，《廣韻》作「蟲名；又蛤屬」，《校箋》以爲《王二》蓋後人改之。

〔三九一二〕「𨣈」字《王二》作「𤑔」，《廣韻》復收其或體作「舋」，皆「釁」字俗寫之變，參《敦煌俗字研究》下編刀部「釁」字條考釋。

〔三九一三〕注文「釁」字下部底卷殘，《王二》作「𤑔」形，《箋五》（斯六一七六）作「釁」，龍宇純《校箋》以爲此云「或」不云「俗」，當以作「釁」爲是，兹從録定；又缺字底卷殘泐，前一缺字可據《箋五》（斯六一七六）、《王二》、《裴韻》補作「塗」字，唯諸韻書皆未載「酙」字，考「衅」字俗寫多作「酙」形，「酙」當即其俗訛字，是底卷缺字疑爲「俗作」二字。

〔三九一四〕『㻞』字《王二》有注文作『玉㻞』，《裴韻》同，《校箋》因其文例謂『重文疑出後增』，合於底卷文例，茲據擬補一個脱字符。

〔三九一五〕字頭底卷存左側筆畫，然可辨其爲『疒』旁左部之形，茲據《王二》、《廣韻》校補作『瘽』字。

〔三九一六〕小韻標數字『四』字《王二》作『五』，與底卷本小韻實收字數合，蓋底卷初抄脱『嚫』字注文及下一字頭『瀙』字，後補『嚫』字注文於行右空隙，補字頭『瀙』於『嚫』字下，而小韻標數字未能從改，茲據校改。

〔三九一七〕字頭底卷存左上角『立』形筆畫，茲據《箋五》（斯六一七六）、《王二》及《裴韻》校補作『韻』字

〔三九一八〕『𨻳』字《王二》未收，《廣韻》、《集韻》同，然後二書收有或體『陖』字，《集韻》復收有或體『𨺅』字，底卷字形爲『陖』之換位俗字或『𨺅』字形訛，疑以後者爲是。

〔三九一九〕注文殘字底卷存右下角筆畫，茲據《箋五》（斯六一七六）、《王二》校補作『鳥』字；又『鵔』字《王二》作『鵕』，《箋五》（斯六一七六）、《裴韻》、《廣韻》同，合於《説文》，底卷形訛，茲據校改。

〔三九二〇〕『俊』字《王二》同，龍宇純《校箋》：『案當作「峻」，「弢」即《考工・弓人》「峻」字，故引弓人以説文。』今《周禮・考工記》句作『凡爲弓，方其峻而高其柎』，茲從校改。

〔三九二一〕『田』字下《王二》有一代字符，《箋五》（斯六一七六）、《裴韻》、《廣韻》同（或徑作『畯』字），《説文・田部》『畯，農夫也』，不指『田』，是底卷此處當用注文與被注字連讀成訓例。

〔三九二二〕行首至『䝭』字間底卷殘泐約一個半大字的空間，《王二》相關内容作『駿，良馬』，與底卷所殘空間吻合，茲據擬補三個缺字符。

〔三九二三〕字頭『䝭』字左上角底卷殘泐，茲參《王二》、《廣韻》録定。

〔三九二四〕字頭『寉』字《王二》同，《裴韻》、《廣韻》作『雋』，《集韻》則以『雋』爲『俊』字或體，而别收『寯』字，引《廣雅》訓作『聚也』，疑底卷字形正『寯』字訛省，茲姑據校改。

〔三九二五〕『蓌』字《王二》作『葰』形，《廣韻》作『䓵』形，《集韻》作『𦲛』形，而以『䓵』字爲其或體，按《説文》其字作

『𤬪』形（此從段注本改作，大徐本下從『瓦』形，與解形不合），音『而兖切』，隸定下部或作『皮』省之形或作『瓦』或作『夋』，遂又音與『夋』通矣，底卷字形當即『𤬪』字俗訛，兹據校改。

〔三九二六〕釋義下《王二》有『亦作譎（譚）』三字。

〔三九二七〕缺字底卷殘泐，可據《王二》、《廣韻》補作『目』字。

〔三九二八〕『瞕』字條底卷在前行末，次行行首至『刃』字間底卷殘泐約八個大字的空間，《王二》相關内容作『○訰，訰亂。○閏，如舜反。月餘。二。○潤，濕氣。○順，食閏反。從。一。○帍，匹刃反。麻片。又紡賣反。一』，與底卷所殘空間略合，兹據擬補二十四個缺字符。又『㡑』字當爲『麻』之俗字，下廿二問韻『緼』字注文『麻』字亦作此形。

〔三九二九〕『㩟』字《王二》同，《集韻》作『擽』，後者合於《説文》，底卷俗訛，兹據校改。注文缺字底卷殘泐，可據《王二》補作『居』字。

〔三九三〇〕行首至『絻』字間底卷殘泐約八个左右大字的空間，《王二》相關内容作『○廿二問，無運反。言至於彼。六。○璺，破璺。○汶，水名。○紊，紊亂』，與底卷所殘空間略合，兹據擬補廿個缺字符。

〔三九三一〕『絻』字中上部底卷略殘，兹從《王二》、《裴韻》録定。

〔三九三二〕釋義《王二》同，《廣韻》作『新生草也』，《集韻》作『艸新生』，《玉篇·艸部》作『艸木新生者』，疑底卷『新生』前或後當有一『草』字。

〔三九三三〕注文『暈』字原爲代字符，《王二》作『日』，《裴韻》注文作『日傍氣』，《廣韻》作『日月傍氣』，龍宇純《校箋》：『《王一》云「暈氣」，當誤。』蓋『日』字形訛作代字符，兹據校改。

〔三九三四〕『㾕』字下部底卷略殘，兹參《王二》、《廣韻》録定，又此字《王二》、《廣韻》作『㾕』形，敦煌俗寫『广』、『疒』二形多混，兹據校改。又『㾕』字底卷居行末，次行行首至『薰』字間底卷殘泐約六個左右大字的空間，其中殘字底卷存左下部似『大』字左側形筆畫，《王二》相關内容作『○㾕，疾。又尤粉反。○訓，許運反。教言。四。〇臕，羊䔍』，與底卷所殘空間略合，兹據校補殘字作『䔍』，并擬補十四個缺字符。

〔三九三五〕釋文《王二》、《裴韻》同，《廣韻》作『含水潠也』，後者與玄應《音義》卷四『噴灑』條注引《通俗文》義合。

〔三九三六〕『瀵』字《王二》、《廣韻》作『瀵』，按下條『糞』爲『糞』之俗字，而『瀵』即『瀵』之俗字，參下校。

〔三九三七〕『糞』爲『糞』之俗字，參《敦煌俗字研究》下編『糞』字條考釋。《王二》反語下有『亦作糞。䅼』四字，《裴韻》有『亦糞』，疑底卷當與《王二》同，此處抄脱四字。

〔三九三八〕『醖』字注文前四字居前行行末，次行行首缺一個半大字的空間，其中前行殘字底卷存上部少許筆畫，《王二》相關内容作『醖，於問反。釀。又於吻反。四』，兹據校補殘字作『釀』，并爲本條擬補六個缺字符。

〔三九三九〕『麻』字《箋五》（斯六一七六）、《王二》、《裴韻》、《廣韻》皆作『麻』形，底卷俗作。又『麻』字下《王二》有『亦韞字』三字，他本未見。

〔三九四〇〕『攈』字《王二》同，《裴韻》、《廣韻》作『攈』，後者合於《説文》，底卷字形與形聲構字理據不合，當爲『攈』字形訛，兹據校改，又參上文校記〔三九二九〕。

〔三九四一〕『瘃』字《王二》作『瘃』，龍宇純《校箋》：『二「瘃」字《王一》作「瘃」，案並「瘃」字之誤（《漢書·趙充國傳》「手足皸瘃」）惟「瘃」字原當同《王二》（長龍按：即《裴韻》）、《廣韻》作「坼」，此由淺人改之。下云「丑格反」是其証。文韻「皸」下云「足坼，又居運反。坼字丑格反」，亦其证。』又『刃』字《王二》作『丑』，與前所考得之字音合，底卷俗訛，兹據校改。

〔三九四二〕『三』字《王二》作『四』，其實收字比底卷多末條『枌，穦』，《箋五》（斯六一七六）、《裴韻》本小韻皆收二字，《廣韻》收五字。

〔三九四三〕注文缺字底卷殘泐，可據《王二》補作『吻』字。

〔三九四四〕本大韻標序字底卷殘泐，可據本卷卷端韻目及《箋五》（斯六一七六）、《王二》補作『廿三』二字，兹擬補二個缺字符。又『炊』字上部底卷殘泐，此亦據諸本録定。

〔二九四五〕注文「腴」字《王二》同，《箋八》「痟」字訓作「瘡中冷」，《廣韻》同，《裴韻》「冷」字俗訛作「泠」；《廣韻》上聲海韻「腴，肥也」，蓋因瘡中化膿而致肥大，又因膿與血隔而致腫起寒涼，故有「瘡中腴」、「瘡中冷」之説，《校箋》以爲「腴」當作「腆」，并云：「案證韻「許應反」「膞」字下云「腫起」，此「腴」字當是「腆」字之誤。」可參，然《集韻》以「腆」爲「痟」之或體，此若作「腆」則是以或體爲訓，不合文例。

〔二九四六〕「澱」字《王二》作「滓」，《箋八》同，然《説文·土部》作「垽，澱也」。

〔二九四七〕本大韻標序字底卷殘泐，可據本卷卷端韻目及《箋五》（斯六一七六）、《箋八》、《王二》補作「廿四」二字，兹擬補二個缺字符。又「顛」字底卷僅存下部殘畫，此參底卷本卷卷首韻目所作字形録定：「顛」與下文「頧」《王二》皆作「願」，按「顛」本爲《説文》「顚」的訛俗字，與訓大頭的「頧（願）」字别，但二字俗書形近，古多混用不别，或皆視作「願」字的俗寫。參看《敦煌俗字研究》下編頁部「願」字條考釋。

〔二九四八〕「點」字《王二》同，《裴韻》、《廣韻》作「黠」，後者合於《説文》，底卷形訛，兹據校改。

〔二九四九〕本條《王二》同，《箋八》、《裴韻》皆未收此條，《廣韻》則以「大頭」義爲本小韻首字「願」之又義，《校箋》謂「上已收「願」字，依例不當别出」；按訓大頭的「願」與訓「情欲」的「顛（顚）」本非一字，參前校記〔二九四七〕，并詳《敦煌俗字研究》下編頁部「願」字條。

〔二九五〇〕注文「顛」應爲「顚」的簡俗字。下同。參看上文校記。

〔二九五一〕「券」字《王二》同，《裴韻》作「劵」，注文云「從刀。從力是倦字」，兹據校改。

〔二九五二〕殘字底卷存上部筆畫，兹據《箋八》、《王二》校補作「挽」字。又缺字底卷殘泐，可據二書補作「或」字。

〔二九五三〕釋義《王二》作「悦」，當爲「帨」字俗作，《廣韻》同，底卷阮韻「𩞁」字條下亦同，《校箋》以爲「悦」當爲「脱」字之誤，疑非是，參前校記〔一八五六〕。

〔二九五四〕釋義《王二》同，《廣韻》作「蜀有鄭鄉」，與《説文》「蜀廣漢鄉」之訓合，《校箋》以爲「「鄭」當作「鄤」」，兹從校改。

〔二九五五〕 釋義《王二》作『食』，無『飯』字，按《箋五》（斯六一七六）字頭作『飯』形，《裴韻》同，《廣韻》以『餅』爲『飯』字或體，似注文中不當未作説明而用其或體爲釋，疑『飯』或當作『餅』形，《王二》蓋以用『飯』字不合文例，遂徑删之。又『符』字底卷字形介於『蔣』、『符』疑似之間，兹參諸本録定。

〔二九五六〕 注文殘字底卷存下部筆畫，其中右下角『日』形可辨，兹據《箋五》（斯六一七六）、《箋八》、《王二》校補作『宿』字；又缺字底卷殘泐，可據諸本補作『一』、『酒』二字。

〔二九五七〕 釋義下《王二》有『又居願反』四字，《廣韻》略同，唯『反』作『切』字。

〔二九五八〕 『氻』字《王二》、《廣韻》同，《説文·丸部》作『㕧』形，合於形聲構字理據，底卷俗作。

〔二九五九〕 反語下《王二》有釋義作『造』，合於底卷文例，又《箋八》訓作『立』，疑底卷此脱『造』字。

〔二九六〇〕 以本字釋本字，不合文例，『堰』字下《裴韻》、《廣韻》皆有一『水』字，底卷當脱，兹據擬補一個脱字符。

〔二九六一〕 『獻』字上部底卷略殘，此參《箋五》（斯六一七六）、《王二》、《裴韻》録定。

〔二九六二〕 『揵』即『捷』字俗作，參《敦煌俗字研究》下編手部『捷』字條考釋，《王二》改訓作『勇』。

〔二九六三〕 『亦作』下脱或體字字形，《廣韻》收俗字作『韗』，《集韻》收有五個或體，作『韇、韗、鞧、韉、煇』，《校箋》以爲底卷所脱字形當同《廣韻》作『鞸（韗）』形，兹爲擬補一個脱字符。

〔二九六四〕 本大韻標序字底卷殘泐，可據《箋八》、《王二》補作『廿五』二字，兹擬補二個缺字符。又『恩』字上部底卷略殘，此參諸本録定。

〔二九六五〕 『火』字《王二》、《裴韻》、《廣韻》皆作『水』字，與字頭構形合，底卷形訛，兹據校改。

〔二九六六〕 『遁』爲『遁』之俗字，參《敦煌俗字研究》下編目部『盾』字條考釋，《王二》、《裴韻》皆作『遁』形。

〔二九六七〕 『聞』字《王二》、《廣韻》作『門』，合於《説文》（『顚』字《説文·頁部》作『顚』形，底卷蓋其俗省），底卷誤增『耳』旁，兹據校改。又音下《王二》有『頭無髮』三字，《廣韻》同底卷。

〔二九六八〕 殘字底卷存下部筆畫，兹據《箋五》（斯六一七六）、《王二》、《裴韻》校補作『腝』字。

〔三九六九〕殘字底卷存左下角一點狀筆畫，疑爲「辶」之殘形，《箋五》（斯六一七六）收有或體作「邅」形，《集韻》作「遜」形，不知底卷何似，俟考。

〔三九七〇〕「䭲」字《王二》作「𩟶」，《裴韻》作「𩟶」，「䭲」、「𩟶」皆當爲「饐」之俗字，參《敦煌俗字研究》下編阜部「隱」字及心部「急」字二條考釋。

〔三九七一〕「饐」字底卷恨韻字形同，《王二》皆作「饐」形，《箋二》、《裴韻》、《蔣藏》、《廣韻》無此字，《集韻》作「𩜹」形，與《説文·食部》「𩜹，𩜹饐也」字形合，「饐」當爲「𩜹」之俗作，而「饐」字《説文·食部》訓作「飯傷濕也」，徐鉉音「乙冀切」，別爲一字，《王二》形訛。

〔三九七二〕反語上字「通」《廣韻》作「甫」，《集韻》入「奔」字於恨韻，反切上字作「補」，是底卷「通」當爲「逋」字形訛，「逋」、「補」皆幫紐字，「甫」爲非紐字，「幫」、「非」類隔，唐以前通用，茲據校改。

〔三九七三〕本大韻標序字底卷殘泐，可據《王二》補作「廿六」二字，茲擬補二個缺字符。

〔三九七四〕「曲」字《王二》作「典」，底卷上聲銑韻收有「詪」字，是底卷此處形訛，茲據校改。

〔三九七五〕「饐」爲「𩜹」之俗字，又注文「䭲」爲「饐」之俗字，參看上文校記〔三九七〇〕、〔三九七一〕。

〔三九七六〕本大韻標序字底卷殘泐，可據本卷卷端韻目及《箋五》（斯六一七六）、《王二》補作「廿七」二字，茲擬補二個缺字符。又「翰」字左上角底卷略殘，亦參上揭二書録定。又「鶾」字《王二》同，此當爲《説文·鳥部》「鶾」字之俗省。

〔三九七七〕注文「澣」《箋五》（斯六一七六）、《王二》、《裴韻》、《蔣藏》、《廣韻》皆作「瀚」，合於文例，底卷當爲形訛，唯此譯音詞，其於記音字之選擇容有同音而字異者，其於使用中用「澣海」當亦不誤。

〔三九七八〕「一曰鷄曰韓」底卷作「一曰鷄一曰韓」，《王二》作「一曰鷄曰韓」，《箋五》（斯六一七六）作「一曰鷄毛（毛字衍）曰韓音」，與《禮記·曲禮下》「鷄曰翰音」同，底卷蓋承前「鷄」下誤衍「一」字，又脱抄「音」字，茲據徑刪後「一」字，并爲「韓」下擬補一個脱字符。

〔三九七九〕釋義《王二》、《集韻》同,《廣韻》作『拒也;又關名,在巫縣』,龍宇純《校箋》:『案《史記·楚世家》「肅王四年,蜀伐楚,楚爲扞關以距之。」「扜」即「扞」字,「縣」當作「關」,字之誤也。』可參。

〔三九八〇〕『鞲』字《箋五》(斯六一七六)、《王二》、《裴韻》皆作『韝』,後者合於《説文》,底卷俗省。

〔三九八一〕『五』字《王二》作『三』,與底卷本小韻實收字數合,底卷蓋誤計下一小韻字數,兹據校改。

〔三九八二〕『段』字底卷本作『叚』,下文『段』旁亦多作此形,亦或作『段』,皆俗寫,兹俱徑予録正。又小韻標數字底卷誤脱,《王二》作『三』,與底卷本小韻實收字數合,兹據擬補一個脱字符。

〔三九八三〕『⿰石萬』字《王二》、《裴韻》、《廣韻》皆作『礪』,底卷訛省,兹據校改。

〔三九八四〕『急』字《王二》作『恙』,《廣韻》作『恚』,《集韻》同,《校箋》:『當從《廣韻》、《集韻》作「恚」,見《方言》卷六,元韻注作「恚」,即「恚」字俗書。』兹從校改,底卷形訛。

〔三九八五〕『草』字非聲,兹據《王二》、《裴韻》、《蔣藏》校改作『莫』字,底卷形訛。

〔三九八六〕『時』字《王二》作『蒔』,《箋五》(斯六一七六)、《裴韻》、《蔣藏》、《廣韻》皆作『蒔』字,『蒔』當爲『蒔』因田而生之類化字,底卷誤省草頭,兹據校改。

〔三九八七〕『辟』字《王二》作『壁』,於義爲安,底卷誤脱下部『土』旁,《補正》校改作『壁』字,兹從之。

〔三九八八〕『敳』字《王二》、《廣韻》略同,周祖謨《廣韻校勘記》云:『案《萬象名義》此字從「文」作「敳」,當據正。注「敳敳」亦當作「敳敳」。』《校箋》亦云:『案《玉篇》、《類篇》「文」、「攴」二部並收,從「文」是。』是可知從『攴』當爲俗作。

〔三九八九〕『十』字《王二》作『七』,與底卷本小韻實收字數合,底卷此誤計下一小韻三字,兹據校改。

〔三九九〇〕釋義《王二》同,《裴韻》、《蔣藏》、《廣韻》皆作『胖合,夫婦』,《集韻》引《字林》云:『胖合,合其半以成夫婦也』,《校箋》以爲當據删下一『合』字,可參。

〔三九九一〕小韻標數字因底卷誤以此小韻三字計入上一小韻而脱,《王二》作『三』,與底卷本小韻實收字數合,可據補，茲爲擬補一個脱字符。

〔二九九二〕反語下《王二》有釋義『柴燼』二字，合於底卷文例，疑底卷此處脱之。

〔二九九三〕『敹數』二字當爲『敹數』之俗作，參前校記〔二九八八〕。

〔二九九四〕釋義『改』字底卷字形稍近『段』字俗書而實有別，《箋五》（斯六一七六）、《王二》、《裴韻》作『改』，此徑予録正；《廣韻》作『易』，義同。

〔二九九五〕『肍』字《箋五》（斯六一七六）同，《王二》作『肒』，《裴韻》、《蔣藏》、《廣韻》同，後者合於《説文》，俗寫『九』、『丸』多混，茲據校補正字。

〔二九九六〕『漫』字底卷誤析作『温又』二字，茲據《王二》、《廣韻》徑合録作『漫』字。

〔二九九七〕注文『予下丞』《王二》作『矛下亟』，《裴韻》、《廣韻》皆訓作『鋋也』，與《廣雅·釋器》『穳謂之鋋』合，王念孫疏證云『穳之言鑽也』，疑《王二》之『矛下亟』正爲此種兵器的描寫性説明，俗寫『予』、『矛』多混而不分，又底卷『丞』當爲『亟』之形訛，茲並據校改。

〔二九九八〕『掔』字《王二》同，蓋爲《説文·手部》『掔』字之俗作。

〔二九九九〕注文殘字底卷存下部筆畫，茲據《箋五》（斯六一七六）、《王二》校補作『穿』字。又《王二》此下有『俗作貫』三字，疑爲後增。又小韻標數字底卷作『十九』，《王二》作『廿』，其『罐』字條下有『灌，澆灌（灌字衍）』一條，底卷誤脱，茲據校改『十九』作『廿』。

〔三〇〇〇〕『級』字《王二》、《廣韻》皆作『汲』，底卷形訛，茲據校改。

〔三〇〇一〕『罐』字條下《王二》有『灌，澆灌』一條（《裴韻》、《廣韻》皆在『瓘』字條下，《王二》『瓘』字條脱，故置『灌』於『罐』字條下），據《裴韻》、《廣韻》，《王二》注文『澆』下之『灌』字當爲衍文，此常用字底卷不當失收，故據擬補二個脱字符。

〔三〇〇二〕注文殘字底卷存下部筆畫，茲據《箋五》（斯六一七六）、《裴韻》校補作『南』字；又缺字底卷殘泐，可據二書及《王二》補作『頭』字。

〔三〇〇三〕『悺』爲『悹』之换位俗字，依文例，此注文中未别加説明，則『悺悺』當作『悹悹』之形爲是。

〔三〇〇四〕『五』字《王二》作『三』，與底卷本小韻實收字數合，底卷形訛，兹據校改，《敦煌掇瑣》徑録作『三』。

〔三〇〇五〕或體『槊』字《王二》同，《校箋》：『案「槊」是「稍」字或體（見覺韻），此誤。』《集韻》收『鑹』字二或體作『鑹』、『穳』，可參。

〔三〇〇六〕『爨』爲『爨』之隸定俗省字，『火』旁隸定或作『灬』形，又參《敦煌俗字研究》下編火部『爨』字條考釋，《王二》、《廣韻》作『爨』，合於《説文》。

〔三〇〇七〕小韻標數字『六』底卷漫滅，此從《敦煌掇瑣》録定。

〔三〇〇八〕『般』字上部底卷略殘，此參《王二》録定，《校箋》云：『「般」當作「槃」，《急就篇》云「櫛杅槃案桮問盌」。』又殘字底卷存下部筆畫，亦據《王二》校補作『几』字。

〔三〇〇九〕字頭底卷存下部筆畫，兹據《王二》、《裴韻》、《廣韻》校補作『彈』字。

〔三〇一〇〕『骻』字《王二》作『䯊』，《蔣藏》、《廣韻》皆作『骭』，《校箋》：『案作「骭」是也，《説文》「骭，骹也」，故《玉篇》云「骭脛」，字本從骨、干聲，此蓋涉上下文從「䡵」之字誤爲「䯊」，又誤爲「䯊」，《王一》作「骻」，尤誤。（「骻」與「髁」同字，見《集韻》）。此字又見諫韻「下晏反」，各書作「骭」不誤。』唯《玉篇·骨部》『骭』字注文云：『脛也。《爾雅》曰：「骭瘍爲微。」亦作䯊。』是疑底卷本當作『䯊』形，姑據校改。又注文『骬』字《王二》同，《蔣藏》注文殘泐，《廣韻》作『脅也』，《説文》訓作『骹也』，是『骭』字之訓與『干』形有關，皆指人之長條形骨頭，而『骬』字義爲骨端，不詳底卷所據，俟考。

〔三〇一一〕注文『吾葛反』前《王二》有『又』字，合於文例，底卷誤脱，兹據擬補一個脱字符。

〔三〇一二〕底卷行首殘泐約半個大字的空間，可抄二個注文小字，《王二》『崏』字注文作『厝崏（崏字衍）』，《校箋》：『《王一》注殘，柏刊、《廣韻》云「厝也」，不重「崏」字，《王二》（長龍按：即《裴韻》）云「不恭」，《集韻》云

「廣厚也；一曰不恭也」。案《一切經音義》四引《通俗文》「緩脣謂之嵒碿」。本書阮韻「語偃反」「岸」下云「岸碿，大脣皃」，藥韻「處灼反」「碿」下云「大脣皃，岸碿」（「碿」原誤「脣」字）。「嵒」當與「岸」同字。此云「嵒，唇」，「唇」字不詳，疑即「脣」字之誤。《王二》（長龍按：即《裴韻》）、《集韻》云「不恭」，當與「唇」字無涉，《集韻》同紐有「嗲」字，或體作「㕧」，與此字形近，疑以「嵒」同「嗲」字，故云「不恭」（《論語》「由也嗲」）。又《集韻》云「廣厚」，亦不詳（《萬象名義》、《玉篇》義並同）。或與「緩脣」之義有關。』茲從擬補一個缺字符，底卷或用注文與被注字連讀成訓例。

〔三〇三〕反語下《王二》有釋義『樂』，合於文例，底卷當脱，茲爲擬補一個脱字符。又小韻標數字『四』《王二》作『五』，比底卷多『刊，削』字條，《箋五》（斯六一七六）、《裴韻》、《蔣藏》、《廣韻》、《集韻》皆無此條，蓋《王二》後增。

〔三〇四〕注文『韋』字《王二》作『革』，《廣韻》同，合於《説文》，疑底卷形訛，然『韋』、『革』義略同，姑存其舊。

〔三〇五〕『七』字《王二》作『八』，與底卷本小韻實收字數合，底卷蓋誤計，茲據校改。

〔三〇六〕『䶕』字《廣韻》作『䶕』，合於《説文》，底卷形訛，茲據校改。

〔三〇七〕注文《王二》同，《校箋》：『《玉篇》、《萬象名義》耒部亦同，柏刊、《廣韻》云「冬耕地」，《集韻》「𦔳」爲「暵」字或體（本書「暵」字見上），注云「耕暴田」。案《説文》「暵，乾也。耕暴田曰暵」，「𦔳」、「暵」並與《説文》「暵」同字。《玉篇・田部》引《埤倉》云「耕麥地。亦作𦔳」，《齊民要術》云：「種大小麥皆須五月六月暵地。」此云「冬耕」，未詳。「冬」字與「麥」（「麥」俗作「麦」）形略近，或有譌誤。』

〔三〇八〕注文殘字底卷存下部筆畫，茲據《王二》校補作『亦』字；又缺字底卷殘泐，可據《王二》補作『盧』、『熟』二字。

〔三〇九〕釋義《蔣藏》、《廣韻》同，《王二》作『按』，下又有『又吐丹反』四字。

〔三一〇〕『𢅥』字《王二》同，《廣韻》作『幱』，《周韻》所收刻本《切韻》殘葉（列TⅡD1a.b.c.d）、《集韻》作『㦨』，後者合於《説文》，唯段注改篆文且隸作『⿰巾夒』形，當是，韻書諸本皆其俗作。又注文《説文》作『墀地也，以巾⿰扌⿵門及之』，《校箋》以爲底卷及《王二》之『撋』當爲『⿰扌⿵門及』字形訛，恐不確，段注申其義云：『涂地以巾，按而摩之，如今之擦漆。』正『撋』之義也。

〔三〇二一〕又音下《王二》有『或作傘』三字。

〔三〇二二〕字頭底卷殘泐，可參《箋五》（斯六一七六）、《王二》、《裴韻》及底卷書寫習慣補作『散』字。又又音反語上字與字頭同，不合文例，《王二》、《裴韻》、《廣韻》皆作『蘓』，底卷蓋承字頭而訛，茲據校改作『蘇』字。又亦作字『⿱㪚隹』《王二》作『⿱散隹』，《裴韻》『散』字下另出『𢿥』條，釋『飛𢿥』，《廣韻》、《集韻》與《裴韻》略同，可參。

〔三〇二三〕注文底卷本作『朝幹反。稱則』，《王二》作『作幹反。稱則』，按『朝』字非聲，《裴韻》、《蔣藏》、《廣韻》及《周韻》所收刻本《切韻》殘葉（列TⅡD1a.b.c.d）反語上字皆作『則』字，而注文或作『稱』或作『稱人之美』，是底卷『朝』字當爲『則』字形訛，蓋抄者或察而補正字『則』於注文末，《王二》抄者又以『朝』字非聲而臆改作『作』字，然却未删『則』字，茲據校改『朝』作『則』字，并徑删注文末之『則』字。

〔三〇二四〕注文《王二》作『羹和餅』，《裴韻》（『餅』作『飯』）、《蔣藏》（脱『和』字）、《廣韻》（『餅』作『飯』）略同，與《説文·食部》『以羹澆飯也』之訓合，底卷『美』、『飾』二字皆形訛，茲據校改。

〔三〇二五〕釋義《王二》、《廣韻》同，《集韻》作『聚也；穿也』，合於形聲構字理據，此疑誤以『讚』之義誤置『攢』字之下，《方言》卷十三『讚，解也』郭璞注：『讚訟所以解釋理物也。』

〔三〇二六〕注文殘字底卷存左下角一撇形筆畫，茲據《箋五》（斯六一七六）、《王二》、《裴韻》校補作『美』字；又缺字底卷殘泐，可據諸本補作『徂粲』、『一曰』四字。

〔三〇二七〕注文『久』字《王二》、《集韻》、《玉篇·金部》同，《廣韻》作『炙』，方成珪《集韻考正》云『疑當作「炙」』，底卷誤脱下部『火』旁，茲據校改。

〔三〇二八〕本大韻標序字底卷殘泐，可據本卷卷端韻目及《王二》補作『廿八』二字，兹擬補二個缺字符。又『諫』字上部底卷略殘，亦參《王二》録定。

〔三〇二九〕反語下《王二》有釋義『晚』字，合於文例，底卷蓋脱，當從補。

〔三〇三〇〕字頭『睕』與注文『日』《王二》分别作『睕』、『目』，《裴韻》、《蔣藏》、《廣韻》同，後者合於《説文》，俗寫『日』、『目』二形多混，兹據校改。

〔三〇三一〕字頭底卷存下部少許筆畫，兹據《王二》、《裴韻》校補作『汕』字。

〔三〇三二〕『草』字非聲，當爲『莫』字形訛，兹據校改，參前文校記〔二九八五〕。

〔三〇三三〕『朵』字《王二》作『米』，《集韻》作『采』，《校箋》云：『案當作「米」，惟《王二》（長龍按：即《裴韻》）、《唐韻》（長龍按：即《蔣藏》）、《廣韻》「米」字並無此讀。』

〔三〇三四〕注文缺字底卷殘泐，可據《王二》、《裴韻》補作『甲』字。

〔三〇三五〕字頭殘字底卷存右下角筆畫，兹據《王二》、《裴韻》及《廣韻》校補作『宦』字。

〔三〇三六〕『樌』字《王二》、《廣韻》皆作『摜』，後者合於《説文》，俗寫『木』、『扌』二旁多混而不分，兹據校補正字作『摜』。

〔三〇三七〕『孿』字《王二》作『攣』，《裴韻》、《蔣藏》、《廣韻》同，《廣韻》於注文中云『亦作孿』。注文『生』字下諸本皆有『子』字，疑底卷脱。

〔三〇三八〕小韻標數字底卷殘泐，可據《王二》補作『一』字。

〔三〇三九〕『篡』字條下至行末底卷殘泐約一個大字的空間，次行行首殘泐約一個半大字的空間，注文殘字前者底卷存右下角一捺形筆畫，後者存右下角一彎鈎形筆畫，《王二》相關内容作『薍，五患反。草名。亦作萈。一』，與底卷所殘空間吻合，兹據校補前一殘字作『反』，并爲擬補六個缺字符。又《校箋》：『「萈」當從《集韻》作「薍」，「薍」與「萑」同類，故又從「萑」作「薍」。』不知底卷後一殘字本作何形。

〔三〇四〇〕本條《王二》、《蔣藏》同，按『所晏反』小韻上文已出，《校箋》以爲『此增加字』是也，《廣韻》併此於『訕』字條小韻之下。

〔三〇四一〕注文殘字底卷存上部筆畫，茲據《王二》、《裴韻》校補作『麥』字。

〔三〇四二〕底卷行首殘泐，存下部約無字的三分之二行，『麨』字條下《王二》本大韻相關内容作『○羼，羊相間。又初莧反。○娨，下鴈反。婺也（也字衍）。一』，可參。

〔三〇四三〕後一條注文『侯』字上部底卷略殘，茲從《王二》、《裴韻》録定。又行首至『侯』字間底卷殘泐約八個大字的空間，《王二》相關内容作『○廿九襉，古莧反。帬。三。○豣，逐虎犬。○間，廁。又古閑反。○莧，侯辦反。菜。二』，與底卷所殘空間吻合，茲據擬補二十個缺字符。

〔三〇四四〕注文『貝』字《王二》作『目』，《裴韻》、《蔣藏》、《廣韻》同，後者與《説文·目部》『盼』字注文引《詩》曰『美目盼兮』義合，底卷形訛，茲據校改。

〔三〇四五〕『胡』字下底卷承前條衍抄一『眼』字，茲據《王二》、《裴韻》徑删。

〔三〇四六〕行首至『又』字間底卷殘泐約二個半大字的空間，『又徒亶反一』居底卷左行，其相對之右行注文全殘，《王二》相關内容作『袒，大莧反。衣縫解。或作綻、組、䘼（綻）。又徒旱反。一』，與底卷所殘空間吻合，茲據擬補十二個缺字符。

〔三〇四七〕殘字底卷存左部『魚』旁，《王二》作『鱞』字，《廣韻》作『鰥』，《集韻》同，《楚辭·天問》『舜閔在家，父何以鰥』王逸注：『無妻曰鱞。』洪興祖補注：『鱞，經傳多作鰥。』底卷注文即用『鰥』形，則其字頭依例當同，茲據校補。又缺字底卷殘泐，可據《王二》補作『古盼反』三字。又釋義《王二》作『寡』，《廣韻》同底卷，《集韻》作『視皃』。

〔三〇四八〕『霰』字右部底卷殘泐，此從《王二》、《裴韻》録定，本大韻代表字底卷接抄於前大韻末，不合文例，蓋抄者一時之疏誤而不便於塗改者。又本大韻標序字底卷殘泐，可據《王二》補作『卅』，茲擬補一個缺字符。

缺字底卷殘泐，可據諸本補作『蘇』字（按《王二》、《裴韻》作『蕪』，《廣韻》作『蘇』，底卷下字『先』之又音所書『蘇』字作此形，故取之）。

〔三〇四九〕『厰』字《王二》、《廣韻》同，余迺永《新校》謂『厰』當作『厰』，『從广，敝聲』。底卷俗作。

〔三〇五〇〕『九』字《王二》作『十』，後『輤』字條下底卷脱抄『倩，美好』一條内容，茲據《王二》校改作『十』字。

〔三〇五一〕釋義《王二》、《裴韻》同，《蔣藏》、《廣韻》作『載柩車蓋，大夫以布，士以葦席』，《集韻》作『喪專（車）飾，鄭康成説』，《校箋》引《禮記·雜記》注及疏以申之，謂無『飾』或『蓋』者誤。

〔三〇五二〕字頭及注文殘字底卷皆存左側筆畫，茲據《王二》、《廣韻》校補作『棈』和『木』字。

〔三〇五三〕『輤』字下《王二》有『倩，美好』一條文字，《裴韻》所收字同，唯置於『綪』字條下，《蔣藏》、《廣韻》釋義略異，然皆同置於『綪』字條下，底卷當脱，茲姑據《王二》於『輤』字條下擬補三個脱字符。

〔三〇五四〕『約』字右部《王二》有些漫漶，唐蘭影抄作『約』形，按《集韻·諄韻》『紃』字注文云：『《説文》「圜采也」；一曰絛也。《儀禮》作絢、約。』底卷形訛，茲據校改。

〔三〇五五〕字頭『眩』字右下角底卷略殘，茲據《王二》、《裴韻》録定。

〔三〇五六〕『腂』字《王二》同，《廣韻》、《集韻》作『顋』字，《校箋》以爲『腂』當作『腮』，茲從校改。

〔三〇五七〕『悢』字《王二》同，《廣韻》、《集韻》作『懁』形，合於《説文》，底卷蓋其换旁俗字。

〔三〇五八〕『縛』字《王二》作『縺』形，《集韻·綫韻》以『縛』、『縺』二形並爲『絹』之或體。

〔三〇五九〕『九』字《王二》作『十』，與底卷本小韻實收字數合，底卷誤計，茲據校改。

〔三〇六〇〕『皃』字《王二》、《裴韻》、《蔣藏》、《廣韻》同，《集韻》作『田』，後者合於《説文》。

〔三〇六一〕『黰』字《王二》同，《校箋》：『當作「黰」。（《廣韻》、《集韻》「澱」、「黰」二字别出。《説文》本二字，一在黑部，一在水部。）』底卷字形蓋爲『黰』之俗變。又『黰』字前《王二》别收一或體作『靛』，諸本未載，恐爲抄者後加。

〔三〇六二〕『窴』字《裴韻》同，蓋爲『寘』的繁化俗字，《王二》、《廣韻》等正作『寘』。

〔三〇六三〕反語下底卷承前條又音衍抄『吐奚反』三字，兹據《王二》徑删。又反語下《王二》有釋義作『帛』，合於底卷文例，此蓋誤脱，當從補。又注文標數字『十』《王二》作『十一』，底卷誤脱字頭『潄』字，而糅其釋義文字『鐵』於其前條『萰』字注文後，故致小韻標數字誤計，兹據校改。

〔三〇六四〕『萰』字注文《王二》作『兔荄，白蘞』，其下之『潄』字訓『鐵潄（潄字衍）』，《裴韻》『萰』字訓『草名，芊萰』，未收『潄』字，《廣韻》『萰』字訓作『草名』，而『潄』字訓作『熟潄』；按《説文·水部》『潄』字注文云：『辟潄鐵。』其義爲一種精煉之鐵，底卷蓋脱字頭『潄』字，兹據《王二》擬補一個脱字符。

〔三〇六五〕『奥』字《王二》、《廣韻》同，周祖謨《廣韻校勘記》云：『「奥」《玉篇》作「⿱竹奥」，當據正。（《萬象名義》作「薁」，即「⿱竹奥」字之誤。）』檢『蕀』字《集韻》訓作『蠶⿱竹奥』，余迺永《新校》徑據乙校。底卷『奥』字蓋俗誤省『⺮』旁所致訛字，兹據校改；又『蠶⿱竹奥』與『⿱竹奥蠶』當爲引申關係，似不煩改乙。

〔三〇六六〕字頭底卷存右下角一捺形筆畫，兹據《王二》、《廣韻》校補作『𦝫』字。注文缺字底卷殘泐，可據上揭二書補作『理』字。

〔三〇六七〕『見』字左側底卷略殘，此從《王二》、《裴韻》録定。注文二殘字底卷皆存右側筆畫，兹參《王二》、《裴韻》校補作『練反』二字（『練』字《王二》作『見』，底卷殘畫可與『練』合，故據校）。又缺字底卷殘泐，可據諸本補作『又户』二字。

〔三〇六八〕注文殘字底卷存右部『夆』旁，兹據《王二》校補作『鋒』字。

〔三〇六九〕字頭底卷存右側一彎鈎形筆畫，兹據《王二》、《裴韻》校補作『晛』字。注文缺字底卷殘泐，可據《王二》補作『奴』、『亦』二字。

〔三〇七〇〕『一』字《王二》作『二』，其後收有『晵，日晝雨止』一條内容，《裴韻》略同，作『晵，雨晝上乾』（正字當作『啓』），《蔣藏》、《廣韻》本小韻皆未收此條，與底卷同。

〔三〇七一〕『遵』字《王二》同，《校箋》：『案當云「謁尊」，《儀禮・士相見禮》「某也願見，無由達」注：「凡卑于尊曰見。」「現」與「見」同。（《廣韻》「現」爲「見」俗體。）』底卷俗誤，兹從校改。

〔三〇七二〕注文二殘字底卷皆存上部少許筆畫，兹據《王二》、《裴韻》校補作『名』、『陵』二字；又缺字底卷殘泐，可據二書補作『在』字。

〔三〇七三〕『逹』字《王二》同，《廣韻》作『達』形，後者合於《説文》，底卷俗作。又注文《王二》亦同，《廣韻》只作一『無』字，周祖謨《廣韻校勘記》云：『案「無達」當作「無違」，見《説文》。』兹從校改。

〔三〇七四〕『逐』字下至殘字『讌』間底卷殘泐約七個左右大字的空間，《王二》相關内容作『○豜，逐虎犬。又古莧反。○趼，獸名（足）。○宴，烏見反。安。八（九）』，比底卷所殘空間少約一個半大字，可參，兹爲前一殘條擬補五個缺字符。

〔三〇七五〕字頭底卷存下部筆畫，兹據《王二》、《裴韻》、《廣韻》校補作『讌』字。

〔三〇七六〕注文『普』應爲『並』字誤贅『日』旁，兹依文意校改。

〔三〇七七〕字頭底卷存右上角少許筆畫（似『日』形上部），《裴韻》作『曣』，與殘形合，亦合於《説文》，兹據校補；《廣韻》作『䁙』，《集韻》以爲『曣』字或體，《王二》作『曕』，則是受『曣』、『䁙』的交互影響産生的繁化俗字。又『曣』字以下至行末底卷殘泐約一個半大字的空間，次行行首殘泐約一個大字的空間，《王二》相關内容作『曕，視。又烏殄反』，與底卷所殘空間吻合，兹據擬補五個缺字符。

〔三〇七八〕注文缺字底卷殘泐，可據《王二》補作『出』字，《裴韻》訓作『日出無雲』，《廣韻》作『星無雲，出《説文》』。

〔三〇七九〕殘字底卷存右側少許筆畫，兹據《王二》、《裴韻》校補作『廌』字。『廌』字下至『今』字間底卷殘泐約八個大字的空間，《王二》相關内容作『○廌，作見反。此解廌字。三。○薦，此薦舉字，今作席薦字也（也字衍）』，比底卷所殘空間少約一個多大字，可參，兹爲後一殘條擬補九個缺字符。又『廌』字注文《裴韻》作『作見反，廌舉也。《説文》宅買［反］，解廌，獸，似牛一角，爲黃帝觸邪臣』，底卷『廌』字注文或當多於《王二》而少於《裴韻》。

〔三〇八〇〕『養』字《王二》同,《裴韻》、《蔣藏》、《廣韻》作『食』,《校箋》:『案此即上文「薦」字,《説文》云「廌,獸所食艸」(長龍按:當作『薦,獸之所食艸』)。』底卷形訛,兹據校改。

〔三〇八一〕小韻標數字底卷漫滅,此從《敦煌掇瑣》録定。

〔三〇八二〕『研』字《王二》、《裴韻》同,《廣韻》本小韻未收『研』字,《集韻》雖收而訓作『研研(頨),狡也』;按《説文·頁部》云:『頨,頨妍也。』又《廣韻·仙韻》訓作『頨妍,美頭』,則併以之爲聯綿詞,而聯綿詞多因聲擇字,形無定體,故底卷用『研』,似亦不可謂非是。

〔三〇八三〕注文殘字底卷存右部『乍』旁,兹據《王二》校補作『作』字。又缺字底卷殘泐,可據《王二》補作『麪』(《王二》字頭作『麪』,注文謂『俗作麪』)、『六』二字。

〔三〇八四〕『麪』字條下至行末底卷殘泐約一個半大字的空間,次行行首亦殘泐約一個半大字的空間,《王二》相關内容作『〇瞑,瞑眩。〇眄,斜視』,與底卷所殘空間吻合,兹據擬補六個缺字符。

〔三〇八五〕字頭底卷存右部似『丏』形筆畫,兹據《王二》并參《裴韻》、《廣韻》校補作『淟』字。注文缺字亦可參諸本補作『淟』字。

〔三〇八六〕『蠛』字底卷存右部似『蔑』形筆畫,兹據《王二》校補。又『蠛』字下至殘字『鋗』間底卷殘泐約十二個左右大字的空間,《王二》相關内容作『〇蠛,汙血。又莫結反。〇宵,冥合。〇片,普見反。析木。二。〇胼,半體。〇荐,在見反。重。或作洊。二。〇袸,衣小帶』,與底卷所殘空間吻合,當可據補。

〔三〇八七〕字頭底卷存右下部『月』形部分,注文殘字存右上部似『系』上部筆畫形,兹據《王二》、《裴韻》及《廣韻》校補作『鋗』、『縣』二字。又缺字底卷殘泐,可參諸本補作『反』、『飽』、『亦』三字。又『肙』字《王二》同,《裴韻》、《蔣藏》、《廣韻》、《集韻》並未收此或體,《校箋》云:『不詳。疑「肰」字隸定作「肰」,遂有「肙」、「鋗」同字之説。』

〔三〇八八〕注文殘字底卷前者存右上角少許筆畫，後者存上部似『曲』形筆畫，兹參《王二》、《蔣藏》、《廣韻》校補作『韅』、『典』二字；又缺字底卷殘泐，可參《蔣藏》、《廣韻》補作『反亦作韅一』五字，《王二》未收又音及或體。

〔三〇八九〕『韅』字條下至行末底卷殘泐約三個大字的空間，次行上部殘泐，僅存全行下三分之一處約可容四個大字的一段無字部分，其下復殘泐，《王二》相關内容作『○殿，都見反。後。二。○唸，[唸]吚，呻之(吟)聲。○[illegible]，口見反。穄。又口典反。一』，此爲霰大韻最後三條内容，可參。

〔三〇九〇〕前卅霰韻末行底卷殘存無字的一小段，故此下所缺爲霰大韻下一大韻内容，據本卷卷端韻目及《王二》，此處所缺應爲卅一線韻前部文字，計約十一行。

〔三〇九一〕行首底卷殘泐約一個大字的空間，其前至上一大韻間底卷殘泐。

〔三〇九二〕殘字底卷存左下角少許筆畫，《王二》、《廣韻》皆作『䵹』形，周祖謨《廣韻校勘記》：『《萬象名義》、《玉篇》、《集韻》均作「䵹」，當據正。』按底卷『巴』旁皆作『巳』形，又此線韻字，其相似之偏旁當作『㔾』形，俗寫『㔾』、『巳』不分，兹徑據校補作正字『䵹』形。又『䵹』字注文底卷皆殘泐或漫滅，據其空間推測，約可容四個小字，《王二》作『丘弁反。祠䵹(䵹字衍)。三』，與底卷所殘滅空間吻合，底卷小韻標數字爲朱筆後加字，一般不占正文空間，兹據擬補五個缺字符。

〔三〇九三〕『絭』字右側底卷略殘，兹從《王二》、《廣韻》録定。又『移』字右上角底卷亦略殘，此亦從上揭二書録定。又『絭』字下至『移』字間底卷殘泐十三個左右大字的空間，《王二》相關内容作『○絭，臂繩。○蹼，羂内(网)。亦作罥。○衍，餘見(線)反。達。又以淺反。五。○濴，水潛流。又以淺反。○縯，長。又以淺反。○[illegible]，移』，與底卷所殘空間略合，當可據補。

〔三〇九四〕『便』字條下至行末底卷殘泐約五個半大字的空間，《王二》相關内容作『○剸，之囀反。截斷。又之兖反。二』，此爲『線』韻的最後一條文字，可參。

〔三〇九五〕大韻標序字底卷殘泐，可參本卷卷端韻目（作『三十二嘯』）及《王二》補作『卅二』二字，兹擬補二個缺字符。又『嘯』字右上角底卷有殘，此參《王二》、《蔣藏》録定。又小韻標數字底卷作『十四』，《王二》作『一』，與底卷本小韻實收字數合，底卷『十四』乃誤計下二小韻的八字和五字，兹據校改。又《王二》於前一大韻末補抄一條『䐹，内（肉）和麵。藮弔反』的文字，《校箋》指出：『此字當出後人所增，《王一》無，《廣韻》「藮弔切」收此字。』

〔三〇九六〕『糶』字右側及『咷』右上角底卷皆有殘，兹並參《王二》、《裴韻》、《蔣藏》録定。又『糶』字下至『咷』字間底卷殘泐約九個左右大字的空間，《王二》相關内容作『〇糶，他弔反。賣。八。〇眺，視眺（眺字衍）。〇趒，越趒（趒字衍）。〇覜，見（視），《周礼》「瑑珪璋以覜聘」。〇咷，叫［咷，楚］聲』，校正後的内容與底卷所殘空間略合，兹據擬補十九個缺字符和一個脱字符（『糶』字下的小韻標數字底卷因誤計入前一小韻而脱之）。

〔三〇九七〕小韻標數字底卷因誤計入前『蘇弔反』小韻中，故此處脱載，《王二》作『五』，可據補，兹爲擬補一個脱字符。

〔三〇九八〕『俜』字底卷存左上角少許筆畫，兹參《王二》、《裴韻》、《蔣藏》及《廣韻》校補。又『俜』字下至行末底卷殘泐約二個大字的空間，《王二》相關内容作『〇俜，俜儅，不常（當）皃。〇㾪，㾪［星］，狂病』，與底卷所殘空間吻合（注文『俜』字作代字符形，不用占據一個小字的空間），兹據擬補六個缺字符。

〔三〇九九〕『叫』字《裴韻》、《蔣藏》同，爲『叫』之俗字，參《敦煌俗字研究》下編口部『叫』字條考釋，《王二》、《廣韻》正作『叫』。又後條注文殘字底卷存左下角筆畫，『叫』至殘字間底卷殘泐約七個大字的空間，《王二》相關内容作『〇叫，古弔反。亦噭。五。〇譥，訐譥（譥字衍）。〇徼，小道。〇㡁，行縢。又古鳥反』，與底卷所殘空間略合，兹據校補殘字作『縢』，并爲擬補十四個缺字符。

〔三一〇〇〕『急』、『古歷』三字底卷皆有些漫漶，此參《王二》録定。

〔三〇一〕注文末句《王二》作『或正作屍』,《校箋》以爲其『或』字下脱『作溺』二字,按底卷『正』字或當乙至後一『作』字之前,『尿』字《説文》從尾從水作『𡲡』,『屍』即其隸變構件易位字,而『溺』則爲古通用字。

〔三〇二〕『掉』字下至行末底卷殘泐約一個半大字的空間,《王二》相關内容作『○掉,振掉。○盌,草器。亦蓧(篠)』,與底卷所殘空間吻合,兹據擬補三個缺字符。

〔三〇三〕缺字底卷殘泐,可據《王二》補作『顟,力弔反。顟顤』六字。

〔三〇四〕缺字底卷殘泐,可據《王二》補作『尥,牛脛』三字。

〔三〇五〕字頭底卷存左部筆畫,其中『女』旁可辨,兹據《王二》校補作『嫽』字。又『嫽』字注文雙行小字之右行底卷殘泐,據其空間,可抄三至四個小字,《王二》相關内容作『嫽,户(戾);又力蕭反,嫽弄嫽(嫽字衍)』,與底卷所存内容有異,《裴韻》『嫽』字注文作『戾。又落蕭反』,雖與底卷所存内容合,但其餘内容與所殘空間不能吻合,《蔣藏》、《廣韻》『嫽』字注文皆作『嫽悷。又音僚』,參之諸本及底卷行款,疑底卷注文中釋義作『嫽戾』,兹姑據擬補三個缺字符。

〔三〇六〕『料』字左旁『米』底卷殘泐,此據《王二》及《裴韻》録定。

〔三〇七〕注文『病』字《廣韻》同,《王二》作『宿』,《集韻·蕭韻》『嘹』字注云『嗷夜』,余廼永《新校》:『疑「病」、「宿」並「㾬」字之誤。《説文》「㾬,臥驚病」,「㾬呼」之「呼」謂臥驚而呼,與「嗷夜」並言小兒之夜號。』可參。

〔三〇八〕『刀』字非聲,《王二》作『力』,《廣韻》又音作『又音僚』,是底卷形訛,兹據校改。

〔三〇九〕『鼿』字下部底卷略殘,兹從《王二》、《廣韻》録定。又『鼿』字下至行末底卷殘泐約半個大字的空間,《王二》相關内容作『鼿,折(仰)鼻』,兹據擬補二個缺字符。

〔三一〇〕『嘄』字《王二》、《廣韻》同,周祖謨《廣韻校勘記》:『段改作「嘄」,是也。「嘄」見《説文》及《周禮》大祝注。』

〔三一二〕『㝗』字《王二》同，《集韻》作『㝗』形，合於《説文》，俗寫『宀』、『穴』二旁多混，底卷俗作。

〔三一三〕『突』字中部底卷字形不太明晰，《敦煌掇瑣》及《姜韻》録作『㝔』，蓋皆因《廣韻》而録文，不確，兹參《箋五》（斯六一七六）、《裴韻》録定，《蔣藏》作『突』形，當是『突』字之訛，《王二》字形作『窃』，《集韻》以『突』、『窃』並爲『㝔』字或體。

〔三一三〕『䵷』字《王二》、《廣韻》、《集韻》同，《箋五》（斯六一七六）、《裴韻》、《蔣藏》未收，《校箋》：『案《説文》云字從「折」聲，「折」聲之字不當入此韻。《廣雅·釋詁一》「䵷，喜也」，曹憲音「丈例反」（疑是「火列」之誤），《切三》（長龍按：即《箋二》）、《王二》（長龍按：即《裴韻》）、《唐韻》（長龍按：即《蔣藏》）並音「許列反」，《王一》、《廣韻》、《集韻》同，本書亦同。《説文》、《玉篇》亦並音「許列切」。疑「列」字漶爲「叫」，遂誤收於此。』

〔三一四〕字頭『笑』字《王二》、《裴韻》、《蔣藏》、《廣韻》皆作『笑』，《箋五》（斯六一七六）作『咲』；按注文或體『笑』即『笑』之贅撇俗寫（上下文注文『笑』字多作此形），底卷『笑』、『笑』二形當有一作『笑』，『笑』實爲『笑』的古正字（參看《敦煌俗字研究》下編竹部『笑』字條）。又或體《王二》只收『咲』字一形，《裴韻》、《蔣藏》未收或體，《廣韻》或體作『咲』，《集韻》則於注文中云：『古作咲；或省；俗作咲。』

〔三一五〕『明』字下底卷有一『反』字，《王二》釋義作『明及』，疑皆爲承前反語衍『反』（《王二》又因而誤抄作『及』）字，《廣韻》、《集韻》作『明也』，而底卷例不用詞尾『也』字，葉鍵得《十韻彙編研究·王一校勘記》云：『案原卷下「反」字蓋衍。』兹從徑删。

〔三一六〕『戈』字《王二》作『弋』，《裴韻》、《蔣藏》、《廣韻》同，麥耘《『王一』校記簡編》云：『按「戈」係「弋」之訛。』俗寫二形多混，兹從校改。

〔三一七〕注文『普視』《箋五》（斯六一七六）、《王二》、《蔣藏》同，《裴韻》作『普也』，《廣韻》作『普視；《説文》曰並視也』，《集韻》作『《説文》竝視也』；又下文昌召反小韻『覞』字注文『普視』《王二》作『竝也』（『竝』下當脱『視』字)，《集韻》作『普視皃』，按『並(竝)視也』一訓與今本《説文》合，而各本『普』則皆爲『並』字之誤，《王二》昌召反小韻正作『竝』字不誤；俗書『並』字多有贅增『日』旁訛作『普』字的(參看上文校記〔一〇七五〕、〔三〇七六〕)，《廣韻》『普視』一訓實承誤本《切韻》系韻書而誤，段玉裁《説文解字注》謂『普視』『此今義也』，實又承《廣韻》而誤。

〔三一八〕『⿺辶塹』字當爲『塹』字之俗訛，參前校記〔三六四〕，兹爲校改。又『貴』字《王二》同，《廣韻》、《集韻》及底卷上聲卌一有韻下皆作『遺』，後者合於《説文》，底卷誤脱『辶』旁，兹據校改。

〔三一九〕注文缺字底卷殘泐，可據《王二》補作『作』字。

〔三二〇〕字頭『趡』字《王二》同，《廣韻》作『趭』，《集韻》作『趯』，《箋五》(斯六一七六)、《裴韻》、《蔣藏》未收此字，按《説文·走部》作『趡』，云『从隹聲』。《校箋》：『後世蓋「趡」誤作「趭」，遂從「焦」聲爲讀，而有「子笑」、「才笑」、「慈召」之音，本書又音「弋笑反」者，聲母則保留「以水」之讀，韻母仍從「焦」聲。(《廣雅疏證》謂「子肖、才召、慈昭」即「千水」之轉聲，「弋召」即「以水」之轉聲，又云「凡脂部之字多與蕭部相轉」，非是。)《集韻》作「趯」者，蓋以「隹」聲、「焦」聲俱與此讀不恊，改從「翟」聲耳。』

〔三二一〕注文《王二》同，《玉篇·竹部》亦同，《廣韻》訓作『屋上薄也』，與《爾雅·釋宫》『屋上薄謂之筄』同，《漢語大字典·竹部》解『屋危』爲『屋棟』。

〔三二二〕注文『色』字《王二》作『莬』，《廣韻》、《集韻》同，按《山海經·中山經》：『姑媱之山，帝女死焉，其名曰女尸，化爲䔄草，其葉胥成，其華黄，其實如菟丘，服之媚於人。』底卷之訓當取於此，『莬』字俗或省作『兔』，《集韻·模韻》『莬』字注文云『或作兔』，是底卷之『色』當爲『兔』字形訛，兹據校改。

〔三二三〕字頭『⿺尢㔾』字《王二》同，《裴韻》作『⿺九㔾』，《箋五》(斯六一七六)、《廣韻》略同，作『⿺九㔾』；按此字《説文》入『九』部，而『九』字作爲偏旁隸定亦或作『兀』形，右部『巳』旁即『㔾』之俗作。

〔三二四〕反語與又音間《王二》有釋義『稱心』二字，合於文例，疑底卷誤脱。

〔三二五〕『券』字《王二》同，《集韻》訓作『契也』，按『券』爲『倦』之本字，《校箋》云『「券」當作「券」』，是，底卷形訛，茲據校改。

〔三二六〕注文殘字底卷前者存右部『卩』形筆畫，《王二》該字作『⿰車印』，《廣韻》作『⿰車卯』，《校箋》云『「⿰車印」當作「⿰車印」』，《字林》「⿰車印，轎也」，本書漾韻語向反「⿰車印」亦誤作「⿰車印」』，按《廣雅・釋詁三》亦云『軏、轎，⿰車印也』，俗寫『卬』或訛增贅筆作『印』、『卯』之形，茲據徑校補作正字『⿰車印』形；後者存右下角一捺形筆畫，茲據《王二》校補作『反』字；又缺字底卷殘泐，可據《王二》補作『奇驕』二字，《校箋》云：『上文「嶠」字亦又見宵韻「奇驕反」，故此云「並」。』

〔三二七〕或體字《王二》作『漖』形，《校箋》校正作『漖』字，并指出本卷之『嫖』乃蒙下條之或體而訛，茲從校改。

〔三二八〕『⿰忄贾』爲『慓』的訛俗字，《王二》正作『慓』；『票』旁俗書或訛變作『贾』（上文『剽』、『漂』、『僄』各字所從的『票』旁底卷皆作此形），作『贾』乃據『贾』旁錯誤回改而然，《裴韻》『票』旁皆作『贾』形，實誤。《敦煌掇瑣》及《姜韻》録作『⿰忄贾』，不確。

〔三二九〕『趭』字《王二》作『趡』，《集韻》同，《廣韻》同底卷，《裴韻》、《蔣藏》本小韻未收此字，按『趭』當爲『趡』的俗書訛變字，參前校記〔三二〇〕。

〔三三〇〕殘字底卷存下部似『人』形筆畫，行首至殘字間底卷殘泐約二個半大字的空間，《王二》相關内容作『妙，弥照反。精好。一』，與底卷所殘空間吻合，茲據校補殘字作『反』，并擬補六個缺字符。

〔三三一〕殘字底卷皆存右側少許筆畫，茲據《王二》、《裴韻》校補作『山峻二』三字。又反切下字『肖』《王二》作『笑』，《裴韻》、《蔣藏》、《廣韻》同底卷。

〔三三二〕『⿰秋欠』字左下角底卷略殘，茲從《王二》、《裴韻》録定。注文缺字底卷殘泐，《王二》作『所吹又七由』五字，《裴韻》、《蔣藏》、《廣韻》略同，唯『由』字作『流』，疑底卷當與後者同，茲據擬補五個缺字符。

〔三三三〕殘字底卷存上部『刀』旁，茲據《王二》校補作『召』字。又『召』字居底卷前行行末，次行行首至『醮』字間底卷殘泐約八個左右大字的空間，《王二》相關内容作『○趬，丘召反。[行]輕皃。二。○⿰喬兀，⿰喬兀[⿰虛兀]，高不安。○⿰虛兀，牛召反。⿰喬兀⿰虛兀。一。○醮，子肖反。祭。七』，校正後的内容與底卷所殘空間略合，兹據擬補二十四個缺字符。

〔三二四〕注文『⿰⿰米焦欠』字《王二》同，《裴韻》則以之爲『潐』字或體，《集韻》或體作『⿰焦欠』形，《校箋》謂『⿰⿰米焦欠』字當作『⿰樵欠』，《説文》『釂』、『⿰樵欠』二字異部（前者在酉部，後者在欠部）而音義同，底卷俗訛，兹據校改。

〔三二五〕『⿰禾西』字《王二》同，《廣韻》、《集韻》作『穛』，底卷蓋俗省。又釋義《王二》亦同，《廣韻》作『物縮小』，《玉篇·禾部》同，《集韻》作『物縮而小謂之穛』，《校箋》疑『醮』字爲『⿰面焦』（《廣韻》與『穛』同音，訓『面不光』）之形訛，俟考。

〔三二六〕『少』字在行末，次行行首至殘字『裱』間底卷殘泐約六個左右大字的空間，《王二》相關内容作『○少，▨（失）召反。二。○燒，爇。又失昭反。○祧，丑召反。遠祖廟；一曰祭。一』，與底卷所殘空間略合，兹據擬補二十一個缺字符。

〔三二七〕字頭底卷存左側『衤』旁部分，兹據《王二》、《裴韻》校補作『裱』字。

〔三二八〕注文《王二》同，然本小韻實收字數一，《校箋》：『案同紐無他字，各韻書並同。《廣韻》注云「尾起」，本書此一「尾」字，於義未足，疑「二」上一畫爲重文之誤。』然底卷注文除首字與字頭相同者用重文符號外，其餘字一般不用，故《校箋》説當未確，兹姑校改『二』字作『一』，底卷蓋用注文與被注字連讀成訓例。

〔三二九〕注文『普視』《王二》作『竝也』，《集韻》作『普視皃』，『普』當爲『並』字之誤，説詳上文校記〔三一七〕。

〔三三〇〕殘字底卷存下部少許筆畫，行首至殘字間底卷殘泐約一個大字的空間，然與殘字所在之左行相並的右行注文文字全殘，《王二》相關内容作『卅四效，胡教反。亦作効。四』，與底卷所殘空間吻合（大韻標序字底卷皆提行書寫），兹據校補殘字作『亦』，并爲擬補六個缺字符。

〔三三一〕字頭底卷存左部『木』旁，注文殘字存左部，兹據《王二》校補作『校』、『尉』二字。又『木』前之『從』字右側底卷略殘，此從《王二》録定。又缺字底卷殘泐，亦可從《王二》補作『校』字。

〔三四二〕『食窖』不辭，『食』字《王二》作『倉』，《裴韻》、《蔣藏》、《廣韻》同，底卷形訛，兹據校改。

〔三四三〕字頭《王二》、《裴韻》同，《箋五》（斯六一七六）字頭殘泐，然其注文與底卷同，參《箋五》校記〔六〇六〕。

〔三四四〕釋義下《王二》有『亦酘』二字，《裴韻》、《蔣藏》、《廣韻》、《集韻》皆未收此或體字。

〔三四五〕缺字底卷殘泐，可據《王二》、《裴韻》補作『水名』、『河』三字。

〔三四六〕反切上字『如』非聲，《王二》作『丁』，《裴韻》、《蔣藏》、《廣韻》皆作『都』，周祖謨《廣韻校勘記》云底卷『「如」蓋「知」字之誤，「知教」音和切也』，《校箋》以爲『「知」字恐出後人改之』，兹姑據校改『如』作『知』字。

〔三四七〕字頭底卷存右下角一捺形筆畫，兹據《王二》校補作『墽』字，該字《廣韻》作『磝』形，《集韻》則『磝』、『墽』分立字頭，前者訓『石不平』，後者訓『土不平』。

〔三四八〕『窌』字《王二》同，《箋五》（斯六一七六）作『窌』，《集韻》本小韻『窌』字注文云『通作奅』，按俗寫『宀』、『穴』二旁多混，底卷蓋『窌』之俗作。又『六』字《王二》作『四』，與底卷本小韻實收字數合，底卷誤計下一小韻二字於此，兹據校改。

〔三四九〕本小韻二字因誤計入前一小韻標數字中，而致此標數字脱，可據《王二》補作『二』字，兹爲擬補一個脱字符。

〔三五〇〕缺字底卷殘泐，可據《王二》補作『反漸五』三字（《王二》注文『漸』字下衍抄一代字符）。

〔三五一〕『木小』，《裴韻》、《周韻》所收刻本《切韻》殘葉（列TⅡD1a.b.c.d）、《蔣藏》（唯『木』字訛作『水』）同，《王二》誤倒作『小木』，《校箋》：『案當從《廣韻》云「木上小」，《集韻》「梊」下云「剡木殺上」（案「梊」即「掣」後起字）。《考工・輪人》云「望其輻，欲其掣尔而纖也」，注云：「掣，纖殺小皃。」』

〔三五二〕『䎄』字《王二》作『稍』，《廣韻》、《集韻》及《玉篇・耒部》、《廣雅・釋地》同，底卷形訛，兹據校改。

〔三五三〕「飽」字下底卷衍抄一「反」字而脱抄下一又音之反語上字，《王二》此處相關内容作「又乃飽、如紹二反」，底卷上聲廿九巧韻「撓」字下亦收有又音「如紹反」，唯廿八小韻「而沼反」小韻未收「橈」或「撓」字，《集韻》「爾紹切」小韻收之，兹據《王二》及文例徑删衍抄之「反」字，并擬補一個脱字符。

〔三五四〕缺字底卷殘泐，可參《王二》補作「又」、「角反」三字。

〔三五五〕本大韻代表字及其標序字底卷殘泐，可參本卷卷端韻目（作「三十五号」）及《王二》補作「卅五号」三字，兹擬補三個缺字符。又殘字底卷存下部筆畫，此據《王二》、《裴韻》校補作「胡」字。

〔三五六〕「謦」字《王二》作「磬」形，《裴韻》作「𣪊」、《蔣藏》作「𧪞」形，《集韻》及《廣雅·釋詁一》作「𣪍」形，《集韻》又收或體作「謦」形，按此字諸本構形多歧，余迺永《新校》以爲其字形當「從老省，㱿聲」，隸定當作「𣪘」形，作他形者蓋皆其俗作訛變。又從其釋義看，疑其字與《禮記·王制》「九十者，天子欲有問焉，則就其室以珍從」的古俗有關，其作「𣪍」形者或可以是爲解，即其字形可會意爲需要前往諮詢和攙扶的老者。

〔三五七〕字頭底卷殘泐，《王二》作「𣭵」形，《廣韻》同，當可據補，《校箋》云：「下文『奴到反』字作『髦』。」底卷「奴到反」亦作「髦」形，「𣭵」爲「髦」字俗省。

〔三五八〕「苖」字字書未見有載，《王二》作「黄」，《廣韻》同，底卷誤脱字下二點，《補正》校作「黄」字，兹從之。

〔三五九〕又音反切下字「沃」字《王二》作「老」，《裴韻》同；考「縞」字又見於底卷上聲皓韻「古老反」小韻，《補正》校「沃」作「老」，謂「此涉下文『告』字訓誤之」，兹從之。

〔三六〇〕注文「作」字下底卷脱抄或體字，《王二》作「熬」形，《校箋》：「案本書巧韻古巧反『效』下云『交炊木』，與『烄』字云『交木然』義同，《廣韻》收爲『烄』字或體。（『效』原誤作『敹』。）《集韻》『效』或作『𤎂』。疑此『熬』是『效』或『𤎂』字涉下『傲』字而誤。」兹爲擬補一個脱字符。

〔三六一〕注文缺字底卷殘泐，可據《王二》補作「馬」、「五」二字。

〔三六二〕『帽』字右部底卷作『冐』，俗寫；本大韻下文『冒』旁底卷皆作『冐』形，同，兹皆徑予録正，不再出校説明。參下校記〔三六六〕。

〔三六三〕『⿱尚老』字底卷誤抄作二字『尚老』，兹據《王二》、《裴韻》及《廣韻》合録作一字。又『⿱尚老』字《王二》作『⿱尚老』形，《裴韻》、《廣韻》皆引《説文》作『⿱艹⿱尚老』形，與今大徐本《説文》字形同，底卷及《王二》皆形訛，兹據校改底卷字形作『⿱艹⿱尚老』。

〔三六四〕『香』字當爲『萫』之古本字，故俗『萫』字或仍作『香』形，《廣韻·漾韻》『許亮切』『萫』字下云『芼食』，又《集韻》同小韻下『萫』字訓云『芼羹』。

〔三六五〕『冐』爲『冒』的俗字，《王二》等本正作『冒』；《正字通·冂部》云『冐，俗冒字』，可參。參上校記〔三六三〕。

〔三六六〕缺字底卷殘泐，可據《箋五》（斯六一七六）、《王二》、《裴韻》、《蔣藏》補作『娼』字。

〔三六七〕『繆』字《箋五》（斯六一七六）、《王二》、《裴韻》、《廣韻》、《集韻》左旁皆作『女』形，合於《説文》，底卷蓋爲音訛字，兹據校改。又『恅』字《王二》作『⿰忄去』，《裴韻》作『⿰忄厷』，《廣韻》作『恪』，『恪』、『⿰忄去』皆『吝』之後起俗字，底卷『恅』則當爲『⿰忄去』字形訛，兹據校改。

〔三六八〕注文以本字釋本字，不合底卷文例，《王二》釋義作『淹』，《裴韻》、《廣韻》同，是底卷形訛而改作代字符形，兹據校改。

〔三六九〕『尉』字《箋五》（斯六一七六）同，《王二》作『慰』，《裴韻》、《蔣藏》、《廣韻》、《集韻》同，底卷蓋俗省。

〔三七〇〕注文『⿰鼻參』字《王二》同，乃『⿰鼻喿』的訛俗字，《裴韻》、《廣韻》、《集韻》正作『⿰鼻喿』，《蔣藏》作『⿰鼻条』，當是由『⿰鼻喿』訛變作『⿰鼻參』的過渡環節，參下校記〔三七九〕；又『篭』字《王二》作『竃』，《裴韻》同，《廣韻》作『竈』，『竃』爲『竈』之俗字，底卷『篭』則當爲『竃』字形訛，兹據校改。

〔三七一〕『洌水』代指朝鮮，《史記·朝鮮列傳》裴駰集解引張晏曰：『朝鮮有濕水、洌水、汕水，三水合爲洌水，疑樂浪、朝鮮取名於此也。』此洌水即今朝鮮境内大同江，《説文·疒部》：『朝鮮謂藥毒曰癆。』又《方言》卷三：「凡飲藥、傅藥而毒，南楚之外謂之瘌（瘌），北燕、朝鮮之間謂之癆。」

〔三七二〕『覔』字《王二》作『叟』形，《廣韻》作『叜』形，《裴韻》、《蔣藏》、《集韻》本小韻皆無此字，然《裴韻》於本大韻前『都導反』小韻收有『受』字，注文云『姓。從文』，《廣韻》、《集韻》略同，唯《廣韻》字形作『受』，《集韻》作『受』，按此字形又見於伯三八二三《佛經難字及韻字抄》，作『受』形，張涌泉考釋云：『都導反的「受」、「受」、「受」顯爲一字之變，疑以作「受」爲典正，故《玉篇》列其字在丈部；「受」、「受」乃「受」字之訛，裴務齊正字本《刊謬補缺切韻》注文「從文」乃「從丈」之訛，而周祖謨《廣韻校勘記》反據裴韻謂《廣韻》「受」當作「受」，恐不可從。近人胡吉宣《玉篇校釋》謂「受」字「形聲俱乖，後魏時僞造爲姓氏」，其説可參。至於「覔」、「叟」、「叜」三形，顯然也是一字之變，疑亦「受」的訛變字。』疑『受』字本由『受』茲乳而成，『受』爲禅紐字，古或與『紂』（隸澄紐）通，後魏用爲姓氏，或因之而改下部作『丈』（隸澄紐）形以表聲，然以韻隔遠，故亦不盡合形聲構字理據，是底卷隸之於『薄報反』小韻，蓋王仁昫氏誤以其字爲從田叜（《廣韻・小韻》『平表切』）聲而改屬，《廣韻》承之。

〔三七三〕『九』字《王二》作『十』，底卷『趺』字下脱『鱮』字及其一個注文文字『小』，而致小韻標數字少計一字，茲據校改作『十』。

〔三七四〕『熱』字下《王二》有『又於六反』四字，《裴韻》、《蔣藏》、《廣韻》同底卷，然《廣韻》於下條『墺』字注文收有又音『又於六切』，底卷入聲屋韻兼收『燠』、『墺』二字。

〔三七五〕『垗』字《王二》作『垗』，《集韻》收有二古體作『垗』、『垗』，按《説文・土部》『墺』字下收有古文作『坴』形，則諸本所作當皆其隸定俗變，唯『垗』字《説文・土部》有收，訓作『畔也，爲四畤界，祭其中，《周禮》曰「垗五帝於四郊」』，是底卷所作字形當別有改作，茲姑據《集韻》校作『垗』形。

〔三七六〕『趺』字《王二》訓作『長趺（趺字衍）』，《廣韻》作『長也』；『趺』字下《王二》有『鱮』字訓『小鰌』，《廣韻》『鱮』字條訓同，唯居於『墺』字條下，是底卷此處誤脱『鱮小』二字，而徑屬『鰌』於『趺』字訓下，茲據擬補二個脱字符。

〔三七七〕『郡鳥聲』不辭，『郡』字《王二》脱抄，《裴韻》、《蔣藏》、《廣韻》皆作『群』字，與下同源字『諫』訓『群呼』義通，《補正》校之作『群』，兹從之。

〔三七八〕『謬』字《王二》同，乃『譟』的訛俗字，《裴韻》、《廣韻》、《集韻》正作『譟』，《蔣藏》作『謙』，是由『譟』訛變作『謬』的過渡環節。參上校記〔三七二〕。

〔三七九〕又音下《王二》有『亦掃』二字，《廣韻》亦收此或體字。

〔三八〇〕注文缺字底卷殘泐，其後二字可據《王二》及底卷文例補作『作』、『三』二字，然《王二》釋義作『坎埒』，《校箋》以爲蓋當作『炊㷮』，檢《説文・穴部》『竈』字訓作『炊竈』，故不知底卷所缺之字究爲何字，俟考。

〔三八一〕又音前《王二》有釋義『愛』字，合於底卷文例，疑此脱抄。

〔三八二〕『臑』爲『臑』的俗字，《王二》、《集韻》正作『臑』（『臑』字《説文》從肉、需聲）；《廣韻》作『腝』，又爲『臑』的訛變字。

〔三八三〕『倒』字《王二》作『到』，底卷上聲皓韻『奴浩反』小韻收有『髦』，而本大韻前『徒到反』則收有其俗省字作『𧾷兆』，是此『倒』字誤增『亻』旁，兹據校改。

〔三八四〕大韻標序字底卷存後一字的下部筆畫，據本卷卷端韻目（作『三十六』）、《王二》及底卷文例知此當作『卌六』二字，兹爲校補殘字作『六』，并擬補一個缺字符。

〔三八五〕『炡』字《王二》作『旌』，《廣韻》同，《集韻》以『旌』、『佐』並爲『左』之或體，底卷形訛，兹據校改。

〔三八六〕『跢』字右部『多』旁的上一構件『夕』底卷作『八』字形，蓋『夕』的省代符，字頭『哆』、『痑』同此，兹徑據《王二》、《箋五》（斯六一七六）、《裴韻》、《蔣藏》、《廣韻》、《集韻》等各本録正。凡同一字内部部分構件相同或相近的，其中的一部分俗寫或用『八』、『ク』、『⺀』、『ㄑ』等符號代替。

〔三八七〕『近』字《王二》同，《箋五》（斯六一七六）、《裴韻》、《蔣藏》、《廣韻》皆作『兵』，《校箋》：『當從之，「邏」解爲「遊兵」」，見《晉書音義》中。』底卷形訛，兹從校改。

〔三八八〕反語下《王二》作『又古文㕟(羽)字，布』，《裴韻》、《蔣藏》諸訓中皆有『布』無『揚』，《廣韻》則首義亦作『揚』字。

〔三八九〕反語下《王二》有釋義『眠』，合於文例，疑底卷脱抄。

〔三九〇〕『叟』字《箋五》(斯六一七六)、《裴韻》同，《蔣藏》作『叜』形，《廣韻》作『叜』，後者合於《説文》新附字形，按『坐』爲《説文》古文，而篆文作『𡋬』，『卯』旁隸變或作『吅』形，故『叜』字亦可寫作『叟』，而『叜』則爲二者交互影響的産物。下文『侳』、『剉』、『銼』、『莝』諸字所從的『坐』旁底卷皆作『坐』，與『叜』字同例。

〔三九一〕『少』字《王二》同，《箋五》(斯六一七六)、《裴韻》、《蔣藏》、《廣韻》皆作『沙』，《校箋》以爲當從改，兹據改。

〔三九二〕『本作』以下六字《王二》作『本穤』二字，『穤』即『稬』的俗字；此字《説文》本作『稬』，隸變訛俗字作『穤』，『穤』又换旁作『糯』，而『穤』、『糯』則又『稬』、『糯』的訛俗字。參看《敦煌俗字研究》下編米部『糯』字條。

〔三九三〕『津』字《王二》作『汁』，『汁』『津』義近，然究以『口津』之詞爲典正，慧琳《音義》卷一三『洟唾』注引《考聲》云：『唾，口中津沫也。』可參。

〔三九四〕注文《王二》、《裴韻》同，《蔣藏》作『蟬虵去皮』；《廣韻》作『蛇去皮』，蓋脱『蟬』字；考慧琳《音義》卷七四『虵蜕』注引《字林》亦作『蟬虵解皮曰蜕』；《後漢書·張衡傳》『欻神化而蟬蜕兮』李賢注引《説文》曰『蜕，蟬虵所解皮也』，今本《説文》作『蛇蟬所解皮也』；底卷注文『蜕』字疑爲『虵』字形訛。

〔三九五〕『袳』字《王二》作『袳』形，《校箋》以爲皆當爲《説文》『袳』字之誤，兹從校改。

〔三九六〕『語莭(節)』《王二》作『語第』，並不詳，參底卷前文校記〔八八九〕。

〔三九七〕『作隱惰』三字《王二》無，《校箋》謂『作』字前當有『亦』字，今奪，又『「㥯(隱)」當作「㥏」』，按『㥏』字見收於《集韻》，底卷形訛，茲從校改，并據擬補一個脱字符。

〔二九八〕『襘』字《王二》無，底卷此或體又見於本大韻前『託卧反』小韻『䙄』字注文，當爲『襘』之訛俗字。

〔二九九〕『駄』字《箋五》（斯六一七六）、《裴韻》、《蔣藏》、《廣韻》同，《王二》作『馱』，周祖謨《廣韻校勘記》云：『此字段改作「馱」，案「駄」，俗體也。』周説是，俗寫『大』、『犬』多混。

〔三〇〇〕『理』字《王二》同，《廣韻》、《集韻》作『治』，後者合於《説文》；《校箋》：『唐人避高宗諱，改「治」爲「理」。』

〔三〇一〕『纚』字《王二》同，《裴韻》、《廣韻》作『纚』，後者合於《説文》，底卷形訛，茲據校改。又『紃』字《王二》同（『紃』字下衍抄一代字符），《裴韻》作『下（不）均』，《廣韻》作『不細也；又不均也』，周祖謨《廣韻校勘記》：『「細」北宋本、巾箱本、黎氏所據本作「訓」，案「訓」當是「紃」字之譌，《原本玉篇》「纚」下引《説文》云「不紃也」，是其證。（此注敦煌《王韻》亦作「紃」，惟脱「不」字。）「不紃」者，不匀順也。張改訓爲「細」，未允。』今《説文·糸部》『纚』字下訓作『不均』，茲從擬補一個脱字符。

〔三〇二〕『臝』字《王二》同，《廣韻》作『𦢊』，後者合於《説文》，底卷當爲『臝』字形訛，『臝』爲『𦢊』字俗作，茲據校改，《敦煌掇瑣》、《姜韻》徑録作『臝』，不確。

〔三〇三〕注文『高』字《王二》作『膏』，《廣韻》、《集韻》同，又《王二》入聲沃韻『髩』字下云：『膏膜也。』（底卷此條僅存左側少許筆畫），是底卷誤脱下部『月』旁，茲據校改。

〔三〇四〕注文殘字底卷存下部筆畫，茲據《王二》、《蔣藏》校補作『蘇』字（《王二》作『蘓』形，此參底卷殘形定之）。又缺字底卷殘泐，可據二書補作『語』字。

〔三〇五〕『坐』字《王二》作『坐』，爲《説文》篆文隸變字與古文之異；《蔣藏》作『坐』，則爲前二形交互影響的產物。下『座』字同此。參看上文校記〔二九二〕。

〔三〇六〕大韻標序字底卷殘泐，可據《王二》及底卷文例補作『卅七』二字，茲擬補二個缺字符。

〔三〇七〕『椵』字當爲『椵』(都館反)字形訛而誤從右旁增此音，參《箋五》校記〔六三七〕。

〔三〇八〕注文殘字底卷存下部筆畫，茲據《王二》、《裴韻》、《蔣藏》校補作『雅』字。

〔三〇九〕『賀』字《王二》作『胷』，《廣韻》同，與底卷注文字形一致，是底卷字頭形訛，茲據校改。

〔三一〇〕『九』字《王二》作『六』，與底卷本小韻實收字數合，底卷誤計下一小韻三字，茲據校改。

〔三一一〕『誶』字蓋『詫』字形訛，參《箋五》校記〔六三九〕。

〔三一二〕字頭底卷存下部筆畫，茲據《箋五》(斯六一七六)、《王二》、《裴韻》校補作『塼』字。

〔三一三〕又音切上字『訝』字《王二》作『許』，《王二》、《廣韻》麻韻許加反小韻有此字，底卷形訛，茲據校改。

〔三一四〕本小韻字數底卷誤計入前一小韻標數字中，故致此小韻標數字誤脱，《王二》作『三』，與底卷本小韻實收字數合，茲據擬補一個脱字符。

〔三一五〕『刃』字《王二》作『丑』，《裴韻》、《蔣藏》、《廣韻》同，底卷形訛，茲據校改。

〔三一六〕小韻標數字『一』字《王二》同，然《王二》該小韻實收二字，比底卷多『笮，酒笮。亦槩』一條文字，《箋五》(斯六一七六)本條字頭雖殘泐，但存注文二字(一個代字符和一『酒』字)，《裴韻》本條作『醩，醩酒，出王逸《證俗文》。或作笮、杔、庝，未詳』，其字頭《廣韻》、《蔣藏》作『笮』，《廣韻》『笮』字下又收『醡(醉)，壓酒具也，出《證俗文》』，當亦同字或體，《集韻》於『醉』字下收有五個或體，無作『笮』、『槩』形者，《校箋》云本卷『無此字，疑係誤脱』，蓋是。

〔三一七〕『詐』字《王二》同，《廣韻》、《集韻》作『詐』，合於《説文》，疑底卷俗省。

〔三一八〕殘字底卷存下部似『攵』形部分，茲據《王二》校補作『娑』字，又參前校記〔三一九〇〕。

〔三一九〕又音前《王二》有釋義作『時』，合於文例，疑底卷誤脱。

〔三二〇〕缺字底卷殘泐，可據《王二》、《裴韻》補作『反』、『兒』二字。

〔三二一〕釋義下《王二》有『亦作蝂』三字，《箋五》(斯六一七六)、《裴韻》、《蔣藏》、《廣韻》同底卷，《集韻》亦收有

『蛂』字。

〔三二二〕底卷行首殘泐約一個大字的空間，《王二》相關内容作『鷗，鷗鳩，鳥飛向南』，比底卷所殘空間多半個大字，檢《裴韻》『鷗』字注文作『鷗鳩，鳥名』，疑底卷同此，故據擬補四個缺字符，又《廣韻》注文作『鷗鳩，鳥，似雉南飛』，與《王二》合。

〔三二三〕『蠠』字上端底卷略殘，此從《王二》、《裴韻》録定。

〔三二四〕『眹』字《王二》作『牿』，《集韻》同，合於形聲構字理據，底卷蓋蒙下『射』字或體『躲』而致訛，茲據校改。

〔三二五〕『𢾭』字《王二》、《裴韻》同，《蔣藏》、《廣韻》作『赦』形，按《説文·攴部》以『𢾭』爲『赦』字或體。

〔三二六〕注文《王二》同，《廣韻》引《文字音義》『𨟙』字上有『北』字，《校箋》：『案《説文》亦云「出北嚻山」，當據補。北嚻之山見《山海經·北山經》。（案《山海經》此字作「洿」。）』

〔三二七〕字頭底卷存左下角少許筆畫，茲從《王二》、《裴韻》録定。注文『猒』字右上角底卷略殘，亦據上揭二書録定；又『猒名』下《王二》有『有香』二字，《裴韻》同底卷。

〔三二八〕『覇』字《王二》作『霸』，注云『亦作覇』；《蔣藏》作『覇』；《裴韻》作『霸』，注云『或作覇，非』，按此字以作『霸』爲典正，『霸』隸變訛作『覇』，『霸』、『覇』左下部俗省作『手』，後者通常爲『䒑』旁的俗書，據之加以回改，故『霸』字俗書又或訛變作『覇』、『覇』。下文『灞』字仿此。

〔三二九〕小韻標數字『四』字《王二》作『五』，底卷下文誤糅『樺』字字頭與『崋』字注文爲一，致脱計一字，茲據校改。

〔三三〇〕『樺』字《王二》訓作『木名』，《裴韻》、《蔣藏》、《廣韻》同，又其下『華』字訓作『西岳，山』，後者字頭《箋五》（斯六一七六）作『崋』，《裴韻》、《蔣藏》、《廣韻》略同，底卷誤糅『樺』字字頭與『崋』字注文爲一，而致有脱文，茲據擬補三個脱字符。

〔三三一〕注文殘字底卷存右下角筆畫，茲從《王二》校補作『倒』字；又缺字底卷殘泐，可據《王二》補作『人』字。按

『七』字注文《裴韻》作『變也，從倒人』，《蔣藏》（無『也』字）、《廣韻》（『倒』作『到』）略同，合於《説文》。《校箋》：「『從倒人』三字，原釋其造字之取意，此誤。」

〔三三二〕注文『相誤』二字上部底卷皆有殘泐，此從《王二》、《裴韻》録定。

〔三三三〕注文殘字底卷存右下角一捺形筆畫，茲據《王二》、《裴韻》、《蔣藏》校補作『反』字。又本大韻代表字及其標序字底卷殘泐，可據本卷卷端韻目、上揭諸本及《箋五》（斯六一七六）補作『卅八勘』三字，茲擬補三個缺字符。

〔三三四〕『贛』字《廣韻》作『贑』形，《集韻》首字同，後者合於《説文》，底卷俗訛，茲據校改。

〔三三五〕小韻標數字底卷殘泐，可據《王二》補作『三』字。

〔三三六〕『暗』字條在行末，次行行首至殘字『醃』間底卷殘泐約二個大字的空間，《王二》相關内容作『闇，宜(冥)；一曰弱』，《裴韻》前二義項同，與底卷所殘空間吻合，茲據擬補五個缺字符。

〔三三七〕字頭及注文前二殘字底卷皆存右側一殘畫，後一殘字存右部『令』形部分，茲據《王二》校補作『醃』、『葅。又於』四字。又缺字底卷殘泐，可據《王二》補作『炎反』二字。

〔三三八〕字頭底卷存右部『貪』旁大部，茲據《王二》、《裴韻》校補作『僋』字。注文殘字底卷存右側一殘畫，缺字底卷殘泐，茲據《王二》（『僋保』誤倒作『保僋』）、《裴韻》（注文脱『僋』字）、《蔣藏》及《廣韻》及本大韻後『蘇紺反』小韻『保』字注文補殘字作『癡』字，缺字可據補作『保』字。

〔三三九〕『深』字《裴韻》、《蔣藏》同；《王二》作『探』，《廣韻》同，合於《説文》。

〔三四〇〕前行行末『謬』字右下角底卷略殘，此從《箋五》（斯六一七六）録定。又行首至『賵』字間底卷殘泐約七個左右大字的空間，《王二》相關内容作『○謬，七紺反。伺。三。○參，參鼓。○嘇，聯嘇。○醰，徒紺反。酒味長。四』，與底卷所殘空間吻合，茲據擬補十九個缺字符。

〔三四一〕『賵』字左上角底卷殘泐，茲從《箋五》（斯六一七六）、《王二》、《裴韻》録定。

〔三四二〕注文『疑』字《王二》作『凝』，底卷誤脱左側『冫』旁，兹據校改。又注文《王二》無『羊』字，《裴韻》、《蔣藏》同，但入其字於『苦紺反』小韻，《廣韻》則分『衉』、『𧗾』爲二字頭，前者入『苦紺切』小韻，訓『血凝』，後者入『徒紺切』小韻，訓『羊血凝』，《集韻》亦兩收；按《説文·血部》『衉』字訓作『羊血凝也』，并收『𧗾』字爲其或體，則底卷合於《説文》。又或體『𧗾』字底卷誤分作『贛血』二字，兹從諸本徑合録作一字。

〔三四三〕釋義《王二》、《廣韻》同，《集韻》訓作『下視皃』，與《説文》合，周祖謨《廣韻校勘記》：『注「括也」蓋「䀰也」之誤，《玉篇》「䀰，視也」。』《校箋》從之，底卷形訛，兹據校改。

〔三四四〕『馻』字《王二》、《裴韻》、《蔣藏》、《廣韻》略同（或作『馻』形），不合形聲構字理據，《校箋》：『「髟」旁之字每訛爲「馬」，本書巧韻「騋騊」二字即「髹髟」之譌。疑此字當作「髧」，即「髧」字之省作。』并引《詩》之箋疏證義，甚是，俗寫『冘』旁或作『冗』、『允』之形，兹據校改作『髧』字。又小韻標數字『二』字《王二》作『一』，與底卷本小韻實收字數合，底卷誤計下一小韻的一字於此，兹據校改。

〔三四五〕注文『揷』字《王二》同，《集韻》以『搢』爲『篸』字或體，訓作『綴也』，《蔣藏》『篸』字訓作『以針篸物』，《廣韻》同（《廣韻》亦收『搢』字，訓作『手撼』），《校箋》：『「揷」字《王一》同，疑當作「插」，「插，刺也」。』可參。又本小韻字數因被誤計入上一小韻標數字中，故致小韻標數字脱抄，可據《王二》補作『一』字，兹爲擬補一個脱字符。

〔三四六〕『顑』條注文『面黄』底卷在前行末，次行行首至『反』字間底卷殘泐約二個大字的空間，又『反取一』底卷居雙行注文之左側，其右側注文亦殘泐，《王二》相關内容作『〇顑，呼紺反。餡不飽，面黄。又呼感反。一。〇呐，奴紺反。取。一』，與底卷所殘空間吻合，兹據擬補八個缺字符。又後一條注文『取』字右旁底卷有殘，兹據《王二》録定。

〔三四七〕注文殘字底卷前者存下部筆畫，後者存左下角似『日』形左部筆畫，兹據《王二》校補作『濫』、『魯』二字。又行首至殘字間底卷殘泐約一個半大字的空間，《王二》相關内容作『卅九闞，苦濫反。魯邑。四』，與底卷所殘空間吻合(大韻標序字底卷提行書寫),兹爲擬補四個缺字符。

〔三四八〕缺字底卷漫滅,可參《箋五》(斯六一七六)、《王二》補作『刃』字。

〔三四九〕字頭底卷存左側少許筆畫,兹據《箋五》(斯六一七六)、《王二》校補作『醓』字。又缺字底卷殘泐,亦可據上揭二書補作『醓』字。又『𨠊』字右上角底卷有殘,此從《王二》録定,《箋五》(斯六一七六)作『觴』字,《集韻·陽韻》謂『觴』字或從西旁作『𨠊』。

〔三五〇〕字頭右上角底卷略有漫漶,審其形似與注文或體同,然此則不合文例,蓋抄者之疏也,兹據《箋五》(斯六一七六)、《王二》、《裴韻》徑録作『纜』形。

〔三五一〕『睒』字《王二》同,《裴韻》、《蔣藏》、《廣韻》皆作『賧』,《集韻》同,又收其或體作『倓』;《校箋》以爲當作『賧』字,底卷形訛,兹據校改。

〔三五二〕『乞戲物』或作『戲乞物』,於義爲長,參《箋五》校記〔六六五〕。又『歛』字《廣韻》同,《裴韻》作『歛』,《廣韻》平聲談韻『賗』字下所收或體亦作『歛』,余迺永《新校》以爲此『歛』當是『歛』字之訛,是,兹從校改。

〔三五三〕『九』字《王二》作『五』,與底卷本小韻實收字數合,底卷誤計下一小韻四字於此,兹據校改。

〔三五四〕注文《王二》無引文,然又音作『又呼甲反』,底卷入聲廿三狎韻『呼甲反』小韻收有此字,是此誤脱『又呼』二字,兹據補二個脱字符。又引文爲傳本《東觀漢記》佚文,《裴韻》作『雖譀猶令人▨(熱)』;《蔣藏》作『雖誇譀猶今(令)人熱』,《廣韻》略同,唯『今』作『令』字不誤,又《箋二》入聲廿三狎韻亦同;兹據校改底卷引文『又』字作『人』,且疑底卷引文『譀』字前脱抄一『誇』字。

〔三五五〕本小韻字數因底卷誤計入前一小韻而脱標數字,《王二》作『四』,可據補,兹爲擬補一個脱字符。

〔三五六〕『四』字上部底卷有殘,兹參《箋五》(斯六一七六)、《王二》及底卷文例録定(二書及底卷卷四韻目皆作『卌』字)。又『八』字《王二》作『十』,而底卷實收九字,《王二》比底卷多收末條『養,林養,山木。又餘上反』,兹姑據底卷實收字數校改小韻標數字作『九』。

〔三五七〕注文『相』字右下角底卷有殘，兹從《王二》、《裴韻》、《集韻》録定；又殘字底卷存下部筆畫，亦據諸本校補作『無』字；又缺字底卷殘泐，可據《裴韻》補作『問曰』二字，《王二》此處脱『曰』字，《集韻》則别作『故相問無恙乎』。

〔三五八〕注文《王二》同，《廣韻》作『謹也；譁也』，《集韻》引《字林》作『譁也』，《校箋》：『案「諹」即《方言》「愓」字之孳乳，……「譁」與「謹」形近，「謹」即「譁」字之誤，而《廣韻》不能辨。』可參。

〔三五九〕小韻標數字《王二》作『九』，與底卷本小韻實收字數合，底卷蓋有誤計，兹爲校改。

〔三六〇〕『㹳』字下至殘字『兩』間底卷殘泐約一個半大字的空間，《王二》此條脱抄，《裴韻》注文作『牛色雜』，《蔣藏》、《廣韻》（唯後加句尾語氣詞『也』字）同，《集韻》作『駁牛也』，諸本未載其又音和或體，則底卷原文如訓作『牛色雜』，則仍比其所殘空間少三個小字，不詳。

〔三六一〕字頭底卷存右側竪形筆畫，兹據《王二》、《裴韻》校補作『兩』字。又『車一曰』三字左側底卷皆略有殘泐，此從《裴韻》録定，《補正》校補『一曰』作『兩』字，非是。又缺字可據《裴韻》補作『兩』字，《王二》『兩』字注文作『《書》云「武王戎車三百兩」』，《蔣藏》、《廣韻》作『車數』，皆與底卷不同。

〔三六二〕注文『類』字上部底卷略殘，此從《王二》録定；又缺字底卷殘泐，可據《王二》、《裴韻》補作『鋤』、『反』二字。又小韻標數字底卷脱抄，兹爲擬補一個脱字符。

〔三六三〕注文『却』字下《王二》有一『物』字。

〔三六四〕注文『饟』字下部底卷略殘，此從《王二》、《集韻》録定；又缺字底卷殘泐，《王二》本條未收又音，《箋五》（斯六一七六）、《裴韻》、《蔣藏》、《廣韻》同，然《王二》陽韻『書羊反』小韻收有『饟』字（底卷該部分殘泐），可參。

〔三六五〕注文『人死』左部及『又』字下部底卷皆略有殘泐，此並從《王二》録定；又缺字底卷殘泐，可據《王二》補作『式良反』三字。

〔三六六〕前條字頭『向』字和後條注末『反』字左側底卷略殘，兹從《王二》録定。又前條注文殘字底卷存上部似二竪形筆畫，其下至『亦』字間底卷殘泐約三個左右大字的空間，《王二》相關内容作『〇向，姓。又許亮反。〇惕，痛。亦作痌。又尺（尸）姜反』，比底卷所殘空間少約半個左右大字，且『姓』下殘字所存筆畫與『又』字不符，檢《蔣藏》『向』字注文作『姓，出河内。又許亮反』，其『出』字上部筆畫與底卷殘形相似，且因此而增三小字後，其内容亦與底卷所殘空間及行款略合，兹據校補殘字作『出』，并擬補十二個缺字符（其中『惕』字注文『□亦作』三字居雙行之右，其左之『反』字下沉約一字的位置，即其左當可抄四個小字，但如此仍較《王二》所載内容少一字之空間，故疑其左側有脱文，此姑據《王二》擬補缺字符）。

〔三六七〕字頭『帳』字左下角及注文『陟亮反』左側底卷皆略有殘泐，此並從《王二》、《裴韻》録定。又反語三字居底卷雙行注文右行，其左行殘泐，《王二》相關處有『帷三』二字，姑從擬補二個缺字符。

〔三六八〕字頭底卷存右側筆畫，兹據《王二》、《裴韻》校補作『脹』字。又缺字底卷殘泐，依文例當有或體字，《王二》、《裴韻》、《蔣藏》皆未收或體字，《廣韻》收作『痮』字，疑底卷所缺二字當作『作痮』。

〔三六九〕字頭底卷殘泐，《王二》作『漲』，注文釋義下有『亦作漲』三字，《裴韻》、《蔣藏》、《廣韻》皆未收或體，《集韻》則首字作『漲』，而云或省作『漲』，底卷可從衆補作『漲』字。

〔三七〇〕『悵』字注文《王二》作『丑亮反。快（怏）。七』，《裴韻》作『丑亮反。五』，《蔣藏》作『失志。丑亮反，六』，《廣韻》略同，唯標數字作『十』，是底卷此處有脱文，兹據《王二》擬補三個脱字符。

〔三七一〕或體及又音《王二》皆未收，諸韻書亦皆不以『暘』爲『暢』字或體，然底卷本大韻下『直亮反』小韻『暘』字注文與此相應，可參。

〔三七二〕『蕩』字《王二》作『蕩』，《箋五》（斯六一七六）、《裴韻》、《蔣藏》同，《廣韻》作『蕩』形，《集韻》以『蕩』爲『蕩』字或體。又缺字底卷殘泐，可據諸本補作『草盛』二字。

〔三七三〕字頭殘字底卷居行首，存右側似『長』字形部分，後條注文殘字存下部筆畫，兹參《王二》、《廣韻》校補作

『眼』、『階』二字。又從『失』至殘字『階』間底卷殘泐約十三個左右大字的空間，《王二》相關内容作『○脹（眼），失志。○稂，齊（穧）稂（稂字衍）。○向，許亮反。背。五（六）。○珦，玉珦（珦字衍）。○響，［荅。○鄉］不久。○嚮，屬嚮（嚮字衍）○闟，兩階間』，校正後的内容與底卷所殘空間略合，可參，茲爲前後二殘條各擬補一及三個缺字符。

〔三七四〕『餘』字《王二》作『除』，《廣韻》作『又音腸』，按『瓺』字又見於底卷平聲陽韻『直良反』小韻，皆隷澄紐，是底卷『餘』字形訛，茲據校改。

〔三七五〕『弓』字下至行末底卷殘泐約兩個大字的空間，《王二》相關内容作『韔，弓弢（弢）。又丑亮反。亦作韔』，與底卷所殘空間吻合，茲據擬補八個缺字符。

〔三七六〕行首至『蔽』字間底卷殘泐約半行，據空間，可抄十四個左右大字，《王二》相關内容作『○釀，女亮反。醖（醖）酒。亦作穰。二。○蘸，菜蘸（蘸字衍）。○匠，疾亮反。巧工。三。○鴎，工雀。○趟，行皃。○障，之亮反。［蔽］。亦作瘴（瘴）、鄣。四』，與底卷所殘空間略合，當可據補，茲爲後一殘條擬補七個缺字符（據底卷之行款，其或體字當只收一個，《校箋》已指出《王二》所收之或體字『鄣』各書不載）。

〔三七七〕『嶂』字左側底卷略有漫漶，此從《王二》、《裴韻》録定。

〔三七八〕前行『上』字下至行末底卷殘泐約三個半大字的空間，次行行首至『亮』字間底卷殘泐半行多，據空間，約可抄十八個左右大字，《王二》相關内容作『○上，貴烈（列）。又時掌反。○償，備償（償字衍）。○壯，側亮反。多力。三。○裝，行裝。又側良反。○洲，洲米。○怏，於亮反。不平心。四。○鞅，飽鞅（鞅字衍）。○訣，知。○蚄，青面。○琼，其亮反。取獸具。一。○唱，昌亮反。發歌。亦作誯。二』，與底卷所殘空間略合，當可據補，茲爲後一殘條擬補三個缺字符。

〔三七九〕注文『剏』字《王二》、《裴韻》、《蔣藏》略同（後二書皆稱『古作剏』），其字《説文》大徐本作『刅』，小徐本作『剏』，爲創始、創業之『創』的本字，而『創』本指創傷，二字音同義别，但古書類皆借用『創』字。又小韻標數字底卷漫滅，可據《王二》補作『三』字。

〔三八〇〕殘字底卷存左側『冫』旁及右上角一捺形筆畫，茲據《王二》校補作『滄』字。『滄』字下至行末底卷殘泐約三個大字的空間，次行行首至『方』字間底卷殘泐半行多，據空間，約可抄十八個左右大字，《王二》相關内容作『○滄，塞(寒)。○醬，即亮反。以豆成味。二。○將，軍師(帥)。○軮(軮)，語向反。轎軮(軮)。二。○仰，委人。又魚兩反。○訪，敷亮反。問。二。○妨，妨礙。又敷王反。○妄，武放反。虚説。五。○望，弦望；望(又)遠視。又武方反』，與底卷所殘空間略合，當可據補，茲爲後一殘條擬補八個缺字符。

〔三八一〕前行『況』字下至行末底卷殘泐約兩個半大字的空間，次行行首至殘字『放』間底卷殘泐半行多，據空間，約可抄十六個左右大字，《王二》相關内容作『○況，許妨反。矧。三。○貺，山名。○貺，賜貺(貺字衍)。○誑，九忘反。欺。亦作誆。又于放反。二。○俇(侹)，往。○迋，于放反。往。亦作迬。四。○旺，美光。○王，盛。又于方反。○誆，誤誆(誆字衍)』，與底卷所殘空間略合，當可據補。

〔三八二〕字頭底卷存下部少許筆畫，茲據《王二》、《裴韻》校補作『放』字。

〔三八三〕前行注文『鳥』字底卷漫漶，此從《姜韻》録定；又殘字底卷存上部似『𫩏』形筆畫，茲據《王二》校補作『常』字。又『常』字下至行末底卷殘泐約兩個半大字的空間，次行行首至殘字『狂』間底卷殘泐半行多，據空間約可抄十六個左右大字，《王二》相關内容作『○鴋，鳥，常在澤中，見人則鳴，呼之不去。亦[作]旊。○相，息亮反。視其好惡。又息良反。一。○防，扶浪(況)反。鎮。一。○彊，居亮反。屍勁。一。○唴，丘亮反。[唴哴]。三。○晾，目病。○獽，陳桓公子名。○蹡，七亮反。踉蹡，行皃。二』，校正後的内容比底卷所殘空間多二個左右大字，但因本段文字中有二字注文較長，故其占據空間通常較以大字計數者爲少，是其内容實亦與底卷所殘空間略合，當可參補。

〔三八四〕字頭底卷存下部筆畫，茲據《王二》校補作『狂』字。

〔三八五〕注文殘字底卷前者存右上角少許筆畫，後者存右下角一捺形筆畫，茲據《王二》校補作『宕反』二字。又行首至『閬』字間底卷殘泐半行多，據空間，可抄十七個左右大字，《王二》相關内容作『○卌一宕，杜浪反。洞屋；一曰過。五。○踼，跌踼，行不（失）正。又徒郎反。○碭，石；又山名；［又］縣，在梁郡。○逿，過。又徒郎反。○蕩，莨蕩（蕩），毒草。○浪，郎宕反。水波。五』，與底卷所殘空間略合，當可據補，兹爲後一殘條擬補五個缺字符。

〔三八六〕前行『閬』字條下至行末底卷殘泐約六個大字的空間，次行行首至『又』字間底卷殘泐半行多，據空間，可抄十七個左右大字，《王二》相關内容作『○埌，冢。○莨，莨蕩。○蒗，蒗蕩。○吭，下浪反。鳥咽。二。○行，第行（行字衍）。○盎，何浪反。盆。二。○醠，酒醠（醠字衍）。○枊，五浪反。繫馬柱。一。○葬，則盎反。塋墳。一。○傍，蒲浪反。側邊。又蒲郎反。二。○徬，附行。又蒲郎反』，與底卷所殘空間略合，當可據補，兹爲後一殘條擬補五個缺字符。

〔三八七〕『蔵』爲『藏』的簡俗字，《王二》、《裴韻》、《廣韻》正作『藏』。注文殘字底卷皆僅存右側筆畫，較之《王二》注文『徂浪反。隱。又庫藏、積物藏』，其『又庫蔵』三字與底卷殘形略合，兹據校補，《補正》於『隱』字下録五個殘字，校補作『又庫藏積物』，不確。

〔三八八〕『奘』字下至行末底卷殘泐約六個大字的空間，底卷本行當爲第十七紙正面末行，其下接反面殘行内容當爲首行，正反之間不缺行；反面首行僅下三分之一處存約容四個大字的殘行，下復殘泐，其中所存的部分皆僅存漫漶的筆畫，據《王二》推其行款字數，此『反』字當爲『阬，閬。又口庚反』内容，本行行首至『反』字間，底卷殘泐半行多，據空間，可抄十八個左右大字，《王二》相關内容作『○裝（奘），大駔。○讜，丁浪反。言中。五。○儅，不中當（當字衍）。○瓽，大瓮（瓮）；一曰井甃。○艡，䑐艡。○党，人姓。○抗，苦浪反。以手抗。或作抗（杭）。亦猰抗（三字衍）。九。○閌，閌閬。○炕，火炕。○犺，猰犺，所爲不時。猰字苦結反。○伉，伉儷。○⿰黄亢，黄色。○阬，閬。又口▨▨（庚反）』，校正後的内容比底卷所殘空間約多一個多大字，可參，兹爲後一殘條擬補五個缺字符。

〔三八九〕前行殘字底卷存左側筆画，其下注文之右行殘泐，左行存『堂反』二字，之下至行末漫滅、殘泐約七個左右大字的空間，次行行首至『潢』字間底卷殘泐半行多，據空間，約可抄十八個左右大字，《王二》相關内容作『○頏，咽。又胡堂▨（反）。○亢，亢陽，旱皃。○謗，補曠反。誹。二。○螃，虫名，似蝦蟇。○儻，他浪反。悲意。○揚，排。○曠，苦浪（謗）反。［空］；一曰遠。五。○壙，墓穴。○纊，絮。○曠，目□（無）䀕。○爣，光明。○儾，奴浪反。緩。一』，與底卷所殘空間略合，當可參補，兹據校補殘字作『頏』，并爲此殘條擬補三個缺字符。

〔三九〇〕殘字底卷存右側少許漫漶的筆畫，兹參《王二》、《蔣藏》、《廣韻》校補作『染』字，《姜韻》於『書』字前誤置一『漢』字，《補正》從之，不確。

〔三九一〕前行『攩』字下至行末底卷殘泐約六個大字的空間，次行僅下三分之一處存約可容四個大字的無字殘行，本行爲『宕』大韻末行，其上部當有文字，《王二》相關内容作『○攩，搥打。○喪，蘇浪反。又息郎反。從哭，從亡。亦作喪。一。○荒，呼浪反。草多。二（一）。○漭，無浪反。漭浪，大野。二。○盲，不知。又莫郎反。○汪，烏光（浪）反。水鳥（臭）。一』，可參。

〔三九二〕行首至殘字『誟』間底卷殘泐半行多，據空間，約可抄十七個左右大字，《王二》相關内容作『○卌二敬，居孟（命）反。肅。三。○竟，終；畢；了。○鏡，鑒鏡（鏡字衍）。○映，於敬反。又作暎。隱。二。○賏，頸飾。○競，渠敬反。争。四。○儆，儆慎。○誩，争言。○倞，強』，比底卷所殘空間約多一個左右大字，可參。

〔三九三〕字頭底卷存下部少許漫漶的筆畫，兹據《王二》校補作『誟』字。

〔三九四〕釋義下《王二》有『亦作硬』三字，《裴韻》、《蔣藏》、《廣韻》、《集韻》亦皆收此或體字。

〔三九五〕前行『慶』字下至行末底卷殘泐約六個大字的空間，次行行首至『皃』字間底卷殘泐半行多，據空間，約可抄十七個左右大字，《王二》相關内容作『○慶，綺映反。賀問。一。○更，古孟反。改。又古衡反。正作叜。一。○命，眉映反。呼。通作命（《校箋》：通作命三字不詳）。一。○病，皮敬反。疹。四。○評，平言。○坙（坪），地平。亦作坙（平）。○枰，獨坐板牀；一曰投博局。○孟，莫鞕反。長。二。○蝱，蝱倀，失道皃』，比底卷所殘空間少一個多大字，又底卷末一殘條『反』字居雙行注文之左行行末，如從《王二》之釋義，則其前當有四個缺字，以與右行五字等齊，此似可參《裴韻》、《蔣藏》及《廣韻》補『倀字猪孟』四字，加此四字亦與底卷所殘空間相合，茲爲末一殘條擬補九個缺字符。

〔三九六〕注文缺字底卷殘泐，可據《王二》、《裴韻》補作『小』字。

〔三九七〕字頭殘字底卷存左上角似『十』字形筆畫，注文殘字存下部似『乂』形筆畫，茲據《王二》校補作『柄』、『反』二字。又『柄』字下至行末底卷殘泐約三個大字的空間，次行行首至『酗』字間底卷殘泐半行多，據空間，約可抄十七個左右大字，《王二》相關内容作『○柄，彼病反。杓摽（操）。五。○窉，驚病。又兄（況）命、主（匡）詠二反。○怲，憂。○鈵，堅。○邴，宋下邑。又兵永反。○詠，爲柄反。長吟。亦作永。四。○泳，水行不沈不浮。亦作礿。○禜（禜），祭名。又永兵反。○瞀（醟），酗。又虛政反』，比底卷所殘空間多二個左右大字，可參，茲爲後一殘條擬補一個缺字符。

〔三九八〕前行『瀙』字下至行末底卷殘泐約三個大字的空間，次行行首至『鼪』字間底卷殘泐半行多，據空間，約可抄十八個左右大字，《王二》相關内容作『○瀙，楚敬反。冷。一。○倀，猪孟反。又丑良反。三。○偵，廉視。亦作覘。○趟，趟趟。○榜，補孟反。棹人哥。二。○搒，走。亦作迸。○膨，蒱孟反。脹皃。一。○生，生（所）更反。産。三。○甠，財甠（甠字衍）』，比底卷所殘空間少約一個大字，可參。

〔三九九〕『鼪』字左上角底卷略殘，此從《王二》録定。

〔四〇〇〕小韻標數字底卷殘泐，可據《王二》補作『一』字。

〔四〇一〕行首至『轟』字間底卷殘泐約半行，據空間，可抄十四個左右大字，《王二》相關内容作『○册三諍，側迸反。諫言。［一］。○迸，北諍反。散走。一。○倂，蒲迸反。一。○嫈，七諍反。襉帬。亦作䙬。又□耕

[反]。一。○𥥈,丑迸反。斜柱。亦作𡍼(堂)、樘字。一』,與底卷所殘空間略合,可參。

〔三三〇二〕『轟』字右下角底卷略殘,此從《王二》録定。注文殘字底卷存左側少許筆畫,兹據《王二》校補作『衆』字;又缺字底卷殘泐,可據《王二》補作『呼迸反』、『聲』四字。

〔三三〇三〕注文殘字存上部少許筆畫,其下至『聖』字間底卷殘泐約十三個左右大字的空間,《王二》相關内容作『○卌四勁,居盛反。勁健。二。○葝,鼠尾。又其聲反。○政,之盛反。施教。亦作政。四。○正,當。又止聲反。○証,諫婚(婚字衍)。○䲔,䳠。又之盈反』,與底卷所殘空間吻合,當可據補,兹從校補殘字作『健』,并为前一殘條擬補四個缺字符。

〔三三〇四〕注文『正』、『靈』二字底卷皆有些漫漶,此參《王二》録定。

〔三三〇五〕注文『䚄』字底卷漫漶,此從《姜韻》録定。

〔三三〇六〕注文底卷有些漫漶,此參《王二》録定。

〔三三〇七〕字頭底卷漫漶,兹據《王二》、《裴韻》校補作『性』字。注文缺字底卷殘泐,可據上揭二書補作『息正』二字。

〔三三〇八〕字頭底卷僅存上部少許筆畫,兹據《王二》校補作『令』字。又其下至行末底卷殘泐約一個半大字的空間,《王二》相關内容作『令,力正反。善。又力盈反。政(正)作令』,其中『力正反善』四字似比底卷所殘空間少二小字,然如加或體則又不能容納,蓋底卷此處所書較疏朗,兹姑據擬補四個缺字符。

〔三三〇九〕注文『銜』字右下角底卷略殘,兹從《王二》録定。

〔三三一〇〕前條注文殘字底卷存右上角筆畫,後條字頭存右下角『亅』形筆畫,兹據《王二》校補作『政』、『娉』二字。又『政』字下至『娉』字間底卷殘泐約二個大字的空間,《王二》相關内容作『○聘,匹政反。朝問。亦作娉。二。○娉,婚娉』,依底卷行款,其『朝』字居雙行注文左行首字,則『娉』字注文當無或體,然如此又使所缺空間有一個半大字没有落實,疑底卷此小韻别立『聘』作字頭,訓作『娶』或『婚聘』,故爲此殘泐空間擬補五個缺字符。又『娉』訓『妨』諸韻書無作此者，唯《廣雅・釋詁三》訓『娉，害也』，又《説文通訓定聲・女部》『娉』字下云：『娉，叚借爲妨。』《補正》録『妨』作『婚』字，非是。

〔三三一〕殘字底卷存左部筆畫，茲據《王二》、《裴韻》校補作『虛』字。又注文缺字底卷殘泐，可據上揭二書補作『政』字。

〔三三二〕注文殘字底卷存左部筆畫，其中『亻』旁可辨，茲據《王二》校補作『伺』字。

〔三三三〕字頭底卷殘泐，可據《王二》、《裴韻》補作『醬』字。

〔三三四〕『浄』字下至行末底卷殘泐約一個半大字的空間，《王二》相關内容作『浄，疾政反。明。六』，與底卷所殘空間吻合，茲據擬補五個缺字符。

〔三三五〕『敹』字《王二》作『𡨦』，《校箋》：『當作「寂」，《説文》「寂，坑也」，與此字聲義同，《集韻》别出，誤作「寂」。』底卷俗訛，茲從校改。

〔三三六〕『瞔』字《王二》、《裴韻》、《廣韻》皆作『睛』，茲據校改。注文殘字底卷在右行，存右上角『日』形筆畫，注文左行底卷殘泐，應爲空白，茲據《裴韻》校補殘字作『賜』字，《集韻》作『賜也』，可參；《王二》注文作『賜〻』，省代符應爲抄手衍增；《蔣藏》、《廣韻》作『睛賜』，疑又承誤本《切韻》系韻書之誤而又臆改『賜睛』爲『睛賜』。

〔三三七〕注文殘字底卷存下部筆畫，其中『衣』旁大部可辨，茲據《王二》、《裴韻》校補作『裝』字。字頭底卷殘泐，可據上揭二書補作『靚』字。又『古奉請亦作此字』《蔣藏》、《廣韻》作『古奉朝請亦作此字』，《裴韻》作『古作奉朝請字』，底卷『奉』後當脱一『朝』字。

〔三三八〕注文《王二》同，《廣韻》作『頸首，《説文》「好皃」』，是底卷此處當用注文與被注字連讀成訓例。

〔三三九〕注文缺字底卷殘泐，可據《王二》補作『承』、『亦』二字。又《王二》本小韻作三字，比底卷多收『甂，缶器』一條，《校箋》以爲當出後人所增。

〔三二〇〕釋義下《王二》有『亦作甗』三字。

〔三二一〕釋義下《王二》有又音『又子盈反』四字，《廣韻》亦收又音。

〔三二二〕本小韻《王二》收五字，『桯』字條前比底卷多『涇，通水』一條，《裴韻》、《蔣藏》、《廣韻》亦皆未收此條，《集韻》收之，訓作『涇涏，直流也』，故不能斷爲《王二》之所增抑或底卷之所脱，俟考。

〔三二三〕注文『⿱竹飭』字《王二》同，《校箋》：『《方言》五「榻前几江沔之間曰桯，其高者謂之虡」，郭注「虡」字云即筍虡也，「筍」與「⿱竹飭」字形近，此或即「筍」字之誤。』可參。

〔三二四〕『泥』字右下角底卷有漫漶，此參《箋五》（伯三六九四）、《王二》録定。

〔三二五〕注文《王二》無釋義而有『亦作磸』三字，《箋五》（伯三六九四）、《裴韻》、《蔣藏》、《廣韻》同底卷。

〔三二六〕字頭『釘』字右下部底卷略殘，此從《箋五》（伯三六九四）、《王二》録定。

〔三二七〕『⿱竹奠』字《裴韻》同，《王二》作『奠』，《蔣藏》、《廣韻》同，《集韻》『飣』字唯收一字或體作『肛』形。《四聲篇海·竹部》引《龍龕手鏡》訓『⿱竹奠』爲『竹名』，音佃；而別收『⿱竹尊』訓爲竹器，音飣，按《玉篇·食部》訓『飣』作『飣餖也』，又『貯食也』，慧琳《音義》卷七六：『飣餖，顧野王「飣謂置肴饌於盤榻之中也」。』是其置肴的性質蓋與用於祭祀的奠品相似，《漢語大字典》揭其義爲『堆疊於器皿中的蔬果，一般只供陳設』，其或體蓋因此而作，然則『奠』別有音義，而作『⿱竹奠』、『⿱竹尊』或因會意而起，蓋可知也。

〔三二八〕注文《王二》同，未聞，《廣韻》作『豆有足曰錠，無足曰鐙』，《裴韻》同（然文字多有誤），與《説文·金部》『錠，鐙也』之訓合，又《廣韻》本大韻前『徒徑切』小韻『錠』字訓作『錫屬』，疑底卷『鋤』字即『錫』字形訛，茲姑據校改。

〔三二九〕『⿱⿰車殳金』字《王二》作『鑋』，《廣韻》、《集韻》同，後者合於《説文》，底卷形訛，茲據校改。

〔三三〇〕此小韻標數字當作『四』，參下校。

〔三三一〕釋義《王二》、《蔣藏》、《廣韻》同，《集韻》作『汀瀅，小水』，其前別有『忊』字，訓『忊憕，恨也』，周祖謨《廣韻校勘記》：「案本韻「烏定切」下有「憕」字，注云「志恨也」，此蓋脱「汀」字注文及正文「忊」字(注「又音聽」當屬「汀」下。)當據《集韻》訂正。」《校箋》從之，當是，然諸韻書承誤已久，故不徑爲擬補脱字符。

〔三三二〕本條《王二》作「掅，抨也」，《廣韻》作「掅，捽也」，《集韻》作「《博雅》持也；一曰捽也」，俗寫「木」、「扌」二旁多混而不分，《校箋》以爲「抨」即「捽」字俗書「抨」之訛，底卷亦其形訛，兹從校改。

〔三三三〕字頭及注文殘字底卷皆存右下角彎鉤形筆畫，兹參《王二》及底卷本大韻前「艶」字條注文校補作「豔」、「艶」二字。

〔三三四〕「隻」字下《王二》有「又力丁反」四字。

〔三三五〕「十四」二字左側底卷殘泐，此從《王二》録定。又行首至「救」字間底卷殘泐約一個半大字的空間，《王二》相關内容作「卌六宥，尤救反。寬。十四」，與底卷所殘空間吻合(底卷大韻標序字提行書寫)，兹據擬補五個缺字符。

〔三三六〕注文「久」字左側底卷略殘，此從《王二》録定；又缺字底卷殘泐，可據《王二》補作「于」字。

〔三三七〕注文殘字底卷前者存右上角筆畫，後者存上部筆畫，兹並據《王二》補作「盇」、「反」二字。

〔三三八〕字頭底卷殘泐，可據《箋五》(伯三六九四)、《王二》補作「祐」字。

〔三三九〕釋義《王二》無「窮」字，《裴韻》引《説文》同；按《説文·女部》「㛹」字段玉裁注：「耕有耦者，取相助也。故引伸之凡相助曰耦，㛹之義取乎此。」是底卷「耦窮」之義亦通。

〔三四〇〕「犹」字《王二》作「忧」，《廣韻》同，後者合於《説文》，又注文《王二》作「動忧(忧字衍)」，《廣韻》作「動也」，周祖謨《廣韻校勘記》云：「《説文》云「忧不動也」，此注「動」上蓋脱「不」字。」又「忧」字條下《王二》作「趙，走意」，《廣韻》同，是底卷「犹」字當爲「忧」字俗訛，且其下脱「忧」字注文及下條「趙」字字頭，兹據校改「犹」字并擬補三個脱字符。

〔三四一〕「菌」字下至行末底卷殘泐約半個大字的空間，可抄二個注文小字，《王二》「菌」字注文作「草菌」，《廣韻》

作『草名』，依底卷文例，當只作一『草』字，故爲擬補一個缺字符。

〔三四二〕行首至殘字『遐』間底卷殘泐約八個左右大字的空間，《王二》相關内容作『○救，久祐反。助。亦作詸。七。○灸，火灼。又居有反。○疚，病。正作㝌字』，與底卷所殘空間略合，茲據擬補二十一個缺字符（依底卷文例，亦體字下不出『字』字）。

〔三四三〕字頭底卷存下部筆畫，茲參《王二》、《廣韻》校補作『遐』字。

〔三四四〕『匓』字《王二》同，《廣韻》作『匓』形，後者合於《説文》，底卷俗訛，茲據校改。又缺字可參二書補作『飽』字。

〔三四五〕『廏』字右上角底卷略殘，此從《王二》録定。又『馬』字下《王二》別有『千匹爲一廏俗作廐』八字。

〔三四六〕『鼬』字居前行行末，其右下部底卷殘泐，此參《箋五》（伯三六九四）、《裴韻》、《蔣藏》、《廣韻》録定，《王二》該條脱抄。又次行行首至『辜』字間底卷殘泐約六個左右大字的空間，《王二》相關内容作『○褶，祝。○疛，心疾。亦作疛（疛）。○馳，貪』，比底卷少近一個大字的空間，然加上前行『鼬』字注文『訓』（此條《王二》脱抄），則與底卷所殘空間略合，茲據擬補十一個缺字符。

〔三四七〕『辜』字右上角底卷略殘，茲從《王二》録定。注文『兜』字下《王二》有『鍪』字，《箋五》（伯三六九四）引《説文》同，底卷誤脱，茲據擬補一個脱字符。

〔三四八〕『二』字底卷漫滅，此從《敦煌掇瑣》、《姜韻》録定。

〔三四九〕反切上字『舍』字《王二》作『舒』，《箋五》（伯三六九四）、《裴韻》、《蔣藏》、《廣韻》同，二字同紐。

〔三五〇〕『収』、『夕』二字《王二》作『收』、『多』，底卷皆爲俗字。

〔三五一〕注文殘字底卷存左下角似『衤』旁下部的筆畫，茲據《王二》校補作『袖』字。又缺字底卷殘泐，可據《王二》補作『似祐反山穴似』六字。

〔三五二〕注文殘字底卷存左側少許筆畫，茲據《王二》校補作『衣』字；又『長』字右上角底卷有殘，此從《王二》

録定。

〔三五三〕注文殘字底卷存下部筆畫，兹參《王二》（作『蕪』形）校補作『蘇』字；又缺字可據《王二》及《箋五》（伯三六九四）、《裴韻》補作『含』字。

〔三五四〕字頭『詉』字《王二》作『郛』，《蔣藏》作『詉』；《裴韻》作『皺』，注云『俗郛』，《廣韻》略同；『詉』、『詉』、『郛』皆爲『皺』的俗字。

〔三五五〕『緰』字《王二》同，《裴韻》、《蔣藏》作『緝』，與注文『緝』皆爲『縐』的俗字，《廣韻》、《集韻》正作『縐』。參《敦煌俗字研究》下編系部『縐』字條。

〔三五六〕又音《王二》無，底卷有韻『恒』字音『芳酒反』，疑此『充』爲『芳』字形訛，或蒙下條注文『充』字而訛，兹姑據校改。

〔三五七〕注文『草根』《王二》、《廣韻》同，《裴韻》作『草』，《校箋》：『《説文》云「草貌」，「皃」、「艮」二字行隸形近，疑「根」即「貌」字之誤。』可參。

〔三五八〕『富』字下部底卷略殘，此參《箋五》（伯三六九四）、《王二》、《裴韻》録定。注文殘字底卷存下部筆畫，其中『一』畫可辨，《王二》釋義作『貨盈足』，《蔣藏》、《廣韻》首義作『豐於財』，殘字介於『盈』、『豐』之間，疑不能斷，俟考。又缺字底卷殘泐，可據諸本補作『府副』二字。

〔三五九〕注文《王二》作『草』，《校箋》：『案《説文》「萺，蓄也」，「蓄」與「萺」形近，故《王一》誤爲重文，本書「草」字恐亦「蓄」字之誤。』兹從校改。

〔三六〇〕注文『許救反』《王二》同，『許』字《箋五》（伯三六九四）、《裴韻》、《蔣藏》、《廣韻》皆作『丑』，《校箋》以爲『當從之』，并引虞韻『俞』字又音『又耻呪反』云：『「俞」字在此下，亦其證。此涉下字而誤』，兹從校改。《校箋》又云：『「俗」字疑當在「通」字下。』則似未確。牲畜之『畜』字本作『嘼』，而『畜』爲『蓄』字初文，後借『畜』代『嘼』，故底卷稱之爲『通』，而與一般字形演變形成的通俗字有所不同。參看《敦煌俗字研究》下編口部『罟』字條。

〔三六一〕注文『姓』字《箋五》(伯三六九四)、《裴韻》、《蔣藏》、《廣韻》皆作『好』，底卷形訛，兹據校改。

〔三六二〕注文缺字底卷殘泐，可據《王二》、《裴韻》補作『鳥』字。

〔三六三〕字頭底卷存下部筆畫，兹據《箋五》(伯三六九四)、《王二》、《裴韻》校補作『鎦』字。

〔三六四〕又音反切上字『魯』字《王二》作『普』，底卷去聲效韻『匹皃反』小韻收有此字，是底卷此處形訛，兹據《王二》校改。

〔三六五〕注文殘字底卷存左上角筆畫，兹據《箋五》(伯三六九四)、《王二》、《裴韻》校補作『祐』字。

〔三六六〕字頭底卷殘泐，可據諸本補作『僦』字。注文『即』字左上角底卷殘泐，兹從《箋五》(伯三六九四)、《王二》、《裴韻》録定；又殘字底卷存下部筆畫，兹據諸本校補作『賃』字。

〔三六七〕或體《王二》未載，《校箋》：『或體「鳩」字不詳，……《集韻》正字作「鷚」，或體作「鸐」，注云「亦書作鷲」，疑《王一》「鳩」是「鷚」字之誤。』

〔三六八〕注文『喜』字《王二》作『嘉』，《箋五》(伯三六九四)、《裴韻》、《蔣藏》、《廣韻》同，底卷形訛，兹據校改。

〔三六九〕又音《裴韻》作『又扶福[反]』，《蔣藏》、《廣韻》作『又音服』，『夫』、『扶』、『服』同隸奉紐。又正字與字頭同形，不合文例，《裴韻》、《廣韻》作『復』形，合於《説文》篆文隸定之别形，底卷形訛，兹據校改。

〔三七〇〕『⿰皀目』字《廣韻》作『⿰𠂤目』形，後者合於《説文》，底卷俗作。

〔三七一〕字頭底卷殘泐，《王二》作『復』形，《校箋》：『「復」當作「復」，見《説文》。』注文『复』字《王二》作『复』形，其中『复』形合於《説文》『复』字篆文的隸定或體字形，底卷俗訛，兹據校改；又殘字底卷存下部筆畫，兹據《王二》校補作『重』字。

〔三七二〕『犺』字《王二》作『狖』，《廣韻》略同；按此字右旁《箋五》(伯三六九四)作『宂』，《裴韻》作『冗』，『宂』蓋又『冗』旁俗寫，兹從《箋五》校改作『犺』。參下校。

〔三七三〕『𧲮』應爲『貥（貥）』字俗寫，《王二》作『貁』，亦『貥』字俗訛，茲據校改。參上校。又《裴韻》、《廣韻》、《集韻》皆以『貁（貥）』與『狖（犺）』爲一字異體，可從，參看《箋五》校記〔七〇〇〕。

〔三七四〕『仰』字下《王二》有『雨則懸其頭向下』七字。

〔三七五〕本小韻首字《王二》脱，然《王二》該小韻『詶』字條下有『壽，富年終』一條，《廣韻》作『壽，壽考』，《箋五》（伯三六九四）、《裴韻》、《蔣藏》皆未收此條，從底卷此處的混亂情況及『壽』爲常用字的角度看，疑底卷脱之，且誤以『詶』字爲下一小韻首字，故誤計小韻標數字作『三』，茲姑據其當收字數校補作『五』字。

〔三七六〕字頭底卷存右下角『人』形筆畫，茲據《箋五》（伯三六九四）、《王二》校補作『⿰口受』字。

〔三七七〕『⿱隹古』字《王二》同，《蔣藏》作『⿱隹士』形，皆爲『售』字俗寫，《箋五》（伯三六九四）、《裴韻》、《廣韻》正作『售』。參《敦煌俗字研究》下編口部『售』字條考釋。

〔三七八〕注文『反』字下底卷誤增小韻標數字作『五』，乃誤以『詶』字爲下一小韻四字之首字，茲依文例徑删。

〔三七九〕『詶』字條下《王二》有『壽，富年終』一條，疑底卷脱之，茲爲擬補四個脱字符，參前校記〔三七五〕。

〔三八〇〕小韻標數字底卷脱（參前一小韻『詶』字條校記），《王二》作『四』，與底卷本小韻實收字數合，可據補，茲爲擬補一個脱字符。

〔三八一〕注文『昂』字《王二》作『仰』。

〔三八二〕字頭底卷存右下部少許筆畫，茲據本卷卷端韻目及《箋五》（伯三六九四）、《王二》、《裴韻》校補補作『候』字。又本大韻標序字底卷殘泐，可據卷端韻目及《箋五》（伯三六九四）、《王二》及底卷文例補作『卌七』二字，茲據擬補二個缺字符。

〔三八三〕注文『后』字《王二》作『逅』，《箋五》（伯三六九四）、《裴韻》、《蔣藏》、《廣韻》同，合於底卷文例，又底卷去聲卦韻『邂』字注文亦作『邂逅』，是此處『后』字乃誤脱『辶』旁，茲據校改。

〔三八四〕注文『肓』字《王二》同，《箋五》（伯三六九四）、《裴韻》、《蔣藏》、《廣韻》皆作『盲』字，合於形聲構字理據，俗寫『月』、『目』二形多混，茲據校改。

〔三三八五〕『趏』字《王二》同，《王二》德韻『傍北反』小韻下字形亦同，《廣韻》、《集韻》本紐作『⿺走后』形，其德韻下作『⿺走咅』形，《裴韻》、《蔣藏》未收此字，《校箋》：『案「趏」、「⿺走后」並「⿺走咅」字之誤，「⿺走咅」與「踣」同，……字又讀本紐者，蓋誤「⿺走咅」爲「⿺走后」，遂從「后」聲讀之耳。』底卷俗訛，茲姑校改作『⿺走后』，以明其俗讀之由也。

〔三三八六〕注文『侯』當作『候』，《後漢書·南蠻西南夷傳》『雞羽三十鍭』李賢注：『鍭猶候也，候物而射之。』底卷形訛，茲據校改；又『遘』字《王二》同，又音與正音同，不合文例，《校箋》：『「遘」當是「溝」字之誤，字又見侯韻「胡溝反」，注「又胡遘反」。』茲從校改。

〔三三八七〕注文『足』字下《王二》有『兩兩相乘而行，子可爲醬，南人重［之］』十三字。

〔三三八八〕注文殘字底卷存下部筆畫，其中『心』底可辨，茲據《箋五》（伯三六九四）、《王二》校補作『愁』字；又缺字底卷殘泐，可據二書補作『怐』、『愚』二字。

〔三三八九〕『爪』字《箋五》（伯三六九四）同，《王二》、《廣韻》作『瓜』，合於《爾雅·釋木》，俗寫『瓜』、『爪』多混而不分，茲爲校補正字。

〔三三九〇〕注文殘字底卷存下部筆畫，茲據《王二》、《廣韻》校補作『女』字。

〔三三九一〕注文『箭』字《王二》作『草』，《校箋》：『《爾雅·釋草》「葥，山莓」，《說文》「葥，山莓也」，《王一》「箭」爲「葥」字之誤。本書恐後人不得其解而改之。』俗寫『艹』、『⺮』二旁多混，茲從校改。又『⿱⺮甚』字《王二》作『椹』，亦同校改。

〔三三九二〕注文『瀆』字《王二》同，《箋五》（伯三六九四）、《蔣藏》、《廣韻》作『竇』，《裴韻》訓作『水穴；又姓』，《校箋》以爲『「瀆」當作「竇」』，按《玉篇·穴部》云：『竇，水道也。』又《集韻·屋韻》徒谷切小韻以『竇』爲『瀆』字或體，訓引《說文》『溝也』，底卷之訓蓋亦因二字形義之近而誤爲改訓，茲爲校改。

〔三三九三〕注文第一個『豆』字《王二》作『逗』，《箋五》（伯三六九四）、《裴韻》、《蔣藏》、《廣韻》同，底卷蓋蒙下諸

「豆」字而訛，茲據校改。

〔三九四〕注文『菟』字《王二》作『蔻』，《箋五》（伯三六九四）、《裴韻》、《蔣藏》、《廣韻》同，底卷形訛，茲據校改。

〔三九五〕注文殘字底卷存右下角一捺形筆畫，茲依文例校補作『反』字。

〔三九六〕『三』字《王二》作『四』，底卷誤糅『譳』、『擩』二條爲一，致有脱文，茲據校改。

〔三九七〕『譳』字注文《王二》作『䛠譳』，其下『擩』字注文作『搆擩，不解事』，《箋五》（伯三六九四）、《裴韻》（『譳』字注文誤倒作『譳䛠』）略同，又本大韻前『䛠』字注文作『䛠譳，不能言』，與諸本合，是底卷此處誤脱『譳』字注文和下條字頭『擩』字，茲據擬補三個脱字符。

〔三九八〕注文『湯』字《王二》作『盪』，《箋五》（伯三六九四）、《裴韻》同，後者合於《説文》，底卷誤脱下部『皿』旁，茲據校改。

〔三九九〕字頭『嗽』字《王二》作『嗽』，後者合於形聲構字理據；《集韻》亦作『嗽』，但注文作『吮也』，又《集韻·覺韻》『色角切』小韻以『嗽』字爲『欶』字或體，亦引《説文》訓作『吮也』，按底卷『柴』爲『觜』之俗字，『吮』當爲其引伸義，底卷『嗽』字俗訛，茲據校改。

〔四〇〇〕注文殘字底卷存下部筆畫，茲據《箋五》（伯三六九四）、《王二》校補作『則』字。

〔四〇一〕『杏』字即前『𣢈』字或體『音』的同一篆字的不同隸定形體，《校箋》以爲不當更出。

〔四〇二〕注文『清』字《箋五》（伯三六九四）、《裴韻》、《蔣藏》、《廣韻》作『漬』，與《説文·水部》『漚，久漬也』合，底卷形訛，茲據校改。

〔四〇三〕注文『又於部反』《王二》同，《校箋》：『各書姥韻無此字，此「部」字讀厚韻「蒲口反」，「漚」字又見「烏口反」。』

〔四〇四〕『眗』字《王二》作『𧵳』，《箋五》（伯三六九四）、《裴韻》、《廣韻》、《集韻》同，後者合於形聲構字理據，底卷形訛，茲據校改。

〔三四〇五〕『犟』字《王二》作『㹩』形，《箋五》（伯三六九四）、《裴韻》、《蔣藏》、《廣韻》同，唯《廣韻》注文云『亦作犟』。

〔三四〇六〕注文『句檢』《王二》作『檢句』，其下有『亦勾』二字。

〔三四〇七〕『冓』字底卷本作『冓』，上文『遘』、『購』、『寗』等字所從的『冓』旁底卷亦作此形，又上文『構』、『媾』所從的『冓』旁底卷則皆作『苒』形，《王二》『冓』字下注云『亦作苒』，『苒』當是『冓』字俗寫的避諱缺筆字，而『冓』又是『苒』字之變；上文『覯』字左上部底卷作『龷』形，當是由『苒』變作『冓』的中間環節。爲方便排録，上揭各『冓』旁俗寫俱徑予録正，不一一出校説明。

〔三四〇八〕『漫』字《王二》無，《蔣藏》同，《箋五》（伯三六九四）及《裴韻》首義訓作『屋水』，疑二書『水』下脱『下』字，《説文·雨部》：『漏，屋穿水下也。』

〔三四〇九〕『佝』字《王二》作『怐』，《廣韻》以『怐』爲『佝』之或體字。

〔三四一〇〕『暗』字《王二》同，《廣韻》、《集韻》作『腤』形，合於《説文》，俗寫『日』、『月』二旁多混，兹據校改。

〔三四一一〕『轉』字《王二》同，《廣韻》作『轉』，《集韻》或體同，後者合於形聲構字理據，俗寫『專』、『專』二旁多混，兹據校改。

〔三四一二〕本大韻底卷接抄於前候韻之末，不合文例。又大韻標序字底卷脱抄，可據本卷卷端韻目及《箋五》（伯三六九四）、《王二》補作『卌八』二字，兹爲擬補二個脱字符。

〔三四一三〕『趴』字《王二》作『趴』，皆爲『趴』字俗寫，《廣韻》正作『趴』。

〔三四一四〕反切下字『鴪』字《王二》、《裴韻》、《蔣藏》同，乃『鳩』字俗寫，《廣韻》正作『鳩』。『宂』旁俗寫皆可寫作『冗』形，下文從『冗』旁字仿此，不再一一出校説明。又大韻標序字底卷殘泐，可據本卷卷端韻目及《箋五》（伯三六九四）、《王二》補作『卌九』二字，兹爲擬補二個缺字符。

〔三四一五〕注文《箋五》（伯三六九四）、《王二》有釋義『使』字（《裴韻》無），與底卷文例合，疑底卷脱。又音反切下字

「計」《箋五》（伯三六九四）同，《王二》、《裴韻》皆作「針」字，底卷形訛，茲從校改，又參《箋五》校記〔七一七〕。

〔三四一六〕「任」字當爲「壬」字誤作，茲爲校改，詳參《箋五》校記〔七一八〕。

〔三四一七〕「烝首木」不辭，「烝」字《王二》作「承」，「承首木」與《蔣藏》、《廣韻》之「枕頭」義合，底卷形訛，茲據校改。

〔三四一八〕注文「禁」字上部底卷略有漫漶，此從《箋五》（伯三六九四）、《王二》、《裴韻》録定；又缺字底卷漫滅，可從諸本補作「乃」字。

〔三四一九〕釋義《王二》作「庇蔭」，《箋五》（伯三六九四）、《裴韻》、《蔣藏》皆無訓，《廣韻》引《説文》訓作「草陰地也」，而於同小韻「廕」字下訓「庇廕」，按「廕」當爲「蔭」之孳乳字。

〔三四二〇〕「癊」字《王二》作「廕」，合於形聲構字理據，俗寫「广」、「疒」二旁多混，《廣韻》二字皆别立字頭，然與房屋義涉者當從「广」旁，茲據校改。

〔三四二一〕「䏶」字《王二》有漫漶，《廣韻》作「艆」，後者合於《説文》，底卷乃隸變形，猶「舼」隸變作「朕」之比。

〔三四二二〕注文「擬」字下部、「擊」字上部、「揕」字下部、「其」字上部底卷皆有些漫泐，茲參《箋五》（伯三六九四）、《王二》、《裴韻》及《廣韻》録定。又小韻標數字底卷漫滅，可據《王二》補作「二」字。

〔三四二三〕「豔」字上部底卷略殘，茲參本卷卷首韻目及《箋五》（伯三六九四）、《王二》録定；「豔」左側「豊」乃「豐」旁的俗寫，《廣韻》、《集韻》正作「豔」。又大韻標序字底卷殘泐，可從卷首韻目及上揭二書補作「五十」二字，茲爲擬補二個缺字符。

〔三四二四〕「掞」字《王二》同，《廣韻》作「撿」，《集韻》以「撿」爲「掞」字或體。

〔三四二五〕「一」字《王二》作「二」，與本小韻實收字數合，底卷誤以下一字爲别一小韻，茲據校改。

〔三四二六〕又音《箋五》（伯三六九四）作「又方簾」，與底卷同脱「反」字，《王二》作「又方廉反」，不誤，茲據校改「反」作「又」字，并爲擬補一個脱字符。又底卷蓋因箋注本《切韻》之誤而又誤改其「又」作「反」字，致計小韻字數時又誤以此與前爲不同小韻，而於注文末加一小韻標數字「一」，茲依文例徑删。

〔三四二七〕釋義底卷誤蒙下『壍』字注文作『遶城水又坑』，《箋五》(伯三六九四)、《王二》、《裴韻》皆作『不廉』，兹據徑删『遶城水又坑』五字，并爲擬補二個脱字符。

〔三四二八〕注文『坑』字右上部底卷作『ㄥ』形，乃『亠』的連筆俗寫，《王二》此字作『坈』，又爲其訛變字形，《廣韻》『壍』字訓『坑也』，字正作『坑』，兹據録正；又『壍』字《集韻》以爲『塹』字或體，後者《説文》釋『阬也』，『阬』即古『坑』字，亦其證。

〔三四二九〕釋義下《王二》有又音『又才感(敢)反』四字，《箋五》(伯三六九四)、《裴韻》無，《蔣藏》、《廣韻》亦收有又音才敢反。

〔三四三〇〕『殮殯』，《裴韻》同，《王二》作『殯殮』，《蔣藏》、《廣韻》同，《箋五》(伯三六九四)釋義僅作一『殯』字。

〔三四三一〕釋義《王二》同，《廣韻》『入』字下有『直』字，於義爲長。

〔三四三二〕本條《王二》無。字頭『濳』字上部底卷略殘，此參《蔣藏》、《廣韻》録定。又底卷平聲鹽韻『昨鹽反』小韻收此字，《王二》同，《校箋》云：『《王一》「子」字誤。』

〔三四三三〕釋義《王二》無，然其反語下有又音『又支鹽反』四字。又檢今本《漢書·成帝紀》，唯『避水它郡國，在所冗食之』顔注引文穎曰：『冗，散也。散廩食使生活，不占，著户給役使也。』與底卷又義略似，可參。

〔三四三四〕又音《王二》無，《校箋》云：『此字又見闞韻「吐濫反」，注云「又勑籃反」，「齒」字誤。』『勑籃反』與底卷『丑厭反』同音，可參。

〔三四三五〕後一『於』字前《王二》、《裴韻》有『又』字，合於文例，底卷誤脱，兹爲擬補一個脱字符。

〔三四三六〕『㮇』字上部底卷殘泐，此從本卷卷端韻目録定；《箋五》(伯三六九四)、《王二》作『掭』，俗訛，參《箋五》校記〔七三二〕。又本大韻標序字底卷殘泐，可據卷端韻目及上揭二書補作『五十一』三字，兹爲擬補三個缺字符。又或體字《王二》無，《集韻》以『栝』爲正字，而收『柄(栖)』、『㮇』二字爲其或體，疑底卷二形皆形訛字，其中『栝』字《説文·木部》訓作『炊竈木』，姑校底卷『枯』作『栝』字。

〔三四三七〕反語下《王二》有釋義『愛』字，合於文例，疑底卷脱之。

〔三四三八〕又音反切上字『下』，《王二》作『丁』，《廣韻》同，《王二》平聲添韻『丁廉(兼)反』小韻收有此字(底卷該處殘泐)，底卷蓋承前條注文『下』字而訛，兹據校改。

〔三四三九〕注文『唸』字《王二》同，《廣韻》作『吟』；『亦作歐』《王二》作『亦作⿰尸欠』。《校箋》：『案《詩·板》篇云「民之方唸吚」(見《説文》引，《毛詩》作殿屎。)，《傳》云「呻吟也」，此當從《廣韻》作「吟」，蓋「吟」與「唸」形近，故或誤爲「唸」或誤爲重文。「亦作⿰尸欠」，「⿰尸欠」爲「吚」字或體，《毛詩》作「屎」，此誤。《王一》作「歐」，亦誤。《集韻》此字收「殿」、「殿」、「⿰念欠」諸體。』兹從校改注文『唸』作『吟』字、『歐』作『⿰念欠』字。

〔三四四〇〕字頭底卷存下部『執』旁部分，兹據《王二》、《裴韻》校補作『䨢』字。

〔三四四一〕『畬』字《箋五》(伯三六九四)、《王二》同，當爲『畬』字俗訛，參《箋五》校記〔七三四〕。

〔三四四二〕『擬』字《箋五》(伯三六九四)同，《王二》作『差』，《裴韻》、《蔣藏》、《廣韻》並收二訓。

〔三四四三〕反語下《王二》無又音，然有釋義『并』字，疑底卷脱之。

〔三四四四〕注文『人』字《王二》作代字符形，釋義《蔣藏》、《廣韻》作『傔從』，《集韻》作『伺從也』，是底卷『從人』亦通。

〔三四四五〕『證』字上部底卷有殘泐，此從本卷卷端韻目及《箋五》(伯三六九四)、《王二》録定。又本大韻標序字底卷殘泐，可據卷端韻目及上揭二書補作『五十二』三字，兹爲擬補三個缺字符。

〔三四四六〕釋義下《王二》有『亦作賸』三字，《裴韻》注文有『俗從月』三字，《箋五》(伯三六九四)無或體，《蔣藏》、《廣韻》字頭則徑作『賸』形，『賸』即『賸』的隸變字。下文『媵』、『蕂』等字仿此。

〔三四四七〕釋義下《王二》有『又時證反』四字，其字又見於本大韻下『實證反』小韻。《校箋》以爲『守温不分船禪，此等例皆足以説明』。

〔三四四八〕注文殘字底卷存下部似『羽』形部分筆畫，《箋五》(伯三六九四)、《王二》作『翦』字，《裴韻》、《廣韻》作

『翦』字，『翦』、『剪』古或同用。

〔三四四九〕小韻標數字底卷漫滅，可據《王二》補作『二』字。

〔三四五〇〕反切下字『證』《王二》作『孕』，《箋五》（伯三六九四）、《裴韻》、《蔣藏》、《廣韻》同，本小韻『餕』字又音『里甑反』，而本大韻下『里甑反』小韻注文又音作『子孕反』，疑底卷『證』字承前諸小韻而訛，姑據校改。又小韻標數字底卷漫滅，可據《王二》補作『三』字。

〔三四五一〕『于』字《王二》同，《廣韻》作『汗』，後者合於《方言》卷四，底卷誤脱『氵』旁，又誤書『干』作『于』形，兹據校改。

〔三四五二〕釋義《王二》同；《蔣藏》作『馬食穀氣流下』，《箋五》（伯三六九四）『里甑反』小韻及底卷本大韻下里甑反小韻釋義同；《裴韻》作『馬餘（餘字衍）食穀氣下流』；《廣韻》作『馬食穀多氣流四下也』，後者與《説文》合，底卷誤脱『氣』字，兹爲擬補一個脱字符。

〔三四五三〕小韻標數字底卷漫滅，可據《王二》補作『三』字。

〔三四五四〕『陵』字右上角底卷略有漫漶，此從《裴韻》、《蔣藏》録定。又字頭及注文『艛』字《箋五》（伯三六九四）、《王二》、《蔣藏》、《廣韻》皆作『勝』形，《裴韻》作『艛』形，《王二》注文中有『亦作艛字』四字，是底卷蓋因前行相鄰位置之『艛』字而訛，兹據校改。又小韻標數字底卷漫滅，可據《王二》補作『四』字。

〔三四五五〕注文殘字底卷前者存下部似『大』形筆畫，後者存『豆』字中下部筆畫，兹據《王二》校補作『美』、『登』二字。又缺字底卷殘泐，可據《王二》補作『艠』及『大』二字。

〔三四五六〕『子』前依文例當有一『又』字，兹據擬補一個脱字符。

〔三四五七〕本大韻代表字及其標序字底卷殘泐，可據本卷卷端韻目及《箋五》（伯三六九四）、《王二》補作『五十三嶝』四字，兹爲擬補四個缺字符。又注文缺字底卷亦殘泐，可據上揭二書補作『都』、『小』二字。

〔三四五八〕『暅』字《王二》、《集韻》同，《箋五》（伯三六九四）、《裴韻》、《蔣藏》、《廣韻》本小韻無此條，《校箋》：『唯此字本作「晅」，即《説文》「烜」字，讀「況晚反」，後譌作「暅」，遂有此音。』

〔三四五九〕 注文缺字底卷殘泐，可據《箋五》（伯三六九四）、《王二》補作『武』、『悶』二字。

〔三四六〇〕 本條《箋五》（伯三六九四）同，字頭與釋義當爲『倰』、『倰僜』三字形訛，參《箋五》校記〔七四七〕，兹從校改。

〔三四六一〕 注文『乘』字《王二》無，《校箋》：『案「乘」當依《廣韻》作「剩」，《集韻》云「賸也」，「賸」與「剩」同，《説文》「賸」下云「物相增加」。』底卷誤脱右旁『刂』，兹從校改。

〔三四六二〕 釋義『新』字前《王二》有一『眠』字，與《廣韻》『睡覺』、《集韻》『眠寤』義合。

〔三四六三〕 『陷』字右上角底卷略殘，此參本卷卷端韻目及《箋五》（伯三六九四）、《王二》録定。又大韻標序字底卷殘泐，可據卷端韻目及上揭二書補作『五十四』三字，兹爲擬補三個缺字符。

〔三四六四〕 『䶢』爲『𪘲』之俗字，參《箋五》校記〔七四九〕。

〔三四六五〕 注文『名』字《王二》作『多』，《箋五》（伯三六九四）、《裴韻》、《蔣藏》、《廣韻》同，底卷形訛，兹據校改。

〔三四六六〕 『䶢』、『讒』、『儳』、『⿰阝詹』、『鬫』五字注文底卷相互錯亂，作『〇䶢，仕陷反。讒言。三。〇讒，輕言。又仕咸反。〇儳，陷。〇⿰阝詹，火陷反。大（犬）聲。一。〇鬫，公陷反。鹹。一』，較諸《王二》、《廣韻》，知其前字注文實爲後字注文，如此則『䶢』字注文實脱抄，遂因而補抄於『鬫』字下，兹徑依諸本乙正。

〔三四六七〕 注文缺字底卷殘泐，釋義《王二》作『譀語駡』三字，不辭，且與底卷所殘行款不合，《廣韻》失訓，《集韻》作『譀諛（謏），私詈』，與底卷所殘行款吻合，當可據補。又小韻標數字《王二》作『一』，可從補。

〔三四六八〕 『鑑』字上部底卷有殘，此從本卷卷端韻目及《箋五》（伯三六九四）、《王二》録定。又大韻標序字底卷殘泐，可據卷端韻目及上揭二書補作『五十五』三字，兹爲擬補三個缺字符。

〔三四六九〕 又音反切下字『咸』字《裴韻》、《蔣藏》、《廣韻》皆作『銜』，考底卷平聲銜韻『古銜反』小韻收有此字，《校箋》以爲『咸』當爲『銜』之誤，兹從校改，底卷蓋音同而訛。

〔三四七〇〕 字頭底卷存下部筆畫，兹據《王二》、《裴韻》校補作『鑱』字。又『鑱』字下至行末底卷殘泐約一個大字的空間，《王二》相關内容作『士懺反。穿土具。又士咸（銜）反。一』，比底卷所殘空間多一個半大字，《裴韻》『鑱』字注文與《王二》略同（唯『穿』作『犂』、『咸』作『銜』），從前行行末注文有二字（指『讒』字注文的『私□』二字）别書於行左側看來，或許此條注文亦折書於次行行末（次行下部底卷無字，底端有殘泐）。

〔三四七一〕注文殘字底卷存右下角筆畫，其中捺畫可辨，兹參《裴韻》校補作『嚴』字。又大韻代表字及其標序字底卷殘泐，可據本卷卷端韻目補作『五十六嚴』四字，兹擬補四個缺字符。又小韻標數字『三』字蓋誤計下一小韻一字而致訛，兹據實收字數校改作『二』字。《王二》本大韻字全部脱抄。

〔三四七二〕本條所收字數因誤計入前一小韻標數字中而致本小韻標數字脱，可據實收字數補作『一』字，兹爲擬補一個脱字符。

〔三四七三〕注文殘字底卷前者存右側『公』旁部分，後者存右部『凡』旁部分，兹據《箋五》（伯三六九四）、《王二》校補作『舩』、『帆』二字。又行首至前一殘字間底卷殘泐約三個大字的空間，《王二》相關内容作『〇五十六（七）梵，扶泛反。讚梵。二。〇帆，舩上帆』，與底卷所殘空間略合（大韻標序字底卷提行書寫，又依行款，『梵』字注文釋義當僅存一字，《王二》於一字注文下多喜臆加一代字符），兹爲擬補十個缺字符。又『帆』字注文《王二》僅作『舩上帆』三字，《箋五》（伯三六九四）同，而底卷此三字及其下之『又』字書於雙行注文之右行，其左行殘泐，依文例當有一又音，《裴韻》收又音作『亦音凡』，《蔣藏》作『又音凡』，《廣韻》同，從底卷行款看，其左行注文似應至少有三字，即一個反語的字數，且底卷又音一般不用直音，檢底卷平聲凡韻『凡』字下音『符芝反』，疑即此所殘者，姑爲擬補三個缺字符。

〔三四七四〕字頭底卷存右側少許漫漶的筆畫，注文殘字亦存右側少許筆畫，兹據《箋五》（伯三六九四）、《王二》校補作『泛』、『浮』二字。又缺字可據《王二》擬補作『反』字。

〔三四七五〕又音《王二》同，《校箋》：『嚴韻無脣音，字見凡韻「符芝反」，注「又孚劒反」。』

〔三四七六〕『盃』字《王二》作『杯』，《廣韻》同，底卷蓋承字頭字形而誤增『皿』旁，兹據校改。又或體《王二》作『屹』

形，《廣韻》、《集韻》收其形作『屹』，後者合於形聲構字理據，底卷形訛，茲據校改。

〔三四七七〕注文『謡』字《廣韻》作『誣』，後者合於《説文》，底卷形訛，茲從校改；《王二》注文作『媕，女有心。俗作䙾』，其釋義與《説文·女部》『婛』字同。

〔三四七八〕注文『媕』字《王二》作『婛』；又『慝』字《王二》作『匿』，《集韻·豔韻》『誨』字下亦收『匿』義，《方言》卷十：『拏，揚州、會稽之語也，或謂之惹，或謂之淹』，疑《方言》『惹』字爲『慝』之形訛，而諸本之『匿』亦『慝』字俗省，俟考。

〔三四七九〕注文殘字底卷存上部『艹』旁，茲據《王二》、《廣韻·釅韻》、《集韻》校補作『草』字。又『菱』字《王二》同，《廣韻·釅韻》、《集韻》作『菱』（二書原字形中間『仌』形出頭，與《説文·夊部》字形不合），與《廣雅·釋詁二》字形合，『菱』字下所從聲旁『夌』或體作『𡕩』形（參底卷前文校記〔三三四七〕），底卷『菱』字俗作。又小韻標數字底卷殘滅，可從實收字數補作『一』字。

〔三四八〇〕行首至『聲』字間底卷殘泐，前上聲卷末底卷作『刊謬〔□〕缺切韻卷第〔□〕上聲五十二韻』，與此一致，是『聲』字前依文例當有『刊謬補缺切韻卷第四去』十字，茲據擬補十個缺字符，《王二》此卷末作『切韻卷第四盡』六字。

〔三四八一〕殘字前者底卷存左部『礻』旁，後二者皆存左側少許筆畫，諸殘字所存部分國家圖書館藏王重民所攝照片較底卷稍多，其中第二殘字左旁『缶』形可辨，茲依文例校補作『補缺切』三字。另可依文例擬補『刊謬』及『韻卷第五入聲』八字。

〔三四八二〕『缺訓』二殘字底卷分別存上部、左部殘畫，國家圖書館藏王重民所攝照片二字不殘，茲從録定。又缺字底卷殘泐，可據《王二》補作『一』字。

〔三四八三〕『本』字左下部底卷略殘，此從《王二》録定。

〔三四八四〕殘字底卷存左下角撇形筆畫，茲據《箋二》、《王二》校補作『屋』字，并爲其擬補標序字作『一』，後殘條之擬補標序字同，不再一一出校。

〔三四八五〕「衣」字《王二》作「依」，與文意合，底卷誤脱「亻」旁，兹據校改。

〔三四八六〕「櫛」字右上角底卷略殘，兹參《箋二》、《王二》録定。又注文《王二》同，《校箋》：「案平聲臻下云「吕、陽、杜与真同，夏侯别，今依夏侯」，與此云「夏侯与質同」，系統不合。」

〔三四八七〕「九」字底卷略有漫漶，兹從《箋二》、《王二》録定。

〔三四八八〕「教」字《王二》作「勃」，《箋二》、《箋五》（伯三六九四）、《箋九》同，底卷正文「没」字反語亦作「勃」形，《集韻・没韻》「勃」字注文云：「或从攵。」

〔三四八九〕「薛」字底卷略有漫漶，此從《箋二》、《箋九》録定，《王二》作「辥」，然其正文字頭亦作「辥」，注文云：「正作薛。」

〔三四九〇〕「吕與昔同」下《王二》有一「别」字，且《王二》「同」字右側似有二墨點以示删除，《校箋》疑本卷脱「别」字，且與《王二》並衍抄「同」字，底卷蓋承前而誤「别」作「同」字，兹爲校改。

〔三四九一〕殘字底卷存右側少許筆畫，兹據《箋二》、《王二》校補作「積」字。又缺字底卷殘泐，可據二書補作「反」字。

〔三四九二〕殘字前者底卷存下部「皿」旁大部筆畫，中者存右側筆畫，其中一竪形可辨，後者存右下角少許筆畫，除殘字及注文右行末之「夏侯」二字外，皆殘泐，據空間，第一殘字與第二殘字間底卷約殘泐六個左右小字的空間，次行注文從行首至末一殘字間亦殘泐約六個小字的空間，按此條注文《王二》無，底卷上聲「豔」字下注文云「以贍反。吕与梵同，夏侯与㮇[□]，今[□]别」，《王二》略同（無脱文），與底卷此處結構及所缺内容略合，余迺永《新校》又參上聲韻目「敢」字注文擬此所殘文字作「吕與狎同，夏侯與狎别，陸（依底卷文例當作「今」字）依夏侯」，兹參諸本并參余氏所校校補殘字作「盍」、「同」、「侯」三字，并爲擬補十二個缺字符。

〔三四九三〕殘字前者存上部筆畫，後者存下部筆畫，茲參《王二》校補作『狎』（《王二》本作『押』，《校箋》校改作『狎』）、『別』二字。又缺字底卷殘泐，可據《王二》補作『同呂夏』及『夏侯』五字。

〔三四九四〕殘字底卷漫滅，《姜韻》録其下部『一』畫，茲據《王二》校補作『三』字。

〔三四九五〕本條底卷全殘，《王二》作『廿五怗他協反』，茲從擬補標序字、韻目及三個缺字符。

〔三四九六〕三殘字底卷皆存右側少許筆畫，茲據《王二》校補作『廿六緝』三字。注文『七入』二字左側底卷亦有殘泐，此從《箋二》、《王二》録定；又缺字底卷殘泐，可據《王二》補作『反』字。

〔三四九七〕注文前一『夏』字下部、『侯別』二字左側底卷皆有殘泐，此並依文例録定，《王二》無注文。

〔三四九八〕『落』字《箋二》、《裴韻》同，《王二》、《蔣藏》、《廣韻》皆作『各』，音同。

〔三四九九〕本條底卷全殘，《王二》作『廿九職之翼［反］』，茲從擬補標序字、韻目及三個缺字符。

〔三五〇〇〕本條底卷全殘，《王二》作『卅德多則反』，茲從擬補標序字、韻目及三個缺字符。

〔三五〇一〕本條底卷全殘，《王二》作『卅一業魚怯反』，茲從擬補標序字、韻目及三個缺字符。

〔三五〇二〕韻目標序字底卷漫滅，此從《姜韻》録定。又缺字底卷殘泐，可從《王二》補作『夏』、『別』二字。

〔三五〇三〕行首至殘字『牘』間底卷殘泐半行多，據空間，約可抄十七個左右大字，《王二》相關内容作『〇一屋，烏谷反。屋舍。一。〇獨，徒谷反。孤。廿一。〇黷，垢黑。〇讟，訪（謗）。亦作痡。又怨。〇髑，髑髏。亦作頔（顫）。〇殰，傷胎。亦作殰（贕）。〇讀，言誦。〇櫝，棺。或作槦（櫝）』，與底卷所殘空間相合，當可據補。

〔三五〇四〕殘字底卷存下部少許筆畫，茲據《箋二》、《箋五》（伯三六九四）、《王二》校補作『牘』字。

〔三五〇五〕『瓄』字條下《王二》接抄『瀆』、『韇』、『嬻』、『匵』、『犢』、『鷵』七字，其下始接『賣』、『騆』等字，《箋二》、《裴韻》、《蔣藏》及《廣韻》等收字情況雖與《王二》不盡一致，然其『瓄』字條下數字皆與《王二》同，《箋二》、《裴韻》、《蔣藏》皆無『遺』字條，《廣韻》、《集韻》有之，《校箋》：『案「遺」爲「遺」義，不詳所出。从匚之字，唐人俗書作「辶」，每譌爲「辶」，本書此字作「賣」，與全書从「辶」字異形，疑本是「匵」字，「遺」亦是「遺」字之誤。蓋上文「匵」字注文譌爲「櫝」，遂又增「匵」字云「匵」，後又誤如此，《廣韻》蓋沿本書之誤耳。《玉篇·辵部》亦有「遺」字云「遺」，蓋宋人所增，不足爲據。』此論極是。

〔三五〇六〕殘字底卷存上部筆畫，茲據《王二》、《廣韻》校補作『䮷』字。『䮷』字下至行末底卷殘泐約四個大字的空間，次行行首至『穀』字間底卷殘泐半行多，據空間，約可抄十六個左右大字，《王二》所存字序與底卷所殘存情況不同，然除去底卷所存之『遺』字條，其他相關内容作『○䮷，驪䮷，野馬。○皾，滑皾。○𤜓，獸，如鼠。○罜，罜麗，魚罟。○瀆，溝瀆。亦作𨻻字。○韇，箭筩。○嬻，媟嬻。○匵，櫝。○犢，牛子。○鸀，鸀春，鳥名。○穀，古鹿反。禾。十』，與底卷所殘空間略合，當可據補，茲爲後一殘條擬補五個缺字符（唯此條釋義底卷所存與《王二》不合，疑其當與《廣韻》首義『五穀』同）。

〔三五〇七〕注文『車』字下《王二》有『轂』字，《箋二》、《裴韻》、《蔣藏》、《廣韻》同，底卷蓋用注文與被注字連讀成訓例。

〔三五〇八〕『殻』字底卷存上部似『㱿』形筆畫，茲據《王二》、《廣韻》校補。『殻』下至行末底卷殘泐約三個大字的空間，次行行首至『觳』字間底卷殘泐半行多，據空間，約可抄十六個左右大字，《王二》相關内容作『○殻，足跗。○豋，豆。○㱩，㱩殏。○𤞞，獸，如赤豹五尾。又余燭反。○縠，胡谷反。羅縠。八。○斛，斛斗。○槲，木名。○螜，螻蛄。○蔛，水草。○礐，石聲（本條《王二》蓋脱抄後補於小韻末，茲依《裴韻》、《蔣藏》録於此，以與底卷所殘情形相協）。○觳，角聲』，與底卷所殘空間略合，可參。

〔三五〇九〕反語下《王二》有釋義『哀聲』二字，與底卷文例合，疑底卷脱抄。

〔三五一〇〕『卵』字下《王二》有『又苦角反』四字，《裴韻》、《蔣藏》、《廣韻》無又音，與底卷同。

〔三五一一〕『穀』字左下角底卷略有殘泐，茲從《廣韻》録定，《王二》字形有誤。又缺字底卷殘泐，可據《王二》、《廣韻》補作『𪌭』字。

〔三五二〕前行『轂』字條下至行末底卷殘泐約四個大字的空間，次行行首至『樕』字間底卷殘泐半行多，據空間，約可抄十六個左右大字，《王二》相關内容作『○蠡（𧑃），結臬。○晧，大阜，在扶風。（『蠡』、『晧』二字《王二》置於『轂』字條前，《廣韻》置於『轂』字條下，然『晧』在『蠡』前，疑底卷當從之。）○禿，他谷反。無髮。又他毒反。四。○誘，詆誘。○捔，杖指。○鵚，鵚鶖，鳥名。○速，送谷反。迅。十一。○蔌，菜蔌（蔌字衍）。○餗，鼎實。亦作鬻。○蝀，蝶蝀，虫』，與底卷所殘空間略合，當可參補。

〔三五三〕『木名』下《王二》有『亦梀』二字，《箋二》、《裴韻》同底卷。

〔三五四〕『遬』字《箋二》、《裴韻》、《蔣藏》皆作『觳』形，底卷本條下内容有脱抄者，蓋因脱抄内容中的『遬』字而致訛，兹據校改，又『觳』即『轂』之增筆俗字，《王二》注文誤作『轂聲』。

〔三五五〕本小韻『轂』、『蘪』二條間較《王二》少四條内容，參下條校記。

〔三五六〕字頭底卷存右部筆畫，其中『殳』形可辨，注文殘字存上部『十』字形筆畫，兹據《箋二》、《王二》校補作『轂』、『木』二字。『木』字下至行末底卷殘泐約五個左右大字的空間，次行行首至殘字『睩』間殘泐半行多，據空間，約可抄十六個左右大字，《王二》相關内容作『○轂，丁木反。轂轂（轂），動物。三。○襡，衣至地褻（褻字衍）。○豛，豰豛。○禄，盧谷反。祑（秩）。［二十五］。○鹿，麟班（斑）獸。○漉，滲水。○𩸞（鱳），鱳（鱳）得，縣名，在張掖。又盧各反』，比底卷所殘空間少約六個大字，然底卷本小韻前一小韻『轂』、『蘪』二條間較《王二》少『○欶，吮。○遬，白茅。○殐，殑殐，夕（歺）。○樕，樕常，樹』四條内容，所占空間約爲六個大字左右，疑底卷於前一小韻脱抄後，補抄於『丁木反』小韻後。

〔三五七〕字頭底卷存下部筆畫，其中左側之『目』旁可辨，右旁部分漫漶，兹據《箋二》、《王二》校補作『睩』字。

〔三五八〕注文《箋二》、《王二》、《裴韻》、《蔣藏》同，《廣韻》作『笑視』，合於《説文》。

〔三五九〕注文殘字底卷存左上角筆畫，兹據《箋二》、《王二》校補作『音』字。又底卷『東方音』居雙行注文之右行，『或作角』居左行，其下殘泐，《箋二》、《裴韻》、《蔣藏》、《廣韻》釋義皆作『東方音』，《王二》音下有一『樂』

字，不知底卷是否有『樂』字，姑從衆校定。

〔三五二〇〕前行『録』字條之下至行末底卷殘泐約七個左右大字的空間，次行行首至『頊』字間底卷殘泐半行多，據空間，約可抄十六個左右大字，《王二》相關内容作『○轒，轒轤，圓轉木。○甂，甂甎。○艫，舟名。○琭，石名。○簏，簏箱。○螰，螇螰，虫▨（似代字符形，蓋承前衍，當删）名。○盝，去水。或作鹿（漉）。○騼，野馬。○录，刻木。○娽，顓頊妻』，與底卷所殘空間相合，當可據補，兹爲後一殘條擬補三個缺字符。

〔三五二一〕注文『屬』字下部底卷略有漫漶，《姜韻》誤録作『犀』，按《王二》作『屬』，底卷燭韻『力玉反』小韻收有『逯』字，兹從徑録作『屬』字。

〔三五二二〕前行『水名』、『又』三字底卷漫漶，此從《姜韻》録定；『名』字下至行末底卷殘泐約七個左右大字的空間，次行行首至殘字『鏃』間底卷殘泐半行多，據空間，約可抄十七個左右大字，《王二》相關内容作『○濼，水名，在濟南。又力各反。○鏕，釜。又於□反。○磟，磟碡。○殻（㱿），呼木反。毆（歐）聲。（六）。○彀，獸名，似豹。又丁木反。○熇，熱。又火酷反。○矐，羮矐。又何各反。○嚛，大啜。○穀（縠），日出赤。○族，昨木反。宗裔。二。○鏃，鏃鑹。鑹字勒過反』，與底卷所殘空間略合，當可據補，兹爲前一殘條擬補六個缺字符。

〔三五二三〕字頭底卷存少許漫漶的筆畫，兹據《箋二》、《王二》、《裴韻》校補作『鏃』字。注文缺字底卷殘泐，可參諸本補作『木』、『又作族一』五字。

〔三五二四〕字頭底卷存漫漶的筆畫，兹據《箋二》、《王二》、《裴韻》校補作『瘯』字。注文缺字底卷殘泐，可參諸本補作『瘯瘰病三』四字。

〔三五二五〕前行（即底卷所存第十八紙正面末行）『瘯』字條之下至行末底卷殘泐約七個大字的空間，次行（即底卷所存第十八紙反面首行）行首至殘字『璞』間底卷殘泐半行多，據空間，約可抄十六個左右大字，《王二》相關內容作『○磏，碌磏，石皃。○蔟，蔟蠶。又倉候反。○曝，蒲木反。日乾皃。六。○瀑，瀑布，懸水。○蹼，蹼蝀。○㲫，毹㲫，毛不理。○夌，行。○樸，羸（羸）樸。○扑，普木反。打。六。○醭，白醭。○穙，草生穊。○骲，骨鏃。又蒲狡反。○鼓，䪁鼓』，與底卷所殘空間略合，當可參補。

〔三五二六〕字頭底卷存左下角筆畫，兹據《王二》、《裴韻》校補作『墣』字。

〔三五二七〕前行『轐』字下部底卷略殘，兹據《王二》、《裴韻》録定。『轐』字下至行末底卷殘泐約六個大字的空間；次行『濕』字左側底卷略有漫漶，亦據二書録定，又殘字底卷存右側筆畫，此據《王二》校補作『角』字，又行首至『曰』字間底卷殘泐半行多，據空間，可抄十六個左右大字，《王二》相關內容作『○轐，車伏兔。○濮，水名。○㒔，昌意妻。○撲（樸），拭（械）。○蹼，足蹼。○襆，偪（幅）。亦作纀。○䪁，鼓䪁（二字誤倒，當乙正）。○木，莫卜反。樹。十。○沐，洗。○杒，杒桑。○鶩，鳧鶩（鶩字衍）。○霂，霢霂，小雨。○罞，思皃；一曰毛濕。又莫角［反］』，與底卷所殘空間略合，當可據補，兹爲後一殘條擬補六個缺字符。

〔三五二八〕前行『輂』字之下至行末底卷殘泐約六個大字的空間，次行行首至『業』字間底卷殘泐半行多，據空間，約可抄十七個左右大字，《王二》相關內容作『○輂，曲轅。亦作桊。《詩》云「五輂良（梁）輈」。○蚨，螇蚷。○福，方六反。吉。十二。○腷（腹），肚腷（腹）。○複，絮衣。○幅，絹邊。○輻，車輻。○復（復），優復（復）。又房六反。○葍，葍蒚（蒚），菜。○蝠，蝠虫蝙（當乙正作蝙蝠虫）。○箙，竹實。○篙，織篙。又蒲角反』，與底卷所殘空間略合，當可據補。

〔三五二九〕注文殘字底卷存右部筆畫，兹據《箋二》、《王二》校補作『反』字；又缺字底卷漫滅，可據《王二》補作『九』字。

〔三五三〇〕前行『伏』字條之下至行末底卷殘泐約六個左右大字的空間，次行行首至『故』字間底卷殘泐半行多，據空間，約可抄十六個左右大字，《王二》相關內容作『○復，反。○虙，虙羲，王（『王』字衍）。○服，衣飾。○茯，茯苓。○馥，香。又扶逼反。○鞴，箭鞴。○鵩，鳥名。○鞴，韋囊；步靫。○蕧，蔙蕧，藥名。

○輹，車伏兔。○璭，車笭間文（皮）篋。○复，作（行）故道。通俗作复』，與底卷所殘空間相合，當可據補，茲爲後一殘條擬補三個缺字符。

〔三五一〕缺字底卷殘泐，可據《王二》補作『矢』字。

〔三五二〕前行『簏』字條之下至行末底卷殘泐約五個大字的空間，次行行首至『謖』字間底卷殘泐半行多，據空間，約可抄十六個左右大字，《王二》相關内容作『○蔍，菸紫菜，實如小豆，芀（蘆）蔍。○鞦，車軾。又作紎、軼（鞦）。○畐，滿。又普逼反。○縮，所六反。短；或莤酒，作莤字；亦摍引。儿。○飀，風聲。○趚（趨），趨趚（趨），體不伸。趨字渠竹反。○槒，馬櫪』，比底卷所殘空間少一個左右大字，可參。

〔三五三〕前行『通』字左側底卷略殘，此從《王二》録定。又『小』字之下至行末底卷殘泐約三個半大字的空間，次行行首至『磟』間底卷殘泐半行多，據空間，約可抄十七個左右大字，《王二》相關内容作『○謏，小。又蓨了反。正作謏。○六，力竹反。數。十二。○陸，廣平。○戮，形（刑）戮。○勠，併力。又力抽反。○稑，穜。亦作穋。○鵱，鵱鷜，野鵞。○蓼，蓼莪。○騜，騜良，健馬。○鯥，魚名。○蓤，草（蒿）蓤』，與底卷所殘空間相合，當可據補，唯『謏』字字頭與注文或體底卷與《王二》互易，底卷或體當作『通俗作謏』，茲爲前一殘條擬補七個缺字符。

〔三五四〕『疑』字《王二》作『凝』，《廣韻》、《玉篇·水部》同，底卷誤脱左部『冫』旁，茲據校改。

〔三五五〕前行『軸』字下至行末底卷殘泐約三個半大字的空間，次行行首至殘字間底卷殘泐半行多，據空間，約可抄十七個左右大字，《王二》相關内容作『○軸，轓（轄）。三箱（車）。○蛙，狀如蛤。○逐，真六反。趂。七。○軸，車關。○禱，磟禱。○妯，妯娌。○舳，舳艫。○鱁，蛦（鮧）鱁（二字誤倒，當乙正）。○蝃，蚿蝃。○菊，又居六反。撮。又渠竹反。十八。（此條誤糅『踘』字條内容在内，當校改作『菊，居六反。草。十九。踘，蹋踘。又渠竹反』。）○掬，取。亦作匊。○匊，物在手』，校改前的内容與底卷所殘空間略合，疑底卷亦誤糅『菊』、『踘』二條爲一，茲據校改殘字作『物』，并爲後一殘條擬補一個缺字符。

〔三五三六〕前行『鵴』、『亦』右下角底卷皆略有殘泐，茲據《王二》録定，又『亦』字下至行末底卷殘泐約三個大字的空間；次行行首至殘字『作』間底卷殘泐約五個左右大字的空間，殘字底卷皆存左側筆畫，其中前者可辨爲『亻』旁，後者下部似『夲』形，較諸《王二》，此當是『作蓊』二字，茲據校補。從殘字『作蓊』所在位置看，底卷本小韻與《王二》字序有異，《王二》與此空間相當的相關内容作『○鵴，鳲鳩鳥。亦作鵴。○蓊，蓊衣，黄桒之服。▨(亦)作蓊。○椈，栢。○鶪，鳥。○鮂，魚鮂(鮂字衍)』，蓋底卷『蓊』字條置於『椈』、『鶪』、『鮂』三條之後，茲從擬補十九個缺字符。

〔三五三七〕殘字『蓊』下至『蘜』字間底卷殘約八個左右大字的空間，《王二》與此空間相關的内容作『○諊，用法。亦(作)籟諊(諊字衍)。○睴，韭畦。○臼，兩手捧物。又居玉反。○餉，饘餉』，茲從擬補十九個缺字符。

〔三五三八〕『蘜』字《王二》作『蘜』形，《校箋》：『《説文》「蘜」下云「治牆」，「菊」下云「大菊，蘧麥」，此誤。』底卷字形蓋俗作。

〔三五三九〕缺字底卷漫滅，可據《王二》補作『困又』、『竹反』四字。

〔三五四〇〕『蘜』字《王二》同，《廣韻》作『蘜』形，後者合於《説文》，底卷俗訛，茲據校改。又『蘜』字前《王二》別有一或體字『麴』，《集韻》收之。

〔三五四一〕『匊』字《王二》作『匊』，《廣韻》、《集韻》作『匊』形，合於《説文》，底卷俗省。

〔三五四二〕『反』字底卷居雙行注文之左行行首，『孰』字下至行末底卷殘泐約二個半大字的空間，《王二》相關内容作『○孰，殊六反。誰。五。○熟，成熟』，與底卷所殘空間吻合，茲據擬補七個缺字符。

〔三五四三〕『淑』字右側底卷有殘，茲參《箋二》、《王二》録定。又殘字底卷存下部少許筆畫，亦據二書校補作『名』字。又『淑』字至殘字『名』間底卷殘泐約四個大字的空間，《王二》相關内容作『○淑，美。○塾，門側堂。○璹，玉名』，與底卷所殘空間吻合，茲據擬補七個缺字符。

〔三五四四〕『四』字《王二》作『五』，比底卷多本小韻末條『埱，至』條，該條《箋二》、《裴韻》未收，《蔣藏》、《廣韻》

收之。

〔三五四五〕「章」字右側底卷略殘，兹從《箋二》、《王二》録定。

〔三五四六〕「於」字居底卷雙行注文之左行首字，「埱」字之下至殘字「毓」間底卷殘泐約三個半大字的空間，《王二》相關内容作「○埱，氣出於地。○俶，至。○育，與逐反。養。十五」，比底卷所殘空間多約一個大字，從前一小韻標數字比《王二》少一字的情況看，疑底卷未收「俶，至」條文字，兹據擬補十個缺字符。

〔三五四七〕字頭底卷存下部筆畫，兹據《箋二》、《王二》校補作「毓」字。

〔三五四八〕後一或體字上部「弜」形中間部分的筆畫底卷有些模糊，《敦煌掇瑣》及《姜韻》蓋參《廣韻》、《蔣藏》録作「鬻」形，《箋二》、《王二》、《裴韻》皆未收或體，從底卷字形看，其上部中間似不能容納「毓」形如此繁雜的筆畫，《裴韻》本小韻末別收「鬻」字，注云「稀飧也。俗鬻」，與底卷殘形最似，蓋「鬻」字之俗省，姑從録定，俟考。

〔三五四九〕注文「⿰糹育」字蓋「淯」之因織品而類化的俗字，參《箋二》校記〔一六〇五〕。

〔三五五〇〕缺字底卷漫滅，可參《王二》補作「作儥」二字。

〔三五五一〕前條注文殘字存左上角筆畫，兹參《箋二》、《王二》校補作「欗」字；「欗」字在雙行注文的左行，其下至行末底卷殘泐約一個半大字的空間，據《王二》相關内容作「○⿰木育，車伏欗。○⿰金育，鍋⿰金育，温器」，底卷所缺應爲「⿰木育」字注文右行「車伏」二字及下一條字頭「⿰金育」字，兹據擬補三個缺字符。又後一條注文殘字底卷存上部少許筆畫，兹爲校補作「⿰金育」字。

〔三五五二〕「器」、「日」間底卷殘泐約三個半大字的空間，《王二》相關内容作「○煜，火光。亦作焴。○昱，日光」，與底卷所殘空間吻合，兹據擬補七個缺字符。

〔三五五三〕「曤」字《王二》同，《廣韻》作「⿰日隺」形，前者爲俗字，《校箋》：「俗書『隺』、『霍』不別。」

〔三五五四〕殘字前者底卷存左部筆畫，中者存左部「扌」旁，後者存下部少許筆畫，自前一殘字下至「反」字間底卷殘泐約三個大字的空間，《王二》相關内容作『〇弆(奔)，兩手捧物。〇騊，渠六反。馬跳躍。亦騊(騶)。九』，與底卷所殘空間略合，兹據校補殘字作『弆』、『捧』、『躍』三字，并爲擬補七個缺字符(其中『騊』字《箋二》、《蔣藏》與底卷同，無或體，《裴韻》同《王二》)。

〔三五五五〕『踼』字前底卷有一塗改之字，初似作『踘』形，後在右上角加一『曰』形部分，復有一竪形劃綫以示塗去，故不録，『鞠』字注文《箋二》、《王二》皆只作『踼鞠』二字，亦可證。

〔三五五六〕『鼀』字《王二》作『鼁』形，與本大韻下『取育反』小韻字形合，底卷此處誤作，又『鼁』字當爲『鼀』字俗訛，參下文校記〔三五五八〕，兹據校改。

〔三五五七〕『丘』字居底卷雙行注文左行之首，底卷『匊』字下至行末殘泐約一個半大字的空間，《王二》相關内容作『蘜，曲脊。又丘六反』，與底卷所殘空間略合，兹據擬補五個缺字符。又『匊』、『蘜』二形皆『𥷚』字俗省，參前文校記〔三五四二〕。

〔三五五八〕字頭《王二》同，《箋二》作『鼀』形，《廣韻》作『鼀』形，後者合於《說文》，底卷俗訛，又參《箋二》校記〔一六一二〕，兹據校改。又注文《王二》作『蟾蜍』，本大韻前『蝌』字下作『蝌鼀(鼀)，蟾蜍別名』，疑底卷此處用注文與被注字連讀成訓例。

〔三五五九〕『踼』字左下角底卷略殘，此參《箋二》、《王二》録定。

〔三五六〇〕上『踼』字條下至『粥』間底卷殘泐約一個半大字的空間，《王二》相關内容作『殧，殀』，與底卷所殘空間吻合，兹據擬補二個缺字符。

〔三五六一〕『粥』字右上角及中間『米』部底卷有殘，兹參《箋二》、《王二》録定。

〔三五六二〕小韻標數字底卷漫漶，《姜韻》空闕，兹參《敦煌掇瑣》録定。

〔三五六三〕『屻』字《王二》同，《廣韻》作『衄』，注云『俗作屻』。又『上』字《王二》、《裴韻》無，《箋二》、《蔣藏》、《廣韻》作『出』，合於《説文》，底卷形訛，兹據校改。

〔三五六四〕「火之弟」不辭，「火」字《王二》作「父」，底卷形訛，兹據校改。

〔三五六五〕「⿱竹意」字《廣韻》、《集韻》皆作「⿱竹悠」形，後者合於形聲構字理據；《校箋》：「《王一》「⿱竹意」當作「⿱竹悠」。」底卷形訛，兹從校改。

〔三五六六〕「菽」字下至行末底卷殘泐約一個大字的空間，《王二》相關内容作「菽，豆」，與底卷所殘空間略合，底卷蓋因其下抄一字頭而空間不足，故空半字空間，兹據擬補一個缺字符。

〔三五六七〕字頭底卷存右上角少許筆畫，兹據《王二》、《廣韻》校補作「掓」字。注文缺字底卷殘泐，可據二書補作「拾」字。

〔三五六八〕殘字底卷存左下角筆畫，兹據《王二》、《廣韻》校補作「鮇」字。

〔三五六九〕「稫」字《箋二》、《王二》、《裴韻》、《廣韻》皆作「稸」，後者合於形聲構字理據，底卷形訛，兹據校改。

〔三五七〇〕注文「丑救」下底卷衍抄一反字，兹據《箋二》及底卷文例逕删；又第三個又音上字用所切本字，不合文例，兹據《箋二》校改作「丑」字，底卷蓋承字頭而訛。

〔三五七一〕「薫」字《蔣藏》同，《箋二》、《王二》、《裴韻》、《廣韻》皆作「堇」形，後者合於《説文》；「黒」爲「黑」之俗字，俗寫從「里」、「黒」二旁字多混，如「黨」或作「黨」，底卷俗作。

〔三五七二〕或體底卷作「筑文」二字，兹參《箋二》、《裴韻》、《蔣藏》、《廣韻》及《集韻》合作一字，此又爲「⿱筑文」字俗訛，參《箋二》校記〔二六一六〕，兹據校改。

〔三五七三〕注文反切下字「穀」《王二》作「谷」，《校箋》：「案本書「冬毒反」有「篤」字，注云「厚」，「篤」與「竺」通。本書及《王一》「谷（穀）」字並誤用。」

〔三五七四〕「三」字底卷漫滅，《姜韻》未録，此從《敦煌掇瑣》録定。

〔三五七五〕注文《王二》同，《廣韻》、《集韻》「咨」字前皆有一「⿸厂⿱攵日」（《集韻》作「⿸厂⿱攵土」字），合於《方言》卷十「忸怩，慙歰也。楚郢江湘之間謂之忸怩，或謂之⿸厂⿱攵日咨」，底卷蓋用注文與被注字連讀成訓例。

〔三五七六〕本條注文《王二》誤抄於前條『摵』字下，致有脱文，然其『䏿』字下有代字符，與《廣韻》『膩』字注文『䏿膩，膏澤也』合，底卷此處蓋用注文與被注字連讀成訓例。

〔三五七七〕『篷』字《王二》同，《廣韻》作『簦』，《集韻》作『簻』，後者合於《廣雅·釋器》，《廣韻》所作蓋因釋義『笪』字而類化，底卷則當爲『簻』字俗訛，兹據校改。

〔三五七八〕注文《王二》同，《廣韻》作『木，可作大車輮』，合於《説文》。

〔三五七九〕『肭』字《王二》、《蔣藏》、《廣韻》、《集韻》同，與大徐本《説文》合，《箋二》、《裴韻》作『肭』形，與段注《説文》改篆同，段注云：『各本篆作「肭」，解作「内」聲，今正。』『肭』字俗作。

〔三五八〇〕釋義下《王二》有『亦作䏘』三字。

〔三五八一〕『一』字底卷漫滅，《姜韻》未録，此從《敦煌掇瑣》録定。

〔三五八二〕本小韻『㝳』字誤作別一反語而單計其小韻數，兹據《王二》、《廣韻》改計本小韻『三』作『四』字。

〔三五八三〕『室』字下底卷誤置一『反』字，故又於注文末別增小韻標數字作『一』，兹據《王二》、《廣韻》徑删之。又『㝳』字《王二》作『復』，《廣韻》作『寱』形，後者合於《説文》，俗寫『穴』、『宀』二旁多混，底卷形訛，兹據校改作正字『寱』。

〔三五八四〕殘字底卷存漫漶的筆畫，兹據《箋二》、《王二》、《裴韻》、《蔣藏》校補作『章』字，《敦煌掇瑣》、《姜韻》録作『彧』，蓋誤認作代字符并回改作本字而然。又缺字底卷殘泐，可參諸本補作『皃』、『作馘』三字，其中釋義《箋二》、《王二》、《裴韻》皆無『皃』字，《蔣藏》有之，依底卷行款，其『章』下當有一字殘泐，疑底卷當同《蔣藏》有『皃』字。

〔三五八五〕『鑣』字《王二》作『鏕』，《廣韻》作『鑯』，《集韻》以『鐭』爲首字，而收『鑯』、『鏕』爲其或體，按《説文·金部》亦作『鏕』形，并別收『鑣』字，訓作『馬銜也』，底卷形訛，兹據校改。又音《王二》同，《校箋》云：『此係誤讀。』前『盧谷反』小韻《王二》收有『鏕』字，注文作『釜。又於▨(刀)反』，《校箋》以爲蓋俗書作『鏖』形而致誤讀，底卷該條所在處殘泐。

〔三五八六〕『䄾』字《王二》同，《廣韻》作『䄾』形，《集韻》以『䄾』爲『䄾』之或省。

〔三五八七〕『秋』字《王二》作『愁』，《裴韻》、《蔣藏》、《廣韻》、《集韻》同，合於《説文》，底卷誤脱下部『心』旁，兹據校改。

〔三五八八〕殘字底卷缺泐，國家圖書館藏王重民所攝照片存其右上部筆畫，兹參《王二》校補作『㦮』字。又缺字底卷殘泐，可參《廣韻》補作『反』字（《廣韻》收有又音『于逼切』）。又『羊』字《王二》、《蔣藏》同，《裴韻》、《廣韻》、《集韻》作『羔』，後者合於《説文》。

〔三五八九〕字頭底卷殘泐，可據《箋二》、《王二》、《裴韻》補作『肅』字。注文殘字底卷存右下角似『乂』形筆畫，兹據《王二》校補作『嚴』字；又小韻標數字《王二》作『十三』，其『鱐』、『𢹬』二條間有『翻，羽聲』一條，餘字及字序皆同底卷，疑底卷脱之。

〔三五九〇〕殘字底卷缺泐，國家圖書館藏王重民所攝照片存其上部筆畫，兹參《箋二》、《王二》校補作『息』字。又缺字底卷殘泐，可據前揭二書補作『救反』二字。又音下《王二》有『正作宿』，然《箋二》、《裴韻》、《蔣藏》、《廣韻》、《集韻》皆未收之。

〔三五九一〕『蓿』字左側底卷有殘，此參《箋二》、《王二》録定。又缺字殘泐，可參二書補作『蓿』字。

〔三五九二〕殘字底卷在前行行末，存左上角似『十』字形筆畫，兹據《箋二》、《王二》校補作『苜』字。又次行行首至下條殘字『坶』間底卷殘泐約七個左右大字的空間，《王二》相關内容作『○苜，宿（蓿），菜。○牧，養』，比底卷所殘空間少約五個左右大字，較於諸本及底卷文例，疑其『牧』字注文當别有《王二》所無者，或即《廣韻》所收之末一義項，『又姓，《風俗通》云「漢有越嶲太守牧稂」』。

〔三五九三〕殘字底卷存左下角少許筆畫（注文首字本作代字符），兹據《王二》、《裴韻》、《蔣藏》校補作『坶』字。

〔三五九四〕『皐』字《裴韻》略同，作『臯』形，《王二》、《廣韻》俗體作『𦤎』形，《廣韻》字頭作『皋』形，後者合於《説文》，俗寫『自』、『白』二形多混，底卷俗省。又注文『紬』字諸本及《説文》皆作『細』字，底卷形訛，兹據校改。

〔三五九五〕『苗』字《王二》作『苗』形，《廣韻》同，合於《説文》，底卷形訛，兹據校改。

〔三五九六〕行首至殘字『毒』間底卷殘泐約五個大字的空間，《王二》相關内容作『〇二沃，烏酷反。肥。四。〇鋈，白金。〇鱟(鱟)，魚名。〇𦤎，膏膜』，比底卷所殘空間多一個半大字，殘字『毒』字前左側有少許殘畫，然不能辨其爲何字之所殘，《箋二》、《裴韻》、《蔣藏》本紐所收三字與《王二》前三字同，疑底卷脱後三條中的一條文字，或與《箋二》等同收三字，皆無『𦤎，膏膜』條内容。

〔三五九七〕殘字底卷存左側少許筆畫，兹據《箋二》、《王二》、《裴韻》校補作『毒』字。注文缺字底卷殘泐，可參諸本補作『徒沃反』三字。又『四』字《王二》作『五』，其末條『碡，磟碡，碾車』爲底卷所無。

〔三五九八〕注文『䓯』字《王二》作『毒』，《裴韻》作『又䓯』，《集韻》亦以『䓯』爲『薄』之或省俗字，是底卷依文例當脱『或作』或『又作』二字，兹據擬補二個脱字符，《王二》蓋以其不可解而改作『毒』字(以『草毒』爲句)。

〔三五九九〕《王二》未收或體，《集韻》本小韻『竺』字下收或體『箮』字，與底卷字形相似，按《説文·亯部》『䈞』字訓作『厚也』，是底卷形訛，兹據校改。

〔三六〇〇〕字頭《箋二》、《王二》、《裴韻》皆作『督』形，然諸本皆未收或體，《廣韻》作『督』，俗寫『目』、『日』二形多混，《集韻》以『督』爲『督』之或體字，底卷抄者蓋因俗寫而抄作『𥄓』形，後雖見注文中復出此形而未能回改，遂致扞格，兹參諸本校改字頭作『督』。

〔三六〇一〕小韻標數字底卷殘泐，可據《王二》補作『五』字。

〔三六〇二〕殘字底卷存下部少許筆畫，兹據《箋二》、《王二》、《裴韻》校補作『䄣』字。注文『氣』字諸本皆作『熟』，底卷蒙下條注文而訛，兹據校改。

〔三六〇三〕注文釋義下《王二》有『亦作䄣』三字。

〔三六〇四〕小韻標數字底卷殘泐，可據《王二》補作『五』字。

〔三六〇五〕『牿』字右上角底卷略殘，此參《箋二》、《王二》、《裴韻》録定。

〔三六〇六〕『新』字《王二》、《蔣藏》、《廣韻》同，周祖謨《廣韻校勘記》：『「新」，段改作「辛」，是也。《説文》云「嗛，食辛嗛也」。』

〔三六〇七〕注文『愛』蓋『薦』字形訛，參《箋二》校記〔一六三四〕。

〔三六〇八〕注文殘字底卷存下部『乂』形筆畫，茲據《箋二》、《王二》、《裴韻》校補作『反』字；又缺字底卷殘泐，可參諸本補作『將毒』、『一曰』四字。

〔三六〇九〕『㝅』字《王二》、《廣韻》作㝅，周祖謨《廣韻校勘記》：『《集韻》此字作「嗀」，是也。「嗀」又見鐸韻「在各切」下。』又《集韻》收其或體作『㱿』形，《校箋》以爲『諸書「㝅」當是「㱿」之誤。』茲參校改。

〔三六一〇〕殘字前者底卷存右下角少許筆畫，後者存右下角似『月』形下部筆畫，茲參底卷本卷卷端韻目及《箋二》、《王二》、《裴韻》校補作『燭』、『明』二字。又本大韻標序字底卷殘泐，可參本卷卷端韻目及上揭諸本補作『三』字，茲擬補一個缺字符。

〔三六一一〕『通作囑』《王二》作『俗作囑』，疑底卷『通』字下脱抄一『俗』字。

〔三六一二〕『蠋』、『韣』二條間《王二》有『蝸（蠋），蝺（蝺）』一條內容，底卷本小韻標數字『十一』而實收十字，亦示其或有脱文，《校箋》云：『《王一》無此字，蓋誤奪。』茲從擬補二個脱字符。

〔三六一三〕釋義《箋二》無，《王二》作『竇玉』。

〔三六一四〕缺字底卷殘泐，可據《箋二》、《王二》補作『鸀』字。

〔三六一五〕注文二殘字底卷皆存下部少許筆畫，茲據《王二》校補作『玉』、『日』二字。又缺字底卷殘泐，可參《箋二》、《王二》、《裴韻》補作『旭』、『許』、『旦』三字。

〔三六一六〕或體《王二》不載，《箋二》、《裴韻》、《蔣藏》、《廣韻》、《集韻》同，底卷所作不詳，俟考。

〔三六一七〕『朂』字《箋二》、《王二》、《蔣藏》作『勗』形，《裴韻》作『勖』，後者合於《説文》，『勗』當即『勖』的易位俗字，或又變而作『曷』形（《廣韻》作此），底卷蓋承前從『蜀』旁諸字而訛，兹據校改。

〔三六一八〕『縨』字《箋二》、《箋六》、《王二》、《裴韻》、《廣韻》、《集韻》作『纕』，與《説文》『攘臂繩』之訓合，『纕』爲『攘』因『繩』而生之類化字，底卷形訛，兹據校改。又《校箋》：『此字《説文》云從「弅」聲，「弅」聲字例不入本韻。……同紐有「桊」字，與「桊」作「弅」者形近，恐即誤從「桊」字讀之。』

〔三六一九〕『鋦』同『鋦』，『局』字隸定或體亦作『局』形（《龍龕·尸部》即作此形），故底卷『鋦』字右部從之。

〔三六二〇〕『桔』字《王二》作『梏』，《廣韻》同，與《説文·手部》『兩手同械』之訓合，底卷形訛，兹據校改。

〔三六二一〕『輂』字《王二》、《廣韻》作『輂』形，後者合於《説文》『从車、具聲』之構形理據，俗寫『目』、『自』二形多混，兹據校改。

〔三六二二〕『槑』字《王二》同，《廣韻》作『𣛮』形，後者合於《説文》，底卷蓋俗因食器之義而改作。

〔三六二三〕『纂』字《王二》同，《廣韻》作『纂』，後者合於《説文》，俗寫『目』、『日』二形多混而不分，兹據校改。

〔三六二四〕殘字底卷存下部『素』形部分，兹據《王二》校補作『𥿋』字，此字《廣韻》、《集韻》作『𥿋』形，後者合於《説文》，底卷蓋因其釋義而類化如此。

〔三六二五〕字頭與或體同形，不合文例，本大韻前『之欲反』小韻字頭作『属』，而於注文中云『古作屬』，此處疑當與彼一致，而抄者因習慣而書字頭作『屬』，又見注文或體同形，遂因補『通俗作属』四字，而致此紊亂。

〔三六二六〕注文二殘字底卷皆僅存下部少許筆畫，前者可依文例及殘形校補作『或』字，後者姑參《廣韻》、《集韻》校補作『襩』字。

〔三六二七〕『辱』訓『柱』未聞，《王二》無此又義，檢慧琳《音義》卷八『挫辱』注引《考聲》云：『辱，惡，枉羞也。』疑底卷『柱』即『枉』之訛，兹姑從改。又『九』字《王二》作『十』，底卷『鄏』、『溽』二條間脱抄『縟，文綵』一條内容，詳下條校記，兹據校改。

〔三六二八〕『鄏』、『溽』二條間《王二》有『縟，文綵』一條内容，《箋二》、《蔣藏》、《廣韻》（唯『綵』作『采』字）同，《裴韻》字同訓異(作『繁文采色』)，底卷本小韻較《王二》少一條内容，當即脱此條所致，茲據擬補三個脱字符。

〔三六二九〕『鬻』字《王二》同，《集韻》作『鬻』形，《廣雅·釋器》同，合於形聲構字理據，《廣韻》誤省作『鬻』形，底卷形訛，茲據校改。

〔三六三〇〕『黑』字下《王二》有『垢』字，《廣韻》同。

〔三六三一〕缺字底卷殘泐，可參《箋二》、《王二》、《裴韻》、《蔣藏》補作『書』、『反』、『縛』三字。

〔三六三二〕『美』字上部底卷略殘，茲據《箋二》、《王二》録定。

〔三六三三〕注文《王二》作『趧趧，行皃(當乙正校改作「皃行」)』，《廣韻》略同，作『趧趧，皃行』。

〔三六三四〕『瘃』爲『瘃』字俗省，底卷本大韻從『豖』旁字皆俗省作『豖』形，以下不再一一出校説明。又小韻標數字《王二》作『五』，其『孎』、『豖』二條間有『欘，枝上曲』一條内容，《廣韻》收之，亦置於『豖』字前，疑底卷脱抄。

〔三六三五〕『趗』字《王二》同，《廣韻》作『趗』，《集韻》作『趗』(爲『趨』之或體)，底卷疑即『趗』之俗訛。

〔三六三六〕注文『役』字《王二》作『役』，二者爲古異體字，皆誤，《校箋》：『案當作「促」』，《説文》『諫，餔旋促也』，《廣雅·釋言》『諫，促也』。』底卷形訛，茲從校改。

〔三六三七〕『里』字《王二》作『俚』，小徐本《説文·人部》『俚』字下繫傳云：『俚，今又謂俚俗也。』則此當以『下俚』之訓爲是，底卷誤脱『亻』旁，茲據校改。

〔三六三八〕『三』字底卷漫滅，《姜韻》未録，此從《敦煌掇瑣》録定。

〔三六三九〕注文殘字底卷存下部筆畫，茲據《箋二》、《王二》、《裴韻》校補作『水』字；又缺字底卷殘泐，可參諸本補作『東』字(《王二》誤作『南』字，《蔣藏》、《廣韻》及《説文》亦皆作『東』，即今山西地)。

〔三六四〇〕注文『陷』字《王二》作『蹈』，諸本同，《玉篇·土部》訓略同，於義爲長。

〔三六四一〕大韻標序字底卷殘泐，可據底卷本卷卷端韻目及《箋二》、《王二》補作「四」，茲擬補一個缺字符。又小韻標數字「十一」《王二》作「十二」，其「騅」、「嶽」之間比底卷多「珏，雙玉」一條内容，《校箋》以爲「《説文》「珏」與「㱿」同字，依例不當别出」。

〔三六四二〕「珏」字底卷誤分書作「王玉」二字，茲據《廣韻》、《集韻》及《説文·珏部》（以「㱿」爲「珏」字或體）徑改。

〔三六四三〕「聲」字《王二》無，《廣韻》同，《集韻》訓作「東方之音；一曰樂器」，《玉篇》作「東方音」，可參。

〔三六四四〕「五」字前底卷衍抄一「又」字（《王二》誤作「反」字），茲據《箋二》及底卷文例徑删。

〔三六四五〕注文《裴韻》作「面前頞頞」，合於《説文》，《王二》作「面頞前鼻」，蓋有錯亂。

〔三六四六〕「枰」字《王二》作「抨」，《廣韻》、《集韻》同，《校箋》：「《廣雅·釋詁三》「摇，捽也」，「捽」字俗書作「倅（拵）」，故誤爲「伻（抨）」。」茲從校改。

〔三六四七〕「七」字《王二》作「士」，《箋二》、《裴韻》、《蔣藏》、《廣韻》同，底卷形訛，茲據校改。又小韻標數字《王二》作「九」，多末「斮」字條，《箋二》、《裴韻》、《蔣藏》、《廣韻》、《集韻》本小韻皆無此字，唯《廣韻》、《集韻》「側角切」小韻收之。

〔三六四八〕或體《王二》無，《箋二》、《裴韻》、《蔣藏》、《廣韻》、《集韻》同，此蓋俗作形訛所致，而王氏認作或體。

〔三六四九〕「鎮」字《王二》作「鎖」，《箋二》、《裴韻》（作或體「鏁」形）、《蔣藏》、《廣韻》大抵同，底卷形訛，茲據校改。

〔三六五〇〕「阻」字《王二》作「徂」，《王二》上聲姥韻「徂古反」小韻收之（《王一》該部分有殘泐），底卷形訛，茲據校改。

〔三六五一〕「旱」字《箋二》、《王二》、《廣韻》皆作「早」，《集韻》以「穛」爲「𥻸」之俗字，《説文·米部》：「𥻸，早取穀也。」是底卷形訛，茲據校改。

〔三六五二〕「字」下《箋二》有一「或」字，合於底卷文例，此脱，茲據擬補一個脱字符。

〔三六五三〕「箾」字《王二》無，《校箋》：「案即「箾」字之誤，當據補。《史記·吴世家》云「見舞象箾南籥者」，是其所本。本書蕭韻「箾」下云「舞箾（字誤作箭）」。」兹從校改。又『蘇』字前底卷承前誤衍一『象』字，兹依文例徑删。

〔三六五四〕『木』字下《王二》有一『名』字，《廣韻》同。

〔三六五五〕注文『子』字《王二》作『丁』，《箋二》、《裴韻》同，《蔣藏》、《廣韻》改音和切作『竹』字，底卷形訛，兹據校改。又注文《王二》、《裴韻》不載釋義，《箋二》作『治』，《蔣藏》、《廣韻》作『削也』，底卷蓋因諱唐高宗名而改『治』作『理』字。又小韻標數字底卷略有漫漶，兹參《王二》録定作『十二』二字。

〔三六五六〕『涿』爲『涿』字俗省，底卷本大韻從『豕』旁字皆俗省作『豕』形，以下不再出校説明。參上校記〔三六三五〕。

〔三六五七〕殘字底卷存右下角一捺形筆畫，兹據《箋二》、《王二》校補作『木』字。

〔三六五八〕『豜』字《王二》同，《廣韻》作『豛』，後者合於《説文》，《校箋》：「此從『干』，不詳所據。」

〔三六五九〕缺字底卷殘泐，《王二》未載或體，底卷可依文例補作『作』字。

〔三六六〇〕『骭』字右部底卷略有漫漶，兹參《王二》録定。又『骺』字《王二》、《廣韻》同，《校箋》：「案當云『骭骺』，「骭」、「骺」一聲之轉。」按《説文·骨部》『骺，骨耑也』，疑『骺』即『骺』之俗作，或因其從『后』旁而增『胡溝反』（《廣韻》作『户鉤切』）一音，參前文校記〔二七三〕。

〔三六六一〕『七』字底卷漫滅，《姜韻》未録，此從《敦煌掇瑣》録定。

〔三六六二〕注文殘字底卷存左部及下部之『辶』旁，兹據《王二》校補作『遘』字；缺字底卷殘泐，可據《王二》補作『明』字。

〔三六六三〕『貌』字《蔣藏》同，《王二》、《裴韻》、《廣韻》作『貌』形，底卷俗省。

〔三六六四〕『封』字《蔣藏》同，《裴韻》、《廣韻》作『𡉚』字，後者合於《爾雅·釋獸》郭璞注，然『𡉚』當爲『封』字之後起分別文。

〔三六六五〕『擈』字條下底卷誤抄『樸，木素。或作朴』一條内容，蓋蒙下一小韻『擈』字條而誤作，遂致本小韻實收字數較標數字多一條而下一小韻又脱此條内容，兹據《箋二》、《王二》、《蔣藏》及《廣韻》乙正。

〔三六六六〕小韻標數字底卷漫滅，《姜韻》未録，《敦煌掇瑣》録作『九』，兹從録定。又本小韻標數字《王二》作『十』，底卷誤抄『樸』字條在前一小韻『擈』字條下，遂致本小韻脱一條文字，今爲乙正，并校改此小韻標數字作『十』字。

〔三六六七〕『未特牛』不辭，《箋二》、《裴韻》作『牛未治』，《王二》、《集韻》作『特牛』，《蔣藏》、《廣韻》作『牛未劇』，底卷蓋因避唐高宗諱而改字不當（『特』蓋本當作『持』，唐人避諱『治』字多改作『持』，又形近誤作『特』），故後之抄本或删其『未』字。

〔三六六八〕又音《王二》作『普卜反』，《校箋》：「屋韻『普木反』無此字，有『扑』字，《集韻》云『扑』與『攴』同。」底卷『上』字當爲『卜』字形訛，兹據校改。

〔三六六九〕『草』字上部底卷有漫漶，兹從《姜韻》録定。又『草』字《箋二》、《裴韻》、《蔣藏》皆作『革』字，俗寫『草』、『革』二字多混而不分，兹據校改；《校箋》：「『唯「匹革反」是「擈」字之讀……各韻「書」麥韻「普麥反」「擈」下云「射中聲」，《集韻》云「擈擈，中聲」，是其證。《廣韻》云「又普角切」，各韻書「蒲角反」有此字。」又依文例及諸本，底卷『草』下脱『反』字，兹爲擬補一個脱字符。

〔三六七〇〕本條底卷誤抄在前一小韻『擈』字條下，兹據諸本乙正，參前文校記〔三六六四〕。

〔三六七一〕『冋』字《王二》未載，《箋二》、《裴韻》、《蔣藏》同，《廣韻》本小韻收有『囿』字，訓作『鞕聲』，檢《玉篇·石部》有『硐』字，訓『石聲也』，《集韻·青韻》『欽熒切』小韻收之，訓同，疑《廣韻》之字當即此字之換位訛變字，《集韻》蓋以其從『冋』旁而隸於青韻，疑底卷字形當作『囿』形，俟考。

〔三六七二〕『脂』字《王二》、《廣韻》同，《箋二》、《蔣藏》作『䚕』，《裴韻》作『觚』，《集韻》作『觵』，後者合於《說文》，《校箋》以爲『觚』、『䚕』、『脂』並『觵』字之訛，兹從校改。

〔三六七三〕『岗』字《王二》同，《廣韻》作『岗』，後者合於《說文》，底卷俗作。

〔三六七四〕『鶇』字《王二》同，《箋二》、《裴韻》、《蔣藏》、《廣韻》作『鴾』，後者合於《爾雅·釋鳥》，底卷俗作。又注文『鶇（鴾）』字前《箋二》、《蔣藏》、《廣韻》有『白』字（《箋二》誤作『日』字），亦與《爾雅·釋鳥》『鴾，雉』郭注合，《校箋》『疑此誤脱』，兹從擬補一個脱字符。

〔三六七五〕殘字底卷存下部筆畫，其中『口』旁可辨，兹據《王二》校補作『啓』字。

〔三六七六〕字頭《王二》、《廣韻》、《集韻》作『龔』形（『龍』旁或作『龍』，參《敦煌俗字研究》下編龍部『龍』字條考釋），注文《王二》同，《廣韻》唯『敞』作『蔽』字，餘同，《集韻》注文則用《説文》『慤也』爲訓；按此字與《説文·廾部》之『龔』當非同字，從其釋義看，底卷之字形當爲『㷼』之訛變（俗寫『火』多誤作『大』形，而『大』、『廾』又多是同一篆文形體隸變的字形），惜字書未見『㷼』字，《玉篇·火部》所收『爖』字音『魯紅切』，訓『火皃』；又疑底卷字頭上部『龍』形爲『龍』字形訛（見《集韻》覺韻『竹角切』小韻，訓『龍尾；一曰東方星名』），然其下加『火』旁字亦未見載於字書；《校箋》、《新校》皆以『龔』字爲『龔』之或體，而底卷之注文爲『熇熬』之形訛，此未能説明其讀音來源，恐亦不足據，俟考。

〔三六七七〕『葹』字《王二》作『葹』形，《廣韻》作『葹』形，《集韻》作『葹』形，《校箋》：『本書當誤。案《廣雅·釋草》「英葯，蒟」，字作「葯」，與「白芷」「葯」字同。』王念孫《廣雅疏證·釋草》引《廣韻》、《玉篇》字形皆與《集韻》字形略同，疑底卷當從改。

〔三六七八〕或體《王二》未載，唯《集韻》作『皺』形，合於形聲構字理據，《校箋》以爲『「皺」爲「皺」之誤』，兹據校改。又釋義《王二》亦無，《箋二》、《裴韻》、《蔣藏》皆訓作『持』，《校箋》疑『「反」下誤奪「持」字』，合於底卷文例，兹爲擬補一個脱字符。

〔三六七九〕『亦』字下部底卷有殘泐，兹依文例録定。又釋義《王二》作『調弓；摩弓曰觮』，其『調弓』之訓合於《説文》，底卷注文『弓』字前應脱『調』字，兹爲擬補一個脱字符。又字頭《集韻》首字作『觮』形，注云『或不省』作『觮』字，《裴韻》注文引《字林》字形亦作『觮』形，底卷亦作字當誤，姑據校改。

〔三六八〇〕『夜』字《箋二》、《王二》、《裴韻》、《蔣藏》同，《廣韻》作『走』，《校箋》以爲當從《廣韻》作『走』字，參《箋二》校記〔一六六四〕。

〔三六八一〕注文『踧』字中部底卷略有漫漶，此從《王二》録定。

〔三六八二〕『叔』字《王二》同，《廣韻》作『尗』，《集韻》、《玉篇・攴部》同，《校箋》：『案《廣韻》是也，本書屋韻「丑六反」「尗」字下云「痛」。』底卷形訛，兹據校改。

〔三六八三〕『舉』字上部底卷漫漶，此從《箋二》、《王二》録定。

〔三六八四〕『作』前底卷有一『椾』字，《校箋》以爲誤衍，《集韻》亦未載此或體，兹從徑删。

〔三六八五〕『渟』字上端及右下角底卷皆略有漫漶，《敦煌掇瑣》録作『渟』，《姜韻》録作『停』，《王二》亦作『停』，姑從《敦煌掇瑣》録定，『渟』當是『停』因水而起的類化字。

〔三六八六〕『豿』字當爲『狗』字俗訛，參《箋二》校記〔一六六六〕，兹從校改。

〔三六八七〕注文『欵』字右部的『欠』旁蓋涉左下角的『欠』而類化，《玉篇・欠部》及《集韻》皆收『㱿』字或體作『殼』，兹據校改。

〔三六八八〕『苑』字《王二》同，《廣韻》作『蒬』形，《集韻》未收此字，《校箋》：『案字當作「𦯬」，《吴都賦》「封豨𦯬」，注云「𦯬，豨聲，呼學切。字從艸，狵聲，或從娏聲」。「狵」、「娏」並音「莫江反」。……《集韻》見「莫江切」，注云「草名」，字從草，本當與草有關，疑即於角反「𦰫」字。』可參。

〔三六八九〕注文《箋二》、《裴韻》、《蔣藏》、《廣韻》作『礭礫』，《集韻》作『礭礫，磐石』，是底卷注文『礭』字下當脱抄一『礫』字，兹爲擬補一個脱字符。

〔三六九〇〕『質』字上部底卷有殘，此參《箋二》、《王二》録定。又大韻代表字底卷殘泐，可據底卷本卷卷端韻目及上揭二書補作『五』字，兹擬補一個缺字符。又『直』前《王二》有『形又』二字。

〔三六九一〕『駁』字《王二》同，《箋二》、《廣韻》作『駮』，合於《爾雅・釋畜》『牡曰騭』郭璞注『今江東呼駁馬爲騭』，底卷形訛，茲據校改。又『漢』字下底卷有一『書』字，《箋二》、《王二》、《裴韻》、《蔣藏》並無，底卷蓋誤衍，茲從徑删。

〔三六九二〕釋義《王二》作『嚬野言』（底卷及《王二》注文中的『嚬』字皆作代字符形），《裴韻》、《蔣藏》、《廣韻》並作『野人之言』，後者合於《説文》（大徐本作『野人言之』，小徐本作『野人之言』），《校箋》：『疑《王一》重文爲「之」字倒誤，本書又奪「人」字。』可參。

〔三六九三〕『踁』字上部底卷有殘，此從《王二》録定。

〔三六九四〕字頭底卷存右部似『戈』形筆畫，注文殘字存上部似『或』形部分，茲皆據《王二》校補作『戴』，唯《王二》釋義作『大戴』，《廣韻》作『大也』，後者合於《説文》。

〔三六九五〕字頭上部『釆』旁及注文『釆』字底卷皆作『米』形，茲依隸定字形徑録作『釆』，《王二》字頭作『悉』，云『俗作悉』，可證；又底卷『音』字前當省抄一『釆』字。

〔三六九六〕缺字底卷殘泐，可據《王二》補作『專』字。

〔三六九七〕字頭底卷存右下角筆畫，注文殘字存下部『八』形部分，茲據《王二》校補作『七』、『六』二字。又注文缺字底卷殘泐，可據《王二》補作『次』字。

〔三六九八〕『楖』字《王二》同，《鉅宋廣韻》作『⿰木卽』，清澤存堂本《廣韻》作『櫛』，後者合於《説文》，『⿰木卽』爲『櫛』字形訛或其改換聲旁俗字，『楖』則又爲『⿰木卽』的簡俗字。

〔三六九九〕前條『昵』字注文『尼質』二字在行末，次行行首至殘字間底卷殘泐近三個字的空間，其中二殘字底卷皆存下部筆畫，《王二》相關内容作『○昵，尼質反。近。四。○衵，近身衣』，與底卷所殘空間吻合，茲據校補二殘字作『身衣』，并爲擬補五個缺字符。

〔三七〇〇〕注文《王二》作『佚樂』，《箋二》、《裴韻》、《蔣藏》、《廣韻》同，疑底卷因後之『泆』字注文而誤，然於訓亦通。

〔三七〇一〕注文《王二》作「舞佾。俗作佾」,《箋二》、《裴韻》字頭作「佾」,注云「舞佾」,底卷並用二形,而《王二》改而增注,於文例爲安。

〔三七〇二〕「㓞」字《王二》作「⿰丯力」,《廣韻》、《集韻》同,後者合於《廣雅·釋言》,俗寫「刀」、「力」二旁多混,兹據校改。

〔三七〇三〕字頭底卷存左下角少許筆畫,兹據《箋二》、《王二》校補作「蛞」字。注文「蛈」字右上角底卷有殘,此亦從二書録定;又缺字可據上揭各書補作「蛞」字。

〔三七〇四〕小韻標數字《王二》作「九」,底卷誤計下一小韻一字於此,兹據校改。

〔三七〇五〕或體《王二》未載,《校箋》:「『⿰缶失』字不詳,疑爲『䟕』字之誤,《説文》云『䟕,觸也』。」姑從校改,又「䟕」字於本小韻下文亦别立字頭,可參。

〔三七〇六〕「⿺辶垔」字下部底卷略殘,兹從《王二》録定。又「⿺辶垔」字下至行末底卷殘泐約半個大字的空間,《王二》相關内容作「⿺辶垔,近」,與底卷所殘空間吻合,兹據擬補一個缺字符。

〔三七〇七〕字頭底卷存右部少許筆畫,兹參《王二》(誤作「眣」形)、《廣韻》、《集韻》校補作「䟕」字。又「觸又」二字底卷皆有漫漶,此從《敦煌掇瑣》、《姜韻》録定。缺字底卷殘泐,檢底卷入聲屑韻「徒結反」小韻收有「䟕」字,與本小韻「窒」、「⿰齒至」字又音韻部同,當可據補。

〔三七〇八〕本小韻因誤計入前一小韻標數字中,而致其小韻標數字脱,《王二》小韻標數字作「一」,可從補,兹爲擬補一個脱字符。

〔三七〇九〕小韻標數字《王二》作「七」,底卷誤計入下一小韻一字,兹據校改。

〔三七一〇〕「栟」字《王二》、《廣韻》作「枅」;按《説文·門部》「開」字注云「或从木」作「栟」,《爾雅·釋宮》「開謂之槉」,又《説文·木部》「枅,屋櫨也」,在斗栱義上二字通用。

〔三七一一〕本小韻因誤計入前一小韻標數字中,而至其小韻標數字脱,《王二》小韻標數字作「一」,可從補,兹爲擬補一個脱字符。

〔三七二〕『室』字下部底卷略殘泐，此從《箋二》、《王二》録定。又『室』字下至行末底卷殘泐約半個大字的空間，《王二》作『室，宫室』，與底卷所殘空間吻合，兹據擬補二個缺字符。

〔三七三〕行首至殘字『嚱』間底卷殘泐約三個大字的空間，其中二殘字底卷皆存右側少許筆畫，《王二》相關内容作『塈，資悉反。六』，比底卷所殘空間少約一個半大字，檢《箋二》、《裴韻》『塈』字皆有釋義『塈周，燒土葬』五字，恰占一個半大字的空間，且字有釋義亦合於底卷文例，《王二》誤脱，兹據校補二殘字作『塈周』，并爲擬補八個缺字符。

〔三七四〕字頭底卷存右下角一鈎形筆畫，兹據《王二》校補作『嚱』。注文缺字底卷殘泐，可據《王二》補作『聲』字。

〔三七五〕字頭『唧』字左部『口』旁底卷殘泐，此從《箋二》、《箋五》（伯三六九四）、《王二》録定。

〔三七六〕注文反切上字『名』《王二》作『無』，《箋二》、《裴韻》作『民』，《蔣藏》、《廣韻》作『彌』，《周韻》總述云：『王仁昫書作於中宗時，爲避太宗諱改「民」爲「名」。』（頁十五）是『名』、『無』、『彌』皆爲『民』字之避諱改字，唯底卷與《王二》字異，蓋《王二》於後續有改作。

〔三七七〕前行字頭殘字居底卷行末，僅存上部少許筆畫，然國家圖書館藏王重民所攝照片則存似『必』形字之大略，次行殘字前三字存左側筆畫，後二字存下部少許筆畫，行首至後一殘字間底卷殘泐約六個左右大字的空間，《王二》相關内容作『〇必，比蜜反。語助。［廿］一。〇畢，竟。〇蓽，織荆門。〇韠，胡服蔽膝』，與底卷所殘空間略合，當可據補，兹爲校補六殘字作『必』、『助』、『畢』、『竟』、『胡』、『膝』字，并擬補十三個缺字符（其中『畢』字條下的缺字可依文例補作『畢』字）。

〔三七八〕殘字底卷存右部『必』旁，兹據《箋二》、《王二》、《裴韻》校補作『珌』字。

〔三七九〕『譁』字左部『言』旁底卷漫漶，此從《敦煌掇瑣》、《姜韻》録定。

〔三八〇〕『觱』字《王二》同，《箋二》、《裴韻》、《蔣藏》、《廣韻》皆作『觱』形，《王一·物韻》字形亦作『觱』，按《説文・角部》字形作『𧥀』，『𧤲』、『觱』二形當皆其省作。

〔三七二〕『緙』字左側及下部底卷皆有漫漶，國家圖書館藏王重民所攝照片其字不缺。又『緙』字下至行末底卷殘泐約半個大字的空間，《王二》相關内容作『緙，止』，與底卷所殘空間吻合，茲爲擬補一個缺字符。

〔三七三〕字頭底卷存右下角『十』字形筆畫，茲據《王二》、《裴韻》校補作『滭』字。

〔三七三〕『盡』字右側底卷有殘，茲從《王二》、《廣韻》録定。

〔三七四〕『樺』字右側底卷略殘，茲因《王二》、《蔣藏》録定。注文殘字底卷存左側少許筆畫，亦據二書校補作『木』字；又『名』字底卷漫漶，此從《敦煌掇瑣》、《姜韻》録定。

〔三七五〕字頭左側底卷略有漫漶，右側殘泐，茲據《王二》、《蔣藏》校補作『熚』字。注文『皃』字底卷亦略有漫漶，此從《敦煌掇瑣》、《姜韻》録定；又缺字底卷殘泐，可據《王二》、《蔣藏》補作『火』字。

〔三七六〕本條《王二》同，《校箋》云『「發」上當有重文，《詩・豳風・七月》「一之日觱發」』。按底卷蓋用注文與被注字連讀成訓例，『觱發』當爲借音字，《箋二》、《裴韻》、《蔣藏》、《廣韻》、《集韻》皆未收此條，是不當與『𧤲』字並出字頭。

〔三七七〕小韻標數字底卷漫滅，《王二》作『十』，與底卷本小韻實收字數合，可據補。

〔三七八〕『白』字底卷存左部『丨』形筆畫，國家圖書館藏王重民所攝照片其字不殘。注文前一殘字底卷存『骨』旁，茲據《箋二》、《箋五》（伯三六九四）校補作『髀』字；又或體字右上角底卷略殘，王重民所攝照片不殘，但較模糊，《王二》以至《集韻》諸韻書皆不載，茲參《龍龕・馬部》所收『驈』字或體校補。

〔三七九〕字頭底卷居行末，原卷殘泐，次行注文三字，其中第一字殘泐，第二字存左部筆畫，第三字『糹』旁可辨，《王二》本條誤與前『驈』字條雜糅爲一，作『驈，汲水綆』，《箋二》、《裴韻》分作二條，其後一條作『繘，汲綆』，茲參諸本校補二殘字作『水綆』，字頭及其下缺字亦可據補作『繘』、『汲』二字。

〔三七〇〕此又音依文例脱抄一『反』字，茲爲擬補一個脱字符。

〔三七三一〕「肰」字《王二》、《廣韻》作「旼」，合於《説文》，俗寫「日」、「曰」（「旼」字所從爲「曰」旁）、「月」三形多混，兹據校改。

〔三七三二〕「木」字底卷漫滅，此從《敦煌掇瑣》、《姜韻》録定。

〔三七三三〕注文「骨」下「又」字《「王一」校記簡編》校作「反」字，是，《王二》正作「反」，兹從改。又或體字諸本未收，唯《廣韻》、《集韻》本小韻別收「殌」字，《廣韻》訓「終也」，《集韻》訓作「《説文》大夫死曰殌」，又注云「通俗作卒」，疑底卷所作爲「殌」字形訛，姑據校改。

〔三七三四〕「鰷」字《王二》、《廣韻》、《集韻》及《廣雅·釋魚》同，王念孫疏證以爲「鰷」當爲「鯈」字之訛，兹從校改。

〔三七三五〕「辛」字底卷略有漫漶，兹從《箋二》、《王二》録定。

〔三七三六〕「鶚」字《王二》同，《廣韻》、《集韻》作「鶚」，後者合於《説文》，底卷俗作。

〔三七三七〕注文殘字底卷存上部少許筆畫，兹據《箋五》（伯三六九四）、《王二》校補作「姓」字。又缺字底卷殘泐，可據《王二》補作「五」字。

〔三七三八〕字頭底卷殘泐，可據《箋二》、《箋五》（伯三六九四）、《王二》補作「佶」字。

〔三七三九〕「趌」字的「乞」旁部分底卷略有漫漶，此參《王二》、《集韻》録定；《廣韻》本小韻無「趌」字，而有「趌」字，亦訓作「直行」，《集韻》「趌」、「趌」二字並出，前者訓「怒走也」，後者訓與底卷同。

〔三七四〇〕小韻標數字「十一」乃誤計下一小韻四字於此，兹依本小韻實收字數改作「七」；《王二》作「六」，比底卷少「驈，又以律反」一條，按《箋二》、《裴韻》、《蔣藏》「術」下皆接「述」字，未收「驈」字，《廣韻》「術」下亦接「述」字，唯別收「驈」字條，《校箋》：「《王一》『驈』字當是後人所增。」

〔三七四一〕「蹪」字同「蹪」，「蹪」用作「述」字或體諸韻書不載，不詳，《説文·辵部》「述」字下收有籀文作「䢾」形，與此不似，疑底卷有誤。

〔三七四二〕小韻標數字底卷因誤計入前一小韻中而脱抄，《王二》作「四」，與底卷本小韻實收字數合，可據補，兹爲擬補一個脱字符。

〔三七四三〕缺字底卷殘泐，《王二》注文作『汲繘』，與底卷所殘空間不合，且其注文『繘』字亦當爲誤置，《箋二》注文作『汲綆。又餘律反』，《裴韻》略同（作『級綆，又余律反』），與底卷所殘空間吻合，當可據補。

〔三七四四〕注文殘字左下部底卷有殘，茲據《王二》校補作『反』字；又小韻標數字底卷殘泐，可據《王二》補作『二』字。

〔三七四五〕殘字底卷存右側少許筆畫，茲據《箋二》、《王二》校補作『踤』字。注文『踤』字左上角底卷略殘，此從《王二》録定；又『搉』字《王二》、《廣韻》皆作『摧』，考《説文》足部云『踤，觸也』，又手部云『摧，敲擊也』，『搉』『踤』義近，疑以『搉』字義長。

〔三七四六〕注文『稱』字疑爲『柄』字形訛，參《箋二》校記〔一六八二〕。

〔三七四七〕釋義『魚名』當爲『白魚』之誤，參《箋二》校記〔一六八四〕。

〔三七四八〕注文『馬』字底卷略有漫漶，此參《箋二》、《王二》録定。

〔三七四九〕字頭『怭』字左下角底卷略有漫漶，國家圖書館藏王重民所攝照片其字完整。注文『慢』字左下角底卷略有殘泐，此參《王二》録定。

〔三七五〇〕缺字底卷居前行行末，殘泐，《王二》作『縪』字，《廣韻》、《集韻》作『綼』字；注文『紟』字《王二》同。《校箋》：『案本書二字並誤，當作「綼紷」，青韻「郎丁反」「紷」下云「綼絲百廿」，此字又見錫韻「北激反」，正注文作「綼」、「紷」，並其證。』茲從校改底卷『紟』作『紷』字。又『役』字《王二》作『佚』，《校箋》以爲『補佚反』是『縪』字之音，因『綼』字誤作『縪』形，遂加又音，又此字亦不見於昔韻，『「役」當是「佚」字之誤』，今從校改。

〔三七五一〕『尺』字底卷漫漶，《敦煌掇瑣》作缺文，此從《姜韻》録定。又缺字底卷殘泐，可參《箋二》、《王二》、《裴韻》補作『尺聿反』、『季』四字。

〔三七五二〕『撟』字《王二》同，《廣韻》本大韻『況必切』小韻作『獝，狂也』，按《漢書·揚雄傳上》『梢夔魖而抶獝狂』蕭該音義引《字林》：『獝狂，無頭鬼也。』《文選·張衡〈東京賦〉》『捎魑魅，斮獝狂』薛綜注：『獝狂，惡戾之鬼名。』又《玉篇·犬部》亦作『獝，狂也』，是底卷形訛，兹據校改。

〔三七五三〕注文『衒』字中部底卷漫漶，《敦煌掇瑣》、《姜韻》録作『衒』字，《廣韻》去聲霰韻『許縣切』小韻收有『𧼈』字，兹從録定。

〔三七五四〕『律』字下至行末底卷殘泐約一個半大字的空間，《王二》相關内容作『律，吕䘏反。陽管。五』，與底卷所殘空間吻合，兹據擬補六個缺字符。

〔三七五五〕注文殘字底卷前者存右上角少許筆畫，後者存右側短捺形筆畫，兹據《箋二》、《王二》校補作『捋』、『今』二字；又缺字底卷殘泐，可參二書補作『取』、『寽禾是』四字。

〔三七五六〕字頭底卷存右側少許似『幺』形筆畫，兹據《箋二》、《王二》校補作『繂』字。注文『繩』字右部、『作』字下部及前一或體字中部底卷皆漫滅，國家圖書館藏王重民所攝照片諸字皆略可辨。《姜韻》有録，《敦煌掇瑣》皆録作缺文。

〔三七五七〕『膟』字右側底卷略有漫漶，此參《箋二》、《王二》、《裴韻》録定。

〔三七五八〕『空』字《箋二》、《王二》作『穴』，合於《説文》。

〔三七五九〕注文『藥』字左側底卷略有漫滅，此從《敦煌掇瑣》、《姜韻》録定；又『三』字底卷漫滅，《姜韻》未録，此從《敦煌掇瑣》録定。

〔三七六〇〕字頭『茮』和注文『山』底卷皆略存漫漶的筆畫，《敦煌掇瑣》只録字頭作『茮』字，《姜韻》又録『出』字（當爲『山』），兹從之。又『山』字下《姜韻》録一殘字上部似『艹』形筆畫，底卷不能辨其形迹，故不從録。《王二》本條作『茮，山葪（薊）』，比底卷本條所殘空間少約三四個小字。又殘字底卷存左側少許筆畫，《姜韻》録作『作』字，與底卷殘字空間及行款不合，恐非是，此當爲或體字『蒁』字，俟考。又殘字前缺字依文例當爲『或』、『亦』字。

〔三七六一〕字頭底卷居前行行末，殘泐，可據《箋二》、《王二》補作『黜』字。

〔三七六二〕『七』字下至殘字『跊』字間底卷殘泐約三個大字的空間，《王二》相關内容作『○怵，怵愓（惕）。○𧺝，走𧺝（𧺝字衍）』，《箋二》略同（唯『走』字下無代字符），與底卷所殘空間略合，兹據擬補五個缺字符。

〔三七六三〕殘字底卷存下部筆畫，兹據《王二》、《廣韻》校補作『跊』字。注文《王二》同，《廣韻》作『獸跡』，《集韻》注云：『《山海經》「流沙之東有獸，左右有首，名曰跊踢。或从犬。」』

〔三七六四〕又音《箋二》、《箋五》（伯三六九四）、《裴韻》同，《王二》不載，《校箋》：『唯「汩」、「汨」二字，此誤。』是此又音乃誤以『汩』字之音而隸於『汨』字，非是。

〔三七六五〕『帥』字《裴韻》、《蔣藏》同，乃『帥』的俗字，《箋二》、《王二》、《廣韻》正作『帥』。參看《敦煌俗字研究》下編巾部『帥』字條考釋。又缺字底卷殘滅，可據《王二》補作『領軍』二字。

〔三七六六〕注文『循』字右上角及左下角底卷略殘，此參《王二》、《廣韻》録定；又『循』字底卷在雙行注文之右行，此字之下及左行殘泐，『衛』字注文至『循』字當已結束，《王二》『循』字左行有一省代符，疑衍，《廣韻》『衛』字注文首義作『循也』，可參。

〔三七六七〕字頭底卷在行末，可據《王二》補作『逵』字。注文二殘字底卷在次行行首，前者存右側少許漫漶的筆畫，後者存右部似『首』形筆畫，『逵』字注文《王二》作『遵』，與底卷殘形不合，《裴韻》、《蔣藏》、《廣韻》作『先導』，合於《説文》，亦與底卷所殘存之行款、殘形合，兹據校補。

〔三七六八〕殘字底卷存似『滓』形的漫漶筆畫，又『筆』字下至殘字間底卷殘泐約三個大字的空間，《王二》相關内容作『○筆，鄙密反。不律。二。○滭，去滓。亦滭』，與底卷所殘空間略合（其『亦』、『滭』間省一『作』字），兹據校補殘字作『滓』，并爲擬補九個缺字符。

〔三七六九〕注文『本下』、『作』三字底卷皆有些漫漶，兹參《王二》録定；又缺字底卷殘泐，可據《王二》補作『亦』字。

〔三七〇〕『昬』字《王二》同，《説文·日部》謂『从日，否省聲』，底卷俗作。

〔三七一〕注文『威』、『或』二字分居底卷雙行注文右行和左行行首，其下殘泐，《王二》『佖』字注文作『威儀』，無或體，《裴韻》、《蔣藏》作『有威儀』，亦無或體，《廣韻》、《集韻》作『威儀備也』，亦不收或體，從底卷行款看，其注文疑與《廣韻》、《集韻》略同，故參文例擬補四個缺字符。又《詩經·小雅·賓之初筵》釋文正字作『怭』，注云：『媟嫚也，《説文》作佖。』疑底卷此處之或體當作『怭』字。

〔三七二〕前行『佖』字條以下至行末底卷殘泐約三個半大字的空間（包括『佖』字條注文所殘約一個大字的空間），次行行首至殘字『䖭』間底卷殘泐約四個大字的空間，《王二》相關内容作『〇悊，輔。〇馝，馬肥。〇乙，於筆反。三。〇鳦，燕』，與底卷所殘空間吻合，兹據擬補十二個缺字符，唯『乙』字依文例當有釋義，疑底卷及《王二》並脱。

〔三七三〕字頭和注文二殘字底卷皆存右下角少許筆畫，其中前二者似鈎形，後者似捺形，兹據《王二》校補作『䖭』、『既反』三字。

〔三七四〕後條注文『知意』二字底卷皆略有漫漶，此從《姜韻》録定。又『䖭』字條之下至下條『蒡』字間底卷殘泐約六個大字的空間，唯殘存後條雙行注文右行後三字『知意又』，《王二》相關内容作『〇耴，魚乙反。［聱耴］，魚鳥狀。四。〇聉，無知意』，其中『聉』字注文當比底卷所存内容少一又音反語四字，加此及校補的『聱耴』二字，則與底卷所殘空間吻合，兹據擬補十五個缺字符。又考『聉』字又見於底卷入聲黠韻『丁滑反』小韻及《王二》上聲賄韻『吐猥反』小韻（此韻底卷有殘泐），疑此又音當爲二者之一。

〔三七五〕『争』字左側底卷略有漫漶，《王二》未載又音，兹參《廣韻》録定，《廣韻》『茁』字下載其又音有『鄒律切』，當即出于底卷之又音，『争』、『鄒』皆隸莊紐。又『繂』爲『率』之俗字。

〔三七六〕殘字底卷存左側大部，其中『口』旁可辨，兹據《王二》、《裴韻》校補作『叱』字。『叱』下至行末底卷殘泐約三個半大字的空間，次行底卷僅存四分之三處約可容四個左右大字的空白部分，其上下皆殘泐，然依底卷文例，其大韻換行不接抄，則此『質』韻末行自可有大段空白，《王二》相關内容作『○叱，尺栗反。一。○昖(肹)，義乙反。一。○絀，式出反。二』，約占五個大字的空間，可參，唯依底卷文例，字下皆當有釋義，而三字皆無，似有脱略。

〔三七七〕行首至『亦』字間底卷殘泐半行多，據空間，約可抄十七個左右大字，『亦』下殘字底卷存左側似『亻』旁筆畫，兹依文例校補作『作』字，《王二》相關内容作『○六物，無佛(弗)反。[万]物。七。○勿，無；又帛。○芴，土瓜。○伆，離。又武粉反。○迌，遠。○昒，猶冥。○旀，州里違(建)旗。○弗，分勿反。不。十三。○紱，綬紱(紱字衍)』，與底卷所殘空間相合，當可參補。

〔三七八〕注文『大索』、『作绋』分居注文雙行小字之右行與左行，其下底卷殘泐，依文例及底卷行款，『索』字下當殘泐一『亦』字(《裴韻》作『亦』)，可據補，《王二》未載或體。

〔三七九〕『綍』字條之下至行末底卷殘泐約六個大字的空間(不包括『綍』字條注文所殘的一個小字空間)，次行行首至殘字『飺』間底卷殘泐半行多，據空間，約可抄十六個左右大字，《王二》相關内容作『○芾，草之(木)盛皃。○韍，蔽膝。○軷，大。○笰，與(輿)後。○颵，風疾。○甶，鬼頭。○怫，連枷。○彂，熚。○翇，兵舞。○欝，□□□(迂物反)。□(『氣』或『茂』)。□(八)。○爩，烟氣』，比底卷所殘空間少約二個左右大字，可參。

〔三八〇〕殘字底卷存右下角一捺形筆畫，兹據《王二》、《廣韻》校補作『飺』字。

〔三八一〕『䵎』字《王二》作『䵎』，《集韻》作『䵎』，俗寫『兔』、『免』二形多混，《校箋》：『案正當作「䵎」，從「兔」聲，見《説文》。』底卷俗訛，兹從校改。

〔三八二〕殘字底卷存上部『艹』旁，兹據《王二》、《廣韻》校補作『蔚』字。『蔚』字下至行末底卷殘泐約五個半大字的空間，次行行首至殘字『崛』間底卷殘泐半行多，據空間，約可抄十八個左右大字，《王二》相關内容作『○蔚，草盛。○尉，人姓。○鬱，芳草釀酒。○孒(孑)，久勿反。無左臂。二。○䌌，翟衣。○屈，區物反。又[居勿反]。人姓。四。○[詘，辭塞。]○䳱，鶻鵃。○虫，虫（本條衍）。○蚍，蛣。○倔，衢物反。七。○䠇，足力。○掘，掘地』，校改後的内容比底卷所殘空間少約二個左右大字，依文例底卷『倔』字條當有釋義，《裴韻》『倔』訓作『強倔』，《廣韻》作『倔強』，然此二小字僅占半個大字的空間，可參。

〔三七八三〕字頭底卷存右下部筆畫，其中『出』形可辨，注文殘字存右上角似二竪形筆畫，茲據《箋二》、《箋五》（伯三六九四）、《王二》校補作『崛』、『山』二字。又注文『短』字右下角底卷漫漶，此從《姜韻》録定；缺字底卷殘泐，可參諸本補作『而』字。

〔三七八四〕前行『䘿』字下部底卷略殘，茲參《箋二》、《箋五》（伯三六九四）、《王二》録定。『䘿』字下至行末底卷殘泐約六個大字的空間，次行行首至殘字『㷉』間底卷殘泐半行多，據空間，約可抄二十個左右大字，《王二》相關内容作『○䘿，衣短。○豩，蝝。又九運反。○佛，符弗反。釋像。九。○佛，佛鬱。○坲，塵起。○岪，山曲。○刜，斫。又孚弗反。○𢻃，理。○咈，戾。○拂，擊手。○炥，火皃。○颮，許物反。疾風。四。○欻，異（暴）起』，比底卷所殘空間少約三個多大字，可參。

〔三七八五〕殘字底卷存右部似『豖』形部分，茲據《王二》、《廣韻》校補作『㷉』字。

〔三七八六〕『幸』字底卷在正面末行，此字《王二》同，《箋五》（伯三六九四）、《裴韻》、《蔣藏》、《廣韻》皆作『𣚍』形，後者合於《説文》，《校箋》云：『此疑作「桒」而誤。』茲從校改，底卷俗訛。又『幸』字下至行末底卷殘泐約六個大字的空間，反面首行殘字底卷存左部『女』旁，行首至『反』字間底卷殘泐半行多，據空間，約可抄二十個左右大字，《王二》相關内容作『○幸（桒），疾。○颮，王物反。風聲。[三]。○搰，擲。○觱，羌人吹角。○拂，敷物反。打拂（拂字衍）。九。○帗，韜髮。○崛，崩聲。○芾，草多。○艴，淺色。○祓，除。○髴，首飾。○刜，斫擊聲。○丶，左戾。○屈，居勿反。人姓。一』，比底卷所殘空間少約二個大字，可參，茲據校補殘字作『姓』，并爲後一殘條擬補四個缺字符。

〔三七八七〕本行底卷僅存三分之二處約可容二個大字左右的小段無字部分，其前所殘部分約可抄二十個左右大字，依例知本大韻字少，其内容未及於所存部分，《王二》相關内容作『○七櫛，阻瑟反。梳別名。三。○瀄，瀄泊(汨)，水流。○秵，秭，禾重生。○瑟，所櫛反。琴瑟，樂器。五。○飋，飋颲，風；秋風飋。○蟀(蟋)，蟋蟀，虫名。○蝨，蟣蝨，飲人血虫。○璱，玉鮮絜皃』，約可占十八個左右大字的空間，可參。

〔三七八八〕行首至殘字『吃』間底卷殘泐半行多，據空間，約可抄十七個左右大字，《王二》相關内容作『○八迄，許訖反。至。七。○仡，壯[皃]。○釳，乘輿馬上揷(插)翟尾[者]。○肸(肹)，肸(肹)蠁。又許乙反。○忔，憘(喜)忔。○⿰言希，語聲。○汔，水涸。○訖，居乙反。了。三』，與底卷所殘空間略合，可參補。

〔三七八九〕字頭底卷存左側少許筆畫，注文殘字前者存左下部似『莫』形部分筆畫，後者僅存右側上下少許筆畫，茲參《箋二》、《箋五》(伯三六九四)、《王二》(皆未載或體)及底卷文例校補作『吃』、『難』、『或』(『或』字《姜韻》未録，《敦煌掇瑣》録作『亦』，非是)三字。又注文缺字底卷殘泐，可參諸本補作『語』字。

〔三七九〇〕『⿰魚气』字《王二》作『⿰魚乞』，《裴韻》、《廣韻》、《集韻》同；按『乞』、『气』古今字，故其作偏旁亦或互用。又釋義《王二》同，《裴韻》作『魚名』，《廣韻》作『魚游』，《集韻》則兼收二義作『魚游也；一曰魚名』，《玉篇·魚部》訓『斷也』，《校箋》：『《説文》「魝，楚人謂治魚也」，《廣雅·釋詁二》「魝，割也」……《説文》「刉，劃傷也；一曰斷也」，「魝」、「刉」與「⿰魚乞」音近，疑《玉篇》「斷魚」爲「割治魚」之義。』按龍氏所論是，『⿰魚乞』當爲『魝』(會意字)的後起形聲字，底卷『逝』字當爲『斷』俗字『断』之形訛，茲據校改，《敦煌掇瑣》、《姜韻》録『逝』作『遊』，非是，《廣韻》、《集韻》之訓當即因本書『逝魚』不辭而臆改。

〔三七九一〕前行『疙』字下至行末底卷殘泐約六個大字的空間，次行僅存下三分之二處可容五個大字左右的無字部分，因其爲一大韻之末行，下半行可有空白，《王二》相關内容作『○疙，魚迄反。癡皃。三。○圪，高皃。又于乞反。○⿸虍乞，虎聲。○⿺走乞，其迄反。行皃。二。○齕，⿰足幾(⿰齒幾)。○圪，于乞反。一。○乞，去訖反。二。○芞，香草』，約占十二個左右大字的空間，可參。

〔三七九二〕行首至『罰』字間底卷殘泐半行多，據空間，約可抄十七個左右大字，《王二》相關内容作『○九月，魚厥反。

夜明。五。○刖，絶足跗。亦作肌、跀。○軏，車端。○杌(抈)，折。○扤，動。又午骨反。○伐，房越反。問罪。十。○筏，乘大桴渡水」，與底卷所殘空間略合，可參補。

〔三九三〕前行「垡」字條之下至行末底卷殘泐約六個大字的空間，次行行首至殘字「娀」間底卷殘泐半行多，據空間，約可抄十七個左右大字，《王二》相關内容作「○橃，木橃。○皏，舂米。○坺，一垂(臿)土。○瞂，盾。○蕒，蕐蕒。○越，王伐反。國名。八。○粵，辝；曰。○鉞，鉞斧。○戉，竚布。○樾，樹陰。○璲，劍鼻。又直例反」，比底卷所殘空間少約四個大字，可參。

〔三九四〕殘字底卷存左上角及右下角少許筆畫，其中右下角筆畫作鈎形，《王二》作「娍」形，《廣韻》作「娀」形，後者合於《説文》，底卷原形不知何似，兹姑據《廣韻》、《説文》校補作「娀」字。

〔三九五〕前行注文「屋」、「其」底卷居「厥」字雙行注文之右行和左行首，其下至行末底卷殘泐約六個大字的空間，次行行首至殘字「蹷」間底卷殘泐約五個大字的空間，其中後一條注文殘字底卷存左下角少許似「辶」形筆畫，《王二》相關内容作「○厥，居月反。其。十四。○劂，刻刀。○蹶，失脚。○瘚，瘚強。○蕨，蕨菜。○趣，跳趣。○厥(瘚)，氣逆」，與底卷所殘空間略合，當可參補，兹據校補殘字作「逆」，并爲前後二殘條各擬補四個和二個缺字符。

〔三九六〕殘字底卷存左側筆畫，兹據《箋二》、《王二》、《裴韻》校補作「蹷」字；注文「取」字居「蹷」字雙行注文左行行首，其下至殘字「蚗」間底卷殘泐約六個大字的空間，《王二》相關内容作「○蹷，獸名，走則顛。○撅，拔(投)」，比底卷所殘空間少約三個大字，檢《箋二》、《箋五》(伯三六九四)「蹷」字注文皆作「獸名，走則顛，常爲蛩蛩取食，蛩蛩負之而走」，《裴韻》略同，唯「負」字下脱抄一「之」字，補《王二》所不載之十二字，則與底卷所殘空間吻合，底卷注文所殘存之「取」字亦得以落實，兹據擬補十八個缺字符。

〔三九七〕殘字底卷存左側似「生」形部分，兹據《王二》校補作「蚗」字，《校箋》云「當從《廣韻》作「欮」」，底卷形訛。注文缺字底卷殘泐，可據上揭二書補作「發」字，唯注文《王二》作「發生」，《廣韻》作「發也」，《集韻》以

「欮」字爲『瘚』字或體，與底卷之義不相涉，唯其本小韻之『厥』字首訓『發石』，其下之『礦』字則專訓『發石』，考《説文》『厥』字訓『發石』，則『礦』當爲『厥』之後起分别文，又《説文·疒部》『瘚』字下亦謂『瘚或省疒』，則底卷『欮』之訓蓋正取《説文》『厥』字之義。

〔三七九八〕殘字底卷存左部『走』旁，《王二》本條作『⿺走垂，跖』，《校箋》：『「⿺走垂」當作「⿺走厥」』，《唐韻》（長龍按：即《蔣藏》）、《廣韻》爲上文「趣」字或體，《説文》「⿺走厥，蹠也」，本書「跖」即「蹠」字之誤，「蹠，跳也」，古或借「蹠」爲「跖」，義爲足踵或踐履，此則誤「蹠」爲「跖」。』兹從校補殘字作『⿺走厥』。又注文缺字底卷殘泐，亦可從補作『蹠』字。

〔三七九九〕殘字底卷存左部『魚』旁及一撇形筆畫，兹據《王二》、《廣韻》校補作『鱖』字。注文『魚』字右上角底卷略殘，此亦參二書録定。

〔三八〇〇〕『孓』字《王二》物韻久物反小韻下同（《王一》該字所在部分殘泐），《王二》本小韻誤作『列』形，《廣韻》、《集韻》作『孑』形，後者合於《説文》，底卷俗訛，兹據校改。

〔三八〇一〕『乢』字《王二》同，《廣韻》作『𠂔』形，後者合於《説文》，底卷俗作。

〔三八〇二〕『噦』字下至行末底卷殘泐約三個半大字的空間，《王二》相關内容作『噦，乙劣反。氣逆。一（一字衍）字此（字此二字當據《箋二》、《箋五》伯三六九四乙正）亦入薛部。一』，與底卷所殘空間吻合，兹按上揭校改後的内容擬補十二個缺字符。

〔三八〇三〕注文殘字居底卷雙行注文之左行行首，存『厥』旁左上角，其下至『餡』字間底卷殘泐約三個半大字的空間，《王二》相關内容作『〇㱁，於月反。婦人皃。二。〇餥，餡安豆，亦作䬴。又於勿反』，比底卷所殘空間少約半個多大字，檢《箋二》、《箋五》（伯三六九四）、《裴韻》『㱁』字釋義皆作『嬇㱁，婦人皃』，補此『嬇㱁』二字，則與底卷所殘空間略合，底卷殘字亦有所落實，兹據校補殘字作『㱁』字，并爲擬補九個缺字符。又後條注文『餡』字右上角、『作』字右下角底卷皆略有殘泐，此亦並參諸本録定。

〔三八〇四〕殘字底卷存左部筆畫，其中「角」旁可辨，兹參《箋二》、《箋五》（伯三六九四）、《裴韻》及《王二》校補作「觽」字。注文缺字底卷殘泐，可參諸本補作「其月反以」四字。又「九」字底卷漫漶，《敦煌掇瑣》、《姜韻》皆未録，此參《王二》録定（《王二》本作「八」，《校箋》校改作「九」）。

〔三八〇五〕殘字底卷存左側筆畫，兹參《箋二》、《箋五》（伯三六九四）、《王二》、《裴韻》校補作「鷢」字。

〔三八〇六〕「橛」字《王二》、《蔣藏》同，《箋二》、《箋五》（伯三六九四）、《裴韻》、《廣韻》皆作「撅」字，俗寫「扌」、「木」二形多混而不分，當以「撅」字爲是，兹據校改，又參《箋二》校記〔一七一九〕。

〔三八〇七〕殘字底卷存上部少許筆畫，其下至行末底卷殘泐約三個大字的空間，《王二》相關内容作「○趧（趉），行［越］趧（趉）。○橛（橛），橛（橛）株，山别（名）」，校改後的内容與底卷所殘空間吻合，兹據校補殘字徑作正字「趉」，并爲擬補八個缺字符。

〔三八〇八〕前條注文殘字底卷存上部似「日」形筆畫，後條注文殘字存左部筆畫，其中「阝」旁可辨；《王二》相關内容作「○闕，去月反。二。○瀕，水名，［在義陽］」，比較底卷所殘空間，校正後的内容仍當少「闕」字釋義二個小字（疑此可與《廣韻》首義同作「門觀」二字），兹據校補二殘字作「月」、「陽」，并爲擬補九個缺字符。

〔三八〇九〕「冹」字《裴韻》、《蔣藏》同，《廣韻》作「沷」形，合於《説文》，俗寫「冫」、「氵」二形多混，底卷俗作。

〔三八一〇〕「四」字《王二》作「五」，其「泧」、「瞂」間比底卷多「䟦，走皃」一條内容，《箋五》（伯三六九四）本小韻收四字，其字、序與底卷同，《裴韻》本小韻亦收四字，字頭與底卷同，字序異，《廣韻》收六字，亦有「䟦，走皃」條。

〔三八一一〕注文「言」字底卷居雙行注文左行行首，「謁」字下至行末底卷殘泐約三個大字的空間；注文「卯名」、「於連」分居底卷次行行首（雙行注文右行和左行），其下至「熱」字間殘泐約三個大字的空間，《王二》相關内容作「○謁，於歇反。言請。四。○閼，歲在卯曰［單］閼。○暍，傷熱」，與底卷所殘空間略合，唯「閼」字下少又音、『喝』字下少或體，然其缺文亦或可依文例補之（如『於連』前可補『又』字，其後可補『反』字，『亦』字下可補『作』字），茲爲擬補十五個缺字符（其中『闕』字注文依行款『名』字下亦只有三個小字，疑其注文或與《王二》同脱『單』字，或無『曰』字）。

〔三八二〕注文雙行小字底卷本作右行三字『猲亦作』和左行二字『獢獄』，依校録例當讀作『猲亦作獢獄』，然《王二》作『猲獢，犬。亦作獄』，其釋義《箋二》、《箋五》（伯三六九四）同，底卷蓋抄者初脱抄或體字，而徑書『猲獢』二字爲雙行，後又補或體字於其下，遂致行款錯亂，且脱『猲獢』的釋義文字『犬』，茲據乙正，并爲擬補一個脱字符。

〔三八三〕注文反切下字『謂』《王二》、《裴韻》、《蔣藏》皆作『謁』，底卷形訛，茲據校改；『物』字下底卷衍抄一『反』字，茲據《箋二》、《箋五》（伯三六九四）、《王二》徑删；又缺字底卷漫滅，可據《王二》補作『一』字。

〔三八四〕『怖』字下至行末底卷殘泐約一個半大字的空間，其中注文殘字底卷存左上角似『忄』旁上部筆畫，《王二》相關内容作『怖，匹伐反。一』，比底卷少半個大字，檢《箋二》、《箋五》（伯三六九四）、《裴韻》『怖』字注文皆有釋義『恨怒』，加此則與底卷所殘空間吻合，且殘字字形亦得以落實，茲據校補殘字作『恨』，并爲擬補五個缺字符。

〔三八五〕注文缺字底卷殘泐，可據《王二》補作『語謁』二字；又釋義『高』《王二》作『載高皃』，其後另有『又五曷反』四字；《廣韻》未收此字，《集韻》收之，訓作『高車皃』；按『載高皃』之訓合於《説文》。

〔三八六〕注文殘字底卷存右上角筆畫，茲據《箋二》、《王二》校補作『死』字。

〔三八七〕字頭底卷殘泐，可據《箋二》、《箋五》（伯三六九四）、《王二》補作『殁』字。

〔三八八〕『旻』字《王二》作『旻』；《裴韻》作『𠬛』形，注云『今旻，通；亦旻，非』，按《裴韻》『亦旻』的『旻』當爲『殳』的俗寫，《廣韻》此字字頭即作『殳』形；又考《説文》此字本作『[illegible]』，隸定通常作『𠬛』，上揭各形即《説文》篆字隸變之異，今字則多同《廣韻》作『殳』形，與據《説文》篆文『[illegible]』隸定的『殳』（《廣韻》市朱切）相混無別。底卷上文「没」字右部作「𠬛」，「殁」字右部作「𠬛」，「頞」字左部作「𠬛」，下文注文「没」字右部底卷亦有作上揭各形者，皆篆文「𠬛」旁隸變之異，今依《廣韻》字形録作「殳」旁，以免排版及辨認之歧。

〔三八一九〕注文後一又音脱反語下字，《箋二》、《箋五》（伯三六九四）、《裴韻》皆作「骨」，可據補，兹爲擬補一個脱字符；《王二》只載前一又音。

〔三八二〇〕「可箭笴」不辭，「可」字《裴韻》作「中」，《玉篇》同，底卷形訛，兹據校改，《王二》誤作「頭」字。

〔三八二一〕釋義《王二》作「崛憂」，《集韻》作「崛崛，憂皃」，後者合於《廣雅·釋訓》，底卷當用注文與被注字連讀成訓例。

〔三八二二〕「惛」字左下角底卷略殘，兹據《王二》、《廣韻》、《集韻》録定。「惛」字下至行末底卷殘泐約一個大字的空間，諸本注文皆作「心亂」，蓋以其下接抄字頭而换行，故空半個大字的空間，兹從擬補二個缺字符。

〔三八二三〕注文「不」字右部底卷略殘，兹據《王二》、《廣韻》等本録定。

〔三八二四〕注文「白」字《王二》作「皃」，《箋二》、《箋五》（伯三六九四）、《裴韻》、《廣韻》同，底卷誤脱下部「儿」（寫卷多作「八」）形筆畫，兹據校改。

〔三八二五〕「捽」字右下角底卷略殘，兹從《王二》、《廣韻》録定。「捽」字下至行末底卷殘泐約一個大字的空間，《王二》相關内容作「狀（拔）捽（捽字衍）」，其下蓋因接抄字頭而换行，故空半個大字的空間，兹從擬補一個缺字符。

〔三八二六〕注文「胅」字《王二》同，《廣韻》作「胦」，《集韻》釋義作「脖胦，齊也」，《玉篇·肉部》「脖」字下作「脖胦，胅臍」，余迺永《新校》：「『脖胦』乃連語，『胅』字《説文》云『骨差也』，段注：『謂骨節差忒不相值，故胅出也。』引申爲肉突……『胅臍』猶言突臍。」「齊」、「臍」二字俗通用，底卷「胅」字不誤。

〔三八二七〕注文《王二》同，《廣韻》作「鶻鵃，鳥名」，《集韻》作「鶻鳩，鳥名」（「鳩」字揚州使院本作「鵃」），《集韻》該大韻下「蘇骨切」小韻以「鶻」、「鶻」爲正俗字），底卷本大韻下「蘇骨反」小韻「鶻」字下訓「鶻」（用注文與被注字連讀成訓例),《校箋》:「『鷄』與『鵫』字形近,疑此即由『鵯鵫』而誤。」即底卷所據之本或誤作『鵯鷄』,後之抄者遂因其不辭而改作『雄鷄』,所誤益遠,可參。

〔三八二八〕小韻標數字《王二》作『一』,與底卷本小韻實收字數合,底卷誤計下一小韻四字於此,茲據校改。

〔三八二九〕本小韻標數字因誤計入前一小韻而致脱,《王二》作『四』,與底卷本小韻實收字數合,茲據擬補一個脱字符。

〔三八三〇〕『肆』字《王二》作『肆』,《箋二》、《箋五》(伯三六九四)、《裴韻》、《蔣藏》、《廣韻》、《集韻》同,底卷形訛,茲據校改。

〔三八三一〕注文《王二》作『鼠鼵』,《箋二》、《箋五》(伯三六九四)、《裴韻》皆作『鼠名』,於義爲長,底卷蓋因《爾雅·釋鳥》『鳥鼠同穴,其鳥爲鵌,其鼠爲鼵』而補『鼵』字,然與釋義文例不合。

〔三八三二〕缺字底卷殘泐,可據《王二》、《裴韻》補作『竈堗』二字。

〔三八三三〕注文殘字底卷存下部筆畫,茲參《王二》、《廣韻》校補作『耕』字。又字頭居行首,底卷殘泐,可參《王二》、《廣韻》補作『稡』字。

〔三八三四〕『菔』字《王二》作『菔』,《廣韻》注文作『《爾雅》曰「葖,蘆葩」,郭璞云:「葩宜爲菔,蘆菔,蕪菁屬,紫華大根,俗呼雹葖。」』,葉鍵得《十韻彙編研究·王一校勘記》云:『此本原卷「菔」蓋「菔」字之誤。』按『服』字古本從『舟』,故『菔』字左下部作『舟』不誤,唯其右部『交』形實誤,故從校改。

〔三八三五〕注文《王二》作『鎖植』,《廣韻》作『植也;又傳者』,《集韻》引《埤倉》作『户持鎖植也』,周祖謨《廣韻校勘記》:『「植也」日本宋本、巾箱本、黎本、景宋本均作「瑣植」,與敦煌王韻合。』按『瑣』、『鎖』古今字。

〔三八三六〕注文《蔣藏》同,然釋義下有『出《説文》,加』四字,《王二》作『咽中』,《廣韻》引《説文》作『咽中息不利也』,王國維《唐寫本唐韻殘卷校記》謂《蔣藏》脱『不利也』三字,底卷入聲黠韻『歆』字下訓『氣息不利』,疑此『息』字下亦脱『不利』二字。

〔三八三七〕字頭底卷存上部少許筆畫，注文殘字前者存下部似「反」形筆畫，後者存右部似「晉」形筆畫，缺字底卷殘泐，《王二》相關内容作「笏，所執士搢」，《校箋》：「注文疑有奪亂。」兹據校補前後二殘字作「笏」、「搢」，中間殘字存疑。

〔三八三八〕注文「忽」字《箋五》（伯三六九四）同；《王二》作「急」，《箋二》、《裴韻》、《蔣藏》、《廣韻》同，《集韻》引《埤倉》亦同；底卷形訛，兹據校改。

〔三八三九〕殘字底卷存右側少許筆畫，兹據《王二》、《廣韻》校補作「崛」字。又「憂皃」二字左側底卷略殘，此參二書録定，唯底卷「憂皃」二字居雙行注文之右行，其左行依例當有一或二字，《王二》注文作「崛憂」，《集韻》作「崛崛，憂也」，合於《廣雅·釋訓》，然依文例，言「崛崛憂皃」則可，而不可言「憂皃崛崛」，疑底卷此處抄寫注文左行空置，故不爲擬缺字符。

〔三八四〇〕字頭底卷存右部筆畫，注文殘字存下部筆畫，兹據《王二》校補作「𠥂」、「器」二字；唯字頭《廣韻》、《集韻》作「匱」形，合於《説文》，《集韻》又别收或體作「匢」形，底卷蓋《説文》篆文隸定的俗變字。

〔三八四一〕「抈」字《王二》作「楬」形，《廣韻》、《集韻》作「榴」形，後者合於《説文》，底卷字形爲《説文》篆文隸變之訛。

〔三八四二〕「㬥」字《王二》作「㬧」形，《廣韻》作「𣈆」形，後者合於《説文》，底卷俗訛，然《王二》所作，殆因義而改作，兹據校改。

〔三八四三〕注文「病」字中部底卷略有漫漶，此從《王二》、《廣韻》録定。

〔三八四四〕前行殘字居底卷行末，存上部筆畫，次行殘字底卷存下部「耳」旁，行首至殘字間底卷殘泐約六個左右大字的空間，《王二》相關内容作「○削，船削。○拙（柮），斷拙（拙字衍）。○飢，餽飢，不安。○虮，蛤解（蟹）。○誖，普没反。［按物聲］。一」（後一條注文「按物聲」三字《王二》脱，兹據《箋二》、《箋五》伯三六九四、《裴韻》補），校正後的内容比底卷所殘空間多一個半大字，疑底卷「拙（柮）」或「虮」條脱抄，可參，茲據校補殘字作『剕』、『聲』，并爲後一殘條擬補六個缺字符。

〔三八四五〕或體『圧』當爲『圣』隸變字『左』（《龍龕·土部》『左，同圣』）的訛俗體，《箋二》正作『左』；『灰』與『左（圣）』字上部同從『又』，而俗字或作『灰』，可以比勘。《説文·土部》云『汝潁之閒謂致力於地曰圣』，而『矻』當是『圣』的後起分化字。

〔三八四六〕字頭『舐』字《王二》同，《廣韻》作『䞿』；注文『因』字《王二》亦同，《廣韻》作『囙』，後者合於《説文》，底卷皆形訛，茲據校改。

〔三八四七〕『貀』字至行末底卷殘泐約一個大字（四個小字）的空間，《王二》『貀』字注文只作一『䐗』字，《廣韻》作『貀䐗。俗又作腒』，茲姑從《王二》擬補一個缺字符。

〔三八四八〕行首至殘字『𪇰』間底卷殘泐約一個半大字的空間，《王二》相關内容作『〇勂，力作。〇䒜，䖸䒜』，比底卷所殘空間多一個半大字，疑底卷此二條中有一脱抄。

〔三八四九〕殘字底卷存左下角少許筆畫，茲據《王二》、《廣韻》校補作『𪇰』字。注文缺字底卷殘泐，可參《廣韻》、《集韻》補作『𪇰屼』二字，《王二》注文作『屼𪇰』，當有脱誤。

〔三八五〇〕字頭底卷存左部『言』旁；注文三殘字皆存左側少許筆畫，其中第一字所存字形似『言』旁殘形；茲參《王二》及《箋二》、《箋五》（伯三六九四）、《裴韻》、《蔣藏》校補作『訥』、『諾忽反』四字（『忽』字《王二》作如此，他本皆作『骨』字）。

〔三八五一〕注文『亦作』下底卷有『川』形符號，當係抄手補白添加；蓋原卷『腽肭亦作』四字在右行，而『吶或㕯又知劣反』七字在左行，雖抄手有意壓縮左行文字的間距，但還是比右行向下多拉長了兩個字的空間，顯得不美觀，故抄手又在右行注文下添加一『川』形符號以補白，而『川』本身并非文字，茲徑删。注文『吶』字《集韻》以爲『訥』字或體，合於形聲構字理據；又『㕯』字《廣韻》、《集韻》皆别出，前書訓『㕯口』，後書訓『丁聲』，《校箋》以爲『亦作川、吶或㕯。又知劣反』當在『訥』字下，底卷誤置於此，當爲移正；又『知』字當爲

「奴」字形訛，底卷薛韻「女劣反」小韻收有「吶」字，茲爲校改。

〔三八五二〕注文「鴂」字下《王二》有一代字符，《廣韻》注文作「鴂鵯，鳥」，底卷此當用注文與被注字連讀成訓例。

〔三八五三〕注文「素」字《王二》同，《廣韻》作「索」，後者合於《廣雅·釋詁三》，底卷形訛，茲據校改。

〔三八五四〕小韻標數字底卷殘泐，可據《王二》補作「四」字。

〔三八五五〕前行「捽」字條下至行末底卷殘泐約一個大字的空間，次行行首至「䚝」字間殘泐約一個半大字的空間（僅存「䚝」字左上角一注文文字「孔」），《王二》相關内容作「椊，椊杌，以柄内孔」，與底卷所殘空間吻合，茲據擬補六個缺字符。

〔三八五六〕注文「姓」字《王二》作「性」，《廣韻》、《集韻》作「始」，《玉篇·角部》「䚝」字訓作「角初生也」，《校箋》以爲當作「始」字，底卷形訛，茲從校改。

〔三八五七〕注文「⿰石舌」字《王二》、《廣韻》作「秳」，《説文·禾部》「秮，稰也」，「秳」即「稰」之隸變字，又「舌」字俗寫或與「后」字俗寫同作「舌」形，底卷又因類化而改左部「禾」旁作「石」，如「顛」作「顛」、「需」作「需」之比。

〔三八五八〕「⿺九骨」字《王二》、《裴韻》同，《蔣藏》、《廣韻》作「尳」，後者合於《説文》，俗寫「九」、「兀」二旁多混，茲據校改。

〔三八五九〕注文「秿」字下《王二》有一代字符，《蔣藏》、《廣韻》、《集韻》皆以「秿椊」爲詞，訓「禾所秀不成聚向上皃」（《集韻》），底卷當用注文與被注字連讀成訓例。

〔三八六〇〕注文殘字底卷存上部「勿」形部分，《王二》未載又音，考「鶻」字於底卷中又見於本大韻古忽反和後黠韻户八反二小韻中，茲參校補殘字作「忽」字；又缺字底卷殘泐，可參《王二》及底卷文例補作「骨反」、「又」、「反」、「四」五字。又「胡骨反」下《王二》有釋義作「鳩」，於文例爲安，疑底卷脱之。

〔三八六一〕字頭「末」和注文「木」字左上角底卷皆略有殘泐，此參底卷本卷卷端韻目和《箋二》、《箋五》（伯三六九四）、《王二》録定。又大韻標序字底卷殘泐，可參本卷卷端韻目及上揭諸本補作「十一」二字，茲擬補二個缺字符。又底卷本大韻從『末』旁字或作『未』形，按從『末』聲字多隸去聲末韻，與隸此之『末』聲者異，茲依文例皆徑録正，後不一一説明。

〔三八六二〕注文『健』字《裴韻》同，《王二》作『僆』，《箋五》（伯三六九四）、《蔣藏》、《廣韻》同，《箋二》作『達』，『達』當爲借字，後類化而造分别文作『僆』字，底卷本大韻後『他達反』小韻『僆』字注文亦作『佅僆』，是此處『健』字蓋承前『頹』字注文而誤，茲據校改。

〔三八六三〕本條底卷原抄脱録，後補於『佅』字條右側，茲參《王二》徑補入正文。

〔三八六四〕前行『眛』字下至行末底卷殘泐半個大字的空間，次行行首至『遠』字間殘泐約一個半大字的空間，《王二》相關内容作『○眛，目不明。○眑，遠視。又亡内反』，與底卷所殘空間吻合，茲據擬補六個缺字符。

〔三八六五〕『鬻』字《王二》同，《廣韻》作『鬻』，後者合於《説文》，底卷俗省，又參下條校記。

〔三八六六〕『粖』字條《王二》同，《廣韻》『粖』『鬻』合作一條，云『鬻』同『粖』。《校箋》：『此字《説文》爲「鬻」字或體，依例不當别出。』注文『靡』字《廣韻》作『糜』，後者合於《説文》；作『靡』者形訛，茲據校改。

〔三八六七〕『鉢』字底卷在行末，次行行首至殘字間底卷殘泐約二個大字的空間（包括殘字），殘字存右下角『丁』形筆畫，《王二》相關内容作『○鉢，器屬。○鳺，水鳥』，與底卷所殘空間吻合，唯與『鳺』字注文殘形行款不能一致（底卷殘字居注文雙行之右行，當爲注文首字），檢《箋二》、《箋五》（伯三六九四）、《蔣藏》皆作『鳥名』，與底卷殘形及行款合，茲據校補殘字作『鳥』，并爲擬補四個缺字符。

〔三八六八〕注文『箪』字《王二》同，《廣韻》、《集韻》作『箄』，《校箋》：『當從《廣韻》作「箄」。《方言》九「簰謂之筏」，「簰」與「箄」同。』茲從校改。

〔三八六九〕『髻』字《箋二》、《箋五》（伯三六九四）、《王二》、《裴韻》皆作『髺』，後者合於形聲構字理據，底卷形訛，茲據校改。

〔三八七〇〕『檜』字在行末，次行行首至『聒』間底卷殘泐約半個大字的空間，《王二》相關内容作『檜，柏葉松身曰檜」，比底卷所殘空間多一個大字，考《箋二》、《箋五》（伯三六九四）「檜」字注文皆作「木名」，《蔣藏》作「木名。又作栝」，《裴韻》作「木名，柏葉松身」，《廣韻》略同，唯下復有「又工外切」四字，依底卷行款文例，其注文當作「木名」二字，茲爲擬補二個缺字符。

〔三八七一〕字頭「聒」和注文「聲」字右上角底卷皆有殘泐，此參《箋二》、《箋五》（伯三六九四）、《王二》録定。

〔三八七二〕釋義《王二》作「會」，《箋五》（伯三六九四）、《裴韻》作「疾」，後者合於《説文》，底卷作「逅」不詳，疑《王二》因其有誤而改之（「會」與「邂逅」義近），俟考。

〔三八七三〕「劊」字《王二》作「劊」，《廣韻》、《集韻》同，後者合於《説文》，底卷形訛，茲據校改。

〔三八七四〕小韻標數字底卷漫滅，《姜韻》未録，此從《敦煌掇瑣》録定。

〔三八七五〕注文「名」字《王二》不載，《箋二》、《箋五》（伯三六九四）、《裴韻》、《蔣藏》皆作「箬」，《校箋》：「『名』蓋即『箬』之誤。」茲從校改，底卷形訛。

〔三八七六〕注文「獪」字前底卷有二代字符，《王二》作一個代字符，按《方言》卷二「剿蹶，獪也。楚、鄭曰蔿，或曰姡」，是「姡獪」爲同義並列複合詞，而非以「姡姡」爲詞，茲據徑删一代字符。

〔三八七七〕殘字底卷存下部筆畫，茲據《王二》校補作「頢」字。

〔三八七八〕字頭「奞」字《王二》同，《廣韻》作「奪」，《蔣藏》字頭作「奪」，注云「奪亦通」；按「奪」爲《説文》本字，隸變訛作「奪」，而「奞」又爲「奪」的訛俗字。參看《敦煌俗字研究》下編大部「奪」字條考釋。

〔三八七九〕注文「耳」字《王二》作「取」，《箋二》、《箋五》（伯三六九四）、《裴韻》同，後者合於《説文》，底卷誤脱「取」字右旁筆畫，茲據校改。

〔三八八〇〕「谿」字《箋五》（伯三六九四）、《王二》同，《箋二》、《蔣藏》、《廣韻》作「豁」，「谿」即「豁」之左旁涉右旁而類化之俗字，參《敦煌俗字研究》下編谷部「豁」字條考釋。注文「大」字底卷居行末，小韻標數字底卷本作「十二」，録於「大」字下（處於底卷版心外），次行「空」字上端底卷略殘，行首至「空」字間約殘泐半個大字的空間，依文例此處當有『□空□』三個小字，《王二》注文作『呼括反。谽達，大；空。六』，疑底卷此處爲『又空』二字而直行書寫，爲底卷行款之例外，姑從録定。又依文例乙正小韻標數字至注文末，因底卷誤計下一小韻六字於此而誤作『十二』，茲據《王二》校改作『六』字。

〔三八八一〕注文『鳥』字前底卷誤抄一『鳥』字，蓋初抄作『鳥』而後覺其誤，遂接抄一『鳥』字，前一『鳥』字則存而未删，茲據《王二》徑删。

〔三八八二〕小韻字數因誤計入前一小韻標數字中，而致本小韻標數字脱，《王二》作『六』，與本小韻實收字數合，可據補，茲爲擬補一個脱字符。

〔三八八三〕『緷』字《王二》作『緳』，《箋二》、《箋五》（伯三六九四）同，《裴韻》、《蔣藏》、《廣韻》作『緝』，『緳』即『緝』的俗字（下文從『寂』旁者仿此），底卷誤脱右旁下部『取』的部分筆畫，茲據校改。

〔三八八四〕『攥』字右上角底卷略殘，茲參《箋二》、《箋五》（伯三六九四）、《王二》録定。

〔三八八五〕小韻標數字底卷本作『十一』，乃誤計下一小韻二字於此（按：下一小韻本四字，因有脱誤而計入二字），茲據《王二》校改作『九』字。

〔三八八六〕『侻』字《箋二》、《箋五》（伯三六九四）、《王二》、《裴韻》、《蔣藏》皆爲『他活反』（『活』字《裴韻》作『括』）小韻首字，其下『挩』字注文作『解落。或作脱』（『或』字《裴韻》作『亦』，《蔣藏》作『又』），底卷此誤糅『侻』、『挩』二條文字爲一，而致有脱文，《王二》『侻』字注文作『他活反。［侻可；一曰］輕。四』，其中『侻可一曰』四字諸本皆有，《王二》亦脱，當從補，茲據擬補十個脱字符。

〔三八八七〕字頭底卷存下部『兑』形部分，茲據《王二》、《廣韻》校補作『莌』字。又注文『莌』字下底卷衍抄一『反』字，蓋初書『又』作『反』字，後覺而接書一『又』字，遂致此誤，茲參《王二》徑删。

〔三八八八〕注文殘字底卷存下部筆畫，《王二》注文作『行剌跡跡（衍一跡字）』，《箋二》、《箋五》（伯三六九四）、《裴韻》、《蔣藏》、《廣韻》皆訓『行皃』，合於《説文》，其『行』字與底卷殘存字形合，茲據校補殘字作『行』，然依底卷存字及行款，則此注文或當作『行跡刺』三字，聯綿詞『跡刺』多用爲象聲詞，與用以形容姿態的『刺跡』詞異義，俟考。

〔三八八九〕『妭』字注文《王二》作『天女射』，蓋脱一『緐』字，《廣韻》作『鬼婦，《文字指歸》云「女妭，秃無髮，所居之處天不雨」，《説文》曰「婦人美皃」』。《校箋》：『「射緐」二字不詳，《説文》「鱍，鵻射收繳具也」，本書及《王一》下文「鱍」下云「鵻具」，疑「射緐」二字由彼誤此。』可參。

〔三八九〇〕注文《王二》作『犮迴』，《裴韻》、《蔣藏》作『犬走皃』，後者合於《説文》；又《裴韻》、《蔣藏》『拔』條在『犮』字條之下，注文作『迴拔。又蒲八反』，《廣韻》略同而『拔』字注文增緐，《校箋》：『案諸書「迴拔」是「迴拔」之誤，《集韻》云「回」，尤誤。「迴拔」是唐人習用語，拔即挺拔之意。《王一》「拔」下無義訓，「犮」下「迴」字原當是「拔」字注文，本書此奪「拔」字可知，當補「拔」字云「迴拔」，「犮」下當云「犬走皃」。』按《校箋》謂『犮』字注文『迴』原是『拔』字注文，甚是；但謂諸書『迴拔』是『迴拔』之誤，則未確，底卷錯亂，當從乙正補改。

〔三八九一〕『㑭』字《王二》同，《校箋》：『案《説文》「㑭」與「倓」同，「倓」字義爲「安静」，與「胈」字無涉，《莊子·在宥篇》云：「堯舜於是乎股無胈，脛無毛。」崔譔曰：「胈，㲘也。」……「㲘」與「䋈」同，《説文》「䋈，西胡毳布也」，義與「毳」通，此「㑭」字疑當爲「㲘」字之誤。』龍氏言是，兹姑從校改。

〔三八九二〕『䳁』字《王二》作『鴜』，後者合於《説文》，底卷俗訛，兹據校改。注文殘字底卷存下部筆畫，兹據《王二》校補作『鳥』字；又缺字底卷殘泐，《王二》作『大』，《校箋》以爲當爲『水』字形訛，《王二》本大韻『博末反』小韻『鴜』字下正訓作『水鳥』（底卷此條殘泐），可據補。

〔三八九三〕『薛』字中部的『辛』底卷作『𨐌』，『𨐌』形構件俗書多增一横畫作此形，爲方便排版，兹均改録作『辛』，下不再一一出校説明。

〔三八九四〕注文《王二》作『粖（糄）𥻦』，與《説文·米部》『𥻦』訓『糄𥻦，散之也』合，底卷當用注文與被注字連讀成訓例。

〔三八九五〕『七』字《王二》作『八』，比底卷多本小韻末條『笪，竹笪門（門字衍）』，《校箋》以爲底卷上聲旱韻『多旱反』小韻『笪』字下云『又都達反』，『此蓋誤奪，後人遂改「八」爲「七」』，按『笪』字《箋二》、《裴韻》未收，《箋五》（伯三六九四）、《廣韻》收之。

〔三八九六〕注文『可』字《王二》作『呵』，《箋二》、《箋五》（伯三六九四）、《蔣藏》、《廣韻》同，《裴韻》作『叱』，與『呵』義略同，底卷誤脱『口』旁，兹據校改。

〔三八九七〕『闥』字所從的『達』旁底卷省體作『達』，本韻下從『達』旁者同此，爲方便排版，此俱録正作『達』。參看下文校記〔三九〇二〕。注文殘字底卷存下部筆畫，兹據《箋二》、《箋五》（伯三六九四）、《王二》校補作『他』字。

〔三八九八〕注文底卷本作『水又他鎋狗反』，《王二》作『水狗喫魚獸』，《箋二》、《箋五》（伯三六九四）、《裴韻》、《廣韻》皆作『水狗』，是底卷抄録時蓋誤脱『狗』字而後隨補於『鎋』字下，又補抄『反』字於下，而致此錯亂，兹參諸本并依文例乙正。

〔三八九九〕注文《王二》同，《箋二》、《裴韻》皆有釋義『僻』字，底卷依文例當有釋義，疑此脱之。

〔三九〇〇〕殘字底卷存下部筆畫，兹據《王二》、《廣韻》校補作『拂』字。

〔三九〇一〕注文所標古字『渴』與字頭同形，不合文例，《王二》不載古字，《箋二》作『潵』，後者合於《說文》，底卷誤脱右旁『欠』，兹據校改。又釋義《王二》僅作一『漿』字，《裴韻》訓作『盡也』，然其別出『潵』字訓『欲飲』，與《說文》略同，《廣韻》首義訓作『飢渴』，《校箋》：『「愒」疑當作「渴」，本書「漿」上當有「渴」字或重文。』按『愒漿』不辭，而『渴漿』爲中古熟語，底卷誤作，兹從校改。

〔三九〇二〕『達』字《王二》作『達』，《箋二》字頭作『逹』，與底卷注文所載正字同；按『逹』爲《說文·辵部》『逹』的隸省字，俗變而作『達』、『達』形，參《敦煌俗字研究》下編辵部『達』字條考釋。底卷從『達』聲字多作『達』形，然爲免造字之擾，皆改從『達』形，他處不一一說明。

〔三九〇三〕注文反切上字「木」字《王二》作「才」，《箋二》、《裴韻》、《廣韻》同，《蔣藏》作「裁」，「裁」「才」同紐，《補正》校「木」作「才」，茲從改，底卷形訛。

〔三九〇四〕字頭「啤」字《王二》同，《廣韻》作「啐」（余迺永校之作「啈」），爲「噴」字或體，《集韻》亦以「噴」爲首字，而收「⿰口獻」、「吽」、「啈」、「啐」四字爲其或體，《校箋》：「《説文》「㰁」字古文作「⿰木辛」，此字當是從《説文》「𢆉」字。」此論蓋是，《廣韻》亦收「⿰口獻」字爲「噴」之或體，蓋同一篆文而隸定形體各異，疊經俗變，遂致此歧。又「聲」字前《廣韻》有一「鼓」字，於義爲明。

〔三九〇五〕注文殘字底卷存下部筆畫，茲據《箋二》、《王二》校補作「車」字；又「載」字右上角底卷略殘，此亦參二書録定。

〔三九〇六〕「載」字《王二》作「蘖」，《廣韻》同；按《説文》「㰁」字訓作「伐木餘也。从木，獻聲。《商書》曰「若顛木之有甹㰁」。……古文㰁或从木無頭」，《校箋》：「「蘖」疑「櫱」字之誤。」底卷「載」蓋同誤，俟考。

〔三九〇七〕字頭「⿰口奇」字《王二》同，《廣韻》作「啐」，《校箋》：「案即《説文》「⿱䇂口」字，此又加從「口」耳。」又釋義《廣韻》作「啐啐，啁啁，戒也」，《説文》曰「語相訶距也」」，是底卷此當用注文與被注字連讀成訓例。

〔三九〇八〕「啤」字《王二》同，校參上文校記〔三九〇四〕。

〔三九〇九〕注文殘字底卷有些漫漶，《敦煌掇瑣》、《補正》録作「褐」字，《姜韻》未録；《王二》注文作「袍也；被也；祖（粗）衣」，與底卷全異；《箋二》、《蔣藏》及《裴韻》、《廣韻》首義皆作「衣褐」，底卷殘字字形與「褐」字合，姑據校補。

〔三九一〇〕字頭「⿰臭曷」字上部和注文「色」字右側底卷皆略有殘泐，此參《箋二》、《王二》、《裴韻》録定。

〔三九一一〕注文「大」字《集韻》同，《王二》、《廣韻》作「犬」字（《鉅宋廣韻》作「大臭氣」），又《廣韻·泰韻》呼艾切小韻「⿰臭曷」下云：「同餀，食臭。」《廣雅·釋器》「⿰臭曷」字下則徑訓作「臭」，王念孫疏證謂「「餲」與「⿰臭曷」聲近義同」，皆不言「犬臭」，《新校》以爲當以「大」字爲是，可從。

〔三九一二〕字頭『蛆』字《王二》同，《廣韻》、《集韻》作『蛆』形，後者合於形聲構字理據，俗寫『旦』、『且』二形多混而不分，兹據校改。

〔三九一三〕大韻標序字底卷殘泐，可據本卷卷端韻目及《箋二》、《王二》補作『十二』二字，兹擬補二個缺字符。

〔三九一四〕注文『齒』字《王二》、《蔣藏》同，《箋二》、《裴韻》、《廣韻》、《集韻》作『齧』，後者合於《説文》（『髓』字《説文》作『齰』），疑底卷形訛，兹姑據校改。

〔三九一五〕字頭『殈』爲『殀』字俗作，參看《箋二》校記〔一七六二〕。

〔三九一六〕『七』當爲『八』之誤計，本小韻實收八字，兹從校改。

〔三九一七〕注文『鶻』字《王二》同，《箋二》、《裴韻》、《蔣藏》、《廣韻》皆作『刮』，《校箋》：『案「鶻」字不詳，蓋涉下文「鶻」字而誤。』兹從校改。

〔三九一八〕注文『蟹』『小』之間《王二》有一『而』字，《箋二》、《裴韻》、《蔣藏》、《廣韻》同，底卷誤脱，兹據擬補一個脱字符。

〔三九一九〕本條《王二》未收（《王二》本小韻收五字），《箋二》、《裴韻》、《蔣藏》、《廣韻》、《集韻》亦皆未收此條，由『骨差』之訓知字頭『鳩』當爲『搰』字形訛（參底卷前校記〔三六六八〕），兹姑從校改。

〔三九二〇〕注文缺字底卷殘泐，《王二》、《裴韻》、《廣韻》皆未載又音，《王二》入聲質韻『魚乙反』小韻收有『聉』字（《王一》該條字頭殘泐），可參。

〔三九二一〕注文『目』字《王二》作『息』，《廣韻》引《説文》同，底卷誤爲脱省，兹據校改。

〔三九二二〕或體『蔚』字《王二》同，《校箋》：『《集韻》祭韻充芮切有「蘮」字，注云「草名」，又泰韻七蓋切「蔡」下引《説文》云「艸也。古文作蓾」，「蓾」、「蔚」並疑「蘮」字之誤。』此論合於形聲構字理據，兹從校改。

〔三九二三〕注文『監』字《蔣藏》、《廣韻》同，《箋二》、《王二》、《裴韻》作『鑒』，『監』、『鑒』古今字。

〔三九二四〕字頭『鱊』字上端底卷略殘，此參《箋二》、《王二》、《裴韻》録定。

〔三九二五〕或體『鷄』字《敦煌掇瑣》、《姜韻》録作『鶏』形，不確；《王二》、《廣韻》、《集韻》無此字，按『鸂』爲聯綿詞『鸂鷿』的專用字，蓋或用借音字『鷄』代『鸂』字，王仁昫氏遂以爲或體，至《王二》之抄者或以爲非是而刪之。

〔三九二六〕注文『言念』二字不詳，《王二》釋作『終命』，《箋二》、《裴韻》、《蔣藏》、《廣韻》皆作『殺命』，疑底卷『言念』二字爲代字符和『命』字之形訛，俟考。

〔三九二七〕釋義下《王二》有『又所界反』四字，《裴韻》又音作『所拜反』，音同，《箋二》、《蔣藏》、《廣韻》皆無又音。

〔三九二八〕又音《王二》不載，依文例『山』字前底卷當脱抄一『又』字，兹據擬補一個脱字符。

〔三九二九〕殘字底卷存右下角鈎形筆畫，兹據《箋二》、《王二》、《裴韻》校補作『呼』字；又缺字底卷殘泐，諸本不載釋義，此可據本大韻前『傛』字注文『傛㑥』補作『傛』字；又『四』字《王二》作『三』，底卷此誤計下一小韻一字於此，兹據校改。

〔三九三〇〕釋義《王二》未載，《箋二》、《裴韻》、《蔣藏》、《廣韻》皆作『瘖痛』，唯《集韻·質韻》『疕』字注文徑作『痒』字。又『又』字諸本作『反』字，底卷形訛，兹據校改。又小韻標數字因誤計入前一小韻而脱，可參諸本補作『一』字，兹爲擬補一個脱字符。

〔三九三一〕注文『正』字《王二》作『作』字，《箋二》、《裴韻》、《蔣藏》、《廣韻》同，底卷形訛，兹據校改。

〔三九三二〕大韻標序字底卷殘泐，可參《箋二》、《王二》補作『十三』二字，兹擬補二個缺字符；其後殘字底卷存下部少許筆畫，兹據本卷卷端韻目及上揭二書校補作『鎋』字。又正體字《王二》不載，《箋二》收有古體字作『舝』，《廣韻》同，合於《説文·舛部》字形，《校箋》以爲《王一》字形當爲『舝』字之誤，兹從校改。又小韻標數字底卷作『十二』，乃誤計下一小韻四字而致，兹據《王二》及底卷本小韻實收字數校改作『八』字。

〔三九三三〕字頭《王二》同，《廣韻》、《集韻》作『𩑶』形，後者合於《説文》，底卷形訛，兹據校改。

〔三九三四〕『𥨸』字《王二》同，《廣韻》作『蠡』，後者合於《説文》，底卷俗訛，兹據校改。

〔三九三五〕小韻標數字底卷因誤計於前一小韻中而致脱抄，《王二》作『四』字，與底卷本小韻實收字數合，當可據補，茲爲擬補一個脱字符。

〔三九三六〕『扇』字《裴韻》、《蔣藏》、《廣韻》同，《王二》作『扉』字，《箋二》同。

〔三九三七〕注文殘字底卷存下部少許筆畫，茲據《王二》、《廣韻》校補作『勜』字；又缺字底卷殘泐，可據二書補作『尣』字。

〔三九三八〕小韻標數字『四』字《王二》作『三』，與底卷本小韻實收字數合，底卷誤計下一小韻一字入此，茲據校改。

〔三九三九〕小韻標數字底卷因誤計於前一小韻中而致脱抄，《王二》作『一』字，與底卷本小韻實收字數合，當可據補，茲爲擬補一個脱字符。又釋義《箋二》、《裴韻》同，《王二》作『柱幡』，《廣韻》作『刹柱』。

〔三九四〇〕注文『髮』字下《王二》有一代字符，《廣韻》字頭作『鬗』形，注文作『鬗髮，禿皃』，作爲聯綿詞，似二形皆有，然則底卷此當用注文與被注字連讀成訓例。

〔三九四一〕缺字底卷殘泐，可參諸本補作『鴘』及『鳥名』三字。殘字底卷存右部『鳥』旁，茲據《箋二》、《王二》、《裴韻》校補作『鴘』字。

〔三九四二〕注文『刮』字《箋二》、《裴韻》、《蔣藏》、《廣韻》作『頢』字，底卷蓋承前反語『刮』字而訛，茲據校改；又『白』字諸本作『皃』，底卷誤脱下部『儿』形筆畫，故亦據校改。

〔三九四三〕『頢』字條前底卷有『頢，下刮反。頢刮，強可白。一』十字，蓋抄者初誤糅『頒』、『頢』二條爲一，後覺而別抄『頢』字條，遂致衍此十字，茲參《箋二》、《王二》、《裴韻》及底卷文例徑删。又釋義《箋二》作『短面』，《王二》誤作『面短』，《裴韻》、《蔣藏》、《廣韻》皆作『短面皃』，底卷誤『皃』作『白』字，又誤脱『面』字，茲據校改『白』作『皃』字，并爲擬補一個脱字符。

〔三九四四〕行首至『刮』字間底卷殘泐約二個大字的空間，《王二》作『刖，五割反。草殘。三』，乃誤糅『刖』、『歾』二條爲一，當參《箋二》、《裴韻》改作『刖，五刮反。去足。又魚越反。四』，然則依底卷所殘行款，其『刖』字前當有半個大字（或兩個小字）的空間没有著落，『刖』字條前之『錣』字條諸本同於底卷，則此處行款之空缺不詳爲何，俟考，兹姑爲『刖』字殘條擬補兩個缺字符。又底卷本小韻末條乃誤糅『眲』、『訉』二條爲一而致脱計一條文字，故據校改小韻標數字『三』作『四』字。

〔三九四五〕『眲』字《王二》訓作『翦耳』。又如志反』，其下之『訉』字訓作『訶』，《廣韻》二字訓與《王二》略同（唯『眲』字引《説文》訓作『墮耳也』），底卷誤糅『眲』、『訉』二條爲一，致有脱誤，兹爲擬補七個脱字符。又『眲』之又音《校箋》以爲非是，志韻『仍吏反』下『刵』、『䏦』二字『並與此字無關』。

〔三九四六〕『髭』字《王二》同，《集韻》作『髭』形，《校箋》：『《考正》云「從叚得聲」。』底卷蓋其俗省字。

〔三九四七〕或體『劕』字《王二》同；考《集韻》『斵』字下云『或作劕、劕』，『劕』當即『劕』字俗訛（比較《鉅宋廣韻·祭韻》楚税切『斵，斵斷』之『斵』爲『斵』字俗訛），而『劕』當又爲『劕』字之訛；《校箋》以爲『劕』當作『劕』，似猶未達於一間。

〔三九四八〕缺字底卷殘泐，可參《箋二》、《王二》及底卷文例補作『古鎋反』、『鴰』四字。又『四』字《王二》作『二』，底卷誤計下一小韻二字於此，兹據校改。

〔三九四九〕『又』字《王二》作『反』，是，兹據校改；《校箋》：『當與前枯鎋反「篱」字同音，《集韻》「蒚」正與「篱」同紐。』又本小韻字數因誤計入前一小韻而致標數字脱抄，當據《王二》補作『二』字，兹爲擬補一個脱字符。

〔三九五〇〕大韻標序字底卷殘泐，可據本卷卷端韻目及《箋二》、《王二》補作『十四』二字，兹擬補二個缺字符。

〔三九五一〕『栢』爲『楔』字或體不詳，《廣韻》、《集韻》皆未載，疑『栢』爲『梏』之訛，唯『梏』亦别有其義，言其通假或可，言爲或體則非。

〔三九五二〕『方正』底卷誤倒作『正方』，兹據《箋二》、《王二》、《裴韻》乙正。

〔三九五三〕注文『作』字下依文例當有一或體字，《王二》不載或體，《集韻》載一或體作『朏』形，可參，兹爲擬補一個脱字符。

〔三五四〕注文『私』字前《王二》有一『又』字，於文例爲安。

〔三五五〕殘字底卷居行末，存上部少許筆畫，兹據《箋二》、《王二》、《裴韻》校補作『絜』字；次行注文缺字底卷殘泐，其中前者可參諸本補作『麻』字，後者《裴韻》作『胡』字，本大韻後『胡結反』小韻亦收有『絜』字，當亦可據補。

〔三五六〕『云』字按文例當作『文』字，底卷形訛，兹據校改。

〔三五七〕釋義下《王二》未收又音，然有或體作『又作鈷』。

〔三五八〕『鶡』字讀音《王二》未載，《校箋》：「案『公鍺反』與『古鍺反』同音，《王一》誤衍一音。」

〔三五九〕注文《王二》作『治魚也；剒也』(二『也』字依例當刪)，《説文·刀部》：『剫，楚人謂治魚也』，是底卷之作『理魚』，乃避唐高宗諱而作，《王二》蓋又唐末或五代人之所回改。

〔三六〇〕殘字底卷存上部少許筆畫，兹據《王二》校補作『臭』字(《廣韻》作『臬』，合於《説文》，此俗字)。 注文缺字底卷殘泐，可據《王二》補作『頭傾』二字。

〔三六一〕字頭底卷存右下角少許筆畫，注文二殘字皆存右側筆畫，其中後者可辨爲捺筆，兹參《王二》、《廣韻》校補作『袺』、『公八』三字。 又注文缺字底卷殘泐，可據《王二》補作『又』字。

〔三六二〕『蝧』字《王二》作『蛈』形，《廣韻》作『螟』，《集韻》作『蝡』，《校箋》：『本書、《王一》當是作「蝡」之誤。』兹從校改。

〔三六三〕注文『山灑』《王二》同，不辭，『山』字《箋二》、《裴韻》、《蔣藏》、《廣韻》皆作『小』字，《校箋》以爲當作『小』字，底卷形訛，兹從校改。

〔三六四〕字頭殘字底卷存上部筆畫，其中右上角之『⺮』形部分可辨，其下至行末底卷殘泐半個大字的空間；次行行首至殘字『衄』間底卷殘泐約五個半大字的空間，其中的二注文殘字底卷皆存右側少許捺形筆畫，《王二》相關内容作『○揤，拭揤。○㲉(䀚)，理㲉(㲉字衍)。○鬣，束髮少小。○血，呼決反。血肉。九』，與底卷所殘空間略合，茲據校補殘字作「擲」、「決反」三字，并爲擬補十四個缺字符。

〔三九六五〕字頭底卷存右側少許筆畫，注文殘字存下部少許筆畫，茲參《箋二》、《王二》、《裴韻》校補作「䀛」、「惡」二字。

〔三九六六〕注文「奴」字《王二》同，《廣韻》作「怒」，後者合於《廣雅·釋詁二》「訙，怒也」之訓，底卷誤脱下部「心」旁，茲據校改。

〔三九六七〕注文缺字底卷殘泐，可據《王二》、《廣韻》補作「無」字。

〔三九六八〕殘字底卷存左下角少許筆畫，茲據《王二》、《廣韻》校補作「湀」字。注文缺字底卷殘泐，可據《王二》補作「通流又」三字；又「古」字《王二》作「苦」，《廣韻》云「又揆、圭二音」，然「湀」字《箋二》、《王二》、《廣韻》皆又見於平聲齊韻苦圭反小韻（底卷齊韻後部殘泐，其中《箋二》、《王二》該處注文有「又古比反」，《廣韻》旨韻「居誄切」小韻收之），唯齊韻所收「湀」字不隸於見紐，疑此「古」字爲「苦」之誤省。

〔三九六九〕前條字頭底卷存左上角少許筆畫，其下注文殘字存左部筆畫，其中「王」旁可辨，後條注文殘字存右下角捺形筆畫，注文二殘字間底卷殘泐約四個大字的空間（包括二殘字本身），《王二》相關内容作「〇玦，古穴反。⿰王風。十八（九）。〇潏，泉出皃；又水名，出京兆」，與底卷所殘空間吻合，茲據校補三殘字作「玦」、「⿰王風」、「皃」，并爲擬補十二個缺字符。

〔三九七〇〕注文缺字底卷殘泐，其中前者可據《箋二》、《王二》、《裴韻》補作「馬」字，後二缺字可依文例補作「或作」或「亦作」二字，唯諸本及《蔣藏》、《廣韻》、《集韻》皆未收或體。

〔三九七一〕注文「縷一條」三字右側底卷略殘，茲參《王二》録定。

〔三九七二〕注文殘字底卷存左部「糹」旁，茲據《王二》、《廣韻》校補作「縱」字。

〔三九七三〕「⿰鬳夬」字《説文》作「⿰鬲夬」，通俗隸定作「⿰享夬」形，底卷俗作，《王二》俗省作「⿰鬲夬」形。

〔三九七四〕本條底卷抄作注文小字，接於前條注文「瘍」字下，《王二》同，《校箋》：「案《説文》「疢，瘍也」，「沉水浪皃」四字不詳，《廣韻》、《集韻》引《説文》云「瘍也」（《廣韻》「瘍」誤作「爲」），無此四字。疑「沉」本作「泬」，爲正文，「水浪皃」爲其注文，《王一》云「又詡穴反」，「泬」字亦見「呼決反」，《集韻》本紐正有「泬」字，唯收爲「潏」字或體耳，然《説文》「潏」、「泬」固是二字。』兹從校改『沉』作『泬』字，并另作一條。

〔三九七五〕『宂』爲『穴』之俗書，底卷『穴』字及從『穴』旁字多作此形（『穴』旁在上者除外），兹爲便於録文，除此字頭外皆徑改作規範字『穴』形。又『翃』字《箋二》、《王二》、《裴韻》、《廣韻》皆作『胡』，底卷蓋承前條又音反語上字而訛，兹據校改。

〔三九七六〕注文缺字底卷殘泐，可據《箋二》、《王二》、《裴韻》補作『目深皃』三字。

〔三九七七〕注文『趹』字《王二》同，《箋二》、《裴韻》、《蔣藏》、《廣韻》皆作『肤』，按《説文·肉部》『肤，骨差也』，《廣雅·釋詁四》『趹，差也』，是底卷『趹』字蓋王仁昫氏所改作。

〔三九七八〕殘字底卷存右上角少許筆畫，兹參《箋二》、《王二》、《裴韻》校補作『驖』字。

〔三九七九〕注文缺字底卷殘泐，可據《王二》、《廣韻》補作『惡性』二字。

〔三九八〇〕注文『忘捺』不詳，《王二》注文只作一『安（忘）』字，《廣韻》作『忘念』，《集韻》引《説文》作『忘也』，疑底卷『捺』字乃蒙下行『捏』字注文『捺』而誤置（《蔣藏》『捏』字注文即訛作『捺』形），俟考。

〔三九八一〕字頭底卷存上部及右下角少許筆畫，兹據《箋二》、《王二》校補作『鐵』字；注文殘字存下部筆畫，《王二》未收古字，只收俗體作『鐵』字，《箋二》收有古體作『鐵』，從底卷殘形看，疑亦作『鐵』形，故從校補；然『鐵』爲俗字，古字當作『銕』，參《箋二》校記〔一七九二〕。

〔三九八二〕注文『亦』下《王二》有一『作』字，於文例爲安。

〔三九八三〕注文『錦』字中部底卷有殘斷，兹參《箋二》、《王二》、《裴韻》録定。又小韻標數字《王二》作『十四』，底卷脱抄『紇』字條并誤糅『絜』、『䏶』二條爲一，而致缺二字頭，兹據校改。

〔三九八四〕殘字底卷存上部少許筆畫，兹據《箋二》、《王二》、《裴韻》補作『齕』字。注文缺字底卷殘泐，可依文例及諸本補作『齧又』二字。

〔三八五〕『齕』字條下《箋二》、《王二》、《裴韻》皆爲『紇』字條，唯《箋二》無注文，《王二》作『丘父之名』，《裴韻》作『又下没反』，較之底卷文例及其致脱之因緣（底卷蓋誤因二條注文皆有『又下没反』而致脱抄『紇』字條），本條原當作『紇，丘父之名。又下没反』，兹姑從擬補九個脱字符。

〔三八六〕『臾』字《王二》同，《廣韻》作『臾』形，《集韻》作『臾』形，後者合於《説文》，底卷俗作。又注文缺字底卷殘泐，可參諸本補作『頭』字。

〔三八七〕『絜』字注文《王二》作『束。又公節反』，其下『膠』字注文作『膜（膜）』，《廣韻》、《集韻》亦二字分訓，其『膜』義皆屬於『膠』字下，合於《廣雅·釋器》，底卷誤糅『絜』、『膠』二條爲一，兹參諸本擬補六個脱字符。

〔三八八〕小韻標數字《王二》作『九』，底卷誤糅『垤』、『硂』二條爲一，而致其間四條内容盡脱，兹據校改小韻標數字作『九』。

〔三八九〕『垤』字《王二》訓作『塞』，《蔣藏》、《廣韻》同，《集韻》作『下也；塞也』，而訓『礬石』者皆作『硂』字（《蔣藏》無此字），《王二》『垤』、『硂』二條間的相關内容作『○垤，塞。○喹，訶。○捻，亦垤（捏）。又乃協反。○胅（腟），腫。○篁，蘥（籥）中者。○硂，礬石』，疑底卷誤糅『垤』、『硂』二條爲一，而致其間四條文字盡脱，《王二》本小韻收九字，比底卷多五字，兹姑從擬補十七個脱字符。

〔三九〇〕注文二殘字底卷皆僅存上部少許筆畫，兹據《箋二》、《王二》校補作『又』、『反』二字。

〔三九一〕前行『岊』字條之下至行末底卷殘泐約一個大字的空間；次行行首至注文『結』字間底卷殘泐約三個半大字的空間，其中二殘字底卷前者存右側少許筆畫，後者存下部少許筆畫，《王二》相關内容作『○巀（巀），巀（巀）嶭（嶭），山高。○齧，五結反。噬。九』，比底卷所殘空間少一個大字，檢《蔣藏》、《廣韻》『巀』字皆收有又音，其中前者作『又藏曷反』，後者作『又藏活切』，疑底卷同有此又音，兹據校補殘字作『五』、『噬』二字，并爲擬補十個缺字符。又『結』字左上角底卷略殘，此參諸本録定。

〔三九二〕『槷』字《箋二》同，當爲『槷』字俗訛，參《箋二》校記〔一九八〕，茲從校改。

〔三九三〕『䁾』字下部底卷略殘，此參《箋二》、《王二》、《裴韻》録定。『䁾』字下至行末底卷殘泐約一個半大字的空間，次行行首至『巇』字間底卷殘泐約四個半大字的空間，《王二》相關内容作『○䁾，目赤。○搣，搣揳。○蠛，蠛蠓，喜亂飛小虫也』，《校箋》以爲『喜亂飛小虫也』乃後人據《爾雅·釋蟲》『蠛』字下郭璞注所增，又其下之『篾，竹篾』條當依《箋二》、《裴韻》、《蔣藏》及《廣韻》移至『巇』字條上，如此則仍較底卷所殘空間少一個大字，疑『搣揳』下底卷當同《箋二》、《裴韻》、《蔣藏》及《廣韻》有『不方正』三字，茲據擬補十四個缺字符。

〔三九四〕『巇』字左上角底卷有殘，茲參《箋二》、《王二》、《裴韻》録定。

〔三九五〕本條《王二》同，《廣韻》作『莫，火不明皃』，後者合於《説文》，底卷『萁』、『大』二字當爲『莫』、『火』二字形訛，茲據校改。

〔三九六〕注文『葬』字《王二》作『莫』，麥耘《『王一』校記簡編》以爲『葬』係『莫』字之訛，是，《王二》未收又音，然其去聲霰韻『莫見反』小韻正收有『巇』字（《王一》該處有殘泐），注云『又莫結反』，茲據校改。

〔三九七〕『紘』字《王二》作『紭』形，《蔣藏》作『紉（紉）』，《廣韻》、《集韻》作『紙』，按『紘』、『紭』二字右側皆『氐』旁之俗作，然『紙』字字書未見，且從『氐』聲字多入上聲薺韻，其聲紐亦與本小韻不諧，《校箋》以爲作『紖』字是，『《萬象名義》、《玉篇》「紖」與「緪」同』，底卷俗訛，茲從校改。

〔三九八〕注文『靡』字《王二》同，《廣韻》作『糜』，後者與《廣雅·釋器》『粖，饘也』義合，底卷形訛，前末韻『粖』字訓誤同，茲據校改。

〔三九九〕前行『鸔』字《王二》同，《廣韻》作『鸔』，底卷末韻『莫割反』字同，此蓋俗省。『鸔』字下至行末底卷殘泐約二個大字的空間，次行行首至『鴓』字間底卷殘泐約四個半大字的空間，『鴓』後殘字底卷存右下角少許彎鈎形筆畫（與『鳥』形下部相似），《王二》相關内容作『○鸔，糜（糜）鸔（鸔字衍）。○瀎，瀎泧。○鑖，小鋌。○鴂，鴂[肌]，繫鴂』，比底卷所殘空間少約二個大字，可參，疑底卷殘字爲『鳥』字，俟考，茲爲後一殘條擬補一個缺字符。

〔四〇〇〇〕小韻標數字底卷殘泐，可據《王二》補作『六』字。

〔四〇〇一〕『蔱』、『輓』二字左側底卷皆略有殘泐，此參《箋二》、《王二》、《裴韻》録定。注文殘字底卷存右側少許筆畫，其雙行注文之左行全殘，《王二》注文只一『輓』字，《裴韻》有又音作『又普蔑反』，與底卷所殘空間及殘字字形合，茲據校補殘字作『又普』二字，并擬補二個缺字符。

〔四〇〇二〕『閉』字上端底卷殘泐，此參《箋二》、《王二》、《裴韻》録定。

〔四〇〇三〕注文『烏結反食』四字左側底卷皆有殘泐，此參《箋二》、《王二》、《裴韻》録定。雙行注文左行底卷全殘，《王二》注文作『烏結反。食塞喉。五』，與底卷行款略合，《箋二》、《裴韻》釋義無『喉』字，茲從《王二》擬補三個缺字符。

〔四〇〇四〕字頭底卷僅存右上角少許筆畫，茲據《箋二》、《王二》、《裴韻》校補作『糓』字。注文缺字底卷殘泐，可據諸本補作『糓𥽖』二字。

〔四〇〇五〕『窫』字上部底卷有殘，此參《箋二》、《王二》、《裴韻》録定。

〔四〇〇六〕注文殘字底卷存右部筆畫，《箋二》、《王二》、《裴韻》、《蔣藏》、《廣韻》皆未載或體，《集韻》載二或體作『蠛』、『蠮』二形，其中後者與底卷殘形合，俗寫『广』、『疒』二旁多混，茲參校補底卷殘字作『蠮』。

〔四〇〇七〕前行『蠮』字條下至行末底卷殘泐約二個大字的空間，次行行首至殘字『挈』間底卷殘泐約五個大字的空間，《王二》相關内容作『○猢，獸名。○猰，苦結反。猰貐。八（九）。○類，頢類，短皃』，比底卷所殘空間約少一個大字，可參。

〔四〇〇八〕殘字底卷存右側少許筆畫，茲參《箋二》、《王二》、《裴韻》校補作『挈』字。注文缺字底卷殘泐，可據諸本補作『計反』二字。

〔四〇九〕字頭殘字底卷僅存上端一短『丨』形筆畫，兹據《箋二》、《王二》、《裴韻》校補作『甈』字。『甈』字下至注文第一個殘字間底卷殘泐約二個半大字的空間，其中注文第一個殘字底卷存右側少許筆畫，第二個殘字存右及上部漫漶的筆畫，第三個殘字存右下角短捺形筆畫，第四殘字存右部似『頁』形筆畫，第五個殘字存右部似『人』或『又』形筆畫，《王二》相關内容作『○甈，甈瓶。○奊，类奊，多節目皃』，其中『甈』、『奊』之間的内容比底卷所殘空間少約一個大字，檢《箋二》、《裴韻》、《蔣藏》、《廣韻》『甈』字注文『甈瓶』下皆有『受一斗』（《廣韻》誤『斗』作『升』字）三字，底卷當有，兹爲此殘泐空間擬補六個缺字符。又『奊』字注文所存者（包括殘字）皆居底卷雙行注文之右行，其左行全殘，檢《箋二》、《蔣藏》注文『多節目』下皆有『类字練結反』五字，然此五字與底卷注文二至五個殘字所存字形不合，疑其當居底卷『奊』字雙行注文之左行，而右行殘字或爲又義，按《說文·夨部》『奊，頭傾也』，與底卷注文第四個殘字所存『頁』旁合，但其究爲『頭』或『傾』字之殘仍不能定，俟考，姑爲其下殘字擬補一個多字缺字符。

〔四一〇〕字頭和注文殘字底卷皆存右部筆畫，其中後者似『句』形，兹據《王二》、《廣韻》校補作『蛪』、『蚼』二字。

〔四一一〕『契』字下部及『虎』字上部底卷皆略有殘泐，兹參《箋二》、《王二》、《裴韻》録定（其中《王二》『契』字條脱）。又『契』、『虎』之間底卷殘泐約四個大字的空間，《王二》相關内容作『「○契，契闊。又苦計反。」○栔，刻絶。○鍥，斷。○奋，虎結反。肥狀（壯）。四』，校正後的内容與底卷所殘空間略合，又『虎結反』三字居底卷雙行注文右行，其左行全殘，兹據擬補十五個缺字符。

〔四一二〕『虎結反』殘條之下至行末底卷殘泐約四個大字的空間。

〔四一三〕此處所殘據《箋二》及《王二》知爲十四屑韻後部（約三行）和十五薛韻前面部分（約九行），計約爲十二行。

〔四一四〕行首至注文殘字間底卷殘泐半行多，據空間，可抄十八個左右大字，其中的殘字底卷存左上角似『車』形筆畫，兹參《箋二》、《王二》、《裴韻》校補作『暫』字（《王二》誤作『慙』字），『暫』字所在條《王二》作『暫，芳滅反。慙（暫）見。七」，兹從擬補六個缺字符。又殘字「暫」之上約十一個大字處有一注文殘字，存左側少許筆畫，不能斷爲何字，故不録。

〔四〇一五〕前行殘字「暫」字所在條下至行末底卷殘泐約八個半大字的空間，次行行首至後條注文殘字（底卷存下部筆畫）間底卷殘泐約四個半大字的空間，《王二》相關内容作「○潎，漂。○憋，怒。○撆，擊撆（撆字衍）。○㿜，枯病。○馝，小香。○鐅，鐅刃。○别，皮列反。分别；[非]體。二」，比底卷所殘空間少約三個大字，可參，兹據校補後條注文殘字作「皮」，并爲後一殘條擬補一個缺字符。

〔四〇一六〕注文二殘字底卷皆存左側少許筆畫，兹參《箋二》、《王二》、《裴韻》校補作「或作」二字。又缺字底卷殘泐，其中反語《王二》作「兵列反」，《箋二》作「方列反」，《裴韻》作「變别反」，《廣韻》作「方别切」，可參；後二缺字可參諸本補作「分」、「訬」。小韻標数字可据實收字数補作「二」字。

〔四〇一七〕字頭底卷殘泐，可據《王二》、《廣韻》補作「扒」字。

〔四〇一八〕注文缺字底卷漫滅，可據《王二》補作「五」字。

〔四〇一九〕「澈」字下至「劣」字間底卷殘泐約四個大字的空間，其中「澈」字下部、「劣」「掃」二字上部底卷皆略有殘泐，此並參《王二》録定，《王二》相關内容作「○澈，水清澄。○徹，去徹（徹字衍）。○㕞，所劣反。掃。三」，與底卷所殘空間吻合，兹據擬補九個缺字符。又「徹」字已見於該小韻第二字，《廣韻》本小韻亦收五字，其末條「㯙，東」爲底卷所無，《集韻》亦收「㯙」字，唯訓「去」之字《集韻》作「撤」，注云「或从力，通作徹」，疑底卷訓「去」之字或當從《集韻》或體作「勶」字。

〔四〇二〇〕「唰」字底卷略有漫漶，兹據《王二》録定。又注文缺字底卷殘泐，可參《王二》補作「理」字。

〔四〇二一〕前行「唰」字條下至行末底卷殘泐約三個大字的空間，次行行首至殘字「趌」間底卷殘泐約四個大字的空間，《王二》相關内容作「○鍔，二鍔爲斤。○孑，居列反。單孑（孑字衍）。三。○釨，鉤釨戟。○趌，趌趣，跳皃」，與底卷所殘空間略合，當可據補。又後一殘條的注文殘字底卷可辨右部「吉」旁，兹參《箋二》、

《王二》、《裴韻》校補作『趌』字，殘字『趌』下底卷有一略有漫漶的似『⿺走厥』形字，疑爲抄誤而未删去者，此參《王二》及《箋二》、《裴韻》徑删之。

〔四〇二二〕本條二字右部底卷皆略有殘泐，此並參《王二》録定。又『⿰歹戌』字《廣雅·釋詁一》同，《廣韻》、《集韻》作『⿰歹戉』（揚州使院本《集韻》作『⿰歹戉』形），《玉篇·歺部》同，就形義關係及同源詞看，從『戌』旁字多有高遠、窮盡義，而從『戉』旁字多有輕忽、飄越義，是底卷訓『盡』之字當以從『戌』旁爲是。

〔四〇二三〕字頭底卷存左部筆畫，其中『口』旁可辨，兹據《箋二》、《王二》、《裴韻》校補作『吶』字。又注文『吶』字右上角底卷略殘，此參諸本録定。缺字底卷殘泐，諸本小韻反語皆作『女劣反』，底卷可據補。

〔四〇二四〕『嫳』字下部底卷略殘，兹參《箋二》、《王二》、《裴韻》録定。『嫳』字下至行末底卷殘泐約二個大字的空間，次行行首至殘字『犯』間底卷殘泐約五個大字的空間，其中二殘字底卷皆存左部筆畫，可參諸本校補作『犯』、『衛』二字，《王二》相關内容作『○嫳，扶别（列）反。怒。二（一）。○妜，於悦反。嫳妜。一。○蹶，紀劣反。［有所犯突］。又［其月］、居衛［二］反。四』，校正後的内容與底卷所殘空間吻合，兹據擬補二十二個缺字符，唯『嫳』字釋義《箋二》、《裴韻》、《蔣藏》及《廣韻》皆作『嫳妜，輕薄易怒皃』，《校箋》以爲《王二》當據補，是底卷蓋亦同脱之。

〔四〇二五〕小韻標數字底卷漫滅，《姜韻》未録，此從《敦煌掇瑣》録定。

〔四〇二六〕『初』字前《王二》有一『又』字，合於底卷文例，此脱，兹據擬補一個脱字符。

〔四〇二七〕注文『腝』字《王二》、《裴韻》同，《廣韻》、《集韻》作『耎』，後者合於《説文》，『腝』、『耎』二字在表示『嫩軟』義上俗多通用。小韻標數字底卷漫滅，《姜韻》未録，此從《敦煌掇瑣》録定。

〔四〇二八〕注文『姉列』、『亦』三字底卷皆有些漫漶，此參《箋二》、《王二》、《裴韻》及《姜韻》（『姉』字《姜韻》録作『作』，與底卷殘形不合）録定；又『反』字下至行末底卷殘泐約二個大字的空間，《王二》『⿱截皿』字注文作『姉列反。⿱截皿蓋（二字當乙正），似蟬。六』，或體《蔣藏》、《廣韻》、《集韻》有之，唯三書皆『蠽』爲正體而以

『蠽』爲或體，是底卷『亦』字下二缺字參此可依文例補作『作蠽』。然如此注文則比底卷所殘空間少約一個大字，只是居底卷注文雙行右行之末的『蠤蠽』二字因筆畫較繁而可能占據三個小字的空間，則其注文下僅餘半個大字的空間，其下因接抄下一字頭而换行録文，是本條下容有半個左右大字的空白。其他缺字可參《王二》補。

〔四〇二九〕『鸛』字底卷略有漫漶，此參《箋二》、《王二》、《裴韻》及底卷書寫習慣録定。又或體字《王二》略同，他本及《廣韻》、《集韻》皆不載，『鴮』字左旁當爲『桼』之俗寫，此字當即《説文・鳥部》『鶔』之俗字。又缺字底卷殘泐，可據《王二》補作『小鷚亦』三字。

〔四〇三〇〕字頭『𣦵』及注文『小』二字右側底卷略殘，此參《箋二》、《王二》、《裴韻》録定；『𣦵』字上揭各本略同，爲『歺』字俗寫。下文從『𣦵』旁者仿此，不再出校説明。

〔四〇三一〕『大』字《王二》作『夭』，《廣韻》同，周祖謨《廣韻校勘記》：『「夭」字段改作「大」，云「大死曰殀」，又云「殀是《字林》夭札字，見《左傳釋文》」。案《左傳・昭公十九年》釋文云：「札，側八反；一音截。大死也。《字林》作殀，壯列反，云夭死也。」是「大死」、「夭死」各有所本。』疑當以『大』字爲是，所謂『大死』蓋與表示昏厥的『小死』相對，而謂真死，或以『大死』不辭，因改作『夭死』。

〔四〇三二〕『中』字條下底卷誤接抄『娎，許列反。喜皃。一』一條內容，後覺而補抄本小韻『鯀』字條，又於『鯀』字條下重抄『娎，許列反。喜皃。一』字，唯重抄之『娎』字條注文多殘，茲徑刪誤抄之條。又小韻標數字因條目誤抄而致後計數不確，茲據《王二》校改作『二』字。

〔四〇三三〕『鯀』字《王二》作『觫』形，《廣韻》作『觲』形，『柰』旁爲『枼』旁之諱改字，從『角』旁合於形聲構字理據，底卷形訛，茲據校改。又又音與正音同，不合文例，『列』字《王二》作『例』，『鯀』字又見於底卷去聲祭韻『丑勢反』小韻，是底卷此脱『亻』旁，茲據校改。

〔四〇三四〕『娎』字注文底卷僅存其雙行右左二行行首的『許』、『喜』殘形，其下至行末殘泐約一個半大字的空間，因此條在『鯀』字條前衍抄，故據補注文如此。

〔四〇三五〕小韻標數字底卷漫滅，可參《王二》補作『一』字。

〔四〇三六〕『剆』字《王二》作『箣』，《箋二》、《裴韻》、《集韻》作『剆』，《廣韻》、《集韻》作『剆』，又《集韻・祭韻》以『剆』爲首字，注云『或作剆』，『剆』即『剆』的訛俗字（參看上文校記〔三九四七〕），是底卷與《王二》皆形訛，《補正》據校，兹從改。又注文殘字底卷存右上角筆畫，兹據《箋二》、《王二》、《裴韻》校補作『聲』字；又缺字底卷殘泐，可參諸本補作『列反』、『今』三字。

〔四〇三七〕『拈』字下底卷蒙下條注文衍抄一『戾』字，《王二》同，兹據《裴韻》、《蔣藏》、《廣韻》及《集韻》徑删。

〔四〇三八〕本條《王二》無，其反語在義訓之後，亦與底卷文例不合，又前寺絶反小韻『掣』字《蔣藏》、《廣韻》作『掣』形，《集韻》則以『掣』爲首字，而收『掣』、『掣』二字爲其或體，《玉篇・手部》亦作『掣』形，疑此與底卷字形皆爲『掣』或『掣』字之俗訛，俟考，《校箋》以爲此條當出後人增之，蓋是。

〔四〇三九〕大韻標序字前一字底卷殘泐，可據本卷卷端韻目及《箋二》、《王二》補作『十』字，兹擬補一個缺字符。

〔四〇四〇〕本小韻後從『析』旁字或作『折』形，俗寫『木』、『扌』二旁不分，兹依音讀皆徑録作『析』形，後不一一出校説明。

〔四〇四一〕『蝀』字《王二》同，《廣韻》、《集韻》作『蝀』，後者合於形聲構字理據，俗寫『束』、『朿』二形多混而不分，兹據校改。

〔四〇四二〕小韻標數字底卷漫滅，可據《王二》補作『七』字。

〔四〇四三〕缺字底卷殘泐，可參《箋二》、《王二》、《廣韻》補作『打』字。

〔四〇四四〕字頭殘字底卷居前行行末，僅存左上角少許筆畫，次行注文殘字存右下角筆畫，兹並參《箋二》、《王二》、《裴韻》校補作『鼙』字。

〔四〇四五〕注文『迫阸』《王二》作『迫泥』，《集韻》作『回阸』，《校箋》：『案《方言》十三「憤、竅（「竅」字郭音孔竅，正文「窾」原疑作「竅」），阨也」，郭云「謂迫阨也」。本書「泥」及《王一》「阬」並即「阨」字之誤。《集韻》「迫」字作「回」，誤。』按《方言》「窾」字郭注既音「孔窾」，則原字必非「竅」字之誤；以字形而言，底卷『阬』及《集韻》『阢』當皆爲『阢』的訛俗字，《王二》作『泥』，則爲『泒』字之訛；《唐刊》（伯五五三一）錫韻本條字頭殘泐，注文作『迴阢。阢九六反』，這個『九六反』的『阢』亦正是『阢』的訛俗字（『阢』、『泒』《廣韻》皆在屋韻，音居六切，與『九六反』同音），是其切證；『阢』、『泒』注文中或當以後者爲長（《集韻・屋韻》以『泒』爲『阢』字或體），注文『迫』疑亦當據《唐刊》（伯五五三一）和《集韻》作『迴』或『回』爲是，『泒』字《廣韻》釋『水文』，『迴（回）泒』當指水之漩渦，與『竅』字字形略合。

〔四〇四六〕『鈲』字《王二》作『鈲』，《廣韻》、《集韻》作『鋠』，後者合於《方言》卷二字形及形聲構字理據，底卷俗訛，茲據校改。

〔四〇四七〕注文反切上字『閅』字《箋二》、《王二》、《裴韻》皆作『間』，《蔣藏》、《廣韻》本小韻反語作郎激反，是底卷『閅』當爲『間』字形訛，茲據校改。又小韻標數字底卷漫滅，疑原或作『卅一』，當據校後内容補作『卅四』二字。

〔四〇四八〕注文『趚』字當作『趚』，參《箋二》校記〔一八三八〕，茲爲校改。

〔四〇四九〕前行『酈』字注文『縣名在』三字底卷皆有漫漶，此從《姜韻》録定，其中『在』字居雙行注文左行行首，下依行款約殘二個小字（在行末），次行行首至下條『瀝（癧）』間底卷殘泐約一個大字的空間（其中存雙行注文左行末字『反』），《王二》相關内容作『酈，縣名，在南陽。又力知反』，《箋二》同，與底卷所殘空間合，茲據擬補五個缺字符。

〔四〇五〇〕本條字頭及注文『瀝』字《王二》皆作『癧』，合於形聲構字理據，《裴韻》、《廣韻》本條字亦皆從『疒』旁，唯二書本小韻又收『瀝』字，訓作『滴瀝』，《王二》與底卷蓋同脱抄『瀝，滴瀝』條，茲據校改。

〔四〇五二〕注文殘字底卷皆存右部少許筆畫，茲據《箋二》、《王二》、《裴韻》校補作『盧各反』三字。

〔四〇五二〕『瀝』字《集韻》以爲『瀝』字或體，《箋二》『鎘』字條下接有『瀝，滴瀝』一條内容，《裴韻》、《蔣藏》、《廣韻》、《集韻》本小韻皆收有『瀝』字條文字，《校箋》：『《王一》當是誤奪「瀝」字，又誤合「鎘」、「瀝」二字注文。』《王二》亦脱『瀝』字條文字，兹從擬補三個脱字符。又『鎘』字注文『鏑』當爲蒙下『瀝』字注文『滴』而致誤，又因『鎘』字而類化從『金』旁，兹參諸本校改作『鎗』字（《箋二》、《裴韻》作『鐺』，《王二》、《蔣藏》、《廣韻》作『鎗』，《集韻·耕韻》『鐺』字注：『釜屬。通作鎗。』）

〔四〇五三〕『羅』字條《王二》脱，其注文《箋二》、《蔣藏》、《廣韻》皆作『羖羅』，《裴韻》作『羖羅，羊』，《集韻》作『羖羅，山羊』，是『羖羅』當爲聯綿詞，底卷此當用注文與被注字連讀成訓例。

〔四〇五四〕注文『亦作』二字左側底卷略殘，兹參《王二》録定；又缺字底卷殘泐，可據《王二》補作『平』、『核反』、『甂、鬲』五字。

〔四〇五五〕殘字底卷存右側筆畫，兹據《王二》、《廣韻》校補作『驨』字。注文缺字底卷殘泐，可參二書補作『色』字。

〔四〇五六〕後條注文殘字底卷存左下角少許筆畫，『驨』字條之下至下條殘字『歷』間底卷殘泐約三個大字的空間，《王二》相關内容作『〇衷（衷），緸。〇鼜，䴷鼜』，與底卷所殘空間吻合，兹據校補殘字作『鼜』，并爲擬補四個缺字符。

〔四〇五七〕殘字底卷存左下角筆畫，兹參《廣韻》校補作『歷』字，《王二》脱抄本條。

〔四〇五八〕『磿』、『曆』間《王二》有『厤，理』一條内容，《裴韻》、《廣韻》、《集韻》略同，唯『理』作『治』，合於《説文》，《王二》乃避唐高宗諱而改字，底卷當脱此條，兹從《王二》擬補二個脱字符。

〔四〇五九〕『鯿』字《王二》作『鯿』形，訓作『鷄觡』，《廣韻》以『鯿』爲『鬁』字或體，《集韻》則以『鯿』爲首字，而收『鬁』、『觻』爲其或體，《校箋》：『《王一》此字誤作「鯿」，注文奪。《廣韻》無此字，《集韻》字見陌韻，爲「觵」字或體，音「屋號切」，注云「角似鷄鉅」。』在鷄距義上『鉅』、『觡』通用，兹從改，又『角鋒』《王二》、《廣韻》皆以爲『觻』字注文，兹爲擬補『鯿』字注文及下『角鋒』義之字頭計三個脱字符。

〔四〇六〇〕「櫟」字條在行末，次行行首至「適」間底卷殘泐約五個大字的空間，其中後一條注文雙行小字之左行不殘，《王二》相關内容作「○藶，葶藶。○的，都歷反。指的。亦作弔。十七」，與底卷所殘空間吻合，兹據擬補九個缺字符。

〔四〇六一〕注文《王二》有脱文，《蔣藏》、《廣韻》作「駒顱，馬白額」，於義爲長；《説文》「馰，馬白額」，底卷「䮱」當爲「額」字形訛，兹據校改。

〔四〇六二〕字頭底卷存右部「勺」旁，注文殘字存右側少許筆畫，兹參《王二》、《裴韻》校補作「玓」、「瓅」二字。

〔四〇六三〕字頭底卷存左下角筆畫，兹參《王二》、《廣韻》校補作「扚」字。

〔四〇六四〕「齣」字《王二》作「䶂」形，《裴韻》、《廣韻》同，後者合於《説文》，底卷俗訛，兹據校改。

〔四〇六五〕注文後一「子」字《王二》同，《校箋》：「「子」當是「了」字之誤，字又見篠韻「胡了反」。」底卷蓋承前釋義而誤，兹從校改。

〔四〇六六〕釋義下《王二》有「又市灼反」四字。

〔四〇六七〕又音反切上字「丁」字《王二》作「下」，《王二》上聲篠韻「胡了反」小韻收有訓「蓮中子」的「芍」字，「下」「胡」紐同，則底卷「丁」字當爲「下」字形訛，兹據校改。

〔四〇六八〕「椺」、「鍾」二字《王二》、《廣韻》略同（《廣韻》「鍾」作「鐘」），周祖謨《廣韻校勘記》：「案此字及注並誤（敦煌王韻同），「椺」《集韻》作「椴」是也，注云「《説文》穜椴也；一曰燒麥柃椴也」（《説文繫傳》同），此注「鐘椺」二字即「穜椴」二字之誤。」《校箋》：「案周説是，本書麥韻「下革反」「椴」下云「又胡的反」，可證此是「椴」字之誤。」俗寫「亻」、「彳」二形多混而不分，「役」即「役」之俗字，底卷「椺」、「鍾」二字形訛，兹從校改作「椴」、「穜」二字。

〔四〇六九〕注文殘字底卷存右上角少許筆畫，兹據《王二》校補作「龜」字；又缺字底卷殘泐，可據《王二》補作「骨」字。

〔四〇七〇〕『蔄』字《王二》同，《集韻》字頭首字作『蕑』，後者合於形聲構字理據，底卷俗省，又參後校記〔四一〇二〕。

〔四〇七一〕本小韻後脱二條文字，故小韻標數字亦少計二條，詳後校記，兹爲校改『十五』作『十七』。

〔四〇七二〕『狄』、『翟』二條間《王二》有『敵』字條，《箋二》、《裴韻》、《蔣藏》同，底卷當脱，唯諸本釋義不同，《箋二》作『陣敵』，《王二》作『對敵』，底卷當同《王二》，兹爲擬補三個脱字符。

〔四〇七三〕注文『干』字《箋二》、《王二》、《裴韻》、《蔣藏》、《廣韻》皆作『竿』，底卷蓋承前『竹』字而脱抄『⺮』字旁，兹據校改。

〔四〇七四〕『覿』字下至行末底卷殘泐約一個大字的空間，其中僅存雙行注文左行首字上部似『作』字上部形之殘畫，《箋二》、《王二》、《裴韻》、《蔣藏》（誤作『現』）注文皆作『見』一字，《廣韻》作『見也』，《集韻》作『《爾雅》「見也」。或作覿（覿）、覞』，是底卷釋義當同諸本，而别收一個或體字，因『覿』字底卷又收爲後『他狄反』小韻『覿』字或體，疑底卷之或體或作『覞』形，兹據校補殘字作『作』字，并爲擬補三個缺字符。

〔四〇七五〕字頭及注文缺字底卷殘泐，可據《王二》及文例補作『笛』、『作』二字（《王二》未收或體）。注文殘字底卷存『長』字下部形筆畫，兹據《王二》校補作『長』字。

〔四〇七六〕『商』字《箋二》、《裴韻》、《蔣藏》及《廣韻》並作『高』，合於《説文》，底卷俗訛，兹據校改。

〔四〇七七〕本條《王二》脱抄，《廣韻》作『楸，臧棉，《爾雅・釋木》曰「狄臧棉」是也』，《校箋》：『《釋文》「棉」字樊本作「㭾」，《王一》「格」爲「㭾」之誤，上當有「臧」字。』兹從校改并擬補一個脱字符。

〔四〇七八〕『苗』、『犒（犒）』二條間《王二》有『霝（霝），雨』條内容，《廣韻》同（唯注文加語尾詞『也』字），底卷當脱，兹爲擬補二個脱字符。

〔四〇七九〕『犒』字《王二》、《廣韻》皆作『犒』，後者合於形聲構字理據，底卷俗作。

〔四〇八〇〕注文殘字底卷存上部筆畫，兹參《王二》及底卷文例校補作『作』字；又或體字『惄』《王二》、《廣韻》、《集韻》皆未收，唯《廣韻》於本小韻中别立『惄，勞也』一條文字，《集韻》則以『惄』字爲『惕』字或體，合於《説文》，《校箋》：『《王一》「愁」字當誤。』疑底卷抄者誤移下條『愓』字或體於此。

［四〇八一］『愓』字在行末，次行行首至『意』字間底卷殘泐約二個大字的空間，其下注文殘字底卷存下部筆畫，《王二》相關内容作『○愓，憂愓。○𥉶，失意皃』，除『𥉶』字又音外，與底卷所殘空間吻合，兹參《王二》及底卷文例擬補五個缺字符。又『𥉶』字又見於平聲尤韻『勑鳩反』小韻，注云『失意視。又他狄反』，是底卷『用』字當爲『周』字形訛，而殘字所存之形與『勑』略合，兹據校補殘字作『勑』。

［四〇八二］字頭『愨』字《王二》、《廣韻》同，《校箋》：『疑「愨」即「慗」字之誤，字本讀溪母，本書誤收之耳。……《説文》：「慗，憊也。」「憊」爲疲劣羸困之義，與「軟」字義通。』可參。

［四〇八三］『蓨』字《王二》同，《廣韻》作『蓨』形，《校箋》以爲當從《廣韻》作『蓨』字，合於形聲構字理據，底卷俗訛，兹從校改。又『蓧』字《王二》作『蓧』，合於《爾雅·釋草》，底卷形訛，故據校改。

［四〇八四］字頭『炟』字《王二》作『炟』，《廣韻》作『炮』，後者合於《説文》，段注以爲當從『皀』聲，故改其字作『炟』形，底卷蓋因『望見』與目有關，而改從『目』，且俗寫『目』、『日』多混而不分，蓋可視爲俗作。

［四〇八五］注文《王二》作『竹籊』，本大韻前『徒歷反』小韻『籊』字注文爲『竹干（竿）皃。又他歷反』，《廣韻》注文作『竹竿皃』，與前一小韻訓同，《王二》注文『籊』字疑爲衍文。

［四〇八六］注文『燥』字《裴韻》、《蔣藏》同，乃『燥』的俗字，《廣韻》正作『燥』；《王二》作『燥』，當係據『燥』字錯誤回改之訛，不可從。參看《敦煌俗字研究》下編火部『燥』字條考釋。

［四〇八七］字頭『毄』字《王二》、《廣韻》作『毄』形，《箋二》、《裴韻》、《蔣藏》作『毄』，後者合於《説文》，前二形皆『毄』之俗字。

［四〇八八］字頭底卷存下部少許筆畫，注文殘字存左部筆畫，其中『口』旁可辨，兹參《王二》、《蔣藏》、《廣韻》及底卷書寫文例校補作『喫』、『啗』二字。

［四〇八九］注文《王二》同，《廣韻》、《集韻》『吹』字下有『器』字，《玉篇》略同，於義爲長。

〔四〇九〇〕『䄧』字《廣韻》同，《王二》作『稍』，《集韻》作『礿』，《校箋》：『案此即《釋名・釋兵》「矪」字，《廣雅・釋器》作「矪」，本書誤。』『矪』字蓋本爲會意兼形聲字，俗改作形聲字『矪』形，又俗寫『勺』或作『夕』形，底卷回改『夕』作『勺』形，亦與形聲構字理據合。

〔四〇九一〕注文『恒』字《王二》同，《敦煌掇瑣》、《姜韻》皆録作『怚』字，疑底卷『恒』字爲『怚』字形訛，姑據校改。

〔四〇九二〕小韻標數字《王二》作『十六』，底卷後誤糅『蓂』、『簨』二條爲一，遂致誤計，兹從校改『五』作『六』字。

〔四〇九三〕注文缺字底卷居行首，殘泐，可據《箋二》、《王二》、《裴韻》補作『軨』字。

〔四〇九四〕注文『驚』字《王二》同，《箋二》、《裴韻》、《蔣藏》、《廣韻》作『惡』，《集韻》訓作『馬囓謂之驍；一曰馬驚視』。

〔四〇九五〕『系』字《裴韻》、《蔣藏》（字中部略有殘泐）同，《王二》作『糸』形，《箋二》、《廣韻》、《集韻》同，後者合於《說文》，『系』當爲『糸』字形訛，兹據校改。注文『𢆶』字《王二》作『絲』，《裴韻》、《蔣藏》、《廣韻》同，後者合於《說文》，底卷形訛（『𢆶』字《說文》訓作『微也』），亦據校改。

〔四〇九六〕『鼎』字右下部底卷作『斤』形，俗寫，兹徑録正。

〔四〇九七〕『蝀』字《王二》、《廣韻》同，周祖謨《廣韻校勘記》：『「蝀」當作「蝀」，「蝀」見「先擊切」下。』俗寫『朿』多作『束』形，兹據校改。

〔四〇九八〕注文『醜』字底卷初蒙下誤作『塗』字，後於上塗改作二點狀筆畫，爲代字符形，兹參《王二》録定。

〔四〇九九〕注文二殘字底卷皆僅存下部少許短竪形筆畫，兹據《王二》校補作『畚帶』二字。又『蓂』字注文《廣韻》作『菥蓂』，《集韻》作『艸名，《爾雅》「菥蓂，大薺」』，其前有『簨』字訓作『篘簨，畚帶』，《廣韻》略同而訓無『畚帶』二字，《校箋》：『此奪「蓂」字注文及正文「簨」字。』兹從擬補三個脱字符。

〔四一〇〇〕『覞』字《王二》同，《廣韻》、《集韻》作『䚂』，後者合於形聲構字理據，底卷俗訛，兹據校改。

〔四一〇一〕『閴』爲『闃』之俗字，參《箋二》校記〔一八四九〕，注文反切下字『鶪』字左旁亦爲『狊』之俗省。本小韻後從

「貝」旁字仿此。

〔四〇二〕注文殘字底卷存下部「一」形筆畫，兹據《箋二》、《王二》、《裴韻》校補作「古」字。

〔四〇三〕「鼜」蓋「鼜」之俗訛字，説詳《箋二》校記〔一八五二〕。

〔四〇四〕「磬」字《王二》同，《箋二》、《裴韻》、《蔣藏》、《廣韻》、《集韻》本小韻皆無此字，《校箋》：「「鼜」字下《廣韻》、《集韻》收《説文》正體作「鼜」，疑「磬」即「鼜」字之誤。」兹從校改，然依文例，此條當删。

〔四〇五〕注文《王二》作「覗人」，《廣韻》作「規覗，面柔，《詩》本或作戚施」，《蔣藏》、《集韻》亦皆以「規覗，面柔」爲訓，按「規覗」當爲聯綿詞，底卷蓋以爲同義詞而因《説文·見部》「覗，司人也」訓之，《王二》又因「規覗」連用而改「眮」（當爲「司」之類化字）作「覗」，遂致誤亂，疑底卷「眮」字下脱「人」字。

〔四〇六〕「欶」字上部底卷略殘，此參《箋二》、《王二》、《裴韻》録定。

〔四〇七〕「鬫鬫」不辭，兹據《王二》校改後一「鬫」字作「鬩」，底卷誤作。

〔四〇八〕釋義下《王二》有「亦作篘字」四字，《廣韻》、《集韻》亦無或體，《裴韻》字頭作「篘」形。

〔四〇九〕「又」字下底卷有一「狄」字，蓋承前反語而衍，兹據《王二》徑删。又《校箋》：「此爲增加字，《廣韻》併入檄紐下。」

〔四一〇〕「昔」字上部底卷略殘，此參本卷卷端韻目及《箋二》、《王二》録定。又大韻標序字底卷殘泐，可參《箋二》、《王二》及底卷文例補作「十七」二字，兹擬補二個缺字符。

〔四一一〕或體「涾」字《王二》未載，《集韻》別出「涾」字，注云「《博雅》「隁也」」，俟考。

〔四一二〕注文「昔」字下底卷衍抄一「石」字，兹據《箋二》、《王二》、《裴韻》徑删。

〔四一三〕注文「尺」字《王二》作「足」，《箋二》、《廣韻》同，底卷形訛，兹據校改；又殘字底卷存下部筆畫，兹依殘形及文例校補作「亦」字；又「踈」字《集韻》作「踈」形，與《説文·辵部》「迹」字注文所收籀文「速」字聲旁同，底卷俗寫「朿」旁多作「束」形，兹據校改。

〔四二一四〕『𦚔』字下部《王二》作『肉』形，按『肉』旁隸定後多作『月』形，《箋二》、《裴韻》、《蔣藏》、《廣韻》皆未載此形，《集韻》載之，字形略同（唯下部明確作『日』形，而底卷字形則介於日、月之間），《校箋》：『此即上文「脊」字，《説文》作如此，不當重出。』

〔四二一五〕『縴』字《箋二》、《王二》、《蔣藏》、《廣韻》、《集韻》皆作『繹』形，《裴韻》作『縴』形，下文『睪』字或『睪』旁亦或作『睾』，其右旁皆同一篆文之不同隸定形體（《説文》篆文直接隸定當作『睪』形），後不一一出校説明。

〔四二一六〕字頭底卷存下部少許筆畫，兹參《箋二》、《王二》及底卷書寫文例校補作『驛』字。又注文『馬』字中部底卷有一殘痕，此亦參二書録定。

〔四二一七〕『脾』字《王二》作『胛』，《箋二》、《裴韻》同，底卷形訛，兹據校改。

〔四二一八〕『釋』字在行末，次行行首至『焲』字間底卷殘泐約半個大字的空間，《王二》相關内容作『釋，耕釋』，其釋義《廣韻》、《集韻》皆作『耕也』，疑《王二》『耕』下之『釋』字爲衍文，故從擬補一個缺字符。

〔四二一九〕本條《王二》同，《廣韻》首義略同，作『引繒皃』，《裴韻》字頭下加『廾』旁，訓云『引給也』，合於《説文》，段注據《廣韻》改『給』作『繒』，并申注云：『《篇》、《韻》此字皆作「睪」，非也，「睪」與「羿」不得合爲一字。』

〔四二二〇〕注文『清』字《箋二》、《裴韻》皆作『漬』，後者合於《説文》，底卷形訛，兹據校改。

〔四二二一〕注文『釆』字底卷有些漫漶，此參《王二》録定。

〔四二二二〕注文『反』字前依文例當有一『二』字，疑此脱。

〔四二二三〕字頭底卷存右下角筆畫，兹據《箋二》、《王二》、《裴韻》校補作『嫡』字。

〔四二二四〕『𥃦』字《王二》同，《廣韻》作『𥃦』，後者合於《説文》，底卷俗寫，兹據校改。注文缺字底卷殘泐，可據《王二》補作『相』字；又『亦適』二字《王二》同，《校箋》：『案《説文》云「讀若適」，疑即此「亦適」二字所從出。』或『亦』下脱一『音』字。

〔四二五〕字頭底卷殘泐，可參諸本補作『鬄』字。注文二殘字底卷皆存下部少許筆畫，兹據《王二》、《裴韻》、《蔣藏》校補作『鬀髮』二字；又釋義下《裴韻》同底卷無又音，《王二》有『又他的反』四字，《蔣藏》、《廣韻》作『又音逖』。

〔四二六〕注文『盜竊』二字底卷有些漫漶，此參《姜韻》録定；又『反』字置此不辭，兹依文意校改作『乃』字，底卷形訛。

〔四二七〕『㡿』字今通俗字形作『斥』，參《箋二》校記〔一八〇〕。

〔四二八〕注文殘字底卷前者存右部『郎』旁，後者存下部漫漶的筆畫（其中『乂』形可辨），兹參《王二》、《廣韻》校補前一殘字作『鄉』字；『鄉名』下《王二》作『又呼各反』四字，其反語下字與底卷殘形不合，考『郝』字亦見於底卷本大韻『施隻反』小韻，其中『隻』字與後一殘字形近，兹姑據校補作『隻』字，其餘缺字底卷殘泐，亦可參《王二》補作『又施』、『反』三字。

〔四二九〕『鉐』字右側底卷略有漫漶，兹參《箋二》、《王二》、《裴韻》録定。注文缺字底卷漫滅，可參諸本補作『鍮鉐』二字。

〔四三〇〕『碭』字右上角底卷略有漫漶，此參《王二》、《廣韻》録定。

〔四三一〕『𤇯』爲『燥』的俗字，《王二》正作『燥』。

〔四三二〕殘字底卷存下部筆畫，兹參《箋二》、《王二》、《裴韻》校補作『墌』字。

〔四三三〕注文『躑』字底卷重出（前一字作代字符），當衍其一，兹徑删。

〔四三四〕『朁』字《王二》略同，《廣韻》作『潜』，《集韻》作『潛』，後者合於《説文》，底卷俗訛，兹據校改。

〔四三五〕『涑』字當爲『湅』字俗訛，參《箋二》校記〔一八六〕，兹爲校改。

〔四三六〕殘字底卷存右下角少許筆畫，參《箋二》、《王二》、《裴韻》及底卷書寫習慣當本作『刺』形，爲『刺』字俗訛，兹徑校補作正字形『刺』。

〔四三七〕『趀』字《王二》略同，《箋二》作『趚』，《裴韻》、《蔣藏》略同，《廣韻》作『趚』，後者合於《説文》，底卷『趀』當爲『趚』字俗訛，兹據校改作正字。

〔四三八〕注文《王二》作『⿰君巾衯』，《廣韻》作『⿰衤束膝，帬衸』，後者與《廣雅·釋器》『衩、衸、袥，⿰衤束膝也』合，《王二》『⿰君巾』爲『帬』之易位俗字，底卷『郡』、『衯』爲『⿰君巾』、『衸』二字形訛，兹據校改。

〔四三九〕本小韻後脱『厝』字條，故小韻標數字少計一字，兹據校改『十』作『十一』。

〔四四〇〕『塉』字在行末，次行行首至『瘠』字間底卷殘泐約半個大字的空間，《王二》相關内容作『塉，薄土』，《箋二》、《裴韻》同，與底卷所殘空間吻合，兹據擬補二個缺字符。

〔四四一〕『塉』、『瘠』二條間《王二》有『厝，縣名，在清河』，《箋二》、《裴韻》同，《蔣藏》、《廣韻》本小韻亦收有『厝』字條，且後四書皆有又音『又七削反/切』，疑底卷當有，兹姑從《王二》擬補六個脱字符。

〔四四二〕『⿰月侯』字《王二》作『臒』，俗寫『隹』、『侯』皆或作『⿰亻矢』形，底卷字當爲『臛』字俗作，《王二》傳抄作『臒』，實誤。又《校箋》：『案「膌」即上文「瘠」字，《説文》作如此。』

〔四四三〕『茹』字《王二》、《廣韻》、《集韻》同，《校箋》：『案《廣雅·釋草》有「葃菇」（「葃」字曹憲音昨，「葃菇」或作「耤姑」。）此「茹」字即「菇」字之誤，上當有重文。』兹從校改。又『葃菇』蓋聯綿詞，底卷當用注文與被注字連讀成訓例。

〔四四四〕小韻標數字底卷有些漫漶，此參《王二》及底卷本小韻實收字數録定。

〔四四五〕注文『人』、『芡』二字上部底卷略殘，兹參《箋二》、《王二》、《裴韻》録定；又缺字底卷殘泐，可據上揭諸本補作『燕』、『呼』二字。

〔四四六〕底卷蓋用注文與被注字連讀成訓例，參《箋二》校記〔一八六八〕。

〔四四七〕注文『理』字《王二》同，《廣韻》作『治』，後者合於《説文》，此避唐高宗諱而改作。

〔四四八〕注文殘字底卷存下部筆畫，兹據《箋二》、《王二》、《裴韻》校補作『辟』字；又缺字底卷殘泐，可參諸本補作

「芳」、「反誤三」四字。

〔四一四九〕釋義《王二》、《唐刊》（伯五五三一）同，《裴韻》、《蔣藏》、《廣韻》作「牆」（後二書末加語尾詞「也」），「牆」字合於《説文》，《校箋》：「本書云「幽」者，《廣雅·釋器》「廦，幽也」，曹憲音「匹亦」，唯《説文》「廦」與「廦」二字，「廦（廦）」字訓「仄」，訓「幽」者字當作「廦」，本書「廦」字見前「之石反」，各韻書同。」按俗寫「厂」、「广」二旁多混而不分，是本紐此字誤訓同「廦」字義，《裴韻》、《蔣藏》等改之，是。

〔四一五〇〕「五」字《王二》同，然其「眘」、「殈」二條間有「䀣，視」一條內容，《校箋》：「當即上文「䀣」字，P 五五三一正作「䀣」字，然不當別出。」底卷此誤計下一小韻一字，因不能斷定底卷是否脱抄「䀣」字條，姑據實收字數校改小韻標數字作「四」。

〔四一五一〕「眂」字《王二》同，《集韻》作「眡」，考《玉篇·目部》「眘」字訓「視」，又同部「眂」字下云「古文視」，又「眂」字小徐本《説文解字繫傳·目部》云「視皃」，《字彙·目部》云「與視同」，則「眂」即「眡」之俗作字。

〔四一五二〕注文「作」字置此不辭，兹參《箋二》、《裴韻》、《蔣藏》校改作「反」字，《王二》脱抄又音，又改此正音作「食夜反」，底卷也因「反」字之訛而誤計此字入前一小韻標數字中，致其注文中脱抄小韻標數字；又「麝」字條下《王二》有「射，亦作䠶。發矢。又食夜反」條，《箋二》、《裴韻》、《蔣藏》、《廣韻》本小韻亦皆收有「射」字條，底卷當亦誤脱，故其小韻標數字當從《王二》作「二」字，兹并從擬補十一個脱字符。

〔四一五三〕「黐」字《王二》、《廣韻》、《集韻》作「黐」，按「黍」字俗作「乘」形，參《敦煌俗字譜》第二五一五「黍」字條，底卷「乘」即「黍」旁的俗寫。

〔四一五四〕注文「少」字《王二》、《裴韻》、《蔣藏》皆作「小」，後者合於《説文》，雖「少」、「小」義略通，然此用「小」當爲慣例，底卷形訛，兹據校改；又反切下字「赤」字《王二》作「亦」，與《箋二》、《蔣藏》、《廣韻》同，疑此形訛，然作「赤」於韻亦不誤。

〔四一五五〕注文殘字底卷存下部「大」形筆畫，兹據《箋二》、《王二》校補作「莫」字。又「莫」字前本大韻代表字及其標序字底卷殘泐，可據本卷卷端韻目及上揭二書補作『十八麥』三字，茲擬補三個缺字符。又注文缺字底卷殘泐，可據《王二》補作『芒』字。又釋義下《王二》有『正作麥』三字，其字頭俗寫作『麦』形，底卷未收或體，正明其字頭當作正體字形。

〔四一五六〕『霖』字爲『霂』字形訛，參《箋二》校記〔一八七三〕，茲爲校改。

〔四一五七〕字頭『脉』字《王二》同，《廣韻》作『脈』，爲同一篆文之不同隸定形體；注文『脉』《王二》作『脉脉』，底卷當用注文與被注字連讀成訓例。

〔四一五八〕本條底卷初漏抄，後補於『畫（畫）』字右側行縫中。反語下《王二》有釋義『得』字，合於底卷文例，疑底卷脱。又『六』字《王二》作『七』，多其小韻末條『嚍，▨（叫）。亦作咟』五字。

〔四一五九〕『畫』字《王二》、《裴韻》、《蔣藏》、《廣韻》作『畫』形，合於《説文》隸定形體之一，《箋二》作俗字『畫』形，底卷當爲『畫』字形訛，茲據校改；本大韻後從『畫』者同，不一一出校説明。

〔四一六〇〕注文『哇』字《箋二》同，然『哇』字置此不辭，故底卷於其右側加二墨點以示删除，然《裴韻》、《蔣藏》、《唐刊》（伯二〇一五）及《廣韻》此處皆有一『蛙』字，是底卷『哇』字乃『蛙』字形訛，不應删除，茲據校改。

〔四一六一〕字頭『䤳』字《裴韻》同，《王二》、《蔣藏》、《廣韻》作『馘』，『䤳』應即『馘』的訛俗字，茲據校改；注文『割耳』《裴韻》作『軍戰生獲斷耳』，《蔣藏》作『截賊耳』，後二書義較完備。

〔四一六二〕『膕』字注文『曲脚』二字底卷在行末，次行行首至『蘗』字間底卷殘泐約二個大字的空間，後條注文殘字當爲代字符下部形，《王二》相關部分唯存前條注文末字『中』及後條注文二字中的後一字『裂』，《校箋》：『《廣韻》「𥓋」下云「𥓋破」，正文疑是「𥓋」字。』茲從校補殘字作『𥓋』，并爲擬補三個缺字符。

〔四一六三〕小韻標數字《王二》作『四』，其『擘』、『檗』二條間比底卷多『檗，餅半生』一條内容，《裴韻》、《廣韻》、《集韻》『檗』字收於前博厄反小韻。

〔四一六四〕『糲』字《王二》作『翻』，《廣韻》同，『糲』字《龍龕·米部》以爲『糲』之俗字，底卷形訛，茲據校改。

〔四一六五〕「如」當爲「姑」字形訛，參底卷前校記〔四一四三〕，茲爲校改，底卷當用注文與被注字連讀成訓例。

〔四一六六〕注文「積」字《王二》、《廣韻》作「種」，《玉篇》亦同，與《廣雅·釋地》「積，種也」略合，底卷形訛，茲據校改。

〔四一六七〕「顛」字底卷在行末，次行行首至「簣」字間底卷殘泐約一個半大字的空間，《王二》相關内容作「顛，顛广(願)，頭不正皃」，與底卷所殘空間吻合，茲據擬補六個缺字符。

〔四一六八〕字頭「簣」字上端底卷略殘，此參《箋二》、《王二》、《裴韻》録定。注文殘字底卷存右部筆畫，茲據諸本校補作「牀」字。

〔四一六九〕注文「亦」字下《王二》有「作」字，合於底卷文例，疑此脱之。

〔四一七〇〕注文「般」字《王二》作「服」，與《釋名·釋兵》「其受矢之器，以皮曰箙，柔服之義也；織竹曰笮，相迫迮之名也」合，「服」、「箙」古今字，底卷形訛，茲據校改。又「笮」、「迮」、「舴」、「蚱」四字《箋二》、《裴韻》、《蔣藏》、《廣韻》、《集韻》本大韻無，皆收載於陌大韻中。

〔四一七一〕注文《王二》作「舴艋」，《校箋》：「『盤』當是『艋』之誤。」是，茲從校改，底卷當用注文與被注字連讀成訓例。

〔四一七二〕「筞」字《王二》、《裴韻》略同，《廣韻》作「策」形，後者合於《説文》，俗寫「朿」旁多作「朿」形，茲據校改；又注文「勑」字亦爲「敕」之俗寫，並據校改。

〔四一七三〕缺字居底卷行首，殘泐，可據《王二》補作「作筞」二字，唯「筞」字《集韻》以爲古文，合於《説文》。

〔四一七四〕殘字底卷僅存下部漫漶的筆畫，茲參《箋二》、《王二》、《裴韻》校補作「嫧」字。

〔四一七五〕「棟」字《王二》略同，《廣韻》作「揀」，《集韻》作「揀」，後者合於形聲構字理據，俗寫「朿」旁多作「束」形，而「扌」、「木」二旁又多混而不分，茲據校改。

〔四一七六〕「茦」字《王二》作「茦」，後者合於形聲構字理據，底卷俗作。

〔四一七〕『捇』字在行末，次行行首至『裂』字間底卷殘泐約一個半大字的空間（『裂』字上部底卷有些漫漶，此參《王二》、《廣韻》録定），《王二》相關内容作『○捇，裂。○掝，裂聲』，與底卷所殘空間吻合，茲據擬補二個缺字符。

〔四一八〕反切上字『止』字《箋二》、《王二》、《裴韻》、《蔣藏》、《廣韻》皆作『口』字，底卷形訛，茲據校改。又『鞭』字當爲『鞕』字形訛，參《箋二》校記〔一八〇〕。

〔四一九〕釋義下《王二》有『又之約反』四字，《箋二》亦收又音作『又音酌』，《蔣藏》同，《裴韻》作『又之略反』，音並同，疑底卷脱抄又音。

〔四二〇〕『翮』字底卷有些漫漶，此參《箋二》、《王二》、《裴韻》録定。

〔四二一〕注文『杸』字《王二》作『又』，其字又見於前錫韻『胡狄反』小韻，唯字形訛作『椺』形，底卷蓋其所據抄本作『又』字，而抄者誤以爲代字符而改作本字，遂誤，茲爲校改。

〔四二二〕『隔』字條注文『古核』二字底卷居行末，二字下部皆有些殘泐，此參《箋二》、《王二》録定；次行行首至『胷』字間底卷殘泐約一個半大字的空間，《王二》相關内容作『○隔，古核反。阻。十。○膈，胷膈』，與底卷所殘空間吻合（底卷小韻標數字用朱筆後加，一般不占正文空間），茲據擬補五個缺字符。又因底卷誤抄下一小韻『讁』字於其小韻首字前，因而誤計此小韻，故底卷本小韻標數字蓋作『十一』，然當據《王二》校改作『十』。

〔四二三〕『鬲』字左上角底卷略殘，此參《箋二》、《王二》、《裴韻》録定。注文殘字底卷皆存右部筆畫，其中中者右下角之『口』形和後者右側之『攵』形可辨，茲據諸本校補作『又落激』（《裴韻》『落』作『洛』，蓋誤省，然音同）三字。

〔四二四〕本條《王二》、《唐刊》（伯五五三一）、《廣韻》、《集韻》同（後二書注文有語尾詞『也』），《箋二》、《裴韻》、《蔣藏》未收，《校箋》：『案《説文》此字云「雨濡革」，從雨從革爲會意，讀若膞，霸字從此字爲聲，此疑後起誤讀。」可參。

〔四八五〕「⿰魚殼」字《王二》作「⿰魚⿱虍殳」形，《廣韻》作「⿰魚㲉」形，《集韻》作「⿰㲉魚」，後者合於《説文》，按「殼」、「轂」二形爲同一篆字隸定之異，「⿰魚㲉」字當爲「⿰㲉魚」字的易位俗字，而「⿰魚殼」、「⿰魚⿱虍殳」二字並其形訛，兹據校改。

〔四八六〕小韻標數字《王二》作「六」，底卷因誤倒「謫」、「摘」二條之序而致少計一條内容，兹爲校改。

〔四八七〕本條底卷抄於「摘」字條前，依例當屬前一小韻韻字，今檢《箋二》、《王二》、《裴韻》、《蔣藏》及《廣韻》並置之於此，蓋底卷初誤首字作「謫」字後，遂因接抄首字「摘」條，然爲保持文面而未作乙正，兹參諸本徑爲乙正。

〔四八八〕「棏」字條注文前二字底卷居行末，其中殘字存右上角少許筆畫，次行行首至後條注文殘字（存右下角彎鈎形筆畫）間底卷殘泐約五個大字的空間，又自殘字至「通」五字居末條雙行注文之右行，左行全殘，《王二》相關内容作「○棏，鼊棏。亦作持（⿰木寺）。○⿸尸乇，張⿸尸乇。○矺，磓矺（矺字衍）。○戹，烏革反。［灾］。俗作扼。十三」，與底卷所殘空間吻合（其末條脱釋義，且其俗寫標識多徑作「俗作某」，而底卷多作「通俗作某」），兹據校補殘字作「鼊」、「烏」二字，并爲擬補十四個缺字符。

〔四八九〕殘字底卷存右側筆畫，兹據《王二》、《廣韻》校補作「搤」字。注文「作」字左側「亻」旁底卷殘泐，此參《王二》録定。又底卷「持亦作」三字居雙行注文右行，其左行全殘，《王二》注文作「持。亦作扼」，《箋二》（唯「亦」作「又」字）、《蔣藏》同，《廣韻》亦收一個或體字，然此則與底卷注文行款有異，或底卷此處抄寫與一般行款有異，或底卷收有二個或體字，《集韻》「搤」字未收或體字，然其下之「搹」字則收二或體字「⿰扌戹」、「扼」，可參，兹姑從《王二》爲注文擬補一個缺字符。

〔四九〇〕殘字底卷存右下角彎鈎形筆畫，兹據《箋二》、《王二》、《裴韻》校補作「軛」字。注文缺字底卷殘泐，亦可據上揭諸本補作「軛」字。

〔四九一〕注文殘字底卷存右側少許筆畫，兹據《箋二》、《王二》、《裴韻》校補作「限」字。又缺字底卷殘泐，可據諸本補作『阨』、『礙』二字。

〔四九二〕殘字底卷存下部少許筆畫，茲據《箋二》、《王二》、《裴韻》校補作『呃』字。

〔四九三〕或體字右部底卷略有漫漶，《王二》不載，審其字形與《集韻》所載古體之『⿰豸絲』字形似，《龍龕・豕部》作『⿰豸絲』(以其與『豟』字並爲『貌』之或體字)，正與底卷吻合；又此字疑即『⿰豸冊』之俗作，《集韻・寒韻》收『⿰豸冊』字，音『相干切』，或以右旁爲『册』，而誤讀其音入此麥韻，遂引爲『豟』之或體字，俟考。

〔四九四〕『宂』字在行末，次行行首至『摵』字間底卷殘泐約半行文字，據空間，可抄十三個左右大字，《王二》相關内容作『○宂，因(困)宂。○貖，鼠屬。○枙(扼)，杷(把)。亦作槅(搹)。○蚅，蝎蠋。○栜，所責反。木名。九。○溹，小雨。○霡，霰霡。亦作霢。○⿸疒束，瘮⿸疒束，寒皃』，與底卷所殘空間略合，當可據補。

〔四九五〕『索』字注文《王二》作二代字符下加『雨下』二字，而底卷則首字爲『溹』，下一『溹』字作代字符形，《廣韻》『索』字訓作『求也；取也；好也』，下接『溹』字，訓『溹溹，雨下皃』，《校箋》：『本書及《王一》並奪「索」字注文及正文「溹」字。「栜」下云「所責反。九」，是其證。』茲參《廣韻》及底卷文例擬補二個脱字符。

〔四九六〕『晉』字非聲，茲據《箋二》、《王二》、《裴韻》校改作『普』，底卷形訛。

〔四九七〕『檗』字底卷居行末，次行上部殘泐，存下半無字部分，所殘部分據空間約可抄十三個左右大字，《王二》相關内容作『○檗，餅半生。又妨亦反。○碧，陂隔反。淺翠。一。○欂，皮碧反。⿰犭并(栟)。二(一)。○⿱匿食，「女厄反」。小嬾。「二」』，校正後的内容約可占十個左右大字的空間，可參。

〔四九八〕行首至殘字『貊』間底卷殘泐約半行，據空間，可抄十三個左右大字，《王二》相關内容作『○十九陌，莫百(白)反。路陌(陌字衍)。十一。○帞，頭巾。○袹，袹複(腹)。○嫫，靜嫫(嫫字衍)。○貘，貘白，豹，能食銅鐵，行之強直。○蛨，蚝蛨，虫』，與底卷所殘空間略合，其中『貘』字注文《校箋》據《爾雅・釋獸》『貘，白豹』郭璞注『能舐食銅鐵及竹骨，骨節強直』，以爲『「行」疑當是「竹」字之誤，「行」下奪「骨」字，「之」爲「骨」字重文之誤』，可參，不知底卷此處究作如何。又因底卷本小韻比《王二》少收末尾『貉』字條，是其小韻標數字原當作『十』字。

〔四一九九〕殘字底卷存下部少許筆畫，茲據《箋二》、《王二》、《裴韻》校補作『貊』字。

〔四二〇〇〕『驀』字條下《王二》有『貉，北方人』一條文字，不知是底卷未收抑是其脱抄，俟考。

〔四二〇一〕小韻標數字底卷漫滅，《敦煌掇瑣》未録，《姜韻》作『七』，《王二》本小韻標數字作『九』，從後面所殘空間與《王二》相關内容的對應關係看，底卷本小韻字數當與《王二》同，故其小韻標數字可據《王二》補作『九』字。

〔四二〇二〕前行殘字『莫』字底卷在行末，存少許漫漶的筆畫，茲參《箋二》校補；次行行首至殘字『伯』間底卷殘泐約半行，據空間，可抄十三個左右大字，其中『又』字居雙行注文右行行末，《王二》相關内容作『〇舴，舴艋，小舟。〇黐，黏。又竹益反。或作䅺（黐）。〇頔，顱。又丑格反。〇嫡，亦（庶？）。〇窩，窟窩（窩字衍）。〇托（杔），攎（櫨）。〇乇，草葉。又丑白反』，其『舴』字條注文與底卷異，《箋二》『舴』字條注文作『舴艋，舟。艋字莫杏反』，是底卷當有『艋字莫杏反』五字，合二書相關内容與底卷所殘空間合，當可參補。

〔四二〇三〕殘字底卷存右部『白』旁，茲據《箋二》、《王二》、《裴韻》校補作『伯』字。注文缺字底卷殘泐，可參諸本補作『反』、『長』、『五』三字。

〔四二〇四〕字頭底卷存右部筆畫，茲據《箋二》、《王二》、《裴韻》校補作『迫』字。注文殘字存右側少許筆畫，疑不能斷；注文《箋二》、《裴韻》作『近』，《王二》作『急』，《蔣藏》作『逼迫』，《廣韻》作『逼也；近也；急也；附也』，可參；『迫』諸本不載又音，則此殘字當與又義有關，疑是『又』字。又注文殘字下至行末底卷殘泐約八九個大字的空間，次行以下缺。

〔四二〇五〕以下所殘據《箋二》、《王二》知應爲十九陌韻後部（約九行）、廿合韻全部及廿一盍韻首行，計約爲十九行左右。

〔四二〇六〕據《王二》，本大韻『榻』字條前底卷約缺一行半略多，其中第一行中部稍下處有注文殘字二，存左側少許筆畫，不能推辨爲何字。較之《箋二》、《王二》，知此段爲廿一盍韻的内容。

〔四二〇七〕行首至殘字『榻』間底卷殘泐約半行多，據空間，可抄十三個左右大字。

〔四二〇八〕殘字底卷存下部筆畫，兹據《箋二》、《王二》、《裴韻》校補作『榻』字。

〔四二〇九〕注文殘字底卷存左上角少許筆畫，兹據《箋二》、《王二》、《裴韻》校補作『槽』字。

〔四二一〇〕殘字底卷存左部『𦐇』旁，兹據《箋二》、《王二》、《裴韻》校補作『毾』字。注文缺字底卷殘泐，亦可據上揭諸本補作『毾』字。

〔四二一一〕殘字底卷存左部『魚』旁，兹參《箋二》、《王二》、《裴韻》校補作『鰈』(『鰈』字避唐太宗諱而改作)。注文缺字底卷殘泐，可據諸本補作『比目魚』三字。

〔四二一二〕殘字底卷存左部『魚』旁，兹參《箋二》、《王二》、《裴韻》校補作『鰨』字。注文缺字底卷殘泐，可參諸本補作『魚名似』三字。

〔四二一三〕字頭及注文殘字底卷皆存左側漫漶的筆畫，兹據《箋二》、《王二》、《裴韻》校補作『𦼰』、『布』二字。注文缺字底卷殘泐，可據諸本補作『𦼰』字。

〔四二一四〕行首至『𥔵』字間底卷殘泐約半行多，據空間，可抄十三個左右大字，《王二》相關内容作『○傝，[傝]𩬳，亦傝𥔵，儜劣。○狧，犬食。亦作䑙、捺(猱)。○譶，譶譅，多言。○𦐇，飛皃。○鞳，鐺(鏜)鞳，鍾[聲]。○搭，摸搭。○塔，佛圖』，與底卷所殘空間略合，當可參補。

〔四二一五〕本條内容《箋二》、《王二》、《廣韻》、《集韻》本小韻皆未見有載，《校箋》『傝』字注文謂此『𥔵』字條『當是「傝」字注文』，《王二》腫韻『𥔵』字注文云：『不肖；一曰傝𥔵，劣。或作搑茸。』疑傳閲者注『𥔵』字之音義於底卷所據抄本『傝』字之側，而抄者因而抄入正文，并誤録『𥔵』字爲字頭字。底卷『𥔵字而勇反』五字當删。

〔四二六〕小韻標數字《王二》作「一」，底卷誤計下一小韻一字入此，兹據校改。

〔四二七〕本小韻因誤計於前一小韻標數字中而致其小韻標數字脱，《王二》作「一」，可據補，兹爲擬補一個脱字符。

〔四二八〕「讕」字底卷居行末，其下部略殘，國家圖書館藏王重民所攝照片其字完整。次行行首至「儑」字間底卷殘泐約半行多，據空間，可抄十三個左右大字，《王二》相關内容作「○讕，讕嗑，妄言。○譫，多言皃。○㼪，▨(瓶)㼪(㼪字衍)。○鶍，鸕鶍。○㒯，私盇反。[傝㒯]，不謹皃。二。○唾，唾𥂖，醜皃。○傝，吐盇反。惡。一。○儑，五盇反。[傝儑]，不著事。一」，校正後的内容比底卷所殘空間多兩個多大字，《校箋》「傝」字注文謂「本書上『吐盇反』小韻已收此字，不當於此重出」，去此則《王二》之内容與底卷所殘空間略合，當可參補，兹爲後一殘條擬補八個缺字符。

〔四二九〕注文「寛」字下部底卷有殘，此參《箋二》、《王二》、《裴韻》録定；又殘字底卷存上部筆畫，國家圖書館藏王重民所攝照片存其字之大略，其中右部「阝」旁明確，今參諸本校補作「鄯」字；又「古」字諸本及《蔣藏》、《廣韻》皆無。

〔四三〇〕行首至殘字「鰪」間底卷殘泐約半行多，據空間，可抄十三個左右大字，《王二》相關内容作「○嗑，多言。又呼(乎)臘反。○閘，閉門。○鉀，鉀鑪。○蛿，蛿蝑。○榼，苦盇反。酒器。亦作榼。三。○磕，石聲。○鼛，鼓聲」，與底卷所殘空間略合，當可參補。

〔四三一〕殘字底卷存下部筆畫，其中「皿」旁可辨，兹據《王二》、《裴韻》校補作「鰪」字。

〔四三二〕「鼜」字《廣韻》同，《王二》作「鼛」形，《集韻》作「鼛」，後者合於《説文》，段注：「『缶』者『去』之譌，『去』聲古或入侵部也，然皆鼛之誤字耳。」

〔四三三〕行首至殘字「峽」間底卷殘泐約五個半大字的空間，《王二》相關内容作「○廿二洽，侯夾反。和。八。○狹，隘。古作陜。○祫，祭名」，《箋二》略同，與底卷所殘空間吻合，兹爲擬補十六個缺字符。

〔四三四〕殘字底卷存左部筆畫，兹參《箋二》、《王二》、《裴韻》校補作「峽」字。又缺字底卷殘泐，可參諸本補作「三峽』二字。

〔四二五〕殘字底卷存左側筆畫，茲參《王二》、《廣韻》校補作『齹』字。注文缺字底卷殘泐，可據《王二》補作『齒』字。

〔四二六〕殘字底卷存左側筆畫，茲據《王二》、《廣韻》（字從『广』旁，俗寫『厂』、『广』多混而不分，《説文》從『厂』）校補作『厥』字。注文缺字底卷殘泐，可參諸本補作『廦』字。

〔四二七〕字頭底卷存左部筆畫，注文殘字存左部『県』形，茲據《箋二》、《王二》、《裴韻》校補作『硤』、『縣』二字。又缺字底卷殘泐，可據諸本補作『硤石』、『名』三字。

〔四二八〕『硤』、『恰』二條間底卷殘泐約一個半大字的空間（不包括『硤』字條注文所殘），《王二》相關内容作『映，相著』，與底卷所殘空間吻合，當可據補，茲從擬補三個缺字符。

〔四二九〕『恰』字上部底卷略殘，此參《箋二》、《王二》、《裴韻》録定。

〔四三〇〕注文『辰』當爲『爪』字之訛，《箋二》、《裴韻》、《蔣藏》、《廣韻》正作『爪』，茲據校改。

〔四三一〕亦作字『斗』當是『剑』的訛變俗字；蓋『刂』旁俗書與『丩』旁相亂，『丩』旁又訛變爲『斗』，故『剑』字俗書作『斗』。《集韻》載『剑』字『通作斜』，『斜』又當爲『斗』字之错誤回改（『斗』之俗字或作『斗』）。

〔四三二〕注文『唯』字當是『噍』字之誤，《廣韻》注文作『齧咋皃，又噍聲』，與《説文·齒部》『鱥，齧也』之訓相應，底卷形訛，茲據校改。

〔四三三〕注文殘字底卷存左部筆畫，其中『亻』旁略可辨，茲依文例校補作『俗』字。又『俗作夹十三』五字底卷居雙行注文之左行，其右行全殘，行首至『郟』字間底卷殘泐約三個大字的空間，《王二》本條作『夾，古洽反。十三』，《裴韻》、《蔣藏》、《廣韻》皆有釋義作『持』，依底卷文例及行款，此處當缺五字，爲『夾，古洽反。持』，茲爲擬補五個缺字符。

〔四三四〕『郟』字右側底卷略殘，此參《王二》、《裴韻》録定。注文殘字底卷存左下角筆畫，可據二書及《箋二》補作

『鄘』字；又缺字底卷殘泐，可參諸本補作『郟』字；又『穎』字《箋二》、《王二》作『潁』，合於《説文》，底卷形訛，茲據校改。

〔四三五〕注文『唯』爲『嶕』字形訛，此與底卷本大韻『苦洽反』小韻『鰄』字訓誤同，參彼校記，茲爲校改；又又音反切下字『狎』字《王二》同，《校箋》：『狎韻無此音此字，字又見本韻「苦洽反」，各韻書並同，《五刊》（長龍按：即《唐刊》伯二〇一五）此正云「又口洽反」，「狎」字疑誤。』

〔四三六〕『鵊』字底卷在行末，次行行首至『履』字間底卷殘泐約一個半大字的空間，《王二》相關内容作『〇鵊，子鵊。〇鞅，履根』，與底卷所殘空間吻合，茲據擬補三個缺字符。

〔四三七〕『箑』字下部底卷作『疌』形，《蔣藏》略同，《箋二》作『庻』形，皆爲『疌』旁的俗寫，參《敦煌俗字研究》下編疋部『疌』字條考釋，《王二》正作『箑』形；又《裴韻》、《廣韻》蓋因俗字而訛作『篷』形。以下『疌』旁底卷多寫作『疌』或『庻』、『疌』等形，茲皆徑予録正，不再出校説明。

〔四三八〕注文『𤇞』字《王二》、《蔣藏》皆作代字符，《廣韻》徑作『煠』字，是底卷所作當爲『㸐』字形訛，茲據校改。

〔四三九〕『騙』字右旁『臿』底卷俗寫作『臿』形，本大韻其他從『臿』旁字同，茲皆徑録作規範字形，後不一一出校説明。

〔四四〇〕『插』字下底卷蓋承前反語衍抄一『反』字，茲參《王二》徑刪。又『五』字《王二》作『六』，與底卷本小韻實收字數合，底卷蓋誤計，茲爲校改。

〔四四一〕『扱』字底卷在行末，次行行首至殘字『啑』間底卷殘泐約半個大字的空間，《王二》相關内容作『扱，取』，《箋二》、《裴韻》同，茲據擬補一個缺字符。

〔四四二〕殘字底卷存右下角似『一』形筆畫，茲參《王二》、《唐刊》（伯二〇一五）擬補作『啑』字。又注文『亦』字下《王二》有『作』字，合於底卷文例，疑此脱之。又『簾』字《王二》作『廉』，二字同韻。

〔四四三〕『敨』字《唐刊》（伯二〇一五）同，爲『敨』的俗字，《廣韻》正作『敨』；《集韻》未收此字，《王二》作『敨』，

《校箋》：『案《玉篇》「毆，大合反。毆毆，盡也」。（「大合」當是「火洽」之誤……）又本書藥韻山輒反「歐」字《廣韻》、《集韻》並作「歐」，是此字當以本書作「毆」爲是。唯「毆」字訓「盡」不詳所本，《廣雅·釋訓》云「𢧐𢧐，盡也」，與此字形近，疑字書「大冷反」譌爲「火洽反」，遂收之於此。』

〔四二四四〕「三」字《王二》同，底卷與《王二》並誤糅「箽」、「蓮」二條文字爲一而致誤，茲校改作「四」。參後校記。

〔四二四五〕注文或體《王二》作「𠯗」，《集韻》作「哈」，以形義關係言，當以「哈」、「𠯗」爲是，疑底卷「吹」爲「𠯗」字形訛。

〔四二四六〕注文「瑞草」在行末，次行行首至殘字「劄」間底卷殘泐約一個大字的空間，《王二》「瑞草」下有「亦作萎」三字，與底卷所殘空間吻合，茲據擬補三個缺字符。又字頭「箽」《王二》作「蓮」，注文與底卷略同；《廣韻》「箽」字訓作「扇之別名」，并收或體作「篓」，其下接「蓮，蓮莆，瑞草……」條文字；《校箋》：「案《廣韻》與《說文》合，《五刊》（長龍按：指《唐刊》伯二〇一五）「蓮」下云「瑞草」，亦別出「箽」字，而注文殘脫；本書藥韻亦別「蓮」、「箽」爲二字，此當是誤合「箽」、「蓮」爲一字。」此論是，則底卷「亦」字下當脫「作篓」、「蓮」三字，茲爲擬補三個脫字符。

〔四二四七〕殘字底卷存右下角竪鈎形殘畫，茲參《王二》、《唐刊》（伯二〇一五）擬補作「劄」字。

〔四二四八〕注文「斑身小䖟」《玉篇·虫部》作「斑身小蝱」，「䖟」即「蝱」的簡俗字；《王二》、《廣韻》作「斑身小虫」（《廣韻》「虫」作「蟲」），《唐刊》（伯二〇一五）作「斑身小蚊」，胡吉宣《玉篇校釋》以爲「蚊」、「蟲」分別爲「虻」（亦「蝱」字俗省）、「蝱」之訛，《廣雅·釋虫》有「䗃」字，訓「蝱也」，《王二》去聲代韻又有「蜸」字，訓「小䖟」，胡吉宣以爲「蜠」「蜸（䗃）」一字一物，其說是也。

〔四二四九〕注文「𥥍」字《王二》同，《裴韻》、《蔣藏》、《廣韻》作「㝓」（《箋二》作「容」，又爲「㝓」之誤），後者合於形聲構字理據，俗寫「穴」、「宀」二旁多混，茲據校改。

〔四二五〇〕注文「反」字底卷居雙行注文右行行末，其左行全殘，行首至「反」字間底卷殘泐約二個大字的空間，《王二》相關内容作『廿三狎，胡甲反。習。七』，與底卷所殘空間吻合（『廿三』二字提行書，不占正文空間），兹爲殘條擬補七個缺字符。

〔四五一〕『匣』字左側及『箱』字右上角底卷皆略有殘泐，此參《箋二》、《王二》、《裴韻》録定。

〔四五二〕本條《王二》作『浹，浹煠（渫），冰相著皃』，《廣韻》作『浹，浹渫，冰凍相著』，《裴韻》作『浹，浹渫，水相著』，《蔣藏》作『浹，浹渫，水凍相著』，《唐刊》（伯二〇一五）作『浹，浹渫，▨▨相著』（《唐刊》同一大韻侯甲反小韻又出『浹』字，注云『浹渫，水凍』），《集韻》改列於洽韻轄夾切小韻，云『浹，浹渫，水皃』，又云『浹，《字林》浹渫，凍相箸』。今謂底卷原文當從《廣韻》作『浹，浹渫，冰凍相著』爲是，此義從水旁作『浹渫』者應爲其訛變字，注文『水』則應爲『氷（冰）』字訛省，玄應《音義》卷九《大智度論》第十八卷音義：『浹渫，《字林》下甲、丈甲反，浹渫謂冰凍相著也。』其中的『浹渫』慧琳《音義》卷四六引作『浹渫』，亦誤，可以比勘。

〔四五三〕『二』字《王二》作『三』，比底卷本小韻多末條『霅，衆聲』，《箋二》、《裴韻》、《蔣藏》與底卷同，《唐刊》（伯二〇一五）、《廣韻》、《集韻》有『霅』字條。

〔四五四〕『饐』字《王二》作『鎧』，《廣韻》第三義同，《集韻》訓作『介鎧』，《補正》校作『鎧』，兹從之，底卷形訛。

〔四五五〕『胛』字條底卷在行末，次行行首至『碑（砰）』字間底卷殘泐約二個大字的空間，《王二》相關内容作『押，押籬，壁』，《箋二》同，與底卷所殘空間吻合，兹據擬補四個缺字符。

〔四五六〕『碑』字《王二》同，《箋二》、《裴韻》、《蔣藏》、《廣韻》、《集韻》皆作『砰』，後者合於形聲構字理據，底卷形訛，兹據校改。注文『小』字諸本皆作『山』，底卷亦形訛，並據校改。

〔四五七〕注文《王二》同，《廣韻》作『鞈靸，胡履』，底卷當用注文與被注字連讀成訓例。

〔四五八〕『人』字疑當爲『入』字俗訛，兹爲校改，參《箋二》校記〔一九五二〕。

〔四五九〕『閉』字中部筆畫底卷略有塗改，注文《箋二》作『閉門』，《唐刊》（伯二〇一五）同，《裴韻》、《蔣藏》、《廣韻》作『開閉門』，合於《説文》，底卷蓋初誤作，而後改作『閉』，姑從録定。

〔四二六〇〕『獾』字條在行末，次行行首至『⿰口柰（喋）』字間底卷殘泐約一個半大字的空間，《王二》相關内容作『嗹，嗹呼（⿰口柰），鳥食』，與底卷所殘空間吻合，兹據擬補三個缺字符。

〔四二六一〕行首至注文殘字間底卷殘泐約一個大字的空間（標序字底卷提行抄寫未計在内），可據本卷卷端韻目及《箋二》、《王二》補本大韻標序字和大韻代表字作『廿四葉』，兹擬補三個缺字符。注文殘字底卷存下部殘畫，此參本卷卷端韻目及《王二》補作『与』字；又『七』字《王二》作『八』，底卷後脱抄『⿱⺮柰』字條文字，故此誤計，兹據校改。

〔四二六二〕『尹』字《王二》作『丑』，按『⿰火柰』字又見於《王二》本大韻後『丑輒反』小韻，《廣韻》同，底卷該部分殘泐，是此『尹』字當爲『丑』字形訛，兹據校改。

〔四二六三〕『⿰火柰』字條下《王二》有『⿱⺮柰，又丑涉反』一條文字，《唐刊》（伯二〇一五）、《廣韻》『煠』字條下亦接『䈎』字條，《校箋》：『《王一》無此字，蓋因與「⿰火柰」下同云「又丑涉反」而誤奪。』兹從擬補五個脱字符。又『䈎』字下《唐刊》（伯二〇一五）有釋義作『䈎籥』，疑底卷亦當有釋義文字，《王二》脱。

〔四二六四〕『⿰歹⿱艹柰』字《王二》同，《唐刊》（伯二〇一五）、《廣韻》、《集韻》作『殜』形，《正字通・歹部》：『⿰歹葉，俗殜字。』

〔四二六五〕殘字底卷存下部少許筆畫，兹據《王二》校補作『楫』字。又釋義下《王二》有『亦作檝，從木』五字，《箋二》同底卷，然其字頭作『檝』形，《裴韻》注文有『俗作檝』，《蔣藏》作『或作檝』，《唐刊》（伯二〇一五）亦有『□□檝』，按《説文・木部》作『楫』形，《箋二》多用俗字，底卷不詳有無或體標示。

〔四二六六〕『⿰氵⿰耴又』字《王二》作『⿰氵取』形，《廣韻》、《集韻》皆作『⿰氵耴』形，按『耴』、『取』二字俗寫皆或作『⿰耴又』形，底卷當爲『⿰氵耴』字俗作。又釋義《廣韻》作『㨗⿰氵耴，瀺有水皃』，《集韻》作『㨗⿰氵耴，出水皃』，底卷當用注文與被注字連讀成訓例。

〔四二六七〕注文《王二》同，《校箋》：『「荼」上當有重文。《爾雅・釋草》：荼，萎余。』（《爾雅》原文『萎余』作『接余」）按《唐刊》（伯二〇一五）注文正作「荅，萎荼」，可證。又「荼」當爲「余」的類化增旁俗字。疑底卷注文「荅」爲「萎」字形訛，或「荅」與「荼」字字序誤倒。

〔四二六八〕注文殘字底卷存左部筆畫，茲據《箋二》、《王二》、《裴韻》校補作「名」字。又「西」字下底卷有一略有漫漶的似「溪」形字，右側有二相連墨點以示刪除。

〔四二六九〕注文「又」、「反」二字上部底卷皆略有殘泐，此依文例并參《蔣藏》、《廣韻》録定；又缺字底卷殘泐，可參二書及《唐刊》（伯二〇一五）補作「安」、「及」二字。《王二》本條脱抄。

〔四二七〇〕注文「[illegible]」字《廣韻》、《集韻》作「[illegible]」，後者合於《説文》，底卷俗訛，茲據校改。

〔四二七一〕小韻標數字《王二》作「十六」，底卷誤脱「囒」字條，又誤把本小韻末二條别計一小韻，故致少計三字，茲爲校改。

〔四二七二〕「鬢」字《箋二》、《王二》、《裴韻》皆作「鬚」形，按《古今韻會舉要·虞韻》「鬢」字下引《復古篇》以「鬢」爲「須」之後起字，而「鬚」又爲「鬢」之俗字；今按「鬚」爲「須」之纍增字，而「鬢」則「鬚」字俗省。

〔四二七三〕「矙」字《蔣藏》同，《箋二》、《王二》、《裴韻》皆作「矙」，《廣韻》、《集韻》則「矙」、「矙」二字兼收，俗寫「日」、「目」二形多混而不分，茲從衆校改作「矙」字，以與注文一致。

〔四二七四〕「矙」、「䮶」二條間《王二》有「囒，謷聲」一條文字，《箋二》、《裴韻》未收，《唐刊》（伯二〇一五）、《廣韻》亦收「囒」字條，疑底卷以其形與「矙」字近而誤脱，茲爲擬補三個脱字符。

〔四二七五〕注文「鬉」字「夋」旁上部底卷略有漫漶，但其大致輪廓可見，故據録定；《敦煌掇瑣》等録作「髮」，形不合。「䮶」乃「鬣」的換旁俗字，《左傳·定公十年》「公子地有白馬四……公取而朱其尾鬣以與之」句唐陸德明《釋文》引《爾雅》舍人注云：「鬣，馬鬉也。」底卷「鬉鬣」乃同義連文（宋魏了翁《禮記要義》卷三《檀弓上》「夫子言四墳之異，子夏以馬鬣釋斧」條下云：「馬騣鬣之上其肉薄，封形似之。」「騣鬣」即「鬉鬣」，可參），注義順適。《王二》注文作「髮䮶」，《校箋》云：「（䮶）即上文「鬣」字俗誤（此與篠韻「𩤉」字誤「騄」同例)，《説文》「鬣，髮鬣鬣也」，此注當更有一重文。」《校箋》前説是，但謂「髮鬣」當作「髮鬣鬣」，則係據《王二》誤字立説，恐非是。

〔四二七六〕注文「羊」字《王二》作「牛」，《唐刊》（伯二〇一五）、《廣韻》同，與字形從「牛」旁合，底卷形訛，茲據校改。

〔四二七七〕字頭「擸」字上部底卷有殘泐，此參《王二》、《廣韻》録定。

〔四二七八〕注文前一「反」字《王二》作「又」，按「⿰木巤」字《廣韻》、《集韻》亦皆隸於「良涉切」（《集韻》作「力涉切」）小韻，諸本無載其「梱首反」之音者，是底卷「反」字爲「又」字形訛，茲據校改；又因誤以「梱首反」爲反語，故抄者又於注文末誤加小韻標數字「二」，茲亦參諸本徑删。

〔四二七九〕注文切音字底卷有些漫漶，茲參《箋二》、《王二》、《唐刊》（伯二〇一五）、《蔣藏》録定；又「漢（漢）」字諸本並作「菜」或「葉」形，底卷误作，茲從校改。

〔四二八〇〕注文「公」、「踕」間底卷有一個小字的空白，（《王二》此處有誤脱），《唐刊》（伯二〇一五）注文作「齊有仲孫踕」，疑其空白處或爲「孫」字，因其據抄之底本漫滅而留此空白，茲據擬補一個缺字符。

〔四二八一〕字頭「疌」爲「疌」字俗寫，《王二》正作「疌」。上下文「疌」旁底卷多有作類似形狀者，參看上文校記〔四二三七〕。

〔四二八二〕小韻標數字底卷漫滅，《姜韻》未録，此從《敦煌掇瑣》録定。

〔四二八三〕注文殘字底卷存下部少許筆畫，茲參《箋二》、《王二》、《裴韻》校補作「立」字；又缺字底卷殘泐，可參諸本補作「直」字。

〔四二八四〕「庚」字《箋二》同，《王二》、《裴韻》、《廣韻》皆作「𡳾」形，《説文・止部》作「𡳾」形，底卷俗作，「𡳾」又爲《説文》字形隸定之訛變。

〔四二八五〕「焕」字《王二》同，《廣韻》及《玉篇・日部》皆作「煥」，合於《廣雅・釋詁》，底卷形訛，茲據校改。

〔四二八六〕「⿰馬取」字《王二》作「⿰馬耴」形，合於形聲構字理據，底卷「耴」旁多作「取」形，與「取」旁俗寫同形，或誤回改作「取」形，因有此誤，茲據校正。

〔四二八七〕注文殘字底卷存左下角筆畫，茲據《王二》校補作『皃』字；又缺字底卷殘泐，可參《王二》、《唐刊》（伯二〇一五）、《廣韻》補作『補』字。

〔四二八八〕『隶』字左上角底卷略殘，此參《王二》録定；此字《廣韻》作『聿』形，合於《説文》（隸定一般作『聿』形），底卷俗訛，茲據校改。又注文殘字底卷僅可辨漫漶的筆畫，茲參《王二》、《廣韻》校補作『巧』字。

〔四二八九〕『四』字《王二》作『八』，底卷本小韻後四字誤作別計，參後『詀』字條校記，茲據校改。

〔四二九〇〕字頭『聶』字《箋二》、《王二》、《裴韻》作『棗』形，合於《説文》，底卷誤脱下部『木』旁，茲據校改。

〔四二九一〕注文『反』字下底卷誤加一小韻標數字『四』，茲參《王二》、《廣韻》徑删。

〔四二九二〕『㒤遽』《王二》作『遽㒤』，《唐刊》（伯二〇一五）釋義唯作一『遽』字。又缺字底卷漫滅，疑當爲『㒤遽』一詞之釋義，《説文・人部》『㒤，心服也』，可參。

〔四二九三〕『懾』字《王二》作『⿰忄取』形，《廣韻》作『⿰忄耴』字；《唐刊》（伯二〇一五）作『⿰忄取』，應爲『⿰忄耴』字俗寫；底卷『懾』應為『⿰忄耴』的換旁俗字，猶《集韻・葉韻》載『囁』或作『眲』、『⿰馬耴』或作『⿰馬聶』之比。又注文《王二》同，《廣韻》作『偭⿰忄耴，小人皃』，底卷當用注文與被注字連讀成訓例。

〔四二九四〕『五』字底卷漫滅，此從《敦煌掇瑣》、《姜韻》録定。

〔四二九五〕殘字底卷存下部少許漫漶的筆畫，茲參《裴韻》、《唐刊》（伯二〇一五）、《廣韻》校補作『囁』字；《王二》本條脱抄。

〔四二九六〕『⿱口疋』字《王二》同，《廣韻》作『喦』形，後者合於《説文》，底卷俗作。

〔四二九七〕釋義《王二》同，《唐刊》（伯二〇一五）作『疌⿰氵耴』，本大韻前『紫菜（葉）反』小韻『𣴎』字釋義作『⿰氵耴』，即用注文與被注字連讀成訓例，此當同。

〔四二九八〕注文殘字前者底卷存右側筆畫，後者存漫漶的筆畫，茲據《箋二》、《王二》校補作『動皃』二字；又缺字底卷殘泐，可據二書補作『而涉』二字。

〔四二九九〕注文『怖』、『慴』二字底卷皆有些漫漶，此並參《王二》録定。

〔四三〇〇〕注文『菒』字底卷略有漫漶，此參《裴韻》録定；《王二》本條脱抄。

〔四三〇一〕『聶』字《王二》同，《唐刊》（伯二〇一五）作『櫑』形，《廣韻》作『櫜』形，後者與底卷本大韻前『叱涉反』小韻字同，疑此亦脱下部『木』旁，兹姑據校改。又注文『尼』字《王二》作『叱』，與前收有『櫜』字的『叱涉反』小韻反語合，底卷形訛，兹據校改。

〔四三〇二〕『襵』字《王二》同，按本小韻前已有『襵』字條，此不當重出；《校箋》：『《集韻》本紐有「䐑」字，爲「牒」字或體，注云「切也」，與本書此字云「牒」合，本書此「襵」字當爲「䐑」之誤。』兹從校改。又注文『牒』字左下角底卷略殘，此參《王二》録定，《敦煌掇瑣》録作『襞』字，《姜韻》録作『𨻶』字，皆非是。

〔四三〇三〕殘字底卷存左部『豕』旁，兹據《王二》、《廣韻》校補作『豷』字。又此爲底卷本頁末行的最後一字。